AF742803

Les personnes publiques spéciales

Logiques Juridiques

Collection dirigée par Gérard Marcou

Le droit n'est pas seulement un savoir, il est d'abord un ensemble de rapports et pratiques que l'on rencontre dans presque toutes les formes de sociétés. C'est pourquoi il a toujours donné lieu à la fois à une littérature de juristes professionnels, produisant le savoir juridique, et à une littérature sur le droit, produite par des philosophes, des sociologues ou des économistes notamment.

Parce que le domaine du droit s'étend sans cesse et rend de plus en plus souvent nécessaire le recours au savoir juridique spécialisé, même dans des matières où il n'avait jadis qu'une importance secondaire, les ouvrages juridiques à caractère professionnel ou pédagogique dominent l'édition, et ils tendent à réduire la recherche en droit à sa seule dimension positive. À l'inverse de cette tendance, la collection « Logiques juridiques » des éditions L'Harmattan est ouverte à toutes les approches du droit. Tout en publiant aussi des ouvrages à vocation professionnelle ou pédagogique, elle se fixe avant tout pour but de contribuer à la publication et à la diffusion des recherches en droit, ainsi qu'au dialogue scientifique sur le droit. Comme son nom l'indique, elle se veut plurielle.

Dernières parutions

Khaled MEJRI, *Le droit international humanitaire dans la jurisprudence internationale*, 2016.

Tiphaine THAUVIN, *Les services sociaux dans le droit de l'Union européenne*, 2016.

Louis-Marie LE ROUZIC, *Le droit à l'instruction dans la jurisprudence de la Cour européenne des droits de l'Homme*, 2015

Delphine COUVEINHES-MATSUMOTO, *Les droits des peuples autochtones et l'exploitation des ressources naturelles en Amérique latine*, 2015

Michel LASCOMBE Gilles TOULEMONDE, *Le droit constitutionnel de la Ve République*, 2015.

Sabrine Maya BOUYAHIA, *La proximité en droit international privé de la famille,* 2015.

Caroline LECLERC, *Le renouvellement de l'office du juge administratif français*, 2015.

Aurore GRANERO

LES PERSONNES PUBLIQUES SPECIALES

Préface de Sabine Boussard

L'Harmattan

5-7, rue de l'École-Polytechnique ; 75005 Paris
http://www.harmattan.fr
diffusion.harmattan@wanadoo.fr
harmattan1@wanadoo.fr
ISBN : 978-2-343-07032-2
EAN : 9782343070322

À mes parents,
Pour leur aide si précieuse,

Remerciements

Je tiens tout d'abord à remercier le Professeur Sabine Boussard pour m'avoir confiée cette recherche et m'avoir guidée et soutenue tout au long de sa réalisation.

Mes remerciements vont également aux membres de mon jury pour l'honneur qu'ils m'ont fait de lire et juger mon travail et pour les enseignements précieux que j'ai pu retirer de la soutenance.

Mes plus chaleureux remerciements vont :

A toute ma famille, avec une pensée émue pour mon fils et son père.

Aux membres du CREDESPO, pour leur concours et les échanges enrichissants qu'ils ont bien voulu m'accorder.

Préface

« Personnes publiques *sui generis* », « personnes publiques innommées », « personnes publiques spécifiques », « autres personnes publiques », les formules ne manquent pas pour désigner les « nouvelles personnes publiques » qui ont fait leur apparition au cours des trente dernières années et qui se distinguent de la collectivité territoriale et de l'établissement public : les groupements d'intérêt public, la Banque de France, les autorités administratives indépendantes, l'Institut de France et les académies. Celles-ci peuvent-elles être regroupées dans une nouvelle catégorie juridique ?

La question méritait d'être posée, en 2006, lorsque Madame Aurore Granero a entrepris une thèse et a décidé de travailler sur les personnes publiques spéciales. Le sujet était alors en pleine évolution puisque, cette année-là, le législateur avait expressément consacré la spécificité de l'Institut de France et des académies et institua une nouvelle autorité publique indépendante, l'Agence française de lutte contre le dopage. Le mouvement se poursuivit en 2008 et 2009 avec la création du Haut conseil du commissariat aux comptes (H3C), de l'Autorité de régulation des activités ferroviaires (ARAF) et de la Haute autorité pour la diffusion des œuvres et la protection des droits sur internet (HADOPI). En outre, la loi du 11 mai 2011 de simplification et d'amélioration de la qualité du droit contenait un statut général applicable aux groupements d'intérêt public.

L'institution de ces nouvelles personnes publiques visait à rompre avec la formule classique de l'établissement public dont on critiquait la rigidité et les insuffisances. Toutefois, en 2009, la publication de l'étude du Conseil d'Etat sur *Les établissements publics* attestait la volonté des pouvoirs publics de réhabiliter la formule. L'étude plaidait pour son évolution, ce qui passait par une clarification des règles de création de l'établissement public et un aménagement des règles de fonctionnement pour conférer davantage de souplesse aux établissements publics. L'assouplissement du régime de l'établissement public contribuerait ainsi à rapprocher l'établissement public des autres personnes publiques soumises au principe de spécialité au sein d'un même ensemble, celui des personnes publiques spéciales ou spécialisées.

C'est tout l'objet de la démonstration menée par Mme Granero, pour le plus grand bonheur de sa directrice qui a eu la satisfaction de diriger une « vraie » thèse. Mme Granero a choisi de retracer l'évolution du statut de l'établissement public afin de démontrer qu'il n'existait pas une seule catégorie d'établissements publics mais plusieurs. Il apparaît en outre que les nouvelles personnes publiques sont issues de la conception originelle de l'établissement public dont on a modifié certains éléments. En d'autres termes la mutation – au sens biologique ou génétique – de la structure de l'établissement public a engendré plusieurs types de personnes publiques spéciales parmi lesquelles on trouve différentes catégories d'établissements publics, les autorités publiques indépendantes, les groupements d'intérêt public mais aussi des personnes publiques *sui generis* comme la Banque de France ou l'Institut de France. Malgré la très grande diversité des régimes applicables aux personnes publiques spéciales, Mme Granero met en évidence deux éléments qui font leur unité : la personnalité publique et la soumission au principe de spécialité.

À la lecture de la thèse, on comprend que la création de nouvelles personnes publiques ne procède pas d'une logique particulière. Pour certaines – comme les GIP ou la Banque de France – il a fallu attendre plusieurs décisions de jurisprudence afin de leur reconnaître la personnalité publique. Pour d'autres – les autorités publiques indépendantes et l'Institut de France – la qualification figure dans le texte législatif mais les raisons en demeurent assez floues. Il s'agissait sans doute de conférer plus d'indépendance aux nouvelles institutions personnalisées. Pourtant, nombre d'études l'ont montré, l'octroi de la personnalité morale ne garantit pas nécessairement une plus grande indépendance. En outre, les conséquences du point de vue de la responsabilité juridique n'avaient pas toujours été mesurées.

Actuellement, le mouvement de création des autorités administratives dotées de la personnalité morale semble en perte de vitesse. La loi de sécurité financière du 1er août 2003 a procédé à la fusion de deux autorités administratives au sein d'une même autorité publique indépendante dotée de la personnalité morale, la Commission de contrôle des assurances et la Commission de contrôle des mutuelles et institutions de prévoyance (CCAMIP). Mais l'article 1er de l'ordonnance du 21 janvier 2010 portant fusion des autorités d'agrément et de contrôle de la banque et de l'assurance supprime la CCAMIP et lui substitue l'Autorité de contrôle prudentiel, « autorité administrative indépendante ». Faut-il y voir l'influence de l'étude que le Conseil d'Etat a consacré aux établissements publics en 2009, qui déplore le succès des autorités publiques indépendantes en tant qu'il « brouille la frontière entre AAI et établissements publics » alors même que « le corpus de règles applicables aux API tend à s'identifier à celui des établissements publics »[1] ? On peut le penser puisque, depuis la création de la Haute autorité pour la diffusion des œuvres et la protection des droits sur internet (HADOPI) par la loi du 12 juin 2009 favorisant la diffusion et la protection de la création sur internet, le législateur a cessé de créer de nouvelles API. Il faut toutefois mentionner la transformation du CSA en autorité publique indépendante dotée de la personnalité morale par l'article 1er de la loi du 15 novembre 2013 relative à l'indépendance de l'audiovisuel

[1] Conseil d'Etat, *Les établissements publics*, Les études du Conseil d'Etat, La Documentation française 2009, pp. 36 et 37.

public. Mais l'octroi de la personnalité morale au CSA s'inscrit dans un contexte très spécifique qui vise à garantir l'indépendance de l'institution vis-à-vis du pouvoir exécutif et à renforcer le contrôle parlementaire dans la désignation des membres. En outre, ce sont les parlementaires qui sont à l'origine de cette transformation puisque l'article 1er de la loi est issu d'un amendement proposé par la commission des affaires culturelles et de l'éducation de l'Assemblée Nationale et qui vise à améliorer le fonctionnement administratif du CSA grâce à une meilleure autonomie financière et une plus grande maîtrise des moyens financiers et humains. À cet égard, la réforme du CSA se rapproche des préconisations du rapport d'information sur les autorités administratives indépendantes rédigé par M. Patrice Gélard au nom de la commission des lois du Sénat en date du 11 juin 2014. Le rapport suggère en effet de « limiter le développement des autorités publiques indépendantes dotées de la personnalité morale aux seules instances dont l'activité se prête à la perception de taxes ou de droits » et de « soumettre l'adoption de ce statut à une évaluation approfondie de ses avantages et inconvénients »[2].

En outre, comme le relève l'étude du Conseil d'État consacrée aux établissements publics, il existe une très grande disparité dans les modalités de création, d'organisation et de fonctionnement des établissements publics. L'étude insiste notamment sur la diversité des modalités d'exercice de la tutelle sur les établissements publics de l'État. Le contrôle de tutelle est en effet à géométrie variable en fonction du degré d'autonomie conférée à l'établissement public. Certains établissements publics ne s'inscrivent même pas dans le schéma de la décentralisation dite fonctionnelle. On songe, par exemple, aux agences sanitaires. L'Agence nationale de sécurité du médicament et l'Agence de la biomédecine sont des établissements publics de l'État alors même qu'elles sont dotées d'un pouvoir de

---

[2] Recommandation n°5, *Rapport d'information* n° 616, doc. Sénat session 2013-2014, p. 18.

police sanitaire qu'elles exercent « au nom de l'État ». La structure pourrait être analysée comme une forme de « déconcentration fonctionnelle » mais ces agences demeurent placées sous la tutelle du ministre en charge de la santé et celui-ci ne dispose d'aucune autorité hiérarchique sur les agences, même à l'égard des mesures de police sanitaire. Il faut aussi mentionner les Agences régionales de santé instituées par la loi « Hôpital, Patients, Santé, Territoire » du 21 juillet 2009 et qui sont des établissements publics de l'État en remplacement des anciennes agences régionales de l'hospitalisation, instituées en 1996 sous forme de GIP. Le directeur général de l'ARS concentre entre ses mains l'essentiel des missions qui incombent à l'Agence ; il exerce ses missions « au nom de l'État ». C'était déjà le cas du directeur de l'ARH qui était soumis à l'autorité des ministres chargés de la santé et de la sécurité sociale. La loi de 2009 n'ayant pas pris la peine de préciser la nature du lien entre le directeur général et les ministres de tutelle, le Conseil d'État a rappelé que « les directeurs généraux des agences régionales de santé sont, en tant qu'autorités agissant au nom de l'État, soumis au pouvoir hiérarchique des ministres compétents »[3]. Le directeur général se présente ainsi davantage comme un ministre régional de la santé que comme une autorité décentralisée. L'exemple des institutions sanitaires montre également que la formule du GIP et celle de l'établissement public peuvent être très proches.

Par ailleurs, il arrive que pour déterminer les règles applicables à ces personnes publiques innommées, on applique le principe de l'assimilation au statut des établissements publics. Il en est ainsi, par exemple, pour le régime des biens. Le code général la propriété des personnes publique adopté par l'ordonnance du 21 avril 2006 s'applique aux biens des personnes publiques dites classiques telles

[3] CE, 12 déc. 2012, *SYNERPA*, *AJDA* 2013, p. 481, concl. M. Viallettes.

qu'énumérées dans le premier article : l'État, les collectivités territoriales et les établissements publics. Pour les biens des autres personnes publiques, le code ne s'applique que « dans les conditions fixées par les textes qui les régissent ». La difficulté tient à ce que les textes qui régissent les personnes publiques spéciales ne contiennent pas de dispositions relatives au régime des biens. C'est la raison pour laquelle l'ordonnance du 21 avril 2006 a prévu l'applicabilité du nouveau code à certaines autorités publiques indépendantes (Autorité de contrôle prudentiel, AMF, HAS) ainsi qu'à la Banque de France. Mais il est frappant de constater que les lois votées après l'entrée en vigueur du code et qui créent de nouvelles autorités n'ont rien prévu, qu'il s'agisse de l'Agence de lutte contre le dopage, de l'ARAF, de la HADOPI ou du CSA. Le même silence habite la loi du 18 avril 2006 qui consacre le nouveau statut de l'Institut de France ou encore la loi du 17 mai 2011 dont le chapitre 2 énonce pourtant les dispositions relatives au statut des GIP. La jurisprudence sera sans doute appelée à combler ce silence et tout porte à croire qu'elle appliquera les règles qu'elle avait dégagées à propos des établissements publics. Mais elle ne statuera qu'au gré des cas litigieux.

Dans ces conditions, le moment est sans doute venu de préciser le statut général de ces nouvelles personnes publiques. C'est ce que préconise le rapport d'information de juin 2014 à propos des AAI, préconisation qui devrait être étendue à toutes les catégories de personnes publiques spécialisées. D'où l'idée très pertinente développée par Mme Granero d'élaborer un « code général des personnes publiques spéciales » qui fixerait le cadre et les règles particulières applicables aux établissements publics, aux autorités publiques indépendantes, aux groupements d'intérêt public et aux autres personnes publiques *sui generis*.

L'écriture de ce nouveau code relève encore de la prospective mais elle pourrait s'inscrire dans le mouvement de codification du droit administratif. L'idée a été défendue avec opiniâtreté et persévérance par Mme Granero. Sa détermination lui aura ainsi permis de réaliser son ambition universitaire, ambition qu'elle avait formulée dès sa deuxième année de master à l'Université de Franche-Comté. Qualifiée aux fonctions de maître de conférences immédiatement après la soutenance de sa thèse, elle a été recrutée à l'Université de Bourgogne où, avec tout son talent, elle transmet aux étudiants son goût pour la réflexion juridique et la recherche en droit.

Sabine Boussard

Professeure de droit public à l'Université Paris Ouest Nanterre la Défense

TABLE DES SIGLES ET ABREVIATIONS

I. SIGLES ET ABREVIATIONS A CARACTERE BIBLIOGRAPHIQUE :

Aff.	Affaire
al.	Alinéa
Ass.	Assemblée
Bull.	Bulletin
c/	Contre
Chron	Chronique
coll.	Collection
Concl.	Conclusions
DC	Décision constitutionnelle
Dir.	Sous la direction de
doc.	Document
éd.	Édition
GAJA	Les grands arrêts de la jurisprudence administrative
Ibid	Ibidem
JO	Journal officiel
LGDJ	Librairie générale de droit et de jurisprudence
n°	Numéro
obs.	Observations
p.	Page
PUF	Presses universitaires de France
Rec.	Recueil
Req.	Requête
Sect.	Section
vol.	Volume

II. ABREVIATIONS DES JURIDICTIONS :

CA	Cour d'appel
CJCE	Cour de justice des communautés européennes
CJUE	Cour de justice de l'Union européenne
Cass. Ass. plén.	Assemblée plénière de la Cour de cassation.
Cass. civ.	Chambre civile de la Cour de cassation.
Cass. com.	Chambre commerciale de la Cour de cassation.
Cass. soc.	Chambre sociale de la Cour de cassation.
CAA	Cour administrative d'appel.
CE	Conseil d'État
CE Ass.	Assemblée générale du Conseil d'État
CE Sect.	Section du contentieux du Conseil d'État
CC	Conseil constitutionnel
TA	Tribunal administratif.
TC	Tribunal des conflits

III ABREVIATIONS DES REVUES CITEES :

AJDA	Actualité juridique Droit administratif
AJFP	Actualité juridique Fonctions publiques
BJCP	Bulletin juridique des contrats publics
CJEG	Cahiers juridiques de l'électricité et du gaz
D.	Dalloz
DA	Droit administratif
Dr. Soc.	Droit social
Gaz. Pal.	Gazette du palais
JCP	La Semaine juridique Edition générale
JCP A	La Semaine juridique - Administrations et Collectivités territoriales
JCP E	La Semaine juridique - Entreprises
LPA	Les Petites Affiches
RA	Revue administrative
RDP	Revue du droit public et de la science politique
RFDA	Revue française de droit administratif
RFDC	Revue française de droit constitutionnel
RTD Civ.	Revue trimestrielle de droit civil
S.	Sirey

IIII. AUTRES ACRONYMES:

AAI autorité administrative indépendante

API autorité publique indépendante

ACAM autorité de contrôle des assurances et des mutuelles

ACNUSA autorité de contrôle des nuisances sonores et aéroportuaires

AFLD agence française de lutte contre le dopage

AMF autorité des marchés financiers

ARAF autorité de régulation des activités ferroviaires

ARCEP autorité de régulation des communications électroniques et des postes

ASN autorité de sûreté nucléaire

CMF conseil des marchés financiers

CNCL commission nationale de la communication et des libertés

CNIL commission nationale de l'informatique et des libertés

COB commission des opérations de bourse

CRE commission de régulation de l'énergie

CSA conseil supérieur de l'audiovisuel

HADOPI haute autorité pour la diffusion des œuvres et la protection des droits sur internet

HALDE haute autorité de lutte contre les discriminations et pour l'égalité

HAS haute autorité de santé

SOMMAIRE[4]

Première partie : Le renouvellement des personnes morales de droit public

Titre 1 : La reconnaissance de nouvelles personnes publiques

Chapitre 1. Les personnes publiques traditionnelles

Chapitre 2. L'émergence de nouvelles personnes publiques

Titre 2 : La caractérisation des nouvelles personnes publiques

Chapitre 1. La modernisation des modes de gestion de l'action administrative

Chapitre 2. L'hétérogénéité des nouvelles personnes publiques

Seconde partie : Les mutations de l'établissement public

Titre 1. Les vicissitudes de l'établissement public

Chapitre 1. Le développement de l'établissement public

Chapitre 2. Le recul de l'établissement public

Titre 2. Les nouvelles catégories d'établissements publics

Chapitre 1. L'extension de la formule de l'établissement public

Chapitre 2. La typologie des catégories d'établissements publics

---

[4] Cet ouvrage est la reproduction d'une thèse présentée et soutenue publiquement le premier juin 2012 à 14H à l'Université de Franche-Comté devant un jury composé de : M. Michel Degoffe, professeur à l'Université de Paris Descartes, Mme Virginie Donier, professeur à l'Université de Franche-Comté, M. Bernard QUIRINY, professeur à l'Université de Bourgogne, et Mme Sabine Boussard, professeure à l'Université Paris Ouest Nanterre La Défense, directrice de recherche.

Introduction générale :

En 1998, R. Chapus soulignait : « qu'on ne voit pas, d'une façon générale, ce qui pourrait justifier l'existence de personnes publiques spécialisées autres que les établissements publics ». Puis, il ajoutait : « L'État du droit pourra changer »[5]. L'État du droit a changé. Dans son rapport d'étude sur les établissements publics adopté le 15 juin 2009, le Conseil d'État souligne que l'établissement public est aujourd'hui « concurrencé par de nouvelles formes d'organisation ou de gouvernance administrative »[6]. L'avènement puis la reconnaissance juridique de nouvelles personnes publiques a conduit la doctrine à s'interroger sur « une nouvelle crise de l'établissement public »[7].

L'Administration est couramment décrite comme une mosaïque de structures administratives dont la complexité ne lasse pas les auteurs de multiples réflexions. « La théorie générale de l'organisation administrative est d'un haut intérêt intellectuel »[8] ainsi que l'enseignait C. Eisenmann. Depuis le début des années 1980, la classification des personnes morales de droit public connaît de nombreux bouleversements. En effet, la catégorisation binaire des personnes publiques avec, d'un côté, les collectivités territoriales et, de l'autre, les établissements publics, a évolué après l'apparition de nouvelles personnes publiques. Les manuels de droit administratif font désormais apparaître, à côté de cette catégorie traditionnelle, des nouvelles personnes publiques. Dans leurs manuels de droit administratif, les auteurs déclinent l'étude des personnes morales de droit public en se fondant sur le diptyque collectivité locale et établissement public puis s'interrogent sur l'existence de nouvelles personnes publiques[9]. Dès 2001, Y. Gaudemet constatait la reconnaissance de personnes publiques spécialisées (autres que les

---

[5] R. Chapus, *Droit administratif général*, Montchrestien, collection Domat Droit public, 11ème éd. 1998, t.1, n° 217.

[6] CE, *Rapport d'étude sur les établissements publics*, Etude adoptée par l'assemblée générale plénière le 15 octobre 2009, p. 19.

[7] F. Melleray, « Une nouvelle crise de la notion d'établissement public, la reconnaissance d'autres personnes publiques spécialisées », *AJDA* 2003, p. 714.

[8] C. Eisenmann, *Cours de droit administratif*, 1966-1967, LGDJ, 1982, t.1, p. 157.

[9] C. Debbasch et F. Colin, *Droit administratif*, Economica, 10ème éd. 2010, p. 396.

établissements publics) par le droit positif[10]. Dans la quinzième édition du *Droit administratif général*, R. Chapus se référait aux institutions spécialisées qui n'ont pas la qualité d'établissements publics[11]. Plus récemment, les auteurs relèvent que la reconnaissance de nouvelles personnes publiques aux côtés des établissements publics remet en cause « la trilogie des personnes publiques »[12].

La classification traditionnelle des personnes publiques

Les auteurs du début du XXe siècle[13] écrivaient « qu'il était classiquement considéré qu'existaient trois catégories de personnes publiques, l'État, les collectivités locales et enfin les établissements publics ». Pendant longtemps, la question de l'existence de nouvelles personnes publiques ne s'est pas posée. Cette classification traditionnelle des personnes morales de droit public semblait constituer un précepte figé et invariable.

La majorité des auteurs mettent l'État à part parce qu'il a été l'objet d'importantes réflexions depuis de nombreuses années[14]. Disposant de la souveraineté sur l'ensemble du territoire national, l'État constitue à lui seul une catégorie de personne publique et poursuit un but d'intérêt général sur l'ensemble du territoire. A ce titre, il dispose de la compétence de la compétence. A contrario, les collectivités territoriales forment une seconde catégorie de personnes publiques à vocation générale qui accomplissent la satisfaction de l'intérêt public sur des fragments de territoire. L'article 72 alinéa

---

[10] Y. Gaudemet, *Traité de droit administratif*, LGDJ, 16ème éd. 2001, p. 314.

[11] R. Chapus, *Droit administratif général*, Montchrestien, Coll. Domat Droit public, 15ème éd. 2001, p. 223.

[12] M. Degoffe, *Droit administratif*, Coll. Cours magistral, Ellipses, 2008, p. 150; P.-L. Frier et J. petit, *Précis de droit administratif*, Montchrestien, Coll. Domat Droit public, 5ème éd. 2010, p. 206.

[13] « Parmi les personnes morales de droit public, la classification nous paraît devoir être établie comme il suit : État, communautés territoriales (départements, communes, provinces, etc.), établissements publics »[13]. L. Michoud, *La Théorie de la personnalité morale*, t. 1, 2ème éd., LGDJ, 1924, p. 260. Plus récemment, F. Melleray relate « qu'il était classiquement considéré qu'existaient trois catégories de personnes publiques, l'État, les collectivités locales et enfin les établissements publics », « Une nouvelle crise de la notion d'établissement public, la reconnaissance d'autres personnes publiques spécialisées », *AJDA*, 2003, p. 715.

[14] J.-M. Pontier, « La personnalité publique, notion anisotrope », *RFDA* 2008, p. 989.

premier de la Constitution énonce que sont des collectivités territoriales[15] : les communes, les départements, les régions, les collectivités à statut particulier et les collectivités d'outre-mer régies par l'article 74 de la Constitution. La troisième catégorie de personnes publiques est constituée par les établissements publics. Classiquement, ces derniers sont opposés aux collectivités territoriales et sont définis comme des personnes publiques à vocation spéciale. Selon des critères traditionnels de distinction, les établissements publics seraient « affectés à une ou plusieurs missions déterminées dont ils ne peuvent sortir sans violer le principe de spécialité au sens strict »[16] et se rattachent à la décentralisation fonctionnelle ou par service. Les collectivités locales correspondent à la décentralisation territoriale et ont la charge de poursuivre l'ensemble des intérêts collectifs sur leur territoire.

Dans les années 1940, une première incertitude relative à la nature juridique des comités d'organisation et des ordres professionnels n'aura pas fait évoluer cette « conception réfrigérante »[17]. La réticence du juge administratif et de la doctrine à faire évoluer cette classification et donner naissance à de nouvelles personnes publiques est liée à deux raisons principales[18]. Tout d'abord, la catégorie de l'établissement public était jugée assez hétérogène pour pouvoir accueillir des institutions hybrides. A ce titre, le juge administratif a conféré aux « exploitants publics »[19] ou aux

---

[15] J. Boudine, « La distinction entre collectivité locale et collectivité territoriale, Variation sémantique ou juridique », *RDP* 1992, p. 171.

[16] J.-C. Douence, *Réflexions sur la vocation générale des collectivités locales à agir dans l'intérêt public local, Quel avenir pour l'autonomie des collectivités locales ? Les deuxièmes entretiens de la Caisse des dépôts*, Éditions de l'Aube, 1999, p. 330.

[17] Dans son article sur « les personnes publiques innomées », L. Richer se réfère à la « conception réfrigérante » pour désigner la classification dualiste des personnes publiques. Selon l'auteur, le juge administratif était réticent à « faire place à une catégorie ou à des catégories de personnes morales autres que l'établissement public ou la collectivité territoriale », L. Richer, « Les personnes publiques innomées », in Actes du colloque organisé les 14 et 15 juin 2007 par l'Association française pour la recherche en droit administratif sur la « personnalité publique », Litec, Colloque et débats, n° 12, 2007, p. 136.

[18] *Ibid*, p. 137.

[19] CE Ass., 13 novembre 1998, *Syndicat professionnel des médecins de prévention de La Poste et de France Télécom et autres*, Rec. p. 400.

associations syndicales de propriétaires[20] la qualification d'établissement public. Ensuite, créer une nouvelle catégorie de personnes publiques aurait soulevé de nombreuses difficultés. En d'autres termes, il aurait fallu leur appliquer un régime différent de celui applicable à l'établissement public. En écartant la qualification d'établissement public, ces nouvelles institutions auraient également échappé au régime juridique de cette formule traditionnelle. Ces nouvelles institutions seraient-elles soumises au droit des marchés publics, aux règles de la fonction publique ou à celles de la domanialité publique ? Ces questions paraissaient trop importantes pour pouvoir se contenter d'un régime juridique indéterminé.

Toutefois, la classification traditionnelle a évolué et de nouvelles personnes publiques sont apparues. Le législateur, la doctrine et la jurisprudence ont progressivement reconnu l'existence d'entités nouvelles que certains seraient tentés de qualifier de « monstres »[21] institutionnels. En effet, ces nouvelles personnes publiques ne peuvent *a priori* être classées parmi les catégories existantes et semblent entraîner « la démolition de constructions théoriques éprouvées »[22].

---

[20] TC, 9 décembre 1899, *Association syndicale du Canal de Gignac*, Rec. p. 731; M. Hauriou, Note sous TC 9 décembre 1899 *Association syndicale du Canal de Gignac*, *S.* 1900, III, 49, t. 1, p. 413.

[21] B. Chenot, *Organisation économique de l'État*, Dalloz, 2ème éd. 1965, p. 101.

[22] L. Constans, *Recherches sur la notion et la classification des personnes morales administratives*, Thèse, Dalloz, 1966, p. 2.

Les nouvelles personnes publiques

Apparus en 1982, les groupements d'intérêt public (GIP) constituent la première forme d'institution spécialisée. Créées par le législateur, ces nouvelles structures sont définies à l'article 21 de la loi du 15 juillet 1982 d'orientation et de programmation pour la recherche et le développement technologique de la France. Les GIP sont dotés de la personnalité morale et de l'autonomie financière. Ils ont « pour objet de permettre l'association d'une ou plusieurs personnes morales de droit public ou de droit privé pour l'exercice en commun, pendant une période déterminée d'activités, qui ne peuvent donner lieu à la réalisation ou au partage de bénéfice ». Ces nouvelles institutions ont rapidement connu un vif succès[23]. Créés à l'origine dans le domaine de la recherche, les GIP ont progressivement dépassé ce cadre initial pour s'étendre aux matières les plus diverses telles que la coopération internationale[24], la protection de la nature[25] ou encore dans le domaine sanitaire et social[26]. Pour autant, le législateur n'a pas précisé leur nature juridique[27], ce qui a suscité de nombreux débats autour de leur qualification. Il faudra attendre l'arrêt du Tribunal des conflits *Mme Verdier c/ GIP Habitat*[28] pour que le juge mette fin aux controverses

---

[23] Par exemple, selon B. Jorion, « en 1996 le Conseil d'État dénombrait 50 groupements dans le domaine de la recherche et 112 dans les autres domaines. Depuis, plus de 70 nouveaux groupements ont donné lieu à un arrêté d'approbation paru au Journal officiel », « Les GIP, un instrument de gestion du service public administratif », *AJDA,* 16 février 2004, p. 305.

[24] Accueil et orientation des journalistes en France (art. 90 de la loi n° 2000-719 du 1er août 2000 et décret n° 2000-1290 du 26 décembre 2000).

[25] TC, 25 mars 1996, *Société d'exploitation agricole Coutin*, Lebon p. 535.

[26] Agences régionales de l'hospitalisation (art. L. 6115-2 et R. 710-17-1 à R. 710-17-19 du code de la santé publique). Ces agences ont été remplacées par les agences régionales de santé, article 18 de la loi du 21 juillet 2009 portant réforme de l'hôpital et relative aux patients, à la santé et aux territoires.

[27] A l'exception de la loi n °84-52 du 26 janvier 1984 sur l'enseignement supérieur, la loi n°94-628 du 25 juillet 1994 relative à l'organisation du temps de travail, aux recrutements et aux mutations dans la fonction publique et la loi n°99-533 du 25 juin 1999 d'orientation pour l'aménagement et le développement durable du territoire qui qualifient les GIP de personnes publiques.

[28] TC, 14 février 2000, *GIP Habitat et interventions, sociales pour les mal-logés et les sans-abris c/ Mme Verdier*, *GAJA*, Dalloz, 17ème éd., 2009, n° 106; *AJDA* 2000, p. 465, chr. Guyomar et Collin ; *JCP* 2000.II.10301, note N. Eveno ; *RTD Com.* 2000, p. 602, obs. Orsoni.

doctrinales relatives à la nature privée ou publique des GIP. Dans cet arrêt du 14 février 2000, le Tribunal des conflits a confirmé la position constante du Conseil d'État[29] en jugeant que « le législateur a entendu faire des groupements d'intérêt public des personnes publiques soumises à un régime spécifique ».

Cependant, si le Tribunal se prononce relativement à la nature publique des GIP, il refuse de leur conférer la qualification d'établissement public. Dès lors, si ces institutions ne sont pas des établissements publics et encore moins des collectivités territoriales, comment doit-on les qualifier ?

Les GIP sont marqués par une très grande hétérogénéité. En effet, ils sont utilisés dans des domaines très variés et n'obéissent pas tous au même régime juridique. A titre d'illustration, certains groupements choisissent le régime de la comptabilité privée alors que pour d'autres, le législateur leur impose celui de la comptabilité publique[30]. Malgré l'extrême diversité de leur régime juridique, de nombreux auteurs ont sollicité du législateur l'adoption d'un statut général des GIP[31]. Il aura fallu attendre la loi n° 2011-525 du 17 mai 2011 de simplification et d'amélioration de la qualité du droit pour que le législateur offre aux GIP un ensemble uniformisé de règles de nature législative.

En 1997, le Tribunal des conflits a une nouvelle une fois semé le trouble dans la classification classique des personnes morales de droit public en qualifiant la Banque de France de personne publique[32]. Cependant, le Tribunal des conflits n'a pas précisé à quelle catégorie de personne morale de droit public la Banque de France devait être rattachée. Pour le commissaire du gouvernement J. Arrighi de Casanova, cette précision est évidente : « Nous ajouterons, mais cette

---

[29] CE, Avis, 15 octobre 1985, *EDCE* 1986, n° 37, p. 189.

[30] B. Jorion, « Les groupements d'intérêt public : un instrument de gestion du service public administratif », préc. p 310.

[31] Y.-L. Gégout, « Réflexions sur la nécessité du vote d'une loi générale sur les GIP », *LPA*, n°11, 25 janvier 1988 ; Y.-L. Gégout, *Vers une nouvelle forme de personne morale : les GIP*, Thèse, Paris II, 1985 ; P. Demaye, « Une nouvelle catégorie de personne morale de droit public, les GIP », *AJDA*, 2001, n° 146, p. 21.

[32] TC, 16 juin 1997, *Société La Fontaine de Mars et époux Muet* ; *CJEG* 1997, p. 363, Concl. J. Arrighi de Casanova ; *JCP* 1998, I, n°125, chronique de Jacques Petit ; *RFDA* 1997, p. 823.

précision n'est pas nécessaire en l'espèce, que puisqu'elle n'est ni l'État ni une collectivité territoriale, il est clair qu'elle ne peut être considérée que comme un établissement public »[33]. Le Conseil d'État n'a pas suivi ces conclusions et a jugé, quelque temps plus tard, que la Banque de France est une institution « revêt [ant] une nature particulière et présent [ant] des caractéristiques propres »[34]. Selon la haute juridiction administrative, ces « caractéristiques » empêchent de la classer dans la catégorie des établissements publics. Après les groupements d'intérêt public, la Banque de France apparaît donc comme « une nouvelle personne publique ».

A partir de là, un courant doctrinal s'est interrogé sur l'existence d'une nouvelle catégorie de personne publique, sonnant le glas du diptyque organique du droit administratif. Dans son *Traité de droit administratif*, Y. Gaudemet aborde la question de la capacité d'extension de ce qui pourrait devenir une nouvelle catégorie juridique : « on se tromperait certainement en considérant que la catégorie des personnes publiques spéciales, autres que les établissements publics est une catégorie finie, limitée aux groupements d'intérêt public et à la Banque de France. Il s'agit au contraire d'une catégorie ouverte qui, mécaniquement, recueillera toutes les personnes publiques spécialisées impropres - pour des raisons diverses - à la qualification d'établissement public »[35]. Cette réflexion d'Y. Gaudemet s'est rapidement confirmée. Le législateur a multiplié la reconnaissance d'entités à qui il a conféré la personnalité morale et même la personnalité publique comme l'atteste le développement erratique d'une nouvelle forme d'autorité administrative indépendante, les autorités publiques indépendantes[36].

Le législateur a donné naissance à une nouvelle formule institutionnelle en qualifiant l'Autorité des marchés financiers d' « autorité publique indépendante » dotée de la personnalité morale

---

[33] J. Arrighi de Casanova, Concl. sur TC, 16 juin 1997, *Epoux Muet, Société La Fontaine de Mars c/Banque de France*, *RFDA*, n°13, p. 824.

[34] CE, 22 mars 2000, *Synd. nat. autonome du personnel de la Banque de France*, *JCP G* 2000, IV, 2056; *AJDA* 2000, p. 466.

[35] Y. Gaudemet, *Traité de droit administratif*, t. 1, LGDJ, 2001, 16ème éd, p. 320.

[36] Il convient également de souligner qu'à cette liste s'ajoute le Défenseur des droits, qualifié d'autorité constitutionnelle indépendante, article 2 de la loi organique du 30 mars 2011 relative au Défenseur des droits, B. Delaunay, « Les autorités constitutionnelles indépendantes », *AJDA* 2011, p. 817.

et de l'autonomie financière. La loi de sécurité financière de 2003[37] introduit une distinction entre les autorités administratives indépendantes (AAI), non dotées de la personnalité morale et les autorités publiques indépendantes (API) qui sont des autorités administratives personnalisées.

La notion d'AAI a suscité de nombreuses controverses et donné lieu à de nombreuses études[38]. Toutefois, la doctrine paraissait s'accorder jusque-là pour relever un critère d'identification commun aux AAI : leur absence de personnalité morale. Celles-ci sont définies comme des institutions « créées pour assurer, en dehors du cadre administratif traditionnel et avec des garanties d'indépendance, soit des fonctions de médiation, notamment dans le domaine économique, soit des fonctions de protection des droits fondamentaux »[39]. Par la suite, le législateur a instauré six[40] autres API dotées de la personnalité morale. En qualifiant sept nouvelles institutions d'autorités publiques

[37] Article 2 de la loi de sécurité financière du 1er août 2003, article L. 621-1 du Code monétaire et financier.

[38] J-L. Autin, *Autorités administratives indépendantes*, *Jurisclasseur administratif*, fasc. 75 (1997) et *Jurisclasseur Libertés*, fasc. 300 (2009) ; J. Chevallier, « Réflexions sur l'institution des AAI », *JCP* 1986, n° 3254 ; C.-A. Colliard et G. Timsit, *Les autorités administratives indépendantes,* PUF, 1998 ; M. Gentot, *Les autorités administratives indépendantes*, Montchrestien, 1994, M. Degoffe, « Les autorités publiques indépendantes », *AJDA* 2008, p. 622 ; M.-J. Guédon, *Les autorités administratives indépendant*es, coll. « Systèmes », LGDJ, 1991 ; P. Sabourin, « Les autorités administratives indépendantes. Une catégorie nouvelle ? » *AJDA* 1983, p. 275. Dans son numéro 5/2010, la RFDA a publié un colloque sur « Les autorités administratives indépendantes » qui comporte de nombreuses contributions relatives aux AAI. De nombreux rapports ont également étudié la notion d'AAI comme le rapport établi par F. Gazier et Y. Cannac, « *Les autorités administratives indépendantes* » en conclusion des travaux d'un groupe d'étude de la Commission du rapport, *EDCE*, 1983-1984 n° 35 ou encore « *Les autorités administratives indépendantes*, Rapport public du CE pour 2001, *EDCE*, n° 52, Doc. fr. Plus récemment, l'Office parlementaire d'évaluation des politiques publiques a publié deux rapports, Office parlementaire d'évaluation de la législation, Rapport sur les AAI, Ass. nat. n° 3166, 2006 et Comité d'évaluation et de contrôle des politiques publiques, Rapport sur les AAI, Documents d'information de l'Assemblée nationale, n° 2925.

[39] A. Debet, « Autorités administratives indépendantes et personnalité morale », Actes du Colloque sur la « personnalité morale », « Journée Capitant », Dalloz, 2010, p. 16.

[40] La loi n° 2013-1028 du 15 novembre 2013 relative à l'indépendance de l'audiovisuel public confère au Conseil supérieur de l'audiovisuel, dans son article 1, la qualification d'autorité publique indépendante dotée de la personnalité morale.

indépendantes, dotées de la personnalité morale, le législateur a semble-t-il souhaité créer une nouvelle « catégorie juridique » à mi-chemin entre l'AAI et l'établissement public[41]. La loi de sécurité financière de 2003 a conféré cette qualification à l'AMF mais également à la commission de contrôle des assurances et des mutuelles et des institutions de prévoyance (CCAMIP), devenue ensuite l'Autorité de contrôle des assurances et des mutuelles (ACAM)[42]. La loi du 13 août 2004 relative à l'assurance maladie a également qualifié la Haute autorité de santé d'API. L'Agence française de lutte contre le dopage (AFLD)[43], le Haut commissariat aux comptes[44] , la Haute Autorité pour la diffusion des œuvres et la protection des droits sur internet (HADOPI)[45] et, plus récemment, l'Autorité de régulation des activités ferroviaires (ARAF)[46] ont rejoint la « catégorie » des autorités publiques indépendantes. La création de ces nouvelles entités soulève de nombreuses interrogations. Est-ce que l'API est un nouveau prototype[47] de l'AAI ? Est-ce une nouvelle formule institutionnelle totalement inédite ? M. Degoffe s'est également interrogé sur le point de savoir ce qui différenciait l'API de l'établissement public. A cette question, il répond : « l'établissement public est une personne publique spécialisée, l'API également »[48]. Dès lors, comment différencier l'API de l'établissement public ?

La délimitation des termes du sujet

En l'état actuel du droit positif, et en se limitant aux personnes morales expressément qualifiées de personnes morales de droit public par le législateur ou le juge, trois espèces d'institutions seront désignées comme des personnes publiques innomées. Il s'agit des

[41] CE, *Les établissements publics*, *EDCE* 2009, p. 21.

[42] L'ACAM a été remplacée par l'Autorité de contrôle prudentiel (ACP) qui ne bénéficie plus de la personnalité morale, Ordonnance n° 2010-76 du 21 janvier 2010 portant fusion des autorités d'agrément et de contrôle de la banque et de l'assurance.

[43] Loi n° 2006-405 du 5 avril 2006, art. L. 3612-1 CSP.

[44] Articles L. 821-1 et s. du Code du commerce.

[45] Loi n° 2009-669 du 12 juin 2009 favorisant la diffusion et la protection de la création sur internet.

[46] Article 11 de la loi n° 2009-1503 du 8 décembre 2009 relative à l'organisation et à la régulation des transports ferroviaires et portant diverses dispositions relatives aux transports.

[47] D. Linotte et G. Simonin, « L'Autorité des marchés financiers, prototype de la réforme de l'État », *AJDA* 2004, p. 143.

[48] M. Degoffe, « Les autorités publiques indépendantes », *AJDA* 2008, p. 623.

groupements d'intérêt public, de la Banque de France et des autorités administratives indépendantes dotées de la personnalité morale c'est-à-dire les API. A ce stade de l'analyse, il convient de préciser la terminologie de « personne publique innomée ». Ainsi que le souligne L. Richer, une personne publique innomée désigne les personnes publiques qui ne relèvent ni de la catégorie de la collectivité territoriale ni de celle des établissements publics[49]. Il sera également fait référence pour désigner ces nouvelles personnes publiques à la terminologie de « personnes publiques *sui generis* ». Dans le vocabulaire juridique, le *sui generis* correspond à « une situation juridique dont la nature singulière empêche de la classer dans une catégorie déjà connue »[50].

En outre, les recherches entreprises ont suscité d'autres réflexions conduisant à étendre la liste des personnes publiques *sui generis* à deux institutions qualifiées par le Conseil d'État d'EPA[51], l'Institut de France et ses Académies ainsi que la Caisse des dépôts et consignations.

Créé par l'article 298 de la Constitution du 5 fructidor an III, l'Institut de France était, à l'origine, divisé en trois classes : sciences physiques et mathématiques, sciences morales et politiques, littérature et beaux-arts. L'arrêté du 17 nivôse an XI vient ajouter une quatrième classe et la cinquième Académie a été créée en 1832. A l'origine, le Duc de Richelieu lui assigna un véritable service d'intérêt général consistant dans « l'ornementation, l'embellissement et l'augmentation de la langue françoise »[52]. Dès sa fondation, l'Institut constitue un établissement public national, possédant la personnalité morale. Ainsi que le souligne A. Derrouch, « dans son rapport au Conseil des Cinq-Cents du 15 germinal, an IV, Muraire emploie le terme « établissement public » au sujet de l'Institut et affirme « l'indépendance de celui-ci vis-à-vis du gouvernement »[53]. Le

[49] L. Richer, « Les personnes publiques innomées », préc. p. 133.

[50] S. Guinchard, et G. Montagnier, *Lexique des termes juridiques*, Dalloz, 2001, 13ème éd., *sui generis*.

[51] CE, Ass., 12 décembre 2003, *USPAC CGT- Syndicat CGT des personnels des affaires culturelles*, n° 290507 et CE, 15 juillet 2004, *Caisse des dépôts et consignations*, Rec. p. 431.

[52] L. Aucoc, *L'Institut de France, lois, statuts et règlements*, Paris, 1889, p. XXXI.

[53] Dans les conclusions de sa thèse, l'auteur ajoute que « l'Institut de France et ses académies assument la gestion d'un service public personnalisé. Ils constituent six

Conseil d'État, dans un avis de la section de l'intérieur du 25 octobre 1988, a qualifié l'Institut « d'établissement public à statut législatif et réglementaire particulier ». Dans un arrêt d'Assemblée[54], le juge administratif a maintenu sa position en affirmant son caractère « d'établissement public administratif de l'État ». Si certains semblent appuyer cette position, « n'étant ni l'État ni une collectivité territoriale, il y avait dès lors fort à parier que l'Institut de France appartienne à la troisième catégorie de personnes publiques reconnues par la Constitution de 1958, celle des établissements publics »[55]; il est également possible de rapprocher le statut de l'Institut de France des nouvelles personnes publiques. Ainsi, L. Richer estime que l'organisation et le fonctionnement de l'Institut impliquent « un besoin d'autonomie »[56]. Surtout, il ajoute que la mission de cette institution, notamment la gestion de libéralités, suppose de « garantir aux fondateurs une gestion efficace et adaptable à la conjoncture économique, ce que ne permettent pas toujours les règles de droit public »[57]. Qualifier l'Institut de France d'établissement public le soumettrait à des règles de comptabilité et de gestion trop rigoureuses. C'est pourquoi le gouvernement avait émis le souhait, dès 2003, de qualifier l'Institut de personne publique *sui generis*[58]. Cependant, le Conseil d'État a jugé que cette institution présentait « le caractère d'un établissement public administratif »[59]. Or le législateur, par la loi du 18 avril 2006 de programmation pour la recherche, est venu heurter la jurisprudence et contrarier la qualification d'établissement public. Selon les termes de cette loi, « l'Institut de France ainsi que l'Académie française, l'Académie des inscriptions et belles-lettres, l'Académie des sciences, l'Académie des beaux-arts et l'Académie des sciences morales et politiques qui le composent sont des personnes

---

établissements publics unis, mais distincts », *L'Institut de France, son statut juridique*, *S.* 1938, p. 257.

[54] CE, Ass., 12 décembre 2003, *USPAC CGT- Syndicat CGT des personnels des affaires culturelles*, n° 290507.

[55] F. Donnat et D. Casas, « L'intérêt pour agir des unions syndicales et le statut de l'Institut de France », *AJDA* 2004, p. 200.

[56] L. Richer, « Les personnes publiques innomées », préc. p. 140.

[57] *Ibid.*

[58] A propos de l'arrêt CE, Ass., 12 décembre 2003, *USPAC CGT- Syndicat CGT des personnels des affaires culturelles*, le Ministre de l'éducation nationale soutenait que l'Institut était une personne publique *sui generis*.

[59] CE, 12 décembre 2003, *USPAC CGT- Syndicat CGT des personnels des affaires culturelles*, préc.

morales de droit public à statut particulier placées sous la protection du Président de la République ».

La Caisse des dépôts et consignations a été créée par la loi du 28 avril 1816 qui lui donne pour mission de « recevoir, conserver et rendre les valeurs qui lui sont confiées, en ayant assuré leur fructification ». Le titre X de la loi du 28 avril 1816, relatif aux caisses d'amortissement et des dépôts et consignations, la qualifie d'établissement public spécial. Les principales dispositions statutaires contenues dans cette loi subsistent toujours[60]. Pour beaucoup, la Caisse des dépôts et consignations constitue un établissement mystérieux[61].

Dès le début du XIXe siècle, la jurisprudence ainsi que la doctrine[62] ont clairement affirmé que la Caisse disposait de la personnalité morale. Le Conseil d'État, dans un arrêt du 29 juin 1906, souligne qu' « il résulte des lois et de règlements [...] que cette Caisse constitue un établissement spécial ayant une personnalité distincte de celle de l'État ». Toutefois, les origines lointaines de cette institution, « dotée d'un statut juridique très vague, placée sous l'autorité législative mais sensible aux conseils de l'exécutif »[63] auraient pu provoquer quelques incertitudes quant à sa nature juridique. A ce propos, on peut remarquer que son statut n'a pas subi d'importantes transformations alors que ses missions premières n'ont cessé de se diversifier au travers, notamment, de la création de multiples filiales afin de répondre aux urgences de l'intérêt général. L'article L. 518-2 du Code des marchés publics prévoit que la « Caisse des dépôts et consignations est un établissement spécial ». Dans le Code monétaire et financier, la Caisse est de nouveau « placée, de la manière la plus spéciale, sous la surveillance et la garantie de l'autorité législative ».

---

[60] Ordonnance n° 2000-1223 du 14 décembre 2000 relative à la partie législative du Code monétaire et financier, *JO* 16 décembre 2000, p. 20004.

[61] J.-F. Boudet, *La Caisse des dépôts et consignations : histoire, statut, fonctions, contribution à l'étude de ses fondements juridiques*, L'Harmattan, 2006, p. 21.

[62] Cette question a notamment été traitée par P. Solannet dans sa thèse *La Caisse des dépôts et consignations*, dans laquelle il indique, s'appuyant sur la « presque l'unanimité de la doctrine », qu'il est indiscutable que la Caisse des dépôts et consignations « dispose d'une personnalité morale distincte de celle de l'État », thèse, *S.*, 1942, p. 15 et s.

[63] S. Passeron, *L'autonomie de gestion des établissements publics nationaux*, Thèse, Paris, LGDJ, 1968, p. 228.

De ces dispositions, il ressort substantiellement que celle-ci est un organisme placé sous la protection du Parlement et qu'elle est toujours soumise au principe de spécialité. De même la juridiction administrative[64] a récemment qualifié la Caisse des dépôts et consignations d'établissement public. Il est cependant permis de s'interroger sur cette qualification au regard de la reconnaissance de nouvelles personnes publiques. En effet, le gouvernement agissant sur habilitation législative[65] répond implicitement à la qualification de la Caisse opérée par le Conseil d'État en consacrant de manière insidieuse son caractère *sui generis*. L'ordonnance du 6 juin 2005 relative aux marchés passés par certaines personnes publiques ou privées non soumises au code des marchés publics dresse la liste des personnes publiques non soumises à ce Code. L'article 3-3 dispose que la Caisse est soumise à ce texte. Par voie de conséquence, la Caisse n'est pas soumise au code des marchés publics qui s'applique pourtant aux établissements publics administratifs. Selon L. Richer, cette disposition correspond à une demande de la Caisse des dépôts et consignations souhaitant « voir consacrer sa spécificité comme personne morale *sui generis* »[66]. Surtout, les développements suivants s'attacheront à démontrer que d'autres indices, comme le régime juridique applicable à son personnel ou encore sa qualification de « groupe public »[67], autorisent à penser que la Caisse des dépôts et consignations peut être qualifiée d'établissement public *sui generis*.

Par ailleurs, le champ de l'étude a été limité au droit public interne à l'exception des modifications entrainées par l'intégration des normes européennes, et spécialement du droit européen de la

---

[64] CE, 15 juillet 2004, *Caisse des dépôts et consignations*, Rec. p. 431.

[65] L'ordonnance du 6 juin 2005 a été prise en application de l'article 65 de la loi de simplification du droit du 9 décembre 2004 habilitant le gouvernement à prendre les mesures nécessaires pour rendre compatibles avec le droit communautaire les dispositions législatives relatives à la passation des marchés publics ; les mesures permettant de clarifier les règles applicables aux marchés passés par certains organismes non soumis au code des marchés publics et les mesures permettant d'alléger les procédures de passation des marchés publics pour les collectivités territoriales.

[66] L. Richer, Actes du colloque organisé les 14 et 15 juin 2007 par l'Association française pour la recherche en droit administratif sur la « personnalité publique », Litec, Colloque et débats, n° 12, 2007, p. 184.

[67] Article L. 518-2 du Code monétaire et financier.

concurrence. A ce propos, J. Chevallier a précisé que le « droit public européen [...] touche, bien que dans une mesure variable, aux diverses rubriques du droit administratif : si l'impact est considérable sur le contentieux administratif et la procédure non contentieuse, ainsi que sur le droit des contrats et des services publics, il n'est pas pour autant négligeable en matière d'organisation administrative et de fonction publique »[68].

Aussi, la démarche vise-t-elle à donner une lecture juridique d'un phénomène, celui de la multiplication de nouvelles personnes publiques et ses conséquences sur l'ensemble de l'organisation administrative française. A cette fin, l'étude s'appuie sur les décisions du Conseil d'État, arrêts et avis contentieux, des juridictions administratives inférieures, du Tribunal des conflits mais également sur certaines décisions de la Cour de cassation. De plus, ces travaux reposent sur l'analyse d'un ensemble éclectique d'objets. Les nouvelles personnes publiques regroupent des institutions très hétérogènes comme les groupements d'intérêt public, l'Autorité de régulation des activités ferroviaires ou encore la Banque de France. Par conséquent, la recherche doit nécessairement conduire à s'interroger sur leur qualification. Peut-on se contenter de définir ces nouvelles personnes publiques comme des entités *sui generis* ? Pour parvenir à dépasser ce « refus paresseux d'analyse »[69], la recherche doit préalablement s'appuyer sur les réflexions doctrinales relatives aux catégories juridiques et à leur classification.

Selon M. Waline, une catégorie juridique est une « notion à laquelle le droit positif attache des conséquences, elle définit une institution à laquelle s'applique un régime juridique propre »[70]. M. Deguergue ajoute qu'une catégorie juridique doit regrouper « les notions et les règles qui offrent suffisamment de points communs pour figurer sous un seul genre »[71]. D. Truchet définit la catégorie juridique « comme une notion à laquelle est attaché un statut, c'est-à-dire un

[68] J. Chevallier, « L'évolution du droit administratif », *RDP* 1998, p. 1800.

[69] M. Painchaux, « La qualification sui generis : l'inqualifiable peut-il devenir catégorie ? », *RRJ* 2004, p. 2017.

[70] M. Waline, *Traité élémentaire de droit administratif*, Recueil Sirey, 6ème éd. 1950, p. 245.

[71] M. Deguergue, *Jurisprudence et doctrine dans l'élaboration du droit de la responsabilité administrative*, LGDJ, Coll. Bibliothèque de droit public, T. 171, 1998, p. 649.

ensemble de règles »[72]. Par conséquent, pour pouvoir former une nouvelle catégorie juridique, les nouvelles personnes publiques doivent présenter des traits caractérisques communs. Il faut encore que ces éléments de similitude se distinguent de ceux des catégories voisines c'est-à-dire de la catégorie des collectivités territoriales et de celle des établissements publics. En d'autres termes, l'existence d'une nouvelle catégorie de personnes publiques implique la détermination de critères permettant d'isoler « à la fois les traits communs à toutes les espèces qu'elles regroupent et les caractères par lesquels toutes les espèces des différentes catégories se distinguent des autres »[73].

Dès à présent, il convient de souligner que le législateur a joué un rôle déterminant dans la prolifération des nouvelles personnes publiques. La place de la loi connait une évolution importante dans l'élaboration des catégories juridiques. Tout d'abord, il est à noter que la Constitution du 4 octobre 1958 utilise le terme « catégorie » à quatre reprises. L'article 72-2 énonce les catégories des collectivités territoriales. Ensuite, aux articles 74 et 77, la Constitution traite des actes des assemblées délibérantes de la Corse et de la Nouvelle-Calédonie. Enfin, l'article 34 de la Constitution confère au législateur le pouvoir de créer des catégories d'établissements publics. Par ailleurs, le GIP constitue la première forme d'institution *sui generis* d'origine législative. En outre, le législateur a conféré à l'AMF la personnalité morale conduisant *ipso facto* à créer une nouvelle espèce d'AAI. Comme dit précédemment, la loi a également choisi de contourner la qualification jurisprudentielle de l'Institut de France en lui préférant celle de « personne morale de droit public à statut particulier ». D'autres exemples illustrent l'importance des normes textuelles comme le régime législatif des contrats de partenariat public-privé[74] ou plus récemment, le statut général des GIP issu de la proposition de loi du député Warsmann[75]. Par conséquent, l'étude inclut également les textes législatifs et réglementaires qui organisent le fonctionnement et précisent le régime juridique des nouvelles personnes publiques et de l'établissement public.

---

[72] D. Truchet, *Droit administratif*, Thémis Droit, 4ème éd. 2011, p. 63.

[73] J.-L. Bergel, *Théorie générale du droit*, Dalloz, Collection Méthodes du droit, 2012, p. 240.

[74] Ordonnance du 17 juin 2004 relative aux contrats de partenariat.

[75] Loi n° 2011-525 du 17 mai 2011 de simplification et d'amélioration de la qualité du droit, *JO* n°121 du 25 mai 2011, DC n° 2011-629 du 12 mai 2011.

Les difficultés méthodologiques rencontrées

Ces travaux relatifs aux nouvelles personnes publiques ont soulevé deux principales difficultés.

Tout d'abord, il fallait éviter un écueil important : la simple description du fonctionnement et de l'organisation de chaque personne publique innomée. Pour éviter cet inventaire, il est apparu nécessaire d'établir des traits de convergence entre les entités étudiées. A l'origine des recherches, la démarche s'était orientée vers la constitution d'une nouvelle catégorie juridique, à côté de la distinction collectivité territoriale/ établissement public. En d'autres termes, il a été tenté de regrouper toutes les institutions innomées au sein d'une nouvelle catégorie juridique de personnes publiques. Néanmoins, la diversité des nouvelles personnes publiques, leurs irréductibles particularités et le fait qu'elles se distinguent difficilement de l'établissement public n'ont pas permis la reconnaissance d'une nouvelle catégorie juridique. Ces dernières disposent de compétences dans des domaines variés. Certaines bénéficient d'une large autonomie alors que d'autres sont fortement contrôlées par l'État. Enfin, elles sont soumises à des régimes juridiques différents.

Afin de contourner l'obstacle de la diversité, il a fallu adopter une première définition sommaire des nouvelles personnes publiques. Ces dernières seront donc qualifiées de personnes morales, relevant du droit public et à vocation spéciale. Cette définition n'est pas très éloignée de celle d'une notion traditionnelle : l'établissement public. D'ailleurs, de nombreux auteurs établissent des liens entre l'établissement public et les nouvelles personnes publiques. S. Théron[76] explique que la multiplication de ces nouvelles structures est due à la désuétude des catégories juridiques et, spécialement, à celle de l'établissement public. J.-M. Pontier souligne que la diversité de la catégorie de l'établissement public est à l'origine de la reconnaissance des nouvelles personnes publiques[77]. C'est pourquoi l'étude de la notion et de l'évolution de l'établissement public constitue une étape indispensable à la compréhension de l'avènement des nouvelles personnes publiques.

---

[76] S. Théron, « Les catégories en droit administratif », *RRJ* 2005, n° 4, p. 2419.
[77] J.-M. Pontier, « La personnalité publique, une notion anisotrope », *RFDA* 2008, p. 989.

Cette étude a suscité une seconde difficulté puisque d'une part, la notion d'établissement public « ne repose pas sur des fondements juridiques clairement établis »[78] et, d'autre part, cette notion embrasse un ensemble de règles issues de la jurisprudence administrative, européenne, judiciaire mais, est également le fruit d'une abondante réflexion doctrinale.

L'établissement public a des « origines mystérieuses, encore insuffisamment explorées, on est dans l'incapacité de pouvoir lui donner une date de naissance »[79]. Il faut attendre la législation post-révolutionnaire[80] pour que le terme d'établissement public apparaisse sous sa forme actuelle. A l'origine, les établissements publics désignaient aussi bien l'ensemble des personnes morales administratives que les congrégations, comités, collèges ou hôpitaux. Dans un premier temps, la jurisprudence et la doctrine du début du XIXe siècle ont distingué les établissements publics des personnes privées sous la forme de la distinction entre établissement public et établissement d'utilité publique. Ces deux notions étaient jusqu'alors largement confondues dans la mesure où ces deux institutions poursuivaient un but d'intérêt général. Pour R. Drago[81], les établissements publics avaient été « créés par l'État et dépendaient de lui » alors que les établissements d'utilité publique auraient été « créées par les particuliers et sont seulement soumis à un contrôle de la part de l'État ». La chambre civile de la Cour de cassation avait jeté les bases de la distinction dans deux arrêts de principe datant de 1856[82]. En 1899, le Tribunal des conflits a participé à la définition de

---

[78] CE, *Rapport d'étude sur les établissements publics*, 2009, préc. p. 9.

[79] B. Plessix, *Etablissement public, Notion et création, Jurisclasseur administratif*, 2007, Fascicule 135.

[80] R. Drago explique ainsi que « la Révolution opposée à tout corps intermédiaire entre l'individu et l'État, va forcément être hostile à ces organismes ; dans la société « atomistique » comme disait L. Duguit, qu'elle va vouloir construire, il n'y aura pas de place pour ces institutions disposant d'une personnalité autonome, *Les crises de la notion d'établissement public*, Pedone, 1950, p. 33.

[81] R. Drago, préc. p.35

[82] « Attendu, dit la Cour suprême, que l'autorisation, les avantages et la surveillance accordés aux caisses d'épargne, à raison de leur but et de leur objet d'intérêt général et d'utilité publique, ne leur ont point imprimé le caractère d'établissements publics…Qu'il suit que les caisses d'épargne créées dans un but d'intérêt général et d'utilité publique sont néanmoins des établissements privés auxquels les principes de droit commun sont applicables et contre lesquelles peuvent être employées toutes

l'établissement public en jugeant, dans l'arrêt *Association du Canal de Gignac*[83], que les associations syndicales autorisées constituaient des établissements publics. Le Tribunal des conflits se fonde sur l'existence de prérogatives de puissance publique[84] pour classer les associations syndicales de propriétaires autorisées dans la catégorie des personnes publiques et plus précisément, dans la catégorie de l'établissement public. Ce critère des prérogatives de puissance publique, déjà contesté à l'époque[85], est très vite apparu insuffisant[86] pour distinguer les personnes publiques des personnes privées. Comme on le verra plus loin dans les développements, la recherche d'un critère pour établir la distinction entre personne publique et personne privée s'est révélée vaine.

Ensuite, la formule de l'établissement public a connu un véritable succès jusqu'à devenir le principal mode de gestion de l'activité administrative. Sa prolifération dans le développement de la politique administrative a d'ailleurs été rapidement contestée par le Conseil d'État dans un premier rapport adopté en 1971. Le rapport Tricot soulignait qu'il « y a tant d'établissements et qu'ils sont si divers que suivant un processus général la notion a perdu en contenu

---

les voies de poursuite et d'exécution autorisées par le droit commun », Civ., 5 mars 1856, *D.* 1856-1-121.

[83] TC 9 décembre 1899 *Association syndicale du Canal de Gignac*, Rec. P. 731 ; M. Hauriou, Note sous TC 9 décembre 1899 *Association syndicale du Canal de Gignac*, *S.*, 1900, III, 49, t.1, p. 413.

[84] « Considérant que par l'obligation imposée aux propriétaires compris dans le périmètre d'une association syndicale autorisée d'y adhérer sous peine d'avoir à délaisser leurs immeubles, par l'assimilation des taxes de ces associations aux contributions directes, par le pouvoir attribué aux préfets d'inscrire d'office à leur budget les dépenses obligatoires, et de modifier leurs taxes de manière à assurer l'acquit de ces charges », TC 9 décembre 1899 *Association syndicale du Canal de Gignac*, préc.

[85] M. Hauriou, Note sous TC 9 décembre 1899 *Association syndicale du Canal de Gignac*, *S.*, 1900, III, 49, t.1, p. 413.

[86] Récemment, CE, Sect., 22 février 2007, *Association du personnel relevant des établissements pour inadaptés (APREI)* J. Boucher et F. Lenica, Chronique générale de jurisprudence administrative française, *AJDA* 2007, p. 793 ; C. Boiteau, *RFDA* 2007, p. 803; D. Costa, « Mission de service public assumée par une personne privée : clarification ou codification ? », *AJDA* 2007, p. 825 ; G.-J. Guglielmi et G. Koubi, « Le service public, désinence législative ou office du juge ? », *JCP A* 2007, p. 2145 ; B. Plessix, Chronique de droit administratif, *JCP* 2007. I. 166 ; Concl. C. Vérot, *JCP A* 2007. 2066.

ce qu'elle a gagné en extension »[87]. Le rapport du Président Gazier dénonçait également la multiplication des établissements publics, pouvant être à l'origine de « risques graves qui peuvent aller jusqu'à la dénaturation de l'État »[88].

Parallèlement, la doctrine avait élaboré une définition de la notion d'établissement public, construite autour de la notion de service public. L'établissement public était qualifié de « service public spécial personnifié »[89]. Pour la conception classique, la caractéristique majeure de l'établissement public consistait dans le fait qu'il gérait nécessairement une activité de service public. « Il faut considérer l'établissement public comme un des démembrements de l'État. Il faut le considérer comme des organes préposés par l'État à l'exécution d'un service public », écrivait le commissaire du gouvernement Blum dans ses conclusions sur l'arrêt *Pichot* [90]. L'institution était également qualifiée de « personne morale de droit public dont les ressources sont affectées à un service ou à un groupe de services déterminés en vue de satisfaire aux besoins spéciaux des habitants, soit de l'ensemble du territoire, soit d'un département, d'une commune ou d'un groupement de communes »[91]. Grâce à la notion de service public, la doctrine avait réussi à définir la catégorie des établissements publics. Soumis à un régime de droit public quant à leur organisation et à leur fonctionnement, le contentieux lié à cette catégorie de « personne morale administrative créée pour la gestion d'un service public »[92], relevait du juge administratif. Cependant, l'étude de la notion et sa corrélation avec celle de service public, s'est rapidement révélée inadéquate. Selon R. Drago : « il n'existe pas de notion générale de l'établissement public, mais seulement des établissements publics, possédant des formes et des régimes divers ne permettant pas de parler d'une notion unique »[93]. Déjà à cette époque, l'équation

[87] CE, *La réforme des établissements publics*, La documentation française, 1972.

[88] CE, Etude sur les établissements publics. *Réflexions sur les catégories et les spécificités des établissements publics nationaux*, *EDCE*, 1984-85, n°36, p13 et s.

[89] M. Hauriou, *Précis de droit administratif et de droit public*, 11ème éd., 1927, p. 236.

[90] CE, 21 juin 1912, *Pichot*, *D.* 1915 p. 9.

[91] R. Connois, *La notion d'établissement public en droit administratif français*, Paris, LGDJ, 1959, p. 22.

[92] Concl. Romieu sur CE, 22 mai 1906, *Caisse des écoles du 6ème arrondissement de Paris*, Rec. p. 390, *S.* 1905. 3. 33, note M. Hauriou.

[93] R. Drago, préc. p. 239.

établissement public/ gestion d'un service public n'était pas vérifiée dans tous les cas de figure. Ainsi le juge a-t-il qualifié dans l'arrêt *Association Canal de Gignac*[94] les associations syndicales de propriétaires d'établissement public sans jamais faire référence à la notion de service public : « Considérant que, par l'obligation imposée aux propriétaires compris dans le périmètre d'une association syndicale autorisée d'y adhérer sous peine d'avoir à délaisser leurs immeubles ; par l'assimilation des taxes de ces associations aux contributions directes ; par le pouvoir attribué au préfet d'inscrire d'office à leur budget les dépenses obligatoires et de modifier les taxes de manière à assurer l'acquit de ces charges, lesdites associations présentent les caractères essentiels d'établissements publics »[95]. Ce décalage entre établissement public et service public apparaissait également dans le fait qu'un certain nombre d'entreprises publiques ont été qualifiées d'établissements publics à l'instar des Charbonnages de France[96] ou de l'entreprise de recherche et d'activité pétrolière[97]. Le cas des Houillères qui, de « l'avis général, est bien difficile de rattacher à l'exécution du service public, même si l'on entend le service public de façon large »[98], est particulièrement significatif. L'équation entre établissement public et service public, ainsi relativisée, est d'autant plus remarquable que la formule de l'établissement public, comme le montre une étude récente[99], n'a pas été construite à l'origine pour gérer une mission de service public.

En outre, selon R. Drago, l'établissement public a très vite connu deux bouleversements. Tout d'abord, la notion classique « aurait été rapidement pervertie au moins parasitée par deux autres formes d'établissement publics, l'une de nature interventionniste et l'autre de nature corporative »[100]. Ensuite, l'établissement public de nature administrative a été concurrencé par le développement de

---

[94] TC, 8 décembre 1899, *Association syndicale du canal de Gignac*, préc.
[95] *Ibid.*
[96] C. Bergeal, « La diversification des activités de Charbonnages de France et le principe de spécialité », Concl. sur CE, 9 juillet 1997, *Société Maison Balland-Brugneaux*, *RFDA* 1998, p. 53.
[97] CE, Ass., 24 nov. 1978, *Schwartz et autres*, Rec. p. 467, *AJDA* 1979, p. 34.
[98] O. Dugrip et L. Saïdj, *Les établissements publics nationaux*, LGDJ, Coll. Système, 1992, p. 235.
[99] F. Beroujon, « Le recul de l'établissement public comme procédé de gestion des services publics », *RFDA*, 2008, p. 26.
[100] R. Drago, préc. p. 67.

l'interventionnisme économique et la multiplication des établissements publics industriels et commerciaux. De plus, la jurisprudence administrative a contribué à l'éclatement de la notion. Le Conseil d'État a offert aux établissements publics la possibilité de gérer des missions de nature privée. De même, la formule a été pervertie lorsque le juge administratif a autorisé une structure privée à prendre en charge une mission de service public administratif[101]. Enfin, l'unité de l'établissement public a volé en éclat avec la prolifération des établissements publics industriels et commerciaux, suite à la fin de la seconde guerre mondiale. Il convient également d'ajouter que le décalage entre service public et établissement public n'a cessé de s'aggraver avec l'apparition et le développement des établissements publics territoriaux[102].

Une nouvelle définition de la notion d'établissement public, détachée de la notion de service public, a été adoptée. Pour ne citer que quelques exemples, l'établissement public est désormais qualifié de « personne morale de droit public à objet spécial »[103] ou de « personne publique spécialisée »[104]. Pour d'autres, il s'agit d' « organisme public, à vocation spéciale, doté de la personnalité morale »[105]. Cette nouvelle définition correspond à une des raisons qui expliquent le succès de la formule : sa très grande souplesse. En effet, le Conseil d'État souligne dans son étude sur les établissements publics de 2009 que l'établissement public bénéficie « du fait même de son statut, d'un certain nombre d'avantages et de sujétions qui font sa spécificité »[106], lui permettant de répondre à une multitude d'objectifs. Selon cette étude, la formule de l'établissement public permet, notamment de conférer une autonomie de gestion dans certains domaines où le souci d'indépendance est consubstantiel à la

---

[101] CE, 20 décembre 1935, *Etablissements Vézia*, Rec. p. 1212, *RDP* 1936, p. 119, Concl. R. Latournerie; CE Ass., 13 mai 1938, *Caisse primaire « Aide et Protection »*, Rec. p. 417, *D.* 1939, p. 65, Concl. R. Latournerie, note Pépy, *RDP* 1938, p. 830, Concl. Latournerie.

[102] *Infra*, Partie 1, Titre 1, Chapitre 1, Section 2, § 2.

[103] M. Rougevin-Baville, R. Denoix de Saint Marc, D. Labetoulle, *Leçons de droit administratif*, Hachette, 1989, p. 266.

[104] R. Chapus, *Droit administratif général*, Montchrestien, 10ème éd. 1996, t. 1, n° 170.

[105] R. Connois, *La notion d'établissement public en droit administratif français*, Thèse, Paris, 1959, p. 21.

[106] CE, *Rapport d'étude sur les établissements publics, EDCE* 2009, préc. p. 10.

mission exercée, comme c'est par exemple le cas en matière d'enseignement et de recherche ou encore afin de répondre à la volonté d'optimiser l'exercice d'une mission par une personne publique[107]. Toutefois, le Conseil d'État poursuit en citant des motifs de création « moins vertueux ». Ainsi en est-il de la multiplication du recours aux EPIC dans le seul but d'échapper aux règles budgétaires contraignantes de l'EPA ou à celles de la gestion du personnel. Nonobstant ces différentes justifications qui peuvent s'apparenter à une dénaturation de la formule classique de l'établissement public, celui-ci continue d'être une formule privilégiée grâce à la souplesse de son statut. Autrement dit, la catégorie de l'établissement public a subi de profondes mutations qui lui ont permis de perdurer au cœur de l'appareil administratif. Pourtant, le développement du droit économique et du droit de l'Union européenne a fait craindre la disparition d'une forme particulière d'établissement public, les EPIC à compétence nationale[108]. Or, le rapport du Conseil d'État de 2009 souligne que « sur le terrain du droit communautaire, aussi bien celui des aides d'État que celui de la commande publique, les craintes qui sont exprimées et qui évoquaient la mort de l'établissement public, ont été surestimées »[109].

La méthode de recherche : le lien entre les nouvelles personnes publiques et l'établissement public

L'émergence des nouvelles personnes publiques semble correspondre à la désuétude des catégories traditionnelles des personnes publiques et notamment à celle de l'établissement public. Malgré leur extrême diversité, les nouvelles personnes publiques possèdent des traits d'identification communs avec la notion traditionnelle d'établissement public. L'environnement juridique de l'établissement public est bouleversé par la reconnaissance de nouvelles entités dotées de la personnalité morale et de l'autonomie financière. En d'autres termes, l'établissement public serait une

[107] *Ibid*, p. 12.

[108] M. Lombard, « L'établissement public industriel et commercial est-il condamné ? », *AJDA* 2006, p. 79, D. Bailleul, « Vers la fin de l'établissement public industriel et commercial ? A propos de la transformation des EPIC en sociétés », *RJEP* 2006, p. 105

[109] X. Domino, E. Fatôme, Y. Jégouzo, F. Loloum et O. Schrameck, « Questions sur l'avenir de l'établissement public, A propos du rapport du Conseil d'État», *AJDA* 2010, p. 1240.

formule dépassée, inadaptée à la modernisation de l'action administrative[110]. Pour pallier son manque de souplesse, le législateur aurait éprouvé le besoin de recourir à de nouvelles formes institutionnelles. Ces dernières sont qualifiées de personnes publiques spéciales ou de personnes publiques spécialisées par de nombreux auteurs. Or, l'établissement public est une personne morale, de droit public et soumis au principe de spécialité. Le lien entre établissement public et nouvelles personnes publiques est donc patent. Il suffit, pour s'en convaincre, de revenir substantiellement sur ces trois critères d'identification pour mettre en perspective l'établissement public et les nouvelles personnes publiques.

En premier lieu, l'établissement public est doté de la personnalité morale. La notion de personne morale est ancienne puisqu'elle trouve son origine dans le concept d'*universitas* en droit romain[111]. A cette époque, la personnalité morale ne s'appliquait qu'aux personnes privées. La notion de personne morale est présente au Moyen-âge mais sous la forme des « bonnes villes » qui sont dirigées par une communauté d'habitants, disposent de prérogatives de puissance publique et d'un patrimoine foncier. La notion de personne morale connaît ensuite des profonds bouleversements avec l'avènement de la monarchie de droit divin. Selon G. Lazzarin, l'avènement de l'État royal et de la monarchie de droit divin, « légitimant le pouvoir du roi par la volonté divine, est sensiblement éloigné des concepts juridiques de la personnalité morale »[112]. La Révolution Française, hostile à tout groupement intermédiaire, a réduit sensiblement toute logique de personnalisation en édictant deux textes majeurs : le décret d'Allarde et la loi Le Chapelier. Il faudra attendre la fin du XIXe siècle et les débats entre partisans de la théorie de la réalité et les défenseurs de la théorie de la fiction pour que la notion de personnalité morale soit définitivement établie.

---

[110] « La formule de l'établissement public est tout simplement dépassée du fait des limites de ce qui a fait une large partie de son succès au regard du modèle classique d'Administration : la souplesse », F. Melleray, préc. p. 713.

[111] R. Saleilles, *De la personnalité juridique*, Librairie Arthur Rousseau, 2ème éd., 1922, p. 68.

[112] G. Lazzarin, *La personnalité publique dans la jurisprudence administrative*, Thèse, Nancy 2, 2010, p. 22.

La doctrine contemporaine[113] a évacué les débats opposant les différentes théories de la personnalité morale et a pris le parti de définir la notion de personnalité morale comme un procédé juridique offrant des avantages et des sujétions spécifiques à l'entité personnalisée. Aussi, l'établissement public, tout comme les nouvelles personnes publiques, est-il doté de la personnalité morale. Or, le législateur justifie l'octroi de la personnalité morale aux nouvelles personnes publiques par une plus importante souplesse de gestion et une responsabilité accrue. La personnalisation de ces nouvelles entités serait ainsi synonyme d'une plus grande indépendance. Il conviendra de se demander si l'attribution de la personnalité morale constitue réellement un avantage, si cette dévolution est véritablement synonyme d'autonomie juridique ou s'il existe une forme de tutelle administrative sur ces nouvelles structures qui les rapprochent de la catégorie des établissements publics. Il suffit de songer aux juridictions qui ne sont pas pourvues de la personnalité morale et qui doivent pourtant rendre leurs décisions en toute indépendance[114]. Le Conseil d'État remarque également que « l'expérience n'a pas montré que l'absence de personnalité morale distincte de celle de l'État était un obstacle au bon fonctionnement d'une autorité de régulation »[115]. L'équation entre autonomie et personnalité morale n'est donc pas systématique et encore faut-il préciser ce que l'on entend par « autonomie ». En effet, il ne faut pas confondre les notions d'autonomie et d'indépendance. Il est important de souligner que l'indépendance des nouvelles personnes publiques spéciales consiste en une indépendance budgétaire, financière et juridique. C'est d'ailleurs ce que rappelle le législateur dans l'acte créateur de ces nouvelles personnes publiques. A titre d'illustration, l'article 21 de la loi du 15 juillet 1982 qualifie les groupements d'intérêt public d'organismes dotés « de la personnalité morale » et de « l'autonomie financière ». L'article L. 621-1 du Code monétaire et financier précise également que l'Autorité des marchés financiers est une « autorité publique indépendante dotée de la personnalité morale et de l'autonomie financière ». Pourtant, une disposition nouvelle a été introduite par la loi de sécurité financière du 1er août 2003 démontrant

---

[113] *Ibid,* p. 27.

[114] M. Lombard, *Brèves remarques sur la personnalité morale des autorités de régulation, CJEG* 2005, n° 619, p. 128.

[115] CE, *Rapport d'étude sur les autorités administratives indépendantes*, *EDCE*, n° 52, 2001, p. 291.

qu'il existe bien une tutelle du pouvoir exécutif sur cette dernière. Le Ministre de l'Économie et des Finances détient la possibilité d'adopter par décret toutes mesures urgentes nécessitées par les circonstances, en cas de carence de l'AMF dans l'exercice de son pouvoir réglementaire[116].

En outre, la personnalité morale confère à l'organisme considéré des droits mais elle est aussi, selon l'expression consacrée, le siège d'un certain nombre d'obligations. En effet, tout comme les autres personnes publiques disposant de la personnalité morale, ces nouvelles formules institutionnelles sont pleinement responsables de leurs actes. Or, si la responsabilité de telle ou telle nouvelle personne publique est engagée, celle-ci devra réparer seule, sans l'État, les fautes pour lesquelles elle a été sanctionnée ou pour faire face à toute action indemnitaire. A titre d'illustration, si l'Agence française de lutte contre le dopage sanctionne un sportif au motif que celui-ci viole la législation sur les produits dopants mais qu'il est établi par la suite, qu'il s'agissait d'une erreur d'analyse et que le sportif engage une action en responsabilité contre l'Agence pour la suspension qui lui a été infligée, c'est l'Agence qui est juridiquement responsable mais il n'est pas certain que celle-ci dispose d'un budget suffisant pour octroyer des dommages et intérêts.

En second lieu, l'établissement public est une personne publique. Cette qualification semble impliquer l'application du droit administratif et la compétence du juge administratif[117]. Toutefois, cette conception est contestée dans la mesure où la personnalité publique n'est plus obligatoirement synonyme de soumission à un régime de droit public. D'ailleurs, les GIP sont qualifiés de personnes publiques alors que la plupart d'entre eux soumettent leur comptabilité au régime de droit commun. La personnalité publique n'est pas une notion figée. De nombreuses études témoignent de l'actualité de la question[118]. Aujourd'hui, la notion de personnalité publique est

---

[116] Article L. 621-7-1 du code monétaire et financier.

[117] Toutefois, l'EPIC est soumis à l'application du droit privé, CE Ass., 16 novembre 1956, *Union syndicale des industries aéronautiques*, *D.* 1956, p. 759, Concl. Laurent, *AJDA* 1956. II. 489, chr. Fournier et Braibant, *JCP* 1957. II. 9968, note Blaevoet.

[118] AFDA, *La personnalité publique*, actes du colloque organisé les 14 et 15 juin 2007, Litec, 2007, J.-M. Pontier, *La personnalité publique, notion anisotrope*, préc., G. Lazzarin, *La personnalité publique dans la jurisprudence administrative*, préc.

principalement étudiée à l'aune de deux questions : la distinction des personnes publiques et des personnes privées a-t-elle toujours un sens ? La personnalité publique présente-t-elle toujours une certaine unité ?

La distinction entre personne publique et personne privée est de plus en plus contestée. A l'origine, cette distinction reposait sur une opposition simple : les personnes publiques s'incorporaient à l'administration alors que les personnes privées appartenaient au secteur privé. D'un point de vue fonctionnel, il était considéré que les personnes publiques géraient obligatoirement une mission d'activité d'intérêt général alors que les personnes privées poursuivaient des intérêts particuliers. En 1988, J.-B. Auby écrivait que la distinction entre personne publique et personne privée « est le fruit d'une volonté politique »[119]. Afin de s'adapter aux nouvelles missions de l'État providence et à la modernisation de l'action administrative, l'État a transcendé la distinction en créant des formules juridiques intermédiaires prenant « la forme d'une constante fuite devant le modèle le plus traditionnel de la gestion administrative, que constituait le modèle de l'établissement public gérant un service public administratif avec de fortes prérogatives de puissance publique »[120]. L'évolution de la distinction personne morale de droit public-personne morale de droit privé est le fruit de deux phénomènes : l'apparition de la gestion privée dans les services publics et la prise en charge de certains services publics par des personnes privées. Par la suite, les pouvoirs publics ont encore rapproché les secteurs publics et privés en créant des institutions intermédiaires. Ainsi, l'entreprise publique[121] regroupe à la fois des personnes morales de droit public comme les EPIC et des sociétés commerciales de droit privé et leurs filiales dans lesquelles l'État ou les établissements publics détiennent directement ou non la majorité du capital social. On assiste donc au dépassement de l'opposition personne publique-personne privée et ce phénomène

---

[119] J.-B. Auby, *La notion de personne publique en droit administratif*, Thèse Bordeaux, 1979, p.109.

[120] N. Mathey, « Personne publique et personne privée », Actes du colloque organisé les 14 et 15 juin 2007 par l'AFDA sur la « personnalité publique, préc. p. 79.

[121] A.-G. Delion, *Le statut des entreprises publiques*, Berger-Levrault, 1963 ; G. Timsit, *La spécialité des entreprises publiques*, *Etudes de droit public*, Cujas, 1964, p. 475 à 500. Dans son manuel de droit public économique, J.-P. Colson intitule l'un de ses chapitres « L'introuvable notion juridique d'entreprise publique », *Droit public économique*, LGDJ, 4ème éd., p. 642.

s'amplifie avec la reconnaissance, à côté des catégories classiques, de nouvelles personnes publiques innomées. Ce mouvement de diversification se double d'un second phénomène avec « la sociétatisation des établissements publics » : France Telecom, EDF-GDF, Aéroports de Paris ou encore La Poste ont été transformés en sociétés anonymes de droit privé au nom d'impératifs concurrentiels et d'exigences européennes.

En troisième lieu, l'établissement public est soumis au principe de spécialité. Ce principe signifie que « la personne morale née avec un but ne peut pas détourner de sa destination les droits de toute nature (droits de puissance publique ou droits patrimoniaux) qui lui ont été reconnus pour lui permettre d'atteindre ce but »[122]. Ce principe est apparu dans la première moitié du XIXe siècle pour lutter contre l'accroissement des biens ecclésiastiques. Avec la loi de séparation de l'Église et de l'État, certains ont pressenti la disparition du principe de spécialité. Au contraire, celui-ci a survécu « en s'adaptant à des circonstances nouvelles et à des institutions originales »[123]. Le principe de spécialité est étroitement lié à deux notions : la personnalité morale et la catégorie de l'établissement public. En effet, ce principe sert à délimiter l'action d'une personne morale, qu'elle appartienne à la catégorie des personnes publiques ou à celle des personnes privées, aux missions pour lesquelles elle a été créée. Toutefois, ce principe ne s'applique pas à toutes les personnes morales de droit public. L'État, réunissant le concept de souveraineté et celui de puissance publique, n'est pas soumis au principe de spécialité. Disposant de la compétence de la compétence, il est libre de déterminer son champ d'action[124]. Dans son rapport public de 2002, le Conseil d'État a affirmé que le principe de spécialité « n'existe pas » pour les collectivités territoriales[125]. En revanche, le principe de spécialité est intrinsèquement lié à l'établissement public. D'ailleurs, le principe de spécialité constitue un critère de différenciation

---

[122] L. Michoud, *La théorie de la personnalité morale*, t. 2, p. 150.
[123] J.-C. Douence, *La spécialité des personnes publiques en droit administratif*, *RDP* 1972, p. 809.
[124] CE, 29avril 1970, *Unipain*, Rec. p.280, *AJDA* 1970, p. 430, Concl. Braibant, *RDP* 1970, p. 1423, note M. Waline.
[125] CE, Rapport public 2002, *Collectivités publiques et concurrence, EDCE*, n° 53, 2002, p. 253.

« essentiel » entre les établissements publics et les collectivités territoriales[126].

Cependant, le principe de spécialité a très vite été contesté. L. Michoud a critiqué la conception étroite de la spécialité en refusant que cette règle soit d'application trop rigoureuse et constitue un frein à l'évolution de l'action administrative[127]. M. Hauriou l'a également qualifié de principe d'ordre un peu rigide qui s'adapte mal aux besoins de la vie[128]. On reproche au principe de spécialité d'être un obstacle au développement économique des établissements publics et, spécialement, aux entreprises publiques constituées sous la forme d'un EPIC. Le principe de spécialité a connu de nombreux assouplissements afin de permettre aux EPIC de répondre à la logique commerciale et à la nécessaire diversification imposée par le développement du marché concurrentiel. Aussi, le principe de spécialité a-t-il été considérablement tempéré sous l'effet de deux techniques. Tout d'abord, le législateur a défini de façon particulièrement extensive le champ des missions des établissements publics dans leurs textes institutifs. A titre d'illustration, l'article 18 de la loi du 30 décembre 1982 d'orientation sur les transports intérieurs permettait à la SNCF d' « exercer toutes activités qui se rattachent directement ou indirectement à sa mission ». Ensuite, la portée du principe de spécialité a été étendue par le Conseil d'État grâce à la notion d'activités accessoires[129]. C'est ainsi qu'EDF a notamment été autorisé à étendre son champ d'action aux activités connexes à sa mission principale par la technique de la filialisation[130]. Dès lors, la spécialité est aujourd'hui menacée par sa « dilution » et le « déclin de sa juridicité »[131].

---

[126] P.-L. Frier et J. Petit, *Précis de droit administratif*, Montchrestien, 4ème éd., 2006, p. 197.

[127] L. Michoud, *La théorie de la personnalité morale*, préc. , t. 2, p. 171.

[128] M. Hauriou, *Précis de droit administratif et de droit public*, p. 1081, note de bas de page n° 21.

[129] CE, Avis, Section des travaux publics, 7 juillet 1994, *EDCE* 1994, n°46, p. 409, *GACE* 2002, n° 31.

[130] S. Rodrigues, *Actualité du principe de spécialité des entreprises publiques, A propos de la diversification d'Electricité de France-Gaz de France, RFDA* 1996, p. 1146.

[131] F. Brenet, *La spécialité*, Actes du Colloque de l'AFDA « La compétence », Litec, Colloque et Débats, p. 82.

Néanmoins, le principe de spécialité offre à l'établissement public de nombreuses possibilités d'adaptation. Sa souplesse lui a permis de se diversifier et de demeurer un outil privilégié de l'action administrative. En outre, l'adaptation de la spécialité a conduit à la création d'institutions hybrides à l'instar des établissements publics de coopération intercommunale à fiscalité propre. En effet, les EPCI à fiscalité propre ont des compétences de plus en plus générales. La loi du 16 décembre 2010 relative à la réforme des collectivités territoriales a créé de nouveaux EPCI, notamment, la métropole. Ce nouvel établissement public dispose de nombreuses compétences qui rejoignent celles des collectivités territoriales. Ainsi que le souligne P. Serrand, la métropole a la possibilité d'exercer « à l'intérieur de son périmètre un certain nombre de compétences en lieu et place du département et de la région »[132]. De même, les nouvelles personnes publiques sont soumises, à des degrés divers, à l'application du principe de spécialité. Il sera alors nécessaire de comprendre comment l'évolution du principe de spécialité a contribué à la création des nouvelles personnes publiques.

Le paysage de l'organisation administrative a été bouleversé par un phénomène majeur, celui de la reconnaissance de personnes publiques nouvelles dont il n'est plus possible aujourd'hui d'ignorer l'existence[133]. Alors que la classification traditionnelle a longtemps opté pour une distinction bipartite des personnes publiques, l'univers dans lequel gravitent les personnes publiques est aujourd'hui qualifié de « grumeleux »[134] par référence à la multiplication d'entités publiques, *a priori*, inclassables. C'est pourquoi, il est nécessaire de procéder à un renouvellement de la classification des personnes publiques afin de rétablir un ordre au sein des personnes publiques et d'améliorer la connaissance de l'organisation administrative.

---

[132] P. Serrand, *Manuel d'institutions administratives*, PUF, 4ème éd. 2012, p. 279.
[133] *Ibid.*
[134] J.-M. Pontier, « La personnalité publique, notion anisotrope », *RFDA* 2007, p. 990.

Une étude formelle et matérielle a permis de mettre en exergue les causes de l'émergence des nouvelles personnes publiques.

Tout d'abord, les autorités étatiques ont souhaité moderniser l'action administrative, ce qui implique de nouveaux modes de gouvernance ainsi que l'utilisation de nouveaux instruments juridiques. Aussi, les nouvelles personnes publiques ont-t-elles été créées pour permettre une plus grande souplesse de l'action administrative. Pourtant, l'établissement public est traditionnellement considéré comme un procédé technique qui permet de simplifier les règles administratives.

Ensuite, il a été souligné que les autorités étatiques ont souhaité créer de nouvelles structures pour échapper aux règles contraignantes de l'établissement public. Néanmoins, certains GIP, à l'instar des maisons des services publics, sont soumis aux règles de la comptabilité publique ainsi qu'à celles du code des marchés publics. Pourtant, « l'exclusion d'une telle soumission est historiquement à l'origine de la formule du GIP »[135].

Enfin, ce sont des raisons d'opportunité qui ont conduit les autorités créatrices à s'affranchir des catégories traditionnelles. Le développement de ces nouvelles entités ne correspond pas à un schéma rationnel de création. Le législateur justifie également le fait que les nouvelles personnes publiques soient dotées de la personnalité morale par un besoin accru d'autonomie. Or, l'octroi de la personnalité morale ne les différencie pas de l'établissement public.

Au demeurant, les personnes publiques innomées se caractérisent principalement par leur forte hétérogénéité. Cependant, la constitution d'une « quatrième catégorie de personne publique »[136] suppose une « homogénéité au moins relative »[137]. Les nouvelles structures publiques sont trop hétéroclites et assujetties à des régimes juridiques trop disparates pour pouvoir former une véritable catégorie juridique. Surtout, ces personnes publiques nouvelles présentent des critères d'identification communs avec l'établissement public. La

---

[135] F. Melleray, « Une nouvelle crise de la notion d'établissement public, la reconnaissance d'autres personnes publiques spécialisées », *AJDA* 2003, p. 719.
[136] M. Degoffe, *Droit administratif*, Coll. Cours magistral, Ellipses, 2008, p. 156.
[137] R. Latournerie, « Sur un lazare juridique : bulletin de santé de la notion de service public – Agonie ? Convalescence ? Ou jouvence », *EDCE* 1960, p. 95.

reconnaissance de la catégorie des personnes publiques spéciales suppose d'une part, de prendre acte de l'hétérogénéité de la formule de l'établissement public et d'autre part, de démontrer, à l'aide d'une étude comparative, les critères d'identification communs à l'établissement public et aux nouvelles institutions publiques. Pour parvenir à ce résultat, les recherches ont conduit à l'étude de l'évolution de la notion d'établissement public. Puis, ces travaux ont permis de dégager une définition renouvelée de l'établissement public avant de rendre compte des traits caractéristiques de l'établissement public et des nouvelles personnes publiques. A l'instar de l'établissement public, les nouvelles personnes publiques sont dotées de la personnalité juridique et assujetties au principe de spécialité. Cette spécialisation constitue une première limite à l'autonomie de l'établissement public et des personnes publiques innomées. La seconde est liée aux contrôles auxquels ces structures sont assujetties dans le cadre de la décentralisation fonctionnelle. Même si ces éléments ne se retrouvent pas toujours ou ne sont pas toujours fortement caractérisés, l'autonomie de ces différentes personnes publiques est tempérée par deux notions : la tutelle et le rattachement.

L'établissement public n'est pas une formule désuète. Alors que dans ses précédents rapports, le Conseil d'État critiquait avec virulence le recours à la technique de l'établissement public, son étude de 2009 énonce que l'établissement public demeure une « formule plébiscitée »[138]. La souplesse de son statut lui a permis de s'adapter aux différentes transformations de l'action publique et il a servi de base à la création des nouvelles personnes publiques. En effet, ces nouvelles entités n'ont pas été créées *ex nihilo*. Les différents critères d'identification communs entre les personnes publiques *sui generis* et l'établissement public démontrent que l'autorité créatrice a utilisé le modèle de l'établissement public pour donner naissance à ces nouvelles entités. Ainsi, les nouvelles personnes publiques ne sont pas des institutions « non-identifiables » puisqu'elles contribuent aux métamorphoses de la formule extensive de l'établissement public. Celles-ci forment avec l'établissement public la catégorie des personnes publiques spéciales et se définissent comme des personnes morales de droit public, sans assise territoriale, à vocation spéciale et disposant d'une autonomie au service d'une mission d'intérêt général.

---

[138] CE, *Etude sur les établissements publics*, 2009, p. 14.

Par conséquent, la reconnaissance de nouvelles personnes publiques pose la question des transformations des catégories d'établissements publics. En d'autres termes, dans quelle mesure les nouvelles personnes publiques participent-elles du phénomène de mutation de la catégorie de l'établissement public ?

La notion d'établissement public connaît une évolution paradoxale. D'un côté, il est condamné pour ses règles jugées trop contraignantes et, de l'autre, la souplesse de son régime lui permet de constituer une catégorie ouverte s'adaptant à la modernisation administrative et constituant un paradigme pour la création de nouvelles entités publiques. L'avènement des nouvelles personnes publiques a conduit au renouvellement de la catégorie des personnes morales de droit public (**partie 1**). Toutefois, l'hétérogénéité des personnes publiques innomées exclut la constitution d'une nouvelle catégorie juridique de personne morale de droit public, à côté du diptyque collectivité territoriale/ établissement public. Les nouvelles personnes publiques ne sont pas des formes institutionnelles concurrentes à l'établissement public, mais, perpétuent les mutations des catégories de l'établissement public (**partie 2**).

Partie 1 : Le renouvellement de la catégorie des personnes morales de droit public

Il n'existe pas de classification plus classique que celle des personnes morales de droit public. Cette classification correspond à des catégories déterminées. Ainsi que le souligne F. Melleray : « il était classiquement considéré qu'existaient trois catégories de personnes publiques, l'État, les collectivités locales et enfin les établissements publics »[139]. Mais, il n'existe pas de classification plus bouleversée que celle des personnes publiques : « la trilogie des personnes publiques se fissure depuis les années 2000 »[140]. En réalité, l'organisation administrative s'est enrichie depuis longtemps de nouvelles institutions. C'est ainsi que dans l'entre deux-guerres, le législateur a donné naissance aux offices[141]. Ces nouvelles institutions, dotées parfois de la personnalité morale, ont été instituées pour gérer les nouvelles activités économiques des pouvoirs publics[142]. Plus récemment, la création des autorités administratives indépendantes a permis de conférer plus d'indépendance et de transparence à certains services des administrations centrales dans des domaines jugés sensibles[143]. Toutefois, l'institution puis la multiplication des AAI a suscité de multiples réflexions relatives à la classification des personnes morales de droit public. En 1986, J. Chevallier s'exprimait ainsi : « les autorités administratives indépendantes ne rentrent dans aucune des catégories existantes du droit public, et plus spécifiquement du droit administratif. Ce ne sont pas des établissements publics puisqu'elles sont dépourvues de personnalité morale. Ce ne sont pas non plus, à l'inverse, de simples commissions consultatives, dans la mesure où leurs attributions débordent le cadre

---

139 F. Melleray, « Une nouvelle crise de la notion d'établissement public. La reconnaissance d'autres personnes publiques spécialisées », *AJDA* 2003, p. 711.

140 M. Degoffe, *Droit administratif*, Coll. Cours magistral, Ellipses, 2008, p. 150.

141 Par exemple : l'Office national du tourisme, Office national de la navigation, Office des renseignements agricoles, Office national du commerce extérieur, Office du blé ; A. Chatriot, « Les offices en France sous la troisième République. Une réforme incertaine de l'administration », *RFAP*, n° 120, 2006, p. 635.

142 H. Berthélémy, *Traité élémentaire de droit administratif*, Rousseau, 9ème éd., 1920, p. 29 s; M. Hauriou, *Précis de droit administratif et de droit public*, Sirey, 1933, 12ème éd., p. 287 et s.

143 *Infra*, bibliographie sur les autorités administratives indépendantes, Titre 2, Chapitre 1, Section 2.

d'un simple pouvoir d'avis et où leur composition présente des caractéristiques très particulières. Ce ne sont pas davantage des juridictions, dès l'instant où les décisions qu'elles prennent ne sont pas dotées de l'autorité de la chose jugée »[144] . Il en arrive à la conclusion que ces autorités constituent une nouvelle variante de structure administrative[145].

La consécration par le juge de nouvelles personnes publiques, notamment les GIP et la Banque de France, a entériné le débat sur la création de nouvelles personnes morales de droit public. Toutefois, des incertitudes demeurent : qui sont ces nouvelles personnes publiques ? Existe-t-il déjà dans notre droit des organismes que l'on ne peut pas rattacher aux catégories existantes ? Surtout, la liste des nouvelles personnes publiques est-elle amenée à s'étendre ?

Il est nécessaire de constater que les auteurs ont des conceptions différentes à l'égard des nouvelles personnes publiques. La plupart d'entre eux soulignent l'existence de deux espèces d'institutions spécialisées, les GIP et la Banque de France. Malgré la multiplication des autorités administratives indépendantes dotées de la personnalité morale, certains auteurs ne mentionnent pas leur existence[146]. Au contraire, P.-L. Frier et J. Petit ou P. Serrand classent parmi les nouvelles personnes publiques les GIP, la Banque de France, les autorités publiques indépendantes, l'Institut de France et ses académies et la Caisse des dépôts et consignations « mais de façon moins certaine »[147]. Ces différentes conceptions démontrent que les nouvelles personnes publiques sont difficiles à identifier. Ce constat est accentué par le fait que ces nouvelles structures sont très hétérogènes et qu'elles sont soumises à des régimes juridiques variés. Toutefois, les auteurs s'accordent pour affirmer que la reconnaissance de nouvelles personnes publiques est due à la désuétude des formules existantes. Aussi, les nouvelles personnes publiques ont été créées pour moderniser l'action administrative.

---

[144] J. Chevallier, « Réflexions sur l'institution des AAI », *JCP* 1986, n° 3254.
[145] *Ibid.*
[146] G. Lebreton, *Droit administratif général*, Dalloz 2007, 4ème éd., p. 154.
[147] P.-L. Frier et J. Petit, *Précis de droit administratif*, Montchrestien, Coll. Domat Droit public, 6ème éd., 2010, p. 212 ; P. Serrand, *Manuel d'institutions administratives*, 4ème éd., préc. p. 321.

Une nouvelle classification des personnes morales de droit public suppose la mise en évidence d'une nouvelle catégorie juridique de personnes publiques. Ainsi que le souligne A. Rouyère, « l'identification d'une catégorie expose à des difficultés presque irréductibles mais qui ne discréditent pas pour autant l'exercice »[148]. Les personnes publiques innomées présentent des caractéristiques communes mais également des particularités irréductibles. De plus, il sera pressenti un rapprochement avec une catégorie traditionnelle, celle de l'établissement public. Ces deux éléments s'opposent à la constitution d'une nouvelle catégorie juridique formée uniquement par les nouvelles personnes publiques.

La reconnaissance de nouvelles personnes publiques a conduit à la diversification de la catégorie des personnes morales de droit public (**titre 1**). Le foisonnement des institutions qualifiées de personnes publiques conduit à une réflexion sur la caractérisation de ces nouvelles personnes publiques (**titre 2**).

Titre 1 : La reconnaissance de nouvelles personnes publiques

Titre 2 : La caractérisation des nouvelles personnes publiques

[148] A. Rouyère, « Les personnes publiques spécialisées », in P. Gonod, F. Melleray, P. Yolka, *Traité de droit administratif*, t. 1, Dalloz 2012, p. 335.

La classification traditionnelle des personnes publiques s'est enrichie, ces dernières années, de nouvelles entités. A côté de la classification binaire, c'est-à-dire des collectivités territoriales et des établissements publics, se sont développées des personnes publiques innomées[149]. Toutefois, de nombreuses réticences ont prévalu à leur consécration.

La doctrine et la jurisprudence étaient peu enclines à reconnaître l'existence de nouvelles personnes publiques, autrement dit, « des catégories de personnes morales autres que l'établissement public ou la collectivité territoriale »[150]. En 1924, L. Michoud écrivait : « Parmi les personnes morales de droit public, la classification nous paraît devoir être établie comme il suit : État, communautés territoriales (départements, communes, provinces, etc.), établissements publics »[151]. De même, le juge a longtemps refusé d'abandonner la conception classique en refusant de consacrer la présence de catégories intermédiaires entre collectivité territoriale et établissement public. Enfin, ni la Constitution, ni la loi ne permettaient de reconnaître l'existence de nouvelles personnes publiques. Cette réticence, que L. Richer dénomme le « dogme dualiste » [152]de la classification des personnes publiques, a connu une évolution au début des années 1980. Le législateur a donné naissance à un ensemble de nouvelles structures, les groupements d'intérêt public (GIP). L'article 21 de la loi du 15 juillet 1982 les définit comme des entités « dotées de la personnalité morale et de l'autonomie financière ». Cependant, le législateur ne qualifie pas la nature juridique des GIP. Suivant la volonté du législateur, le juge a abandonné le recours aux catégories prédéfinies en les qualifiant de « personnes publiques soumises à un régime spécifique »[153]. Après de

[149] L. Richer, « Les personnes publiques innomées », Actes du colloque de l'AFDA sur la personnalité publique, Litec, 2007, p. 133.
[150] L. Richer, préc. p. 136.
[151] L. Michoud, *La Théorie de la personnalité morale*, t. 1, 2ème éd., LGDJ, 1924.
[152] L. Richer, « Les personnes publiques innomées », p. 135.
[153] CE, avis de la section de l'intérieur, 15 octobre 1985, *EDCE* 1986, n° 37, p. 189 ; *Les Grands avis du Conseil d'État*, Dalloz 1997, 1ère éd., note T. Dal Farra, p. 21 ; et TC, 14 févr. 2000, *GIP « Habitat et interventions sociales » c/ Mme Verdier*, Rec. p. 748 ; *AJDA* 2000, p. 465, chron. M. Guyomar et P. Collin.

nombreuses controverses, la doctrine s'est finalement ralliée à la position prétorienne en consacrant l'existence de personnes publiques *sui generis.*

Afin de comprendre les raisons de l'émergence de ces nouvelles personnes publiques (**chapitre 2**), il importe de retracer l'évolution historique de la classification classique des personnes publiques traditionnelles (**chapitre 1**).

Chapitre 1 : Les personnes publiques traditionnelles

Le fondement de la notion de personne publique réside dans la théorie de la personnalité morale. En 1924, L. Michoud écrivait : « Pour la plupart des juristes du XIXe siècle, le point de départ de la personnalité juridique se trouve dans l'axiome que l'homme seul est un sujet de droit »[154]. Partant de ce postulat, deux théories classiques vont s'affronter, la théorie de la fiction et la théorie de la réalité combattant la première conception.

Selon F. Linditch, le fondateur de la théorie de la fiction doit « être recherché dans la doctrine allemande de la première moitié du XIXe siècle », notamment F.-C. Von Savigny[155]. Elle se fonde sur l'analyse suivante : « l'homme seul est une personne réelle, et qu'à ce titre doit lui être reconnu le monopole de la qualité de sujet de droit. Néanmoins, la technique juridique s'étant rapidement trouvée confrontée à la difficile intégration des phénomènes collectifs dans le système individualiste issu de la Révolution, elle a imaginé de prêter aux groupements les traits du sujet de droit individuel »[156]. En réaction à cette théorie, qui fait de la personnalité morale une « fiction juridique », apparaît la théorie de la réalité développée en Allemagne et défendue en France par L. Michoud[157] au début du XIXe siècle. Les partisans de cette théorie, notamment M. Waline[158], J. Dabin[159] ou encore M. Planiol[160] considèrent que l'essence de la personnalité morale réside dans la volonté du sujet de droits. En d'autres termes, un groupement acquiert la personnalité morale dès qu'il est doté d'une volonté collective distincte des volontés individuelles qui le composent. La polémique qui a opposé ces deux théories a suscité de nombreux travaux.

---

154 L. Michoud, *La théorie de la personnalité morale*, 3ème éd., 1932, p. 16.
155 F.-C. Von Savigny, *Traité de droit romain*, Trad. Ch .Guenoux, 2ème éd., 1860, p. 233 : « le droit fait des fictions pour ne pas accepter des notions en contradiction avec ses règles fondamentales [...] par ce moyen le droit courbe les faits sous ses règles au lieu de se courber sous les faits ».
156 F. Linditch, *Recherche sur la personnalité morale en droit administratif*, LGDJ, Bibliothèque de droit public, 1997, p.13.
157 L. Michoud, *La Théorie de la personnalité morale*, préc.
158 M. Waline, *L'individualisme et le droit*, Domat Montchrestien, 1949, p. 111.
159 J. Dabin, *Le droit subjectif*, Dalloz, 1952, p. 150.
160 M. Planiol, *Traité de droit civil*, LGDJ, 1901, p. 951.

Aujourd'hui, la personnalité morale est définie comme un procédé juridique permettant « de donner aux actes juridiques, nécessairement passés par des personnes physiques, leur signification et leur portée exactes en distinguant les actes passés pour le compte de la personne physique et ceux passés pour le compte de l'institution » et d'« assurer à l'institution administrative une continuité juridique »[161]. Définie comme une technique juridique, la personnalité morale a conduit à la reconnaissance, à côté de l'État, de deux catégories de personnes publiques, celle des collectivités territoriales et celle des établissements publics. Ainsi, la doctrine a longtemps étudié l'organisation administrative française sous l'angle de cette dualité entre collectivité territoriale et établissement public. Pourtant, l'évolution du droit administratif, la naissance et la prolifération de nouvelles entités publiques ont bouleversé ce dualisme organique de l'Administration.

L'organisation administrative française s'est construite autour de la classification binaire des personnes publiques **(section 1)**. Toutefois, la distinction entre collectivité territoriale et établissement public, véritable doctrine[162] de l'organisation administrative, a très rapidement été contestée **(section 2)**.

Section 1 : L'analyse historique de la classification binaire des personnes publiques traditionnelles

Selon J.-B. Auby, « le modèle classique de la personne publique tirait des théories de la réalité l'idée que les personnes publiques reposent normalement sur un "substrat" humain »[163]. Or, sont vite apparus des groupements sans support humain que l'on a regroupé sous le vocable d'établissement public. Ces derniers n'étant pas clairement définis, les auteurs ont longtemps réuni sous le vocable d'établissement public toutes les collectivités publiques et leurs démembrements. Afin de construire une classification des personnes

---

[161] G. Vedel, *Traité de science administrative*, Mouton, 1966, p. 196.

[162] L. Richer estime que cette distinction constitue le « dogme dualiste » de la classification des personnes publiques, L. Richer, « Les personnes publiques innomées », p. 133.

[163] J.-B. Auby, *La notion de personne publique en droit administratif*, thèse Bordeaux, 1979, p. 72.

publiques, la doctrine et la jurisprudence ont, dans un premier temps, distingué les organismes appartenant à la sphère publique et les institutions privées. Est ensuite apparue la dichotomie classique des personnes publiques avec d'un côté les collectivités territoriales et, de l'autre, les établissements publics. Afin d'étudier la genèse de cette classification traditionnelle, il sera envisagé l'avènement de la catégorie de la collectivité territoriale **(§1)**, puis celle de l'établissement public **(§2)**.

§1 L'accession des collectivités territoriales à la personnalité publique

Sous l'Ancien Régime, la notion de collectivité territoriale n'existait pas. Les communes et les départements étaient assimilés à des groupements d'habitants liés par des relations locales. L'étude de l'accession de ces collectivités territoriales de base[164] à la personnalité morale et à la personnalité publique dénote une différence de nature profonde entre la commune **(A)** et le département **(B)**.

A/ L'évolution de l'institution communale

Afin d'analyser l'évolution de l'institution communale, il convient de revenir sur la formation historique de la commune (1) puis sur sa naissance en tant que collectivité publique (2).

1) Formation historique de la commune

Pour certains auteurs, la naissance de la commune en tant que corps de base d'un groupement humain organisé remonte au droit romain qui reconnaissait la personnalité des *municipes* et des *civitates*[165]. L'influence du droit romain est encore perceptible au XIIe et au XIIIe siècle avec la renaissance du concept d'*universitas*[166], qui, appliqué aux communes, permettait de définir une personnalité

---

[164] La région, au départ créé sous la forme d'un établissement public, fera l'objet d'une étude séparée.

[165] F. Vercauteren, « Étude sur les *civitates* de la Belgique seconde. Contribution à l'histoire urbaine du Nord de la France, de la fin du IIIe siècle à la fin du XIe siècle », *Revue d'histoire de l'Eglise de France*, 1935, p. 236.

[166] R. Saleilles, *De la personnalité juridique*, Librairie Arthur Rousseau, 2ème éd., 1922, p. 68 et s.

juridique propre et de concevoir les cités ou les *municipes* comme des personnes privées. La majorité des auteurs s'accorde pour fonder l'apparition des communes, telles qu'on les conçoit aujourd'hui, entre le XIIe et le XIVe siècle. La bourgeoisie de l'époque fera naître la première « révolution communale »[167] en exigeant des seigneurs une fraction du pouvoir. Le pouvoir féodal accorda des franchises aux associations d'habitants tout en s'arrogeant des contreparties financières. A cette époque, le ressort communautaire de la commune était déterminant : « le fait original qui donnait à la commune sa marque distinctive et que personne ne perdait de vue, c'était la conjuration bourgeoise, le serment d'aide mutuelle, ce qu'on appelait proprement la *communia* »[168] . Cette idée de communauté a été la source de nombreux débats sur la signification du terme « commune ». Ainsi H. Pirenne écrivait que « toutes les villes du Moyen Age ont été des personnes civiles douées de droits propres et connues comme telles par les pouvoirs publics »[169]. D'autres ont opposé les communes aux villes. Selon Esmein, la commune désigne « toute ville ayant une organisation municipale complète, constituant une personne publique et exerçant des droits politiques »[170].

Les débats relatifs à l'organisation territoriale de la France, à la suite de la Révolution, seront nombreux et vont dessiner l'organisation administrative actuelle. Toutefois, la commune n'accèdera à la qualification de personne publique que dans les années 1830.

2) La naissance juridique de la commune

L'analyse de l'évolution de l'institution communale démontre qu'il existe une différence de nature entre d'une part les communes et d'autre part les départements. Alors que les communes étaient considérées comme des groupements naturels humains préexistants à l'État, les départements ne devaient leur existence qu'à une volonté

[167] M. Bourjol, *La réforme municipale,* Berger-Levrault, 1976, p. 134.
[168] H. Roussillon, *Les structures territoriales des communes. Réformes et perspectives d'avenir*, LGDJ, 1972, p. 230.
[169] H. Pirenne, *Les villes et les institutions urbaines*, Nouvelle société d'éditions, 1939, t. 2, p. 125.
[170] A. Esmein, *Histoire du droit français*, Sirey, 1898, p. 303.

d'organisation politique. Cette conception de la commune préexistante à la volonté politique a longtemps conduit à consacrer sa dualité juridique (a). La qualification de personne morale de droit public ne sera réellement acquise qu'avec les lois municipales de 1831 et de 1837[171] (b).

a) La dualité juridique de la commune

Sous l'Ancien Régime, les communes étaient considérées comme des associations d'habitants, dotées de la personnalité civile mais soumises au droit privé. Concurremment à la Révolution et aux aspirations décentralisatrices, plusieurs projets de lois relatifs à l'organisation communale ont été débattus. Chacun s'attachait à établir la reconnaissance de la particularité communale. Pour les parlementaires, la commune possédait un caractère mixte, relevant du droit public et du droit privé : « les communes possèdent ; elles sont propriétaires ; elles ont comme les particuliers, leurs biens, leurs droits, leurs actions, elles forment un individu collectif, et peuvent dans leurs rapports avec les tiers, être considérées comme des personnes privées »[172]. Cette image de la commune correspond davantage à l'idée de communauté agraire. Celle-ci se définit comme une association de serfs qui possèdent le sol, non pas individuellement, mais en agrégation de familles[173]. Cette association forme une personne fictive, propriétaire de l'ensemble des biens collectifs. Cette conception de la commune « copropropriété »[174] repose expressément sur l'idée d'un groupement préexistant à l'État. Toutefois, l'étude de l'institution communale fait apparaitre que d'une part, cette opinion est historiquement contestable et que, d'autre part, l'accession de la commune à la personnalité publique est d'abord liée à la notion de propriété.

Les parlementaires n'étaient pas les seuls à voir dans la commune une sorte d'institution naturelle. Ainsi, F.-P. Benoit la définit comme une « collectivité administrative fort complexe, précisément parce qu'elle est une collectivité naturelle »[175]. Selon T. Ducrocq, la

[171] R. Duvergier, t. 31, p. 129-148 et R. Duvergier, t. 37, p. 227-254.
[172] Archives parlementaires, t. LVII, p. 64-77.
[173] M. Bourjol, *La réforme municipale,* Berger-Levrault, 1975, p. 135.
[174] *Ibid,* p. 140.
[175] F.-P. Benoit, *Le droit administratif français*, Dalloz, 1968, p. 140.

commune « n'a pas été créée mais seulement reconnue, consacrée et réglementée par la législation moderne. Cela tient à cette vérité démontrée par l'Histoire que la commune n'a rien d'artificiel, et sa raison d'être dans les faits, en ce qu'elle forme une association d'individus naturellement unis par les intérêts communs qui naissent de leur rapprochement en un même point du territoire »[176].

Cependant, les communes de l'Ancien régime étaient très éloignées de celles de l'époque contemporaine. En outre, la commune tout comme l'État ne correspond pas à l'idée d'un groupement naturel organisé. Cet axiome repose uniquement sur l'ancienneté historique de la commune[177]. L'attribution de la personnalité morale à la commune résulte davantage du besoin de protéger son patrimoine et d'en faire une « propriété collective » que de la volonté d'instituer un pouvoir politique organisé. Cette notion de propriété est fondamentale, elle a joué un rôle de révélateur[178] de la personnalité de la commune. En effet, dans le système juridique féodal, la commune est assimilée à une société d'habitants disposant du droit de propriété collective. Ensuite, apparaît la notion de propriété communale de droit commun. Autrement dit, la commune possède un patrimoine, devient une personne civile tout en étant considérée comme une personne privée[179]. A ce propos, le Code civil consacre de nombreux articles à la personnalité civile de la commune[180]. Dans la seconde moitié du XIXe siècle et surtout au début du XXe siècle, l'idée de protéger le patrimoine de la commune conduit à ce que le Doyen Hauriou appelait le « droit de propriété administrative »[181]. La personnalité administrative de la commune comporte « la jouissance de droits exorbitants, tels que le droit de police, justice et finance ». Le véritable particularisme de la commune correspond au fait que ces droits de la personne administrative coexisteront longtemps avec les

---

[176] T. Ducrocq, *Cours de droit administratif*, LGDJ, 1897, t. 1, p. 297.
[177] J.-B. Auby, *La notion de personne publique en droit administratif*, préc. p. 92.
[178] M. Bourjol, préc. p. 138.
[179] Dans un arrêt du 27 novembre 1814 *Arronet et consorts*, le Conseil d'État abandonne la thèse de la propriété collective des biens communaux en jugeant que cette « propriété appartient, non à chaque habitant en particulier, mais à la commune en corps, à l'être moral connu sous cette dénomination », CE, 27 novembre 1814, *Arronet et consorts*, G. Sautel et J. -L. Harouel, *Histoire des institutions publiques depuis la Révolution française*, Dalloz, 8ème éd., 1997, p. 395.
[180] Articles 910, 937, 2121 et 2227.
[181] M. Hauriou, *Précis de droit administratif*, préc. p. 120.

droits de personne privée que va conserver la commune. L'accès de la commune à la personnalité publique ne sera donc véritablement acquis qu'avec l'abandon de cette conception dualiste de la commune.

b) La consécration de la commune personne publique

Deux lois sont à l'origine de l'accès des communes à la qualification de personne publique, la loi du 21 mars 1831 et celle du 18 juillet 1837[182]. Il convient de souligner l'emploi de l'expression « à l'origine ». En effet, l'analyse de ces deux lois ne permet pas d'affirmer d'une manière générale que la commune devient une entité décentralisée gérant seulement des intérêts publics. Le législateur a pérennisé la dualité juridique des communes pour ne pas leur attribuer la totalité des attributions inhérentes à la qualification de personne morale de droit public. L'importance de ces lois réside d'une part, dans l'abandon de la thèse de la commune « copropriété » et d'autre part, dans le fait qu'elles confèrent à la commune des fonctions administratives lui permettant de devenir « un centre de services publics »[183].

Selon l'étude de G. Bigot, la loi du 21 mars 1831 s'analyse comme « une ébauche de décentralisation »[184]. En effet, le législateur a prévu que le maire et ses adjoints sont nommés par le Roi ou le préfet. Néanmoins, l'autorité royale ou préfectorale devait effectuer ce choix parmi les membres élus du conseil municipal. Dès lors, cette loi consacra une certaine représentation élective tout en permettant une tutelle marquée sur l'exécutif communal. Le conseil municipal n'était pas épargné pas le contrôle étatique. De nombreuses dispositions législatives démontrent que les élus locaux n'étaient pas libres dans l'administration communale. Ainsi, toute délibération d'un conseil qui s'éloignait de ses attributions était nul de plein de droit[185]. En outre, le Roi avait toute latitude pour dissoudre un conseil municipal sans qu'il

[182] La première est relative au mode d'élection des conseils municipaux et à la nomination du maire et la seconde, aux attributions communales.

[183] M. Debré, « A propos de l'administration des grandes agglomérations », *RA* 1951, p. 56.

[184] G. Bigot, *L'Administration française : politique, droit et société, 1789-1870*, Litec, 2010, t. 1, p. 132.

[185] Article 28 de la loi du 21 mars 1831.

ait besoin de motiver sa décision[186].

La loi d'attribution du 18 juillet 1837 a consacré la dualité juridique de la commune en précisant la double nature du maire. Celui-ci était chargé « sous l'autorité de l'administration supérieure » de l'exécution des lois et règlements ainsi que des mesures de sûreté générale. En tant qu'agent de la commune, il ne disposait que de compétences limitées[187]. Toutefois, il convient de souligner que la loi autorisait le maire à représenter la commune en justice et qu'il était chargé de la propriété, de la conservation et de la gestion des propriétés communales. En d'autres termes, cette loi dota la commune de fonctions administratives et la gestion du domaine communal était assujettie à l'intérêt général. Dès lors, la commune cessa d'être assimilée à une copropriété et devint, par le biais de ces nouvelles fonctions publiques, une personne publique.

L'évolution des idées et la reconnaissance de l'intérêt communal aboutiront en 1884 au célèbre principe général selon lequel le conseil municipal « règle par ses délibérations les affaires de la commune ». Le rôle dualiste du maire est conservé puisqu'il demeure un agent de l'État investi, à ce titre, de compétences de police ainsi que de la publication et de l'exécution des lois. L'accès de la commune à la personnalité publique a été concédé tardivement par le législateur. La naissance du département, en tant que collectivité distincte de l'État, a également donné lieu à d'importances controverses démontrant l'hostilité législative à la reconnaissance de nouvelles personnes publiques autres que l'État.

B/ L'évolution de l'institution départementale

Selon de nombreux auteurs, le département est l'œuvre de la Révolution[188]. Il ne correspond pas à l'idée d'un groupement d'hommes unis par des liens solidaires sur un territoire. A l'origine, le département a été créé sous la forme d'une circonscription

---

[186] Article 27 de la loi du 21 mars 1831.
[187] Article 10 de la loi du 18 juillet 1837.
[188] « Contrairement à la commune, le département reste marqué par l'artificialisme de ses origines sous la Constituante, époque où il fut créé pour la réalisation de la nation et la maîtrise du territoire par le pouvoir central », G. Bigot, préc. p. 195.

administrative (1). Il faudra attendre la fin des controverses sur la personnalité morale du département pour que ce dernier devienne une véritable collectivité publique (2).

1) Le département, circonscription administrative

Le département a été créé par la loi du 8 janvier 1790. Selon l'article 11 de celle-ci, « il sera fait une nouvelle division du royaume en départements, tant pour la représentation que pour l'administration ». Cependant, il convient d'indiquer que le territoire de l'Ancien régime était également divisé en circonscriptions que l'on nommait « provinces » ou « généralités ». Celles-ci étaient contrôlées par les intendants, représentants du pouvoir royal. A la veille de la Révolution, le territoire était divisé en trente quatre provinces d'inégale importance. Dans les cahiers de doléances s'affirmait le souhait de la création d'une nouvelle circonscription, plus uniforme et égale géographiquement à travers tout le territoire. Dès lors, il n'est pas tout à fait exact d'écrire que le département n'est qu'un simple artifice législatif né de la volonté des révolutionnaires. D'un point de vue historique, le département de 1790 constitue le « développement concret d'idées antérieures »[189]. La création de la circonscription départementale a donné lieu à un vif débat opposant les membres du Comité de constitution créé le 15 septembre 1789. Thouret et Sieyès préconisaient un découpage géométrique de la France avec, sans Paris, quatre-vingt départements, subdivisés en districts puis en communes. Mirabeau s'opposa à ce projet, préférant un découpage s'inspirant des réalités locales avec 125 départements[190]. Finalement, l'Assemblée constituante adopta le projet amendé de Thouret et Sieyès avec 83 départements divisés en 6 à 9 districts.

La Constitution de 1791 réaffirme qu' « il y a dans chaque département une administration supérieure et dans chaque district une administration subordonnée »[191]. Tous les départements étaient organisés suivant le même modèle, avec un conseil, un directoire et un procureur-syndic. Néanmoins, ces organes restaient subordonnés au pouvoir royal. Ainsi, le Roi était autorisé à annuler les actes pris par

[189] F.-P. Bénoit, *Encyclopédie Dalloz des collectivités locales*, 1991, Volume II.
[190] Archives parlementaires, t. IX, p. 659-660.
[191] Titre III, Chapitre IV, Section II, article premier de la Constitution de 1791.

les organes départementaux se révélant contraires aux lois royales. La Constitution du 22 août 1795 pérennisa cette tutelle. En outre, le département ne gérait pas les intérêts de son cadre territorial, les affaires départementales. Au contraire, en tant que circonscription administrative, il avait uniquement en charge les intérêts nationaux. La loi du 28 Pluviôse an VIII réorganisa la structure départementale vers davantage de centralisation. La lecture de l'article 2 démontre que le département était entièrement dominé par le pouvoir central : « Il y aura dans chaque département un préfet, un conseil de préfecture, et un conseil général de département lesquels rempliront les fonctions exercées maintenant par les administrations et commissaires de département ». De nombreuses voix vont alors s'élever contre cette tutelle et exiger une réforme des départements.

2) Le département, nouvelle collectivité publique

La question de la personnalité morale des départements a été largement débattue. Contrairement aux communes, les départements ne bénéficiaient d'aucune légitimité historique, ils ont été créés artificiellement par l'organisation politique[192]. Les parlementaires se sont appuyés sur la différence de nature entre le département et la commune pour dénier à celui-ci la personnalité morale. N'étant qu'un subterfuge législatif, les départements ne pouvaient représenter un groupement collectif. En outre, le Code civil n'abordait pas les départements alors que plusieurs articles du Code étaient consacrés à l'État ou aux communes. Enfin, deux avis du Conseil d'État du 20 novembre 1818 et du 15 octobre 1819 soulignaient que les départements ne constituaient que des circonscriptions administratives dénuées de personnalité juridique[193].

---

[192] Tocqueville écrivait « pour une communauté d'avantages réciproques ; ses intérêts ne sont point distincts, la plupart n'ont rien de spécial, et aucun ne se rapporte exclusivement à un individu collectif désigné sous le nom de département », A. de Tocqueville, *De la Charte provinciale*, J.-J. Blaise, 1829, p. 53.

[193] Selon les termes de ces avis : « Les départements forment seulement des divisions territoriales, tracées pour la facilité de l'administration ; dans l'administration actuelle ils ne composent pas d'associations distinctes, ni des corps ou agrégations susceptibles de l'application des principes suivis à l'égard des communes et des établissements publics et particuliers ».

Néanmoins, cette conception a été contestée par de nombreux auteurs. Carré de Malberg définissait le département comme une entité distincte de l'État avec « une organisation propre, une indépendance organique poussée à tel point qu'il n'y avait aucun lien entre les autorités départementales et le pouvoir central »[194]. Selon M. Hauriou, la personnalité morale du département avait pour origine deux décrets du 9 avril et 16 décembre 1811[195]. Le premier confia aux départements la propriété de certains édifices publics. Quant au second, il transféra aux départements la propriété des routes nationales de dernière classe conduisant à l'émergence d'un domaine public départemental. De plus, une loi du 16 juin 1824 permettait au département de recevoir des dons et legs. Le Conseil d'État a également devancé les parlementaires de 1838 en reconnaissant au département la personnalité civile et la qualité de propriétaire en 1834[196]. Tout comme la commune, la notion de propriété a permis la reconnaissance de la personnalité morale du département. La personnalité morale des départements resta une question controversée jusqu'à la loi du 10 mai 1838, « qui la rendit incontestable »[197].

Il a donc fallu attendre les années 1830 pour que le département soit considéré comme une collectivité publique autonome. Tout d'abord, la loi du 22 juin 1833[198] réforma le mode de désignation des conseillers généraux. Désormais, cette élection se déroulera dans le cadre de chaque canton pour que chacun soit représenté dans la limite de 30 élus par conseil général. Ensuite, la loi du 10 mai 1838[199] a implicitement reconnu la personnalité civile du département tout en prenant soin de répartir les attributions des conseils généraux en deux catégories. Les délibérations, notamment en matière de fixation de l'impôt, étaient exécutoires de plein droit. Toutefois, les attributions relatives à l'acceptation de dons et legs ou encore celles touchant à la gestion de la propriété restaient soumises à

---

[194] R. Carré de Malberg, *Contribution à la théorie générale de l'État*, Sirey, 1920 réédition CNRS, 1962, t. 1, p. 28.

[195] M. Hauriou, *Précis de droit administratif*, 12ème éd., p. 1072.

[196] Prenant le contre-pied des avis de 1818 et de 1819, le Conseil d'État a reconnu dans deux avis du 27 août 1834 et du 27 juin 1834, *Préfet du Bas-Rhin*, la personnalité civile du département, Leb. p. 417.

[197] L. Michoud, préc. p. 326.

[198] Rec. Duvergier, t. 33, p. 201-215.

[199] Rec. Duvergier, t. 38, p. 287-306.

la tutelle du gouvernement. De même, toutes dépenses départementales devaient être préalablement approuvées par le l'autorité tutélaire. En parallèle, la loi de 1838 confia aux départements de plus en plus de biens, notamment, un patrimoine routier et immobilier. De plus, l'autorité des conseillers généraux bénéficiant d'une certaine légitimité démocratique s'affirma sensiblement. Ainsi, les réformes entreprises sous la Monarchie de Juillet ont donné naissance au département, entendu comme une collectivité gérant, à côté des intérêts nationaux, les affaires d'intérêt départemental.

L'attribution de la personnalité morale aux collectivités territoriales a donc été difficile, « comme si le législateur avait hésité sur ce qu'il voulait faire »[200]. La personnalité publique des communes et des départements a mis longtemps à s'imposer puisqu'il « y a eu des étapes, des hésitations et des différences »[201]. De l'autre côté de la classification binaire des personnes publiques, la notion d'établissement public n'a pu être véritablement dégagée qu'après sa distinction avec celle d'établissement d'utilité publique.

§2 La distinction de l'établissement public et de l'établissement d'utilité publique

Le débat concernant la personnalité morale des institutions administratives « a beaucoup plus porté sur la différence entre personnalité publique et personnalité privée, sur le point de savoir si la première a une force supérieure à la seconde, ou inférieure, que sur les différenciations que l'on pourrait trouver entre les personnes publiques, comme si la question n'avait pas lieu d'être ».[202]. Cette réflexion a d'ailleurs été longtemps orientée sur la notion d'établissement public aux « origines mystérieuses encore insuffisamment explorées »[203]. En effet, la distinction entre personne

[200] J.-M. Pontier, « La personnalité publique, notion anisotrope », *RFDA*, préc. p. 982.

[201] *Ibid.*

[202] J.-M. Pontier, « La personnalité publique, notion anisotrope », préc. p. 979. L. Richer remarque également que : « La doctrine du XXe siècle s'est beaucoup concentrée sur la distinction entre la personne morale de droit privé et la personne morale de droit public », « Les personnes publiques innomées », préc. p. 135.

[203] B. Plessix, *Établissement public, Notion et création, JCP A*, 2007, Fascicule 135.

publique et personne privée s'est construite autour de la distinction entre établissement public et établissement d'utilité publique. Dans sa thèse, J.-B. Auby a retracé l'évolution de la distinction entre personne publique et personne privée[204] en identifiant trois périodes (A). L. Michoud estimait qu'il « serait désirable que nous eussions un *criterium* bien précis »[205] pour opérer cette distinction. Pourtant, cette recherche s'est révélée vaine (B).

A/ L'évolution de la distinction personne publique / personne privée

Selon J.-B., Auby, la distinction entre personne publique et personne privée s'étend sur trois périodes[206]. Dans la première, qui s'étale de la fin du XIXe siècle jusqu'à la fin des années 1930, la doctrine et la jurisprudence ont concentré leurs analyses sur une première distinction, celle de l'établissement public et de l'établissement d'utilité publique (1). L'apparition d'organismes privés chargés de l'exécution de services publics conduira à la seconde période, que l'auteur nomme « la période intermédiaire »[207], marquée par une forte déstabilisation de la distinction entre personne publique et personne privée (2). La période contemporaine, qui débute à la fin des années 1960, accentue les limites de la distinction. Ce faisant, nombreux sont ceux qui se sont interrogés sur l'opportunité du maintien d'une classification dualiste (3).

1) La distinction entre établissement public et établissement d'utilité publique

Sous l'Ancien Régime, l'Administration satisfaisait à tous les besoins collectifs mais ne prenait pas en charge les services du culte, de l'enseignement et de l'assistance. Ces derniers étaient confiés à des corps, communautés ou autres fondations royales. La Révolution, hostile à tout corps intermédiaire, a souhaité détruire les plus puissants d'entre eux, autrement dit, les corps et communautés ecclésiastiques. L'Assemblée constituante « transforma le service du culte en servie

---

[204] J.-B. Auby, *La notion de personne publique en droit administratif*, p. 97 et s.
[205] L. Michoud, *La théorie de la personnalité morale*, préc. p. 234.
[206] J.-B. Auby, *La notion de personne publique en droit administratif*, préc. p. 98.
[207] *Ibid.*

public et réduisit les ministres du culte à l'état de fonctionnaire »[208]. L'État, établissement public par excellence, organisa une église nationale, une éducation nationale[209] et une assistance nationale[210]. Rapidement, l'État s'est aperçu qu'il ne pouvait prendre en charge directement ces différents services. Il décida de les isoler financièrement de son budget en les dotant de la personnalité morale et en autorisant que des libéralités leur soient attribuées par des donateurs. Les corps et les communautés sont réapparus mais sous une forme particulière puisque tous leurs membres étaient des agents de l'État soumis à un contrôle hiérarchique. Selon R. Drago, « la conjonction des anciennes fondations et des nouveaux organismes, procédant des corps et communautés, mais composés de fonctionnaires, donnera naissance à une notion nouvelle [...] on les appelle établissements publics ou établissements d'utilité publique »[211] .

Ainsi, le terme établissement public ou établissement d'utilité publique était employé indifféremment pour désigner les hôpitaux, les établissements de bienfaisance ou encore les établissements privés[212]. Cependant, établissement public et établissement d'utilité publique ne recouvraient pas la même signification. L'établissement public se définissait comme « une image réduite de l'Administration publique observée dans le rôle de générante des intérêts d'un groupe spécial »[213] alors que l'établissement d'utilité publique constituait « une forme d'activité privée assurant volontairement et sans espoir de lucre la gestion d'intérêts collectifs avec le concours de

---

[208] P. Avril, *Les origines de la distinction des établissements publics et des établissements d'utilité publique*, Rousseau, 1900, p. 323.

[209] « Il sera créé et organisé une instruction publique commune à tous les citoyens, gratuite à l'égard des parties d'enseignement indispensables pour tous les hommes et dont les établissements seront distribués graduellement, dans un rapport combiné avec la division du royaume », Constitution de 1791, Titre premier, Dispositions fondamentales garanties par la Constitution.

[210] « Il sera créé et organisé un établissement général de secours publics, pour élever les enfants abandonnés, soulager les pauvres infirmes, et fournir du travail aux pauvres valides qui n'auraient pu s'en procurer. », Constitution de 1791, Titre premier, Dispositions fondamentales garanties par la Constitution .

[211] R. Drago, *Les crises de la notion d'établissement public*, Pedone, 1950, p. 34. La Révolution n'avait pas supprimé les fondations royales en raison de leur faible nombre et de leur moindre importance.

[212] Ceux qu'on appelle aujourd'hui les établissements d'utilité publique.

[213] P. Avril, préc. p. 309

l'Administration qui ajoute la personnalité morale »[214]. Dès le milieu du XIXe siècle, la doctrine et surtout la jurisprudence vont s'employer, dans le silence des textes constitutifs, à dégager les critères de la distinction entre établissement public et établissement d'utilité publique. La complexité de cette distinction a fait l'objet d'un vif débat dont il est nécessaire de comprendre les enjeux. Tout d'abord, cette distinction commande l'application du droit applicable, c'est-à-dire du droit public pour la qualification d'établissement public ou celle du droit privé pour la qualification d'établissement d'utilité publique mais également la compétence juridictionnelle. En outre, cette distinction a eu un fort retentissement puisque la distinction générale entre personne publique et privée s'est largement construite autour de la distinction particulière entre établissement public et établissement d'utilité publique[215].

2) Une distinction incertaine

Dès la fin des années 1930, la distinction entre personne publique et privée devient incertaine. En dehors de l'hypothèse de la concession de service public, le juge a reconnu l'existence d'organismes privés chargés de missions de service public[216]. Toutefois, ces organismes s'inscrivaient dans les éléments de définition des établissements publics. Autrement dit, ces organismes étaient créés par l'initiative publique, géraient une mission de service public, possédaient des prérogatives de puissance publique mais étaient qualifiés de personnes privées. La relativité de la distinction s'est accentuée avec les controverses sur les ordres professionnels.

Dans l'arrêt *Monpeurt*[217], le juge a admis que des organismes corporatifs soient chargés d'une mission de service public et que les actes pris pour exécuter cette mission soient qualifiés d'actes

---

214 *Ibid*

215 J.-M. Pontier, « La personnalité publique, une notion anisotrope », *RFDA* 2006, p. 980.

216 CE, 13 mai 1938, *Caisse Primaire Aide et protection*, Rec. p. 417 ; *DP* 1939, III, p. 65, Concl. R. Latournerie, note D. Pépy ; *RDP* 1938, p. 830, Concl. R. Latournerie.

217 CE, 31 juillet 1942, *Monpeurt,* Rec. p. 239 ; *D.* 1942, p. 138, Concl. R. Ségalat, note P.C. ; *JCP G* 1942, II, 2046, Concl. R. Ségalat, note P. Laroque ; *RDP* 1943, p. 57, Concl. R. Ségalat, note R. Bonnard, *S.* 1942, 3, p. 37.

administratifs. Or, le juge leur a refusé à plusieurs reprises[218] la qualification d'établissement public.

La multiplication des interventions de l'État dans l'économie a également conduit à brouiller les pôles de référence de la distinction avec la multiplication des organismes qualifiés d'établissements publics gérant une mission industrielle et commerciale. Le développement des EPIC conduira à la remise en question des critères dégagés à propos de la distinction entre établissement public et établissement d'utilité publique. En outre, l'interpénétration entre le secteur public et le secteur privé a conduit à la naissance d'entités mixtes, à l'instar des entreprises publiques. En effet, la loi du 26 juillet 1983 relative à la démocratisation du secteur public donne une définition ambivalente de l'entreprise publique. D'une part, les entreprises publiques sont constituées des personnes morales de droit public intervenant dans le secteur industriel et commercial et, d'autre part, elles peuvent être des sociétés commerciales de droit privé et leurs filiales si l'État ou les établissements publics industriels et commerciaux détiennent directement ou indirectement la majorité du capital social. Malgré l'hybridité des entreprises publiques ou des organismes professionnels, la jurisprudence n'a jamais admis l'existence de catégories intermédiaires. Pourtant, dès l'arrêt *Établissement Vézia*[219], le commissaire du gouvernement Latournerie annonçait la naissance d'une nouvelle catégorie de personnes morales, les personnes privées d'intérêt général[220]. Dès lors, « l'on ne sait plus très bien ce que la distinction a pour vocation à cerner »[221]. La période contemporaine n'a pas réussi à clarifier les pôles de la distinction et de nouvelles sources de difficultés sont apparues.

3) Les évolutions récentes de la distinction

La période contemporaine est marquée par de nombreuses atteintes à la distinction personne publique/personne privée. Tout

---

[218] TC, 13 février 1984, *Cordier et a.*, Rec. TC, p. 447 ; CE, 7 décembre 1984, *Centre d'études marines avancées*, Rec. p. 413 ; *AJDA* 1985, p. 274, note P. Godfrin ; *RFDA* 1985, p. 381, Concl. O. Dutheillet de Lamothe, Obs. F. Moderne.

[219] CE, 20 décembre 1935, *Etablissements Vézia*, *RDP* 1936, p. 119, Concl. Latournerie.

[220] Concl. Latournerie précitées, p. 121.

[221] J.-B. Auby, préc. p. 102.

d'abord, la distinction subit de nouveaux bouleversements. Les complexités de la distinction établissement public et établissement d'utilité publique réapparaissent sous une nouvelle forme, notamment avec la qualification controversée des centres de lutte contre le cancer[222]. De plus, l'apparition de personnes privées fictives fait craindre à la superficialité de la distinction. Ainsi, le législateur a créé des « associations transparentes » qui constituent en réalité des démembrements de l'administration[223], sans réelle autonomie, dans le seul but de les faire bénéficier du régime supposé plus souple du droit privé.

Ensuite, la présence de la puissance publique est également perceptible dans le versant privé de la distinction. En effet, la multiplication des sociétés anonymes dont le capital appartient à l'État[224] ou encore le développement des sociétés d'économie mixte démontrent que le législateur ne se soucie plus des frontières entre personne publique et personne privée. La Banque de France, société par actions a également été qualifiée de personne publique[225].

Toutefois, il est possible de constater d'une part, la permanence de cette dichotomie et d'autre part, que l'établissement public constitue un guide, un modèle permettant de classer les organismes non qualifiés soit dans la sphère des personnes publiques soit dans celle des personnes privées.

B/ La recherche infructueuse des critères de distinction entre établissement public et établissement d'utilité publique

Face à l'absence de qualification législative, le juge a tenté, dans un premier temps, d'établir les critères de la distinction entre personne publique et personne privée sur le modèle de ceux différenciant l'établissement public de l'établissement d'utilité publique.

---

[222] TC, 20 novembre 1961, *Eugène-Marquis*, Rec. p. 879; *RDP* 1962, p. 964, note M. Waline.

[223] J.-M. Auby, « La théorie des institutions « transparentes » en droit administratif », *RDP* 1988, p. 265.

[224] Parmi des exemples nombreux, on peut citer l'exemple jadis de France Telecom ou des constructions d'autoroutes.

[225] CE, 22 mars 2000, *Syndicat national autonome du personnel de la Banque de France*, *AJDA* 2000, p. 146.

En 1856, la Cour de Cassation a été la première à utiliser la méthode du faisceau d'indices pour qualifier les caisses d'épargne d'établissements privés : « Attendu, dit la Cour suprême, que l'autorisation, les avantages et la surveillance accordés aux caisses d'épargne, à raison de leur but et de leur objet d'intérêt général et d'utilité publique, ne leur ont point imprimé le caractère d'établissements publics… Qu'il suit que les caisses d'épargne créées dans un but d'intérêt général et d'utilité publique sont néanmoins des établissements privés auxquels les principes de droit commun sont applicables et contre lesquelles peuvent être employées toutes les voies de poursuite et d'exécution autorisées par le droit commun »[226]. Néanmoins, ce critère n'est plus pertinent puisque le juge a reconnu l'existence de personnes privées chargées d'une mission de service public[227]. Ainsi, dès la fin du XIXe siècle, le droit positif distinguait deux variétés d'institutions administratives, celle des établissements publics et celle des établissements d'utilité publique. Leur dissemblance se résumait en ces termes : « les établissements publics tels que l'État, les départements, les communes ou sections de communes, les hôpitaux, etc […] font en quelque sorte partie de l'Administration. Les établissements d'utilité publique, au contraire, sont fondés par l'initiative individuelle dans un but d'intérêt général »[228].

Suite au célèbre arrêt *Canal de Gignac*[229], certains auteurs ont proposé comme critère de la distinction, la détention de prérogatives de puissance publique[230]. En effet, le juge s'est fondé sur « l'obligation imposée aux propriétaires compris dans le périmètre d'une association syndicale, d'y adhérer sous peine d'avoir à délaisser leurs immeubles ; […] l'assimilation des taxes de ces associations aux contributions directes » pour qualifier ces associations d'établissements publics.

---

226 Cas. Civ. 5 mars 1986, *D.* 1856.1.121.

227 CE, 13 mai 1938, *Caisse primaire « Aide et protection »*, *D.* 1939. III.. 65, Concl. Latournerie, note D. Pépy.

228 Recueil Duverger, Commentaire de l'article 1 alinéa 3 de la loi du 19 avril 1898, p.247, note 1, 1898.

229 TC, 9 décembre 1899, *Association du Canal de Gignac*, Rec. p. 731, *S.* 1900.3.49, note M. Hauriou.

230 E. Spiliotopoulos, *La distinction des institutions publiques et des institutions privées en droit français*, LGDJ, Coll. Bibliothèque de droit public, t. 19, 1959, p. 52.

Cependant, le Conseil d'État, dans les arrêts *Monpeurt*[231] et *Bouguen*[232], a précisément reconnu aux ordres professionnels, qualifiés plus tard de personnes privées[233], le pouvoir d'action unilatérale leur permettant d'édicter des actes administratifs. Plus récemment, le législateur a fait bénéficier certaines sociétés de droit privé du privilège de l'insaisissabilité de leurs biens affectés à l'usage du public, à l'instar d'Aéroport de Paris[234].

Concurremment à l'arrêt *Caisse des écoles*[235], on a pu souligner que le critère de distinction résidait dans l'origine de la création de l'établissement public. Le caractère public ou privé de la création de la personne morale postulerait sa qualification d'établissement d'utilité publique ou d'établissement public[236]. Cependant, le Conseil d'État, à propos de l'École française du Caire[237], a admis qu'un établissement public pouvait devoir son existence à une origine privée. En outre, et de manière plus insidieuse, il n'est pas rare de rencontrer dans la vie locale, des associations « para administratives » créées par des personnes publiques mais dont la nature juridique fictive relève du droit privé[238].

---

[231] CE, Ass. 31 juillet 1942 *Monpeurt*, Rec. p. 239, *D. 1942*, p.138, Concl. Ségalat ; *RDP* 1943, p. 57, note Bonnard ; *JCP* 1942. II. 2046, note Laroque ; M. Mathiot, « L'intégration des comités d'organisation au droit public français », *RDP* 1943, n°1 ; M. Waline, « Trois points de vue sur l'arrêt Monpeurt », *Droit social* 1943, p. 18 ; R.de Lacharrière, « La gestion par les organismes professionnels de l'économie dirigée », *Droit social* 1943, n° 1 ; C. Eisenmann, « L'arrêt Monpeurt : légende et réalité, in L'évolution du droit public », Etudes en l'honneur d'Achille Mestre, *S.*, 1956, p. 221.

[232] CE 2 avril 1943, *Bouguen*, Rec. p.86, *S.* 1944. 3. 1, Concl. Lagrange, note A. Mestre ; *D.* 1944. 52, note J. Donnedieu de Vabres ; *JCP* 1944. II. 2565, note Cellier ; *Droit social* 1943, p. 242, note M. Martin.

[233] CE, 7 décembre 1984, *Centre d'études marines avancées*, Rec. p. 413.

[234] J.-F. Brisson, « L'incidence de la loi du 20 avril 2005 sur le régime des infrastructures aéroportuaires. Service public, affectation des infrastructures aéroportuaires et changement de statut des aéroports », *AJDA* 2005, p. 1835.

[235] CE, 22 mai 1903, *Caisse écoles 6e arrondissement Paris*, Rec. 1903, p. 390 ; *DP* 1904, 3, p. 1, Concl. Romieu ; *Sirey* 1905, 3, p. 33, note M. Hauriou.

[236] L. Blum affirmait ainsi « on naît établissement public, on ne le devient pas », Concl. sur CE, 21 juin 1912, *Demoiselle Pichot*, *S.* 1916, III, 43.

[237] CE, 24 décembre 1937, *De la Bigne de Villeneuve*, *D.* 1938, p. 185.

[238] J.-M. Auby, « La théorie des institutions « transparentes » en droit administratif », *RDP* 1988, précité. Dans l'arrêt du 21 mars 2007, *Commune de Boulogne-Billancourt*, le Conseil d'État a consacré explicitement cette notion d'association transparente. Selon le juge administratif, une association est dites

A côté de la jurisprudence, la doctrine a également proposé différents critères pour distinguer les personnes publiques des personnes privées. Dans sa note sous l'arrêt *Canal de Gignac*, M. Hauriou a proposé comme critère de la distinction l'insaisissabilité des biens des établissements publics[239]. Or, ce critère n'est pas déterminant pour qualifier l'organisme en cause d'établissement public[240]. L. Constans[241] propose d'établir la distinction en se basant sur la différenciation entre personnes morales fondatives et personnes morales corporatives. Selon L. Michoud, les corporations se distinguent des fondations par deux éléments. Tout d'abord, les corporations se composent d'une population fixée sur un territoire déterminé. Ensuite, elles « ont pour mission de gérer l'ensemble des intérêts collectifs de la population fixée sur ce territoire »[242]. Au contraire, les fondations ne constituent pas l'organisation d'un groupe de membres ayant des intérêts communs. Elles ont pour mission de servir « des intérêts de bénéficiaires qui [leur] restent extérieurs [...]. Par conséquent, l'organisation ne peut dégager une volonté collective du groupe ; elle est au contraire établie par une volonté extérieure, celle du ou des fondateurs, qui lui donne des organes chargés de remplir le but assigné »[243] Pour L. Constans, les établissements d'utilité publique doivent être qualifiés de corporations alors que les établissements publics réunissent les critères des personnes morales à

« transparente » lorsque quatre critères sont réunis : l'origine publique de l'association, un mode de fonctionnement faisant apparaître l'influence d'une collectivité publique, un mode de financement démontrant la présence d'une personne publique comme la perception de redevances et enfin, la nature administrative des missions gérées par l'association ; CE, 21 mars 2007, *Commune de Boulogne-Billancourt*, F. Lichère, « Le renouvellement de la théorie de la transparence des personnes privées », *Contrats Marchés publics* 2007, Étude 14.

239 TC., 9 déc. 1899, *Assoc. syndicale canal Gignac*, Rec. p. 731 ; *S*. 1900, 3, p. 49, note M. Hauriou : « un établissement privé marche librement, mais il court le risque d'être mis en liquidation par ses créanciers. S'il ne court pas ce risque, il devient un établissement public ».

240 Les biens d'Aéroports de Paris, société anonyme, affectés à l'usage du public sont insaisissables ; J. Dufau, « Le changement de statut d'Aéroports de Paris », *JCP A* 2005, n° 27, 1261

241 L. Constans, *Le dualisme de la notion de personne morale administrative*, Dalloz, 1966, p. 240.

242 L. Michoud, *La théorie de la personnalité morale*, t.1, préc. p. 260-261.

243 J.-C. Douence, « La spécialité des personnes publiques en droit administratif », *RDP* 1972, p. 765.

caractère fondatif[244]. Cependant, les associations syndicales de propriétaires, classiquement considérées comme des personnes corporatives[245], sont qualifiées par le juge administratif d'établissement public[246]. L'ordonnance n° 2004-632 du 1 er juillet 2004 relative aux associations syndicales de propriétaires confirme expressément cette qualification[247].

Alors que les auteurs ont longtemps cherché un critère univoque, aucune des propositions successivement faites n'a été consacrée par le juge. Selon J.-B. Auby, deux raisons expliquent cette recherche infructueuse. Tout d'abord, les personnes publiques ne doivent pas être perçues comme des personnes morales spéciales. Les personnes morales reçoivent la qualification de personne publique uniquement parce qu'elles sont le siège « d'aménagement et de destination originales »[248]. Ensuite, l'auteur souligne l'importance de la volonté législative qui peut « toujours modifier la distribution des activités, des attributs entre ces deux sphères de personnes morales »[249].

Après avoir déterminé sous l'angle de la notion d'établissement public le périmètre distinguant la catégorie des personnes publiques de celles des personnes privées[250], il ne restait plus à la jurisprudence et à

---

[244] *Infra*, Partie 1, Titre 2, Chapitre 2, Section 2.

[245] L. Michoud, *La théorie de la personnalité morale*, t.1, préc. p. 219 : « les associations syndicales autorisées sont organisées en corporations plus ou moins contrôlées et dirigées par l'État ».

[246] TC, 9 décembre 1899, *Association syndicale du Canal de Gignac*, précité. Cette qualification a été confirmée par le Conseil d'État et le Conseil constitutionnel qui ont précisé que les associations syndicales autorisées constituaient des établissements publics à caractère administratif, CE 20 novembre 1961, *Dame Gaubet de Fallois* ; CC 22 janvier 1990, n° 89-267 DC, Rec. p. 27.

[247] L'ordonnance n°2004-632 du 1er juillet 2004 relative aux associations syndicales de propriétaires et le décret n 2006-504 du 3 mai 2006, portant application de l'ordonnance précitée, établissent une distinction entre trois formes d'associations syndicales : les associations syndicales libres, les associations syndicales autorisées (ASA) et les associations syndicales constituées d'office (ASCO).

[248] J.-B. Auby, *La notion de personne publique en droit administratif*, p. 126.

[249] *Ibid*, p. 127.

[250] L. Michoud indique à ce propos que « le véritable passage entre le droit privé et le droit public se trouve non entre les sociétés de gain et les établissements d'utilité publique, mais entre ces derniers et les établissements publics » et ajoute que cette

la doctrine qu'à établir une classification des personnes morales administratives.

Section 2 : La distinction de la collectivité territoriale et de l'établissement public

La distinction de la collectivité territoriale et de l'établissement public n'est apparue qu'à la fin du XIXe siècle. Auparavant, le terme « établissement public » servait de vocable pour désigner l'ensemble des personnes morales de droit public ainsi que certaines personnes privées poursuivant une mission d'intérêt général. Le marquis de Vareilles-Sommières écrivait ainsi que l' « État est l'établissement public par excellence. Après lui, la province ou le département, la commune [...] sont les deux principaux établissements publics »[251]. Depuis, la consécration de la séparation entre collectivité territoriale et établissement public est devenue la *summa divisio* des personnes morales de droit public.

Certains auteurs ont construit la différenciation entre les notions de collectivité territoriale et d'établissement sur le modèle de la distinction entre organismes corporatifs et organismes fondatifs. Très rapidement, les auteurs du début du XXe siècle ont douté de l'apport de cette distinction entre personnes publiques corporatives et personnes publiques fondatives pour éclairer la distinction de la collectivité territoriale et de l'établissement public. De nouveaux critères ont permis de différencier ces deux notions. La collectivité territoriale se définissait comme une personne morale disposant d'une assise territoriale, à vocation générale alors que toute personne publique non territoriale était classée dans la catégorie des établissements publics, constituée de services publics personnifiés soumis au principe de spécialité. Néanmoins, la création et la multiplication des établissements publics territoriaux ont remis en question la distinction bipartite des personnes publiques.

Dès lors, il sera analysé la distinction entre la collectivité

distinction a été « péniblement introduite par la jurisprudence et par la doctrine », *Théorie de la personnalité morale*, t.1, p. 224.

[251] Vareilles-Sommières, *Les personnes morales*, LGDJ, 1919, p. 667.

territoriale et l'établissement public sur le modèle de la séparation entre organismes corporatifs et organismes fondatifs (§1) afin de démontrer d'une part, les limites de cette distinction et, d'autre part, la portée relative de la classification binaire des personnes publiques (§2).

§1 La distinction entre organismes corporatifs et organismes fondatifs

Introduite par la doctrine allemande[252]et systématisée par Savigny[253], la distinction entre corporations et fondations a été utilisée par L. Michoud afin d'établir une « bonne classification des personnes morales »[254]. L'auteur ajoute que cette classification « ne peut se faire qu'en remontant à la nature de chacune des personnes morales qu'il convient de classer »[255]. C'est pourquoi il convient de s'intéresser à la « structure intime de la personne morale »[256] c'est à dire à la distinction entre corporations et fondations. La théorie générale de la distinction (A), essentiellement privatiste, a donc été transposée à l'étude des personnes publiques. A partir des années 1950, de nombreux auteurs ont eu recours à la distinction entre organismes corporatifs et organismes fondatifs afin de circonscrire la notion d'établissement public (B).

A/ Théorie générale de la distinction entre corporations et fondations

La distinction des organes administratifs en structures corporatives et fondatives a pour origine la classification des personnes morales de droit privé en corporation et fondation. En droit privé, la corporation désigne « un groupement d'hommes, présentant certains caractères d'homogénéité et de stabilité, auquel est reconnu la qualité de sujet de droits, pour lui permettre de pourvoir, directement ou par l'intermédiaire de ses représentants, à la satisfaction de ses

---

252 Heise, *Grundriss cines Systems gem. Civilrechts*, 1807, § 98 et 106 ; Cité par L.Michoud, *La théorie de la personnalité morale*, préc. p. 205.
253 F.-C. De Savigny, *Traité de droit romain,* traduit par C. Guenoux, Firmin Diderot frères, 1841, vol. 2, p. 242.
254 L. Michoud, *La théorie de la personnalité morale et son application au droit français*, t. 1, LGDJ, 1932, p. 202.
255 *Ibid*, p. 202
256 *Ibid,* p. 203.

intérêts collectifs »[257]. La fondation est définie, quant à elle, comme « un patrimoine érigé en personnalité morale à une fin désintéressée et pourvu d'un conseil d'administration propre »[258]. Savigny a utilisé ce clivage pour distinguer deux catégories de personnes morales de droit privé. Selon cet auteur, il est possible de classer ces dernières en corporations ou en fondations en se basant sur un critère unique, celui de la fiction. En d'autres termes, les notions de corporations et de fondations reposent sur une fiction mais « la fiction n'a pas le même sens dans les deux cas »[259]. Dans la corporation, la fiction repose sur un « ensemble idéal »[260]. Savigny entendait par cette expression la volonté d'une collectivité d'intéressés de s'organiser pour défendre des intérêts communs. Dans la fondation, la fiction repose sur « une abstraction personnifiée, une œuvre d'humanité qui doit s'accomplir dans un certain lieu, d'après un certain mode et par des moyens déterminés »[261]. Cette analyse de Savigny a été reprise par L. Michoud dans *La théorie de la personnalité morale*[262].

Ainsi que le souligne L. Michoud, corporation et fondation présentent une analogie puisqu'elles regroupent « comme substratum réel un groupement humain »[263]. L'auteur va s'écarter de la conception de Savigny et de la doctrine allemande en affirmant que le groupement humain sur lequel repose la fondation n'est pas le seul élément à prendre en compte pour la distinguer de la corporation. Dans la conception de L. Michoud, il faut également s'intéresser à l'organisme tel qu'il est voulu par le fondateur. Dans la corporation, ce sont les membres qui désignent les destinataires du groupement et son objet. Dans l'organisme fondatif, la volonté nécessaire à l'exercice du droit ne réside plus dans le groupement d'intéressés mais dans la volonté du fondateur. En définitive, la fondation a pour but de représenter la

---

[257] L. Constans, *Le dualisme de la notion de personne morale administrative en droit français*, thèse Bordeaux 1964, Dalloz 1966, p. 170.

[258] L. Canet, *Le régime des fondations en France. Livre jubilaire du Conseil d'État*, 1949, Sirey, 1952 ; Cité par J.-P., Théron, *Recherche sur la notion d'établissement public*, thèse, LGDJ, 1976, p. 16, note 4.

[259] F.-C. De Savigny, *Traité de droit romain,* préc. p. 239.

[260] *Ibid.*

[261] L. Michoud, *La théorie de la personnalité morale et son application au droit français*, t.1, LGDJ, 1906, 1909 et 1932.

[262] L. Michoud, *La théorie de la personnalité morale et son application au droit français*, p. 217.

[263] L. Michoud, préc, p. 205.

volonté du fondateur. Pour conclure, L. Michoud distingue ces deux notions comme suit : « dans la corporation, l'élément intérêt et l'élément volonté se trouvent réunis ; c'est le groupe même des intéressés qui forme l'organisation destinée à dégager la volonté collective du groupe ; dans la fondation, au contraire, les deux éléments sont séparés, ils ont reliés l'un à l'autre par une volonté extérieure au groupe lui-même, celle du fondateur »[264] .

Malgré les intérêts pratiques de la distinction, l'auteur admet qu'elle n'est pas toujours absolue et qu'il existe de nombreux intermédiaires entre les organismes purement fondatifs et les organismes strictement corporatifs. Pour pallier cet inconvénient, L. Michoud propose de rechercher le trait principal du groupement et de le traiter d'après ce caractère. Même si cette hypothèse est rare en droit privé, il sera possible de trouver des fondations à organisation corporative qu'il faudra traiter comme des fondations et des corporations à organisation fondative que l'on traitera comme des corporations. Cette réflexion est importante dans la mesure où elle permettra à l'auteur de rejeter l'utilité de la distinction entre corporations et fondations pour la classification des personnes publiques.

L'auteur élargit sa réflexion en transposant cette distinction aux personnes morales de droit public. Il débute son analyse en admettant qu'il est possible de trouver chez ces dernières soit des éléments corporatifs soit des éléments fondatifs. L'État et les communes peuvent être définis comme des corporations. Les établissements publics constituent *a priori* des fondations étant destinés « à subvenir aux besoins d'un groupe qui ne participe pas ou qui participe peu à leur direction »[265]. Néanmoins, il conteste cette distinction. Comme pour la classification des personnes morales de droit privé, il existe des degrés intermédiaires mais qui sont trop nombreux dans le cadre des personnes publiques pour pouvoir présenter des intérêts pratiques relativement à un quelconque classement de ces dernières en fondations ou corporations. En d'autres termes, les personnes publiques réunissent à la fois des traits appartenant aux corporations et

[264] *Ibid*, p. 207.
[265] *Ibid*, p. 217.

des caractères appartenant aux fondations. Par exemple, Gierke[266] définissait l'État absolutiste d'État-fondation puisque le souverain, détenteur du pouvoir absolu, incarnait l'État dans sa personne. Si la commune s'administre librement, l'État peut intervenir dans la gestion des affaires communales. Au contraire, si la plupart des établissements publics peuvent être présentés comme des fondations, L. Michoud reconnaît l'existence d'établissements à caractère corporatif à l'image des associations syndicales autorisées. Sur cette base, il propose, plus loin dans sa réflexion, une différenciation entre les établissements publics « stricto sensu » intégrant le champ des fondations et les établissements « au sens large du mot »[267] qui s'apparentent davantage aux corporations.

Ainsi, la distinction des personnes publiques en corporations et fondations repose sur des éléments beaucoup trop incertains pour permettre de constituer une « bonne classification » des personnes publiques. Néanmoins, cette conception peut être discutée. En effet, la distinction entre corporations et fondations n'a pas été abandonnée puisque de nombreux auteurs ont, à partir des années 1950, utilisé cette distinction pour étudier l'établissement public.

B/ Le caractère corporatif ou fondatif de l'établissement public

A la suite de la seconde guerre mondiale et au déferlement de nouvelles structures publiques, R. Drago a proposé une classification des personnes publiques en concentrant son analyse sur la notion d'établissement public (1). J.-P. Théron (2) et L. Constans (3) ont également utilisé la distinction entre corporation et fondation pour circonscrire la notion d'établissement public.

1) L'analyse de R. Drago[268]

L'auteur débute sa thèse par l'étude de la notion de l'établissement public en affirmant qu' « il n'y a jamais eu de notion unique de l'établissement public »[269]. Il distingue dans la catégorie de

[266] Gierke, *Deutsches Privatrecht*, t.1, Leipzig, 1895, p. 119.
[267] L. Michoud, préc. p. 217.
[268] R. Drago, *Les crises de la notion d'établissement public*, Thèse, Pedone, 1950.
[269] R. Drago, *Les crises de la notion d'établissement public*, préc. p. 25.

l'établissement public une sous-catégorie corporative et une sous-catégorie fondative. Plus précisément, R. Drago en distingue trois types. A côté de l'établissement traditionnel de nature administrative, il utilise la notion d'établissement interventionniste ou de caractère fondatif et d'établissement de nature corporative. Selon l'auteur, la coexistence de ces trois types d'établissements publics démontre que l'établissement public est une notion en crise. Pour étayer son argumentation, il étudie l'existence de ces trois catégories avant et après 1940[270].

R. Drago définit l'établissement public à caractère corporatif comme « une collectivité partielle au sein de la nation qui se donne des organes propres et à laquelle l'État confie des pouvoirs de droit public »[271]. Une date fondamentale relative à ces établissements corporatifs mérite d'être soulignée. Il s'agit du 9 décembre 1899, date à laquelle le Tribunal des conflits classe, parmi les établissements publics, les associations syndicales autorisées. En effet, cette décision marque la naissance des établissements publics corporatifs. Dans son commentaire de l'arrêt *Canal de Gignac*, M. Hauriou écrivait « l'association syndicale autorisée hésitait entre le caractère administratif et le caractère corporatif. Nous regrettons qu'elle ait été précipitée du côté administratif ; elle était, par nature, une entreprise corporative comme toute entreprise d'intérêt collectif. Si l'association syndicale, instrument de production agricole, est devenue un membre de l'État, un établissement d'État, il n'y a pas de raison que l'usine, elle aussi instrument de production industrielle, ne devienne pas établissement d'État, et nous disons que c'est grave parce qu'on nous change notre État »[272]. Or malgré les termes employés, M. Hauriou ne qualifie pas les associations syndicales de corporations mais bien au contraire d' « institutions collectivistes » ou selon le vocable utilisé par R. Drago d'établissements publics de nature interventionniste. Cependant, et tout comme L. Michoud, R. Drago leur attribue une nature corporative en raison de leur statut de groupement d'intéressés auquel l'État a conféré des pouvoirs et dont le régime est décentralisé. Dans cette catégorie des organismes corporatifs, il ajoute les chambres

---

[270] Selon R. Drago, l'arrêt *Monpeurt* constitue un arrêt majeur dans l'évolution de la notion d'établissement public. C'est pourquoi il étudie les trois formes d'établissements avant et après l'arrêt *Monpeurt.*

[271] *Ibid*, p. 31.

[272] Note sous TC, 9 décembre 1899, *Association Canal de Gignac*, *S.* 1900.3.49, préc.

professionnelles ainsi que certains offices. R. Drago poursuit son analyse en opposant à ces entités les établissements publics fondatifs ou interventionnistes. Ceux-ci comprennent les établissements industriels et commerciaux qui sont apparus plus tard avec l'accroissement de l'interventionnisme étatique dans l'économie. Ils présentent une caractéristique fondamentale, celle d'« être une entreprise, une exploitation, un service au sens le plus matériel du mot, destiné à fournir dans certaines conditions, des prestations aux particuliers, et auquel on confère, pour favoriser sa gestion, un patrimoine autonome »[273]. Néanmoins, cette nouvelle classification ne permet pas à l'auteur d'envisager l'existence d'une classification des personnes publiques mais seulement de mettre en relief la crise de la notion d'établissement public. L. Constans a prolongé, en apportant quelques nuances, les réflexions de R. Drago sur la distinction entre corporation et fondation.

2) L'apport de L. Constans à la classification des personnes morales administratives en corporations et fondations

Après avoir explicité les différences de régime existant entre collectivités territoriales et établissements publics, L. Constans entend démontrer que « les personnes morales administratives doivent être classées, comme les personnes morales de droit privé, en "corporations" et "fondations" »[274]. Il rejette les arguments de L. Michoud et propose de transposer le clivage privatiste aux personnes publiques. Autrement dit, lorsque l'on se trouvait en présence d'un organisme présentant un caractère mixte, il était nécessaire de mettre en évidence celui qui était prédominant, c'est à dire soit son caractère corporatif au terme duquel cet organisme appartient à la catégorie des corporations, soit son caractère fondatif lui permettant d'intégrer celle des fondations. L. Constans propose de développer cette analyse en l'appliquant aux personnes publiques et de dégager leurs principales caractéristiques afin de les classer selon la distinction précitée[275].

---

[273] R. Drago, *Les crises de la notion d'établissement public*, préc. p. 100.

[274] L. Constans, *Le dualisme de la notion de personne morale administrative en droit français*, Thèse Bordeaux 1964, Dalloz 1966, p. 166.

[275] « Rien ne s'oppose donc, théoriquement, à ce qu'il soit procédé de même à propos des personnes publiques », *Le dualisme de la notion de personne morale administrative en droit français,* p. 211. En outre, il conclut sa méthode de classification en indiquant que « l'une des formes corporative ou fondative prédomine toujours et il suffira, notamment pour savoir comment il convient de

Contrairement à L. Michoud, L. Constans estime qu'il est possible d'établir une classification des personnes publiques sur une telle distinction puisque « la distinction du droit public et du droit privé ne se situe plus au niveau des principes fondamentaux de l'élaboration de la technique juridique, mais au plan des règles positives qui s'appliquent dans chaque domaine, à des constructions et à des catégories analogues »[276]. En d'autres termes, l'auteur réfute la thèse de L. Michoud sur l'inutilité pratique de la distinction appliquée aux personnes publiques. Son raisonnement consiste à « prolonger la distinction de M. Drago » en distinguant les structures publiques corporatives auxquelles appartiennent l'ensemble des collectivités publiques et « la catégorie opposée des établissements publics »[277] présentant essentiellement un caractère fondatif.

Relativement à la catégorie des corporations, il ajoute un critère de définition supplémentaire avec la notion de vie intérieure « tout à fait spécifique aux personnes morales de caractère corporatif ». A cet égard, l'auteur de la *Théorie de la personnalité morale* écrivait que ce « pouvoir intérieur découle de l'existence même du groupe organisé, il n'est pas créé par la loi; il est seulement reconnu et légitimé par elle. C'est une part d'autonomie qui est, non pas donnée, mais laissée au groupe »[278]. De ce fait, une entité publique possède un caractère corporatif si elle apparaît comme « un centre de vie juridique autonome »[279] alors que dans les domaines des fondations « les bénéficiaires n'ont aucun droit individuel à faire valoir »[280]. Une fondation est avant tout caractérisée par une représentation séparée des intérêts du groupe social et de l'entité créée elle-même. En d'autres termes, la fondation qu'elle soit publique ou privée est liée, dans l'acte de création, à une volonté externe, celle du fondateur. L'établissement public ne peut être dès lors qu'assimilé à une fondation de droit public puisqu'il émane d'une volonté extérieure prévoyant « d'une manière

---

déterminer le caractère public ou privé d'une personne morale donnée, selon le type qui se trouvera effectivement dominant », p. 216. Il est alors possible de lui reprocher de ne pas avoir envisagé les critères permettant de vérifier la prédominance d'un de ces caractères pour l'institution en cause.

[276] *Ibid*, p. 165.

[277] *Ibid*, p. 163.

[278] L. Michoud, *La théorie de la personnalité morale et son application au droit français*, t. 2, LGDJ, 1906, 1909 et 1932, préc. p.2.

[279] L. Constans, préc. p. 170.

[280] L. Michoud, préc, t. 2, p. 38.

générale que certains services organisés par les collectivités publiques devront l'être sous la forme de l'établissement public »[281].

L. Constans prolonge ainsi les réflexions de R. Drago en utilisant la distinction entre corporation et fondation dans le but de classer les personnes morales administratives. J.-P. Théron traite également de ce clivage mais dans un sens plus étroit, celui d'une définition de la notion d'établissement public.

3) J.-P. Théron et la définition de l'établissement public comme fondation de droit public

Les recherches de l'auteur démontrent qu'il est possible de définir l'établissement public comme une fondation de droit public. J.-P. Théron utilise la distinction entre organisme corporatif et fondatif (a) afin de lui conférer une certaine homogénéité (b). Néanmoins, sa démonstration doit être appréciée au regard du droit positif (c).

a) Le principe de la distinction

Afin de rendre toute sa cohérence à la notion d'établissement public, J.-P. Théron entreprend de distinguer les personnes publiques grâce au clivage ci-dessus décrit. L'auteur ne se contente pas d'étudier leurs caractéristiques différentes, il s'attache également à lui attribuer un fondement, l'un au travers de l'Institution et l'autre sous le prisme du principe de spécialité.

J.-P. Théron propose d'établir un lien entre la distinction corporation et fondation et la théorie de l'Institution développée par M. Hauriou[282]. Définie comme « une forme sociale établie dans la durée »[283], cette théorie a fait l'objet de multiples travaux, certains tentant de la développer[284] d'autres de lui nier tout fondement

[281] L. Constans, préc. p. 212.

[282] M. Hauriou, « La théorie de la fondation et de l'Institution. Essai de vitalisme social », *Cahiers de la nouvelle journée*, 1925, n° 3, réimpression 1990, Université de Caen.

[283] E. Millard, « Hauriou et la théorie de l'institution », *Droit et société*, n° 30-31, 1993, p. 384.

[284] G. Renard, « La théorie de l'institution. Essai d'ontologie juridique », *S.*, 1930 ; Renard, G., « Qu'est-ce que le droit constitutionnel ? Le droit constitutionnel et la Théorie de l'institution », Mélanges R. Carré de Malberg, 1933, p. 495, L. Sfez,

juridique. M. Hauriou définit l'Institution comme « une idée d'œuvre ou d'entreprise qui se réalise et dure juridiquement dans un milieu social ; pour la réalisation de cette idée, un pouvoir s'organise qui lui procure des organes ; d'autre part, entre les membres du groupe social intéressé à la réalisation de l'idée, il se produit des manifestations de communion dirigées par les organes du pouvoir et réglées par des procédures »[285]. Les juristes s'intéressant à cette théorie ont délimité cette définition en trois éléments qui sont : l'idée d'œuvre, le pouvoir organisé et la communion des membres au sein du groupe. Malgré le caractère polysémique de l'Institution, J.-P. Théron l'aborde comme un processus explicatif de la constitution d'un groupe humain. Il constate que les trois éléments susvisés s'appliquent aussi bien aux fondations qu'aux corporations. En effet, l'idée d'œuvre d'Hauriou ne représente pas un but ni une fonction mais bien au contraire l'objet du groupement. Par conséquent, cette notion est applicable aux deux formes de groupements qui sont pourvus d'un objet déterminé. Relativement au pouvoir organisé, l'institution de M. Hauriou répond à la définition d'une « organisation sociale créée par un pouvoir qui dure parce qu'elle contient une idée fondamentale acceptée par la majorité des membres du groupe »[286]. Il la qualifie alors d' « institution corporative ». J.-P. Théron objecte que l'intervention des individus dans cette idée d'œuvre avec les organes détenteurs du pouvoir n'est pas une caractéristique essentielle des corporations. Dans la fondation, les sujets participent également à la prise de décision même si ce n'est que de manière indirecte. Ainsi, les usagers des universités participent, au sein des divers conseils, à l'idée d'œuvre.

De ces trois éléments constitutifs, « l'organisation du pouvoir et les manifestations de communion, outre qu'elles sont expressément mises au service de l'idée d'œuvre ne sont pour lui (Hauriou), que les

---

Essai sur la contribution du Doyen Hauriou au droit administratif français, LGDJ, 1966; Tanguy, Y., « L'institution dans l'œuvre de Maurice Hauriou. Actualité d'une doctrine », *RDP* 1991, p. 61 ; N. Mac Cormick et O. Weinberger, *Pour une théorie institutionnelle du droit. Nouvelles approches du positivisme juridique*, LGDJ 1992 ; P. Dubouchet, « Pour une théorie normative de l'institution », *RRJ* 1993, n° 3, p. 739.

[285] M. Hauriou, « La théorie de la fondation et de l'Institution. Essai de vitalisme social », préc. p. 96

[286] M. Hauriou, *Précis de droit constitutionnel*, 2°éd., p.73.

moyens d'assurer la réalisation de l'idée »[287]. On comprend dès lors que les organes de l'Institution ne peuvent servir que de modèle de représentation de ce pouvoir participant à la réalisation de l'idée d'œuvre. Le troisième facteur fondatif de l'Institution réside dans l'existence « entre les membres du groupe social intéressé [...], des manifestations de communion dirigées par les organes du pouvoir et réglées par des procédures »[288]. Cette communion marque essentiellement la volonté d'une union d'intéressés qui préside à la création des corporations. Néanmoins, J.-P. Théron rejette cette approche et se contente d'affirmer que les réflexions relatives à l'Institution s'appliquent aussi bien aux corporations qu'aux fondations. Ainsi, il exclut des fondements de ce clivage la théorie institutionnelle. Selon lui, la source de la distinction est à rechercher dans un autre paramètre, celui du principe de spécialité.

Tout comme la notion d'établissement public, le principe de la distinction des personnes morales de droit public en structures corporatives et fondatives a pour fondement le principe de spécialité. J.-P. Théron utilise le même raisonnement que L. Michoud en distinguant, dans un premier moment, ces deux notions.

La fondation répond à trois caractéristiques majeures. Elle est liée à la volonté du fondateur, elle est créée par une volonté qui lui est étrangère. Enfin, la fondation est subordonnée à l'activité qu'elle a pour mission d'effectuer[289]. Cette définition n'est pas nouvelle mais elle conduit à bâtir un nouveau critère de distinction, celui de la spécialité. En effet, J.-P. Théron oppose à la « fondation personnalisée », la structure corporative qui représente un groupe d'individus déjà organisés et qui fixe lui-même les buts de son activité. On retrouve, en filigrane, les observations de L. Michoud relatives à la volonté externe caractérisant la naissance des fondations et de la volonté interne, déterminant celle des corporations. De ces différentes analyses, J.-P. Théron conclut que l'établissement public ne peut être qu'une fondation de droit public en ce sens que celui-ci répond aux trois

---

[287] Y. Tanguy, « L'institution dans l'œuvre de Maurice Hauriou. Actualité d'une doctrine », *RDP* 1991, p.67

[288] M. Hauriou, *Précis de droit constitutionnel*, préc. p. 71.

[289] « Une institution fondative est une personne morale créée à l'initiative d'un ou plusieurs individus, qui affectent a perpétuité un fonds à la réalisation d'une activité bénéficiant à d'autres individus », Mélanges Guibal, préc. p. 31.

caractères de la fondation telle qu'elle est définie en droit privé. Il est vrai que l'établissement public ne peut être créé que par le biais d'une autorité créatrice qui lui est extérieure. Par conséquent, il est lié à la volonté de son fondateur, en l'espèce par l'autorité créant son texte institutif. En outre, le principe de rattachement démontre que l'établissement public est subordonné « tout à la fois à une volonté extérieure, et à la mission qui lui est confiée ». De ce fait, le caractère fondatif des établissements publics répond à une exigence fondamentale attachée au principe de spécialité, celle d'être créée afin de réaliser une mission donnée et non parce qu'il représente « un groupe individualisable à l'intérieur de la collectivité étatique »[290], à l'instar des organes corporatifs. En conclusion, les notions de corporation et de fondation ne peuvent être assimilées. En outre, elles ne peuvent admettre d'intermédiaires même si l'établissement public est amené à englober une collectivité d'intéressés. Celle-ci se limitera à participer à la gestion de l'établissement sans en fixer elle-même les buts. C'est en ce sens que J.-P. Théron critique la thèse de R. Drago et l'existence d'établissements publics corporatifs. Celui-ci ne peut être qu'une fondation de droit public qui trouve son fondement dans le principe de spécialité et l'activité qu'il a pour mission de gérer définie de manière extérieure à ses membres. Au contraire, les corporations regroupent toutes les personnes morales non spéciales parmi lesquelles se situent les collectivités publiques.

L'apport de J.-P. Théron à la distinction corporation/fondation réside essentiellement dans l'ambition de rendre plus homogène la catégorie de l'établissement public. L'auteur tente de démontrer que le législateur ou la jurisprudence ont parfois qualifié à tort d'établissement public certaines structures qui ressortissent davantage de la catégorie des corporations.

b) La thèse de l'homogénéité de l'établissement public

J.-P. Théron tente de conférer une nouvelle homogénéité à la notion d'établissement public en excluant de la catégorie toutes les personnes morales non spéciales. Pour ce faire, il étudie les notions de comités d'organisation et d'ordre professionnel, d'une part et la nature des associations syndicales de propriétaires d'autre part. Pour l'auteur,

---

[290] J.-P. Théron, préc. p. 56.

les comités d'organisation et les ordres professionnels sont des personnes publiques. Pourtant, il leur dénie la qualité d'établissement public en se fondant sur son *critérium*, le principe de spécialité. Ainsi, ce qui différencie « l'établissement public des ordres professionnels et des comités d'organisation, c'est le degré de liaison existant entre l'organe et le service géré »[291]. Selon lui, les structures professionnelles ne sont pas des personnes publiques spéciales pour une raison évidente : elles n'ont pas été créées dans le but d'exercer une mission de service public simplement, ces organismes « sont chargés de participer à l'exécution d'un service public »[292]. Le degré de liaison avec la notion de service public n'est donc pas suffisant. Les ordres et comités gèrent une activité de service public mais n'ont pas été créés spécialement à cet effet. Le législateur leur a conféré la personnalité morale parce qu'ils occupent une place stratégique dans la gestion des intérêts professionnels et non pour les charger initialement de prendre en charge cette mission de service public. De ce fait, les comités d'organisation ainsi que les ordres professionnels ne sauraient être assimilés aux établissements publics qui « se voient confier par l'État une mission pour laquelle ils ont été créés »[293]. Il est donc nécessaire de conclure que les organismes professionnels sont des corporations, tout comme les associations syndicales autorisées.

Cet auteur considère que le qualificatif d'établissement public attribué aux associations syndicales autorisées ne correspond pas à leur véritable statut juridique. Il estime que le juge leur a conféré cette nature parce qu'il n'avait d'autre choix de qualification pour leur appliquer un régime de droit public. Utilisant le critère de la spécialité, J.-P. Théron affirme que les associations syndicales autorisées ne remplissent pas toujours une mission de service public. Bien au contraire, il a été démontré que celles-ci étaient créées par une communauté d'intéressés dans le but de gérer leurs intérêts professionnels et économiques. Ces groupements ne sont donc « pas, par essence, liés à un service public »[294]. A cette fin, il établit une

[291] J.-P. Théron, *Recherches sur la notion d'établissement public*, Thèse Toulouse, 1975, LGDJ, coll. "Bibliothèque de droit public", t. 123, 1976, p. 106.
[292] CE, 31 juillet 1942, *Monpeurt*, préc. Dans l'arrêt *Bouguen*, le juge considère également que, « si le conseil supérieur de l'ordre des médecins ne constitue pas un établissement public, il concourt au fonctionnement dudit service », arrêt préc.
[293] J.-P. Théron, p. 107.
[294] *Ibid*, p. 112.

comparaison avec les universités. En effet, ces dernières comprennent des caractères corporatifs du fait de leur large autonomie et de l'élection de certains de leurs membres. Toutefois, ainsi que le décrit M. Vareilles Sommières, « dans une université officielle, les associés qui sont l'établissement public et qui sont propriétaires des biens affectés à cette œuvre, ce sont tous les membres de l'État et non pas les professeurs, ni à plus forte raison les étudiants (ils) sont certes indispensables à l'Université mais ni plus ni moins que les ingénieurs, les chefs de gare, les mécaniciens, et les voyageurs sont indispensables à la Compagnie des chemins de fer. Le corps professoral est au service de l'établissement public et n'est pas l'établissement public lui-même »[295]. Alors que les universités ont été créées par une autorité qui leur est extérieure et qui leur a confié une mission d'intérêt général à satisfaire, les associations syndicales peuvent parfois gérer une mission de service public et surtout elles sont créées pour représenter une corporation et défendre les intérêts de celles-ci. J.-P. Théron en conclut que les associations syndicales autorisées ne sont pas des établissements publics mais des corporations à l'instar des chambres professionnelles.

L'auteur ne se contente pas d'exposer la nature juridique de ces organismes, il donne une explication des motivations jurisprudentielles entraînant le recours à la notion d'établissement public, donc de fondation, plutôt qu'à celle de collectivité publique. Il souligne que le juge choisit de « maintenir l'unicité du droit » de même que « l'unité du commandement »[296] en attribuant une mauvaise qualification à ces organismes. Dans une logique de droit public, il est donc impossible de conférer des prérogatives de puissance publique, un pouvoir normateur à une collectivité représentant non l'intérêt général mais des intérêts particuliers voire économiques. En procédant ainsi, le juge évite « une atteinte à l'unité de commandement dans la mesure où au sein d'une même organisation coexistent plusieurs centres de décision et de pouvoir »[297]. J.-P. Théron offre une nouvelle dimension à la distinction corporation et fondation permettant de rendre plus homogène la catégorie de l'établissement public. Il oppose les établissements

---

[295] Vareilles-Sommières, *Les personnes morales*, Thèse, Paris, 1902, p. 134.
[296] J.-P. Théron, p. 116.
[297] *Ibid.*

publics en tant que fondations de droit public aux collectivités territoriales, qui sont assimilées à la catégorie des corporations au sein de laquelle se trouvent les chambres professionnelles ainsi que les associations syndicales autorisées. L'établissement public n'est alors plus noyauté par des structures au caractère corporatif. Cependant, cette nouvelle classification peut porter à discussion.

c) Les réflexions sur l'analyse de J.-P. Théron

La position de l'auteur permet de conférer une certaine cohérence à la notion d'établissement public en purgeant cette catégorie des corporations. En effet, son raisonnement distingue très clairement d'un côté, les corporations et les collectivités territoriales et, de l'autre, les fondations de droit public. Ainsi, les organismes hybrides que sont les chambres de commerce ou encore les associations syndicales de propriétaires ne viennent plus troubler la notion d'établissement public en tant que service personnalisé. En outre, cette séparation n'est pas rigide puisqu'elle permet de sauvegarder la souplesse du régime juridique de l'établissement public. Pour J.-P. Théron, affirmer que l'établissement public est en crise, du fait qu'il gère des missions diverses, n'est pas propre à lui faire perdre toute homogénéité si l'on s'appuie sur son caractère fondatif. Ainsi entendu, « la diversité des statuts n'est qu'une résultante du caractère fondatif, l'unité de l'établissement public provient de ce qu'il est une notion conceptuelle qui commence et se termine avec la spécialité. Elle lui permet de prendre la forme exigée par la tâche confiée, et le rend apte à gérer les missions les plus diverses »[298]. Cet effort de systématisation est pourtant rejeté par le juge. En effet, les associations syndicales autorisées de même que les chambres de commerce ont été qualifiées par le droit positif d'établissement public[299].

Il convient également d'ajouter que J.-P. Théron définit l'établissement public comme un service personnalisé dans lequel le service public implique une prise en charge rendue possible par le principe de spécialité. Toutefois, le lien entre établissement public et

[298] *Ibid*, p. 117.

[299] Depuis l'arrêt *Canal de Gignac*, les associations syndicales autorisées sont considérées comme des établissements publics.

service public est également fortement remis en question[300]. Aujourd'hui, l'établissement public apparaît principalement comme une technique juridique permettant d'accomplir certaines tâches de l'État. Un établissement public ne gère pas obligatoirement un service public, simplement, il constitue parmi d'autres structures l'un des modes de gestion du service public[301]. En réalité, le caractère fondatif des établissements publics réside essentiellement dans leurs actes institutifs. En effet, l'acte fondateur et la nomination des directeurs de ce type d'organisme dépendent de la volonté centrale de l'État. De fait, le contenu de ses missions ou sa spécialité, pour reprendre les termes de J.-P. Théron, doit toujours être conforme à cette volonté originelle et extérieure.

La distinction entre corporations et fondations a été utilisée par plusieurs auteurs afin d'organiser une classification des personnes publiques. Plus récemment, L. Richer a proposé un modèle renouvelé de la distinction en l'appliquant aux nouvelles personnes publiques[302]. Il convient de poursuivre le raisonnement en étudiant la distinction de la collectivité territoriale et de l'établissement public.

§ 2 La portée relative de la distinction binaire des personnes publiques

A. De Laubadère écrivait que la distinction entre collectivité territoriale et établissement public « n'est guère faite que de manière cursive, ou en introduction de développements propres à l'une ou l'autre de ces deux catégories juridiques »[303]. Pourtant, la frontière entre ces deux catégories juridiques semble bien tracée. D'un côté, les collectivités territoriales sont décrites comme des personnes publiques territoriales alors que l'établissement public n'est qu'une simple

[300] *Infra*, Partie 2, Titre 1, Chapitre 1, Section 1.

[301] F. Beroujon, « Le recul de l'établissement public comme procédé de gestion des services publics », *RFDA*, 2008, p. 26.

[302] *Infra*, Partie 1, Titre 2, Chapitre 2, Section 2.

[303] A. de Laubadère, « Vicissitudes actuelles d'une distinction classique : établissement public et collectivité territoriale », Mélanges P. Couzinet, Université des sciences sociales de Toulouse, 1974, p. 422. Dans son *Traité de droit administratif*, Y. Gaudemet envisage la définition de l'établissement public par rapport à des notions voisines telles que celles de service public, de l'établissement d'utilité publique ou encore d'entreprise publique sans traiter les différences existantes entre la notion d'établissement public et celle de collectivité territoriale, p. 318.

technique d'organisation administrative, soumise au principe de spécialité. Cette classification classique a été remise en cause par l'apparition et le développement des établissements publics territoriaux. De nombreux auteurs ont souligné que ces nouveaux établissements publics étaient mal qualifiés en raison de nombreux traits de ressemblance avec les collectivités territoriales[304]. La loi n° 2010-1563 du 16 décembre 2010 relative à la réforme des collectivités territoriales a accéléré le rapprochement entre les établissements publics territoriaux et les collectivités territoriales en fragilisant d'une part, la définition doctrinale de la collectivité territoriale et en accentuant, d'autre part, l'hétérogénéité de l'établissement public.

La distinction entre collectivité territoriale et établissement public repose sur des critères (A) qui ont été rapidement contestés par la doctrine (B). L'apparition des établissements publics territoriaux a conduit à de nouvelles contestations des critères de distinction entre établissement public et collectivité territoriale. La réforme des collectivités territoriales n'a pas clarifié la dichotomie entre ces deux catégories juridiques. Au contraire, le législateur a fait voler en éclats les critères de la distinction (C).

A/ Les critères de distinction entre collectivité territoriale et établissement public

En se référant aux définitions doctrinales des collectivités territoriales et de l'établissement public, le premier critère permettant de différencier ces deux notions réside dans la notion de territoire. L. Michoud a caractérisé les collectivités territoriales par le fait « qu'elles comprennent, comme l'État lui-même, toute la population groupée sur un territoire déterminé »[305]. Les collectivités territoriales recouvrent des intérêts collectifs constitués par des groupements d'individus, habitants de la commune ou habitants du département. Pour reprendre la formulation de L. Michoud, ces intérêts collectifs constituent le *substratum* de la collectivité territoriale. L'auteur a souligné que le territoire est « tout à la fois une limite à leur action et un caractère qui sert à déterminer la qualité de membre de ces communautés »[306]. Au contraire, l'établissement public n'est pas lié

[304] *Ibid.*
[305] L. Michoud, préc. p. 154.
[306] *Ibid.*

par un territoire. Son but n'est pas de représenter une réalité sociale préexistante mais de poursuivre la mission pour laquelle il a été créé.

En second lieu, la majorité des auteurs oppose le caractère général des attributions des collectivités locales à la vocation spéciale de l'établissement public. Selon M. Hauriou, « les collectivités locales ont la plénitude de représentation des intérêts collectifs de leurs ressortissants. Leurs attributions ne sont certes pas sans limites mais du moins il est bien certain qu'elles ne sont point dominées, comme les établissements publics, par le principe de spécialité »[307]. L'établissement public n'est qu'un procédé d'organisation administrative qui ne dispose de compétences que celles qui lui sont attribuées par les textes institutifs. Autrement dit, l'établissement public n'a pas pour rôle de gérer les intérêts généraux d'une collectivité d'intéressés par les intéressés eux-mêmes. De ce point de vue, il est très difficile de discerner la « collectivité d'intéressés » correspondant par exemple à la Caisse des dépôts et consignations. L'établissement public est créé et organisé afin de poursuivre une mission telle qu'elle a été déterminée par l'autorité créatrice. Au contraire la collectivité locale représente un groupement d'individus et doit gérer leurs intérêts communs. En cela, elle se rapproche de l'État étant susceptible d'accomplir diverses missions telles qu' « assurer des services de transport en commun, de voirie, de lutte contre l'incendie, de vaccination, de voiture d'ambulances et de pompes funèbres ; ouvrir des écoles, des abattoirs, des piscines et des bibliothèques »[308]. La collectivité territoriale détient une vocation multiple pour ne pas dire générale puisqu'elle a en charge la « plénitude de représentation des intérêts » de sa communauté. Ainsi, l'établissement public n'a qu'une compétence d'attribution qui lui est limitativement fixé par l'acte institutif alors que la collectivité territoriale est compétente pour toute affaire d'intérêt public dans sa circonscription. D'autres sont venus ajouter à ces critères de distinction des éléments de différenciation complémentaires qui découlent, pour partie, de la notion de territoire et du principe de spécialité.

Les auteurs ajoutent comme critère de distinction entre les notions de collectivités territoriales et celles d'établissements publics

---

[307] Note Hauriou sous CE, 2 décembre 1908, *Labastide-Saint-Pierre*, *S.* 1903, 3, 1.

[308] P. Malta Di, « La distinction de l'établissement public et de la collectivité territoriale », *Revue juridique et économique du sud-ouest,* 1962, p. 96.

l'existence de prérogatives de puissance publique semblables à celle de l'État pour les premières alors qu'elles seraient moins étendues pour les établissements publics. Dans la conception de L. Michoud, les communes disposent des trois catégories de prérogatives de puissance publique caractéristiques de l'État : le droit de s'organiser, le droit de police et enfin des droits publics patrimoniaux ou quasi patrimoniaux. Toutefois, il précise que les communes ne possèdent pas ces trois catégories de prérogatives « dans leur plénitude »[309] à la différence de l'État. La commune a le droit d'organiser des services publics, de lever des impôts dans les conditions fixées par la loi, elle dispose également d'un domaine public qu'elle peut protéger. Les établissements publics détiennent également des prérogatives de puissance publique. Tout comme la collectivité territoriale, l'établissement public a le droit de commander à ses agents mais ne peut que compléter par le biais de règlement intérieur, son organisation. En outre, dans la conception traditionnelle, l'établissement public ne disposait pas d'un domaine public propre[310]. L'établissement public détenait le pouvoir d'expropriation mais uniquement par l'intermédiaire de la collectivité territoriale à laquelle il se rattachait. Ainsi, les collectivités territoriales disposent, par délégation de l'État, de certains droits de puissance publique alors que les établissements publics n'étant que des personnes publiques secondaires possèdent dans une moindre mesure de telles prérogatives.

A. de Laubadère ajoute comme critère de distinction le principe de rattachement des établissements publics à une collectivité publique. En effet, les collectivités territoriales ne sont rattachées à aucune autre personne publique alors que les établissements publics sont rattachés soit à l'État soit à une autre collectivité publique. Toutefois, ce critère n'est pas suffisant pour différencier ces deux catégories juridiques dans la mesure où le juge administratif a reconnu l'existence d'établissements publics non rattachés, les associations syndicales de propriétaires autorisées ou encore les chambres professionnelles[311].

---

[309] L. Michoud, préc. p. 243.

[310] *Infra*, Partie 2, Titre 2, Chapitre 1, Section 3.

[311] CE, 29 nov. 1991, *Crépin*, Leb. p. 411 ; *AJDA* 1991, p. 919, chron. C. Maugüé et R. Schwartz ; *RFDA* 1992, p. 884, Concl. F. Lamy ; *RTD com.* 1992, p. 360, obs. G. Orsoni.

Finalement, les différences entre les collectivités territoriales et l'établissement public semblaient bien marquées. S'il est vrai que le contrôle étatique est beaucoup moins contraignant que celui entourant les établissements publics ; s'il n'est point contestable que pour la plupart des établissements publics, leurs organes directeurs ne sont pas élus ; s'il n'est point douteux que la nature des attributions des collectivités est davantage étendue que celles des établissements publics, il est possible d'apporter une contestation à tous ces éléments de différenciation.

B/ La contestation des critères de la distinction

Dès avant d'aborder le sujet des établissements publics territoriaux, il convient de souligner que les éléments de distinction précédemment évoqués ont été contestés par de nombreux auteurs. M. Hauriou enseignait qu' « il y a entre les établissements publics et les grandes administrations publiques deux différences essentielles : l'établissement public n'a pas à pourvoir à l'ensemble des besoins d'une circonscription territoriale (et) il n'a pas non plus la police d'une circonscription »[312]. Déjà à l'époque, cette affirmation était discutable.

Sous l'angle du critère de la plénitude des compétences que l'on attribue aux collectivités publiques, il est d'ores et déjà permis d'apporter une objection quant à la spécialité caractérisant les établissements publics. Ce principe ne signifie pas que l'établissement public ne soit pas habilité à gérer une seule et même mission, bien au contraire, il peut gérer une pluralité de services si ceux-ci sont strictement délimités par son objet. En outre, un établissement public peut gérer des activités qui n'ont pas de lien entre elles. A titre d'illustration, les associations syndicales autorisées, sous l'empire du décret du 18 décembre 1927, étaient composées d'une assemblée générale constituée par l'ensemble des propriétaires ainsi que d'une commission syndicale dont la mission était de régler les affaires de l'association[313]. L'ordonnance n° 2004-632 du 1er juillet 2004 relative aux associations syndicales de propriétaires a modifié les organes de

---

[312] M. Hauriou, *Précis de droit administratif*, 11ème éd., p. 236.

[313] Article 36 du décret du 18 décembre 1927.

ces établissements[314] mais son article 18 réaffirme que « le syndicat règle, par ses délibérations, les affaires de l'association syndicale autorisée ». La ressemblance avec les collectivités locales est éloquente puisque l'on peut établir un parallèle avec la loi fondamentale de 1884 relative aux communes qui charge le conseil municipal de régler « par ses délibérations les affaires de la commune ». Toutefois, il est vrai que ces associations ne correspondent pas à la même assise territoriale que les collectivités locales. Cependant, les chambres de commerce ou d'agriculture, qui sont des établissements publics administratifs, défendent également les intérêts de leurs membres mais surtout sont créées, à l'instar des collectivités locales, sur l'ensemble du territoire.

Le deuxième élément énoncé par Hauriou correspond à la détention du pouvoir de police. Plus largement, il est possible d'admettre que « le pouvoir d'édicter des mesures unilatérales à caractère décisoire, l'exercice d'un pouvoir réglementaire à l'égard de l'ensemble des ressortissants résidant sur un territoire, d'un pouvoir de police, du pouvoir fiscal, constituent des indices assez forts dans le sens de la qualité de collectivité territoriale »[315] . Or, la détention de prérogatives de puissance publique est reconnue depuis l'arrêt *Canal de Gignac* comme un critère permettant de distinguer l'établissement public de l'établissement d'utilité publique. En outre, de nombreux établissements publics disposent d'un pouvoir de contrainte semblable à celui des collectivités locales. Les associations syndicales autorisées peuvent forcer des opposants à adhérer à l'association. L'ordonnance précitée de 2004 autorise la création de l'association syndicale par l'autorité administrative lorsque la majorité des propriétaires représentant au moins les deux tiers de la superficie des propriétés ou les deux tiers des propriétaires représentant plus de la moitié de la superficie des propriétés se sont prononcés favorablement[316] . Les opposants à la création d'une association peuvent, dans un délai de trois mois à compter de la notification de l'acte autorisant la création,

[314] L'ordonnance prévoit que les organes de l'association syndicale de propriétaires autorisée comprennent l'assemblée des propriétaires, le syndicat, le président et le vice-président. Les membres du syndicat sont élus par l'assemblée des propriétaires.

[315] A. De Laubadère, « Vicissitudes actuelles d'une distinction classique : établissement public et collectivité territoriale. A propos des groupements de collectivités territoriales », préc. p. 429

[316] Article 14 de l'ordonnance du premier juillet 2004

déclarer qu'ils entendent délaisser un ou plusieurs des immeubles leur appartenant et inclus dans le périmètre de l'association[317]. Une fois l'association créée, tous les propriétaires doivent respecter les normes réglementaires édictées par le syndicat et qui « évoquent un pouvoir de police »[318].

Ensuite, le pouvoir fiscal semble être un élément déterminant dans la différenciation de ces deux notions. Il est vrai que le principe du consentement des contribuables à l'impôt empêche les établissements publics de détenir une telle prérogative. Pourtant, les chambres de commerce et d'industrie ont le droit d'imposition tout comme les collectivités territoriales. L'article 1600 du Code général des impôts indique qu' « il est pourvu aux dépenses ordinaires des chambres de commerce et d'industrie ainsi qu'aux contributions allouées par ces dernières selon des modalités fixées par décret aux chambres régionales de commerce et d'industrie et à l'assemblée des chambres françaises de commerce et d'industrie au moyen d'une taxe additionnelle à la taxe professionnelle, répartie entre tous les redevables de cette taxe proportionnellement à leur base d'imposition ». En outre les associations syndicales autorisées prélèvent des redevances sur leurs membres qui « s'effectuent comme en matière de contributions directes »[319] .

En définitive, il était possible, avant l'apparition des établissements publics territoriaux, de contester les critères de la distinction entre collectivité territoriale et établissement public.

C/ La confusion des critères de la distinction : les établissements publics territoriaux

Dès leur apparition, les regroupements entre collectivités locales ont été la source de nombreuses interrogations en offrant « le facteur le plus important de rapprochement de l'établissement public et de la collectivité locale »[320]. Au fil des années, ce procédé de

---

[317] Article 17 de l'ordonnance précitée.

[318] P. Malta Di, « La distinction de l'établissement public et de la collectivité territoriale », préc. p. 99.

[319] *Ibid.*

[320] A. de Laubadère, « Vicissitudes actuelles d'une distinction classique : établissement public et collectivité territoriale. A propos des groupements de collectivités territoriales », p. 412.

regroupement s'est traduit juridiquement par le concept d'intercommunalité. Depuis la création du premier établissement public territorial en 1890 et jusqu'à la loi du 12 juillet 1999 relative au renforcement et à la simplification de la coopération intercommunale, créant l'EPCI à fiscalité propre, la structure juridique de référence choisie par le législateur pour renforcer le poids intercommunal est l'établissement public. A cet égard, il convient d'ajouter que la loi du 16 décembre 2010 relative à la réforme des collectivités territoriales a créé un nouvel EPCI, la métropole. Cependant, nombreux sont les auteurs qui ont dénoncé leur mauvaise qualification juridique opérée « délibérément »[321] par la loi suite aux diverses réformes accompagnant le processus complexe de prolifération des établissements publics à vocation territoriale (1). En outre, l'établissement public territorial se présente parfois comme une forme juridique de transition avant d'obtenir la qualification de collectivité territoriale, comme le montre l'exemple de la région. La loi du 16 décembre 2010 relative à la réforme des collectivités territoriales a accentué le rapprochement entre les EPCI et les collectivités territoriales (2).

1) Le franchissement volontaire de la classification traditionnelle

La Constitution de la Ve République énumère à l'article 72 les personnes publiques territoriales à savoir les communes, les départements, les régions, les collectivités territoriales à statut particulier ainsi que les collectivités d'Outre-mer. La Constitution ajoute que toute autre collectivité territoriale est créée par le législateur. Depuis la réforme constitutionnelle du 28 mars 2003, la Constitution utilise non plus l'expression collectivité locale mais lui a préféré celle de collectivité territoriale. L'article 72 alinéa 2 précise que les collectivités territoriales jouissent du principe de la liberté d'administration par le biais de conseils élus. L'échiquier territorial est complété par ce que l'on a coutume de nommer les structures de l'intercommunalité.

Inaugurée par la loi du 22 mars 1890 créant les syndicats de

---

321 « Comme le gouvernement avait reçu de l'article 92 (de la Constitution) le pouvoir législatif, il lui était loisible de donner aux districts urbains la qualification de collectivités territoriales. C'est délibérément qu'il ne l'a pas voulu », J. Hourticq, *Les districts urbains*, 1959.

communes, l'intercommunalité s'est heurtée à de nombreuses reprises à la méfiance des communes attachées à leurs compétences tout comme à leur autonomie. De multiples groupements embryonnaires entre collectivités locales se sont développés tout au long du XIXe siècle. Substantiellement, il est possible de citer la création en 1930 des ententes interdépartementales, puis en 1955 des syndicats mixtes de collectivités publiques. L'ordonnance du 5 janvier 1959 a créé ensuite les syndicats de communes à vocation unique multiple ainsi que les distincts urbains. Malgré toutes ces propositions de regroupement, le législateur s'est heurté aux réticences communales et ses tentatives de remédier au nœud institutionnel se sont révélées insuffisantes. L'essor de l'intercommunalité s'est produit grâce à la loi du 12 juillet 1999 qui a profondément transformé le paysage du regroupement des communes.

Il est possible d'en expliquer les origines en partant d'un constat ambigu. Les résistances politiques de l'échelon communal n'ont pas abouti, dans un premier temps, à une refonte du paysage territorial. De nouveaux arguments vont pourtant conduire les élus à l'acceptation de la coopération intercommunale. La mutation de la région en collectivité territoriale et l'impulsion de l'intégration européenne ont conduit les élus locaux à « une maturité institutionnelle »[322] facilitant l'absorption des structures communales grâce à de nouvelles formes juridiques, les établissements publics de coopération intercommunale. Sur ce point, il est possible d'établir un parallèle entre la construction de la communauté européenne et l'évolution du regroupement de collectivités territoriales. Il est, en effet, possible d'établir plusieurs analogies, « rationnelles, sémantiques et fonctionnelles »[323] entre ces deux formes d'intégration. Tout d'abord, les résistances « nationales » à la construction européenne sont à rapprocher des réticences communales du processus de l'intercommunalité. Dans sa thèse, Mme Ribot souligne que « les dates de trois grandes lois réformant le droit de l'intercommunalité en France coïncident avec trois étapes importantes de la construction européenne. Le régime juridique des syndicats de communes est

---

322 C. Ribot, *La dynamique institutionnelle de l'intercommunalité*, thèse, Université de Montpellier I, 1993, p. 234.

323 P.-Y., Monjal, « Les enjeux de la notion « d'intérêt communautaire » ou les faces cachées d'une réforme constitutionnelle décisive pour les EPCI », *AJDA* 2003, p. 1702.

transformé et les districts urbains sont créés alors que la France commence à intégrer la logique économique du Traité de Rome […], lorsqu'en 1971 le gouvernement opta pour une politique autoritaire de regroupement et de fusion, il prépare parallèlement l'entrée de la Grande-Bretagne dans le Marché commun. Enfin, le projet de loi réformant l'administration territoriale de la République est présenté au Parlement alors que l'Acte unique européen prévoyant une intégration économique renforcée vient d'être signé par les chefs d'états des pays membres »[324]. En outre, la loi fondatrice du 12 juillet 1999 correspond avec l'entrée en vigueur du Traité d'Amsterdam. De même, l'Acte II de la décentralisation intervient « un mois et demi après l'entrée en vigueur du Traité de Nice, le 1er février 2003, préparant l'adhésion des dix candidats à l'Union européenne »[325]. Cette assimilation entre Union européenne et coopération intercommunale peut être poursuivie ainsi que l'on pourra le vérifier au cours des développements qui vont suivre. En outre, il est nécessaire d'ajouter que la loi du 12 juillet 1999 et plus récemment celle du 13 août 2004 relative aux libertés et responsabilités locales ont permis de renforcer le poids politique des EPCI en leur attribuant de nouvelles prérogatives. Ainsi, les présidents de certains EPCI se sont vus reconnaître un pouvoir de police[326].

Au regard de la classification administrative, la qualification d'établissement public de coopération intercommunale ne semble guère équivoque puisque le modèle intercommunal mis en place par la loi depuis 1890 jusqu'à aujourd'hui est celui de l'établissement public[327]. Or, de nombreux éléments permettent de mettre en doute voire de faire échec à une telle qualification.

Tout d'abord, la doctrine a très vite mis en lumière l'analogie existant entre ces établissements et les collectivités territoriales au point de les considérer comme des « pseudo établissements publics », des « hybrides »[328] à mi-chemin entre collectivité territoriale et

---

[324] C. Ribot, *La dynamique institutionnelle de l'intercommunalité*, préc. p.76.
[325] P.-Y., Monjal, « Les enjeux de la notion « d'intérêt communautaire » ou les faces cachées d'une réforme constitutionnelle décisive pour les EPCI », préc. p. 1704.
[326] Ancien article L. 5211-9-2 du Code général des collectivités territoriales.
[327] A. De Laubadère admet ainsi qu' « au regard du droit positif, la question de la nature des établissements publics à vocation territoriale comporte une réponse simple : il s'agit, par détermination de la loi, de véritables établissements publics ».
[328] A. De Laubadère, préc. p. 421

établissement public. Plus récemment, R. Chapus, dans son manuel de droit administratif, organise une description des établissements publics territoriaux non pas au chapitre des établissements publics mais à celui des collectivités territoriales[329]. Quant au législateur, il a regroupé les dispositions législatives et réglementaires afférentes aux EPCI dans le Code général des collectivités territoriales. Dès lors, il convient de s'interroger sur le choix de recourir à une telle qualification légale des structures intercommunales et de considérer que ces institutions sortent de la « nomenclature classique »[330]. Les critères d'identification de l'établissement public ne sont pas adaptés à la catégorie des établissements publics de coopération intercommunale. Toutefois, la persistance des résistances communales et politiques à créer un nouvel échelon de collectivité territoriale explique fondamentalement ce choix opéré depuis 1890 et qui constitue une « pure fiction juridique »[331]. Cependant, il convient de noter que le législateur s'est affranchi de cette conception en transformant la région, établissement public territorial, en nouvelle collectivité territoriale.

Dans son discours du 30 octobre 1970 prononcé à Lyon, le Président Pompidou s'exprimait en ces termes : « La région doit être conçue non comme un échelon administratif se surimposant à ceux qui existent, mais avant tout comme l'union de départements [...]. Elle est pour les départements ce que sont les syndicats intercommunaux aux communes [...]. La région doit être l'expression concertée des départements qui la composent et non pas un organe de mise en tutelle de ces départements ». La genèse de la Région montre que celle-ci a été l'objet de vives critiques expliquant qu'elle soit restée de 1952 à 1972 une simple circonscription administrative[332]. L'échec du projet de réforme régionale en 1969[333] a ralenti le processus d'accès de la

329 R. Chapus, *Droit administratif général,* préc. 2001, p. 254 et s.

330 A. De Laubadère, préc. p. 421.

331 J.-F. Joye, « Les EPCI à fiscalité propre : des collectivités territoriales mal nommées *? », LPA* 2003, n° 98, p. 5.

332 J.-M. Pontier, *Encyclopédie des collectivités territoriales*, Dalloz, 1993, « Le statut de la région ».

333 Dans un discours resté célèbre, le général de Gaulle déclarait, le 24 mai 1968 : « L'effort multi-séculaire de centralisation ne s'impose plus désormais. Au contraire, ce sont les activités régionales qui apparaissent comme les ressorts de la puissance économique de demain. ». Ce projet avait pour ambition de transformer la région en collectivité territoriale mais avec une mission spécialisée.

région au rang de collectivité territoriale. En effet, l'article 1er de la loi du 5 juillet 1972 disposait « Il est créé, dans chaque circonscription d'action régionale, qui prend le nom de « région », un établissement public qui reçoit la même dénomination ». Il faudra attendre la loi du 2 mars 1982 pour que la région devienne une collectivité territoriale. Cependant, nombreux sont les auteurs qualifiant la région de « collectivité décentralisée *sui generis* »[334] parce qu'elle ne possédait qu'une compétence d'attribution. Or, il est classique d'associer collectivité territoriale et vocation générale. Pendant longtemps, la région a donc été qualifiée de collectivité territoriale à vocation spécialisée, venant troubler la classification traditionnelle des personnes publiques. Il reste que cette « vocation spécialisée » est plus large aujourd'hui qu'elle ne l'était à l'époque des lois de décentralisation. En outre, la région a acquis une telle force que celle-ci est devenue le centre d'impulsion de nombreuses politiques publiques dépassant le simple champ de ses compétences originaires.

2) La loi du 16 décembre 2010 de réforme des collectivités territoriales[335] : la suppression des critères de la distinction ?

Dans une étude récente, L. Janicot tente de démontrer que les réformes engendrées par la loi du 16 décembre 2010 ont bouleversé « la distinction doctrinale entre collectivité territoriale et établissement public »[336]. Selon l'auteur, le législateur aurait mis fin à la clause générale de compétence des collectivités territoriales (a). Ensuite, le principe de l'élection des conseils des EPCI à fiscalité propre aurait fait voler en éclats « la définition doctrinale des

[334] A. Delcamp, «La région, nouvelle collectivité territoriale, commentaire de la loi 86-16 du 6 janvier 1986 relative à l'organisation des régions », *AJDA*, 1986, p. 195.

[335] De nombreuses revues juridiques ont consacré des dossiers à l'étude de cette loi : *AJDA* 2011, n° 2, p. 74- 98 ; La revue *JCP A* du 10 janv. 2011, n° 2 a également consacré un dossier à l'étude de la loi de réforme des collectivités territoriales ; voir également le dossier paru dans la *Revue Lamy Collectivités territoriales* 2011, n°64 ou l'article de J.-F. Brisson, « La loi du 16 décembre 2010 portant réforme territoriale ou le droit des collectivités territoriales en miettes », *DA* 2011, n° 3, Étude 5.

[336] L. Janicot, « Les collectivités territoriales, une définition doctrinale menacée ? », *RFDA* 2011, p. 227

collectivités territoriales »[337] (b).

a) La loi du 16 décembre 2010 et le débat sur la suppression de la clause générale de compétence

Selon les nouveaux articles L. 3211-1 et L. 4221-1 du Code général des collectivités territoriales (CGCT), le Conseil général et le Conseil régional régleront, respectivement, les affaires du département et de la région « dans les domaines de compétence que la loi » leur attribue. Ce nouveau principe législatif est issu de la proposition n° 11 du Comité pour la réforme des collectivités territoriales[338]. Pour le comité, cette spécialisation des compétences des départements et des régions est nécessaire pour deux raisons principales: rationaliser la répartition des compétences entre les collectivités territoriales et limiter les excès des financements croisés. En outre, la loi du 16 décembre 2010 modifie l'article L. 1111.4 du CGCT en disposant que « les compétences attribuées par la loi aux collectivités territoriales le sont à titre exclusif ». Ces différentes modifications ont conduit à une controverse sur la suppression de la clause générale de compétence des départements et des régions[339].

---

337 *Ibid,* p. 231. Déposée par le ministre de l'Intérieur, Manuel Vals, le 28 novembre 2012 au Sénat, la réforme des scrutins locaux a finalement été adoptée à la suite d'un long marathon législatif le 17 mai 2013. Cette réforme est basée sur deux lois, une loi organique relative à l'élection des conseillers municipaux, des délégués communautaires et des conseillers départementaux et la loi ordinaire relative à l'élection des conseillers départementaux, des conseillers municipaux et des délégués communautaires, et modifiant le calendrier électoral. S'inscrivant dans le cadre des États généraux de la démocratie territoriale, cette réforme électorale vise à prendre en compte l'évolution des changements démographiques dans les territoires, garantir le principe constitutionnel d'égal accès des femmes et des hommes aux mandats électoraux et aux fonctions électives et enfin, offrir davantage de légitimité démocratique aux autorités des EPCI par le biais de leur élection au SUD.

338 Comité pour la réforme des collectivités locales présidé par Édouard Balladur, *Il est temps de décider,* Rapport au président de la République, Fayard, Doc. fr. 2009; M. Verpeaux, « Le rapport Balladur sur la réforme des collectivités locales, des raisons, des solutions », *RFDA* 2009, p. 407; G. Marcou, « La réforme territoriale : ambition et défaut de perspective », *RFDA* 2010, p. 357.

339 L. Janicot, article précité, p. 231-237 ; V. Donier, « Les clairs obscurs de la nouvelle répartition des compétences », *AJDA* 2011, p. 95 ; G. Le Chatelier, « Le débat sur la clause générale de compétence est-il vraiment utile ? », *AJDA* 2009, p.186 ; J.-M. Pontier, « Requiem pour une clause générale de compétence ? », *JCP A* 2011, n° 2015.

Tout d'abord, il convient de définir la clause générale de compétence. Selon les anciens articles L. 2121-29, L.3211-1 et L. 4221-1 du CGCT, les communes, les départements et les régions bénéficiaient de cette clause générale de compétences. Dans sa décision du 29 juin 2001 *Commune de Mons en Baroeul*[340], le Conseil d'État avait considéré que le conseil municipal était habilité à statuer sur toutes questions d'intérêt communal, sous réserve qu'elles ne soient pas dévolues par la loi à l'État ou à d'autres personnes publiques et qu'il n'y ait pas d'empiétement sur les attributions conférées au maire. Autrement dit, la clause générale de compétence signifie que « tout ce qui n'était pas expressément interdit par la loi était autorisé »[341]. Cette définition a été remise en cause par la loi du 16 décembre 2010 de réforme des collectivités territoriales puisque, désormais, toute intervention du département ou de la région dans un domaine de compétences qui ne lui est pas attribué par la loi est prohibée. L'inversion du principe a conduit certains auteurs à annoncer la disparition de la clause générale de compétences au profit des départements et des régions[342]. Pourtant, il est possible de ne pas approuver totalement ces propos.

En premier lieu, la loi de réforme des collectivités territoriales maintient « un droit d'initiative au profit des départements et des régions »[343]. En effet, le législateur a précisé que les conseils régionaux et départementaux pourront « se saisir de tout objet d'intérêt régional ou départemental pour lesquels la loi n'a pas donné compétences à autre personne publique ». En pratique, cette incise devrait permettre aux départements et aux régions d'agir dans de nombreux domaines. Il reviendra au juge administratif d'apprécier l'intérêt départemental ou régional au regard des nouvelles dispositions législatives entourant l'interventionnisme local[344]. A ce

---

340 CE, 29 juin 2001, *Commune de Mons en Baroeul*, Leb. p. 298 ; *AJDA* 2002, p. 42, note Y. Jégouzo et *AJDA* 2002, p. 386, étude D. Roman ; *D.* 2001, p. 2559, *RDI* 2001, p. 366, obs. J.-P. Brouant ; *RDSS* 2002, p. 81, note M. Ghebali-Bailly.

341 V. Donier, « Les clairs obscurs de la nouvelle répartition des compétences », *AJDA* 2011, p. 95.

342 L. Janicot, « Les collectivités territoriales, une définition doctrinale menacée ? », *RFDA* 2011, p. 230 et s.

343 V. Donier, « Les clairs obscurs de la nouvelle répartition des compétences », p. 97.

344 G. Le Chatelier, « Le débat sur la clause générale de compétence est-il vraiment utile ? », *AJDA* 2009, p.189.

propos, il convient de préciser que la clause générale de compétence n'est pas un principe constitutionnel. Dans la décision du Conseil constitutionnel du 9 décembre 2010[345] relative à la loi de réforme des collectivités territoriales, des parlementaires avaient soutenu que la loi méconnaissait un principe fondamental reconnu par les lois de la république garantissant aux départements et aux régions une compétence générale. Le Conseil constitutionnel a rejeté cet argument en jugeant que les dispositions de l'article 48 de la loi du 10 août 1871 selon lesquelles le conseil général délibère sur tous les objets d'intérêt départemental dont il est saisi, n'avaient « ni pour objet ni pour effet de créer une « clause générale » rendant le département compétent pour traiter de toute affaire ayant un lien avec son territoire ». Il ajoute que « ces dispositions ne sauraient avoir donné naissance à un principe fondamental reconnu par les lois de la République garantissant une telle compétence »[346].

En second lieu, les nouvelles dispositions issues de la loi de réforme des collectivités territoriales ne sont pas très cohérentes puisque le législateur n'a pas modifié l'article L. 2121-29 du CGT selon lequel « Le conseil municipal règle par ses délibérations les affaires de la commune ». Cependant, l'exclusivité des compétences ne concerne pas seulement les départements et les régions puisque l'article L. 1111-4 du CGCT prévoit cette exclusivité des compétences pour toutes les collectivités territoriales, sans distinction.

La réforme des collectivités territoriales n'a pas engendré la disparition de la clause générale de compétence des départements et des régions. Il nous semble que le législateur a souhaité clarifier la répartition des compétences de chaque collectivité territoriale en posant des limites à leur intervention. Toutefois, cet effort de

---

[345] Décision n° 2010-618 DC du 9 décembre 2010, *Loi de réforme des collectivités territoriales* ; M. Verpeaux, « Les ambiguïtés entretenues du droit constitutionnel des collectivités territoriales », *AJDA* 2011, p. 99 ; G. Marcou, « Le Conseil constitutionnel et la réforme des collectivités territoriales », *AJDA* 2011, p. 129 ; M.-C., Rouault, « La loi de réforme des collectivités territoriales au crible du Conseil constitutionnel », *JCP A* 2011, n° 2, p. 16 ; J.-C. Douence, « La nouvelle répartition des compétences, gage de clarification », *JCP A* 2011, n° 14, p. 40 ; Commentaire de la décision du Conseil constitutionnel du 9 décembre 2010, *Les nouveaux cahiers du Conseil constitutionnel*, cahier n°30, publié sur le site Internet.

[346] Considérant 54 de la décision du 9 décembre 2010 du Conseil constitutionnel, précitée.

rationalisation n'a pas été atteint. Les controverses relatives à la disparition annoncée de la clause générale de compétence démontrent que les dispositions de la loi ne sont pas suffisamment précises et ne permettent pas de discerner clairement les compétences dévolues à chaque collectivité territoriale. Pour conclure, les réformes issues de la loi du 16 décembre 2010 n'ont pas abouti à abandonner le critère de la généralité des compétences[347] des collectivités territoriales que l'on continuera à opposer à la vocation spéciale des établissements publics. Cependant, la distinction entre collectivité territoriale et établissement public est plus difficile à maintenir avec le principe de l'élection au suffrage universel direct des nouveaux conseillers des EPCI à fiscalité propre.

b) La disparition d'un critère de distinction : l'élection au suffrage universel direct des organes délibérants des EPCI à fiscalité propre

Le rapport Balladur sur la réforme des collectivités territoriales a souligné l'urgence d'une réforme de l'intercommunalité en considérant « qu'eu égard, d'une part, aux compétences très larges d'ores et déjà exercées par ces EPCI, et qui s'apparentent, en fait, à une compétence générale, et, d'autre part, à l'importance de leur pouvoir fiscal, il conviendrait, pour mieux respecter les exigences de la démocratie locale, que les conseillers communautaires procèdent du suffrage direct »[348]. Avant la loi du 16 décembre 2010 de réforme des collectivités territoriales, les conseillers des EPCI à fiscalité propre étaient élus au scrutin indirect par les maires des communes membres de l'établissement. La loi du 16 décembre 2010 apporte une réforme majeure en prévoyant l'élection au suffrage universel direct des conseillers des métropoles, des communautés urbaines, des communautés d'agglomération et des communautés de communes[349].

---

[347] D'ailleurs la loi n° 2014-58 du 27 janvier 2014 de modernisation de l'action publique territoriale et d'affirmation des métropoles a rétabli la clause de compétence générale des départements et des régions (article 1er).

[348] Proposition n°7 du rapport du Comité sur la réforme des collectivités territoriales du 5 mars 2009.

[349] Article L. 5211-6 du CGCT : « Les métropoles, communautés urbaines, communautés d'agglomération et communautés de communes sont administrées par un organe délibérant composé de délégués des communes membres élus dans le cadre de l'élection municipale au suffrage universel direct pour toutes les communes dont le conseil municipal est élu au scrutin de liste, dans les conditions fixées par la loi ».

Contrairement à ce que prévoyait le rapport du Comité Balladur[350], les métropoles n'ont pas la qualité de collectivités territoriales mais constituent des établissements publics[351]. L'article L. 5217-1 du CGCT définit les métropoles d'« établissement public de coopération intercommunale à fiscalité propre regroupant plusieurs communes d'un seul tenant et sans enclave au sein d'un espace de solidarité pour élaborer et conduire ensemble un projet d'aménagement et de développement économique, écologique, éducatif, culturel et social de leur territoire afin d'en améliorer la cohésion et la compétitivité et de concourir à un développement durable et solidaire du territoire régional. Elle valorise les fonctions économiques métropolitaines, ses réseaux de transport et ses ressources universitaires, de recherche et d'innovation, dans un esprit de coopération régionale et interrégionale et avec le souci d'un développement territorial équilibré[352].

Le législateur a introduit une véritable rupture dans la distinction entre collectivité territoriale et établissement public en réformant le mode d'élection des organes délibérants des EPCI à fiscalité propre. Cependant, il convient d'apporter des nuances à l'affirmation selon laquelle « la modification du mode d'élection des délégués communautaires semble renforcer la difficulté à différencier les notions de collectivité territoriale et d'établissement public »[353].

Tout d'abord, la réflexion sur l'introduction du principe de l'élection au suffrage universel direct des conseillers des établissements publics territoriaux n'est pas nouvelle. Cette idée avait

---

[350] Proposition n° 8 du rapport du Comité Balladur pour la réforme des collectivités territoriales.

[351] Il doit toutefois être mentionnée la création par la loi de modernisation de l'action publique territoriale et d'affirmation des métropoles d'une nouvelle catégorie de collectivité territoriale à statut particulier, la métropole de Lyon, voir sur ce point la décision du Conseil constitutionnel du 23 janvier 2014, *loi de modernisation de l'action publique territoriale et d'affirmation des métropoles,* M. Verpeaux, « Les métropoles devant le Conseil constitutionnel », *La semaine juridique. Administrations et collectivités territoriales,* 24 février 2014, n° 8, p. 19-26 ; O. Gohin, « La loi MAPAM du 27 janvier 2014 : un ajout régulier au mille-feuilles territorial », *La Semaine juridique. Édition générale*, 3 mars 2014, n° 9, p. 443-449.

[352] Article L. 5217-1 I du Code général des collectivités territoriales (tel que modifié par la loi n° 2014-58 du 27 janvier 2014 de modernisation de l'action publique territoriale et d'affirmation des métropoles).

[353] N. Wolff, « L'élection au suffrage universel direct des représentants des EPCI. Les paradoxes de la légitimité », *AJDA* 2011, p. 1127.

déjà été débattue lors de la discussion sur la loi du 31 décembre 1966 relative aux communautés urbaines ou encore à l'occasion des débats du vote de la loi du 13 juillet 1983 relative au statut des agglomérations nouvelles, dite loi « Rocard ». Malgré les réticences des communes, de nombreux rapports ont évoqué la proposition de l'élection au suffrage universel direct des conseils des EPCI à fiscalité propre[354]. Le Conseil économique et social, dans son avis du 22 juin 2005 « Communes, intercommunalités, quels devenirs ? »[355] a également proposé de réformer « la forme indirecte de représentation de la population dans les conseils communautaires ».

Il semble justifié au regard de l'importance des pouvoirs reconnus aux EPCI à fiscalité propre de légitimer leurs compétences par le biais du suffrage direct. Nonobstant cette question de légitimité démocratique, il convient de s'interroger sur le fait de savoir si l'élection des conseillers communautaires au suffrage universel direct remet en cause la qualité d'établissement public de ces groupements de collectivités territoriales et par extension la notion de collectivité territoriale? [356]. Afin de répondre à cette question, il est nécessaire de se demander si l'élection au suffrage universel direct constitue un élément constitutif de la notion de collectivité territoriale.

Selon l'article 72 alinéa 3 de la Constitution, « les collectivités s'administrent librement par des conseils élus ». Mais cet article ne précise pas s'il s'agit d'une élection directe ou indirecte, et, surtout, si le principe électif est un élément caractéristique de la collectivité

---

[354] Rapport de la commission Mauroy, *Refonder l'action publique locale,* 17 oct. 2000 ; Rapport Lambert, *Les relations entre l'État et les collectivités locales,* 7 nov. 2007, Doc. fr.; Rapport de la Cour des comptes, *L'intercommunalité en France*, Les éditions des Journaux officiels, nov. 2005.

[355] Conseil économique et social, *Communes, intercommunalités, quels devenirs* ?, Avis du Conseil économique et social sur le rapport présenté par M. Pierre-Jean Rozet au nom de la section des économies régionales et de l'aménagement du territoire, Séances des 21 et 22 juin 2005, p. 18.

[356] A. De Laubadère, en 1974, s'interrogeait : « Ne doit-on pas dire que ces regroupements ne sont que de pseudo-établissements publics et qu'en réalité, ils constituent des collectivités territoriales, comme les départements ou les communes ? », « Vicissitudes actuelles d'une distinction classique : établissement public et collectivité territoriale. A propos des groupements de collectivités territoriales », *Mélanges Couzinet*, Annales des sciences sociales de Toulouse, 1974, p. 411.

territoriale. Dans sa décision du 22 décembre 1982[357], le Conseil constitutionnel a jugé, à propos de l'arrondissement, « qu'aucun principe ou règle de valeur constitutionnelle n'interdit au législateur d'instituer des divisions administratives au sein des communes ni d'instituer des organes élus autres que le conseil municipal et le maire ». Pourtant, l'arrondissement ne pouvait être qualifié de collectivité territoriale puisqu'il ne disposait pas de la personnalité morale. En outre, les organes délibérants des universités ou des chambres professionnelles sont élus alors que ces deux institutions constituent des établissements publics. Par conséquent, le droit positif n'exclut pas que des personnes publiques autres que les collectivités territoriales soient dotées de conseils élus[358].

De nombreux auteurs voient l'élection comme un critère constitutif de la collectivité territoriale[359]. En introduisant le principe du suffrage universel direct des conseillers communautaires, le législateur de 2010 n'aurait fait que « déconstruire les principaux caractères propres à la catégorie des collectivités territoriales, identifiés par la doctrine »[360]. Cependant, d'autres rejettent cet argument et préfèrent retenir comme éléments constitutifs de la notion de collectivité, le territoire et la population[361]. Comme le souligne N. Wolff[362], le législateur a précisément prévu un mode de scrutin qui fait intervenir ces deux composantes puisque l'élection des conseillers communautaires coïncide avec l'élection des conseillers municipaux. Autrement dit, la loi a souhaité garantir la représentation des citoyens des communes membres des EPCI à fiscalité propre et pas uniquement

357 Décision n° 82-149 DC du 28 décembre 1982, *Loi relative à l'organisation administrative de Paris, Marseille, Lyon et des établissements publics de coopération intercommunale, RDP* 1983, p. 133, Obs. L. Favoreu.

358 L. Janicot, article précité, p. 238.

359 M. Verpeaux, *Droit des collectivités territoriales*, PUF, 2ème éd., 2008, p. 153 : « Sans élection, il ne saurait y avoir collectivité territoriale » ; E. Mella, *Essai sur la nature de la délibération locale,* LGDJ, 2003, p. 137 et s.

360 *Ibid.*

361 L. Favoreu, « La notion constitutionnelle de collectivité territoriale », *in Les collectivités locales. Mélanges en l'honneur de Jacques Moreau*, Economica, 2002 ; J.-C. Douence, « Le statut constitutionnel des collectivités territoriales », *in* Rép. Collectivités locales, 2005, vol. 2, n° 28.

362 N. Wolff, « L'élection au suffrage universel direct des représentants des EPCI. Les paradoxes de la légitimité », *AJDA* 2011, p. 1128.

celle des habitants de l'intercommunalité[363].

Pour renforcer l'esprit intercommunal, le législateur aurait pu envisager la mise en place d'une élection autonome pour les conseillers communautaires qui d'ailleurs aurait pu se dérouler concomitamment avec l'élection des conseillers municipaux. Leur légitimité démocratique aurait été clairement renforcée puisqu'ils auraient été directement élus par les citoyens électeurs. Cependant, ce système ne pouvait être retenu puisqu'outre le coût de cette double opération électorale, deux inconvénients ont été soulignés et soulèvent le débat. Tout d'abord, une élection indépendante des conseillers communautaires serait de nature à renforcer les risques de concurrence entre les conseillers municipaux et les conseillers communautaires alors même qu'ils exercent de façon partagée certaines compétences au niveau local. Ensuite, une élection autonome des conseils intercommunaux aurait pour conséquence le renforcement de la légitimité démocratique des EPCI qui pourrait les conduire à revendiquer davantage le statut de collectivité territoriale et non plus celui d'établissement public. La création d'un nouveau niveau de collectivité territoriale est en contradiction avec l'objectif de rationalisation de l'échiquier territorial. Ainsi politiquement il était plus opportun de lier l'élection des conseillers communautaires avec celle des conseillers communautaires.

Pour conclure, la loi du 16 décembre 2010 a accentué la relativité des critères de la distinction entre établissement public et collectivité territoriale. Toutefois, cette réforme ne permet pas de mettre un terme à la distinction bipartite des personnes publiques. Malgré les traits communs qui les rapprochent des collectivités territoriales, les établissements publics territoriaux sont soumis au principe de spécialité alors que les collectivités territoriales ne sont pas assujetties à cette spécialisation fonctionnelle mais disposent d'une compétence générale.

---

[363] Sur ce point, loi n° 2013-403 du 17 mai 2013 relative à l'élection des conseillers départementaux, des conseillers municipaux et des conseillers communautaires, et modifiant le calendrier électoral.

Avant que le législateur et le juge ne viennent troubler cette dichotomie parfaite avec la création des nouvelles personnes publiques, d'autres structures ont tenté d'ouvrir une frontière entre collectivité territoriale et établissement public en provoquant l'éclatement de la notion d'établissement public. La classification traditionnelle des personnes publiques a connu, avant la création des nouvelles personnes publiques, de multiples turpitudes. Toutefois, les réticences de la doctrine et de la jurisprudence ont longtemps permis de cloisonner rigoureusement la classification dualiste des personnes publiques jusqu'à l'émergence des nouvelles personnes publiques.

Chapitre 2 : L'émergence de nouvelles personnes publiques

La classification des personnes publiques s'est bâtie sur une distinction binaire avec d'un côté la catégorie des collectivités territoriales et de l'autre, celle des établissements publics. La rigueur de cette catégorisation a été à l'origine de l'échec, dans les années 1940, du débat ouvert sur la qualification juridique des organismes professionnels et la reconnaissance d'une catégorie intermédiaire entre le droit public et le droit privé.

Face aux réticences du juge et de la doctrine devant l'évolution des catégories classiques, la question de l'existence de nouvelles personnes publiques est restée scellée jusqu'à la troisième voie ouverte par le législateur et l'apparition des groupements d'intérêt public. Créés par la loi du 15 janvier 1982[364], ils ont été les premières structures qualifiées de « personnes publiques soumises à un régime spécifique »[365]. Dans les années 2000, de nouveaux organismes érigés en personnes publiques se sont multipliés sous l'impulsion du législateur. Toutefois, ce mouvement d'accélération de l'apparition de nouvelles personnes publiques ne correspond pas à la conception jurisprudentielle et doctrinale qui a refusé de reconnaître de nouvelles entités à côté des institutions publiques ou privées.

Malgré les infléchissements de la conception dualiste **(section 1),** les réticences à la reconnaissance de nouvelles personnes publiques n'ont réellement été dépassées qu'à partir des années 1980 **(section 2).**

Section 1 : Les infléchissements de la conception classique avant les années 1980

Longtemps, la classification des personnes publiques a constitué une donnée immuable sur laquelle le juge et la doctrine s'accordaient. Pourtant, avant de parvenir à la classification interne

[364] Article 21 de la loi n° 82-610 du 15 juillet 1982 codifié aux articles L. 341-1

[365] TC, 14 févr. 2000, *GIP « Habitat et interventions sociales » c/ Mme Verdier*, Rec. p. 748 ; *AJDA* 2000, p. 465, chron. M. Guyomar et P. Collin.

des personnes publiques sur le modèle dualiste, les réflexions doctrinales et jurisprudentielles se sont davantage attachées à la distinction entre personne publique et personne privée, puis à celle entre établissement public et établissement d'utilité publique. Toute nouvelle institution était qualifiée soit de personne publique soit de personne privée. Ensuite, le juge administratif et la doctrine classaient cette nouvelle entité soit dans la catégorie des collectivités territoriales soit dans celle des établissements publics.

La reconnaissance de nouvelles personnes publiques s'est donc rapidement heurtée à de nombreux obstacles jurisprudentiels et doctrinaux (**§1**). Malgré un premier infléchissement de la doctrine relatif aux comités d'organisation et aux ordres professionnels (**§2**), l'apparition de nouvelles personnes publiques a échoué.

§1 Les obstacles à la reconnaissance de nouvelles personnes publiques

La réticence, fortement marquée, de la jurisprudence et de la doctrine quant à la reconnaissance de nouvelles personnes publiques s'explique par plusieurs raisons. A côté de l'indétermination que peut susciter la reconnaissance de personnes publiques innomées, certains évoquent également l'« obsession classificatoire »[366] qui postule que tout nouvel organisme doit obligatoirement être intégré dans une catégorie préexistante. A ce propos, F. Geny expliquait que lorsque « se présentait une situation nouvelle, paraissant mériter la consécration du droit, on ne se décidait pas facilement à augmenter *de plano* les catégories jusque là reconnues. C'eût été heurter de front l'esprit même du système et méconnaître la loi d'économie des moyens »[367]. En outre, la catégorie de l'établissement public semblait suffisamment adaptable pour accueillir des institutions hybrides. Le principal obstacle à surmonter pour reconnaître l'existence de nouvelles personnes publiques résidait dans le franchissement de la classification dualiste classique (**A**) qui a pourtant été très rapidement dénoncée par différents auteurs comme L. Michoud ou plus encore par

---

[366]L. Husson a dénoncé l'utilisation systématique des catégories juridiques qui imprimerait au droit « un dogmatisme et une raideur incompatibles avec la complexité du réel et la souplesse de la vie », *Les apories de la logique juridique,* Annales Faculté de droit de Toulouse, T. XV, Fasc. I 1967, p. 63.

[367] F. Gény, *Méthode d'interprétation et sources en droit privé positif*, 2ème éd., LGDJ, 1979, p.174.

M. Hauriou (**B**).

A/ La conception classique dualiste

Si l'on se réfère aux travaux doctrinaux qui ont donné naissance à ce que L. Richer nomme le « dogme dualiste »[368], c'est sous le prisme de la distinction entre personnalité publique et personnalité privée qu'est née cette conception Même si les auteurs n'ont pas réellement dissipé toute équivoque relative à cette différenciation, leurs réflexions ont permis l'adoption de critères permettant de créer les prémices d'une classification des personnes morales. Toutefois, cette catégorisation binaire des personnes publiques a mis en échec toute possibilité de reconnaître des nouvelles entités publiques. La jurisprudence et la doctrine du début du XIXe siècle ont originairement différencié les établissements publics des personnes privées sous la forme de la distinction entre établissement public et établissement d'utilité publique[369].

Sans reprendre l'intégralité des débats[370], un simple rappel de la distinction fera apparaître une double perspective. Tout d'abord, la distinction entre les institutions publiques et les institutions privées a permis à de nombreux auteurs d'établir des critères permettant de faire entrer tout nouvel organisme dans le monde des personnes publiques ou des personnes privées. Ensuite, si l'institution en question était empreinte du qualificatif « publique », la seconde étape consistait à le classer dans la répartition interne des personnes morales administratives.

---

[368] L. Richer, « Les personnes publiques innomées », préc. p. 134.

[369] Selon Y. Gaudemet, « le critère de la distinction a donné lieu à une jurisprudence abondante et complexe. L'idée fondamentale est que le juge doit rechercher quelle a été l'intention des créateurs de l'institution ou du type d'institution en cause. Ont-ils entendus créer un établissement public (ou plus généralement une personne morale de droit public) ou reconnaître un établissement d'utilité publique (ou plus généralement une personne morale de droit privé) ? », *Traité de droit administratif*, 16ème éd., préc. p. 291 et s.

[370] Ainsi que le souligne J.-B. Auby, « la distinction des personnes publiques et des personnes privées est l'une des plus amplement illustrée dans le domaine jurisprudentiel et dans le domaine doctrinal. Il n'est pas excessif de dire qu'elle constitue une sorte de morceau de bravoure, au répertoire duquel peu de noms connus manquent », *la notion de personne publique en droit administratif*, thèse, 1979, Bordeaux I, p. 232.

Aux termes de la distinction précédemment évoquée, les auteurs ont proposé d'établir une classification interne aux personnes publiques. L'État, personne morale de droit public par excellence disposant de la compétence de sa compétence dans le respect de la Constitution, tout nouvel organisme public doté de la personnalité juridique est nécessairement soit une collectivité territoriale soit un établissement public. Cependant, le législateur a parfois créé des personnes morales dont les principales caractéristiques dépassent les frontières entre ces deux catégories classiques. Il est possible « que le doute affecte l'intention du législateur, qui aurait, sur la question de la personnalité morale des organismes de la catégorie en cause, pris une position incertaine. Mais il se peut aussi que la difficulté réside dans « l'appartenance catégorielle » de l'organisme douteux : c'est l'hypothèse dans laquelle le doute affecte le rattachement de l'organisme douteux à une catégorie incontestablement assortie de la personnalité »[371].

Malgré tout, cette classification binaire a marqué pendant de nombreuses années toute la théorie de l'organisation administrative. Dès lors s'est dégagée l'opération dichotomique selon laquelle toute nouvelle institution qualifiée de personne publique et dotée de la personnalité morale devait être assimilée soit, à la catégorie des collectivités locales, disposant de l'autonomie de gestion et de certaines compétences générales, soit à celle des établissements publics, gouvernés par le principe de spécialité. Dans son ouvrage consacré à l'établissement public, R. Connois n'accepte pas l'existence de personnes publiques spécialisées autres que les établissements publics. Selon lui, « tous les organismes publics à vocation spéciale et dotés de la personnalité morale sont des établissements publics »[372]. Sur le même thème, J.-P. Théron, dans sa thèse, affirme que « toutes les personnes morales spécialisées doivent être regroupées dans la catégorie établissement public »[373]. Son argumentation repose d'ailleurs sur une conception traditionnelle selon laquelle la catégorie de l'établissement public est souple et offre de nombreuses capacités d'accueil.

---

[371] J.-B. Auby, préc. p.143.

[372] R. Connois, *La notion d'établissement public en droit administratif français*, LGDJ, 1959, Bibliothèque de Droit public, t. XVIII, 19 p.185.

[373] J.-P., Théron, *Recherche sur la notion d'établissement public*, LGDJ, Bibliothèque de droit public, 1976, p. 95.

A travers ces éléments transparaît une résistance doctrinale à la consécration de nouvelles personnes publiques. Cette « conception réfrigérante »[374] sera pourtant critiquée par de nombreux auteurs qui, dès le début du XXe siècle, ont sollicité un aménagement de cette classification classique pour permettre la création d'établissements intermédiaires se situant, dans un premier temps, entre droit public et droit privé. En effet, cette technique qui consiste à classer tout organisme dans la catégorie des personnes publiques ou dans celle des personnes privées n'est plus pertinente dans la mesure où « entre le service public et l'œuvre exclusivement privée il existe des types intermédiaires ; on peut dire que, de l'un à l'autre, il y a comme une dégradation insensible de teintes qui ne permet pas à l'œil de discerner où finit l'un et où commence l'autre »[375].

B/ Les controverses relatives à la classification dualiste

L. Michoud, auteur de la *Théorie de la personnalité morale,* a systématisé la distinction entre établissement fondatif et établissement corporatif[376]. Par ce biais, il a apporté des éléments d'analyse ouvrant la voie au franchissement de la classification binaire. Dans un premier moment, l'auteur propose de différencier les collectivités locales des établissements publics[377]. Les premières sont caractérisées par une population et un territoire déterminé et, « représentent des intérêts collectifs de toute de cette population », alors que les établissements publics ne « sont pas nécessairement liés à un territoire et ne sont chargés que de fonctions de droit public d'ordre spécial »[378]. A partir de cette différenciation, il va poursuivre son raisonnement en se plaçant du côté des établissements publics qui doivent être assimilés à des fondations. Pourtant, l'auteur reconnaît qu'à l'intérieur de cette catégorie, il existe de nombreux éléments de différence. Ainsi, les associations syndicales de propriétaires présentent selon lui un certain nombre de difficultés qu'il résume en ces termes : « les personnes morales que nous désignons sous le nom d'établissements publics

---

[374] L. Richer, « Les personnes publiques innomées », préc. p. 135.
[375] L. Michoud, Note sous Cas. Civ. 21 mars 1899, *Congrégation sœurs Saint-Joseph, S.,* 1899, I, p. 449.
[376] *Infra* Titre 2, Chapitre 2, Section 2.
[377] Il distingue l'État des autres personnes publiques : « Que l'État doive occuper dans cette classification une place à part, c'est ce qu'il n'y a pas lieu d'établir longuement », L. Michoud, *La théorie de la personnalité morale*, préc. p. 260.
[378] *Ibid*, p. 266.

nous apparaissent bien tout d'abord comme des fondations publiques provenant de l'État ou de la commune ; mais plusieurs, telles par exemple que les associations syndicales autorisées, sont organisées en corporations plus ou moins contrôlées et dirigées par l'État »[379]. La reconnaissance par L. Michoud de la singularité des associations syndicales de propriétaires n'est pourtant pas à l'origine de l'existence explicite d'établissement intermédiaire. Au contraire, il propose une distinction qui suscite une réflexion sous l'angle du droit positif et de la reconnaissance actuelle de nouvelles personnes publiques : « On peut admettre qu'il y a un régime général des établissements publics, mais que quelques uns d'entre eux, tout en étant des personnes morales publiques, comme les établissements publics ordinaires, sont, par des dispositions expresses ou implicites de la loi, soustraits sur certains points à ce régime commun. Ces établissements peuvent-ils encore être qualifiés d'établissements publics ? Oui, au sens large du mot. Mais peut être vaudrait-il mieux réserver ce terme aux établissements publics *stricto sensu*, soumis à toutes les règles administratives de la matière et dire purement et simplement de ces personnes morales que ce sont des personnes morales de droit public »[380].

Cette distinction entre établissement public *stricto sensu* et établissement public au sens large du mot n'offre pas la possibilité de créer des catégories intermédiaires mais envisage de façon audacieuse une nouvelle définition de l'établissement public. L'auteur admet l'existence de personnes publiques soumises à un régime spécifique, « soustraites sur certains points »[381] au régime de l'établissement public. Cette analyse de l'hétérogénéité de la formule de l'établissement public rejoint aujourd'hui la création des nouvelles personnes publiques.

La nature juridique des associations syndicales de propriétaires autorisées a fait l'objet d'un vif débat dépassant la question de la définition de l'établissement public. L'arrêt *Canal de Gignac*[382] fait encore aujourd'hui controverse, notamment s'agissant de la reconnaissance à ces associations singulières de la qualité de personne publique. Le Tribunal des conflits se fonde sur l'existence de

---

[379] *Ibid*, p. 219.
[380] *Ibid*, p. 232
[381] *Ibid*, p. 266.
[382] TC, 9 déc. 1899, *Association syndicale du canal de Gignac*, Rec., p. 731

prérogatives de puissance publique pour qualifier les associations syndicales de propriétaires autorisées d'établissement public[383]. Commentant cet arrêt[384], le doyen Hauriou a vivement critiqué cette qualification. Il s'élève contre la position du juge consistant à regarder l'action de ces associations comme d' « intérêt public ». Il est vrai que ces organismes n'ont pas pour principal objectif l'accomplissement d'une mission de service public mais au contraire la réalisation de travaux permettant l'embellissement des propriétés privées. M. Hauriou condamne l' « amalgame des intérêts économiques et de la chose publique » et choisit de les qualifier d' « entreprises corporatives »[385].

Cette controverse sur la nature juridique des associations syndicales de propriétaires autorisées a laissé place à celle relative aux caisses des écoles. En 1903, le Conseil d'État[386] devait se prononcer sur la nature juridique des caisses des écoles. Celles-ci étaient destinées à encourager et à faciliter la fréquentation des écoles par des récompenses accordées aux élèves assidus et par des secours donnés aux élèves indigents. Le recours de la caisse des écoles du VIe arrondissement de Paris portait sur son droit à distribuer des secours aux enfants fréquentant des écoles privées. Afin de résoudre le litige au fond, le Conseil d'État devait trancher la question de la nature juridique de cette caisse. Le juge administratif s'est fondé sur une disposition essentielle de la loi du 10 avril 1867. Selon cette loi, les caisses des écoles ne peuvent être créées qu'à l'initiative des communes. Leur création ne relève pas de l'initiative privée. Par suite, elles ne sauraient être qualifiées d'établissement d'utilité publique et

---

[383] « Cons. que par l'obligation imposée aux propriétaires compris dans le périmètre d'une association syndicale autorisée d'y adhérer sous peine d'avoir à délaisser leurs immeubles, par l'assimilation des taxes de ces associations aux contributions directes, par le pouvoir attribué aux préfets d'inscrire d'office à leur budget les dépenses obligatoires, et de modifier leurs taxes de manière à assurer l'acquit de ces charges, lesdites associations présentent les caractères essentiels d'établissements publics », arrêt précité.

[384] M. Hauriou, Note sous TC 9 décembre 1899 *Association syndicale du Canal de Gignac*, *S.*, 1900, III, 49, t.1, p. 413.

[385] On se souvient de l'expression d'indignation de l'auteur : « On nous change notre État, on va vers le collectivisme », Note sous TC 9 décembre 1899 *Association syndicale du Canal de Gignac*, *S.*, 1900, III, 49, t.1, p. 413.

[386] CE, 22 mai 1903, *Caisse des écoles du VI° arrondissement de Paris*, Rec. p. 390, *DP* 1904, 3, p.1, Concl. Romieu.

les parents d'élèves ne peuvent être associés à leur fonctionnement qu'en qualité de souscripteurs. Étant qualifiées d' « établissements scolaires annexes » ou plus précisément d'établissement public, la règle de la spécialité s'oppose à ce que les caisses des écoles subventionnent les écoles privées. Cette solution, défavorable aux justiciables, conduira M. Hauriou à franchir le diptyque établissement public / établissement d'utilité publique pour donner naissance à des institutions intermédiaires puisque : « la distinction des établissements publics et des établissements d'utilité publique qui est particulière au droit administratif français, n'est pas une de ses meilleures trouvailles ; elle est plus conforme à la logique qu'aux exigences de la vie »[387].

Toutefois, la question de la naissance d'établissements intermédiaires et par là même d'un droit intermédiaire ne sera réellement débattue qu'avec les incertitudes relatives à la nature juridique des comités d'organisation et des ordres professionnels.

§ 2 L'échec de la reconnaissance de nouvelles personnes publiques : les arrêts *Monpeur*t et *Bouguen*

Les jurisprudences *Monpeurt*[388] et *Bouguen*[389], relatives respectivement aux comités d'organisation et aux ordres professionnels, se révèlent très importantes pour notre étude pour au moins deux raisons. Tout d'abord, on connaît les controverses qui ont suivi la publication de ces deux arrêts et « l'opinion presque unanime » selon laquelle l'arrêt *Monpeurt* « bouleverserait ou révolutionnerait – actuellement ou partiellement- une série de théories

---

[387] M. Hauriou, Note sous CE, 22 mai 1906, *Caisse des écoles du 6e arrondissement de Paris, S.* 1905.3.33.

[388] CE, Ass. 31 juillet 1942 *Monpeurt*, Rec. p.239, *D.* 1942, p.138, Concl. Ségalat; *RDP* 1943, p. 57, note Bonnard ; *JCP* 1942. II. 2046, note Laroque ; M. Mathiot, « *L'intégration des comités d'organisation au droit public français », RDP* 1943, n°1; M. Waline, « *Trois points de vue sur l'arrêt Monpeurt », Droit social* 1943, p. 18 ; R. de Lacharrière, « La gestion par les organismes professionnels de l'économie dirigée *», Droit social 1943*, n°1 ; C. Eisenmann, « L'arrêt Monpeurt : légende et réalité », in *L évolution du droit public, Etudes en l'honneur d'Achille Mestre*, Sirey, 1956, p. 221.

[389] CE, 2 avril 1943, *Bouguen*, Rec. p.86, *S.* 1944.3.1, Concl. Lagrange, note A. Mestre ; *D.* 1944, p. 52, note J. Donnedieu de Vabres ; *JCP* 1944. II. 2565, note Cellier ; *Droit social* 1943, p. 242, note M. Martin.

premières et fondamentales du droit administratif »[390]. Ensuite, ce débat est aujourd'hui renouvelé par la reconnaissance de nouvelles personnes publiques, ce qui, pour certains auteurs, est de nature à ouvrir à nouveau la querelle sur la nature juridique des ordres professionnels[391]. Il importe de revenir sur les interprétations qui ont donné lieu aux différentes qualifications de ces organismes corporatifs (A) et de les réactualiser au regard de la consécration de nouvelles personnes publiques (B).

A/ Interprétations des jurisprudences *Monpeurt* et *Bouguen*

Qualifié par certains de « tissu de contradictions »[392] ou par d'autres de « véritable révolution jurisprudentielle »[393], l'arrêt *Monpeurt* a fait l'objet d'un intense débat qu'il convient aujourd'hui de renouveler s'agissant de la nature juridique des ordres professionnels. Le développement du corporatisme sous le régime de Vichy a eu des répercussions importantes notamment sur le droit administratif. L'arrêt *Monpeurt* et plus tard l'arrêt *Bouguen* ont permis au Conseil d'État de reconnaître à des organismes non qualifiés de personnes publiques, exerçant une activité de service public, la possibilité d'édicter des actes de puissance publique susceptibles de recours pour excès de pouvoir. Le débat ouvert par l'arrêt *Monpeurt* s'est cristallisé sur la notion d'établissement public. En effet, nombreux sont les auteurs critiquant cette jurisprudence en arguant qu'elle dénie aux comités d'organisation le caractère d'établissement public alors même que « toutes les nécessités inhérentes au fonctionnement de nouvelles institutions professionnelles pouvaient être satisfaites dans le cadre juridique de l'établissement public »[394].

Afin d'analyser la portée des arrêts *Monpeurt* et *Bouguen* sous l'angle des nouvelles personnes publiques, il est important de ne pas se positionner en simple observateur des interprétations données par la doctrine (1). On ne saurait réduire la portée de ces arrêts à un pur

---

[390] C. Eisenmann, « L'arrêt Monpeurt : légende et réalité », in *L évolution du droit public, Etudes en l'honneur d'Achille Mestre*, Sirey, 1956, p. 221.
[391] Y. Gaudemet, *Traité de droit administratif*, préc. p. 291.
[392] M. Waline, « Trois points de vue sur l'arrêt Monpeurt », *Droit social*, septembre 1943, p. 22.
[393] R de Lacharrière, « La gestion par les organismes professionnels des services publics de l'économie dirigée », *Droit social*, 1944, n°1, p.10.
[394] R. de Lacharrière, préc. p. 43.

débat doctrinal. Il convient dès lors de proposer une analyse comparative de ceux-ci en s'appuyant sur les conclusions rendues par le commissaire du gouvernement Ségalat[395] et le commissaire du gouvernement Lagrange[396] (2). Cette réflexion conduira à reconsidérer la qualification juridique des ordres professionnels que la jurisprudence a très timidement placé dans la catégorie des personnes privées.

1) L'alternative doctrinale

En l'absence de dispositions législatives explicites, le juge a dû se prononcer, dans ces deux arrêts, sur la question de la juridiction compétente pour résoudre le litige au fond. Dans l'arrêt *Monpeurt*, le juge décide de ne pas qualifier les comités d'organisation d'établissements publics tout en affirmant que leurs actes relèvent de la compétence du juge administratif. Dans le second, l'arrêt *Bouguen,* le Conseil d'État se reconnaît compétent pour analyser la légalité de la décision du Conseil national de l'ordre des médecins qui a interdit au docteur Bouguen de tenir des cabinets multiples. Pour C. Eisenmann, ces deux arrêts affirment que les comités d'organisation et les ordres professionnels ne sont pas des établissements publics[397]. Suite à ce refus de qualification, la doctrine a proposé le dilemme que l'on connaît, résumée en ces termes par M. Ségalat : « Mais de quelle sorte de personne morale s'agit-il ? Sont-ils des organismes de droit privé ? Sont-ils des organismes de droit public, en particulier des établissements publics ? »[398] Sur la base de ce dualisme, nombreux sont les auteurs qui se sont référés à la distinction traditionnelle droit public/ droit privé[399].

---

[395] Concl. Ségalat sur CE, *Monpeurt*, 31 juillet 1942, *S.* 1942, Jurisprudence, p. 140 et s.

[396] Concl. Lagrange sur CE, *Bouguen*, 2 avril 1943, *S.* 1944, Jurisprudence, p. 52 et s.

[397] Ainsi que le souligne C. Eisenmann, l'arrêt *Monpeurt* refuse cette qualification « et c'est tout ce qu'il dit sur le sujet », « L'arrêt Monpeurt : légende et réalité », in *L évolution du droit public, Etudes en l'honneur d'Achille Mestre*, Sirey, 1956, préc. p. 219.

[398] Concl. Ségalat précitées, p. 141.

[399] A ce propos, il est également important de souligner que l'arrêt *Monpeurt* a suscité de nombreuses querelles doctrinales sur le maintien de la distinction, de la

Selon C. Eisenmann, cette conception relève d'une « interprétation extrême » de l'arrêt *Monpeurt*[400] selon laquelle puisque les comités d'organisation ne sont pas des établissements publics, ils ne peuvent entrer dans la sphère des personnes publiques et constituent donc des organismes privés. Ce raisonnement, s'appuyant sur une pure logique dualiste de l'organisation institutionnelle, a été défendu par de nombreux auteurs à l'instar de R. de Lacharrière. Pour ce dernier, les comités d'organisation n'ont pas été qualifiés d'établissements publics. Par conséquent, « ils ne constituent pas des organes administratifs ». R. de Lacharrière ajoute que les comités d'organisation, « quoique fonctionnellement soumis au droit public » ne peuvent constituer que des entreprises privées en vertu de leur nature propre[401]. R. Connois souligne également que le commissaire du gouvernement n'a pas affirmé que les comités d'organisation ne sont pas des « organismes privés » mais juste « des organismes purement privés »[402]. Ce raisonnement qui joue avec les précisions terminologiques n'est pas davantage conforté par les propos selon lesquels : « puisqu'il ne s'agissait pas d'établissements publics, quelle était donc la nature juridique de ces organismes ? Là encore, la réponse n'est pas douteuse : il s'agissait d'établissements privés, d'une catégorie particulière que nous verrions sans inconvénient baptisée "établissements privés d'intérêt général"»[403]. A l'inverse, certains ont soutenu que les comités d'organisation ne pouvaient être qualifiés que de personnes morales de droit public, irréductibles à la

---

démarcation fondamentale du jus privatum et du jus publicum. En tentant d'élaborer une catégorie nouvelle étanche à cette ligne de partage, le juge a en même temps provoqué une nouvelle réflexion sur ce dualisme. Il ressort de ces différents débats une impossibilité manifeste des auteurs à cloisonner efficacement les deux droits comme si la distinction originaire n'était qu' « une intrusion funeste de la politique dans la science du droit », H. Kelsen, A*llgemeine Staatslehre*, Berlin, 1925, §17, p. 80. Il est possible de résumer la position des auteurs en citant Durkheim selon lequel « Tout droit est privé, en ce sens que c'est toujours et partout des individus qui sont présents et qui agissent : mais surtout tout droit est public en ce sens qu'il est une fonction sociale et que tous les individus sont, quoique à titre divers, des fonctionnaires de la société », *Division du travail social*, PUF 1998, 5ème éd., p.32-33.

400 C. Eisenmann, « L'arrêt Monpeurt : légende et réalité », préc. p. 219.

401R de Lacharrière, « La gestion par les organismes professionnels des services publics de l'économie dirigée », préc. p. 10.

402 R. Connois, *La notion d'établissement public en droit administratif français,* préc. p. 100.

403 *Ibid.*, p.100.

catégorie traditionnelle de l'établissement public[404]. Il est également possible de souligner la conception de M. Waline pour qui le juge administratif « en avait trop dit et que les comités d'organisation avaient les caractères essentiels de l'établissement public »[405].

Ces différentes conceptions s'opposent à celles retenues par les commissaires du gouvernement Ségalat et Lagrange pour qui ces institutions apparaissent comme des organismes hybrides, d'un genre nouveau, ouvrant la possibilité d'une « théorie du troisième droit »[406]. Dans ce cadre, il est nécessaire de procéder à une analyse comparative (a) de leurs conclusions afin de mettre en exergue l'échec ultérieur de la reconnaissance de nouvelles personnes publiques.

2) L'analyse comparative des arrêts *Monpeurt* et *Bouguen*

Dans ces deux arrêts, le juge administratif devait se prononcer sur la compétence de la juridiction administrative à l'égard de l'action intentée, d'une part par M. Monpeurt et d'autre part, par le docteur Bouguen. Le Conseil d'État devait donc trancher la question de la nature juridique des organismes en cause pour contrôler la légalité de leurs décisions afin de résoudre le litige au fond. Le commissaire du gouvernement Ségalat puis le commissaire Lagrange ont fondé leur raisonnement sur les dispositions législatives à l'origine des comités d'organisation puis des ordres professionnels (a) pour conclure que ceux-ci ne sont pas des établissements publics mais qu'ils constituent des organismes hybrides (b).

a) L'exécution d'une mission de service public

Afin de connaître le rôle et la nature juridique de ces institutions corporatives, il était nécessaire d'analyser l'intention du législateur quant à leur création. Les comités d'organisation ont été institués par la loi du 16 août 1940 qui se « présente d'abord comme l'instrument d'une politique d'économie dirigée »[407]. Cette loi énumère, dans son article 2, les différentes fonctions des comités

[404] G. Gilbert H., *Le régime juridique des comités d'organisation*, thèse, Paris, 1943; A. Mestre, Note sous l'arrêt *Bouguen, S.*, 1944. 3. 1

[405] M. Waline, « Trois points de vue sur l'arrêt Monpeurt », *Droit social* 1943, fasc. 6, p. 18 et s.

[406] R. de Lacharrière, préc. p. 10.

[407] Concl. Ségalat sur l'arrêt *Monpeurt,* préc. p. 141.

d'organisation chargés « d'effectuer le recensement des entreprises et de leurs moyens de production, d'arrêter les programmes de fabrication, de fixer les règles s'imposant aux entreprises en ce qui concerne les conditions générales de leur activité, le souci de la qualité, l'emploi de la main d'œuvre, la réglementation de la concurrence ainsi que de proposer aux autorités publiques les prix des produits ». Pour effectuer cette mission d'organisation de la production, les comités disposent de prérogatives exorbitantes du droit commun. A titre d'illustration, ils ont la possibilité de prendre des décisions individuelles ou réglementaires qui peuvent être assorties de sanction ou encore ils disposent d'un droit de réquisition des produits et des services. Le commissaire Ségalat en conclut que « l'ensemble de ses règles ne permet pas de s'y tromper : le législateur a fait de l'organisation de la production un service public »[408].

Relativement à l'arrêt *Bouguen*, M. Lagrange consacre davantage de développement, dans ses conclusions, à l'analyse du rôle du Conseil national de l'ordre des médecins. Il rappelle les conclusions sur l'arrêt *Monpeurt*[409] et entame sa réflexion par la loi du 7 octobre 1940 modifiée par la loi du 19 septembre 1942, créant l'Ordre des médecins. Tout comme son prédécesseur, le commissaire du gouvernement Lagrange débute son raisonnement en démontrant que ces dispositions législatives, organisant la profession médicale, ont institué « un véritable service public »[410]. Il se fonde sur deux critères cumulatifs. Une organisation constitue un service public dans la mesure où, d'une part, elle a pour mission de gérer des intérêts généraux et, d'autre part, elle dispose de prérogatives de puissance publique pour accomplir cette mission. Toutefois, le commissaire du gouvernement Lagrange, contrairement aux conclusions de M. Ségalat, a des hésitations relativement à la nature de la mission exercée par cet ordre professionnel[411]. Selon les termes de l'article 4 de la loi de 1940, le Conseil de l'Ordre « maintient la discipline intérieure et générale de l'Ordre. Il assure le respect des lois et règlements qui le régissent. Il a la garde de son honneur, de sa morale et des intérêts. Il fait tous règlements d'ordre intérieur nécessaires

[408] *Ibid*, p, 140.
[409] Concl. Lagrange précitées, p. 52.
[410] *Ibid*, p. 53.
[411] Il est, par ailleurs, beaucoup moins hésitant sur l'existence de prérogatives de puissance publique.

pour atteindre ces buts ». L'article 8 prévoit, en outre, que dans chaque département, le Conseil dresse un tableau des personnes autorisées à exercer la profession de médecin[412]. M. Lagrange souligne le particularisme de cet ordre en se basant sur son aspect plus ou moins corporatif. En effet, celui-ci gère des intérêts collectifs, à mi-chemin entre l'intérêt des individus et de l'intérêt général. Il estime en outre que gérant lui-même les intérêts de la profession, le Conseil de l'ordre ne poursuit pas un but d'intérêt général. De ce fait, il souligne, dans un premier temps, que cette organisation « n'est pas nécessairement liée à l'existence d'un service public ». Le premier critère démontrant l'existence d'un service public n'est donc pas rempli. Cependant, le commissaire du gouvernement s'appuie ensuite sur d'autres dispositions législatives afin de démontrer que l'intention du législateur n'a pas été celle d'établir un système purement corporatif mais bien au contraire, qu'il a souhaité concilier les intérêts de la profession médicale avec les nécessités de l'ordre public dans un domaine où le droit des individus - le droit des malades – constitue une mission d'intérêt général. Ainsi l'État intervient pour nommer les membres du Conseil de l'Ordre « sans aucune consultation préalable, ni avis, ni présentation »[413]. En outre, les dispositions du Code de déontologie sont fixées par un décret en Conseil d'État[414]. Dès lors, le Conseil ne dispose d'aucune compétence pour fixer initialement les règles relatives à la profession médicale étant donné que celle-ci est « liée à des intérêts vraiment généraux de la nature de ceux dont l'État a la charge »[415]. Pour ces différents motifs, le commissaire du gouvernement en conclut que la loi organisant la profession médicale, tout comme celle relative aux comités d'organisation, a entendu ériger ces deux organisations, en service public.

---

[412] En outre, le commissaire souligne que cette loi a prévu explicitement la compétence du Conseil d'État « dans deux cas seulement : le refus d'inscription au tableau et l'application de sanction disciplinaire ». En l'espèce, le juge devait se prononcer sur une décision du Conseil refusant au docteur Bouguen la tenue de cabinets multiples, conformément au Code de déontologie. Il s'agissait donc d'une question nouvelle de compétence juridictionnelle.

[413] Concl. Lagrange précitées, p. 53.

[414] Le règlement intérieur du conseil supérieur est fixé par un règlement d'administration publique. Le statut de la profession médicale sera rendu par décret fixé en Conseil d'État, sur proposition du conseil supérieur de l'Ordre. Il prendra le nom de « Code de déontologie », article 4 de la loi du 7 octobre 1940 modifiée par la loi du 31 décembre 1941.

[415] Concl. Lagrange précitées, p. 53.

b) Des organismes hybrides

Concernant l'arrêt *Monpeurt*, le commissaire du gouvernement poursuit sa réflexion en insistant sur le caractère public des comités d'organisation résultant de leur mission de service public ainsi que de l'existence de prérogatives de puissance publique leur permettant d'assurer le service public de la production. Toutefois, il rejette la qualification d'établissement public en se fondant sur le critère, utilisé également par M. Lagrange, de leur caractère corporatiste. En effet, les comités accomplissent certes une mission d'intérêt général mais ont également pour rôle de représenter des intérêts professionnels et de ce fait, ils « personnifient des intérêts propres, distincts de ceux de l'État »[416]. Par conséquent, ils ne peuvent être classés parmi la catégorie des établissements publics, créés par les autorités publiques aux fins d'effectuer des missions d'intérêt général et de représenter de façon décentralisée des intérêts étatiques. Le commissaire du gouvernement Ségalat propose alors la création d'une catégorie nouvelle, « se plaçant à la frontière du droit public et du droit privé, retenant du premier ses prérogatives de puissance publique, empruntant au second ses modes de gestion »[417].

Cette qualification a été reprise par différents auteurs[418] et confirmée par les conclusions de M. Lagrange sur l'arrêt *Bouguen*. Selon ce dernier, le Conseil de l'Ordre des médecins dispose de compétences larges afin d'organiser la profession médicale et représenter ses intérêts. Le Conseil détient, par conséquent, un caractère explicitement corporatif tout comme les comités d'organisation. Cependant, le commissaire explique également que l'organisation de cette profession possède un caractère d'ordre public. La conjugaison de ces deux caractéristiques implique l'existence d'un « droit nouveau qu'est le droit professionnel, intermédiaire entre le droit public et le droit privé »[419].

---

[416] *Ibid.*

[417] Concl. Ségalat précitées, p. 141.

[418] P. Laroque, Note sous l'arrêt *Monpeurt*, *JCP* 1942, II, 2046 ; M. Personnaz et M. M. Martin, Note sous l'arrêt *Monpeurt*, *Droit social* 1943, p. 242.

[419] Concl. Lagrange précitées, préc. p. 52.

B/ La remise en cause contemporaine de la nature juridique des organismes professionnels

Dès à présent, il convient de souligner le fait que la nature juridique des organismes professionnels a été clarifiée par le Conseil d'État dans l'arrêt *Magnier*[420] puis dans l'arrêt *Centre d'études marines avancées*[421]. La Haute juridiction administrative a finalement préféré l'interprétation extrême dénoncée par C. Eisenmann en considérant ces organismes comme des personnes privées[422] (1). On pourrait donc en conclure que la reconnaissance actuelle de nouvelles personnes publiques est « sans incidence sur l'interprétation à donner des arrêts de 1942 et de 1943 puisque ces derniers reposent sur une logique qui n'est pas celle des auteurs et du droit positif contemporains »[423]. Pourtant, il apparaît que plusieurs auteurs[424], suite à la reconnaissance de nouvelles personnes publiques spéciales non qualifiées d'établissement public, ont repris le débat sur la nature juridique des organismes professionnels, notamment, au regard de l'éclatement de la notion d'établissement public (2).

1/ Les interprétations au regard du droit positif

Près de quarante après l'arrêt *Monpeurt,* le Conseil d'État s'est prononcé sur la nature juridique des établissements professionnels à l'occasion de la décision *Centre d'études de marines avancées* de 1984. Dans cet arrêt, la haute juridiction administrative s'est notamment interrogée sur le statut juridique de l'Institut français du pétrole (IFP). Dans ses conclusions, le commissaire du gouvernement

---

[420] CE., 13 janvier 1961, *Magnier*. Rec. p. 33

[421] CE 7 décembre 1984, *Centre d'études marines avancées*, Rec. p. 413.

[422] A l'époque du corporatisme de Vichy, on pouvait tout à fait comprendre la nécessité de ne pas qualifier d'établissement public les comités d'organisation pour de nombreuses raisons tant administratives que politiques. On pourra toutefois retenir de ces différentes interprétations que « dire que le comité d'organisation n'est pas un établissement public, c'est affirmer d'une part, que toute l'organisation professionnelle doit conserver une certaine autonomie corporative, et, d'autre part, que toute l'organisation professionnelle doit demeurer à son rang et ne saurait ni remplacer ni démembrer l'autorité politique, J. Donnedieu de Vabres, préc. p. 54.

[423] F. Melleray, « Une nouvelle crise de la notion d'établissement public, la reconnaissance d'autres personnes publiques spécialisées », préc. p. 716.

[424]Y. Gaudemet, *Traité de droit administratif*, LGDJ, 16ème éd., n° 689; F. Melleray, « Une nouvelle crise de la notion d'établissement public, la reconnaissance d'autres personnes publiques spécialisées », préc. p. 717.

recommandait au Conseil d'État de suivre sa jurisprudence antérieure en choisissant de ne pas qualifier cet institut d'établissement public[425]. Le juge administratif a donc choisi ce que C. Eisenmann appelait « l'interprétation extrême de l'arrêt *Monpeurt* »[426] en qualifiant cet établissement professionnel de personne morale de droit privé.

Le litige soumis au Conseil d'État concernait l'application d'un contrat conclu entre l'IFP (Institut français du pétrole) et le Centre d'études marines avancées (CEMA) pour la construction d'un engin submersible d'exploration des grands fonds océaniques. Le CEMA est une personne morale de droit privé. La loi du 17 novembre 1943 relative à la gestion des intérêts professionnels qualifie l'IFP d'établissement professionnel. Pour la réalisation du contrat, l'IFP et le CEMA bénéficiaient d'une aide financière des pouvoirs publics. Cette convention, signée le 28 octobre 1968, prévoyait qu'en cas de réduction ou de suppression de ces aides, l'IFP détenait la possibilité de mettre fin au contrat, avec un préavis de trois mois, sans devoir de ce fait aucune indemnité de quelque nature que ce soit au Centre d'études marines avancées. Suite à la décision en date du 9 septembre 1971 du ministre du développement industriel et scientifique prescrivant la cessation du versement de subvention, l'IFP a informé le CEMA de son intention de suspendre la construction de l'engin submersible. Pour demander réparation à l'IFP du préjudice résultant de la résiliation unilatérale du contrat, le CEMA soutient que l'IFP est un établissement public, que le contrat qui les lie est un contrat administratif et que par suite, la juridiction administrative est compétente pour résoudre le litige. Cependant, le juge administratif n'a pas suivi le raisonnement du CEMA. Il a refusé à l'IFP la qualité de personne publique et a décliné sa compétence au profit des juridictions judiciaires. Cette décision est fondamentale pour l'analyse de la nature juridique des organismes professionnels. Dans ses conclusions, le commissaire du gouvernement Lamothe a écrit que

[425] « Les établissements professionnels ont, d'une part, la personnalité morale, sont, d'autre part, soumis, sauf dispositions expresses contraires, au même régime juridique que ceux qui les ont fondés. En l'absence de toute autre disposition précisant sa nature juridique, l'I.F.P nous paraît donc devoir avoir la même nature juridique que les deux comités d'organisation dont il procède. Ce n'est donc pas un établissement public », CE, 7 décembre 1984, *Centre d'études marines avancées*, précité.

[426] C'est-à-dire la qualification de droit privé.

l'IFP possède la « même nature juridique que les deux comités d'organisation dont il procède »[427]. Ainsi, le Conseil d'État devait une nouvelle fois analyser la nature juridique des ordres professionnels.

Dans une première analyse, les règles de fonctionnement et d'organisation de l'Institut semblent converger vers la nature publique de l'organisme. Ainsi le directeur de l'Institut et les membres de son conseil d'administration sont nommés par le gouvernement. Les décisions de ce conseil sont transmises au commissaire du gouvernement ainsi qu'au chef de la mission de contrôle qui peut s'y opposer. En outre, l'essentiel des ressources de l'Institut provient de taxes parafiscales. Autrement dit, l'État exerce sur cet organisme un contrôle étroit tant sur ses organes que sur ses décisions. Ces éléments ne vont pourtant pas être retenus par la juridiction administrative qui va, malgré cette tutelle étatique, souligner que l'IFP a pour rôle « d'exécuter des missions spécifiques et de promouvoir des intérêts distincts de ceux de l'État ». Finalement, le juge administratif rappelle par deux fois que l'Institut n'est pas un établissement public et le qualifie de personne morale de droit privé.

Le débat sur la nature juridique des organismes professionnels semble donc définitivement clôt. Pour autant, cette première observation peut être nuancée grâce à la reconnaissance de nouveaux organismes exerçant une activité de service public, dotés de la personnalité morale, soumis à un régime juridique hybride mais qui ont été qualifiés de personnes publiques. En effet, si le débat concernant une nouvelle catégorie de personne publique semblait refermé suite aux éclaircissements jurisprudentiels relatifs aux organismes professionnels, il a été relancé à partir de 1982 et l'institution des groupements d'intérêt public. Si ces groupements ont été qualifiés de personnes publiques par le juge, pendant de nombreuses années, aucune précision n'a permis de les classer parmi les différentes catégories de personnes morales de droit public. Or, si l'on suit la logique de l'interprétation extrême, les groupements d'intérêt public, ne pouvant être rattachés ni à l'État, ni aux collectivités locales devaient « logiquement » être qualifiés d'établissements publics. Or, on sait que la jurisprudence refuse de

---

[427] Concl. Lamothe sur CE, 7 décembre 1984, *Centre d'études marines avancées*, *RFDA* 1985, p. 382.

qualifier ces institutions d'établissements publics[428]. La conception extrême n'est donc plus satisfaisante. Ce n'est pas parce qu'on refuse à une institution la qualification d'établissement public, qu'elle doit obligatoirement constituer une personne privée. De ce fait, toutes les personnes publiques spéciales ne sont pas nécessairement des établissements publics.

Il est alors possible d'établir un parallèle avec la solution dégagée par le Tribunal des conflits et le Conseil d'État à propos des groupements d'intérêt public et de la Banque de France. En effet, on verra que le Tribunal des conflits devait, pour résoudre le contentieux qui lui était soumis, trancher la question de la nature juridique des groupements. Or, dans un premier temps, il va simplement soutenir que la Banque de France est une personne publique. Cette simple assertion lui suffit pour déterminer la juridiction compétente sans préciser la catégorie juridique dans laquelle la Banque devrait être classée. Le mimétisme est ici patent. Alors que dans l'arrêt *Monpeurt,* le Conseil d'État définit ce que n'est pas le comité (un établissement public), le Tribunal, lui, place la Banque de France dans la variété des personnes publiques sans toutefois indiquer précisément à quelle catégorie de personne publique elle appartient. En outre, R. Chapus commentait[429], dans les mêmes termes qu'à l'époque, la jurisprudence *Monpeurt/Bouguen*. S'appuyant sur la distinction droit public/droit privé, il a proposé une alternative : soit on considère que les organismes professionnels appartiennent à la catégorie des personnes privées, soit on admet qu'ils constituent une nouvelle espèce de personne publique. Cette alternative paraît pourtant omettre l'interprétation donnée par le commissaire du gouvernement Ségalat et le commissaire du gouvernement Lagrange proposant de créer une nouvelle branche du droit, se situant hors de la distinction droit public/ droit privé, le droit professionnel.

Malgré les éclaircissements timides donnés par le juge sur la nature juridique des organismes professionnels, le débat ne semble pas définitivement clôt. En effet, la reconnaissance de nouvelles personnes

---

[428]TC, 14 février 2000, *GIP Habitat et interventions, sociales pour les mal-logés et les sans-abris c/ Mme Verdier*, *GAJA*, Dalloz, 17ème éd., 2009, n° 106; *AJDA* 2000, p. 465, chr. Guyomar et Collin; *JCP* 2000.II.10301, note N. Eveno; *RTD Com.* 2000, p. 602, obs. Orsoni.

[429] R. Chapus, *Droit administratif général,* 2001, préc. p. 254.

publiques non classées dans la catégorie des établissements publics relance le débat sur la qualification des organismes professionnels.

2/ Les interprétations au regard de l'éclatement de la notion d'établissement public

Alors que la « crise de la notion d'établissement public » se dégageait de l'esprit de l'arrêt *Monpeurt*, celle-ci n'a pas eu des répercussions immédiates en droit positif. L'œuvre de R. Drago[430] n'avait pas encore l'assise et les conséquences qu'elle peut aujourd'hui recevoir en droit positif. En se référant une nouvelle fois aux conclusions sur l'arrêt de 1942, M. Ségalat ajoute que les comités d'organisation « apparaissent, à la vérité, comme une institution entièrement nouvelle, qui ne peut pas être intégrée dans les cadres juridiques anciens ». De son côté, C. Eisenmann définissait les organismes professionnels comme des autorités administratives, dotées de la personnalité morale, non territoriales et spéciales. En outre, l'auteur a affirmé que l'une des innovations de l'arrêt *Monpeurt* résidait dans une nouvelle définition de l'établissement public. Cette analyse est particulièrement intéressante et permet une comparaison entre l'apparition des nouvelles personnes publiques et la qualification de personnes morales administratives, pour les ordres professionnels.

Partant, si l'on modifiait la définition de l'établissement public, les organismes professionnels pourraient être classés dans la catégorie des personnes publiques. C'est sans doute sous cet angle que l'arrêt *Monpeurt* constitue une révolution. Le Conseil d'État en choisissant de ne pas qualifier ces organismes professionnels d'établissements publics a souhaité inciter la doctrine à réfléchir à une nouvelle définition de l'établissement public[431]. Dès lors, il est tout à fait possible de considérer que le commissaire du gouvernement ne pouvait ranger les comités d'organisation dans aucune des catégories connues de personnes morales administratives, ce qui se rapproche des arrêts rendus par le Conseil d'État et le Tribunal des conflits relatifs à la Banque de France et aux groupements d'intérêt public. En effet, les

430 R. Drago, *Les crises de la notion d'établissement public*, Pedone, 1950.

431 C. Eisenmann remarquait à cet effet : « Est-il possible d'être plus clair, de mieux expliquer que l'on avait désir et conscience de s'écarter des conceptions admises, c'est-à-dire de les réviser ou de les remplacer », « L'arrêt *Monpeurt* : légende et réalité», préc. p. 233.

deux juridictions sont restées muettes sur le rattachement de ces nouvelles institutions à l'une des catégories de personnes morales de droit public. Elles précisent qu'elles ne sont pas des établissements publics mais se contentent de les qualifier de personnes publiques soumises à un régime spécifique. Leur régime juridique original n'autorise pas à les assimiler à l'établissement public. De la même façon, les organismes professionnels constituent des institutions hybrides à qui a été refusée la qualité d'établissement public.

Sans doute, le régime de la formule de l'établissement public semblait inapproprié aux organismes professionnels. Dès 1942, il aurait été utile d'admettre que la définition classique de l'établissement public était dépassée et qu'il était nécessaire de modifier cette définition classique. Le prolongement de cette argumentation aurait permis la qualification des ordres professionnels dès l'arrêt *Bouguen*. L'intérêt de l'étude de C. Eisenmann est donc de proposer une interprétation renouvelée de l'arrêt *Monpeurt* se basant sur l'abandon de la « définition critère » de l'établissement public. C'est ainsi qu'il déclare, « le Conseil d'État placé comme si souvent dans la situation de législateur, était parfaitement libre d'ajouter une nouvelle espèce à la famille des types d'institutions administratives, en révisant simultanément la définition critère qu'il avait précédemment acceptée de l'espèce ancienne établissements publics, le tout ayant pour fin et résultat de soustraire les institutions nouvellement apparues sur lesquelles il avait à se prononcer, au régime des établissements publics, positivement : de les soumettre à un régime nouveau et particulier »[432].

La jurisprudence *Monpeurt/Bouguen* offre aujourd'hui de nouvelles perspectives. Cette nouvelle réflexion n'a pourtant de conséquences que si l'on se place sous l'angle d'une nouvelle définition de la notion d'établissement public. Il est d'ailleurs à souligner que, peu de temps après avoir mis en lumière la crise de la notion d'établissement public, certains auteurs ont établi un parallèle entre les arrêts de 1942 et cette crise. L. Constans[433] considère que « la « crise » de la notion d'établissement public repose sur une erreur

---

[432] *Ibid*, p. 231.
[433] L. Constans, *Recherches sur la notion et la classification des personnes morales administratives*, Thèse, Dalloz, 1966, p. 10.

initiale qui a consisté de la part de la doctrine, dans le fait d'accepter telle quelle la classification que suggérait la loi et de considérer les deux catégories des collectivités territoriales et des établissements publics comme des données immuables, dont il lui appartenait seulement de découvrir la source »[434]. Pour lui, la doctrine a commis une erreur concrétisée par « des généralisations trop hâtives, personne n'ignorant que la terminologie législative n'est rien moins qu'imprécise »[435]. Il ajoute en relatant cet épisode qu'il regrette que « la jurisprudence *Monpeurt* et *Bouguen* (n'ait pas) joué le rôle de révélateur d'une crise "latente" de la notion d'établissement public »[436]. Cette affirmation de L. Constans est aujourd'hui applicable à l'ensemble de la classification traditionnelle des personnes morales de droit public, dont l'étude mérite d'être renouvelée avec l'apparition récente de nouvelles personnes publiques. Malgré les nombreuses réticences à la reconnaissance de nouvelles personnes publiques, la situation a évolué et de nouvelles personnes publiques *sui generis* ont été instituées par la loi, puis par la jurisprudence.

Section 2 : La reconnaissance de nouvelles personnes publiques à partir de 1982

Alors que le débat suscité par la jurisprudence *Monpeurt* a fait l'objet de multiples réflexions, la classification des personnes morales administratives est restée une question quelque peu délaissée pendant de nombreuses années et ce, jusqu'à l'apparition de premières structures hybrides : les groupements d'intérêt public. Ces nouvelles entités originales ont permis de réaliser une alliance « entre les garanties de l'existence d'une institution et les avantages du cadre conventionnel »[437]. Le législateur est resté confus sur la qualification de ces nouvelles institutions. Il est donc revenu au juge de se prononcer sur leur nature juridique. Comme le souligne F. Benoit-Rohmer, la nature juridique des GIP « a des répercussions non

---

[434] L. Constans, *Recherches sur la notion et la classification des personnes morales administratives*, p. 10.

[435] *Ibid*, p. 11.

[436] *Ibid.*

[437] J.-L. Autin et C. Ribot, *Droit administratif général*, Litec, Cours Objectif Droit, 2004, 4ème éd., p. 90.

négligeables sur le statut du personnel des groupements, sur le régime juridique applicable aux contrats conclus avec les tiers, sur la saisissabilité du patrimoine ou encore sur la détermination de la juridiction compétente en cas de litige »[438]. On pourra observer que c'est en deux temps, comme pour la Banque de France, que le juge a estimé qu'il s'agissait d'une part, d'une personne publique, et d'autre part, d'un groupe de personnes publiques hybrides pour ne pas dire *sui generis*.

Le tournant en faveur de la reconnaissance de nouvelles personnes publiques a donc été réalisé par le législateur **(§1).** La jurisprudence est ensuite intervenue pour consacrer l'institution juridique de personnes publiques *sui generis*. Malgré son attachement à la classification traditionnelle des personnes publiques, la doctrine a rapidement accepté l'existence de ces nouvelles entités publiques. La reconnaissance par ces trois acteurs des nouvelles personnes publiques a conduit à une prolifération, à partir des années 2000, d'organismes n'entrant pas, *a priori*, dans les catégories classiques **(§2).**

§1 L'impulsion législative

Souhaitant apporter une alternative à l'usage abusif par l'Administration de la formule des associations, fondations ou encore groupements d'intérêt économique, la loi a donné naissance à une nouvelle institution, les groupements d'intérêt public. L'article 21 de la loi n° 82-610 du 15 juillet 1982[439] d'orientation et de programmation de la recherche enrichit l'organisation administrative française d'une nouvelle institution. Aux termes de cet article, « des groupements d'intérêt public dotés de la personnalité morale et de l'autonomie financière peuvent être constitués entre des établissements publics ayant une activité de recherche et de développement technologique, entre l'un ou plusieurs d'entre eux et une ou plusieurs personnes morales de droit public ou de droit privé pour exercer ensemble, pendant une durée déterminée, des activités de recherche ou de développement technologique, ou gérer des équipements d'intérêt commun nécessaire à ces activités ».

---

[438] F. Benoit-Rohmer, « Les groupements d'intérêt public, une formule juridique à la mode », *Cahiers de la fonction publique et de l'Administration*, Actualité et Commentaire, septembre 1995, p. 15.
[439] Codifiée aux articles L 341-1 à L 341-4 du Code de la recherche.

A l'origine, les GIP étaient donc destinés à permettre une association entre laboratoires publics et privés en matière de recherche. Toutefois, ce domaine a rapidement été dépassé et ces groupements se sont multipliés pour s'implanter dans diverses activités culturelles, sportives[440], sociales[441], sanitaires[442] ou encore environnementales[443]. La prolifération des GIP, leur grande hétérogénéité et à la « quasi-généralisation d'une structure qui n'était initialement qu'une solution d'espèce dans le domaine de la recherche » a conduit à se poser la question de leur qualification[444], suscitant un important débat doctrinal (A). Le Tribunal des conflits a mis fin à la controverse en consacrant dans son arrêt *GIP Habitat* la première personne publique innomée (B).

A/ Le débat doctrinal sur la nature juridique des GIP

Le succès des GIP s'est accompagné d'une réelle incertitude quant à leur nature juridique. Très rapidement, la question de l'identité s'est posée : personne morale de droit privé à l'instar des groupements d'intérêt économique (1) ou personne morale de droit public (2).

1) La thèse en faveur du GIP, personne morale de droit privé

La proposition de créer ces groupements fait suite au rapport du Conseil d'État sur la réforme des établissements publics[445] de 1972 ainsi qu'au rapport de la Cour des comptes[446] de 1960 dénonçant les

---

[440] Article 50 de la loi n°84-610 du 16 juillet 1984 relative à l'organisation et à la promotion des activités sportives, *JO* 17 juillet 1984, p.2288.

[441] Article 6 de la loi N°87-432 du 22 juin 1987 relative au service public pénitentiaire et à la formation des détenus, *JO* 23 juin 1987, p.6776 ou encore la loi n°89-905 du 19 décembre 1989 favorisant le retour à l'emploi et la lutte contre l'exclusion professionnelle, *JO* 20 décembre 1989, p.15783.

[442] Article 6 de la loi n°91-748 du 31 juillet 1991 portant réforme hospitalière, *JO* 2 août 1991, p.10265

[443] Loi n° 92-675 du 17 juillet 1992 relative à l'élimination des déchets ainsi qu'aux installations classées pour la protection de l'environnement, *JO* 14 juillet 1992.

[444] Le statut général des GIP, adopté par la loi n ° 2011-525 de simplification et d'amélioration de la qualité du droit dispose que les GIP constituent des personnes morales de droit public.

[445] *La réforme des établissements publics*, Rapport de la Commission du rapport et des études du Conseil d'État, la Documentation française 1972.

[446] Dans ce rapport, la Cour des Comptes constate que les personnes publiques ont recours à la formule associative afin de se soustraire aux contraintes trop rigides des

démembrements de l'Administration par l'utilisation excessive des associations ou des groupements d'intérêt économique. Surmontant l'obstacle que paraissaient représenter les établissements publics, M. Drago, Gore, de Juglart et Brunnois, ont proposé la création d'un groupement d'intérêt public permettant d'associer des intérêts collectifs tout en répondant aux observations de la Cour des comptes[447]. L'avant-projet de loi de 1982, annexé au rapport « Le GIP, solution aux démembrements de l'Administration » était très explicite quant à leur nature juridique : « le groupement d'intérêt public est une personne morale de droit privé destinée à entreprendre et à exécuter des actions d'intérêt général dans les domaines scientifiques, techniques, économiques, sociaux, administratifs ».

A la suite de la publication de la loi du 15 juillet 1982 au *Journal Officiel*, une partie de la doctrine s'est ralliée au rapport des auteurs précités. Pour certains, le GIP qui, « n'est pas un extraterrestre », est une « personne morale de droit privé »[448]. Pour justifier leur position, ces auteurs avançaient comme argument que la catégorie des personnes morales de droit public était une catégorie fermée, renvoyant ainsi à la « conception réfrigérante » analysée auparavant. Cet argument semble peu probant dans la mesure où l'on pensait cette catégorie fermée avant l'apparition des établissements publics. Le parallèle avec les GIP est alors possible. Si l'on intègre, comme autrefois, les établissements publics aux personnes morales administratives, il semble également concevable d'y incorporer les groupements d'intérêt public et d'élargir ainsi le champ des personnes publiques pour permettre l'adaptation de l'Administration et de ses structures à l'évolution de la société. Un autre argument, avancé par E. Alfanderi et M. Jeantin, réside dans le fait qu' « à l'image de la plupart des personnes morales de droit privé, le GIP résulte d'une convention »[449], d'un accord entre les parties qui confère au groupement, suite à la publication de son arrêté d'approbation par

---

règles de la comptabilité publique, Cour des Comptes, Rapport au Président de la République, 1960-1961, p. 44.

[447] F. Bourgeois et M. Lecerf, « Quel cadre juridique pour le partenariat secteur public-secteur privé. Groupement d'intérêt public ou groupement d'intérêt économique », *JCP E*, 1995, p. 25-31.

[448] E. Alfanderi et M. Jeantin, « Observations sur le groupement d'intérêt public. Loi du 15 juillet 1982 », *Revue trimestrielle de droit commercial*, 1982, p. 583.

[449] *Ibid*, p. 582.

l'autorité de tutelle, la personnalité morale. C'est en raison de cette convention constitutive, laissant une marge d'appréciation importante aux personnes composant le groupement, que l'on a vu apparaître différentes formes de GIP. Cet élément aurait pu donner aux pouvoirs publics l'opportunité de les qualifier de personnes privées. En effet, il est possible d'opposer groupements d'intérêt public, créés par une convention reposant sur l'accord de volonté de ses membres, avec l'établissement public, qui repose sur la volonté unilatérale de la collectivité territoriale de rattachement.

En se référant aux auteurs qui ont participé à l'effort de systématisation des GIP, on constate que cette structure ne pouvait répondre qu'aux exigences du droit privé. Dans sa thèse, M. Gégout[450] s'exprime en ces termes : le GIP constitue une « personne morale de droit privé destinée à entreprendre et à exécuter des actions d'intérêt général dans les domaines scientifique, technique, économique, social et administratif ». D'autres semblaient ne pas vouloir s'exprimer clairement sur leur qualification même si leur premier sentiment faisait présumer le caractère privé de ces institutions. Selon F. Benoit-Rohmer, « certains éléments semblent plaider en faveur du caractère privé du GIP : la place de la convention dans la constitution du groupement ou le fait que certaines structures privées (associations ou GIE) semblent avoir un objet identique »[451].

Après la loi de 1982, le législateur est intervenu par deux fois pour permettre l'extension de la formule sans véritablement se prononcer sur leur qualification juridique. La lecture des travaux parlementaires concernant la loi de 1982, la loi n°84-52 du 26 janvier 1984 relative à l'enseignement supérieur[452] et enfin la loi n°84-610 du 16 juillet 1984 relative à l'organisation et la promotion des activités physiques et sportives ne permet ni de confirmer le caractère privé de ces institutions ni de déceler les « intentions réelles des pouvoirs

---

[450] Y.-L. Gégout, *Vers une nouvelle personne morale, le GIP*, Thèse, 1985, Paris II, p. 242.

[451] M. Guyomar et A. Colin, Commentaire de la décision du Tribunal des conflits du 14 février 2000 *« GIP Habitat », AJDA* 2000, p.410 et s.

[452] L'article 45 de cette loi dispose que les groupements d'intérêts publics sont des personnes morales de droit public.

publics »[453]. Les parlementaires étaient davantage préoccupés par « la création de structures souples, indispensables au travail en commun des équipes de recherche »[454] que par leur nature juridique[455]. Un deuxième courant doctrinal, beaucoup plus important, a préféré reconnaître aux GIP le caractère de personne publique.

2) La thèse de la qualification de personne morale de droit public

De nombreux auteurs[456] se sont rapidement orientés vers le caractère public des GIP. Dans deux articles[457], F. Rohmer-Benoit explique que la qualité de personne publique « s'impose probablement ». L'auteur, tout comme les partisans de la qualification de personne privée, va s'appuyer sur la volonté initiale du législateur ainsi que sur certains éléments du régime juridique des GIP. C'est ainsi que F. Rohmer-Benoit déclare : en « s'appuyant d'une part sur de nombreuses déclarations tant du ministre de la Recherche que des parlementaires ayant opiné sur la question, d'autre part, sur la nature des contrôles pesant sur ces organismes, la doctrine a estimé que les groupements d'intérêt public constituaient une nouvelle catégorie de personnes publiques », et, quelques lignes plus loin, le lecteur pourra lire que « compte tenu de la multiplication des éléments de droit public constituant le statut des groupements d'intérêt public, leur nature de personne publique paraît s'imposer »[458]. F. Rohmer-Benoit poursuit son argumentation en se fondant sur « le particularisme

---

[453] F. Rohmer-Benoit, *AJDA*, 1986, p.664. Pour un avis contraire, « sur le caractère de personne publique, les travaux préparatoires de la loi du 15 juillet 1982 sont par ailleurs sans ambiguïté », M. Guyomar et A. Colin, *AJDA 2*000, préc. p.412.

[454] *JO*, Débats AN, Séance du 21 juin 1982, p. 3650.

[455] Intervention de M. Madelin, *JO*, débats AN, 7 juin 1983, p. 2240.

[456] Citons à titre d'illustration C. Brechon-Moulenes, « Loi d'orientation et de programmation pour la recherche et le développement technologique de la France et ses premières mesures d'application », *AJDA*, 20 avril 1983, p. 235; G. Vedel et P. Delvolve, *Droit administratif*, PUF, 1992, p. 653; J.-C., Venezia et Y. Gaudemet, *Traité de droit administratif*, Tome 1, 12ème édition, 1992, p261 ; B. Levy, « Sur la qualification juridique des groupements d'intérêts publics (GIP) », *LPA*, 16 août 1999, p. 6-20.

[457] F. Rohmer-Benoit, « Les groupements d'intérêt public, une nouvelle catégorie de personnes publiques », *AJDA*, 20 décembre 1986, p. 663 et s. et « Les groupements d'intérêts public, une formule juridique à la mode », *Cahiers de la fonction publique et de l'Administration*, Actualité et Commentaire, septembre 1995, p. 11 et s. .

[458] *Ibid.*

marqué des GIP à tous les niveaux ». Par voie de conséquence, « il paraît conforme à l'esprit du législateur d'en faire une nouvelle catégorie de personnes publiques ».

L'article 45 de la loi du 26 janvier 1984 sur l'enseignement supérieur, l'article 19 de la loi du 10 juillet 1989 d'orientation sur l'éducation, l'article 22 de la loi du 25 juillet 1994 relative aux groupements d'intérêt public de formation européenne des fonctionnaires ainsi que l'ordonnance du 26 avril 1996 relative à la réforme hospitalière[459] ont expressément choisi de qualifier les GIP de personne morale de droit public. En outre, la multiplication des GIP et l'absence de statut général[460] ont conduit le Ministère de la Recherche à édicter un guide d'information[461], constituant une « véritable charte » des GIP. Ce guide indique que « bien que la loi ne l'ait pas elle-même expressément précisé, il résulte clairement des travaux préparatoires que les GIP constituent des personnes morales de droit public »[462]. Dorénavant, la doctrine s'appuyant sur la volonté du législateur, fait présumer que les GIP constituent des personnes publiques. La position du juge, et notamment celle du Conseil d'État, permettra de confirmer cette conception.

Le Conseil d'État a joué un rôle déterminant dans la consécration des GIP, « nouvelle catégorie » de personne morale de droit public. En effet, avant l'adoption de la loi du 15 juillet 1982, le rapport de J. Boitreaud[463], publié en 1981 réclamait la qualification de personne publique. Si cette proposition n'a pas été suivie par le législateur, le Conseil d'État a confirmé sa position dans son avis du 15 octobre 1985[464]. Enfin, une dernière analyse de la section du

[459] Cette ordonnance a créé les agences régionales d'hospitalisation (ARH) sous la forme de GIP. Les ARH sont remplacées aujourd'hui par les agences régionales de santé, qualifiées par la loi du 21 juillet 2009 portant réforme de l'hôpital et relative aux patients, à la santé et aux territoires, d'établissements publics.

[460] Il faudra attendre la loi de simplification et d'amélioration de la qualité du droit du 17 mai 2011 pour que les GIP soient dotés d'un statut législatif.

[461] « Les groupements d'intérêts publics », ministère de la Recherche et de l'Enseignement supérieur, Guide d'information, 1987.

[462] « Les groupements d'intérêts publics », ministère de la Recherche et de l'Enseignement supérieur, Guide d'information, p. 12.

[463] Rapport. J. Boitreaud sur les GIP cité dans *EDCE*, 1980-81, n° 32, p. 146.

[464] « Les groupements d'intérêts publics institués par les lois du 15 juillet 1982, du 26 janvier 1984, du 16 juillet 1984 et du 9 janvier 1985 ont le caractère de personnes

rapport et des études du Conseil d'État en date du 27 juin 1996[465], a une nouvelle fois reconnu aux GIP la qualification de personnes morales de droit public. De la même façon, le Conseil d'État statuant au contentieux s'est prononcé sur la qualification juridique d'un genre particulier de groupement d'intérêt public, celui des agences régionales d'hospitalisation[466]. Dans une décision du 1er décembre 1997[467], le Conseil d'État affirme que les agences régionales d'hospitalisation sont des personnes morales de droit public sans les qualifier d'établissements publics[468].

Pour d'autres enfin, il paraît « impossible de situer en général le groupement soit parmi les personnes morales de droit privé soit parmi les personnes morales de droit public »[469]. Cherchant sur ce point à se démarquer de la thèse de la personnalité privée des GIP, qu'on lui aurait trop rapidement approprié, Y-.L., Gégout affirme, dans un de ses nombreux articles relatifs aux GIP[470], que le « GIP est une

---

morales de droit public, ainsi que le spécifie l'article 45 de la loi du 26 janvier 1984 », Conseil d'État, Avis, 15 octobre 1985, *EDCE* 1986, n°37, p. 189

465 *Les GIP*, mars 1997, La Documentation Française collect. Les études du Conseil d'État ;

466 Les agences régionales d'hospitalisation ont été remplacées par les agences régionales de santé, qualifiées par la loi d'établissement public administratif.

467 CE, 1er décembre 1997, *Syndicat national des affaires sanitaires et sociales*, Rec. p. 453

468 Dans cet arrêt, le Conseil d'État a précisé que la convention du GIP « ARH » a le caractère d'un contrat administratif et qu'elle peut faire l'objet d'un recours pour excès de pouvoir.

469 Y.-L. Gégout, Répertoire Dalloz, Société, *Les GIP*, mars 1997, n° 242-248.

470 Pour n'en citer que quelques uns : Y.-L, Gégout, « Nouvelles réflexions sur les GIP. A propos du GIP protection de la nature », *LPA*, n° 83, 12 juillet 1995 ; « Un nouveau GIP à vocation européenne et internationale : le GIP issu de l'article 22 de la loi du 25 juillet 1994 relative à la fonction publique », *LPA*, n° 127, 24 octobre 1994 ; « Nouvelles réflexions sur les GIP : à propos de l'étude du conseil d'État publié en mars 1997 », *LPA*, n°4 6, 1997, p. 4 ;« Réflexions sur la nécessité du vote d'une loi générale sur les GIP, LPA, n°11, 25 janvier 1988 ; Le GIP : mythe ou réalité », *LPA*, n° 100, 1992 ; « Le GIP « Agence nationale pour la valorisation des cultures énergétiques », *LPA*, n°37, 26 mars 1994 ; « Réflexions sur les GIP », *LPA*, n° 48, 22 avril 1994 ; « Application pratique d'une formule originale : le GIP « Service d'accueil téléphonique destiné à la prévention des mauvais traitements à l'égard des mineurs et à la protection des mineurs maltraités », *Le Quotidien juridique*, 24 mai 1990, « Heurs et malheurs d'un GIP : à propos du GIP de l'informatisation du livre foncier dans les départements du Bas-Rhin et de la Moselle », *LPA*, 30 août 1993, p. 2 ; *Vers une nouvelle forme de personne morale : les GIP*, Thèse, PARIS II, 1985.

personne morale originale présentant certains caractères de droit public et d'autres de droit privé »[471]. Certains parlementaires ont étayé cette thèse, et notamment le député Colcombet qualifiant le GIP « Conseil départemental de l'aide juridique » de « personne morale de droit privé à statut privé relevant par certains points du droit public et par d'autres, du droit privé ». Pour conclure, R. Muzellec et V. Nguyen N. Quoc[472] ont envisagé ces trois hypothèses et estimé qu'il convient de distinguer selon les cas si le groupement que l'on doit qualifier doit être de nature publique ou privée. En l'absence d'un consensus suffisamment pertinent, le juge administratif a mis fin au débat de la nature juridique de ces nouveaux organismes.

B/ La consécration jurisprudentielle

Dépourvue de statut législatif général[473], la nature juridique des groupements d'intérêt public a été clarifiée par le Tribunal des conflits dans une décision du 14 février 2000 *GIP Habitat et interventions sociales » c/ Mme Verdier* (1). Après la consécration de la première personne publique innomée, le Conseil d'État va éclaircir la qualification juridique de la Banque de France en lui attribuant la qualité de personne publique aux caractéristiques propres (2).

1) La clarification jurisprudentielle de la nature juridique des GIP

On peut se demander si le Tribunal des conflits, dans sa décision du 14 février 2000 « *GIP Habitat* », a mis un terme à toutes les controverses doctrinales en consacrant la nature publique de ces structures. Si les GIP constituent une nouvelle forme de personne publique, il convient de les rattacher à une des catégories préexistantes. Pourtant, le Tribunal refuse une telle position. En se référant à la volonté du législateur, il qualifie simplement les GIP de « personnes publiques soumises à un régime spécifique ». Le juge a donc consacré la naissance d'une nouvelle personne publique (a). Toutefois, cette reconnaissance s'exprime par un rejet de la formule de l'établissement public. Les GIP constituent des personnes morales de

---

471 Y.-L. Gégout, *LPA*, 4 janvier 2001, n° 3, p. 7.

472 R. Muzellec et V. Nguyen Quoc, V, *Les groupements d'intérêts publics*, Economica, 1993, p. 92 et s. « *Groupements d'intérêts publics* », Jurisclasseur, Administratif, 1993, Fasc.163, n°41 et s.

473 Le statut général des GIP a été adopté par le législateur en 2011 suite à la loi de simplification et d'amélioration de la qualité du droit du 17 mai 2011.

droit public échappant aux règles régissant les établissements publics[474]. Le juge a donc institué des personnes publiques innomées (b).

a) La consécration d'une nouvelle personne publique

Afin de clarifier la nature juridique des GIP, le Tribunal des conflits s'est appuyé sur deux éléments : l'un est relatif aux travaux parlementaires et l'autre à une analyse des critères permettant d'identifier une personne publique. La juridiction devait se prononcer relativement à « une difficulté sérieuse sur la nature du GIP-HIS (Habitat et interventions pour les mal logés), personne morale de droit privé ou personne morale de droit public, et sur la nature du service public qu'il gère- service public administratif ou service public industriel et commercial- dont la solution détermine la juridiction compétente pour connaître du présent litige et qui met en jeu la séparation des pouvoirs ».

Pour les juges, le caractère public de cette institution réside, dans un premier temps, dans la volonté du législateur, et notamment, dans les dispositions de l'article 21 de la loi du 15 juillet 1982, « éclairées par les travaux préparatoires ». Cette argumentation peut paraître surprenante dans la mesure où « c'est justement parce que le législateur était resté silencieux sur la nature juridique des GIP que le Tribunal des conflits a dû se prononcer sur cette question »[475]. Il convient alors de revenir sur le deuxième élément de motivation du juge, celui de l'utilisation classique de la méthode du faisceau d'indices. Le Tribunal s'est appuyé sur les critères dégagés par l'arrêt *Association syndicale du Canal de Gignac*[476] pour permettre d'identifier les éléments de définition donnant droit à la qualité de personne publique. Cette méthode s'appuie sur l'origine de l'organisme, son objet, les rapports qu'il entretient avec les autorités publiques et enfin l'existence de prérogatives de puissance publique. Dans l'arrêt *GIP Habitat*, le Tribunal va s'appuyer, principalement sur

---

474 Toutefois, le juge affirme que les GIP sont soumis aux des dispositions de l'article 34 de la Constitution qui fonde la compétence de la loi en matière de création d'établissements publics.

475 N. Eveno, « Nature juridique du groupement d'intérêt public et compétence du juge administratif », *JCP G*, 3 mai 2000, n°18, p. 804.

476 TC, *Association syndicale du Canal de Gignac*, préc.

l'article 21 de la loi du 15 juillet 1982 pour affirmer que son objet n'est pas lié à la réalisation de bénéfices, contrairement à une société commerciale, mais que le groupement d'intérêt public d'interventions pour les mal logés exerce des « activités qui ne peuvent donner lieu à la réalisation de bénéfices ou au partage de bénéfices ». Concernant l'origine de l'organisme, le Tribunal va avancer que la présence, dans le groupement, d'au moins un organisme de droit public constitue un deuxième indice de sa nature publique. Plus loin, l'organe répartiteur des compétences énumère les relations existant entre le GIP et les autorités publiques. Il rappelle ainsi que le GIP a été constitué par une convention constitutive, « approuvée par arrêté interministériel du 12 mars 1993 », donc par une autorité administrative. Ensuite, il va relever que le groupement est soumis à des contrôles puisqu' « un commissaire du gouvernement est nommé auprès du groupement ». Enfin, si le Tribunal ne s'exprime pas sur l'existence de prérogatives de puissance publique, il mentionne que les « personnes morales de droit public, les entreprises nationales et les personnes morales de droit privé chargées de la gestion d'un service public doivent disposer ensemble de la majorité des voix dans l'assemblée du groupement et dans le Conseil d'administration qu'elles désignent ». Le Tribunal des conflits confirme la position du Conseil d'État en affirmant que « le législateur a entendu faire des groupements d'intérêt public des personnes publiques soumises à un régime spécifique ». Dès lors le doute n'est plus permis. Les groupements d'intérêt public constituent une nouvelle forme de personne publique.

b) La consécration de la première personne publique innomée

Si le Tribunal fait naître une nouvelle personne publique, une seconde interrogation demeure. Selon « le dogme dualiste »[477], il est nécessaire de classer les GIP soit dans la catégorie des collectivités territoriales, soit à l'intérieur de celle des établissements publics. Cette question sera la cause d'importantes polémiques qui ne seront pas atténuées par la décision du Tribunal des conflits.

---

[477] L. Richer, « Les personnes publiques innomées », *in* Actes du colloque organisé les 14 et 15 juin 2007 par l'Association française pour la recherche en droit administratif sur la « personnalité publique », Litec, Colloque et débats, n°12, 2007, p.136.

Classer les GIP parmi la catégorie des collectivités locales n'est guère satisfaisant au regard de leurs règles de fonctionnement. Par conséquent, les groupements doivent être assimilés à la formule protéiforme de l'établissement public. Une partie de la doctrine s'est d'ailleurs exprimée à ce sujet avant et après la décision du Tribunal des conflits « GIP Habitat »[478]. N'étant ni l'État, puisque dotés de la personnalité publique et n'appartenant pas à la catégorie des collectivités locales, les GIP doivent être rangés dans la notion accueillante d'établissement public. Cette démarche sera notamment reprise par de nombreux auteurs pour qui « il n'y a pas de bonnes raisons de leur refuser la qualité, plus précisément et tout simplement d'établissements publics »[479].

Le Tribunal a choisi une voie médiane pour respecter l'hybridité de la formule. Le juge a affirmé que les GIP rejoignent les établissements publics concernant leurs règles de création, mais ils diffèrent de cette catégorie par leur absence de soumission de plein droit au régime des établissements publics. Le juge a donc pris une position tranchée en considérant que les GIP ne sont pas des établissements publics. De cette « non-qualification » résulte la consécration jurisprudentielle de la première personne publique innomée, c'est-à-dire de la première personne qui n'entre dans aucune des catégories antérieurement délimitées. La sphère des personnes publiques s'est enrichie d'une nouvelle structure permettant d'enraciner dorénavant ces propos : « les établissements publics constituent, avec les collectivités locales et les groupements d'intérêts publics, l'une des trois formes de personnes morales que connaît actuellement notre droit public »[480].

Cette clarification apportée par le Tribunal des conflits n'a pourtant pas conduit à endiguer les incertitudes quant au rapprochement de la formule de l'établissement public et celle du

[478] TC, 14 février 2000, *GIP Habitat et interventions, sociales pour les mal-logés et les sans-abris c/ Mme Verdier*, *GAJA*, Dalloz, 17ème éd., 2009, n° 106; *AJDA* 2000, p. 465, chr. Guyomar et Collin; *JCP* 2000.II.10301, note N. Eveno; *RTD Com.* 2000, p. 602, obs. Orsoni.
[479] R. Chapus, *Droit administratif général*, Montchrestien, Précis Domat, t. 1, 13ème éd., p. 186.
[480] O. Dugrip et L. Saidj, *Les établissements publics nationaux*, Paris, LGDJ, 1994, p. 13.

groupement d'intérêt public. La distinction absolue posée par la jurisprudence entre établissement public et personne publique *sui generis* est discutable. Si la doctrine semble unanime sur l'indéniable originalité de leur structure qui ne permet pas de réduire les GIP à une simple variante de l'établissement public, « leur espèce de normalisation illustre la capacité du droit administratif à "digérer" un nouvel objet juridique en l'intégrant aux schémas existants »[481]. Ce qui semble préoccuper la doctrine est l'absence d'un statut législatif[482] permettant de simplifier l'utilisation et la classification de cette formule. Ainsi, P. Demaye regrette qu'en l'absence de tout texte législatif définissant les règles applicables aux différentes catégories de groupements d'intérêt public, « l'on ne peut que prendre acte des incertitudes qui continuent de peser sur le régime juridique de ces nouvelles personnes morales de droit public »[483]. Ces ambiguïtés sont encore accentuées par deux arrêts concernant, d'une part, le Conseil d'État et, d'autre part, la Cour suprême de l'ordre judiciaire.

Dans un arrêt de 2005, *Syndicat national des affaires culturelles*[484], le Conseil d'État va transposer aux GIP la théorie de l'établissement public « à double visage » en indiquant que les « activités du groupement d'intérêt public pour le cinéma présentent à titre principal, un caractère administratif, et à titre subsidiaire seulement, un caractère industriel et commercial ». Cette jurisprudence tend à fédérer les deux notions. Dans un arrêt de la première chambre civile rendu à propos de la SNATEM[485], la Cour de cassation dément l'idée que la qualité de personne publique doit

---

[481] B. Jorion, « Les GIP, un instrument de gestion du service public administratif », *AJDA*, 16 février 2004, p. 314.

[482] Le Conseil d'État a d'ailleurs étudié l'adoption d'un texte favorisant l'élaboration d'un statut législatif commun à tous les groupements mais il n'a jamais trouvé d'écho dans une loi. En effet, la loi n°2004-1343 de simplification administrative prévoit, dans son article 56, que « le gouvernement est autorisé à prendre par ordonnance les mesures nécessaires pour conférer un cadre législatif général aux groupements d'intérêts publics ». Cette ordonnance n'a pas été adoptée et le délai de douze mois fixé par son article 92 n'a pas été renouvelé.

[483] P. Demaye, « Une nouvelle catégorie de personne morale de droit public, les GIP », *AJDA*, 2001, n° 146, p. 21.

[484] CE, 1 er avril 2005, *Syndicat national des affaires culturelles*, Rec. p. 263.

[485] Le SNATEM, « Service national d'accueil téléphonique pour l'enfance maltraitée » est un groupement d'intérêt public créé par la loi du 10 juillet 1989 relative à la prévention des mauvais traitements et la protection des mineurs.

obligatoirement être reconnue à tous les GIP[486]. Cet arrêt souligne que la SNATEM, contrairement à d'autres groupements d'intérêt public, n'avait pas été expressément qualifiée par la loi de « personne morale de droit public ». Pour la Cour de cassation, la SNATEM « bien que créée dans le cadre de la loi du 10 juillet 1989, née de statuts contractuels organisant la collaboration des personnes morales de droit public et de droit privé qui le composaient, constituée pour une durée limitée dans le temps, et dépourvue de prérogatives de puissance publique ; que, par ces constatations, dont résultait l'absence de contestations sérieuses sur la qualification juridique de l'organisme concerné, elle a pu en déduire que celui-ci n'était pas un établissement public ».

Dans son rapport de 2009 sur les établissements publics, le Conseil d'État ne peut délimiter les raisons poussant à la création d'un GIP plutôt que d'un établissement public[487]. Ces raisons ne sont pas « toujours évidentes ». A ce propos, il est important de souligner que certains organismes ont été créés sous la forme d'un GIP puis transformés en établissement public[488].

Pour conclure sur les groupements d'intérêt public, il est à noter qu'après avoir clarifié leur nature juridique, les pouvoirs publics se sont attachés à leur conférer un statut général. Une proposition de loi a été introduite en ce sens par le député Jean-Luc Warsmann. La loi du 17 mai 2011 de simplification et d'amélioration de la qualité du droit a adopté cette proposition et dispose que « le groupement d'intérêt public est une personne morale de droit public dotée de l'autonomie administrative et financière ». Quelques mois après la décision du Tribunal des conflits, le Conseil d'État a reconnu l'existence d'une nouvelle personne publique innomée dans son arrêt *Syndicat national autonome du personnel de la Banque de France* du 22 mars 2000[489].

---

[486] Cas, Civ. 2 mars 2004, *SNATEM, JCP A* 2004, 1242.474, obs. Renard-Payen.
[487] CE, *Rapport d'étude sur les établissements p*ublics, 15 octobre 2009, p. 20.
[488] Les agences régionales d'hospitalisation ont été créées par l'ordonnance du 24 avril 1996. Elles ont laissé la place le 1er avril 2010 aux agences régionales de santé créées par la loi du 21 juillet 2009 portant réforme de l'hôpital et relative aux patients, à la santé et aux territoires.
[489] CE, 22 mars *2000 Synd. nat. autonome du personnel de la Banque de France, JCP G* 2000, IV, 2056 ; AJDA 2000, p. 466.

2) La clarification de la qualification juridique de la Banque de France

Créée par un arrêté des consuls de la République du 28 nivôse An VIII, la Banque de France fut organisée sous la forme d'une société par actions au capital de 30 millions de francs. Les actionnaires étaient représentés par les deux cents plus forts d'entre eux. L'établissement était administré par un Conseil Général composé de 15 Régents. Depuis la loi du 24 germinal an XI (14 avril 1803), prorogée à de nombreuses reprises, la Banque détient le privilège d'émission des billets qui sera généralisé à l'ensemble de l'État en 1848. Suite à la crise de 1805, deux textes ont modifié substantiellement le fonctionnement et l'organisation de la Banque. Tout d'abord, Napoléon souhaita renforcer son autorité sur la Banque. Il fit promulguer la loi du 22 avril 1806 dont l'objet est principalement la nomination par l'Empereur d'un gouverneur et de deux sous-gouverneurs[490]. Ensuite, le Conseil Général fixa de nouveaux statuts approuvés par le décret impérial du 16 janvier 1808 qui conféra à la Banque ses statuts généraux demeurant inchangés jusqu'à la période du Front populaire. La loi du 24 juillet 1936 et le décret du 31 décembre 1936 ont permis aux pouvoirs publics de s'immiscer un peu plus dans les activités de la Banque et d'en faire « *la banque de la France* », selon l'expression du ministre des finances de l'époque, V. Auriol. Les principales modifications apportées par la loi de 1936 n'ont pas interféré sur son statut privé mais ont fait évoluer l'organisation de l'Assemblée Générale des actionnaires, le Conseil Général ainsi que le statut du Gouverneur. Une nouvelle étape fut franchie, au lendemain de la Seconde Guerre mondiale, avec la loi du 2 décembre 1945 nationalisant la Banque de France. L'institution financière demeura une société mais l'État en devint le seul actionnaire. L'article 3 de cette loi de nationalisation disposait notamment que les statuts de la Banque devaient être modifiés avant le 28 février 1946. Or cette échéance n'a pas été respectée par les gouvernements successifs, et il fallut attendre 1973 pour que la loi du 3 janvier et son décret du 30 janvier réforment ses statuts. Pour autant, cette loi n'emporte que peu de certitudes quant à la nature juridique de la Banque : elle « se borne à définir la Banque de France comme une

---

[490] Pour Napoléon, « La Banque n'appartient pas seulement aux actionnaires ; elle appartient aussi à l'État puisqu'il lui donne le privilège de battre monnaie », cité par A. Plessis, *Histoires de la Banque de France*, A. Michel, 1998, p. 245.

institution »[491].

Les statuts actuels de la Banque de France sont définis par la loi du 4 août 1993 relative au statut de la Banque de France et à l'activité et au contrôle des établissements de crédit[492]. Cette loi a été adoptée par les autorités françaises afin de mettre en conformité le statut de la Banque de France avec les exigences liées à la réalisation de l'Union économique et monétaire. S'appuyant sur le rapport Delors[493], le Conseil européen a décidé que la première phase de l'Union économique et monétaire (UEM) débuterait le 1er juillet 1990 avec l'abolition de toutes les restrictions aux mouvements de capitaux entre les États membres. Pour réaliser la deuxième phase de l'UEM, l'ancien article 109 E du Traité sur l'Union européenne prévoyait que « chaque État membre entame, le cas échéant, le processus conduisant à l'indépendance de sa Banque centrale, conformément à l'article 108 ».

Les autorités françaises avaient donc jusqu'à la fin de l'année 1996 pour modifier le statut de la Banque de France. La loi du 4 août 1993 a donc anticipé sur les exigences européennes. Cette volonté d'anticiper l'échéancier fixé par le Traité a été « si forte qu'elle a conduit à méconnaître, dans un premier temps, les exigences du droit constitutionnel »[494]. En effet, le Traité de Maastricht n'entrait en vigueur qu'au 1er novembre 1993. Dans sa décision du 3 août 1993, le Conseil constitutionnel a censuré les dispositions transférant au Conseil de la politique monétaire le soin de mettre en œuvre et surtout de définir la politique monétaire en lieu et place du gouvernement français[495] . La loi du 31 décembre 1993 portant diverses dispositions relatives à la Banque de France, au crédit et aux marchés financiers, a rétabli la réforme du statut de la Banque de France. L'article 1er de la loi du 4 août 1993, modifié par la loi du 31 décembre 1993, précise

---

[491] J. Arrighi de Casanova, Concl. sur TC, 16 juin 1997, *Epoux Muet, Société La Fontaine de Mars c/Banque de France* », *RFDA*, 1997, n° 13, p. 824.

[492] Codifiée aux articles L.141-1 et suivants du Code monétaire et financier.

[493] C. Leroy, « Les incidences constitutionnelles de la réforme accordant son indépendance à la Banque de France. A propos de la décision du Conseil Constitutionnel 93-324 DC du 3 août 1993 et de la loi n°93-1444 du 31 décembre 1994 », *LPA*, 18 juillet 1994, n° 85, p. 5.

[494] M. Lombard, « Le nouveau statut de la Banque de France », préc. p. 492.

[495] P. Collas, « Le dépeçage de l'Administration, un nouveau pas : la tentative d'autonomiser la Banque de France », *Droit prospectif*, 1994-2, p. 563.

que la Banque de France définit et met en œuvre la politique monétaire dans le but d'assurer la stabilité des prix.

Afin de répondre aux obligations communautaires d'indépendance et d'autonomie du Traité de Maastricht[496], l'article 6 de cette loi qualifie la Banque d' « institution dont le capital appartient à l'État ». Dans une première analyse, il est possible de souligner que le législateur ne précise pas comme en 1973 la nature publique ou privée de la Banque de France. Une telle qualification aurait eu le mérite de clarifier le statut de cet établissement qui a connu depuis sa création de nombreuses réformes. Selon M. Lombard, cette « non qualification » était pourtant souhaitable pour conserver le caractère hybride de l'institution[497]. Il est donc revenu une nouvelle fois au juge de qualifier cet organisme. Le débat sur la nature publique ou privée de la Banque de France a été éclairci par le Tribunal des conflits qualifiant cette « institution » de personne publique (a). Pour sa part, le Conseil d'État, tant en formation consultative que juridictionnelle, confirme cette position en ajoutant toutefois que « ne pouvant être classée dans aucune des catégories d'établissements publics, la Banque de France est une personne publique *sui generis* »[498] (b).

a) La Banque de France, une personne publique

La décision du Tribunal des conflits du 16 juin 1997 *Époux Muet et Société la Fontaine de Mars contre Banque de France*[499] permet de trancher le débat ouvert par le législateur en 1973 concernant la nature publique ou privée de l'institution. Afin d'analyser la clarification apportée par le Tribunal des conflits, il est

---

[496] L'article 107 du Traité de Maastricht (article 130 du TFUE) dispose ainsi que « ni la Banque centrale européenne, ni une Banque centrale nationale, ni un membre quelconque de leurs organes de décision ne peuvent solliciter ni accepter des instructions des institutions ou organes communautaires, des gouvernements des États membres ou de tout autre organisme ».

[497] Selon cet auteur, le fait « que le législateur se soit contenté en l'occurrence de conserver le flou de cette « institution » innomée et n'ait pas cédé, cette fois, au goût qu'il marque fréquemment pour la création de catégories juridiques apparemment nouvelles » préserve la Banque de classifications erronées.

[498] CE, Avis, Sect. Finances, 9 décembre 1999, *EDCE*, 2000, p. 211.

[499] TC, 16 juin 1997, *Société La Fontaine de Mars et époux Muet ; CJEG* 1997, page 363, Concl. J. Arrighi de Casanova ; *JCP* 1998, I, n°125, chronique de J. Petit ; *RFDA* 1997, p. 823.

important de souligner les différents éléments qui lui ont permis d'incorporer cette « institution » au sein des personnes morales de droit public.

Selon certains auteurs, plusieurs indices semblent plutôt conduire à la nature privée de la Banque : « ni les dispositions de la loi, ni les débats parlementaires ne permettent d'imaginer que la nouvelle Banque de France ait alors perdu sa qualité de personne morale de droit privé pour devenir un organisme public innomé ou, *a fortiori* un établissement public administratif ou industriel et commercial »[500]. Si l'on recherche des éléments de qualification de cette institution dans la jurisprudence du Conseil d'État, avant la loi de 1973, cette position semble être confirmée. La Haute juridiction administrative se déclare incompétente dans de nombreux contentieux[501], mais elle va également ranger la Banque, en 1956, dans la catégorie des organismes privés chargés d'une mission de service public[502]. Plus tard[503], le Conseil d'État réaffirmera sa position en la qualifiant de personne privée.

Les lois de 1973 et de 1993 ainsi que la décision du Conseil constitutionnel du 3 août 1993 définissent la Banque de France comme une « institution de l'État » détenant à ce titre des prérogatives de puissance publique, nonobstant sa large soumission à la législation civile et commerciale[504]. Cependant, son statut méritait d'être précisé. La Banque de France jusqu'en 1973 était une personne morale de droit privé[505]. Après la réforme de 1993, il était nécessaire de clarifier la nature de son régime juridique et de déterminer la compétence

---

500 Nguyen van Tuong, « Le nouveau statut de la Banque de France », *D.* 1994, chron. p. 61.

501 Dans ce sens, CE, Sect., 24 mai 1957, *Elissabide*, Rec. p.340 et CE, Sect., 2 février 1960, *Kampmann*, Rec. p. 107.

502 CE, 30 novembre 1956, *Sieur Geslin,* Leb. p. 454.

503 CE, 31 octobre 1958 *Devaux-Moutenot*, Rec. p. 116

504 Dans sa décision n°83-167 DC du 19 janvier 1984 relative à la loi bancaire, le Conseil constitutionnel reconnaît à la Banque la conformité de son pouvoir réglementaire à l'article 21 de la Constitution. La Banque dispose bien de prérogatives de puissance publique qui ne relèvent pas uniquement de son privilège d'émission, elle peut également prendre des décisions s'imposant à leurs destinataires.

505 CE, 30 novembre 1956, *Sieur Geslin*, Rec. p. 454 ; CE, 31 octobre 1958, *Sieur Devaux-Moutenot*, Rec. p.

juridictionnelle dans les litiges où la Banque de France est partie. Ces différentes questions seront abordées par le Tribunal des conflits dans un litige opposant les époux Muet à la Banque de France, et notamment, à la cotation défavorable de leur société au fichier bancaire des entreprises. Pour trancher au fond ce litige, le Tribunal devait caractériser la nature juridique de la Banque afin de pouvoir résoudre, dans le cadre d'un conflit négatif, le problème de la juridiction compétente. Dans l'arrêt du 16 juin 1997, *Époux Muet, Société La Fontaine de Marc contre Banque de France*[506], les conclusions du commissaire du gouvernement J. Arrighi de Casanova[507] sont très explicites quant à sa qualification de personne publique.

Le commissaire du gouvernement retient quatre critères permettant d'identifier la personnalité publique de la Banque[508] . Dans un premier temps, la création par les pouvoirs publics de la Banque fait présumer son caractère public. Il est vrai que, si elle est qualifiée par les lois de 1973 et de 1993 de « société », il n'en reste pas moins que sa création ne doit rien à l'initiative privée ainsi que le démontrent les nombreux textes qui jalonnent son histoire[509]. Ensuite, le commissaire du gouvernement s'appuie sur l'activité exercée par la Banque. L'article premier alinéa 1 de la loi du 4 août 1993 donne pour mission à la Banque de France de garantir la stabilité des prix. Il s'agit donc d'une mission régalienne qui « l'emporte sur ses activités strictement bancaires »[510]. En troisième lieu, J. Arrighi de Casanova mentionne que les pouvoirs publics font peser sur la Banque des sujétions exorbitantes du droit commun. Il ressort très nettement des lois de 1973 et de 1993 que le gouvernement exerce une tutelle sur la Banque[511]. En outre, à l'instar de nombreuses autorités administratives

---

[506] TC, 16 juin 1997, *Société La Fontaine de Mars et époux Muet* ; *RL*, p. 532 ; *CJEG* 1997, p. 363, Concl. Jacques Arrighi de Casanova ; *JCP* 1998, I , n° 125, chronique de Jacques Petit ; *RFDA* 1997, p. 823.

[507] J.Arrighi de Casanova, Concl. sur TC*, 16 juin 1997, Epoux Muet, Société La Fontaine de Mars c/Banque de France* », *RFDA*, n° 13, p. 824.

[508] Conformément aux critères dégagés par l'arrêt du Conseil d'État, *Association syndicale du Canal de Gignac*, Préc.

[509] *Supra*, p. 34 et 35.

[510] Concl. J. Arrighi de Casanova, préc.

[511] Parmi les différentes dispositions, on citera l'existence d'un censeur, nommé par le Ministre de l'Economie et des Finances, qui peut assister aux séances du Conseil général et proposer des décisions à la délibération du Conseil.

indépendantes, les membres directeurs de l'institution sont nommés par les différentes autorités étatiques[512]. Enfin, le dernier élément permettant l'identification de la personnalité publique réside dans l'existence de prérogatives de puissance publique[513]. Le commissaire du gouvernement conclut que « face à cette forte convergence des indices, existe-t-il des raisons de ne pas reconnaître à la Banque de France le caractère d'une personne publique ? Nous ne le pensons pas »[514].

Pourtant le Tribunal des conflits, s'il rejoint en partie J. Arrighi de Casanova sur la qualification de personne publique, va être beaucoup plus discret sur les motifs de cette appréciation. Il considère « qu'il résulte de l'ensemble des dispositions législatives la régissant que la Banque de France est une personne publique » et conclut « que le juge administratif est compétent pour connaître de l'action en responsabilité, introduite par le client d'un établissement bancaire à l'encontre de la Banque de France, à raison des renseignements erronés qu'elle lui aurait fournis »[515]. La question de la nature juridique de la Banque de France est tranchée. Il convient dès lors de déterminer à quelle catégorie de personne morale de droit public la Banque de France appartient.

b) La Banque de France, une personne publique *sui generis*

Saisi par la voie consultative et contentieuse, le Conseil d'État donne une solution quelque peu obscure, qu'il va néanmoins maintenir à de nombreuses reprises en qualifiant la Banque de France de « personne publique *sui generis* » (b-1). La position de la Haute juridiction administrative est toutefois en contradiction avec la

---

512 Selon l'article 8 de la loi du 4 août 1993, «Le Conseil de la politique monétaire comprend, outre le gouverneur et les deux sous-gouverneurs de la Banque de France, six membres. Ces six membres sont nommés par décret en Conseil des ministres pour une durée de neuf ans [...]. Ils sont choisis sur une liste, comprenant un nombre de noms triple de celui des membres à désigner, qui est établie d'un commun accord, ou à défaut à parts égales, par le président du Sénat, le président de l'Assemblée nationale et le président du Conseil économique et social ».

513 Décision du Conseil constitutionnel du 19 janvier 1984, préc.

514 Concl. préc.

515 TC, 16 juin 1997, *Epoux Muet, Société La Fontaine de Mars c/Banque de France,* préc.

juridiction suprême de l'ordre judiciaire qui qualifie expressément la Banque d'établissement public administratif (b-2).

b-1) La qualification opérée par le Conseil d'État

Le gouvernement a souhaité des précisions sur le statut de la Banque. Il a saisi le Conseil d'État d'une demande d'avis portant sur la question de savoir si la Banque devait être qualifiée d'établissement public ou de personne *sui generis*. Le Conseil d'État ne suivra pas les arguments du commissaire du gouvernement J. Arrighi de Casanova, qui reprenant les caractéristiques de la classification traditionnelle des personnes publiques[516] a déclaré : « Nous ajouterons, mais cette précision n'est pas nécessaire en l'espèce, puisqu'elle n'est ni l'État ni une collectivité territoriale, il est clair qu'elle ne peut être considérée que comme un établissement public. Il s'agit certes d'un établissement public d'un genre tout à fait spécifique, dans la mesure où la Banque de France dispose en théorie d'un capital et assure, à côté des ses missions éminemment régaliennes, des activités de pure gestion privée. Mais une telle spécificité n'est, par elle-même, nullement dirimante, la notion d'établissement public recouvrant, comme on le sait, une très grande variété de situations ».

L'analyse sera contestée par le Conseil d'État. Le juge admet simplement que, l'objet des missions principales de la Banque, telles que la mise en œuvre de la politique monétaire ou encore de la stabilité des prix, ne peut entraîner la qualification de cette institution financière d'établissement public industriel et commercial. Mais, l'avis du 9 décembre 1999[517] refuse également de classer la Banque dans la catégorie des établissements publics administratifs. Le Conseil d'État relève conformément aux critères dégagés par l'arrêt *Union syndicale des industries aéronautiques*[518], que « contrairement aux normes appliquées aux établissements publics administratifs, la Banque de France n'est pas soumise aux règles de la comptabilité publique mais [...] à des règles comptables qui sont principalement celles du code du commerce et éventuellement celles que prévoit la

[516] Concl. précitées.

[517] CE, Avis, Sect. Finances, 9 décembre 1999, *EDCE*, 2000, p. 211.

[518] CE, 16 novembre 1956, *Union Syndicale des Industries Aéronautiques*, Rec. p. 422.

réglementation bancaire »[519]. En outre, il relève, s'agissant des litiges relatifs à son personnel, que la « Banque de France figure à l'annexe III de la loi du 26 juillet 1983 susvisée relative à la démocratisation du secteur public, laquelle ne s'applique pas aux établissements publics administratifs ». Concernant l'existence d'une tutelle de l'État, l'avis souligne que l'institution financière fait partie intégrante du système européen des banques centrales, ce qui la place dans une position d'autonomie et d'indépendance vis-à-vis de toute influence étatique. Enfin, la Banque de France n'est pas soumise au Code des marchés publics. Finalement, la Banque ne constitue ni un établissement public industriel ou commercial ni un établissement public administratif. Au contraire, le Conseil d'État reconnaît l'existence d'une nouvelle personne publique, en affirmant qu' « il résulte de l'ensemble de ces considérations que, ne pouvant être classée dans aucune des catégories d'établissements publics, la Banque de France est une personne publique *sui generis* »[520].

Cette solution sera ensuite reprise dans l'arrêt *Syndicat national autonome du personnel de la Banque de France*[521] dans lequel le commissaire du gouvernement a proposé aux sous-sections réunies de juger que « la Banque de France n'est pas un établissement public mais plutôt une institution de l'État de nature particulière »[522]. Le raisonnement fortement argumenté de la juridiction administrative va pourtant être mis en péril par un arrêt de la première chambre civile de la Cour de cassation[523] affirmant que la Banque de France est un établissement public administratif.

---

[519] Avis de l'Assemblée générale du Conseil d'État du 9 décembre 1999, *Les grands avis du Conseil d'État*, 1ère éd., 1997, préc. Il est à noter que le commentaire de cet avis a disparu des éditions suivantes.

[520] CE, Avis, Sect. Finances, 9 décembre 1999, *EDCE*, 2000, p. 211.

[521] CE, 22 mars 2000, *Synd. nat. autonome du personnel de la Banque de France*, *JCP G* 2000, IV, 2056 ; *AJDA* 2000, p. 466.

[522] Le Conseil d'État va suivre cet avis en considérant que la Banque « constitue une personne publique chargée par la loi de missions de service public, qui ayant principalement pour objet la mise en œuvre de la politique monétaire, le bon fonctionnement des systèmes de compensation et de paiement et de la stabilité du système bancaire, sont pour l'essentiel de nature administrative : qu'elle n'a pas le caractère d'un établissement public mais revêt une nature particulière et présente des caractéristiques propres ».

[523] Cas. Civ.I, 5 février 2002, *Banque de France contre Société Edition Catherine Audval*, *D.* 2002, p. 1128, note J.-P. Gridel.

b-2) Le désaccord des juridictions suprêmes

La première chambre civile de la Cour de cassation remet en cause les choix fondamentaux opérés par la formation consultative du Conseil d'État et par la décision *SNAP* du 22 mars 2000. La Cour de cassation va expressément qualifier la Banque de France d'établissement public administratif.

Dans ce litige[524] qui opposait la Banque à un éditeur, le juge judiciaire devait se prononcer sur le versement de droits de reproduction. La société en cause avait utilisé tous les billets en francs parus jusqu'à l'avènement de l'euro pour illustrer une de ses revues de numismatique. D'une part, l'action engagée par la Banque de France afin de défendre ses droits d'auteur relance le débat sur la classification de la Banque parmi les nouvelles personnes publiques. D'autre part, cette décision doit s'apprécier au regard de l'arrêt du Conseil d'État du 2 octobre 2002[525] qui confirme la position du juge administratif quant au caractère *sui generis* de la Banque et conteste la solution du juge judiciaire.

Pour trancher le litige, la juridiction judiciaire « n'avait nul besoin de qualifier avec précision la nature de la Banque de la France »[526]. Il est certain que pour rendre inapplicables les règles de protection relatives aux droits d'auteur, il suffisait au juge de caractériser l'« activité régalienne » de l'émission des billets de banque, en déduisant son incompatibilité avec la protection du droit d'auteur[527]. Or, le juge judiciaire ne se contente pas de souligner le caractère régalien des activités de la Banque, mais il précise de manière incidente la nature de cette institution en affirmant qu'il s'agit d'un établissement public administratif. Cette décision de la Cour vient mettre en péril la position adoptée par le juge administratif,

---

[524] *Ibid.*

[525] CE, 2 octobre 2002, *Banque de France et autres*, *AJDA*, 2003, p.1345 et s. note J.-P., Markus.

[526] C. Touboul, « Existe-t-il une divergence jurisprudentielle entre la Cour de cassation et le Conseil d'État à propos du statut juridique de la Banque de France », *JCP* G, II, 10088, n° 23, 2002, p. 1047.

[527] Selon la Cour de cassation, « la fonction de mode de paiement légal, leur affectation à l'intérêt général ainsi que le caractère de service public des opérations concernées constituent autant d'indices en faveur de l'existence d'une activité régalienne », arrêt préc.

relançant un important débat de qualification jurisprudentielle. Ainsi que le présente C. Touboul, une alternative se présente : soit « ouvrir une nouvelle catégorie juridique à côté de celle des établissements publics et rompre avec la "trinité administrative", soit admettre au sein des établissements publics une institution si particulière qu'elle réduirait à néant tout ce qu'il peut rester de la cohérence de cette catégorie »[528].

Loin de se résoudre à une telle qualification, le juge administratif, quelques mois plus tard, devait à nouveau se prononcer sur le statut de la Banque de France. Ce litige concernait la désignation d'un expert souhaité par le Comité d'hygiène de sécurité et des conditions de travail (CHSCT) dans le cadre de la réorganisation de l'établissement chargé de la fabrication des billets de banque. Cette décision du Comité a été contestée par la banque devant le Tribunal administratif de Clermont-Ferrand puis devant le Conseil d'État. Dans l'arrêt du 2 octobre 2002[529], la haute juridiction administrative rappelle brièvement les règles de répartition des compétences concernant les activités de la Banque et notamment les dispositions de l'article L.144-3 du Code monétaire et financier. Ce contentieux ne se rapportant ni à l'administration intérieure de la Banque ni à un litige avec ses agents, la compétence du juge judiciaire est clairement établie. Pour autant, le Conseil d'État, dès le début de sa décision, rejoint ses analyses précédentes concernant le statut de la Banque. Le juge rappelle sa personnalité publique et définit précisément les éléments qui lui font assumer une mission essentiellement de nature administrative[530] . Ensuite, le juge reprend exactement dans les mêmes termes le considérant de l'arrêt *SNAP* de 2000 au terme duquel la Banque de France « n'a pas le caractère d'un établissement public mais revêt une nature particulière et présente des caractéristiques propres ». Le Conseil d'État marque ainsi son désaccord avec la position de la Cour de cassation.

---

[528] C. Touboul, article préc. p.1047.

[529] CE, 2 octobre 2002, *Banque de France et autres*, *AJDA*, 2003, p.1345 et s. note J.-P., Markus.

[530] Selon le Conseil d'État, la Banque « constitue une personne publique chargée par la loi de missions de service public qui, ayant principalement pour objet la mise en œuvre de la politique monétaire, le bon fonctionnement des systèmes de compensation et de paiement et la stabilité du système bancaire, sont pour l'essentiel de nature administrative », 2 octobre 2002, préc.

Ce désaccord des juridictions suprêmes entraîne des incertitudes quant au régime juridique de la Banque. Si l'on prend l'exemple de la soumission de l'établissement bancaire au Code des marchés publics, ce décalage apparaît clairement. En effet, si l'on considère, comme la Cour de cassation, que la Banque doit être classée dans la catégorie des établissements publics administratifs, celle-ci doit nécessairement être soumise aux règles du Code des marchés publics. Or, postérieurement à l'avis du Conseil d'État de 1999 et à l'arrêt *SNAP* de 2000, le législateur est intervenu avec l'article 8 de la loi MURCEF du 12 décembre 2001 en soumettant les contrats passés par la Banque à un régime spécial[531], ce qui est conforme au refus du Conseil d'État de voir dans cette institution un établissement public administratif. Ensuite, une telle opposition conduit à deux solutions. Soit l'on considère que la notion d'établissement public est extrêmement malléable et peut accueillir des institutions aussi hybrides que la Banque de France et rejoindre ainsi la position de J. Arrighi de Casanova et de la Cour de cassation. Soit, au contraire, les missions de la Banque étant tellement particulières, la formule de l'établissement public est inadaptée et ne peut accepter les spécificités reconnues à la Banque, ce qui conduit à rallier la position du Conseil d'État. Par conséquent, la position retenue va dépendre « de la plasticité reconnue à la notion d'établissement public »[532]. Il apparaît un lien évident entre cette nouvelle personne publique et l'établissement public. Tout comme pour les groupements d'intérêt public, la notion de nouvelle personne publique est à rattacher à la formule classique de l'établissement public.

Toutefois, si l'on adhère à la position du Conseil d'État et donc à la consécration de nouvelles personnes publiques, il semble opportun de s'interroger sur la qualification d'autres institutions de nouvelles personnes publiques. Sous cet angle, une partie de la doctrine avance l'idée de l'existence d'une nouvelle catégorie de personne publique, sonnant le glas de la « dualité organique » du droit administratif. Y. Gaudemet dans son *Traité de droit administratif*

---

531 Selon cet article, la Banque de France est « soumise à des mesures de publicité ainsi qu'à des procédures de mise en concurrence définies par décret en Conseil d'État ».

532 F. Melleray, « Une nouvelle crise de la notion d'établissement public, la reconnaissance d'autres personnes publiques spécialisées », *AJDA* 2003, p. 714.

aborde la capacité d'extension de ce qui pourrait devenir une nouvelle catégorie juridique : « on se tromperait certainement en considérant que la catégorie des personnes publiques spéciales, autres que les établissements publics est une catégorie finie, limitée aux groupements d'intérêt public et à la Banque de France. Il s'agit au contraire d'une catégorie ouverte qui, mécaniquement, recueillera toutes les personnes publiques spécialisées impropres - pour des raisons diverses- à la qualification d'établissement public »[533].

Très rapidement, de nouvelles institutions innomées sont apparues. Le législateur a multiplié la création d'autorités hybrides dans les années 2000.

§2 La multiplication des institutions hybrides dans les années 2000

Le législateur est à l'origine de la création des groupements d'intérêt public[534] mais également des autorités publiques indépendantes[535]. La loi de sécurité financière du 1er août 2003 créant l'Autorité des marchés financiers, la qualifie « d'autorité publique indépendante dotée de la personnalité morale et de l'autonomie financière ». Depuis 2003, l'inventaire des nouvelles personnes publiques a été étendu à une « sous catégorie » d'autorité administrative indépendante, les autorités publiques indépendantes dotées de la personnalité morale. Ces nouvelles entités se sont rapidement développées (A) mais la loi est également intervenue pour modifier le statut d'institutions existantes. Le législateur a mis en échec deux qualifications jurisprudentielles, celle de l'Institut de France et, de manière plus insidieuse, celle de la Caisse des dépôts et consignations (B).

---

533 Y. Gaudemet, *Traité de droit administratif*, t. 1, LGDJ, 2001, 16°éd, p. 320.

534 Article 21 de la loi du 15 juillet 1982, préc.

535 Les API sont, pour de nombreux auteurs, à rattacher aux personnes publiques spéciales, ainsi selon S. Traore, « Venant s'ajouter aux établissements publics et aux groupements d'intérêt public, les AAI dotées de la personnalité morale pourraient être rangées dans la catégorie de plus en plus extensive des personnes publiques spéciales, accentuant par la même le démembrement de l'État et le caractère administratif de leurs propres fonctions »., « Les autorités administratives indépendantes dotées de la personnalité morale : vers une réintégration institutionnelle de la catégorie juridique », *Droit administratif*, 2004, p. 20.

A / Les autorités publiques indépendantes.

Nouvelle catégorie juridique ouverte, la notion de nouvelle personne publique ne cesse de se développer en incorporant depuis peu une nouvelle « sous catégorie » de personne publique *sui generis*, les autorités administratives indépendantes dotées de la personnalité morale ou plus exactement les autorités publiques indépendantes. Ainsi que le souligne F. Melleray, « venant s'ajouter aux établissements publics et aux groupements d'intérêt public, les autorités administratives indépendantes dotées de la personnalité morale pourraient être rangées dans la catégorie de plus en plus extensive des personnes publiques spéciales, accentuant par la même le démembrement de l'État et le caractère administratif de leurs fonctions »[536]. Malgré de nombreuses questions et controverses, l'intégration des autorités administratives indépendantes dans le schéma institutionnel de l'organisation administrative semble aujourd'hui dépassée. Pour le Conseil d'État, « la notion d'autorité administrative indépendante constitue un bel exemple de création, par des efforts conjoints de sources diverses, d'un concept qui s'est rapidement intégré dans notre ordre juridique [...]. Elle témoigne ainsi de la capacité du système français d'organisation de l'État et de l'Administration à s'adapter et de son inventivité institutionnelle »[537]. Les autorités administratives indépendantes sont des institutions administratives malgré le fait que ces organismes soient situés « hors de la mouvance du gouvernement »[538].

Créées à l'origine pour s'interposer entre les gouvernements et les citoyens dans des domaines particuliers et sensibles, les autorités administratives indépendantes se sont considérablement développées. Toutefois, leurs modalités d'organisation et leurs compétences sont très hétérogènes. Des difficultés de définition de la notion d'autorité administrative persistent comme le démontre les incertitudes relatives au « décompte exact des autorités administratives indépendantes, auxquelles s'était notamment confronté le Conseil d'État dans les considérations générales de son rapport public annuel pour 2001, ou,

---

[536] F. Melleray, « Une nouvelle crise de la notion d'établissement public, la reconnaissance d'autres personnes publiques spécialisées », *AJDA* 2003, p. 719.
[537] CE, *Rapport d'étude sur les autorités publiques indépen*dantes, 2001, p. 254.
[538] P. Sabourin, « Les autorités administratives indépendantes : une catégorie nouvelle », *AJDA* 1983, p. 285

plus récemment, le rapport Gélard de l'office parlementaire d'évaluation de la législation »[539].

Nonobstant ce manque d'homogénéité, une *summa divisio* peut apparaître fondée sur le critère de la nature des missions. Ainsi, on peut distinguer les autorités administratives indépendantes chargées d'une mission de régulation d'un secteur économique (Agence de régulation des télécommunications, Commission de régulation de l'énergie) et celles qui veillent à la protection des droits fondamentaux (Haute autorité de lutte contre les discriminations et pour l'égalité[540], Commission nationale informatique et liberté). Au sein de la première catégorie, il est d'ailleurs possible de différencier, comme l'indique M. A. Frison-Roche[541], les régulateurs d'un secteur particulier, comme la Commission de régulation de l'énergie ou encore l'agence de contrôle des assurances et des mutuelles, et les régulateurs exerçant une compétence horizontale comme le Conseil de la Concurrence ou l'Autorité des marchés financiers. La seconde catégorie pourrait être segmentée entre les « autorités protectrices des libertés publiques (Commission nationale de déontologie de la sécurité, Conseil supérieur de l'audiovisuel) et les autorités protectrices des personnes (Commission d'accès aux documents administratifs, Haute autorité de lutte contre les discriminations et pour l'égalité (HALDE)). Toutefois, toute nouvelle création d'autorité administrative indépendante emporte systématiquement l'édiction d'un statut particulier, décliné dans une loi, un décret et un règlement intérieur.

En outre, à l'origine qualifiée d'autorité indépendante (Médiateur de la République[542]), le législateur a bouleversé

---

539 CE, *Rapport d'étude sur les établissements publics*, 2009, p. 20.

540 Le Défenseur des droits, nouvelle autorité constitutionnelle indépendante, a fusionné le médiateur de la République, le Défenseur des enfants, la Haute Autorité de Lutte contre les Discriminations et pour l'Egalité (HALDE) et la Commission Nationale de Déontologie de la Sécurité (CNDS), Loi constitutionnelle n° 2008-724 du 23 juillet 2008 de modernisation des institutions de la V° République portant création d'un Défenseur des droits dans l'article 71-1 de la Constitution.

541 M.-A. Frison-Roche, « Le droit de la régulation », *D.* 2001, chron. n°7, p. 610.

542 Article 1er de la loi n°73-6 du 3 janvier 1973 instituant un médiateur : « Un Médiateur de la République, autorité indépendante, reçoit, dans les conditions fixées par la présente loi, les réclamations concernant, dans leurs relations avec les administrés, le fonctionnement des administrations de l'État, des collectivités publiques territoriales, des établissements publics et de tout autre organisme investi

successivement la terminologie de ces organismes administratifs en les qualifiant d'autorité administrative indépendante (HALDE) et plus récemment d'autorité publique indépendante (Autorité des marchés financiers, Haute Autorité de santé).

Par ailleurs, la révision constitutionnelle du 23 juillet 2008 a consacré à l'article 71-1 de la Constitution l'existence d'une nouvelle autorité administrative indépendante, le Défenseur des droits. Ce dernier est qualifié d'autorité constitutionnelle indépendante[543]. En outre, le législateur organique a autorisé les collectivités ultramarines à créer des autorités administratives indépendantes[544]. La loi de pays du 3 avril 2014 a ainsi créé l'autorité de la concurrence, autorité administrative indépendante dépourvue de personnalité morale, en Nouvelle-Calédonie. Cette pluralité de qualifications et de sources rend difficile toute définition des autorités administratives indépendantes.

Il convient également d'ajouter qu'en attribuant la personnalité morale à ces autorités et ce, de façon presque anodine, le législateur semble occulter quelque peu les conséquences juridiques que l'attribution de la personnalité juridique emporte. A ce propos, il

---

d'une mission de service public », abrogé par l'article 22 de loi du 29 mars 2011 relative au défenseur des droits.

[543] Malgré cette qualification, le Conseil constitutionnel a précisé que le Défenseur des droits constitue une « autorité administrative dont l'indépendance trouve son fondement dans la Constitution [et] que cette disposition n'a pas pour effet de faire figurer le Défenseur des droits au nombre des pouvoirs publics constitutionnels », Décision n° 2011-626 DC, Loi organique relative au Défenseur des droits, 29 mars 2011 ; B. Delaunay, « Les autorités constitutionnelles indépendantes, autorités administratives », *AJDA* 2011, n° 15, p. 817.

[544] En application des articles 74 et 77 de la Constitution, le rapport de P. Gelard qui dresse le bilan, en 2014, de la création et de la multiplication des AAI, le législateur organique est seul compétent pour autoriser les collectivités d'outre-mer et la Nouvelle-Calédonie à créer des autorités administratives indépendantes si ces autorités exercent, par substition aux autorités locales, des prérogatives auparavant détenues par les collectivités ultramarines, que ce soit un pouvoir d'investigation, de contrôle, de sanction, de sanction ou de réglement de différends ; Article 30-1 de la loi organique n° 2004-192 du 27 février 2004 portant statut d'autonomie de la Polynésie française et Article 27-1 de la loi organique n°99-209 du 19 mars 1999 relative à la Nouvelle-Calédonie, Rapport d'information de P. Gelard déposé le 11 juin 2014, *Autorités administratives indépendantes - 2006-2014 : un bilan*, préc. p. 10.

est possible de rappeler qu'en 1993, le rapporteur à l'Assemblée Nationale du projet de loi du 4 août 1993 relevait tout l'intérêt de conserver pour la Banque de France la qualification « d'institution sans signification juridique précise », dès lors que ceci n'a « pas soulevé de difficultés juridiques, hormis celles que se réservent les exégètes professionnels »[545]

L'article 2 de la loi de sécurité financière de 2003 dispose que l'Autorité des marchés financiers est une « autorité publique indépendante dotée de la personnalité morale ». Cette loi donne naissance à une nouvelle autorité de régulation en permettant la fusion de la Commission des opérations de bourse et du Conseil des marchés financiers. Surtout, elle introduit une « distinction taxinomique et juridique »[546] entre deux types d'autorités administratives indépendantes. D'un côté, on peut distinguer les autorités administratives indépendantes dites « classiques » et de l'autre, les autorités administratives indépendantes dotées de la personnalité morale. Or, on sait que la personnalité morale permet au sujet de droit à qui il est reconnu d'être titulaire de droits, d'assumer des obligations, d'exercer des compétences, d'ester en justice ou encore de disposer d'un patrimoine. L'exposé des motifs du projet de loi de sécurité financière s'est explicitement fondé sur ce cadre juridique, supposé assouplir sa gestion et son fonctionnement pour justifier la qualification d'autorité publique indépendante. Toutefois, à chaque fois que l'on attribue la personnalité morale à un organisme administratif, on crée une nouvelle personne morale de droit public. Comme l'indique S. Traoré, en acquérant la personnalité morale, l'autorité administrative indépendante qui n'était « alors qu'un maillon d'un droit sectoriel », « lui-même partie intégrante d'un ordre juridique plus global, se dissocie définitivement de l'État pour donner naissance à un ordre juridique partiel mais autonome, car la personnalité juridique est liée à un ordre juridique déterminé »[547]. Si cette nouvelle qualification semble, une nouvelle fois, démontrer l'étanchéité des catégories juridiques, elle ne constitue cependant pas

[545] M. Lombard, « Brèves remarques sur la personnalité morale des institutions de régulation », *CJEG* 2005, n°619, p.127.
[546] S. Traore, « Les autorités administratives indépendantes dotées de la personnalité morale : vers une intégration institutionnelle de la catégorie juridique », *DA* 2004, n° 8, p. 16
[547] *Ibid*, p. 17.

une exception. Dans une étude de droit comparé réalisée par J.-M. Pontier, on peut relever notamment dans les pays anglo-saxons, qu'il n'existe aucune formule type qui permettrait de répondre de l'ensemble des institutions créées[548].

Malgré l'hétérogénéité des formules existantes, les auteurs relevaient une certaine homogénéité dans le statut des autorités administratives indépendantes, « chacun s'accordait pour présenter l'autorité administrative indépendante comme l'expression d'un pari d'une indépendance dissociée de l'octroi de la personnalité morale »[549]. Ce critère est devenu caduc depuis que la loi du 1er août 2003 a conféré à l'Autorité des marchés financiers la personnalité morale créant ainsi une autorité indépendante d'un nouveau genre ce qui « relanc(e) l'intérêt, pour le juriste de droit public, de l'étude de ces organismes administratifs particuliers que sont les autorités administratives indépendantes »[550]. Au-delà de cette réflexion d'ensemble sur les nouvelles personnes publiques, il est incontestable que les autorités publiques indépendantes apparaissent comme de nouvelles institutions originales (1) dotées de la personnalité morale et répondant aux controverses liées à la véritable indépendance de la catégorie des autorités administratives indépendantes. L'attribution de la personnalité morale à ces nouvelles entités démontre leurs particularités vis-à-vis de la notion classique d'autorité administrative indépendante (2).

1) De nouvelles structures administratives originales dotées de la personnalité morale

Il est possible, aujourd'hui, de recenser six autorités publiques indépendantes, dotées de la personnalité morale et de l'autonomie financière. Tout comme pour les autorités administratives indépendantes classiques, le processus de création des autorités publiques indépendantes n'obéit pas à un schéma de rationalisation.

---

548 « Tantôt, en effet, les autorités crées ne disposent pas de la personnalité juridique et sont de simples services administratifs, ce qui peut faire douter de l'indépendance que, dans chaque pays, on estime indispensable à l'existence d'une telle autorité. (…) Tantôt, et beaucoup plus logiquement, la personnalité juridique est attribuée à l'institution ».

549 M. Degoffe, « Les autorités publiques indépendantes », *AJDA* 2008, p. 623.

550 D. Linotte et G. Simonin, « L'Autorité des marchés financiers, prototype de la réforme de l'État ? », *AJDA,* 26 janvier 2004, p.143.

Au contraire, après la création de quatre premières autorités administratives, le législateur a multiplié le recours à cette nouvelle forme de gestion administrative. A la création mouvementée des premières autorités publiques indépendantes (a) se sont ajoutées deux nouvelles autorités récentes témoignant du développement de cette forme particulière d'autorité administrative indépendante (b).

a) Un processus de création mouvementé

Les articles 1ers et suivants de la loi de sécurité financière ont créée l'Autorité des marchés financiers. Décrite comme le « gendarme financier », cette institution est chargée de fixer les règles du marché financier grâce à son règlement général homologué par le ministre chargé de l'économie. Elle dispose d'un pouvoir coercitif qui s'exprime par des sanctions disciplinaires ou des punitions. La loi de sécurité financière a également créé, dans son article 30, l'Autorité de contrôle des assurances et des mutuelles (ACAM)[551]. L'ACAM était chargée de contrôler le respect par les entreprises agissant dans le domaine des assurances, des mutuelles et des institutions de prévoyance de la réglementation établie par le Code des assurances ainsi que « des engagements contractuels qui les lient aux assurés ou adhérents »[552]. Cette autorité devait, à titre d'illustration, s'assurer de la solvabilité financière de ces entreprises. Cependant, l'ACAM a été remplacée par l'Autorité de contrôle prudentiel qui ne dispose plus de la personnalité morale. Le législateur a entendu les craintes exprimées par un avis du Conseil d'État du 8 septembre 2005[553] estimant qu' « en vertu du principe général selon lequel nul n'est responsable que de son fait », l'ancienne CCAMIP devait « assurer les conséquences des actions en responsabilité qui pourraient être engagées contre elle à l'occasion des fautes commises dans l'exercice de ses missions »[554]. Or, la mission essentielle de l'ancienne l'ACAM était de contrôler précisément les compagnies d'assurance. Cet avis du Conseil d'État obligeait l'ACAM à souscrire, pour couvrir les risques encourus à

[551] Il s'agit d'une nouvelle dénomination préférée à celle de Commission de contrôle des assurances, des mutuelles et des institutions de prévoyance (CCAMIP), article 14 de la loi n° 2006-1564 du 15 décembre 2005 portant diverses dispositions d'adaptation au droit communautaire dans le domaine de l'assurance.
[552] Article L.310-12 du code des assurances, abrogé.
[553] CE, 8 septembre 2005, Avis publié au rapport public 2006 du Conseil d'État, p. 211.
[554] Avis précité.

raison des fautes qu'elle pouvait commettre, un contrat d'assurance auprès d'une société qui relevait de son contrôle. Dépourvue de la personnalité morale, un litige occasionné par une faute commise par l'Autorité de contrôle prudentiel engage désormais la responsabilité de l'État et la nouvelle autorité n'a plus besoin de recourir à un contrat d'assurance.

S'ajoute à ces deux autorités la Haute autorité de santé (HAS), créée par la loi du 13 août 2004 relative à l'assurance maladie, qui a pour mission d'évaluer les actes, prestations ou produits de santé pris en charge par l'assurance-maladie et de promouvoir la qualité des pratiques de notre système de santé. La HAS est une « autorité publique indépendante à caractère scientifique dotée de la personnalité morale »[555].
Ensuite, l'Agence française de lutte contre le dopage (AFLD), créée par la loi du 5 avril 2006 relative à la lutte contre le dopage et à la protection de la santé des sportifs, qui succède à l'ancien Conseil de prévention et de lutte contre le dopage. L'AFLD est une « autorité publique indépendante dotée de la personnalité morale »[556].

A cette liste, on aurait pu ajouter la Commission de régulation de l'énergie (CRE) puisque l'article 117 de la loi de finances rectificative pour 2004 du 30 décembre 2004 l'avait dotée de la personnalité morale. Cependant, la réforme de la CRE n'a pas abouti à la création d'une nouvelle autorité publique indépendante. En effet, à la lecture des travaux parlementaires, on s'aperçoit que l'attribution de la personnalité morale à une autorité administrative indépendante n'a de réel objectif que l'autonomie financière, et notamment, de permettre l'affectation des recettes aux dépenses. Lors de l'examen du projet de loi de finances rectificative pour 2004 au Sénat, le rapporteur général de la commission avait émis le souhait de donner une véritable indépendance à cet organisme de régulation, à travers deux amendements. Le premier tendant à attribuer la personnalité morale à la Commission de régulation de l'énergie et le deuxième prévoyant que ses ressources proviendraient d'une taxe. Pourtant, seul l'amendement concernant l'attribution de la personnalité morale a été voté par la commission mixte paritaire, alors que c'était l'affectation

---

[555] Article L. 167-37 du Code de la sécurité sociale.
[556] Article L. 232-5 du Code du sport.

des ressources propres, permise par la personnalité morale, qui offrait un intérêt pour le gouvernement. C'est pourquoi, le gouvernement proposa un amendement lors de la discussion sur le projet de loi d'orientation sur l'énergie en mars, afin de permettre de rétablir l'inscription des crédits de la Commission de régulation de l'énergie au budget général de l'État. Les sénateurs, attachés au renforcement de l'indépendance de la Commission, ont proposé, une nouvelle fois, les deux mêmes amendements lors de l'examen de la loi de finances rectificative pour 2005. Ceux-ci n'ont pas été retenus par la commission mixte paritaire[557]. Aujourd'hui, la CRE ne dispose pas de la personnalité morale.

b) Le développement erratique des API

Le développement des autorités publiques indépendantes s'est poursuivi par l'institution auprès du Garde des sceaux du Haut conseil du commissariat aux comptes (H3C). A l'origine, il s'agissait d'un organe sans personnalité morale institué auprès du ministère de la Justice. L'ordonnance n° 2005-1126 du 8 septembre 2005 a modifié cette disposition en qualifiant le Haut Conseil d'autorité administrative indépendante. Puis, la loi n° 2007-1822 du 24 décembre 2007 de finances pour 2008 a conféré au Haut Conseil du commissariat aux comptes la personnalité morale et l'autonomie financière. Par ce biais, il devient une autorité publique indépendante. Cette nouvelle autorité publique indépendante exerce deux missions essentielles. D'une part, elle est chargée de veiller au respect de la profession de commissaire aux comptes et d'autre part, « de veiller au respect de la déontologie et de l'indépendance des commissaires aux comptes »[558]. La création de ces nouvelles autorités dotées de la personnalité morale répond au même schéma de développement que celui des AAI classiques. En effet, le Conseil d'État a très tôt souligné que les AAI pouvaient se caractériser par leur développement irrégulier. En 2006, le rapport sur les autorités publiques indépendantes indique de la même façon que les autorités publiques indépendantes sont affectées par un « processus de développement erratique ». L'histoire des autorités publiques indépendantes est loin d'être achevée comme en témoigne la création récente de la Haute autorité pour la diffusion des œuvres et la

---

[557] Rapport de l'Office parlementaire d'évaluation de la législation sur les autorités administratives indépendantes, 2006, t. 1.

[558] Article 821-1 du Code du commerce.

protection des droits sur internet (HADOPI). Elle est également qualifiée d'« autorité publique indépendante ». L'article L. 331-12 du Code de la propriété intellectuelle ajoute qu' « à ce titre, elle est dotée de la personnalité morale ».

Cette nouvelle autorité publique indépendante, de même que la loi qui l'a instituée, a fait l'objet d'importantes controverses. Les parlementaires de l'opposition ont saisi le Conseil Constitutionnel en invoquant l'inconstitutionnalité de la procédure d'examen de la loi et de ses articles 5, 10 et 11. Dans sa décision du 10 juin 2009, le Conseil constitutionnel a rejeté l'argument de l'inconstitutionnalité de la procédure d'examen de la loi, et a admis la constitutionnalité de l'article 10 sous une réserve d'interprétation. Par contre, il a déclaré non conformes à la Constitution les articles 5 et 11 de la loi. L'article 5 de la loi déférée crée au chapitre premier du titre III du livre III de la première partie du code de la propriété intellectuelle une section 3 qui comporte les articles L. 331-12 à L. 331-45 et qui est consacrée à la « Haute Autorité pour la diffusion des œuvres et la protection des droits sur internet ». Celle-ci est composée d'un collège et d'une commission de protection des droits. Cette commission est notamment chargée de prononcer des sanctions à l'encontre des abonnés d'internet méconnaissant la propriété des œuvres intellectuelles. Spécifiquement, l'article L. 331-27 du CPI créé par la loi déférée prévoit la faculté de prononcer, après réitération d'un défaut de surveillance dans l'année qui a suivi une lettre remise contre signature à l'abonné, une mesure de suspension de l'abonnement pour une durée variant de deux mois à un an. Cette « réponse graduée »[559] aux manquements constatés par la commission a été vivement contestée. Les auteurs de la saisine estimaient que la coupure de l'accès à internet constituait une atteinte disproportionnée à la liberté d'expression et de communication. En outre, ils arguaient que l'interruption, par une autorité administrative, du droit d'accéder à internet était contraire à la Constitution dans la mesure où seules les juridictions peuvent prendre de telles sanctions à l'égard des citoyens. Enfin, la loi déférée instituait un dispositif répressif contesté par les auteurs de la saisine dans la mesure où celui-ci portait atteinte aux

---

[559] A. Gautron, « La "réponse graduée" (à nouveau) épinglée par le Conseil constitutionnel. Ou la délicate adéquation des moyens aux fins », *Revue Lamy Droit de l'Immatériel* 2009, p. 63.

droits de la défense et instituerait une présomption de culpabilité inconstitutionnelle. La décision du 10 juin 2009 revêt une importance particulière pour l'étude de cette nouvelle autorité publique indépendante, notamment, sur les sanctions que peut prononcer la HADOPI.

Dans un premier temps, le Conseil constitutionnel a fait preuve de réalisme en se fondant sur « l'état actuel des moyens de communication, [le] développement généralisé des services de communication au public en ligne , [...] l'importance prise par ces services pour la participation à la vie démocratique et l'expression des idées et des opinions »[560], pour affirmer que les atteintes à la liberté d'accès à internet doivent être analysées comme des atteintes à la liberté de communication et d'expression, garantie par l'article 11 de la Déclaration des droits de l'homme et du citoyen de 1789. Par conséquent, le juge devait s'interroger sur la possibilité reconnue à la HADOPI de prononcer des sanctions de nature à porter atteinte à cette liberté.

Il doit être souligné que la HADOPI n'est pas la seule autorité administrative indépendante à disposer d'un pouvoir de sanction. Elle n'est pas non plus la seule autorité publique indépendante à pouvoir prononcer des sanctions. L'Autorité des marchés financiers ou, plus récemment, l'Autorité de régulation des activités ferroviaires (ARAF) peuvent prononcer des sanctions à l'égard des professions ne respectant pas la réglementation des marchés financiers ou celle de l'activité ferroviaire. L'ARAF, instituée par la loi du 8 décembre 2009 relative à l'organisation et à la régulation des transports ferroviaires, est la dernière autorité qualifiée par le législateur d'autorité publique indépendante. Ainsi que le souligne M. Guyomar, les autorités de régulation sont nombreuses à posséder un pouvoir de sanction. Ce dernier s'analyse « comme le gage de l'efficacité de leur pouvoir de régulation. La nature même de ces sanctions est différente. Il y a les retraits d'autorisation classiques, il y a parfois des suspensions d'activité mais, il y a aussi les sanctions pécuniaires, et mises à part les sanctions fiscales qui ont toujours connu l'amende, le développement de la sanction pécuniaire est assez nouveau et pose d'ailleurs un certain nombre de questions sur la nature même de la

[560] Décision n° 2009-580 DC du 10 juin 2009.

sanction administrative »[561]. Selon une jurisprudence constante du Conseil constitutionnel[562], « le principe de la séparation des pouvoirs, non plus qu'aucun principe ou règle de valeur constitutionnelle, ne fait obstacle à ce qu'une autorité administrative, agissant dans le cadre de prérogatives de puissance publique, puisse exercer un pouvoir de sanction dans la mesure nécessaire à l'accomplissement de sa mission dès lors que l'exercice de ce pouvoir est assorti par la loi de mesures destinées à assurer la protection des droits et libertés constitutionnellement garantis ».Toutefois, dans sa décision du 12 juin 2009, le Conseil constitutionnel a estimé que la HADOPI, malgré son indépendance et sa soumission aux exigences de l'article 6, paragraphe 1 de la Convention européenne de sauvegarde des droits de l'homme et des libertés fondamentales, n'était pas une juridiction.

En outre, le Conseil constitutionnel souligne que les sanctions prononcées par la HADOPI conduisent à la restriction de la liberté d'expression des personnes depuis leur domicile, ce qui s'analyse comme une atteinte particulièrement grave à la liberté des abonnés que seule une juridiction pouvait prononcer. Par conséquent, le juge estime que « le législateur ne pouvait, quelles que soient les garanties encadrant le prononcé des sanctions, confier de tels pouvoirs à une autorité administrative dans le but de protéger les droits des titulaires du droit d'auteur et de droits voisins »[563]. Suite à la décision du Conseil constitutionnel, la nouvelle version de la loi adoptée les 12 et 22 septembre prévoit que seul le juge pourra prononcer des sanctions à l'égard des abonnés non respectueux de la réglementation du code de propriété intellectuelle.

Le processus de développement des autorités publiques indépendantes s'est poursuivi avec la création de l'autorité de régulation des activités ferroviaires[564]. A la suite de l'adoption de la loi n° 2013-1028 du 15 novembre 2013 relative à l'indépendance de l'audiovisuel public, le Conseil supérieur de l'audiovisuel a changé de statut : cette loi transforme cette ancienne AAI en autorité publique indépendante dotée de la personnalité morale. Souhaitée par le CSA,

---

[561] M. Guyomar, « Les sanctions administratives », *LPA* 12 janvier 2006, n° 9, p. 7.
[562] *Décision 260 DC du 28 juillet 1989, loi relative à la sécurité et à la transparence du marché financier.*
[563] Décision n° 2009-580 DC du 10 juin 2009.
[564] *Infra*, Titre 2, Chapitre 1, Section 2.

ce changement de statut est apparu nécessaire au regard de l'accroissement de ses missions, de sa fonction de régulation du secteur de l'audiovisuel tant sous l'angle du respect des droits et libertés que dans ses dimensions économiques et aux fins de lui assurer une plus large autonomie budgétaire[565].

Ainsi, la personnalité morale des autorités administratives indépendantes semble être conçue pour les pouvoirs publics essentiellement comme un moyen d'accroître leur indépendance. Il est vrai que « l'indépendance des autorités publiques indépendantes et particulièrement celles créées dans les secteurs auparavant organisés sous forme de monopoles publics et dans lesquels l'État conserve encore d'importants intérêts patrimoniaux même après leur ouverture à la concurrence, est effectivement nécessaire »[566]. Ces autorités de régulation dotées de la personnalité morale doivent donc permettre une plus grande souplesse de l'action administrative sans qu'il soit besoin de recourir à la formule trop rigide de l'établissement public. Or, la création de nouvelles entités distinctes de l'État a suscité de nombreuses interrogations à tel point que certains parlent d'une « crise des autorités administratives indépendantes » parallèle à celle rencontrée par l'établissement public.

2) La crise des AAI

Dès la création de l'Autorité des marchés financiers, de nombreuses questions ont été soulevées. Certains auteurs estiment que l'attribution de la personnalité morale à ces nouvelles entités « fait entrer la théorie de la crise des institutions dans la catégorie particulière et atypique des AAI »[567].

Comme déjà avec les GIP ou la Banque de France, la doctrine semble partagée sur la question de leur statut. Si l'on se réfère à la classification traditionnelle des personnes morales de droit public, les autorités publiques indépendantes sont des personnes publiques à vocation spéciale tout comme les établissements publics. Il est donc nécessaire de s'interroger sur les raisons poussant le législateur à

565

566 M. Lombard, « Brèves remarques sur la personnalité morale des autorités de régulation », préc. p. 493.

567 S. Traoré, article préc. p. 16.

éviter le qualificatif d'établissement public et d'analyser si les intentions législatives sont les mêmes que celles qui ont donné naissance aux premières personnes *sui generis*.

Alors que personne ne semblait vouloir remettre en cause l'indépendance des autorités administratives indépendantes, le législateur justifie la création de ces nouvelles entités par une indépendance accrue et, notamment, par rapport à l'État. D. Truchet rappelle ce besoin d'autonomie des autorités administratives et explique que « la confusion est constante entre État et pouvoir politique. Ainsi, seuls les juristes (et plus particulièrement les publicistes) savent que les AAI sont encore l'État, sous une autre forme, qui échappent au pouvoir politique. Mais elles commencent à échapper à l'État aussi : des lois de 2003 et 2004 ont donné la personnalité morale à la commission de contrôle des assurances mutuelles et institutions de prévoyance, à l'autorité des marchés financiers, à la commission de régulation de l'énergie. Le plus surprenant est peut être que cela n'a suscité que très peu de commentaires »[568]. Cette affirmation concernant l'absence de commentaires sur la nature de ces nouvelles autorités dotées de la personnalité morale relativise, à tort selon nous, l'importance de la question pour la doctrine. Depuis l'apparition du phénomène des autorités publiques indépendantes, nombreux sont ceux qui ont tenté une qualification, soit auprès des catégories préexistantes, soit en associant cette nouvelle forme d'institution aux nouvelles personnes publiques.

Pour D. Linotte et G. Simonin, « il s'agit bien d'une personne publique, distincte d'une personne privée chargée d'une mission de service public, mais qui ne se confond pas non plus avec l'État, dont elle n'est pas un simple démembrement à l'instar d'un établissement public », « l'Autorité des marchés financiers constitue la première autorité administrative indépendante de plein exercice »[569]. Selon d'autres auteurs, les autorités publiques indépendantes constituent « une nouvelle catégorie juridique à côté des piliers institutionnels que sont les établissements publics, les collectivités territoriales ou les

---

[568] D. Truchet, « Avons-nous encore besoin du droit administratif ? », *Mélanges en l'honneur de J.-F. Lachaume*, LGDJ, 2007, p. 1039 et s.
[569] D. Linotte et G. Simonin, « L'AMF, prototype de la réforme de l'État ? », *AJDA* 2004, p. 147.

groupements d'intérêts publics : celle d'un établissement public non attaché »[570]. Selon M. Lombard, de la même façon que la loi du 4 août 1993 a utilisé spécifiquement le terme « institution » pour qualifier la Banque de France, la loi du 1er août 2003 a utilisé le concept d' « autorité publique indépendante », vide de contenu juridique, afin de caractériser l'Autorité des marchés financiers et la Commission de contrôle des assurances. D'autres qualifient les autorités publiques indépendantes de personnes publiques *sui generis*[571]. De ces différentes qualifications, il ressort que les auteurs évitent le qualificatif d'établissement public.

Le juge n'a pas encore expressément affirmé que les autorités publiques indépendantes ne sauraient être classées dans la catégorie des établissements publics. Dans un arrêt *M. V et autres*[572], le Conseil d'État, à propos de l'autorité de contrôle des assurances et des mutuelles, rappelle sa qualité d'autorité publique indépendante et semble la ranger dans la catégorie des autorités administratives indépendantes. En l'espèce, plusieurs requérants dont M.V ont demandé à la haute juridiction administrative d'annuler une décision implicite de rejet résultant du silence gardé pendant plus de deux mois par l'Autorité de contrôle des assurances et des mutuelles (ACAM) sur leur demande tendant à l'engagement d'une procédure disciplinaire à l'encontre de la société Aviva Vie. Selon les requérants, cette société d'assurance-vie avait enfreint plusieurs dispositions du Code des assurances mettant en péril sa marge de solvabilité ou l'exécution des engagements qu'elle a contracté envers les assurés, adhérents ou ayants droit. De ce fait, de nombreux adhérents et assurés souhaitaient que soit l'ACAM ouvre une procédure disciplinaire à l'encontre de cette société d'assurance-vie. Dans un premier temps, le Conseil d'État s'est prononcé sur la qualité à agir des requérants en se fondant sur la notion « générale » d'autorité administrative indépendante. L'ACAM en tant qu'autorité administrative indépendante « qui dispose en vertu de la loi d'un pouvoir de sanction qu'elle exerce de sa propre initiative »[573] a pour mission la sauvegarde du marché des assurances et peut en cas de manquement, prononcer différentes sanctions

---

570 P. Quilichini, « Réguler n'est pas juger. Réflexions sur la nature du pouvoir de sanction des autorités de régulation économique », *AJDA* 2004, p.1060.

571 S. Traore, S., préc. p.17.

572 CE, 30 novembre 2007, *M.V. et autres, AJDA* 2007, p. 2285.

573 CE, 30 novembre 2007, *M.V. et autres,* précité.

disciplinaire en fonction de la gravité de la faute imputée à l'organisme défaillant. De ce fait, les assurés justifient d'un intérêt leur donnant qualité pour contester la décision par laquelle cette autorité administrative indépendante refuse d'engager une procédure disciplinaire à l'encontre de la société incriminée. Le Conseil d'État utilise ensuite la notion plus restrictive d « 'autorité publique indépendante » pour qualifier l'ACAM. Il conclut que « M. V et autres sont recevables à demander l'annulation de la décision par laquelle l'ACAM a refusé d'exercer ces pouvoirs à l'encontre de la société Aviva Vie ». Il est vrai que le juge ne classe pas explicitement l'ACAM dans la catégorie classique des AAI. Toutefois, il se réfère aux règles gouvernant cette formule classique pour les appliquer aux autorités publiques indépendantes. Il semble donc que le juge administratif n'établisse pas de distinction entre les autorités administratives indépendantes non pourvues de la personnalité morale et les autorités publiques indépendantes. Toutefois, il convient de souligner que l'article R-421-1 du Code de justice administrative distingue les décisions « émanant d'autorités administratives indépendantes ou d'autorités publiques indépendantes dotées de la personnalité morale ».

Il paraît dès lors opportun de s'interroger, dans les développements ultérieurs[574], sur l'existence d'une distinction entre autorité administrative indépendante et autorité publique indépendante. Il peut d'ores et déjà être souligné que les différentes études relatives à la catégorie classique des AAI n'ont jamais relevé un amoindrissement de leur indépendance du fait de leur défaut de personnalité juridique. Si l'on se réfère aux travaux parlementaires qui ont accompagné la création de la première autorité publique indépendante, reconnaître la personnalité morale à ces entités ouvre la voie à une plus grande indépendance de ces institutions, en permettant de rendre compte de leurs actes et de favoriser leur visibilité sur le plan international[575]. Sous le prisme du droit comparé, la personnalité morale n'est d'ailleurs pas une originalité statutaire, comme le remarque G. Rameix : « à l'instar de la plupart de ses homologues étrangers, l'AMF est une autorité publique dotée de la personnalité

[574] *Infra*, Partie 2, Titre 2, Chapitre 1.

[575] Cette référence à une contrainte extérieure a déjà été soulevée lors des débats concernant la loi de 1993 sur le statut de la Banque de France, JO Débats, AN, 1993.

morale »[576]. La personnalité morale permettrait ainsi à ces nouvelles autorités d'être plus autonomes tant à l'égard de leur budget que de leurs modalités de fonctionnement. Le législateur aurait ainsi volontairement créé cette qualification pour échapper à celle d'établissement public[577].

B / L'audacieuse qualification législative

La prolifération des nouvelles personnes publiques s'est accentuée en 2006 par la nouvelle qualification conférée par le législateur à l'Institut de France et à ses Académies. La loi ne s'est pas contentée de donner naissance à de nouvelles entités publiques, elle est également intervenue aux fins de modifier substantiellement le statut de deux institutions hybrides en mettant en échec deux qualifications jurisprudentielles, celle de l'Institut de France et ses Académies (1) et implicitement celle de la Caisse des dépôts et consignations (2).

1) L'Institut de France et les Académies

L'Institut de France a été créé par l'article 298 de la Constitution du 5 fructidor an III. A l'origine, il était qualifié d'établissement public national, possédant la personnalité morale[578]. Toutefois, les autorités étatiques ont bouleversé cette qualification avec la loi de programmation pour la recherche du 18 avril 2006. La question qui se pose alors est de savoir si malgré les textes successifs et anciens qui ont jalonné l'histoire de cette institution, l'Institut peut toujours être qualifié d'établissement public ou entre désormais dans la « catégorie » des nouvelles personnes publiques.

Dans un avis de la section de l'intérieur du 25 octobre 1988, le Conseil d'État a qualifié l'Institut « d'établissement public à statut

---

[576] G. Rameix, « L'Autorité des marchés financiers », *LPA*, n° 228, p.12.

[577] Pour M. Degoffe « même si les choses ne sont pas dites aussi nettement, quand le législateur souhaite créer autre chose qu'un établissement public, c'est parce que les caractères de ce dernier ne lui apparaissent pas suffisants », « Les autorités publiques indépendantes », *AJDA* 2008, p. 620.

[578] *Supra*, Introduction.

législatif et réglementaire particulier ». Au contentieux[579], le juge administratif a maintenu sa position en affirmant son caractère « d'établissement public administratif de l'État ». Il importe de souligner que le Ministre de l'éducation nationale objectait que l'Institut était une personne publique *sui generis.*

Dans l'arrêt *USPAC CGT- Syndicat CGT des personnels des affaires culturelles* du 12 décembre 2003[580], le Conseil d'État devait se prononcer sur la qualification juridique de l'Institut de France aux fins de savoir si le refus du ministre de créer des comités techniques paritaires était légal en application des dispositions de l'article 15 de la loi du 11 janvier 1984 relative à la fonction publique de l'État. Les conclusions du commissaire du gouvernement Le Chatelier sont particulièrement intéressantes puisqu'elles reprennent en substance les éléments de la classification tripartite des personnes publiques et écartent la qualification de personne publique *sui generis.* Selon le commissaire, « il n'en reste pas moins que personne ne conteste le statut de personne publique de l'Institut et que, traditionnellement, dès lors que vous êtes en présence d'un organisme indépendant de l'État, disposant de la personnalité juridique et ne pouvant être assimilé à une collectivité territoriale, il y a une forte présomption qu'il s'agisse d'un établissement public ». D'autre part, le commissaire Le Chatelier ajoute que l'Institut de France ne peut être assimilé aux personnes publiques *sui generis* puisqu'il ne dispose pas d'indépendance contrairement à la Banque de France. Il poursuit, en ajoutant que la reconnaissance de personnes publiques *sui generis* « ne lasse pas de [l'] étonner ».

Si certains semblent appuyer cette position,« n'étant ni l'État ni une collectivité territoriale, il y avait dès lors fort à parier que l'Institut de France appartienne à la troisième catégorie de personnes publiques reconnues par la Constitution de 1958, celle des établissements publics »[581]; d'autres rapprochent le statut de l'Institut de France des nouvelles personnes publiques. On retrouve l'impératif d'autonomie comme principal critère de rattachement aux personnes

---

579 CE, Ass., 12 décembre 2003, *USPAC CGT- Syndicat CGT des personnels des affaires culturelles*, n° 290507.

580 *Ibid.*

581 « L'intérêt pour agir des unions syndicales et le statut de l'Institut de France », *AJDA* 2004, p. 200.

publiques spéciales. Pour L. Richer[582], deux raisons essentielles le démontrent. D'une part, il se fonde sur la mission dévolue à l'Institut pour affirmer qu' « il importe de garantir aux fondateurs une gestion efficace et adaptable à la conjoncture économique, ce que ne permettent pas toujours les règles de droit public ». Cet argument existe également pour les groupements d'intérêts publics. D'autre part, l'auteur s'appuie sur son organisation qui présente un caractère « corporatif » pour démontrer que les statuts de l'Institut « organisent le travail en commun beaucoup plus qu'ils ne définissent les structures des institutions ». Il en conclut « un besoin d'autonomie lié à la nature même de l'institution ». Cependant le Conseil d'État, s'appuyant sur les textes régissant le fonctionnement de l'Institut de France et suivant les conclusions de son commissaire du gouvernement, va le qualifier « de personne morale de droit public » qui « présente- sans que contrairement à ce qui a été soutenu en défense, le fait qu'il gère un patrimoine constitué de dons et de legs y fasse obstacle- le caractère d'un établissement public administratif »[583].

Or le législateur, par la loi du 18 avril 2006 de programmation pour la recherche est venu heurter la jurisprudence et contrarier la qualification d'établissement public. Selon les termes de cette loi, « l'Institut de France ainsi que l'Académie française, l'Académie des inscriptions et belles-lettres, l'Académie des sciences, l'Académie des beaux-arts et l'Académie des sciences morales et politiques qui le composent sont des personnes morales de droit public à statut particulier placées sous la protection du Président de la République ». L'intention du législateur ressort clairement de la loi de programmation pour 2006 : « la chronologie montre que l'objectif est d'échapper aux conséquences de l'arrêt rendu par le Conseil d'État le 12 décembre 2003 »[584]. Comme il a été dit précédemment, cet arrêt *USPAC-CGT* qualifie l'Institut de France d'établissement public[585]. L'inventaire des nouvelles personnes publiques n'est donc pas exhaustif puisque l'Institut de France, tout comme la Caisse des dépôts et consignations, semblent s'ajouter à la liste des nouvelles personnes publiques.

---

582 L. Richer, « Les personnes publiques innomées », préc. p. 138.
583 CE, *USPAC-CGT*, 12 décembre 2003, *RFDA* 2004, Concl. Le Chatelier, p. 327 ; *AJDA* 2004, Chron. D. Casas et F. Donnat, p. 199.
584 L. Richer, préc. p.140.
585 CE, *USPAC-CGT*, 12 décembre 2003, préc.

2) La Caisse des dépôts et consignations

Les nouvelles références législatives relatives à la Caisse des dépôts et consignations démontrent, une fois de plus, que la question de sa qualification juridique est loin d'être tranchée. La caisse des dépôts et consignations a été créée par la loi du 28 avril 1816 qui lui donne pour mission de « recevoir, conserver et rendre les valeurs qui lui sont confiées, en ayant assuré leur fructification ». Le titre X de cette loi la qualifie d'établissement spécial et son article 115 précise qu'« il ne pourra dans aucun cas, ni sous aucun prétexte, être porté atteinte à sa dotation, car cet établissement est placé, de la manière la plus spéciale, sous la surveillance et la garantie de l'autorité législative ».

Dès le début du XIXe siècle, la jurisprudence ainsi que la doctrine[586] ont clairement affirmé que la Caisse disposait de la personnalité morale. Le Conseil d'État, dans un arrêt du 29 juin 1906, soulignait qu'« il résulte des lois et de règlements [...] que cette Caisse constitue un établissement spécial ayant une personnalité distincte de celle de l'État ». Toutefois, les origines lointaines de cette institution, « dotée d'un statut juridique très vague, placée sous l'autorité législative mais sensible aux conseils de l'exécutif »[587] auraient pu provoquer quelques incertitudes quant à sa nature juridique. A ce propos, on peut remarquer que son statut n'a pas subi d'importantes transformations alors que ses missions premières n'ont cessé de se diversifier au travers de la création de multiples filiales afin de répondre aux urgences de l'intérêt général[588].

L'article L. 518-2 du Code des marchés publics prévoit que la « Caisse des dépôts et consignations est un établissement spécial ». Dans le Code monétaire et financier, la Caisse est de

---

[586] Cette question a notamment été traitée par P. Solannet dans sa thèse « *La Caisse des dépôts et consignations* » dans laquelle il indique, s'appuyant sur « presque unanimité de la doctrine », qu'il est indiscutable que la Caisse des dépôts et consignations « dispose d'une personnalité morale distincte de celle de l'État », Thèse, Recueil Sirey, 1942, p.15 et s.

[587] *Revue de la chambre d'agriculture*, numéro spécial d'août 1962, citée par S. Passeron, *L'autonomie de gestion des établissements publics nationaux*, Thèse, Paris, LGDJ, 1968, p.228.

[588] Nous reviendrons plus tard dans nos travaux sur une étude approfondie de ces différentes institutions.

nouveau « placée, de la manière la plus spéciale, sous la surveillance et la garantie de l'autorité législative ». De ces dispositions, il ressort substantiellement que la Caisse des dépôts est un organisme placé sous la protection du Parlement et qu'elle est toujours soumise au principe de spécialité. De même, la juridiction administrative[589] a récemment qualifié cet investisseur de long terme d'établissement public. Il est cependant permis de s'interroger sur cette qualification au regard de la reconnaissance de nouvelles personnes publiques.

En effet, le gouvernement agissant sur habilitation législative[590] répond implicitement à la qualification de la Caisse opérée par le Conseil d'État en consacrant de manière insidieuse son caractère *sui generis*. L'ordonnance du 6 juin 2005 relative aux marchés passés par certaines personnes publiques ou privées non soumises au code des marchés publics dresse la liste des personnes publiques non soumises à ce Code. L'article 3-3 dispose que la Caisse est soumise à ce texte. Par voie de conséquence, la Caisse n'est pas soumise au Code des marchés publics qui s'applique pourtant aux établissements publics administratifs. Il est donc possible de s'interroger sur la pertinence de cette ordonnance au regard de la nature juridique de la Caisse. Le gouvernement utilise-t-il à son tour le « concept » de nouvelle personne publique pour faire échapper l'organisme aux règles du droit administratif ?

---

[589] CE, 15 juillet 2004, *Caisse des dépôts et consignations*, Rec. p. 431.

[590] L'ordonnance du 6 juin 2005 a été prise en application de l'article 65 de la loi de simplification du droit du 9 décembre 2004 habilitant le gouvernement à prendre les mesures nécessaires pour rendre compatibles avec le droit communautaire les dispositions législatives relatives à la passation des marchés publics ; les mesures permettant de clarifier les règles applicables aux marchés passés par certains organismes non soumis au code des marchés publics et les mesures permettant d'alléger les procédures de passation des marchés publics pour les collectivités territoriales.

Malgré les réticences à la création de nouvelles personnes publiques, l'action conjuguée du législateur, de la jurisprudence et de la doctrine a permis la consécration de nouveaux organismes de droit public. L'émergence de ces structures originales correspond à la désuétude des catégories traditionnelles, notamment celle de l'établissement public. L'affirmation selon laquelle « les établissements publics sont les personnes morales de droit public autres que l'État et les collectivités territoriales »[591] n'est plus pertinente. Le législateur a été à l'origine de la création de ces nouvelles formules juridiques. Toutefois, la loi n'a pas précisé leur qualification. Le juge, interprétant la volonté législative, a véritablement conféré une réalité à ces différentes entités en les qualifiant de personnes publiques et en leur refusant la qualité d'établissement. Par conséquent, les nouvelles personnes publiques constituent des personnes publiques innomées, c'est à dire qu'elles n'entrent *a priori* dans aucune catégorie prédéfinie.

Aujourd'hui, le Code général de la propriété des personnes publiques consacre explicitement l'existence de ces nouvelles structures[592] en faisant référence aux « autres personnes morales de droit public ». Alors qu'on ne cesse de critiquer l'épaisseur et la

---

[591]G. Vedel et P. Delvolvé, *Droit administratif*, t. 2, 12ème éd., PUF, 1992, p. 596.

[592] Institué par l'ordonnance du 21 avril 2006, ce code s'applique « aux biens et aux droits, à caractère mobilier ou immobilier, appartenant à l'État, aux collectivités territoriales et à leurs groupements, ainsi qu'aux établissements publics ». L'article L. 2 du Code général de la propriété des personnes publiques dispose que les autres personnes morales de droit public sont soumises au Code dans les conditions fixées par les textes qui les régissent.

lourdeur des strates administratives, ces nouvelles entités viennent s'ajouter à l'univers de plus en plus « grumeleux »[593] des personnes publiques. La volonté des autorités étatiques de créer de nouvelles formules juridiques ne doit pas interdire de s'interroger sur la pertinence de la création de ces nouvelles structures ainsi que sur leur identification au sein du système institutionnel.

---

[593] J.-M. Pontier, « La personnalité publique, notion anisotrope », préc. p. 989.

Titre 2 : La caractérisation des nouvelles personnes publiques

A ce stade de l'analyse, il est possible de constater d'une part, que la classification traditionnelle des personnes publiques est remise en cause par l'apparition de nouvelles structures publiques et, d'autre part, que ces nouvelles personnes publiques constituent un ensemble d'objets éclectiques. En effet, les personnes publiques *sui generis* comprennent les GIP, la Banque de France, les autorités publiques indépendantes, la Caisse des dépôts et consignations ainsi que l'Institut de France et ses Académies. Reste désormais à identifier ces nouvelles personnes publiques.

Tout d'abord, le processus d'identification suppose de déterminer la place qu'occupent les nouvelles personnes publiques au sein de l'organisation administrative. S'agissant des GIP, l'objectif de l'article 21 de la loi du 15 juillet 1982 d'orientation et de programmation pour la recherche était de permettre l'association du secteur public et du secteur privé dans un cadre de gestion souple. La réforme de la Banque de France a été rendue nécessaire par l'adoption du Traité de Maastricht qui préconisait l'indépendance des banques centrales nationales. En dotant les autorités publiques indépendantes de la personnalité juridique, le législateur a souhaité accroître leur autonomie. Par conséquent, les nouvelles personnes publiques participent de la modernisation de l'action administrative. A partir des années 1980, l'État français est entré dans une phase de modernisation qui a engendré de nombreuses « turbulences institutionnelles »[594]. L'État central a été dans l'obligation de procéder à un réajustement de ses modalités d'intervention. La décentralisation et la multiplication d'opérateurs extérieurs ont conduit à une véritable mutation des modalités d'intervention de l'administration. Les nouvelles personnes publiques s'inscrivent dans cette réforme puisqu'elles traduisent le renouvellement des modes de gestion de l'activité administrative.

L'identification des nouvelles personnes publiques passe par la recherche de leurs caractéristiques communes. Les autorités étatiques

[594] D. Cristol, « La réorganisation des services de l'État en matière sociale », *Revue de droit sanitaire et social*, 2011, p. 27.

ont tenté, à plusieurs reprises, d'instituer des instruments juridiques hybrides à l'image des offices dans l'entre-deux guerres. Toutefois, comme l'a démontré l'analyse de la jurisprudence relative aux organismes professionnels, le juge et la doctrine ont mis en échec toute tentative de créer une nouvelle catégorie juridique aux côté des établissements publics. Les nouvelles personnes publiques s'inscrivent dans cette thématique puisqu'elles ne peuvent pas constituer une nouvelle catégorie de personne publique.

Ainsi, les nouvelles personnes publiques participent à la modernisation des modes de gestion de l'action administrative (**chapitre 1**). Toutefois, il n'est pas envisageable de les caractériser autrement qu'en soulignant leur forte hétérogénéité (**chapitre 2**).

Chapitre 1 : La modernisation des modes de gestion de l'action administrative

Chapitre 2 : L'hétérogénéité des nouvelles personnes publiques

Chapitre 1 : La modernisation des modes de gestion de l'action administrative

Le thème de la modernisation administrative ou, plus généralement, celui de la réforme de l'État[595], apparaît de façon récurrente depuis la fin des années 1970. Les différentes réformes engagées dans ce sens démontrent que l'État, les collectivités territoriales ainsi que les établissements publics ne sont plus en mesure de remplir les missions renouvelées du fait de contraintes de gestion trop lourdes et de la difficile adaptation aux nouveaux besoins administratifs. Dans cette optique, le législateur aurait choisi de créer de nouvelles personnes publiques afin de répondre à la diversification des modes de gestion du service public ainsi qu'au développement de l'économie de marché. L'éclatement des institutions administratives est une conséquence de l'apparition des nouvelles entités publiques à l'instar des GIP ou des autorités publiques indépendantes. A cette segmentation de l'appareil administratif[596] correspondent de nouvelles fonctions de l'administration. Le développement de l'État providence a contraint la machine administrative à un réajustement de ses missions ainsi qu'au renouvellement de ses méthodes de gestion. La modernisation administrative s'achemine vers une nouvelle contrainte, celle de l'efficacité administrative[597]. Celle-ci a engendré un nouveau bouleversement de l'intervention étatique transformant l'État providence en État régulateur. Parallèlement, de nombreux auteurs notent que la fonction administrative a basculé vers une fonction de régulation[598].

---

[595] E. Gristi, *La réforme de l'État*, Vuibert, coll. Droit public, 2007, p. 229 s.

[596] J. Chevallier, *L'État post-moderne*, préc. p. 74.

[597] Sur le thème de la modernisation administrative, il convient de noter que l'État, par exemple, à travers la loi MAPAM (loi de modernisation de l'action publique et d'affirmation des métropoles) du 28 janvier 2014, exprime le besoin du ciyoyen d'amélioration de l'efficacité de l'action publique.

[598] S. Traore, « Les autorités administratives indépendantes dotées de la personnalité morale : vers une réintégration institutionnelle de la catégorie juridique », *DA*, 2004, p.20.

Néanmoins, il sera démontré que l'institution de ces nouvelles entités publiques correspond davantage à un besoin d'adaptation nécessaire à l'évolution de la société qu'à une véritable mutation des structures administratives. La réforme de l'administration s'inscrit, de façon conjoncturelle, dans différentes politiques de modernisation. Les nouvelles personnes publiques participent de ce mouvement de réforme mais ne peuvent constituer à seules « une révolution » de l'activité étatique : les structures traditionnelles ne suffisent plus à répondre aux impératifs de la nouvelle gestion publique **(section 1)**. C'est pourquoi il a fallu créer de nouvelles structures permettant le renouvellement des modes d'intervention de l'activité administrative (**section 2**).

Section 1 : L'inadaptation des structures traditionnelles

Les récentes politiques de modernisation du service public et de réforme de l'État démontrent l'inadaptation des formes traditionnelles de l'activité administrative. Pourtant, les impératifs de la nouvelle gestion publique conduisent l'administration à respecter de nouveaux principes tels que la neutralité, la transparence, la qualité, l'accessibilité, la simplicité, la sécurité ou encore la participation[599].

Les structures traditionnelles de l'intervention administrative ne permettent plus de répondre aux exigences liées au développement de l'économie de marché, à la diversification des modes de gestion du service public ainsi qu'aux règles du marché anticoncurrentiel. La création des nouvelles personnes publiques traduit le rejet des formules existantes **(§1)**. Dans cette optique, les autorités étatiques ont créé des structures inédites. Cette originalité est perceptible en matière d'organisation du pouvoir puisque les nouvelles personnes publiques s'inscrivent dans une nouvelle forme de décentralisation fonctionnelle **(§2)**.

§1 Le rejet des formules existantes

[599] V. Donier, « Les lois du service public : entre tradition et modernité », *RFDA* 2006, p. 1220.

Pour permettre à l'administration de s'adapter au « tournant néo-libéral »[600], les autorités publiques se sont affranchies des formules traditionnelles pour permettre aux nouvelles personnes publiques de bénéficier d'une plus importante souplesse de fonctionnement (A) et d'une plus grande autonomie (B).

A/ La souplesse

Les nouvelles personnes publiques ont été créées afin d'échapper aux règles, parfois trop rigoureuses, du droit public et, spécialement à celles de l'établissement public (1). D'autres justifications, moins avouables, ont conduit à l'institution de ces nouvelles formules. La loi les qualifie substantiellement d' « organismes dotés de la personnalité morale et de l'autonomie financière ». L'émergence de ces nouvelles institutions conduit à s'interroger sur leur qualification dans la mesure où les catégories classiques ne permettaient pas de répondre aux souhaits exprimés par le législateur. Il a finalement préféré écarter les conséquences juridiques trop lourdes qui s'y attachaient pour créer de nouvelles personnes publiques. A cet égard, il semble que la loi ait souhaité contourner la rigidité de l'établissement public (1). Le législateur, grâce au concept d' « établissement public à visage inversé » (2) a déjà tenté d'éliminer les effets négatifs de telle ou telle qualification juridique et de modifier, par la même, la réalité institutionnelle au prix de préoccupations de commodité administrative.

1) La rigidité de l'établissement public

Le législateur a fait le choix de créer des nouvelles personnes publiques en leur conférant la personnalité morale afin de pallier les rigidités de la formule de l'établissement public. Comme l'explique S. Theron, c'est à la fois parce que les normes applicables aux établissements publics étaient trop contraignantes et parce qu'il fallait éviter le « démembrement » de l'Administration, que le législateur a créé la catégorie des groupements d'intérêt public dont le régime juridique est hybride[601]. C'est donc en fonction du régime souhaité que l'on tente de construire une nouvelle institution publique. De

---

[600] B. Jobert (dir.), *Le tournant néo-libéral en Europe : idées et recettes dans les pratiques gouvernementales*, L'Harmattan, 1994.

[601] S. Théron, « Les catégories en droit administratif », *RRJ*, 2005, n° 4, p. 2417.

nombreux auteurs dénoncent avec insistance la lourdeur des règles applicables aux établissements publics et, nous ajouterons, aux établissements publics « administratifs ».

Tout d'abord, la large soumission aux règles de droit public, les contrôles auxquels sont assujettis les établissements publics constituent autant de facteurs qui apparaissent contraires à l'impératif d'une gestion souple et adaptée aux nouveaux besoins de l'administration. Dans son rapport sur la réforme des établissements publics, le Conseil d'État démontre que, « justifiés par des motifs souvent peu sincères, les établissements sont loin de toujours tenir leurs promesses. Avec l'accroissement de leur nombre sont venues les restrictions au régime d'autonomie. Les contrôles ont été renforcés »[602]. L'objectif du législateur est donc clairement de sortir du carcan administratif qui pèse sur la notion d'établissement public. S'il est possible de comprendre le rejet par le législateur de la qualification d'établissement public administratif, il reste que la notion d'établissement public industriel et commercial apparaît beaucoup plus souple au regard des règles de soumission au droit public. Le Conseil d'État, devant la prolifération de ces établissements explique qu'elle apparaît comme le moyen d'échapper aux règles « contraignantes ou simplement gênantes, que ce soit en fait de fonction publique, de budget, de comptabilité, de passation des marchés, de gestion du domaine, etc. »[603].

Récemment, un phénomène nouveau est apparu qui tend à remettre en cause les établissements publics industriels et commerciaux, celui de leur « sociétatisation »[604]. En effet, la transformation des EPIC en sociétés ne cesse de s'accélérer sous l'effet de deux principaux facteurs : la pression du droit communautaire et la nécessité de s'adapter à la réalité des affaires[605]. La commission européenne a estimé que le statut d'EPIC était contraire au droit communautaire des aides d'État[606]. En outre, l'absence de capital des EPIC serait incompatible avec une bonne gestion commerciale. Ce

---

602 CE, *Etude sur les établissements publics*, 2009, p. 12.

603 CE, Section du rapport et des études, *Les établissements publics, catégories et spécificités*, La documentation française, 1987, p. 234.

604 Ce terme a été utilisé par le sénateur G. Larcher dans un rapport relatif au statut de France Telecom, *JO.* Rapport. Sénat, 1995-1996, n°620.

605 S. Nicinski, *Droit public des affaires,* préc. p. 326 et s.

606 *Infra*, partie 2, titre 2, section 1.

phénomène de « sociétatisation » a conduit de nombreux auteurs à soulever la question de la disparition des grands EPIC nationaux[607].

Devant les multiples inconvénients du régime de l'établissement public, le législateur a donc pris l'initiative de créer de nouvelles structures, demeurant sous la coupe du droit public mais qui dépassent l'imperfection de la formule au regard des nouveaux besoins de l'activité administrative. La volonté du législateur s'explique par le besoin de faire échapper ces nouvelles structures à certaines règles jugées trop contraignantes. Ce phénomène n'est pas nouveau puisque le législateur a déjà tenté de contourner l'application de certaines règles de droit public grâce à la formule de l'« établissement public à visage inversé ».

2) Le parallèle avec le concept de « l'établissement public à visage inversé »

Le concept de l'établissement public à « visage inversé » postule que le législateur attribue volontairement et expressément le qualificatif d'industriel et commercial à un établissement public exerçant « en réalité une action purement administrative »[608]. La qualification de l'organisme se différencie de la nature du service exercé ce qui revient à attribuer à l'EPIC « une modalité d'aménagement institutionnel exprimant seulement une volonté d'autonomie, et sans référence au caractère de l'activité »[609]. On retrouve bien dans cette conception la finalité originelle des nouvelles personnes publiques, c'est-à-dire leur autonomie de gestion.

Dans l'arrêt de référence « *Distilleries Bretonnes* »[610], le Tribunal des conflits devait qualifier le Fonds d'orientation et de

---

[607] Parmi les études relatives à ce sujet, nous citerons la thèse de V. Fouache, *Etablissement public et société commerciale, le devenir de l'établissement public industriel et commercial*, Thèse, Paris II, 2002; D. Bailleul, « Vers la fin de l'établissement public industriel et commercial ? A propos de la transformation des EPIC en sociétés » *RJEP/CJEG* mars 2006, n° 629, p. 105; M. Lombard, « L'établissement public industriel et commercial est-il condamné ? », *AJDA* 2006, p. 79.

[608] TC, 24 juin 1968, *Société Distilleries Bretonnes*, Leb. p. 801, *JCP* 1969.II.15764, Concl. Gegout, note J. Dufau ; *D.* 1969, p. 116, note J. Chevallier.

[609] J. Chevallier, Note sous TC, *Société Distilleries Bretonnes*, *D.* 1969, p.118.

[610] TC, 24 juin 1968, *Société Distilleries Bretonnes*, préc.

régularisation des marchés agricoles (FORMA) afin de déterminer quelle était la juridiction compétente pour connaître des litiges soulevés à l'occasion de l'exécution des contrats conclus par le FORMA. Ce Fonds, institué par un décret du 29 juillet 1961, était qualifié d'EPIC. Mais le Tribunal des conflits, soucieux de s'attacher « aux réalités concrètes, en écartant toute querelle théorique sur l'essence des institutions, pour définir seulement les actes qui manifestent l'existence sociale de celles-ci »[611], a rompu l'intention réglementaire en qualifiant la mission de ce Fonds de « purement administrative »[612]. Cette détermination du juge à respecter le réalisme juridique a été étayée et accentuée par des arrêts ultérieurs qui ne se contentent pas de répudier la qualification entreprise par un décret. Le juge a requalifié certains organismes dénommés à tort d'EPIC en affirmant que le Centre français du commerce extérieur devait être considéré comme « étant resté de façon prépondérante un établissement public à caractère administratif exerçant une mission essentiellement administrative »[613].

De cette comparaison avec le concept d' « établissement public à visage inversé », il ressort plusieurs remarques concernant les nouvelles personnes publiques. Tout d'abord, ce procédé qui consiste à créer une institution afin d'échapper à certaines règles jugées trop contraignantes a déjà été utilisé par le législateur. Ensuite, le concept d' « établissement public à visage inversé » semble donner au juge l'autorité de qualification par rapport au pouvoir réglementaire. Finalement, si le juge se refuse encore à toute « requalification » lorsqu'elle émane d'un acte législatif, on ne peut s'empêcher de craindre que certaines qualifications textuelles ne répondent pas à la réalité de la nature juridique de certaines institutions.

Les autorités publiques ont donc souhaité la constitution de nouvelles structures pour rompre avec les formules traditionnelles tout en leur garantissant l'autonomie juridique.

---

611 B. Chenot, *La notion de service public dans la jurisprudence économique du Conseil d'État, EDCE* 1950, p. 77.

612 TC, 24 juin 1968, *Société Distilleries Bretonnes*, préc.

613 TC, 26 octobre 1987, *Centre français du commerce extérieur, JCP* 1988. II. 21042, note J. Dufau.

B/ L'autonomie juridique

Si l'on se réfère aux travaux parlementaires accompagnant l'acte créateur des nouvelles personnes publiques, le législateur justifie le fait de les avoir dotées de la personnalité morale pour leur garantir l'autonomie juridique. La personnalisation juridique de ces nouvelles entités serait ainsi synonyme d'une plus grande indépendance. Les autorités publiques pouvaient utiliser des formules existantes, dotées de la personnalité morale comme les associations ou encore les groupements d'intérêt économique (GIE). Toutefois, ces formules ont été dénoncées par de nombreux rapports publics (1). C'est pourquoi, il était nécessaire de créer de nouvelles institutions alliant souplesse de gestion et autonomie juridique pour garantir la responsabilisation des entités personnalisées (2).

1) Le rejet des formules associatives

Pour le Conseil d'État, « confier des tâches étatiques à des groupements privés doit demeurer une exception que seules des circonstances particulières peuvent justifier »[614]. Pourtant, l'Administration, souhaitant éviter l'application des règles de droit public, a souvent privilégié la création de structures para administratives ou privées. Cette pratique a donc conduit à créer de nombreuses associations, fondations ou encore des groupements d'intérêt économique.

La Cour des comptes a critiqué le recours à ces institutions qui participent du « démembrement de l'Administration ». Dans plusieurs rapports, la Cour dénonce la prolifération de structures conduisant à la non-application d'un contrôle administratif effectif. Dans un premier rapport[615], elle souligne que « beaucoup d'associations ont une structure factice et ne sont que des dédoublements de services publics, animés, dirigés et gérés par des fonctionnaires, à l'abri de contrôles jugés trop étroits ou de prescriptions estimées trop rigoureuses ». Selon la Cour des comptes, le recours aux associations est uniquement destiné à s'affranchir des règles trop rigides du droit public, mais

---

[614] *CE,* Rapport d'étude, « Les établissements publics nationaux », *EDCE,* 7 février 1985, p. 81.
[615] Cour des comptes, Rapport au Président de la République, 1960-1961, p. 44

conduit à un choix dangereux puisqu'il ne garantit pas un contrôle rigoureux des deniers publics.

C'est pourquoi, la Cour réitère sa mise en garde en estimant que la formule associative s'apparente à un « véritable réseau administratif parallèle et parfois clandestin » qui « permet de soustraire à l'autorité budgétaire et à la Cour des comptes des opérations parfois importantes qui relèvent par leur nature des procédures administratives générales »[616].

Nonobstant ces structures « para administratives », la Cour exprime une défiance tout aussi virulente à l'égard de ce que certains ont considéré comme les « ancêtres » des groupements d'intérêt public, les groupements d'intérêt économique. Ces organismes, appartenant à l'univers des personnes morales de droit privé, offrent une grande souplesse de fonctionnement, étant gérés par des dispositions contractuelles et créés par convention. Les GIE ne sont pas exclusifs des personnes privées. Toutes les personnes publiques ont la possibilité de contracter et de participer au groupement[617]. Néanmoins, la Cour des comptes leur reproche de réaliser des opérations frauduleuses au regard des règles administratives et budgétaires telles que la rémunération de collaborateurs extérieurs qui aurait dû être approuvée par le contrôleur financier[618].

2) Autonomie juridique et responsabilisation des nouveaux modes de gestion publique

Il convient de distinguer la notion d'autonomie d'autres vocables équivalents, souvent associés aux nouvelles personnes publiques. Ainsi parle-t-on de l'indépendance de la Banque de France ou de celle des autorités de régulation. Le concept d'autonomie qui « fait partie comme le « contrôle » ou la « gestion », des mots dont le

[616] Cour des Comptes, Rapport au Président de la république, 1982, p. 16 et s.

[617] Selon l'article 1er de l'ordonnance du 23 novembre 1967, deux ou plusieurs personnes morales peuvent constituer entre elles, pour une durée déterminée, un groupement d'intérêt économique en vue de mettre en œuvre tous les moyens propres à faciliter ou à développer l'activité économique de ses membres, à améliorer ou à accroître les résultats de cette activité ».

[618] Cour des Comptes, rapport préc. 1982, p.21.

sens est équivoque et en tout cas, le contenu imprécis »[619], doit être rapproché d'un concept similaire, celui de l'indépendance. Selon C. Rousseau, l'expression autonomie doit s'entendre « comme l'aspect positif de l'indépendance »[620]. Si ces deux concepts d' « indépendance » et d' « autonomie » sont souvent employés en termes synonymiques, ils doivent pourtant être distingués en raison de leur finalité différente. L'indépendance se situe, du point de vue externe, de l'organe ou de l'agent envisagé. En d'autres termes, la notion d'indépendance permet de délimiter la situation d'un organisme ou d'un agent dans les relations qu'il entretient avec d'autres organes ou d'autres personnes. A l'inverse, la notion d'autonomie ne trouve à s'appliquer qu'aux seules institutions et correspond au degré de « self government » de l'organe. L'autonomie concerne la vie interne de l'institution en cause, sa capacité à pouvoir elle-même fixer les règles de son organisation et de son fonctionnement. C'est pourquoi, « il existe des institutions relativement autonomes [...] qui ne sont pas indépendantes pour autant ». A l'inverse, « il existe des institutions qualifiables d'indépendantes [...] mais qui ne disposent que d'une autonomie extrêmement faible »[621]. A titre d'illustration, les autorités administratives indépendantes, malgré leur absence de soumission à un pouvoir hiérarchique, n'ont que très peu de liberté quant aux conditions de leur organisation ou fonctionnement. En effet, les principales dispositions du règlement intérieur de ces autorités sont fixées par leurs textes institutifs ou par décret en Conseil d'État[622]. Leur conférer la personnalité morale est alors une réponse possible à ce manque d'autonomie. A l'inverse, les universités jouissent d'une autonomie de gestion plus importante que la plupart des établissements publics administratifs alors même qu'elles souffrent d'un défaut d'indépendance dû à leur nature d'établissement public. Elles peuvent librement déterminer leurs statuts alors que, pour la

[619] J.-L. Dubois, *Le contrôle administratif sur les établissements publics*, 1982, LGDJ, Bibliothèque de Droit public, p. 47.

[620] C. Rousseau, *L'indépendance de l'État dans l'ordre international*, Recueil des Cours de l'Académie de Droit international de La Haye, 1948, p. 221.

[621] Maitrot, préc. p. 31.

[622] Le Conseil d'État a ainsi jugé que la Commission des sondages ne pouvait fixer elle-même un quorum exigible étant donné que la loi qui l'a créée, la loi du 19 juillet 1977, renvoie cette question à un décret en Conseil d'État, CE, 5 juillet 1985, *IPSOS, AJDA* 1985, p. 554, Concl. Jeanneney.

plupart des établissements publics administratifs, ceux-ci sont fixés par avance[623].

Selon J.-M. Pontier, « l'autonomie, telle qu'elle est entendue en droit public interne français, n'est pas le pouvoir de se donner sa propre loi[624], l'autonomie appliquée à des personnes morales de droit public est administrative, elle s'exprime par une aptitude à passer certains actes juridiques dans le champ légal d'intervention reconnu à la personne, et, pour cette dernière, à pouvoir faire valoir ses droits. »[625]. La personnalité morale, « laisser passer pour le monde du droit »[626] , permet aux nouvelles personnes publiques d'agir dans l'univers juridique par le biais de certains droits, comme celui d'ester en justice et de disposer d'un patrimoine. Néanmoins, cette première approche peut là encore être discutée puisque certaines entités non dotées de la personnalité morale détiennent la capacité juridique. Ainsi, le Conseil d'État a accordé à la Commission des opérations de bourse, autorité administrative indépendante ne disposant pas, à cette époque, de la personnalité morale, le droit d'ester en justice sans qu'il soit besoin pour le ministre de s'approprier sa requête[627]. La justification de l'octroi de la personnalité morale en vue d'une plus grande indépendance n'est donc pas pleinement réalisée, et ce d'autant plus que l'on peut raisonner de manière inversée et affirmer que l'attribution de la personnalité morale à un organisme ne constitue pas « une condition suffisante d'une réelle indépendance »[628]. Cette justification peut donc paraître, à bien des égards, insatisfaisante.

Les autorités publiques ont créé des nouvelles structures, dotées de la personnalité morale, pour s'affranchir des formules

---

623 Cette autonomie administrative des universités a été consacrée par le Conseil constitutionnel à l'occasion de l'examen de la loi du 26 janvier 1984, CC 84-165 DC du 20 janvier 1984, *libertés universitaires*, *Les grandes décisions du Conseil constitutionnel*, LGDJ, 12ème éd., p. 571.

624 Pour M. Waline, « une personne morale est autonome si elle se donne elle-même sa loi », et il poursuit en observant « si elle détermine elle-même les organes qui la représentent, et définit elle-même leurs pouvoirs », *Traité de droit administratif*, 8ème éd., § 409, p. 251.

625 J.-M., Pontier, « La personnalité publique, notion anisotrope », préc. p. 984.

626 F. Linditch, *Recherche sur la personnalité morale en droit administratif français*, LGDJ, 1997, p. 130.

627 CE, 5 novembre 1993, *COB*, req. n°143973, Lebon Tables, p .624, 934 et 944.

628 M. Lombard, « Brèves remarques sur la personnalité morale des institutions de régulation », *CJEG* 2005, p. 130.

existantes. Etant dotées de la personnalité morale, ces nouvelles personnes publiques s'inscrivent dans le schéma de la décentralisation. Toutefois, l'étude des modes classiques d'organisation du pouvoir tend à démontrer que les nouvelles personnes publiques présentent de nombreuses originalités par rapport aux modes traditionnels d'organisation du pouvoir.

§2 Une nouvelle forme de répartition du pouvoir

Bénéficiant de la personnalité morale, les nouvelles personnes publiques intègrent *a priori* la sphère des entités administratives décentralisées. Toutefois, il convient de se demander à quelle forme de décentralisation ces nouvelles personnes publiques doivent être intégrées.

Disposant d'un territoire et d'organes élus, la collectivité territoriale relève de la décentralisation territoriale alors que les établissements publics relèvent de la décentralisation fonctionnelle. Les nouvelles personnes publiques ne disposent ni d'un territoire ni d'organes dirigeants élus. Ces différents éléments tendent à les rapprocher de la décentralisation fonctionnelle. La décentralisation fonctionnelle suppose une certaine autonomie des organes décentralisés. Toutefois, il sera possible de s'apercevoir que l'autonomie des nouvelles personnes publiques est difficilement identifiable et qu'elle se distingue de celle reconnue aux établissements publics. Ces différents éléments de différenciation démontreront que les nouvelles personnes publiques s'inscrivent dans une nouvelle forme de décentralisation fonctionnelle (B). Pour le démontrer, il sera analysé les modes classiques de répartition du pouvoir (A)

A/ Les modes classiques d'organisation du pouvoir

Pour J.-F. Lorit, « lorsque l'on évoque les notions de décentralisation et de déconcentration [...], c'est pour en souligner à la fois l'opposition et le caractère commun »[629]. Pour de nombreux auteurs, l'opposition classique entre déconcentration et décentralisation repose sur une première distinction entre centralisation et concentration. A ce titre, la déconcentration est présentée comme une modalité de la centralisation exigée par l'impossibilité pratique de la concentration[630]. En se référant à des définitions classiques, il est possible de dégager les critères de tel ou tel procédé de répartition du pouvoir administratif (1). Les nouvelles personnes publiques ont été dotées de la personnalité morale pour assurer la gestion, grâce à leurs organes, de certaines missions d'intérêt général. A ce titre, elles se différencient des collectivités territoriales qui sont soumises à une répartition verticale des compétences, la décentralisation fonctionnelle (2).

1) Les procédés de répartition du pouvoir administratif

La déconcentration « se traduit par le transfert d'attributions au sein d'une même personne juridique »[631]. La déconcentration suppose qu'au sein d'une même institution, le pouvoir de décision détenu par les autorités les plus élevées est transféré à des autorités moins élevées dans la hiérarchie interne de l'institution[632]. Au contraire, la décentralisation « se traduit par le transfert d'attributions par une personne morale, généralement l'État, à une autre personne morale : collectivité territoriale, établissement public voire même personne morale de droit privé »[633]. La décentralisation consiste donc à « conférer à une entité la personnalité morale, en rompant le lien hiérarchique entre elle et l'État central au profit d'un simple contrôle, d'une simple surveillance »[634]. Pour distinguer la déconcentration de la décentralisation, A. de Laubadère souligne que la définition de la

---

[629] J.-F. Lorit, « Décentralisation et déconcentration : antagonisme ou complémentarité », *RA* 1986, p. 27.

[630] F.-P. Benoit, *Le droit administratif français*, Dalloz 1968, p. 98.

[631] P. Serrand, *Manuel d'institutions administratives*, PUF, 4ème éd., p. 122.

[632] R. Chapus, *Droit administratif général*, préc. p. 391.

[633] P. Serrand, *Manuel d'institutions administratives*, préc. p. 124.

[634] P.-L. Frier et J. Petit, *Précis de droit administratif*, Montchrestien, Domat Droit public, 5ème éd., p. 109.

décentralisation s'organise autour de trois pôles : des organes propres, des affaires propres et un certain contrôle du pouvoir central[635] .

Tout d'abord, la personnalité juridique serait inconciliable avec le procédé de la déconcentration. Ensuite, le contrôle pesant sur les autorités décentralisées et sur les autorités déconcentrées ne serait pas de même nature. Cependant, l'étude de ce schéma classique est critiquée par de nombreux auteurs pour qui la ligne de partage entre déconcentration et décentralisation n'est pas tracée de façon claire.

Facilement identifiable à l'origine, la notion de déconcentration est devenue de plus en plus ambiguë si bien que certains auteurs dénoncent une sorte de « déconcentration camouflée »[636]. En outre, la doctrine a reconnu l'existence d'une nouvelle forme de décentralisation. A côté de la décentralisation territoriale est apparu le concept de décentralisation par services ou de décentralisation fonctionnelle. Ces différentes évolutions conduisent à s'interroger sur l'intégration des personnes publiques innomées dans les schémas classiques d'organisation du pouvoir.

Une des spécificités des nouvelles personnes publiques résulte de leur incorporation dans le procédé de la décentralisation. Bénéficiant de la personnalité morale, celles-ci ne peuvent se voir classées parmi la catégorie des entités administratives déconcentrées. Toutefois, les nouvelles personnes publiques se différencient des collectivités territoriales par le fait qu'elles ne peuvent être assimilées à des procédés d'aménagement du pouvoir relevant de la décentralisation territoriale.

2) Les nouvelles personnes publiques, des entités administratives décentralisées

La décentralisation fonctionnelle ou « par services » a été utilisée afin de mettre en échec la centralisation de l'action administrative. Classiquement, il est convenu de différencier la décentralisation territoriale s'appliquant aux seules collectivités territoriales et la décentralisation par services désignant un procédé juridique permettant une meilleure gestion du service public (a).

---

635 A de Laubadère, *Traité élémentaire du droit administratif*, LGDJ, 5ème éd. p. 85.

636 R. Chapus, *Droit administratif général*, p. 269; également B. Delcros, *L'unité de la personnalité juridique de l'État*, LGDJ, 1976, p. 22 et s.

Cependant, de nombreux auteurs ont formulé des critiques sur ce concept de « décentralisation par services » (b).

a) Le concept de décentralisation par services

Selon J. Rivero, « C'est essentiellement à propos des rapports entre État et collectivités locales que s'est formée la notion de décentralisation. Mais les mêmes procédés juridiques, [...] ont été utilisés pour mettre en échec la centralisation [...]. Certains services, nettement individualisés par leur objet ou leur structure, sont mis en quelque sorte hors de la hiérarchie, dotés de la personnalité juridique, d'un patrimoine et d'organes chargés de diriger leur action; ces organes bénéficient d'une certaine autonomie, l'autorité supérieure n'exerce plus sur eux qu'un contrôle analogue à celui qu'elle conserve sur les collectivités. Normalement, ils reçoivent le statut d'établissement public. A cette méthode, on donne en général le nom de décentralisation par services, pour tout à la fois la rapprocher et la distinguer de la décentralisation territoriale »[637]. Afin de distinguer la décentralisation territoriale de la décentralisation fonctionnelle, il est possible de recourir à l'utilisation de trois critères : la notion d'intérêt local, l'indépendance des organes et le principe de l'élection.

Tout d'abord, les compétences des collectivités territoriales sont liées à la notion d'affaires locales ou d'intérêt local alors que la compétence des établissements publics est délimitée par le principe de spécialité. Dans le même ordre d'idée, les collectivités territoriales représentent un groupement d'individus alors que les établissements publics sont créés afin de gérer un service ou une activité de manière personnalisée. Pour F.-P., Benoit[638], les établissements publics correspondent à des exigences techniques d'aménagement de l'action administrative très éloignées des préoccupations engendrées par la décentralisation territoriale. Le second critère de différenciation réside dans l'indépendance des organes et le contrôle exercé par l'autorité administrative. A ce titre, les établissements publics sont soumis à un contrôle plus large[639] que celui pesant sur les collectivités territoriales.

---

[637] J. Rivero, *Droit administratif*, Dalloz, 3ème éd. 1965, p. 282,

[638] F.-P. Benoit, *Le droit administratif français*, Dalloz, 1968, p. 36.

[639] J.-F. Kerléo, « L'autonomie des établissements publics. L'exemple du droit portuaire », *AJDA* 2011, p. 716.

Enfin, le critère fondamental permettant de différencier la décentralisation territoriale de la décentralisation fonctionnelle résulterait du principe de l'élection des autorités décentralisées[640].

Toutefois, la concrétisation de ces critères connaît de multiples assouplissements et n'est pas opérante en ce qui concerne les établissements publics corporatifs. Les chambres professionnelles ou les associations syndicales autorisées ont pour objet, à côté de leurs missions d'intérêt général, la représentation d'intérêts communs liés à une même activité professionnelle ou à la propriété des biens immeubles. Tout comme les collectivités territoriales, les chambres de commerce et d'industrie sont dotées d'organes délibérants dont les membres sont élus par l'ensemble des commerçants et entreprises de leur circonscription. Ces chambres sont redevables d'une contribution permettant le financement des chambres qui prend la forme d'une taxe complémentaire à la taxe professionnelle. De même, les associations syndicales autorisées sont administrées par des organes élus par les membres de ces établissements corporatifs. Dès lors, la distinction de la décentralisation territoriale et de la décentralisation fonctionnelle, fondée sur le critère de l'élection, est loin d'emporter la conviction. Et ce d'autant plus que les auteurs expliquent que certains établissements publics « peuvent ne pas être conçus comme décentralisés »[641]. En outre, la réforme des collectivités territoriales a contribué à assouplir ces critères en posant le principe de l'élection au suffrage universel des conseillers métropolitains[642].

Alors que le Conseil d'État, en 1972, dans son rapport sur la réforme des établissements publics, affirmait que « l'établissement public [était] par nature un mode de décentralisation fonctionnelle de l'activité administrative »[643], la multiplication des établissements publics, de leurs missions ainsi que de leurs objets a fît naître de nombreuses contestations sur la corrélation entre décentralisation fonctionnelle et entité personnalisée. Dans ce sens, R. Drago affirmait qu'il existe des établissements publics « sous la dépendance des

[640] Ce principe est le nécessaire corollaire du principe constitutionnel de libre administration des collectivités territoriales.
[641] A. Homont, *La déconcentration par services,* Thèse, Bordeaux, 1950, p. 37.
[642] *Supra*, Titre 1, Chapitre 1, Section 2.
[643] CE, *La réforme des établissements publics*, La documentation Française, 1972, p. 47.

autorités étatiques »[644]. Il fondait son analyse sur le fait que les autorités étatiques créaient des établissements publics pour conférer à une nouvelle entité la maîtrise de sa gestion, en lui attribuant la personnalité juridique et non pour rapprocher les citoyens de l'activité administrative.

En définitive, certains établissements publics possèdent les attributions liées à la personnalité morale alors qu'ils présentent les caractéristiques d'une administration déconcentrée comme un contrôle pesant de la part de la collectivité de rattachement. A titre d'illustration[645], de nombreux services de l'État ont été transformés en établissement public afin de pouvoir disposer d'un patrimoine, de contracter ou encore d'ester en justice. C'est donc en ce sens que l'on peut parler de « déconcentration camouflée »[646].

La distinction entre décentralisation territoriale et décentralisation fonctionnelle est incertaine ce qui explique qu'un très grand nombre d'auteurs ont critiqué, voire nié, l'existence du concept de décentralisation par services.

b) Les controverses relatives à la décentralisation par services

Selon C. Eisenmann, « le problème de la centralisation ou de la décentralisation est le problème de l'unité ou de la division corrélative de l'appareil étatique et de la collectivité étatique »[647]. Cette définition exclut toute référence au concept de décentralisation par services. La raison de ce rejet est simple. Selon cet auteur, toute décentralisation ne peut être que territoriale en ce sens que la répartition des tâches administratives et la structuration territoriale de l'administration peuvent aboutir aux mêmes résultats mais ne procèdent pas de la même logique puisqu' « ils n'affectent pas la même sorte de structure de l'Administration »[648]. Poursuivant son raisonnement, C. Eisenmann établit qu'il existe non pas deux formes

---

644 R. Drago, *Les crises de la notion d'établissement public*, p. 255.

645 Illustrée par F. Linditch, préc. p. 164

646 R. Chapus, *Droit administratif général*, 15ème éd., 2001, p. 168.

647 C. Eisenmann, « Centralisation et décentralisation : principes d'une théorie juridique », *RDP* 1947, p. 165.

648 C. Eisenmann, *Centralisation et décentralisation : esquisse d'une théorie générale*, LGDJ, 1948, p. 43.

d'organisation administrative mais bien plutôt 3 types de systèmes possibles. L'originalité de son analyse consiste donc à identifier à côté de la centralisation et de la décentralisation, une nouvelle forme qu'il dénomme la « semi décentralisation »[649]. Celle-ci consiste à faire dépendre l'entrée en vigueur des normes d'une double décision, prise l'une par l'organe central, l'autre par l'organe décentralisé[650]. D'après cette analyse, la centralisation et la décentralisation ne constituent pas des catégories, les deux grands courants dans lesquels s'insèrent les institutions administratives mais les variantes extrêmes d'une seule notion, la semi décentralisation.

Or, selon la définition même de la semi décentralisation, il est possible d'affirmer que la plupart des systèmes administratifs se situent dans cette logique[651]. En outre, affirmer que la décentralisation ne peut être que territoriale méconnaît la réalité juridique des établissements publics de coopération intercommunale constituant à n'en pas douter une forme intégrée de décentralisation fonctionnelle et territoriale[652].

Dans sa thèse, J. Thalineau ajoute que le raisonnement de C. Eisenmann se heurte à la réalité[653]. C. Eisenmann exclut toute référence au concept de décentralisation par services dans la mesure où ce procédé ne modifie pas le caractère central des organes. Il explique que « ce qui caractérise les services d'État, c'est que uniques pour l'État tout entier, ils ont à leur tête un organe central. Qu'importe que cet organe soit un ministre ou non, un homme politique ou un technicien, [...]. Et voilà pourquoi le passage de l'un à l'autre ne produit aucune mutation dans le caractère du service: il est et reste d'État, parce qu'il est et reste un pour l'État »[654]. Toutefois, comme le démontre J. Thalineau, il existe des organes à compétence personnelle qui sont limités territorialement, « c'est à dire que l'organe en cause

---

649 C. Eisenmann, *Traité de science administrative*, Mouton, 1966, p. 317.

650 *Ibid*

651 C. Eisenmann souhaite ainsi « se limiter à l'analyse de cette seule variante ».

652 A. de Laubadère, « Vicissitudes actuelles d'une distinction classique : établissement public et collectivité territoriale. À propos des groupements des collectivités territoriales », préc. p. 428.

653 J. Thalineau, *Essai sur la centralisation et la décentralisation, Réflexions à partir de la théorie de C. Eisenmann*, Thèse Tours, 1994, p. 35.

654 C. Eisenmann, *Centralisation et décentralisation : esquisse d'une théorie juridique*, p. 25.

aurait non seulement une compétence *ratione personae* mais aussi *ratione loci* ». Pour illustrer son raisonnement, il prend l'exemple des conseils départementaux de l'ordre des médecins ou celui des caisses régionales et locales d'assurance maladie qui doivent agir dans le cadre de leurs missions mais également sur un territoire délimité. Si la démonstration de C. Eisenmann se heurte à certaines réalités, il n'en reste pas moins que sa réflexion a permis de « bouger les lignes de la doctrine traditionnelle »[655] en refusant de se cantonner à la distinction centralisation et décentralisation. D'autres auteurs sont venus ajouter à la critique de la décentralisation par services.

L. Constans s'est également attaché à démontrer les limites de la thèse de la décentralisation par services. Son raisonnement s'appuie sur la distinction entre organisme fondatif et corporatif. Pour l'auteur, l'établissement public ne représente pas un groupe d'intéressés mais constitue « la représentation séparée de l'un des intérêts collectifs d'un groupe social déjà organisé et doté lui-même de la personnalité juridique »[656]. L'établissement public s'apparente à une fondation dans la mesure où sa création nécessite l'intervention préalable d'un fondateur, c'est-à-dire de l'autorité étatique, lui attribuant la personnalité juridique et les moyens d'accomplir sa mission. La qualité de personne morale autonome se traduit ainsi par un processus de fondation, procédant de la déconcentration. A l'inverse, il existe des établissements publics de type corporatif comme les associations syndicales de propriétaires ou les ordres professionnels, qui, du fait de leur nature corporative, correspondent à de véritables entités décentralisées. Il faut également noter que L. Constans éprouve des difficultés à classer certains établissements publics dans le schéma de la décentralisation ou dans celui de la déconcentration, par exemple, les universités. En effet, l'élection des membres dirigeants leur confère un caractère corporatif. Néanmoins, les universités revêtent également un aspect fondatif dans la mesure où leur fonctionnement est conditionné par des liens de dépendance financiers avec l'État. Par conséquent, la différence entre la décentralisation territoriale et la décentralisation fonctionnelle n'est pas seulement organique puisque certains établissements publics de type corporatif répondent aux

[655] J. Caillosse, *Les mises en scène juridiques de la décentralisation*, LGDJ, Coll. Droit et Société, 2009, p. 75.
[656] L. Constans, *Le dualisme de la notion de personne morale en droit administratif* français, préc. p. 45.

critères de la décentralisation territoriale. Le choix d'individualiser certains services publics par le recours à la personnalisation traduit également une autre finalité moins avouable. Les autorités étatiques évitent la technique de la déconcentration afin de garantir l'autonomie juridique d'une entité nouvelle créée tout en conservant sur elle un certain contrôle.

Les nouvelles personnes publiques devraient s'inscrire dans la logique de la décentralisation fonctionnelle tout comme les établissements publics. Pourtant, l'étude de l'autonomie et du contrôle pesant sur ces personnes *sui generis* démontre, au contraire, leur soumission à une forme limitée de décentralisation que l'on peut analyser comme une nouvelle forme de décentralisation fonctionnelle.

B/ Une nouvelle forme de décentralisation fonctionnelle

La décentralisation fonctionnelle a pour objectif de conférer à un service « une certaine autonomie déterminée, en la dotant de la personnalité juridique »[657]. Dans le cadre de cette notion de « décentralisation fonctionnelle », il est important de souligner que la personnalité morale et l'autonomie juridique sont confiées non pas à un groupement humain mais à une activité de service public[658]. Étant dotées de la personnalité publique et ne pouvant être considérées comme des collectivités territoriales, les nouvelles personnes publiques devraient s'inscrire dans le procédé de la décentralisation fonctionnelle. Pourtant, il est possible de démontrer que la création des nouvelles personnes publiques répond à une nouvelle forme de décentralisation qui a pour principal objectif de conserver un certain contrôle sur leurs missions ainsi que sur leurs modes de fonctionnement. La frontière entre déconcentration et décentralisation est marquée par un contrôle étatique de nature différente. Les autorités déconcentrées sont soumises au pouvoir hiérarchique alors que les entités décentralisées sont soumises au contrôle de tutelle. Toutefois, l'étude de l'autonomie juridique des nouvelles personnes publiques

---

[657] A. de Laubadère, *Traité de droit administratif*, t.1, 1984, p. 103.

[658] Cette conception est confirmée, notamment, par J. Moreau pour qui « tout établissement public est toujours décentralisé », *Droit administratif*, 1909, Manuel de droit public, t. 2, p. 93. Dans le même sens, Hauriou, *Précis de droit administratif*, 5ème éd., 1943, p. 480.

(1) conduit à s'interroger sur l'existence, dans le cadre des personnes publiques innomées, des deux formes de contrôle (2).

1) L'évaluation de l'autonomie des nouvelles personnes publiques

Selon M. Waline, « une personne morale est autonome si elle se donne elle-même sa loi [...], si elle détermine elle-même les organes qui la représentent, et définit elle-même leurs pouvoirs »[659]. Cette approche maximaliste permet de définir l'autonomie comme le fait de s'administrer librement. La notion d'autonomie est à ce point proche de l'idée de décentralisation que nombre d'auteurs la considèrent comme un de ses éléments intrinsèques. Ainsi M. Hauriou définit la décentralisation comme la « création de centres d'administrations autonomes »[660]. M. Duverger insiste sur le fait que l'autonomie financière est un « élément essentiel de la décentralisation »[661]. Quant à L. Trotabas, il estime que « parmi les traits communs de l'établissement public, que la doctrine administrativiste retient pour essentiels, l'appartenance au régime administratif et à la spécialisation sont, à la vérité, secondaires : seule compte pour mesurer son autonomie de gestion, l'autonomie financière qui permet, entres autres, une politique d'autofinancement et un développement indépendant »[662]. Le terme « autonomie », lorsqu'il est appliqué à un organisme de droit public autre que l'État, est donc étroitement lié à l'idée de décentralisation.

Le champ de l'autonomie des collectivités territoriales apparaît relativement clairement et trouve sa justification dans le concept de décentralisation territoriale. Surtout, le principe d'autonomie des collectivités territoriales dispose d'un fondement constitutionnel en vertu de l'article 72 de la Constitution. Pourtant, force est de constater que cette autonomie telle qu'elle trouve à s'épanouir pour les établissements publics ne recouvre pas la même portée. En effet, celle-

[659] M. Waline, *Traité élémentaire de droit administratif*, Recueil Sirey, 6ème éd., 1950, p. 215.
[660] M. Hauriou, *Précis de droit public et de droit administratif*, 12ème éd., 1933, p. 84.
[661] Duverger, M., *Finances Publiques*, 6ème éd., 1968, p. 12.
[662] L. Trotabas, L., Préface à la thèse de S. Passeron, *L'autonomie de gestion des établissements publics*, préc., p. 3.

ci se présente davantage comme une autonomie de gestion[663]. A la différence des collectivités territoriales, l'autonomie de gestion des établissements publics est administrative et financière et ne se caractérise pas par une indépendance statutaire mais par « une aptitude à passer certains actes juridiques dans le champ légal d'intervention reconnu »[664] à l'établissement. En ce sens, certains auteurs affirment que l'autonomie des établissements publics n'est qu'une illusion. Finalement, l'établissement public n'a pas la maîtrise de sa propre autonomie, il peut être « hiérarchisé, bien qu'il possède à la fois la personnalité civile et l'autonomie financière la plus complète »[665]. Crée et supprimé par la collectivité publique, celle-ci continue à en guider le fonctionnement tout au long de sa vie. Le concept d'autonomie appliqué aux établissements publics se résume à « la gestion interne et quotidienne [...] de la politique qu'ils entendent suivre et de choisir les modalités qui leur permettront d'en assurer l'exécution à l'aide des moyens dont il dispose »[666]. L'autonomie administrative trouve alors ses bornes dans l'autonomie financière[667].

La caractérisation de l'autonomie de l'établissement public est ainsi difficilement identifiable. En outre, elle subit d'importantes variations selon le type d'établissement public rencontré. On sait qu'en matière budgétaire, les établissements publics industriels et commerciaux disposent d'une plus grande souplesse de gestion grâce à leur budget qui est alimenté de différentes ressources alors que celui des établissements publics administratifs est principalement constitué de ressources provenant des collectivités publiques, étatiques ou locales. L'autonomie des établissements publics se révèle finalement une expression au contenu fluctuant. L'intention du législateur lors de la création des nouvelles personnes publiques est principalement de

---

663 S. Passeron, *L'autonomie de gestion des établissements publics*, préc. p. 148.

664 O. Dugrip, et L. Saïdj, *Les établissements publics nationaux*, préc. p. 54.

665 P. Laroque et R. Maspetiol, *La tutelle administrative*, Sirey, 1930, p. 287.

666 CE, *Les établissements publics nationaux : catégories et spécificités*, La Documentation française, 1985, p.72.

667 Selon P. Lalumière, la notion d'autonomie financière regroupe trois caractéristiques principales : « 1° Les collectivités doivent disposer de ressources propres en quantité suffisante pour exercer sans difficultés financières majeures les compétences qui leur sont dévolues ; 2°les collectivités doivent pouvoir déterminer leurs recettes et leurs dépenses lors de l'établissement de budgets ou d'états prévisionnels (...) ; 3° les collectivités doivent supporter un contrôle uniquement exercé a posteriori, *Les finances publiques*, A. Colin, 1971, p. 138.

leur conférer davantage d'indépendance. Il est donc nécessaire de vérifier si cet objectif est respecté ou si l'on doit considérer que l'autonomie s'applique à ces nouvelles entités de façon tout aussi différenciée et problématique qu'à l'égard des établissements publics.

Dans le cadre de l'étude relative à l'autonomie accordée aux nouvelles personnes publiques, il convient de souligner que cette notion recouvre deux acceptions qui apparaissent comme des réponses aux insuffisances de l'autonomie des établissements publics. D'une part, le législateur, en créant les GIP, s'est attaché à donner naissance à une structure souple quant à son mode de fonctionnement. C'est pourquoi il sera analysé l'autonomie fonctionnelle des GIP. Concernant les autorités publiques indépendantes, le vocable qui leur correspond davantage se fonde sur une notion proche, celle d'indépendance. En scindant la catégorie classique des autorités administratives indépendantes, le législateur aurait souhaité leur conférer, par le biais de la personnalité morale, une plus grande indépendance statutaire. Quant à la Banque de France, il apparaît très logiquement, dans le cadre du système européen des banques centrales, que cette institution *sui generis* « par excellence » cumule les caractéristiques de l'indépendance fonctionnelle et de l'indépendance statutaire. Sera donc étudiée l'autonomie fonctionnelle des nouvelles personnes publiques (a), puis leur autonomie statutaire (b).

a) L'autonomie fonctionnelle des personnes publiques innomées

Après la loi du 15 juillet 1982, le législateur a multiplié les recours aux GIP pour pouvoir bénéficier de leur atout principal, la souplesse de gestion. La loi du 4 août 1993 a permis à la Banque France d'acquérir l'autonomie fonctionnelle. L'analyse se poursuivra avec l'étude des garanties de l'indépendance fonctionnelle des autorités publiques indépendantes.

L'autonomie fonctionnelle des GIP

Selon les termes de l'article 21 de la loi du 15 juillet 1982 d'orientation et de programmation pour la recherche et le développement technologique de la France, les GIP bénéficient de l'autonomie juridique et financière. La loi du 17 mai 2011 de simplification et d'amélioration de la qualité du droit confirme cette qualification. Son article 98 dispose que le GIP est une personne morale de droit public dotée de l'autonomie administrative et financière. Pour autant, ces structures originales bénéficient-elles d'une plus large autonomie que celle dont dispose l'établissement public ?

Tout d'abord, il semble incontestable que le régime souple des groupements s'analyse comme autant d'avantages par rapport au recours à l'établissement public. Plusieurs éléments de leur régime juridique permettent de le démontrer. En premier lieu, les groupements sont constitués par la signature d'une convention constitutive qui détermine librement ou presque l'organisation et le fonctionnement du groupement. Ainsi, la liberté contractuelle des parties leur laisse le choix de déterminer les règles de leur composition, de leur durée ou encore de leur comptabilité. Concernant la composition du groupement, il est tout à fait loisible aux partenaires des groupements d'inclure une collectivité territoriale, un établissement public ou une personne privée. Il existe toutefois une limite principale à l'autonomie que la loi confère aux signataires de la convention en matière de composition du groupement. En effet, « tout GIP doit comporter au moins une personne morale de droit public »[668]. De plus, la composition de certains groupements est très encadrée par le législateur. C'est le cas pour les GIP « Recherche » qui doivent impérativement comprendre un établissement ayant une activité de recherche et de développement technologique. La durée de constitution du groupement est également librement adoptée dans les

---

[668] R. Muzellec et V. Nguyen Quoc, *Les groupements d'intérêts publics*, Economica, 1993, p. 46. Les différentes lois applicables à l'évolution des groupements ont d'ailleurs toujours conservé ce principe de l'appartenance au groupement d'une personne morale de droit public. L'article 21 de la loi du 15 juillet 1982 dispose que les groupements d'intérêts publics « peuvent être constitués entre des établissements publics ayant une activité de recherche et de développement technologique, entre l'un ou plusieurs d'entre eux et une ou plusieurs personnes morales de droit public ou de droit privé ». L'article 45 de la loi du 26 janvier 1984 relative à l'enseignement supérieur prévoit également qu' « un ou plusieurs établissements publics à caractère scientifique, culturel et professionnel peuvent constituer, pour une durée déterminée, soit entre eux, soit avec d'autres personnes morales de droit public ou de droit privé, un groupement d'intérêt public, personne morale de droit public dotée de l'autonomie administrative et financière ». Enfin, l'article 22 de la loi du 23 juillet 1987 sur le développement du mécénat mentionne très explicitement l'obligation de faire participer « au moins une personne morale de droit public ».

statuts du GIP. Les GIP n'ont pas, en effet, vocation à durer. Le Guide d'information sur les GIP prévoyait une durée d'existence n'excédant pas 10 ans. Cette proposition n'a pas été retenue par le législateur puisque le statut général des GIP prévoit que la durée du groupement peut être à durée déterminée ou indéterminée. En outre, tout GIP peut faire l'objet d'un renouvellement qui doit toutefois être autorisé par l'autorité de tutelle[669].

L'autonomie fonctionnelle de la Banque de France

Étant une institution d'essence étatique, qualifier la Banque de France d'organisme indépendant peut surprendre. De ce fait, on utilise principalement à l'égard de cette institution financière le terme d' « autonomie »[670]. Afin d'appréhender l'autonomie attachée à la Banque, il est nécessaire de rendre compte de son mode de fonctionnement. Il convient également de souligner que la mise en place du système européen des banques centrales[671] est venue affecter la notion d'autonomie fonctionnelle caractérisant la Banque de France. Celle-ci se définit comme « l'implication effective de la banque centrale, non seulement dans la définition des objectifs à poursuivre, mais également dans la conduite de la politique monétaire »[672]. Le statut de la Banque de France a ainsi été modifié par la loi du 12 mai 1998 afin de l'intégrer au système européen des banques centrales.

Dès avant sa transformation statutaire, cette institution financière nationale exerçait trois missions principales : la définition de la politique monétaire interne, la politique de change et enfin le contrôle des établissements de crédit. Concernant la politique de change, la Banque de France ne disposait que très peu d'autonomie dans la mesure où le régime de change était déterminé par le

---

[669] Article 100 de la loi de simplification et d'amélioration de la qualité du droit du 17 mai 2011.

[670] J.-F Goux, « L'autonomie de la Banque de France: que devient la politique monétaire ? », *LPA* 1994, p. 21 ; P. Collas, « Le "dépeçage" de l'administration, un nouveau pas: la tentative d'autonomiser la Banque de France », *RRJ* 1994, p. 557.

[671] Concernant l'institution et les missions des banques centrales dans le cadre du système européen des banques centrales : B. Emfrum, « La Banque de France et le Système européen de banques centrales », *RFAP* 1999, p. 623.

[672] J.-P. Colson, *Droit public économique*, LGDJ, 4ème éd., 2008, p. 336.

gouvernement[673]. La principale modification affectant l'autonomie de la Banque réside dans sa fonction de mise en œuvre et de détermination de la politique monétaire. L'article premier de la loi du 12 mai 1998 dispose désormais que la Banque « participe à l'accomplissement des missions et au respect des objectifs qui lui sont assignés au système européen des banques centrales par le Traité ». La Banque ne définit plus elle-même la politique monétaire qui doit s'accomplir sans que celle-ci ne puisse « ni solliciter ni accepter d'instructions du gouvernement ou de toute autre personne »[674]. En outre, le privilège d'émission des billets, prérogative hautement symbolique, découle dorénavant d'une habilitation accordée par la Banque centrale européenne à la banque de France.

L'autonomie de gestion de la Banque a donc été « absorbée » par le système européen des banques centrales et plus particulièrement par la Banque centrale européenne. En matière de contrôle, la Banque ne dispose que d'une autonomie partagée dans la mesure où le respect relatif à la réglementation des établissements de crédit est assuré par voie ministérielle sous l'égide du Comité de réglementation bancaire ainsi que par la Commission bancaire. La présidence de cette dernière est assurée par le gouverneur de la Banque tandis que son secrétariat dépend de la Banque de France elle-même. Finalement, la Banque ne bénéficie pas d'une autonomie de gestion réelle, ce qui peut aisément se comprendre au regard de ses missions régaliennes.

L'autonomie fonctionnelle des autorités publiques indépendantes

Les premières études consacrées aux autorités administratives indépendantes ont soulevé de multiples interrogations quant à leur qualification d'institutions « indépendantes ». Pour beaucoup, les termes « administratif » et « indépendance » étaient à ce point antinomiques que la « liberté de mouvement dont elles disposent [les AAI] n'est qu'officieuse, informelle »[675] . On s'est longtemps interrogé sur leur qualification juridique : « Sont-ce des autorités administratives ? Des autorités autonomes ? Des organes

[673] Cette disposition est devenue caduque avec l'avènement de la monnaie européenne.
[674] Article 1er de la loi du 4 août 1993 relative au statut de la Banque de France.
[675] J. Chevallier, « Réflexions sur l'institution des autorités administratives indépendantes », *JCP G* 1986. I. 3254.

insolites ? »[676]. On constate que depuis la création de la première autorité administrative indépendante[677], les AAI se sont parfaitement intégrées à l'organisation administrative française grâce aux garanties statutaires et fonctionnelles d'indépendance qui leur sont attachées. Selon la formule consacrée, les AAI disposent d'une autonomie de gestion administrative et financière. Cette affirmation doit cependant être nuancée dans la mesure où, face à un grand nombre d'autorités, l'on se place devant « une échelle de situations, traduisant des degrés variables d'indépendance et de pouvoirs » démontrant que « tout tracé d'une frontière comporte nécessairement une part d'arbitraire »[678].

L'autonomie de gestion de ces institutions varie d'une entité à l'autre. Si l'on se réfère aux moyens matériels mis à leur disposition, on s'aperçoit que la gestion des personnels par les présidents de ces diverses autorités est plus ou moins soumise à une dépendance envers l'Administration. Concernant la CNIL (Commission nationale Informatique et libertés), son président dirige ses services et nomme ses agents qui peuvent être, outre des fonctionnaires, des personnels recrutés par voie contractuelle[679]. Le Médiateur de la république avait la possibilité de recruter ses collaborateurs et fixait le montant de leur rémunération[680]. A ce propos, P. Sabourin remarquait que « l'on est plus indépendant si l'on peut recruter soi même, comme le médiateur, que si l'on doit s'appuyer sur des services ministériels, comme c'est le cas de la COB »[681]. Selon J. Chevallier, les garanties fonctionnelles de l'indépendance des autorités administratives résident principalement dans le fait qu' « elles ne reçoivent ni ordres, ni instructions ; elles exercent les attributions qui leur sont confiées en toute indépendance »[682]. En matière de gestion financière, l'emploi du terme « autonomie » paraît quelque peu délicat dans la mesure où ne

[676] P. Sabourin, « Les autorités administratives indépendantes, une catégorie nouvelle », *AJDA* 1983, p. 275.
[677] Selon le Conseil d'État, la première autorité administrative indépendante est la CNIL, *EDCE* 2001, n° 52, p. 68.
[678] J. Chevallier, préc.
[679] Article 19 de la loi n° 78-17 du 6 janvier 1978 relative à l'informatique, aux fichiers et aux libertés.
[680] Article 6-1 de la loi n°73-6 du 3 janvier 1973 instituant un médiateur modifié par la loi n°2005-882 du 2 août 2005 dans son article 82.
[681] P. Sabourin, préc. p. 292.
[682] J. Chevallier, « Régulation et polycentrisme dans l'administration française », *RA*, 1998, p. 51.

disposant pas de personnalité morale, les principaux apports budgétaires proviennent de ressources d'État, ce qui atteste une autonomie de gestion limitée.

Néanmoins, une donnée fondamentale est apparue avec la création des autorités publiques indépendantes. Celles-ci disposent de la personnalité morale. Cette « quasi » révolution tend à accroître, en apparence, la souplesse de gestion de ces nouvelles entités. Le législateur cherche à assimiler personnalité morale et renforcement de l'autonomie des autorités publiques indépendantes.

Or, si l'octroi de la personnalité morale permet une responsabilité accrue, l'autonomie financière est, finalement, extrêmement variable d'une API à une autre. Ainsi, l'Autorité des marchés financiers, selon les articles L. 621-5-2 et L. 621-5-3 du code monétaire et financier, perçoit les droits versés par les personnes soumises à son contrôle. L'Autorité de contrôle des assurances et des mutuelles, selon l'article L. 310-12-4 du code des assurances, reçoit une contribution pour frais de contrôle, acquittée chaque année par les entreprises, dont l'assiette est constituée par les primes ou cotisations émises ou acceptées au cours de l'exercice clos durant l'année civile précédente. Ces deux premières autorités bénéficient donc de ressources propres leur permettant d'assurer, en toute indépendance, leurs missions. Tel n'est pas le cas pour les dernières autorités publiques indépendantes. En effet, le budget de la Haute autorité de santé est constitué par des subventions de l'État, une dotation globale de l'assurance maladie, le produit des redevances pour services rendus, ainsi que des contributions et taxes, des produits divers, dons et legs[683]. Quant à celui de l'Agence française de lutte contre le dopage, il est également constitué de subventions étatiques, de revenus des prestations qu'elle facture (analyses réalisées dans son laboratoire), ainsi que d'autres ressources propres qui seraient constituées par le produit de l'exploitation, de la cession ou de la concession des droits de propriété intellectuelle liés à l'activité de recherche du laboratoire, de dons et legs[684]. A ce propos, M. Pierre Brody a démissionné de ses fonctions de Président de l'AFLD suite à ses nombreuses tentatives infructueuses pour accroître le budget de l'Agence. Cette démission s'inscrit dans un contexte de négociations houleuses avec le ministère

[683] Article L. 161-45 du Code de la sécurité sociale.
[684] Article L. 3612-3 du Code de la santé publique.

de la Santé et du secrétariat d'État chargé des sports, autorités de tutelle. Le rapport de 2010 sur les AAI en conclut que « les problèmes de financement rencontrés par l'AFLD constituent une atteinte à son indépendance »[685].

Il doit donc être soutenu que l'autonomie des autorités publiques indépendantes est variable et surtout ne permet pas de les différencier des autorités administratives indépendantes dépourvues de la personnalité morale. Il convient alors de se référer aux garanties offertes par leur autonomie statutaire afin de pouvoir les distinguer des établissements publics.

b) L'autonomie statutaire des nouvelles personnes publiques

Il convient, à présent, d'étudier l'autonomie des nouvelles personnes publiques sous le prisme de leurs garanties statutaires d'indépendance. Le débat suscité par le législateur à l'occasion de la qualification de la CNIL d'autorité administrative indépendante ne s'est pas essoufflé puisque celui-ci a souhaité créer de nouvelles autorités, dotées d'une indépendance accrue, en conférant notamment à la première autorité publique indépendante la personnalité morale. Toutefois, une interrogation subsiste : à l'égard de quelles institutions ces nouvelles personnes publiques doivent-elles être indépendantes [686]? Si la Banque de France se doit d'échapper à toute immixtion subjective de la part du gouvernement dans la conduite des missions qui lui sont attribuées par le système européen des banques centrales, les autorités publiques indépendantes n'en demeurent pas moins des « unités administratives » encadrées par les pouvoirs publics.

L'autonomie statutaire de la Banque de France

Cette indépendance statutaire, que l'on peut qualifier également d'organique, s'apprécie au regard de deux critères. Tout d'abord, il convient de se référer aux conditions de nomination des organes dirigeants de la Banque de France et ensuite aux garanties

---

685 Rapport du comité d'évaluation et de contrôle des politiques publiques, *Les AAI*, 2010, p. 103.

686 La question du degré d'autonomie des GIP sera étudiée sous l'angle des contrôles qui pèsent sur ces institutions.

statutaires dont ils bénéficient. On notera, à ce propos, que les conditions de l'indépendance statutaire concernant les relations institutionnelles entre la Banque et le pouvoir exécutif sont très proches de celles relatives aux autorités administratives indépendantes.

Concernant la désignation des membres dirigeants de l'institution financière, le critère d'indépendance doit s'apprécier au regard de la notion de dispersion des nominations. Autrement dit, malgré le fait que le gouverneur et les deux sous-gouverneurs soient nommés par décret en conseil des ministres, les membres du conseil politique et monétaire, organe fondamental de la Banque, sont proposés par les présidents de l'Assemblée Nationale, du Sénat ainsi que du Conseil économique et social. Si ces dispositions semblent respecter le critère de dispersion des nominations, l'article 8 de la loi du 3 août 1993 atténue sensiblement cette affirmation. En effet, le nombre de candidats figurant sur la liste établie par chaque organe de nomination doit être trois fois supérieur au nombre de sièges à pourvoir. Le pouvoir politique peut apprécier de façon plus ou moins discrétionnaire la liste établie par les instances de nomination et dispose donc d'une liberté de choix importante. Si l'on se réfère au droit comparé, il est possible de souligner une indépendance accrue des dirigeants de la Bundesbank et de la Federal Reserve américaine[687]. En effet, ces deux institutions répondent aux critères de la dispersion des nominations dans la mesure où le président et le vice-président de la Banque américaine sont nommés par le président des États-Unis et confirmés par le Sénat. Concernant la Bundesbank, le président et le vice-président sont nommés par le président de la République fédérale, sur proposition du gouvernement fédéral, après avis du conseil central[688].

Les garanties statutaires des membres dirigeants de la Banque de France apparaissent davantage protectrices de son autonomie. Selon J. Chevallier, les éléments d'identification renvoient notamment

[687] Selon les principales études relatives à l'indépendance des banques centrales, la Bundesbank ou la Federal Reserve sont « généralement prises comme référence en la matière », Farvaque, E. et Lagadec, G., *Intégration économique européenne*, De boeck Université, Coll. Questions d'économie et de gestion, 2002, p. 166.

[688] *Les autorités administratives indépendantes : évaluation d'un objet juridique non identifié*, t. 2, Annexes, Rapport n° 404 de P. Gélard, 2005-2006, Office parlementaire d'évaluation de la législation.

« aux règles fixées pour l'exercice du mandat »[689]. Selon l'article L.142-8 du Code monétaire et financier, le gouverneur et les deux sous-gouverneurs sont nommés pour un mandat de six ans renouvelable une fois. Il ne peut être mis fin à leurs fonctions qu'en cas de faute grave ou d'incapacité d'exercer celles-ci. En outre, il convient de souligner que ces trois personnages directeurs continuent de percevoir leur traitement trois ans après la cessation de leurs fonctions. Ces dispositions semblent éviter davantage toute relation avec d'éventuelles contingences politiques que ne le sont celles relatives aux mandats des membres directeurs de la Bundesbank ou de la Federal Reserve. En effet, le mandat du président de la Bundesbank est de 8 ans renouvelable et celui du président de la Banque Fédérale américaine est de 4 ans également renouvelable. Le degré de dépendance juridique est, en l'espèce, moindre quant aux membres directeurs de la Banque de France.

La Banque de France apparaît finalement comme une institution autonome vis-à-vis du pouvoir politique. Cette situation est plus contestable concernant les autorités publiques indépendantes.

L'autonomie statutaire des autorités publiques indépendantes

L'émergence des autorités administratives indépendantes s'est heurtée, à l'origine, à des interrogations relatives à leur insertion dans l'organisation étatique[690]. Toutefois, la personnalité morale leur faisant défaut, les auteurs s'accordaient à leur conférer une « indépendance relative »[691].

Depuis la création de l'AMF, cette affirmation n'est plus satisfaisante. S'il ne fait aucun doute que l'attribution de la

---

[689] J. Chevallier, « Régulation et polycentrisme dans l'Administration française », *La Revue admi*nistrative, 1998, n°301, p. 50.

[690] J. Chevallier a ainsi « vu apparaître dans l'univers administratif des structures placées hors hiérarchie, échappant à tout pouvoir d'instruction et de contrôle et disposant d'une liberté d'action juridiquement garantie ; cette apparition met en cause les fondements de la construction de l'administration, et, au-delà, la conception même de l'État, *Réflexions sur l'institution des autorités administratives indépendantes*, préc. p. 35.

[691] E. Pisier, « Vous avez dit indépendantes ? Réflexions sur les AAI », *Pouvoirs* 1988, n°46.

personnalité morale à un organisme n'est pas en lui seul un gage d'indépendance, il convient de s'intéresser aux garanties statutaires qui entourent les autorités publiques indépendantes. L'Administration mais également ces autorités publiques sont subordonnées au gouvernement en raison de l'article 20 de la Constitution. Il est donc nécessaire de s'attacher aux conditions de désignation de leurs organes dirigeants ainsi qu'aux conditions d'exercice de leur mandat pour vérifier leur indépendance statutaire, leur autonomie vis-à-vis des gouvernements.

Selon l'article 3 de la loi de sécurité financière du 1er août 2003, le collège de l'Autorité des marchés financiers comprend 16 membres. Parmi eux, le président est nommé par décret du Président de la République pour un mandat de cinq ans, non renouvelable. Ce collège comprend également trois magistrats du Conseil d'État, de la Cour de cassation et de la Cour des comptes. Les présidents de l'Assemblée nationale, du Sénat et du Conseil économique et social désignent chacun un membre pour leur compétence financière et juridique ainsi que pour leur expérience en matière d'appel public à l'épargne et d'investissement de l'épargne dans des instruments financiers. Le ministre de l'Économie est chargé de nommer six membres, là encore en raison de leur compétence financière et juridique ainsi que de leur expérience en matière d'appel public à l'épargne et d'investissement de l'épargne dans des instruments financiers, après consultation des organisations représentatives des sociétés industrielles et commerciales dont les titres font l'objet d'appel public à l'épargne, des sociétés de gestion d'organismes de placements collectifs et des autres investisseurs, des prestataires de services d'investissement, des entreprises de marché, des chambres de compensation, des gestionnaires de systèmes de règlement livraison et des dépositaires centraux. On trouve également un représentant des salariés actionnaires désigné par le ministre chargé de l'économie. La durée du mandat de tous ces membres est de cinq ans renouvelable une fois. Le collège comprend également un représentant de la Banque de France désigné par le gouverneur ainsi que le président du Conseil national de la comptabilité.

Il est difficile de prétendre que les nominations sont extérieures au choix des gouvernements étant donné qu'outre son président, sept membres du collège de l'Autorité des marchés financiers sont directement nommés par l'exécutif. Le pouvoir politique est donc très présent d'autant que le mandat des membres de l'Autorité est renouvelable excepté, il est vrai, celui de son président.

La Haute autorité de santé comprend, selon les termes de l'article L.161-42 du code de la sécurité sociale, huit membres, dont son président, nommé par décret du Président de la République. La durée de leur mandat est de six ans, renouvelable une fois. Le collège est renouvelé par moitié tous les trois ans. Le Président de l'Assemblée nationale, le Président de la République, le Président du Sénat ainsi que le Président du Conseil économique et social en désignent chacun deux. Il est à noter que le décret du 10 janvier 2008 portant nomination des membres du collège de la Haute Autorité de santé a renouvelé, dans leurs fonctions, trois des membres de l'organe central sur quatre. L'emprise du pouvoir politique est également marquée concernant l'organisation de la Haute autorité de santé. L'Agence française de lutte contre le dopage, est de ce point de vue, une institution originale puisqu'aucun de ses membres n'est désigné par le pouvoir politique. En effet, le collège de l'Agence comprend neuf membres : un conseiller d'État désigné par le vice-président du Conseil d'État, deux magistrats de la Cour de cassation désignés par son Premier Président et son Procureur général, trois membres désignés par les présidents des Académies de médecine, de pharmacie et des sciences, des « sportifs » désignés par le président du Conseil national olympique et sportif français (CNOSF) ainsi qu'un ancien sportif de haut niveau et un membre du conseil d'administration du CNOSF.

De ces différentes dispositions, il est possible de déduire deux éléments. D'une part, la désignation des membres des organes dirigeants des autorités publiques indépendantes ne diffère pas de celle de la catégorie « classique » des autorités administratives indépendantes. Ensuite, on s'aperçoit que plus l'autorité dispose de prérogatives plus l'emprise du pouvoir politique est importante. Il n'est pas discutable que l'Autorité des marchés financiers joue un rôle politique beaucoup plus déterminant que celui joué par l'Agence de lutte contre le dopage.

Pour conclure, les équivoques affectant la notion d'autonomie et les interrogations persistantes sur la définition de ce critère conduisent à s'interroger sur l'intégration des nouvelles personnes publiques dans les schémas classiques d'organisation du pouvoir. Et ce d'autant plus que ces nouvelles personnes publiques sont assujetties à de multiples contrôles.

2) Le contrôle hiérarchique et le contrôle de tutelle

Pour démontrer que les nouvelles personnes publiques s'inscrivent dans le schéma d'une décentralisation limitée, il convient de souligner que les contours des notions de pouvoir hiérarchique et de tutelle ne sont pas délimités avec clarté (a). En outre, il sera démontré qu'en créant ces nouvelles structures, le législateur souhaitait s'émanciper du contrôle pesant sur les établissements publics. Pourtant, force est de reconnaître que le législateur, tout en conférant une certaine autonomie aux nouvelles personnes publiques, conserve un contrôle sur ces nouvelles structures publiques (b).

a) La distinction entre le pouvoir hiérarchique et le contrôle de tutelle

En 1892, Hauriou définissait la tutelle comme « un pouvoir de contrôle que certaines personnes administratives exercent sur certaines autres »[692]. Cette conception extensive de la tutelle n'est plus satisfaisante dans la mesure où elle ne permet pas de différencier la tutelle du pouvoir hiérarchique. En effet, le contrôle de tutelle se caractérise principalement par le fait d'approuver ou d'empêcher l'autorité contrôlée. La tutelle s'apprécie au regard de la légalité des actes pris par l'organisme contrôlé alors que le contrôle hiérarchique s'appuie également sur des éléments d'opportunité. La tutelle est également une des caractéristiques de la décentralisation alors que le pouvoir hiérarchique régit les relations entre les organes d'une même personne publique. Selon S. Regourd, « la jurisprudence rappelle que l'autorité de tutelle ne se confond pas nécessairement avec le supérieur hiérarchique des organes dirigeants un établissement public »[693].

S'il n'est pas contestable que la décentralisation est intimement liée à la notion de tutelle[694], nombreux sont les auteurs qui ont

---

[692] M. Hauriou, Répertoire Béquet, 1892, n° 90, *Décentralisation* ; L. Richer, « La notion de tutelle sur les personnes en droit administratif », préc. p. 972.
[693] CE, 7 décembre 1973, *Le Couteur et Sloan*, Rec. p. 704.
[694] *Infra*, p. 31 et s.

démontré que cette notion s'appliquait à d'autres institutions que des organes décentralisés. Ainsi, Hauriou soulignait que « la tutelle n'est pas restreinte aux personnes administratives décentralisées, elle s'étend aux établissements publics non décentralisés »[695]. La principale distinction entre le pouvoir hiérarchique et le contrôle de tutelle réside dans la protection législative exprimée par la formule « pas de tutelle sans texte ». En effet, selon une jurisprudence constante du Conseil d'État[696], seul un texte peut expressément autoriser une mesure de tutelle. L'article 72 de la Constitution indique que les collectivités territoriales ainsi que leurs établissements publics ne peuvent être soumis à un acte de tutelle que par la voie législative. Cette protection est moindre pour les établissements publics nationaux puisque la juridiction administrative estime que le « contrôle exercé par l'État sur les établissements publics relevant de lui ressortissent par leur nature du domaine du règlement »[697]. La notion de pouvoir hiérarchique est traditionnellement présentée comme un élément constitutif de la centralisation alors que le contrôle de tutelle, désormais contrôle de légalité et contrôle a posteriori, partage l'espace juridique de la décentralisation. Dès lors, cette opposition conduit à ranger à l'intérieur de la catégorie des organismes déconcentrés, toute entité sur laquelle s'exercerait un pouvoir hiérarchique. Cette affirmation est, cependant, nuancée par deux éléments.

Tout d'abord, la pratique relève que certains aspects du pouvoir hiérarchique se retrouvent dans le fonctionnement de l'établissement public[698]. En outre, la distinction entre la notion de pouvoir hiérarchique et celle de tutelle est fondamentalement d'essence subjective et il convient d'admettre que « la tutelle ne se laisse pas distinguer entièrement du pouvoir hiérarchique »[699]. Alors que certains auteurs ont une définition très restrictive de la tutelle,

---

695 Répertoire Béquet, préc. n° 91.

696 CE, 24 juin 1970, *Ministre des Anciens Combattants et Victimes de guerre contre Sieur Lepeltier*, Rec. p. 430; CE, 2 mars 1979, *Sieur Gerard de Bettignies*, Rec. p. 94.

697 CE, 10 mai 1972, *Fédération nationale des syndicats d'ingénieurs et assimilés mines et industries connexes*, Rec. p. 350.

698 S. Regourd, préc.

699 Y. Gaudemet et J.-C. Vénézia, *Traité de droit administratif*, LGDJ, 1996, 16ème éd., p. 120.

d'autres témoignent de leur embarras à distinguer ces deux concepts et proposent de s'en remettre à la science administrative[700].

Le contrôle de tutelle à l'égard des établissements publics s'analyse comme une limite à leur autonomie. L'autorité de tutelle peut exercer à leur encontre un pouvoir d'annulation, un pouvoir d'approbation, un pouvoir d'autorisation et, sous certaines conditions restrictives, un pouvoir de substitution. Afin de le distinguer de la notion de pouvoir hiérarchique, il convient d'exclure, dans le cadre du contrôle de tutelle, le pouvoir d'instruction et le pouvoir de réformation. La diversité des modalités de contrôle doit désormais être analysée à l'égard des nouvelles personnes publiques.

b) Les différents contrôles étatiques sur les nouvelles personnes publiques

L'étude du contrôle pesant sur les nouvelles personnes publiques fait apparaître que certaines sont soumises à une tutelle étroite (b-1) alors que d'autres ne sont a priori soumises à aucune forme de tutelle (b-2).

b-1) La multiplicité des contrôles

Pour éviter que les GIP s'affranchissent du respect du principe de légalité, l'autorité étatique exerce de nombreux contrôles sur leur constitution ainsi que sur leur fonctionnement. Comme évoqué précédemment, toute convention constitutive d'un GIP doit être approuvée par l'autorité tutelle avant de pouvoir être publiée. De plus, chaque groupement d'intérêt public est soumis au contrôle d'un commissaire du gouvernement, nommé en principe par le ministre de tutelle, et chargé de représenter l'État au sein de chaque groupement d'intérêt public. L'article 3 du décret du 15 mars 1983 relatif aux « GIP recherche » énonce les pouvoirs étendus du commissaire du gouvernement. Le commissaire participe, avec voix consultative, à toutes les instances délibératives et décisionnelles au groupement. En outre, il approuve le recrutement par le groupement de son personnel propre et enfin, il dispose d'un droit de veto suspensif de quinze jours pour les décisions qui mettent en jeu l'existence ou le bon

[700] O. Gohin, *Institutions administratives*, LGDJ, 2002, p. 96.

fonctionnement du groupement. Pendant ce délai, l'autorité qui a pris la décision est tenue de procéder à un nouvel examen de sa décision.

Etant données la structure et la vocation particulière des GIP, le législateur, pour pallier l'absence de tutelle sur les personnes, a donc mis en place une tutelle sur les actes des GIP. Cependant, il convient également de souligner que la formule du GIP permet au législateur de multiplier les contrôles si bien que certains groupements sont soumis à un contrôle hiérarchique ainsi que le démontre l'exemple des anciennes agences régionales d'hospitalisation.

Dotées de la personnalité morale, ces agences s'inscrivaient théoriquement dans le schéma de la décentralisation. Cette affirmation pouvait être réfutée par un ensemble de dispositions démontrant que les agences relevaient également de la déconcentration. En effet, celles-ci avaient pour objet de mettre en œuvre, dans le cadre de la région, la politique sanitaire étatique. Les ARH étaient composées de deux organes. D'une part, l'ARH disposait d'une commission exécutive comprenant les différents membres du groupement d'intérêt public, faisant office d'assemblée générale. A côté de cette commission, il est à noter le rôle important de l'organe exécutif, le directeur de l'agence, nommé par décret. Le législateur avait expressément prévu que le directeur exerçait ses compétences au nom de l'État. Cette disposition pouvait surprendre dans la mesure où la personnalité juridique des agences, et, par suite, leur assimilation au procédé de la décentralisation, supposent que le directeur exerce ses compétences au nom du GIP. Nonobstant leur fonctionnement interne, il était difficile de classer les agences régionales d'hospitalisation dans le procédé de la décentralisation ou de la déconcentration en se référant au contrôle effectué sur ces dernières. En effet, le directeur était soumis au pouvoir hiérarchique du ministre de tutelle et, dans le même temps, les décisions prises par la commission exécutive étaient soumises au contrôle de légalité du Préfet de région. Ce dernier contrôle s'inscrit dans le cadre de la décentralisation fonctionnelle. Toutefois, il convient d'ajouter que certaines décisions de la commission exécutive[701] pouvaient faire l'objet d'un recours hiérarchique auprès du ministre de la santé. Cette disposition relève clairement des procédés de la déconcentration.

---

[701]Ancien article L. 710-21 du Code de la santé publique.

Ces structures ont donc été créées sous la forme d'une décentralisation limitée. Il est vrai que les missions dont elles avaient la charge correspondent à des activités fondamentales supposant l'existence d'un contrôle étatique particulier. Si les agences régionales d'hospitalisation ont été remplacées par les agences régionales de santé qui sont qualifiées d'établissements publics, il n'est pas certain que ce nouveau qualificatif rompe avec le l'hybridité des anciennes ARH[702].

b-2) L'absence de tutelle

Alors que les GIP subissent des contrôles importants, les autorités publiques indépendantes ne sont soumises *a priori* à aucun pouvoir hiérarchique ni de tutelle. Or nombreux sont ceux qui critiquent l'absence de lien entre les autorités administratives indépendantes, a fortiori les autorités publiques indépendantes, et l'État. En effet, le législateur recherche avant tout, avec la création de ces nouvelles autorités, une indépendance accrue par rapport à l'État. Cette indépendance ne peut, cependant, être complète puisque les missions des autorités publiques indépendantes « ne peuvent échapper à des autorités de l'État »[703]. Dès lors, il convient de s'interroger sur l'existence d'une forme de tutelle étatique envers les autorités publiques indépendantes.

Selon certains, il existe une « panoplie classique des procédés de tutelle, allant du pouvoir de substitution au simple droit d'information, de suspension et de saisine du juge, en passant par le traditionnel pouvoir d'annulation reconnu à l'autorité supérieure »[704]. D'autres soulignent que la tutelle n'englobe pas les pouvoirs d'instruction et de réformation mais seulement d'approbation, d'annulation et de réformation[705]. R. Chapus estime que le procédé de

---

702 Selon de nombreux auteurs, les agences régionales de santé s'inscrivent dans une forme de décentralisation très limitée malgré leur qualification d'établissement public. Sur ce point, D. Truchet, *Droit de la santé publique*, 7ème éd., Dalloz 2009, Coll. Mémentos, p. 35 ; C. Castaing, « Les agences régionales de santé : outil d'une gestion rénovée ou simple relais du pouvoir central », *AJDA* 2009, p. 2214; P. Combeau, « Les nouveaux visages de la la déconcentration », *RFDA* 2010, p. 1018.

703 M. Degoffe, « Les autorités publiques indépendantes », *AJDA* 2008, p. 627.

704 O. Dugrip et L. Saïdj, *Les établissements publics nationaux*, préc. p. 54.

705 Frier, P.-L. et Petit, J., *Précis de droit administratif*, Montchrestien, Coll. Domat Droit public, 2008, 5ème éd., p. 246.

tutelle peut seulement être identifié à la « possibilité de déclencher un contrôle qu'une autre autorité exercera »[706].

Cette conception est également celle de M. Degoffe pour qui la tutelle pourrait « consister en un pouvoir pour les autorités de l'État de saisir le juge administratif quand une décision de l'autorité soumise à tutelle ne leur semble pas régulière »[707]. Ce dernier poursuit son raisonnement en s'appuyant sur le contrôle relâché qui caractérise certains établissements publics à l'instar des universités.

Depuis la loi d'orientation de l'enseignement supérieur n° 68-978 du 12 novembre 1968 dite « loi Edgar Faure », les universités sont soumises à une tutelle allégée. En effet, alors la plupart des dirigeants des établissements publics administratifs sont nommés, la présidence de l'université est confiée à une personne élue par des conseillers eux-mêmes élus. En outre, l'article L.711-1 alinéa 4 du code de l'éducation dispose que les universités « sont autonomes ». Exerçant les missions qui leur sont conférées par la loi, les universités « définissent leur politique de formation, de recherche et de documentation dans le cadre de la réglementation nationale et dans le respect de leurs engagements contractuels ». Cette autonomie est toutefois contrebalancée par une forme de tutelle exercée par l'État et notamment par le recteur qui avait le droit de suspendre les délibérations prises par ces établissements « pour raisons graves, jusqu'à décision du ministre de l'éducation nationale qui doit statuer dans les trois mois ». Aujourd'hui, le contrôle étatique exercé sur les actes des universités est régi par les articles L.719-7 à L.719-9 du code de l'éducation consacrant leur large autonomie par rapport à l'ensemble des établissements publics administratifs. Il convient à cet égard de souligner que les délibérations des différentes instances universitaires entrent en vigueur sans approbation préalable, excepté en matière d'emprunts. Le contrôle du chancelier n'existe qu'à travers les décisions et délibérations à caractère réglementaire qui doivent lui être transmises avant leur entrée en vigueur. Le chancelier ne peut les annuler ou les suspendre. Son contrôle se limite à la saisine du Tribunal administratif si ces différentes décisions lui paraissent

---

[706] R. Chapus, *Droit administratif général*, préc. p. 401.
[707] M. Degoffe, préc. p. 627.

entachées d'illégalité[708]. Cette disposition correspond à la définition donnée par R. Chapus du contrôle relâché qui se réduit pour l'autorité de tutelle à saisir le juge compétent. Les autorités publiques indépendantes sont également soumises à un contrôle relâché qui ne peut « suffire à les exclure de la catégorie établissement public »[709]. Cette conception du contrôle de tutelle *a minima* s'applique aux API.

On s'en souvient, la tutelle est un des critères de la décentralisation. Lorsque surgit une controverse sur la nature décentralisée ou non d'un organisme, on a recours au critère de la tutelle pour la trancher. Les autorités publiques indépendantes étant soumises à la forme la plus limitée de tutelle[710], elles s'inscrivent bien dans le schéma de la décentralisation mais d'une manière différente de celles des établissements publics classiques. Ce faisant, le législateur a créé une nouvelle forme de décentralisation fonctionnelle lui permettant de conférer une large autonomie à ces nouvelles entités tout en conservant un certain contrôle sur leurs missions. La Banque de France, selon ce schéma, répond principalement aux exigences européennes d'indépendance des banques centrales. Sa mission régalienne suppose nécessairement un contrôle administratif, qui s'identifie davantage à une tutelle sur les personnes. Dès lors, elle s'inscrit également dans une nouvelle forme de décentralisation fonctionnelle.

Les nouvelles personnes publiques ne s'inscrivent pas dans les schémas classiques de l'organisation administrative française. Malgré

---

708 Il convient toutefois de noter la présence d'une procédure particulière, celle décrite à l'article L.719.-9 du Code de l'Education selon laquelle le chancelier des universités peut suspendre l'application, pour un délai de trois mois, d'une mesure qui serait de nature à porter gravement atteinte au fonctionnement de l'établissement. En outre, l'article L. 719-8 du code de l'éducation a maintenu le pouvoir de substitution ministériel en cas de difficulté grave dans le fonctionnement des organes statutaires des établissements, F.-X. Fort, « Les libertés universitaires devant le Conseil d'État », *AJDA* 2010, p. 58.

709 M. Degoffe, article préc. p. 627. Les AAI et les autorités publiques indépendantes ont été créées pour être soustraites à la tutelle du pouvoir exécutif. Elles ne reçoivent ni ordres, ni instructions du pouvoir exécutif et ne sont pas contrôlées par lui.

710 C'est-à-dire le droit pour l'autorité de tutelle de déférer au juge administratif les actes illégaux des organes décentralisés.

leur personnalité morale, elles sont soumises à des contrôles plus ou moins poussés venant contredire le choix de la décentralisation ; c'est la raison pour laquelle elles se différencient des personnes publiques traditionnelles. Dès lors, il convient de les étudier par rapport aux autres entités administratives pour pouvoir appréhender leur intégration au sein des nouvelles fonctions de l'Administration.

Section 2 : Le renouvellement des modes d'intervention de l'activité administrative

Ainsi que l'a souligné J. Chevallier, « l'administration française voit son architecture redessinée : l'ordonnancement classique du passé, fondé sur les principes de hiérarchie et d'unité, tend à faire place à une construction baroque, reposant sur l'assemblage de dispositifs diversifiés, unis par un lien très lâche au reste de l'appareil »[711]. Les modes de gestion et d'organisation de l'activité administrative ont connu de profondes mutations à partir des années 1980. Le thème de la réforme, qu'il soit associé à l'État, aux services publics ou encore à la fonction publique, est au cœur des préoccupations politiques. Ces transformations font suite aux réflexions sur la construction du modèle théorique de l'Administration, devenu un système archaïque, accablé de rigidités statutaires.

Afin de relever de nouveaux défis comme la multiplication des missions administratives dues au développement de l'État providence, les nouvelles contraintes économiques et financières soulevées par les engagements européens ou encore les nouvelles aspirations des administrés, l'Administration a subi une série de réformes internes. On a assisté à l'éclatement de l'unité de l'État avec la multiplication des établissements publics, le développement des entreprises publiques, la création de structures hybrides à l'instar des autorités administratives indépendantes ou des groupements d'intérêt public. Il ne s'agit pas ici de retracer l'histoire des réformes administratives, ni de dresser un état de lieux des critiques traditionnelles adressées à

[711] J. Chevallier, « Régulation et polycentrisme dans l'administration française », *RA* 1994, n° 391, p. 43.

l'administration, mais de mesurer l'impact de l'institution de nouvelles entités sur l'organisation administrative. En effet, les auteurs diagnostiquent de manière unanime ce que J. Chevallier appelle le polycentrisme administratif[712] sans toutefois s'interroger réellement sur ses répercussions juridiques. La création de ces nouveaux organismes publics démontre que l'État central n'a plus qu'un rôle d'impulsion mais, surtout, que la mise en œuvre de certaines politiques régaliennes, comme la régulation des marchés financiers, appartient désormais à des entités situées hors machine administrative. Le développement de la gestion personnalisée est accentué par l'institution des GIP qui permettent de collaborer avec des organismes privés et qui peuvent fonctionner selon des règles de droit privé. De plus, l'AMF, dont la mission principale est de veiller au bon fonctionnement du système financier, s'appuie, pour accomplir cette fonction, sur des acteurs du monde économique, ce qui diffère du schéma bureaucratique traditionnel.

Ce changement de nature des structures administratives a été le fruit d'un long processus. Tout d'abord se sont développées les administrations de missions[713]. Puis, l'architecture administrative s'est diversifiée avec la multiplication des établissements publics. Enfin, ces derniers ont pris des formes multiples que ce soit sous la qualification « d'exploitant public » ou, plus récemment, celle d'« opérateur » (§1). L'éclatement des structures administratives a donc permis d'une part, le renouvellement des modes de gestion de l'activité étatique tout en contribuant, d'autre part, à la transformation des fonctions de l'Administration. Pour s'adapter aux nouveaux besoins de transparence et de collaboration entre le secteur public et le secteur privé, l'administration a multiplié les formules institutionnelles du partenariat public-privé à l'instar des GIP (§2). En outre, le renouvellement des fonctions administratives s'est poursuivi grâce au concept de « régulation » et l'avènement des autorités de régulation (§3).

---

[712] Selon cet auteur, l'État central n'apparait plus comme une entité centralisatrice mais comme « un assemblage hétérogène de dispositifs disposant de leur rationalité propre de fonctionnement », *L'État post-moderne*, préc. p. 81.

[713] E. Pisani, « Administration de gestion, administration de mission », *Revue française de science politique* 1956, p. 315.

§1 La notion d'opérateur

La doctrine de l'« Administration managériale »[714] n'a pas été sans implication sur l'organisation administrative et le développement de nouvelles personnes publiques. Cette doctrine repose « sur la conviction que l'administration publique est tenue de s'inspirer du modèle de gestion de l'entreprise privée, modèle censé être plus efficace et plus performant »[715]. Elle a connu une application importante en Grande-Bretagne avec la Réforme *Next Steps*, sous le gouvernement Thatcher. La France s'est s'inspiré de la politique de modernisation administrative anglaise en proposant la stratégie du renouveau du service public, présentée dans une circulaire du 23 février 1989, initiée par le Premier ministre M. Rocard. Au Royaume-Uni, le projet de l'administration *Next steps*[716] a été à l'origine de la création des *executive agencies*. Celles-ci se caractérisaient principalement par une autonomie et une liberté de gestion beaucoup plus importante par rapport aux établissements publics français. Les autorités étatiques françaises ont également donné naissance à de nouvelles structures en transformant le statut de services publics autrefois érigés en monopoles, avec les exploitants publics.

Introduite par la loi du 2 juillet 1990 relative à l'organisation du service public de La Poste et des télécommunications, la réforme des postes et télécommunications a provoqué une mutation des modes d'organisation de l'action administrative. Après les nombreux bouleversements technologiques et économiques des années 1980, le statut d'administration d'État des postes et télécommunications soulevait un très grand nombre d'obstacles liés principalement aux pesanteurs et aux rigidités afférentes à leur nature juridique[717]. Qualifiée d' « acte pratique et symbolique d'une considérable importance »[718], la réforme de 1990 a créé une institution inédite, les «

---

[714] J. Chevallier, *L'État post-moderne*, préc. p. 79.

[715] *Ibid.*

[716] A. Stevens, « Les agences d'exécution et leur impact sur le *Civil service* », *RFAP* 1990, p. 485.

[717] « L'insertion dans l'organisation étatique classique et l'application intégrale des principes du droit public créaient une rigidité insupportable eu égard à la nature de l'activité et de moins en moins compatible avec l'évolution des marchés de la communication », J. Chevallier, « La mutation des postes et télécommunications », *AJDA* 1990, p. 669.

[718] *Ibid.*, p. 667.

exploitants publics ». Malgré ce qualificatif, la doctrine et le juge les ont rapidement classés dans la catégorie de l'établissement public. Cette réforme reflète la transformation des structures administratives en apportant de nombreuses originalités au régime de droit commun des EPIC.

La loi du 2 juillet 1990 a introduit deux innovations fondamentales. Tout d'abord, le législateur a souhaité créer deux entités distinctes et mettre fin à l'association historique des postes et télécommunications en créant deux organismes, La Poste et France Telecom. Répondant aux exigences communautaires, la loi du 2 juillet 1990[719] a créée deux personnes juridiques distinctes de l'État. Cette personnalisation et la qualification d'exploitants publics a soulevé de nombreuses interrogations. Selon l'exposé des motifs de la loi de 1990, il était important de maintenir ces deux nouveaux organismes dans la sphère publique tout en instituant une « construction juridique sur mesure ». La raison de ce choix est surtout politique. A l'époque, il était nécessaire de ne pas heurter les syndicats mais également les usagers en écartant toute possibilité de privatisation. C'est pourquoi, La Poste et France Telecom, malgré leur nouveau statut, ne bénéficiaient pas d'un capital social ouvert à d'autres intérêts que celui de l'État.

Le principal intérêt de cette réforme réside dans la qualification donnée aux anciens opérateurs historiques des postes et télécommunications puisque le législateur a institué deux nouvelles personnes juridiques n'entrant *a priori* dans aucune catégorie juridique existante. Disposant de la personnalité morale, ces deux nouveaux organismes ne constituaient plus des administrations d'État mais deux nouvelles personnes morales de droit public. La doctrine et le juge ont très rapidement choisi de ranger ces deux entités dans la catégorie des établissements publics. Cette qualification semblait en adéquation avec les critères d'identification de l'établissement public, c'est-à-dire un organisme doté de la personnalité morale, chargé d'accomplir une mission spécialement déterminée et sur lequel les

[719] La directive communautaire oblige les États membres à la séparation juridique des responsabilités de réglementation et d'exploitation. En outre, le livre vert du 30 juin 1987 préconisait la mise en concurrence des télécommunications. Par exception, le principe de l'exclusivité ou celui de la possession de droits spéciaux ne devait concerner uniquement l'offre et l'exploitation de l'infrastructure des réseaux ainsi qu'un nombre limité de services de base.

autorités étatiques exercent un contrôle de tutelle. En effet, il ne fait aucun que ces deux exploitants publics constituaient deux nouvelles personnes morales de droit public dans la mesure où le législateur leur a octroyé la personnalité juridique. De plus, ils étaient soumis au principe de spécialité. A titre d'illustration, l'article 3 de la loi du 2 juillet 1990 prévoyait que France Telecom avait pour objet « d'assurer tous services publics de télécommunications dans les relations intérieures et internationales et, en particulier, d'assurer l'accès au service du téléphone à toute personnes qui en fait la demande ; d'établir, de développer et d'exploiter les réseaux publics nécessaires à la fourniture de ces services et d'assurer leur connexion avec les réseaux étrangers ; de fournir, dans le respect des règles de concurrence, tous autres services, installations et réseaux de télécommunications ainsi que d'établir des réseaux distribuant par câbles des service de radiodiffusion sonore ou de télévision et de concourir, par des prises de participation, à l'exploitation de ces derniers réseaux ». Enfin, La Poste et France Telecom étaient soumis à de fortes contraintes de tutelle qui se justifiaient par leur mission et les besoins du service public. Ces deux entités étaient soumises à un cahier des charges de nature réglementaire, élaboré par le ministre des postes et télécommunications et approuvé par décret en Conseil d'État[720]. Ce cahier des charges constituait « aussi bien un vecteur d'émancipation qu'un carcan annihilant toute initiative »[721] puisqu'il définissait les différentes procédures de fixation des tarifs. En outre, les deux exploitants publics étaient soumis à la réalisation de contrats de plan dont le but était de « concilier une responsabilisation claire des dirigeants, le nécessaire contrôle des pouvoirs publics et les aspirations du personnel à un certain partage des résultats »[722] . D'autre part, le ministre des postes et télécommunications exerçait un véritable contrôle sur les orientations stratégiques en exerçant un pouvoir de réglementation générale mais également par la mainmise qu'il détenait sur les membres des conseils d'administration[723] des deux exploitants.

Enfin, les deux opérateurs historiques étaient soumis au contrôle de deux commissaires aux comptes, d'un commissaire du

---

[720] Article 8 de la loi du 2 juillet 1990.
[721] J. Chevallier, préc. p. 678.
[722] *JO*, Débats, AN, p. 1256.
[723] Article 34 de la loi du 2 juillet 1990.

gouvernement et d'une mission de contrôle économique et financier[724].

Alors que le législateur souhaitait conférer plus d'autonomie aux opérateurs historiques, il demeurait des liens de dépendance avec l'autorité étatique. Il est donc permis de s'interroger sur cette qualification d'exploitant public ou plus encore sur la qualification d'EPIC.

Le législateur a tenté de dépasser la qualification d'établissement public pour des raisons d'opportunité alors que tous les critères plaçaient ces deux entités dans la catégorie des établissements publics. Le parallèle avec les autorités publiques indépendantes est ici patent. En effet, les pouvoirs publics ont souhaité donner naissance à une nouvelle catégorie juridique qui présentait des caractéristiques antinomiques. D'un côté, le souhait affiché d'une plus grande autonomie afin d'adapter les postes et télécommunications aux défis technologiques et aux nouvelles exigences communautaires et de l'autre, une tutelle étroite justifiée par leurs missions de service public et leurs obligations d'intérêt général. Les autorités publiques indépendantes ont également été dotées de la personnalité juridique pour des raisons de plus large autonomie alors que, dans le même temps, les autorités étatiques conservent un certain contrôle sur leurs modalités de fonctionnement[725].

En outre, la nature industrielle et commerciale ainsi que les contraintes générées par les missions d'intérêt général des deux exploitants publics impliquaient la transformation de leur organisation interne. Toutefois, il est important de souligner que, si la loi du 2 juillet 1990 a pris en compte le changement de nature de ces deux entités, elle a également institué des dérogations au droit commun des EPIC. En effet, tout comme les entreprises publiques, la Poste et France Telecom étaient dotés d'une organisation pluraliste avec un

---

[724] L'article 35 de la loi prévoyait également un droit de regard du parlement en instituant la commission supérieure du service public.

[725] L'autonomie reconnue aux exploitants publics ne doit pas occulter le fait qu'il s'agit de véritables établissements publics et ce, malgré le fait que la personnalité morale apparaisse inavouée « comme s'il y avait quelques réticences à parler clairement d'établissement public, et plus encore, semble-t-il d'établissement public industriel et commercial, L. Rapp, « Commentaire de la loi du 2 juillet 1990 », *RFDA* 1991, p. 256.

conseil d'administration, composé de représentants de l'État, du personnel ainsi que des usagers dont la fonction était de définir et d'exécuter la politique générale du groupe[726]. De plus, l'article 15 de la loi du 2 juillet 1990 prévoyait que « les règles applicables aux entreprises du commerce » se substituaient aux règles traditionnelles de la comptabilité publique. Cette disposition marquait surtout le statut d'entreprise des deux entités qui pouvaient également créer des filiales et prendre des participations dans des sociétés ayant un objet connexe ou complémentaire. De plus, l'article 25 de la loi précitée disposait que les relations des exploitants avec les usagers, leurs fournisseurs ainsi que les tiers étaient régies par le droit commun. Cette disposition a mis fin à la nature administrative de l'activité des postes et télécommunications reconnue par la jurisprudence[727].

Ainsi, il est important de citer les conclusions du commissaire du gouvernement C. Vigouroux, sur l'arrêt du Conseil d'État *FNSL-PTT*[728], puisque selon lui « les deux personnes morales de droit public-exploitants publics créées par l'article premier de la loi du 2 juillet 1990 n'ont pas été qualifiés par ce texte d'établissements publics, mais il est clair qu'ils appartiennent à cette catégorie seule susceptible de les accueillir ». L'opinion du commissaire du gouvernement est intéressante puisqu'il estime que les exploitants publics ne pouvaient constituer une nouvelle catégorie juridique à côté des formules classiques. La catégorie des établissements publics était donc la « seule » à pouvoir accueillir les exploitants publics nonobstant leurs spécificités.

Cependant, le contrôle étatique, le régime fiscal des deux entités et surtout le statut des agents dérogeaient au droit commun des EPIC, ce qui incitait à les considérer comme une variante de cette formule. La tutelle, comme évoqué précédemment, était étroite mais justifiée par les nécessités du service public. Le régime de l'assujettissement des exploitants aux impôts locaux était marqué d'une grande originalité[729]. En effet, le produit des taxes payées par

---

726 Article 10 de la loi du 2 juillet 1990.

727 CE, 21novembre1890, *Roustaing*, Leb. p.852.

728 CE, 2 juillet 1993, *FNSL-PTT*, *Cahiers de la fonction publique* 1993, Concl. C. Vigouroux, p. 14.

729 Il est possible de se référer aux explications fournies par M. Charasse lors de la discussion du projet de loi au Sénat, *JO* Débats, Sénat, séance du 7 juin 1990, p. 16342.

les deux exploitants en matière d'impôts locaux n'était pas dévolu aux collectivités territoriales mais à l'État. Enfin et surtout, le statut des agents publics constituait une importante exception au droit commun des EPIC. Selon F. Moderne, les exploitants publics constituaient des établissements publics de nature particulière associant « des règles appartenant à des systèmes différenciés dans le droit public français, à savoir les établissements publics à caractère administratif et les établissements publics à caractère industriel et commercial »[730]. De ce fait, il les a qualifié d'établissements publics mixtes[731]. Néanmoins, le droit positif a privilégié la qualification d'établissement public industriel et commercial[732].

Dans le cadre de la mise en œuvre de la « nouvelle gestion publique »[733], l'État a fait appel à de nouvelles entités distinctes des ministères et dotées de la personnalité morale regroupées sous l'expression d'opérateur de l'État. Selon S. Nicinski, l'opérateur public est « une structure bénéficiant d'une autonomie, ayant une activité économique et soumis à l'influence prépondérante d'une personne publique »[734]. Ces opérateurs prennent différentes formes juridiques puisqu'ils peuvent être constitués sous la forme d'une société privée, d'un EPIC, d'un GIP ou encore d'une société d'économie mixte. En matière budgétaire, ces opérateurs constituent

[730] F. Moderne, « Observations sur le concept d'exploitant public et sa place dans l'ordre juridique français », *JurisPTT* 1990, n° spécial, p. 57.

[731] La jurisprudence a reconnu, dès 1949, l'existence d'établissements publics mixtes, notamment, l'Office national de la navigation, TC, 10 février 1949 *Guis*, Leb. p. 590.

[732] Ainsi du Tribunal administratif de Marseille, qui, dans sa décision du 28 janvier 1992, a jugé que « La Poste, qualifiée par le législateur d'exploitant public et de personne morale de droit public, constitue un établissement public industriel et commercial ». La Cour de cassation, dans un arrêt du 22 février 1995 qualifie France Télécom « d'établissement public industriel et commercial qui emploie du personnel dans les conditions du droit privé, Cas. Soc. 22 février 1995, *M. d'Epremesnil et syndicat national des contractuels contre France Télécom*, *AJDA* 1995, Obs. S. Salon, p. 475. Le Conseil d'État a expressément assimilé le concept d'exploitant public à celui d'établissement public industriel et commercial dans l'arrêt CE Ass. 13 novembre 1998, *Syndicat professionnel des médecins de prévention de La Poste et de France Télécom et autres*, Leb. p. 400.

[733] D. Catteau, *Nouvelle gestion publique et contrôles budgétaires*, Thèse Lille 2, 2005.

[734] S. Nicinski, *Droit public des affaires*, préc, p. 271.

des organismes bénéficiaires de subventions pour charges de service public.

Ce concept d'opérateur budgétaire n'est pas défini par les textes. L'article 14 de la loi n° 2006-888 du 19 juillet 2006 portant règlement définitif du budget de 2005 fait référence au fait que le gouvernement « dépose, chaque année, sous forme d'une annexe générale au projet de loi de finances de l'année, un rapport récapitulant, par mission et programme, l'ensemble des opérateurs de l'État ou catégories d'opérateurs et les crédits ou les impositions affectées qui leur sont destinés, et présentant, à titre indicatif, le total des emplois rémunérés par eux ou mis à leur disposition par des tiers ». Le rapport au gouvernement de septembre 2005 sur la mise en œuvre de LOLF[735] est à l'origine de la création de ce nouveau concept, précisé ensuite par l'existence de trois critères cumulatifs.

Tout d'abord, l'opérateur doit gérer une activité de service public se rattachant « à la mise en œuvre d'une politique définie par l'État et qui se présente selon la nomenclature mission/programme/action »[736]. Ensuite, le budget de l'opérateur est constitué principalement de ressources étatiques. Enfin, l'opérateur est soumis à un contrôle de l'État ne se limitant pas « à un contrôle économique ou financier mais doit relever d'une tutelle ayant capacité à orienter les décisions stratégiques, que cette faculté s'accompagne ou non d'une participation au conseil d'administration »[737]. Ces trois critères ne s'opposent pas à ce que l'opérateur exerce des activités marchandes sur un marché concurrentiel. D'ailleurs, si la plupart des opérateurs visés par la loi de finances de 2009 constituent des établissements publics administratifs ou des établissements de coopération culturelle, certains EPIC appartiennent à cette nouvelle catégorie[738].

Les politiques de modernisation administrative ont également

---

[735] Rapport au Gouvernement sur la mise en œuvre de la LOLF ; *Réussir la LOLF, clé d'une gestion publique responsable et efficace*, septembre 2005.
[736] CE, *Rapport d'étude sur les établissements publics*, 2009, préc. p. 22.
[737] Rapport au gouvernement sur la mise en œuvre de la LOLF, p. 16.
[738] A titre d'illustration Voies navigables de France, l'Institut français du pétrole ou encore le Centre national d'études spatiales constituent des opérateurs au titre de la LOLF 2009. Il est convient également de citer la présence d'une société anonyme, celle d'OSEO innovation.

conduit les autorités politiques à établir de nouvelles relations entre le secteur public et le secteur privé, suscitant ainsi la multiplication des formes de partenariat public-privé.

§2 Le partenariat public-privé

Depuis les années 1980, le terme de « partenariat » est devenu une expression « à la mode » pour désigner un mode nouveau de relation entre les personnes publiques ou entre celles-ci et les entreprises privées ou publiques[739]. Le partenariat public-privé peut se définir comme « le support juridique d'une meilleure association entre le secteur privé et la puissance publique au service de l'intérêt général »[740]. Dans cette étude, le phénomène de partenariat public-privé sera étudié sous l'angle de la modernisation de l'action administrative. Ainsi, l'État a entrepris de mettre en place de nouvelles relations partenariales entre le secteur public et les acteurs privés pour répondre aux exigences de la nouvelle gestion publique. Le partenariat public-privé (PPP) prend essentiellement deux formes, l'une conventionnelle et l'autre institutionnelle.

Sous sa forme conventionnelle, le partenariat public-privé correspond à l'institution des contrats de partenariat public-privé créés par l'ordonnance 2004-559 du 17 juin 2004 prise en application de la loi du 2 juillet 2003 habilitant le gouvernement à simplifier le droit. Substantiellement, le contrat de partenariat se définit comme une nouvelle forme d'association des acteurs privés aux investissements et à l'exploitation d'équipements ou de services publics. Le partenariat public-privé peut également revêtir une forme institutionnelle.

Dans la préface à l'ouvrage de R. Muzellec et N. Guyen Quoc Vinh, J. Moreau a écrit : « Partenariat ! Le GIP est la formule juridique adéquate pour associer opérateurs publics et opérateurs privés autour d'un projet, pour créer des liens à la fois souples et solides entre

[739] V. Hémery, « Le partenariat, une notion juridique en formation », *RFDA* 1998, p. 437.

[740] R. Apelbaum, « Les PPP et le développement du droit public à l'étranger », *AJDA* 2004, p. 1759.

plusieurs "partenaires"»[741]. De nombreux auteurs soulignent que les GIP présentent l'avantage de permettre une collaboration entre plusieurs personnes publiques ou entre personnes publiques et personnes privées, en vue de réaliser en commun une mission d'intérêt général, dans un cadre souple résultant d'une convention[742]. Les travaux parlementaires relatifs à la loi du 15 juillet 1982 d'orientation et de programmation pour la recherche mettent en exergue le fait que l'originalité du GIP réside dans la possibilité de pouvoir associer le secteur public et le secteur privé autour d'un projet spécifique[743].

A l'origine, l'article 21 de la loi du 15 juillet 1982 avait pour but l'instauration d'une collaboration étroite entre les acteurs publics et les acteurs privés afin de favoriser des projets d'intérêt général dans le domaine de la recherche ou du développement technologique. La formule du GIP a été choisie pour éviter le recours aux groupements d'intérêt économique (GIE). Les GIE ont pour vocation de réaliser des profits et des économies. Cette logique commerciale était incompatible avec le souhait d'associer le secteur privé à la mise en œuvre de projets d'intérêt général. En outre, le GIP n'a pas vocation à réaliser de profits. A cet égard, l'article 107 de la loi d'amélioration et de simplification du droit créant le statut législatif des GIP souligne que les excédents annuels de la gestion ne peuvent qu'être utilisés à des fins correspondant à l'objet du groupement ou mis en réserve. Par conséquent, le GIP offre la possibilité aux partenaires publics de réaliser dans un cadre souple une mission d'intérêt général en faisant appel à une collaboration avec des organismes de droit privé.

A travers la mise en œuvre institutionnelle du partenariat public-privé, les GIP répondent aux nouvelles fonctions de l'action administrative. Cette modernisation des modalités d'intervention de l'action administrative s'est poursuivie avec le développement de la régulation administrative.

---

[741] Préface à l'ouvrage de R. Muzellec et N. Guyen Quoc Vinh, *Les groupements d'intérêt public*, Economica, 1993.

[742] P. Demaye, « Une nouvelle catégorie de personnes publiques : les GIP », *LPA* 2001, n° 146, p. 9. et L. Janicot, « La rationalisation manquée des GIP », *AJDA* 2011, p. 1200.

[743] *JO*. Débats Sénat, 26 mai 1987, p. 1294, sur ce thème, les propos du sénateur Miroudot.

§3 La régulation administrative

Les stratégies de réforme administrative démontrent que la fonction purement administrative de l'autorité étatique n'est plus qu'une simple composante de l'activité administrative. Le phénomène de régulation a accentué un nouveau processus permettant d'atténuer les rigidités de la logique bureaucratique, celui de l'imprégnation des valeurs du droit privé. Cette nouvelle conception est présente dans les relations internes ainsi que dans les rapports externes de l'activité administrative.

A certains égards, l'administré est devenu plus qu'un simple usager, un véritable client du service public[744]. En effet, il ne se contente plus d'un service public ouvert à tous mais revendique une certaine qualité ainsi qu'une participation à la gestion du service. Les grands services publics tels que La Poste ou la SNCF se sont engagés dans de véritables campagnes de promotion, de valorisation de leur secteur en apportant de nouvelles garanties aux usagers consignées dans les chartes du service public[745]. Dans ses relations internes, l'administration recourt de plus en plus fréquemment à des politiques de gestion relevant du droit privé à l'instar des politiques d'évaluation ou de responsabilisation des agents. Concept introduit à partir de 1989, l'évaluation est définie par le décret du 18 novembre 1998 relatif à l'évolution des politiques publiques. Elle a « pour objet d'apprécier, dans un cadre interministériel, l'efficacité [d'une politique publique] en comparant ses résultats aux objectifs assignés et aux moyens mis en œuvre ». L'évaluation a pour objectif de rationaliser l'activité administrative. Cependant, elle se heurte à de nombreux obstacles et la culture de l'évaluation des serviteurs de l'intérêt général n'est pas un défi facile à relever. Outre ces politiques d'évaluation, on assiste à l'expansion de la gestion des ressources humaines dans les différentes branches de l'administration. De nombreux textes réglementaires ont introduit diverses modernisations

[744] C. Barbier, « L'usager est-il devenu le client du service public ? », *JCP*, Doctrine, 1995, n° 3816.

[745] Il convient toutefois de noter que ces chartes n'ont pas de réelle valeur juridique, le Conseil d'État a simplement précisé qu'une charte peut « constituer un instrument utile de rapprochement du point de vue de l'Administration et de celui des usagers », CE, *Service public, services publics: déclin ou renouveau*, *EDCE* 1994, p. 92.

depuis la pratique de la notation jusqu'aux expériences de traitement favorisant le mérite[746] . Ces différentes innovations ont permis de substituer à une gestion purement administrative, une utilisation rationnelle des ressources humaines en responsabilisant l'agent public.

L'administration n'est pas restée une institution figée. Elle s'est adaptée à de nouvelles contraintes en renouvelant ses modalités d'intervention ainsi que sa fonction originelle. Le concept de régulation traduit, *a priori,* une définition renouvelée et modernisée de la fonction administrative. Toutefois, l'approche doctrinale de la régulation ne permet pas d'opposer nettement fonction de régulation et fonction administrative (A). La régulation suppose la mise en place de nouveaux instruments que l'on regroupe sous le vocable d'autorités de régulation (B).

A/ Le concept de régulation

En 2006, G. Marcou s'est interrogé sur la possibilité de créer une notion juridique nouvelle, celle de la régulation[747]. Il existe un paradoxe évident entre l'abondante littérature sur ce concept et l'embarras de la doctrine à proposer une définition de la régulation. De manière générale, il est convenu d'affirmer que le thème de la régulation trouve sa finalité à la fois dans « une mutation des modes d'action publique et dans une mutation des principes d'organisation administrative »[748]. Dans un sens large et en matière économique, le vocable régulation désigne les actions tendant à maintenir les équilibres dans les systèmes complexes. Dans un sens étroit et en matière administrative, il désigne les tâches administratives nouvelles conférées par le législateur à des entités publiques telles que les autorités administratives indépendantes, les autorités publiques indépendantes, mais aussi les agences ou certaines associations. La régulation fait partie d'expressions nouvelles comme la gouvernance

---

746 Décret du 29 avril 2002 relatif aux conditions générales d'évaluation, de notation et d'avancement des fonctionnaires de l'État.

747 G. Marcou, « La notion juridique de régulation », *AJDA* 2006, p. 347.

748 M. Lombard, « Institutions de régulation économique et démocratie politique », *AJDA* 2005, p. 532.

ou le partenariat que de nombreux auteurs qualifient de « non-concept »[749].

La régulation est apparue avec l'introduction du droit de la concurrence dans des secteurs contrôlés auparavant par l'État. Aussi, nombreux sont les auteurs présentant le terme de régulation dans son sens anglo-saxon de réglementation. M.-A. Frison-Roche a proposé de distinguer cinq définitions de la régulation dans le sens de la réglementation : « une technique d'intervention de nature politique dans un secteur qui le requiert parce que les intérêts de la nation sont en jeu ; le garde-fou du fonctionnement spontané d'un secteur technique ; le moyen dynamique pour accompagner la transformation d'un secteur ; le moyen dynamique pour maintenir les équilibres d'un secteur qui ne pourra jamais se rapprocher techniquement de la figure d'un marché spontané et durablement concurrentiel ; enfin, l'art de donner à chaque opérateur la part qui lui revient et d'assurer l'équilibre entre tous »[750]. L'analyse ainsi conduite permet d'envisager un nouveau champ d'application du droit, à l'intersection entre le droit administratif et le droit public économique « regroupant l'ensemble des règles affectées à la régulation des secteurs qui ne peuvent engendrer leurs équilibres par eux-mêmes »[751]. J.-.B. Auby a critiqué cette conception de la régulation qui doit s'interpréter, pour lui, de façon beaucoup plus large[752].

D'autres, à l'instar de G. Timsit, désignent sous le terme de régulation une mutation du système juridique caractérisée par des moyens modernisés des modes de gestion de notre société[753]. Ainsi que G. Timsit le souligne, la régulation « insiste sur l'autonomie de l'Administration, là où elle se plaisait à relever dans le droit fil des idées classiques libérales-wébériennes, son caractère d'instrument à la disposition du politique, sur la segmentation de l'Administration, alors

---

[749] 749 G. Timsit a adressé une critique virulente de cette conception, notamment dans le chapitre VI de son ouvrage *Archipel de la norme*, PUF, Coll. Voies du droit, 1997 et dans un article publié à la *RFAP,* « Les deux corps du droit, essai sur la notion de régulation », 1996, p. 375.

[750] M.-A. Frison-Roche, « Les différentes définitions de la régulation, in « La régulation : monisme ou pluralisme ? », Colloque du 25 mars 1998, *LPA* 1998, p. 5.

[751] M.-A. Frison-Roche, « Le droit de la régulation *», D.* 2001, p. 614.

[752] J.-B. Auby, « Régulations et droit administratif *», Etudes en l'honneur de Gérard Timsit*, Bruylant, 2004, p. 211

[753] G. Timsit, « Les deux corps du droit *», RFAP* 1996, p. 378.

que l'on faisait de l'unité de l'Administration l'une des caractéristiques structurelles fondamentales »[754]. Dans le même esprit, J. Chevallier estime que l'émergence et le développement du concept de régulation amorce « une vision nouvelle du rôle de l'État » impliquant « une adaptation corrélative de ses formes d'intervention dans la vie sociale »[755]. Il poursuit en soulignant que les nouveaux besoins de l'appareil administratif et l'adaptation de ses modes de gestion résident principalement dans deux objectifs. D'une part, la régulation permettrait d'assurer une protection efficace des libertés individuelles dans certains domaines jugés sensibles. D'autre part, la régulation est étroitement liée à l'activité économique du fait, notamment, de l'intégration des normes communautaires et des règles du droit de la concurrence.

Enfin, S. Nicinski admet trois acceptations de la régulation : « Le terme peut être employé pour désigner la régulation sectorielle, c'est-à-dire l'intervention de l'autorité publique pour maintenir ou établir les équilibres fondamentaux d'un marché particulier considéré comme sensible. Il peut aussi faire référence plus largement à une fonction générale d'administration et d'encadrement de l'économie par l'autorité publique. On utilise enfin le terme de régulation, qui acquiert alors une certaine connotation plus moderne, pour évoquer un mode particulier d'administration de l'économie, issu d'une période récente, ayant dépassé les tendances libérales ou interventionnistes. Ainsi, l'administration de l'économie en général s'exprime dans ce cas sous forme de régulation à partir du moment où un juste équilibre est atteint au titre duquel les formes interventionnistes d'action de l'État sur l'économie sont tempérées d'exigences libérales »[756]

L'analyse de ces différentes définitions démontre l'absence de consensus sur le concept de régulation. Dès lors, il convient de tenter de systématiser le concept en se focalisant sur ses finalités. Le premier objectif de la régulation trouve son origine dans les exigences communautaires, notamment la séparation des autorités de réseaux chargées de la gestion des infrastructures et de la gestion des services. La régulation a ainsi un rôle de garant de la concurrence dans des

---

[754] G. Timsit, « La régulation : la notion et le phénomène », *RFAP* 2004, p. 11.
[755] J. Chevallier, *L'État post moderne*, préc. p. 89.

[756] S. Nicinski, « Le mode de régulation », *RFDA* 2010, p. 735.

secteurs où précisément aucune liberté économique n'existait. Pour G. Timsit, le second objectif de la régulation est de « parer aux risques qui résulteraient du libre jeu de la concurrence »[757]. Cette finalité est davantage à rapprocher de la politique économique et conduit à instaurer un État régulateur pour faire face aux risques d'une économie libre et non faussée. G. Marcou souligne également que la régulation vise des valeurs non économiques comme la protection des consommateurs, la réalisation des droits fondamentaux, le développement durable ou encore le service public « certainement la composante la plus importante des objectifs de valeur non-économique de la fonction de régulation »[758]. Dans la conception moderne, service public et régulation ne s'opposent pas. Au contraire, l'ouverture des marchés à la concurrence suppose que la satisfaction de l'intérêt général passe par l'intervention de la puissance publique qui détermine les caractéristiques et les conditions dans lesquelles le service public doit être fourni. Dans ce sens, les États membres de l'Union européenne peuvent imposer aux entreprises, moyennant certaines compensations financières, des obligations de service public correspondant à la définition matérielle de service public.

On doit donc en conclure que la fonction de régulation dépasse l'approche stricte qui consiste à la définir par rapport à la réglementation pour préférer une définition modernisée selon laquelle la régulation est une « fonction de la puissance publique qui tend à établir un compromis entre des objectifs et des valeurs économiques et non-économiques, pouvant être antinomiques, dans le cadre d'un marché concurrentiel »[759].

Il convient également de citer l'analyse proposée par S. Traoré selon laquelle réguler c'est encore administrer[760]. Selon cet auteur, la fonction de régulation s'inscrit dans la fonction administrative. Pour illustrer son raisonnement, il fait référence à l'Autorité des marchés financiers et établit une analogie entre les autorisations d'urbanisme

---

[757] G. Timsit, « La régulation : la notion et le phénomène », préc. p. 19

[758] G. Marcou, « La notion juridique de régulation », préc. p. 352.

[759] J.-P. Feldman, « Les « autorités administratives indépendantes » sont-elles légitimes ? Sur les AAI en général et le Conseil supérieur de l'audiovisuel en particulier », *D.* 2010, p. 2858.

[760] S. Traoré, « Les autorités administratives indépendantes dotées de la personnalité morale : vers une réintégration institutionnelle de la catégorie juridique ? », *DA* 2004, p. 16.

délivrées par les instances communales et les décisions individuelles prises par l'AMF dans le cadre de ses missions de régulation des marchés financiers. Il en conclut qu' « en agissant sur le schéma indiqué, les autorités communales sont réputées administrer, alors l'Autorité des marchés financiers administre tout autant »[761] . Les autorisations délivrées soit par la commune soit par l'AMF sont des autorisations administratives. Par conséquent, les deux autorités administrent. Toutefois, lorsque l'AMF délivre une autorisation individuelle à un opérateur économique, elle ne poursuit pas seulement un but d'intérêt général (à l'instar de la commune), l'AMF doit également prendre en compte un but économique, celui du contrôle des marchés et de la libre concurrence. Il est encore possible d'objecter que le but économique n'est pas étranger à l'intérêt général et que la fonction de régulation est avant tout une fonction administrative.

En conclusion, il n'existe pas de réelle définition juridique de la régulation. Il est donc nécessaire de se rapprocher de la notion institutionnelle de la régulation. Ainsi, la régulation se caractérise par un ensemble d'outils, de mécanismes, d'autorités faisant appel à de nouvelles aspirations sociétales telles que la transparence ou encore les garanties de neutralité et d'impartialité. Les autorités de régulation ont en charge l'application de ces nouvelles règles.

B/ La notion de régulateur

Afin de construire une « voie médiane entre l'interventionnisme forcené de l'État dans l'économie et le libéralisme sauvage »[762], les pouvoirs publics ont donné naissance à de nouvelles AAI, appelées des « autorités de régulation ». L'histoire des AAI est bien connue[763]. Pourtant, la doctrine s'interroge toujours sur leur

---

[761] *Ibid*, p. 21.

[762] S. Braconnier, « La régulation des services publics », *RFDA* 2001, p. 45.

[763] P. Sabourin, « Les AAI : une catégorie nouvelle, » *AJDA* 1983, p. 275. ; Y. Cannac, F. Gazier, *Les AAI*, *EDCE*, n° 35, 1983-84, p. 13 s.; J. Chevallier, « Réflexions sur l'institution des AAI », *JCP* 1986, n° 3254; C.-A. Colliard, G. Timsit (Eds), *Les AAI*, coll. « Les voies du droit », PUF, 1988; M. Gentot, *Les AAI*, coll. « Politique », Montchrestien, 1991; M.-J. Guédon, *Les AAI*, coll. « Systèmes », LGDJ, 1991.

« devenir »[764]. Les organismes de régulation empruntent le plus souvent la forme de l'autorité administrative indépendante[765] (1). Toutefois, il convient de noter que le législateur, prenant acte de la naissance des autorités publiques indépendantes dotées de la personnalité morale, semble désormais privilégier cette nouvelle forme juridique (2).

1) Les autorités administratives indépendantes

Depuis la création de la première AAI jusqu'à l'institution récente des autorités publiques indépendantes, le développement des AAI n'a « cessé d'être au centre d'innombrables controverses doctrinales et jurisprudentielles traitant essentiellement de leur difficile intégration théorique et pratique dans notre système juridique »[766]. Il convient de rappeler que la qualification donnée par le législateur à la Commission nationale informatique et libertés (CNIL) en 1978 avait pour ambition de lui conférer des traits comparables à l'organisation des juridictions ainsi que de la doter d'un statut lui garantissant une réelle indépendance[767]. Les AAI, situées hors de l'appareil administratif classique, ont été créées pour répondre aux nouvelles aspirations de transparence de la part des administrés. Dotées d'un statut hybride, en étant pour nombre d'entre elles soustraites à tout pouvoir hiérarchique ou de tutelle, les AAI vont très vite former une nouvelle catégorie de personne publique de fait[768] en bouleversant quelque peu l'architecture classique et unitaire de l'État. A l'époque de leur création, celles-ci ont soulevé des interrogations comparables à celles entourant aujourd'hui les nouvelles personnes publiques, notamment leur intégration au sein de la classification traditionnelle des personnes morales de droit public

---

[764] J.-L. Autin, « Les AAI et le devenir des AAI », *RFDA* 2010, p. 875.

[765] Il convient, toutefois, de relever que d'autres institutions telles que la Banque de France ou la Banque centrale européenne peuvent être qualifiées d'autorités de régulations, M. Lombard, « Institutions de régulation et démocratie politique », préc. p. 532 et 533.

[766] S. Renaud, « Les autorités de régulation et le démembrement du pouvoir central », *RRJ* 2001, p. 2203

[767] Rapporteur J. Foyer, *JO*, Débats parlementaires, AN, 4 octobre 1977, p. 54.

[768] P. Gelard, *Les AAI : évaluation d'un objet juridique non identifié*, Rapport Office parlementaire d'évaluation de la législation - Ass. nat. n° 3166, Sénat n° 404. Paris, 15 juin 2006, 2 vol. Ci-après nommé Rapport P. Gelard.

Le propos ne consiste pas à étudier les différentes AAI ni à rappeler les débats entourant leur création mais à répondre à une question qui demeure controversée, celle de l'ancrage des AAI au sein d'une catégorie juridique. Comme il a été dit précédemment, les catégories juridiques s'identifient par des caractéristiques communes et doivent former un ensemble cohérent de règles[769]. Pour que les AAI puissent constituer une véritable catégorie juridique, il faudrait qu'elles déclenchent l'application d'un régime juridique homogène.

Selon J.-L. Autin, les AAI ne constituent pas une catégorie juridique, « à défaut de statut législatif et de construction jurisprudentielle spécifique »[770]. Dès 2001, le Conseil d'État recommandait le principe selon lequel « une autorité administrative indépendante ne peut être créée que par la loi » eu égard au « caractère dérogatoire au droit commun de ce mode d'administration ». Cependant, l'article 34 de la Constitution ne réserve pas au législateur la compétence pour créer ou organiser le statut, les missions ou le fonctionnement des AAI. Tout au plus, il est possible de présumer la compétence exclusive de la loi dans un certain nombre de cas. Tout d'abord, la compétence législative s'impose dès lors que sont visées les garanties fondamentales des citoyens[771]. De plus, l'examen des pouvoirs reconnus aux AAI permet également d'attribuer la compétence exclusive du législateur. Selon la décision du Conseil constitutionnel du 17 janvier 1989 *CSA*[772], seule la loi peut conférer un pouvoir réglementaire à une AAI[773]. Malgré ces indications, les AAI ne bénéficient pas d'un statut législatif. Au contraire, le régime juridique des AAI est composé de textes à caractère particulier qui ne s'appliquent qu'aux organismes dont ils régissent leur statut. Depuis

---

[769] *Supra*, introduction.

[770] J.-L. Autin, « Le devenir des autorités administratives indépendantes », *AJDA* 2010, p. 885.

[771] La compétence du législateur s'impose dès lors que les AAI « ont en charge ou croisent les garanties fondamentales des citoyens et les libertés publiques », Rapport Gélard, précité.

[772] Décision n° 88-248 DC du 17 janvier 1989, Loi du 30 septembre 1986 relative à la liberté de communication.

[773]Décision n° 88-248 DC du 17 janvier 1989, « Loi modifiant la loi n° 86-1067 du 30 septembre 1986 relative à la liberté de communication, La décision du Conseil constitutionnel relative au Conseil Supérieur de l'Audiovisuel », *RA* 1989, p. 22, note J.-L. Autin; « Le Conseil constitutionnel et la définition des pouvoirs du Conseil Supérieur de l'Audiovisuel », *RFDA* 1989, p. 215, note B. Genevois.

peu, de nombreux auteurs préconisent la création d'un cadre général législatif des AAI[774]. J.-L. Autin ajoute que les AAI ne peuvent constituer une catégorie juridique à défaut de construction jurisprudentielle[775]. Pourtant, le Conseil d'État, en se fondant sur les critères doctrinaux et jurisprudentiels, a recensé en 2001 trente cinq AAI. Ainsi que l'a souligné J.-M. Sauvé, « les AAI jouissent aujourd'hui d'une légitimité institutionnelle difficilement contestable. Loin de correspondre à une simple mode, la création des autorités administratives indépendantes relève, [...] selon moi, d'une véritable nécessité. Leurs caractéristiques ont été entérinées par le juge, constitutionnel et administratif, et leur création répond à un besoin évident d'efficacité dans certains domaines de l'action publique. »[776]. Ainsi, malgré le fait que les AAI constituent, d'abord, une catégorie « forgée par les juristes », les plus hautes juridictions ont participé à l'établissement de critères jurisprudentiels contredisant l'affirmation de J.-L. Autin. Nonobstant certaines similitudes, il n'est pas possible d'affirmer que les AAI déclenchent un véritable régime juridique commun. Différents arguments permettent de confirmer l'affirmation selon laquelle le régime commun des AAI se réduit « finalement à fort peu de choses »[777].

Tout d'abord, certaines AAI sont soumises à des obligations statutaires réduisant la marge de manœuvre du législateur et du pouvoir réglementaire dans l'organisation de leur régime juridique. Conformément aux propositions du Comité Balladur[778], le Défenseur des droits dispose d'un statut constitutionnel. En outre, la création des autorités publiques indépendantes, disposant de la personnalité morale, ajoute une nouvelle ligne de fracture dans le régime juridique des AAI. Désormais, les sept autorités publiques indépendantes bénéficient de l'ensemble des droits et obligations attachées à la qualification de personne morale de droit public. Enfin,

---

[774] *Infra*, partie 2, titre 2, chapitre 2, Section 2.

[775] J.-L. Autin, préc. p. 877.

[776] Rapport d'information fait au nom du comité d'évaluation et de contrôle des politiques publiques sur les autorités administratives indépendantes, AN 28 octobre 2010, n°2925, p. 87.

[777] J. Chevallier, « Le statut des autorités administratives indépendantes : harmonisation ou diversification », *RFDA* 2010, p. 890.

[778] Comité de réflexion et de proposition sur la modernisation et le rééquilibrage des institutions de la Ve République, Une V° République plus démocratique, 29 octobre 2007, p. 92.

l'hétérogénéité des pouvoirs des AAI démontre qu'il n'existe que très peu de points communs permettant de créer une « catégorie précisément définie »[779]. L'attribution d'un pouvoir de sanction administrative aux AAI tend à se généraliser. Toutefois, seules quatre autorités publiques indépendantes, l'Autorité des marchés financiers (AMF), l'Agence française de lutte contre le dopage (AFLD), l'Autorité de régulation des activités ferroviaires (ARAF) et le Conseil supérieur de l'audiovisuel (CSA); et seulement six autorités administratives indépendantes, la Commission nationale informatique et libertés (CNIL), , l'Autorité de régulation des communications électroniques et des postes (ARCEP), l'Autorité de contrôle des nuisance aéroportuaires (ACNUSA), l'Autorité de régulation des jeux en ligne (ARJEL), l'Autorité de contrôle prudentiel (ACP) disposent de cette prérogative. Le choix de doter telle ou telle autorité d'un pouvoir de sanction administrative n'est pas clairement précisé par le législateur. Il est possible de se demander pourquoi la HALDE, créée initialement sans pouvoir de sanction administrative, a reçu par la loi du 31 mars 2006, un pouvoir de transaction pénale et non de sanction administrative. Malgré ce manque d'homogénéité, les AAI se sont progressivement intégrées à l'organisation administrative française puisqu'elles se sont multipliées et que sont apparues de nouvelles formes d'autorités de régulation, les autorités publiques indépendantes.

1) Les nouvelles autorités de régulation

Selon M.-A. Frison-Roche, la croissance du nombre des AAI s'explique notamment par l'aspiration à de nouveaux modes de régulation sociale[780]. Les nouvelles personnes publiques, particulièrement les autorités publiques indépendantes et la Banque de France, participent de cette nouvelle fonction de l'administration. A propos de la Banque de France, celle-ci est une autorité de régulation depuis la réforme de la loi du 31 décembre 1993 qui lui garantit une indépendance par rapport à l'exécutif[781]. Il a été choisi de mettre en

---

779 Rapport P. Gélard, préc. p. 10.

780 CE, Rapport public 2001, *Réflexions sur les autorités administratives indépendantes*, Introduction, p. 257.

781 E. Cohen, *L'ordre économique mondial. Essai sur les autorités de régulation*, Fayard, 2001 ; M. Lombard, « Brèves remarques sur la personnalité morale des autorités de régulation », préc.

lumière, parmi les nouvelles autorités de régulation, l'AMF et l'ARAF. L'AMF est la première autorité indépendante à être dotée de la personnalité juridique. Il convient de mettre en exergue le fait que le domaine de la régulation des marchés financiers se prêtait paticulièrement bien à cette transformation puisque la plupart des autorités étrangères de régulation financière sont dotéees de la personnalité juridique. La création de l'AMF répond au besoin d'adapter les AAI à une mission de régulation en leur attribuant la personnalité juridique. En outre, la naissance de l'AMF, qui résulte d'un compromis institutionnel entre la Commission des opérations de bourse, le Conseil des marchés financiers ainsi que le Conseil de discipline de la gestion financière, a servi de « prototype »[782] pour la création des autres autorités publiques indépendantes (a). Pour l'heure, l'ARAF est la dernière autorité publique indépendante créée par le législateur. Au-delà de ce constat, la création de cette institution démontre que la régulation et les outils de la régulation répondent aux exigences nées des nouvelles contraintes imposées par le droit de l'Union européenne (b).

a) L'autorité des marchés financiers, une autorité de régulation au statut *sui generis*

Le statut de l'AMF tel qu'il a été choisi par le législateur n'est pas anodin et s'explique par la nature stratégique de ce secteur. Dans un premier temps, il est donc important d'analyser les raisons conduisant l'État régulateur à modifier l'architecture des institutions financières afin de mesurer les conséquences de la création de l'AMF sur un plan institutionnel et fonctionnel.

Si l'on se réfère aux travaux parlementaires, les objectifs visés par la loi du 1er août 2003 de sécurité financière sont de deux ordres. Tout d'abord, il était devenu nécessaire de mettre fin à l'organisation complexe, l'empilement des autorités de régulation financières aux statuts et aux compétences divers. Cette superposition de plus de dix commissions, comités ou autorités administratives a été dénoncée par le Conseil d'État : « la lisibilité par les opérateurs étrangers du système

[782] D. Linotte et G. Simonin, « L'AMF, prototype de la réforme de l'État ? », *AJDA* 2004, p. 145.

national de régulation est un impératif particulièrement fort compte tenu des phénomènes de concurrence qui s'exercent de manière croissante entre places »[783]. Pour remédier à cette situation, le législateur a fusionné certaines entités financières. La fusion la plus remarquable est celle de la Commission des opérations de bourse, du Conseil des marchés financiers ainsi que de Conseil de discipline de la gestion financière donnant naissance à l'AMF. En effet, cette fusion a donné lieu à de multiples débats dont l'enjeu dépassait celui de l'enchevêtrement des compétences antérieures.

La COB a été qualifiée d'autorité administrative indépendante et ne disposait pas de la personnalité morale. Au contraire, le CMF était qualifié d'autorité professionnelle, dotée de la personnalité morale par la loi du 2 juillet 1996 et d'organisme privé par la jurisprudence judiciaire[784]. Cette dénomination n'a cependant pas été retenue par le Conseil d'État lui préférant celle d'autorité administrative indépendante[785]. Enfin, le CDGF « en raison de sa composition et de son pouvoir disciplinaire à l'égard des gestionnaires de l'épargne collective » a également reçu la qualification d'autorité administrative indépendante par le Conseil d'État dans son rapport public de 2001. L'institution de l'AMF qui fusionne trois autorités apporte une simplification à l'architecture des autorités de régulation financière.

La seconde préoccupation des pouvoirs publics réside dans le souhait d'une meilleure lisibilité, sur le plan européen et international, de la régulation financière. A ce titre, l'article L. 621-1 du Code des marchés financiers confère une nouvelle mission aux trois autorités fusionnées en précisant que l'AMF apporte son concours à la régulation des marchés financiers aux échelons européens et internationaux. Dans le cadre de cette compétence, la nouvelle autorité de régulation est habilitée, tout comme l'était la COB, à conclure des conventions organisant ses relations avec les autorités étrangères exerçant des compétences analogues aux siennes ou encore à conduire des enquêtes à la demande d'autorités étrangères exerçant des compétences analogues, sous réserve de réciprocité, sauf s'il s'agit

---

[783] D. Linotte, « L'Autorité des marchés financiers : précurseur d'une évolution ? », *AJDA* 2003, p. 2001.

[784] CA de Paris, 11 juin 1997, *RD bancaire et bourse* 1997, p. 167

[785] CE Ass., 3 déc. 1999, *Didier*, Rec. p. 399; *RFDA* 2000, p. 584, Concl. A. Seban

d'une demande émanant d'une autorité d'un autre État membre de la Communauté européenne ou d'un autre État partie à l'accord sur l'Espace économique européen .

Il est également possible de souligner l'incidence des multiples scandales financiers conduisant les autorités publiques à un effort de transparence ainsi qu'à une nouvelle forme de régulation des marchés financiers. Ces différentes motivations n'expliquent pourtant que partiellement la qualification hybride et innovante de l'AMF. Il convient d'analyser la mission, les compétences et les pouvoirs de l'AMF pour vérifier que la seule innovation réside dans sa qualification législative et notamment par l'attribution de la personnalité morale.

L'originalité de l'AMF résulte principalement de son statut. Cette « rupture statutaire »[786] se manifesterait pas la réunion de deux éléments : l'attribution de la personnalité morale et les conditions de nomination des membres de la nouvelle autorité. Néanmoins, cette analyse n'est pas convaincante puisque seule l'attribution à l'AMF de la personnalité juridique lui confère un statut hybride.

La mission générale de l'AMF, calquée sur celle de la COB, est de veiller à la protection de l'épargne investie dans les instruments financiers et tous autres placements donnant lieu à appel public à l'épargne, à l'information des investisseurs et au bon fonctionnement des marchés d'instruments financiers. Son rôle n'est donc pas une innovation majeure étant donné que les trois autorités de régulation précédentes s'assuraient du bon fonctionnement des marchés d'instruments financiers. De même, les pouvoirs reconnus à l'AMF s'analysent comme une addition des compétences reconnues à la COB, au CMF ainsi qu'au CDGF puisque celle-ci dispose du pouvoir réglementaire, d'enquête et d'injonction, du pouvoir de décision individuelle ou encore du pouvoir de sanction administrative et disciplinaire. Il convient de revenir, en substance, sur ce pouvoir de sanction car l'AMF dispose de l'ancien pouvoir disciplinaire des trois organismes mais également du pouvoir de sanction administrative accordée à la COB. Or la loi de 2003 de sécurité financière apporte des éléments novateurs concernant la procédure de sanction afin de

---

[786] D. Linotte et G. Simonin, « L'AMF, prototype de la réforme de l'État ? », *AJDA* 2004, p. 145.

mettre la nouvelle autorité en conformité avec le principe d'impartialité découlant de l'article 6§1 de la Convention européenne de sauvegarde des droits de l'homme et des libertés fondamentales[787]. En outre, la création de l'AMF a soulevé de nombreuses controverses relatives à son statut et notamment au fait qu'elle serait uniquement le fruit d'un compromis politique entre les partisans d'une AMF « calquée sur la COB » et ceux qui considéraient plus acceptable une AMF « calquée sur le CMF ». En d'autres termes, l'AMF ne serait pas réellement une nouvelle autorité mais une simple fusion entre plusieurs organismes. Comme l'a souligné son président M. Prada, l'AMF ne doit pas être « la simple juxtaposition des organigrammes et des équipes de la COB, du CMF et du CDGF. Il s'agit d'une nouvelle autorité indépendante qui doit affirmer sa propre identité et tirer le meilleur parti de la fusion dont elle est issue »[788].

L'AMF n'est pas seulement la fusion de trois organismes, elle a reçu une qualification originale d'autorité publique indépendante dotée de la personnalité morale. Se pose alors la question de savoir pourquoi le législateur a doté cette nouvelle autorité de la personnalité morale. Les débats et travaux parlementaires présentent essentiellement trois avantages à cette qualification juridique. Tout d'abord, la personnalité morale permet de renforcer la souplesse de fonctionnement de l'AMF tant à l'égard de ses ressources puisqu'elle peut disposer de recettes fiscales affectées, qu'à l'égard de son patrimoine ou de son personnel. Il n'est point contesté que l'efficacité et l'indépendance de l'AMF supposent des moyens financiers et humains suffisants. La personnalité morale de la nouvelle autorité conforte juridiquement l'affectation des ressources prélevées sur les acteurs du marché. En effet, le Conseil d'État avait considéré que les prélèvements perçus par voie d'autorité au profit de personnes publiques ou de personnes privées chargées d'une mission de service public qui n'ont ni le caractère d'une taxe parafiscale, ni celui d'une redevance pour services rendus constituent des impositions relevant du domaine législatif en vertu de l'article 34 de la Constitution[789].

---

787 P. Idoux, « Autorités administratives indépendantes et garanties procédurales », *RFDA* 2009, p. 920.

788 S. Thomasset-Pierre, « L'AMF : une autorité publique ambivalente », in *Mélanges AEBDF-France*, n° IV, 2004, p. 417.

789 CE, 23 juin 2000, *Chambre syndicale du transport aérien,* req n° 189168 et 189236.

Cette qualification rendait impossible l'affectation des recettes perçues à un organe dépourvu de la personnalité morale. Ceci constituait un des inconvénients relatifs à la fragilité juridique de la COB d'où la nécessité de remédier à cette situation et de doter l'AMF de la personnalité morale. Le second avantage se situe sur le plan de la capacité juridique de l'AMF et permet de mettre fin à une contradiction concernant la COB. En effet, celle-ci, malgré le fait qu'elle n'était pas dotée de la personnalité morale, dérogeait au monopole de représentation de l'État en justice en détenant le pouvoir de l'action civile ou de se constituer partie civile[790]. Enfin, est mis en évidence le fait que la personnalité morale de l'AMF permet de renforcer « la visibilité internationale » de l'autorité.

L'analyse du statut de l'institution permet de mettre en exergue le fait que la principale innovation juridique soulevée par l'AMF est précisément sa qualification d'autorité administrative distincte de l'État. L'attribution de la personnalité morale entraîne nécessairement des interrogations sur un nouveau concept d'autorité administrative indépendante de régulation ainsi que des incertitudes sur le cloisonnement entre les frontières du droit public et du droit privé. En effet, l'attribution de la personnalité morale emporte des conséquences pouvant apparaître antinomiques. D'un côté, la réforme de l'AMF poursuit le mouvement de professionnalisation des autorités administratives et de l'autre, certaines de ses caractéristiques placent l'AMF au cœur du droit public en la rapprochant d'une formule classique, celle de l'établissement public administratif. Afin d'étayer notre raisonnement, il est possible de démontrer cette conception au travers de trois illustrations.

Tout d'abord, le législateur justifie l'attribution de la personnalité morale par le fait de permettre au régulateur une plus grande souplesse de gestion, notamment de son personnel. De ce fait, l'AMF détient la possibilité de conclure des contrats de travail de droit privé. Toutefois, il convient également de relever que le transfert du personnel des institutions financières fusionnées s'est opéré dans les

---

790 C. Chauvet, « La personnalité contentieuse des autorités administratives indépendantes », *RDP* 2007, p. 381.

conditions posées par l'article L.122-12 du Code du travail[791]. Or, la jurisprudence judiciaire a autorisé ce même transfert, dans les conditions posées par cet article, du personnel d'une clinique privée à un hôpital public. Ce processus de transfert du personnel constitue un premier élément de qualification d'établissement public administratif et dans le même temps, de nombreuses dispositions du code de travail s'appliquent au personnel de l'AMF. L'ambivalence des dispositions liées au domaine du droit du travail ajoute à la spécificité de cette autorité de régulation. En outre, le choix du législateur de qualifier l'AMF d'autorité « publique » n'est pas sans conséquence sur le modèle de régulation souhaité dans le secteur stratégique des marchés financiers. Bien que la crise financière ait démontré les insuffisances de l'AMF dans son rôle de protection de l'épargne[792], l'attribution de la personnalité morale ainsi que la place prépondérante du ministre de l'économie marque le souhait d'une régulation exercée sous le joug du droit public[793]. L'AMF peut ainsi être comparée à un démembrement fonctionnel de l'État dans le domaine de la régulation tout comme le sont les établissements publics dans des secteurs classiques de l'activité administrative. En dernière analyse, certaines caractéristiques liées principalement aux règles contentieuses démontrent la spécificité de l'AMF. En effet, la doctrine privatiste mais également publiciste dénonce une certaine « publicisation des voies de recours »[794]. La loi de sécurité financière de 2003 réserve au juge judiciaire les litiges nés des décisions individuelles prises contre un non professionnel. En revanche, le juge administratif est compétent pour connaître des décisions à caractère réglementaire mais également à l'encontre des décisions individuelles concernant les professionnels énumérés à l'article L. 621-9 du Code monétaire et financier.

L'AMF, doté d'un statut innovant avec une nature juridique atypique, s'inscrit donc dans le mouvement de modernisation des structures administratives. Outre ce domaine de la régulation

---

[791] Selon N. Decoopman, cette disposition accentue le « brouillage des frontières publiques et privées dans le domaine des relations du travail », « La nouvelle architecture des autorités financières », *JCP* 2003, I, p.172.

[792] L. Tertrais, « La régulation et la crise financière : le rôle de l'Autorité des marchés financiers », *RFDA* 2010, p. 751.

[793] H. Reyner, « Le cas de l'Autorité de régulation des marchés financiers », *RFAP*, 2004, n°109, p.95.

[794] M.-L. Coquelet, « Recours contre les décisions de l'AMF : la nouvelle partition du dualisme juridictionnel », in *Mélanges AEBDF-France*, n° IV, 2004, p. 54.

financière, le secteur ferroviaire est également engagé dans un processus de libéralisation qui a conduit à la création d'un nouveau régulateur, l'autorité de régulation des activités ferroviaires (ARAF).

b) L'Autorité de régulation des activités ferroviaires (ARAF), un nouveau régulateur

A l'instar des télécommunications ou encore de l'énergie, le secteur ferroviaire est engagé dans un mouvement d'ouverture à la concurrence sous l'impulsion du droit de l'Union européenne. La loi du 8 décembre 2009 relative à l'organisation et à la régulation des transports ferroviaires et portant diverses dispositions relatives au transport est venue parachever le processus de libéralisation du secteur ferroviaire[795]. Cette loi a complété les dispositions transposant les directives communautaires en « précisant en particulier, les conditions et les modalités d'ouverture du marché des services de transport international de voyageurs, la loi institue une nouvelle régulation ferroviaire dont l'Autorité de régulation des activités ferroviaires (ARAF) constitue la clé de voûte[796]. Cette nouvelle autorité publique indépendante a été créée pour répondre aux exigences communautaires d'indépendance et de transparence et dispose, comme l'AMF, de compétences étendues.

L'entrée en vigueur de la directive 91/440/CEE a marqué le départ du processus d'ouverture à la concurrence et à la régulation du secteur ferroviaire. En France, la première étape de cette libéralisation a été franchie avec la création de Réseau ferré de France (RFF) qui est devenu le gestionnaire du réseau ferroviaire. RFF assure deux missions principales, l'entretien des installations et la gestion opérationnelle du trafic. La création de RFF répond aux exigences du premier paquet ferroviaire[797], notamment, la séparation comptable

---

[795] S. Nicinski, « L'ouverture du réseau ferroviaire à la concurrence », *AJDA* 2009, p. 1027.

[796] P. Vieu, « Entre libéralisation et nouvelle régulation : les mutations du paysage ferroviaire français », *RFDA* 2010, p. 37.

[797] S. Nicinski, préc.

entre l'exploitation des services de transport[798] et la gestion de l'infrastructure ferroviaire[799].

Afin de compléter la transposition des directives communautaires, la France devait créer un organisme indépendant ayant pour mission la surveillance du marché ferroviaire et la charge d'agir comme une instance de recours pour les conflits entre gestionnaires d'infrastructures et entreprises ferroviaires. Le décret du 7 mars 2003 a confié cette régulation au ministre chargé des transports et à un organisme, la mission de contrôle des activités ferroviaires, ne disposant que de pouvoirs consultatifs. Selon les autorités communautaires, la France a méconnu les exigences communautaires en ne prévoyant pas l'institution d'un organisme de contrôle indépendant et disposant de réelles prérogatives pour assurer sa mission[800]. En effet, l'article 30 de la directive 2001/14/CE modifiée par les directives 2004/49/CE et 2007/58/CE impose aux États membres l'institution d'un organe de régulation des activités ferroviaires indépendant « sur le plan organisationnel, juridique, décisionnel et pour ce qui est des décisions en matière financière ». L'article ajoute que cette institution « peut être le ministère chargé des questions de transport ». Cependant, les liens entre l'opérateur historique et le ministre sont trop étroits et sources de conflits d'intérêts puisque le ministre cumule « fonctions de tutelle, de réglementation, et surtout d' "actionnaire" de la principale entreprise ferroviaire »[801]. La loi du 8 décembre 2009 a mis fin à cette non-

[798] L'exploitation des services de transports est confiée à la SNCF.

[799] Article 30 de la directive 2001/14/CE modifiée par les directives 2004/49/CE et 2007/58/CE.

[800] Dans une lettre du 26 juin 2008, les autorités communautaires ont adressé à l'encontre de la transposition française des directives communautaires d'autres critiques. Outre le mécanisme de régulation, il leur est reproché un manque d'indépendance de la tarification de l'utilisation du réseau ferroviaire. Cette tarification étant décidée par le ministre en charge des transports sur proposition de RFF. De plus, les autorités communautaires reprochent à la France d'imposer à RFF la délégation des activités de gestion du réseau aux services compétents de la SNCF, opérateur historique de l'État. Cette disposition implique que la SNCF « cumule une activité d'opérateur sur le réseau et de gestionnaire de ce même réseau, en parfaite contrariété avec l'un des principes fondamentaux de l'ouverture d'un réseau à la concurrence », S. Nicinski, préc. p. 1033.

[801] P. Vieu, « Entre libéralisation et nouvelle régulation : les mutations du paysage ferroviaire français », préc. p 48.

conformité en créant une nouvelle autorité de régulation aux prérogatives étendues et disposant de la personnalité morale, l'ARAF.

Pour répondre aux exigences du droit de l'Union Européenne en matière d'indépendance, l'ARAF dispose de la personnalité morale. A l'origine, l'autorité de régulation était dénommée « Commission de régulation des activités ferroviaires » et prenait la forme d'une AAI classique c'est-à-dire sans personnalité juridique propre. La commission du Sénat a souhaité renforcer l'indépendance de l'autorité de régulation en la dotant de l'autonomie financière. Or, seule la personnalité juridique permet aux autorités administratives de pouvoir bénéficier des dispositions de l'article 36 de la LOLF de 2001. En effet, selon cet article, une ressource étatique peut être affectée totalement ou partiellement à une autre personne morale. Dans cette optique, le Sénat a proposé un amendement pour que l'autorité de régulation, dénommée ARAF, dispose de la personnalité juridique et soit qualifiée d'autorité publique indépendante. Outre la personnalité morale et l'autonomie financière, l'indépendance statutaire de l'ARAF est garantie par sa composition. L'ARAF est composée de sept membres nommés en raison de leur compétence en matière ferroviaire, économique ou juridique ou pour leur expertise en matière de concurrence. Selon l'alinéa 2 de l'article 12 de la loi du 8 décembre 2009, le président de l'autorité et les six autres membres sont nommés par décret. Trois des membres autres que le président sont désignés respectivement par le Président de l'Assemblée nationale, le Président du Sénat et le président du Conseil économique, social et environnemental. On peut donc constater que quatre membres sur sept sont nommés par l'exécutif. A titre de comparaison, la CRE est également composée de sept membres mais seulement 2 sont directement nommés par l'exécutif[802].

[802] Le collège de la CRE comprend le président du collège, nommé par décret du Président de la République, deux vice-présidents, nommés respectivement par le Président de l'Assemblée nationale et le Président du Sénat, deux membres nommés respectivement par le président de l'Assemblée nationale et le Président du Sénat, un membre nommé par le président du Conseil économique social et environnemental, un membre nommé par décret et deux représentants des consommateurs d'électricité et de gaz naturel.

Outre sa mission générale d'observation d'accès au réseau ferroviaire, l'ARAF dispose d'un pouvoir réglementaire lui permettant de préciser les règles concernant les conditions de raccordement au réseau ferroviaire, les conditions techniques et administratives d'accès au réseau et de son utilisation ainsi que, les conditions d'accès aux services présentant le caractère de facilités essentielles[803]. L'ARAF dispose également d'un pouvoir de sanction étendu puisqu'elle peut prononcer des sanctions d'interdiction temporaire d'accès au réseau ou des sanctions à caractère pécuniaire. De plus, et conformément aux exigences du droit de l'Union européenne, l'ARAF a été investie d'un pouvoir de règlement des litiges. A ce titre, le législateur a doté l'ARAF « d'une panoplie complète de pouvoirs d'enquête, de contrôle, d'injonction, de réformation et de sanction à l'encontre des contrevenants aux règles qu'elle a pour mission de faire respecter »[804]. L'ARAF peut se saisir d'office ou l'être par l'autorité administrative compétente, les entreprises ferroviaires, les gestionnaires d'infrastructure, toute organisation professionnelle ou toute autre personne concernée si elle s'estime victime d'un traitement inéquitable, d'une discrimination ou de « tout autre préjudice » liés à l'accès au réseau, que leur grief concerne l'exhaustivité ou la qualité de l'information[805].

La loi du 8 décembre 2009 a donc institué une autorité de régulation aux attributions classiques mais qui répond aux exigences de transparence souhaitées par les directives communautaires. Le développement des autorités de régulation[806] participe de la volonté de soumettre l'administration aux exigences de la nouvelle gestion publique. La multiplication d'acteurs, aux prérogatives les plus diverses et investis de missions variées, conforte le sentiment d'éclatement des structures administratives.

---

803 Article 14 de loi relative à l'organisation et à la régulation des transports ferroviaires.

804 P. Vieu, « Entre libéralisation et nouvelle régulation : les mutations du paysage ferroviaire français », préc. p. 58.

805 Article 16. II de loi relative à l'organisation et à la régulation des transports ferroviaires.

806 Voir également le dossier spécial « La régulation et les institutions », *RDP* 2014, n° 2, p. 261-379.

Les politiques de modernisation administrative s'opposent à la rigidité et à la fixité des catégories administratives. A cet égard, la création et la brèche ouverte par les nouvelles personnes publiques apparaissent comme un moyen de rétablir l'équilibre entre les nouvelles fonctions de l'Administration et les outils mis à sa disposition pour assurer ces nouvelles missions. La multiplication des personnes publiques répond à un phénomène d'éclatement institutionnel qui aurait pu révolutionner la classification traditionnelle des personnes morales administratives. Pourtant, ces nouvelles personnes publiques constituent davantage une réponse conjoncturelle à la modernisation des missions administratives, comme l'atteste l'hétérogénéité des nouvelles personnes publiques, plutôt qu' à une réelle mutation de ses modes de gestion.

Chapitre 2 : L'hétérogénéité des nouvelles personnes publiques

Grâce aux développements précédents, il est possible de donner les premiers éléments de définition des nouvelles personnes publiques : ce sont des organismes publics, créés en vue de moderniser l'action administrative et qui se différencient des catégories de personnes publiques existantes. Néanmoins, le lien entre ces différentes structures est plutôt ténu. Comment établir des lignes fédératives entre d'une part, les GIP, formule conventionnelle et, d'autre part, les autorités publiques indépendantes, nouvelle forme d'autorité administrative indépendante ? L'intégration institutionnelle de ces nouvelles structures est complexe puisque l'on est en présence d'un « nombre important d'objets apparemment disparates »[807]. En d'autres termes, les nouvelles personnes publiques peuvent-elles constituer une nouvelle catégorie juridique ?

Les catégories juridiques, « schémas grâce auxquels va s'opérer la rencontre de la règle et du fait brut »[808], s'établissent sur les objets même que l'on souhaite regrouper. Il convient donc de dresser un ensemble de lignes fédératives pour pouvoir établir les caractéristiques propres d'une catégorie ce qui permettra de les séparer des catégories voisines et notamment de séparer les nouvelles personnes publiques des collectivités territoriales et des établissements publics. Le travail de classification suppose une certaine unité, une cohérence dans les différentes structures composant la catégorie supposée.

Cependant, la systématisation des nouvelles personnes publiques s'achemine vers la reconnaissance d'une « catégorie » composée d'entités éclectiques et aux spécificités marquées (**section 1**). La systématisation de ces nouveaux organismes n'offre pas la possibilité de créer une nouvelle catégorie juridique de personnes

---

807 F. Melleray, *Essai sur la structure du contentieux administratif*, Thèse, LGDJ, 2001, p.7.

808 J. Rivero, « La distinction du droit et du fait dans la jurisprudence du Conseil d'État français », in Le fait et le droit, Études de logique juridique, Bruylant, 1961, p.142.

publiques. Par conséquent, il convient de se résoudre au maintien de la classification dualiste des personnes publiques (**section 2**).

Section 1 : La systématisation des nouvelles personnes publiques

Dans un sens courant, l'action de systématiser consiste à réunir en système, à réduire. On sait que les nouvelles entités étudiées constituent des nouvelles personnes publiques et qu'elles ont été créées pour répondre aux impératifs de la nouvelle gestion publique. Cette définition est très brève mais elle permet de systématiser l'ensemble des nouvelles personnes publiques.

Loin d'être désuète[809], la distinction des structures administratives en corporations ou fondations permet d'éclairer les liens existants entre les nouvelles personnes publiques et les autorités étatiques. Dans un article relatif aux personnes publiques innomées[810], L. Richer a renouvelé cette distinction en l'appliquant aux nouvelles personnes publiques **(§1).** Cependant, l'analyse de cette tentative de systématisation des personnes publiques innomées n'est pas convaincante et il conviendra de se résoudre à envisager une autre qualification des nouvelles personnes publiques ayant trait à leurs spécificités **(§2).**

§1 Le rejet de la distinction fondation et corporation

Historiquement, la dichotomie entre collectivité territoriale et établissement public a été construite sur le modèle de la distinction entre fondation et corporation. Il est alors possible, à l'instar de L. Richer, de proposer une classification des nouvelles personnes publiques selon qu'elles disposent d'un caractère corporatif ou

---

[809] L. Janicot, « Les collectivités territoriales, une définition menacée? », *RFDA* 2011, p. 728.
[810] L. Richer, « Les personnes publiques innomées », Actes du colloque de l'AFDA sur la personnalité publique, Litec, 2007, p. 133.

fondatif **(A)**. Cependant, l'analyse de cette tentative de systématisation des personnes publiques innomées se révèle insuffisante **(B)**.

A/ La nature corporative ou fondative des nouvelles personnes publiques

Selon L. Richer, introduire toute nouvelle personne publique innomée autre qu'une collectivité territoriale dans la catégorie des établissements publics, que celle-ci dispose d'un caractère fondatif ou corporatif, n'a pas posé d'inconvénients pratiques. Néanmoins, il souligne le fait que lorsque « ces inconvénients sont apparus [...] la jurisprudence a évolué »[811] en créant des personnes publiques *sui generis* ou spéciales. Il propose alors d'appliquer la distinction entre corporation et fondation à ces nouvelles entités publiques. Cet auteur établit un postulat original selon lequel « pourrait se dégager (nébuleusement) un dualisme de la personne *sui generis* : d'un côté, les institutions "corporatives" qui reposent sur l'existence d'une collectivité d'intéressés et prennent la forme de personnes publiques composées de membres ; de l'autre, des institutions auxquelles est reconnue une autonomie renforcée »[812]. Cette dernière catégorie d'organisme à caractère fondatif engloberait ainsi les autorités publiques indépendantes ainsi que la Caisse des dépôts et consignations. Dans cette première analyse, il convient de distinguer les personnes publiques spéciales à caractère fondatif (2) de celles présentant un caractère corporatif (1).

1) Les personnes publiques à caractère corporatif

L'examen des caractéristiques fondamentales de la fondation permet de classer dans cette catégorie les groupements d'intérêt public (a) ainsi que l'Institut de France et ses Académies (b).

a) Le caractère corporatif des GIP

Si l'on se réfère à la définition de la corporation en tant que regroupement d'une collectivité d'intéressés, les GIP peuvent se rattacher à la catégorie des personnes publiques spéciales à caractère

---

[811] L. Richer, « Les personnes publiques innomées », préc. p. 141.
[812] *Ibid.*

corporatif. En effet, ces groupements ont pour principale caractéristique de permettre à la fois une autonomie de gestion et de représenter l'intérêt public. La corporation a pour but de défendre les intérêts catégoriels d'une collectivité de membres ainsi que d'apporter des moyens juridiques pour la représenter et la gérer. Or, il est nécessaire de rappeler que tout GIP donne lieu à l'approbation d'une convention constitutive qui est librement déterminée par les membres fondateurs du groupement. Cette convention a pour objet d'organiser les modalités de fonctionnement et le statut du futur groupement. En outre, cette convention fixe le cadre statutaire dans lequel est définie la mission du groupement ainsi que les moyens juridiques permettant de réaliser cette activité d'intérêt public. Si on associe les GIP à une collectivité qui « prennent la forme de personnes publiques composées de membres »[813], ils peuvent être classés dans la catégorie des organismes corporatifs. En effet, les GIP fonctionnent grâce à un conseil d'administration, une collectivité de membres qui fixent ses règles ainsi que ses buts. Le caractère corporatif des GIP pourrait alors se résumer ainsi si l'on tente d'expliciter l'approche de L. Richer.

Néanmoins, s'il n'est point contestable que les GIP forment une nouvelle personne morale composée de membres, leur caractère corporatif est loin d'être aussi évident. A contrario, l'Institut de France remplit tous les éléments inhérents à la qualification de personne publique spéciale à caractère corporatif.

b) L'Institut de France et ses Académies

Créé par la Constitution de l'An III, l'Institut de France est « chargé de recueillir les découvertes, de perfectionner les arts et les sciences ». Selon J.-M. Pontier, l'Institut de France est « à la pointe de l'actualité dans (le) domaine des personnes innomées »[814]. Bien que qualifié au contentieux d'établissement public, l'Institut appartient depuis 2006 à l'inventaire extensible des personnes publiques *sui generis* (b-1). L'examen de l'organisation et du fonctionnement de ce collège de savants démontre qu'il présente de nombreuses caractéristiques des personnes morales corporatives (b-2).

---

[813] L. Richer, p. 143.

[814] J.-M. Pontier, « Nature juridique des comptes rendus de l'Académie des sciences », *JCP A* 2008, n° 40, p. 21.

b-1 Une insertion récente dans la catégorie des personnes publiques *sui generis*

Les textes relativement anciens concernant le statut et l'organisation de l'Institut de France et de ses Académies n'apportent guère de précision sur leur qualification juridique. Néanmoins, il convient de souligner que la principale mission de l'Institut est la gestion de libéralités de plus d'un millier de fondations abritées. C'est pourquoi sa nature juridique mérite d'être clarifiée.

A plusieurs reprises, le juge administratif a qualifié l'Institut de France d'établissement public. Dans l'arrêt *USPAC-CGT* du 12 décembre 2003[815] relatif à l'intérêt à agir de l'Institut, le Conseil d'État ne propose aucun revirement sur cette question. Cependant, cet arrêt est important puisqu'en défense, l'Institut a présenté des moyens visant à établir sa spécificité. Cette originalité sera consacrée trois ans plus tard par le législateur dans la loi de programme pour la recherche du 18 avril 2006. Dans cet arrêt de décembre 2003, le juge administratif confirme sa jurisprudence en qualifiant l'Institut d' « établissement public de l'État ». Dans sa solution, le juge souligne explicitement que « le fait qu'il gère un patrimoine constitué de dons et legs » ne constitue pas un obstacle à une telle qualification comme le soutenait le gouvernement. Il convient de s'attacher aux moyens présentés par la défense puisque ceux-ci tentaient de démontrer le caractère *sui generis* de l'Institut. Selon les conclusions du commissaire du gouvernement Le Chatelier, les défendeurs invoquaient trois arguments permettant de rejeter l'assujettissement de cette assemblée de savants à la catégorie des établissements publics. Tout d'abord, l'Institut avance le moyen selon lequel il possède un patrimoine composé d'importantes libéralités. Or, lui conférer le statut d'établissement public « aboutirait à donner à l'État, au titre de ses pouvoirs de tutelle, les moyens de contrôler des propriétés privées »[816] . Le deuxième argument relève de la nature des activités exercées par l'Institut. Pour les défendeurs, sa principale mission consiste dans la gestion de dons et legs des fondations abritées. Celle-ci suppose « de garantir aux fondateurs une gestion efficace et adaptable à la

[815] CE, 12 décembre 2003, *Union syndicale CGT des personnels des affaires culturelles (USPAC-CGT), AJDA* 2004, note F. Donnat et D. Casas, p. 199.
[816] Concl. Préc. p. 325.

conjoncture économique »[817] non satisfaite avec la structure lourde de l'établissement public. Enfin, le principe de l'élection des membres de cette institution est synonyme d'autonomie interne, ce à quoi ne peut prétendre un établissement public qui suppose « l'exercice par l'État de ses pouvoirs de tutelle »[818] .

Le commissaire du gouvernement n'a retenu aucun de ces arguments et s'écarte de qualification *sui generis* étant donné qu' « il ne ressort pas de l'intention du législateur, ni de l'ensemble des textes qui organisent le statut de l'Institut, que l'on ait entendu en faire une structure dérogeant à la qualification d'établissement public »[819]. Suivant les conclusions de M. Le Chatelier, la haute juridiction administrative réfute la qualification *sui generis* lui préférant celle d'établissement public de l'État. Cependant, cette qualification jurisprudentielle a été mise en échec par deux dispositions législatives. Tout d'abord, l'ordonnance du 6 juin 2005, qui dresse la liste des pouvoirs adjudicateurs non soumis au Code des marchés publics mais aux règles issues du droit communautaire, constitue le premier élément implicite du rattachement de cette institution à la catégorie des personnes publiques *sui generis*. Selon son article 3, l'Institut de France, l'Académie française, l'Académie des inscriptions et belles-lettres, l'Académie des sciences, l'Académie des beaux-arts et l'Académie des sciences morales et politiques ne sont pas soumises au Code des marchés publics. Par conséquent, leur régime juridique diffère de celui des établissements publics. L'année suivante, et très explicitement, le législateur consacre la spécificité de l'Institut en adoptant la loi de programme et de recherche qui la définit comme une personne morale de droit public à statut particulier placée sous la protection du Président de la République. Le législateur a donc souhaité « échapper aux conséquences de l'arrêt rendu par le Conseil d'État le 12 décembre 2003 »[820] .

Cet organisme à statut spécial présente toutefois de nombreux éléments permettant de le rattacher à une catégorie « virtuelle », celle des personnes publiques spéciales à caractère corporatif.

---

[817] L. Richer, « Les personnes publiques innomées », p. 140.
[818] Concl. Précitées, p. 325.
[819] *Ibid*, p. 329.
[820] L. Richer, *Les personnes publiques innomées,* préc. p. 136.

b-2 Le caractère corporatif de l'Institut de France

Le décret du 11 mai 2007 a approuvé le règlement général[821] de l'Institut de France. Celui-ci contient un article annexe soulignant son caractère corporatif. En effet, cet article confie l'administration de l'Institut aux intéressés eux-mêmes. Il est précisé que ce sont les Académies et l'Institut qui ont en charge la gestion de leurs biens propres tout comme de leurs intérêts communs et respectifs[822] . En outre, le procédé de l'élection des administrateurs est un élément essentiel caractérisant la corporation puisqu'elle constitue le « moyen de désigner des représentants du corps »[823] . A ce titre, l'article 3 du décret dispose que ce sont les Académies et l'Institut qui procèdent à leurs élections « en toute indépendance, de façon collégiale ». Finalement, toutes les fonctions académiques sont électives.

L'examen des dispositions relatives à l'organisation de l'Institut de France permet de confirmer sa liberté d'organisation et de fonctionnement. Ainsi, la gestion de l'Institut est confiée à l'assemblée générale ainsi qu'au bureau. Ce dernier se compose du président de l'Académie qui assure la présidence de l'Institut, du chancelier de l'Institut, des secrétaires perpétuels des académies, du directeur en exercice de l'Académie française, des présidents des trois autres académies. Il revient au président de convoquer l'Assemblée générale ainsi que de veiller à l'exécution des décisions de l'Assemblée qui « connaît de toutes les questions d'intérêt commun qui lui sont soumises par le Bureau. La commission administrative centrale élit le Chancelier parmi ses membres et a autorité sur les services administratifs de l'Institut. Sous l'égide du Chancelier, le directeur des services administratifs assure la gestion des affaires administratives de l'Institut. Finalement, ce décret ne s'intéresse qu'à l'organisation de cette ancienne institution. C'est pourquoi L. Richer définit l'institution comme un « collège de membres cooptés qui travaillent ensemble »[824] . Ce décret ne précise pas si son personnel

---

[821] Un nouveau règlement financier, approuvé par un autre décret du 11 mai 2007 est intervenu pour répondre aux préoccupations émises par la Cour des Comptes sur la gestion de l'Institut de France et de ses Académies

[822] Article premier du règlement général de l'Institut de France, adopté par le décret n) 2007-810 du 11 mai 2007.

[823] F. Féral, *Approche dialectique du droit de l'organisation administrative*, préc. p. 126

[824] L. Richer, « Les personnes publiques innomées », p. 139.

relève du statut général de la fonction publique mais indique simplement que le directeur des services administratifs dirige le personnel de l'Institut et des Académies « sous réserve des dispositions réglementaires applicables ». De façon encore plus explicite, il n'est aucunement fait mention dans ce règlement général d'une tutelle de la part d'une autorité extérieure à l'Institut. Le seul lien de subordination résulte de l'approbation gouvernementale du règlement général de l'Institut. Ces organismes sont libres de déterminer, dans la limite des compétences mentionnées par la loi de 2006, les conditions dans lesquelles leurs « services administratifs, financiers ou comptables concourent aux missions des académies ». Les motifs de cette liberté de gestion trouvent leur fondement dans le caractère corporatif de cette vieille assemblée. Celle-ci doit s'éloigner du pouvoir de l'État pour satisfaire à ses missions. Ce phénomène explique que les membres de l'Institut, comme l'avait relevé Hauriou, sont davantage « soumis aux exigences de leurs fonctions qu'à la puissance publique proprement dite »[825].

L'Institut de France et ses Académies peuvent donc être classées parmi les personnes morales corporatives. Les autres nouvelles personnes publiques s'insèrent a priori dans la catégorie des personnes morales à caractère fondatif.

2) Le caractère fondatif des nouvelles personnes publiques : les autorités publiques indépendantes

Poursuivant le raisonnement de L. Richer sur le diptyque des institutions corporatives et fondatives, il est permis de constater l'existence d'une autre catégorie de personnes publiques innomées « auxquelles est reconnue une autonomie renforcée »[826] . Par opposition aux GIP et à l'Institut de France, ce second groupe présente de nombreux éléments de comparaison avec les organismes à caractère fondatif à l'instar des autorités publiques indépendantes.

Les autorités publiques indépendantes semblent ne pas présenter pas de caractère corporatif. Elles ne constituent pas une assemblée de membres, ni une collectivité d'intéressés à l'instar des

[825] *Ibid*, p. 141.
[826] *Ibid.*

collectivités territoriales. Ces nouvelles autorités de régulation ne peuvent s'identifier à un groupe préexistant représentant des intérêts catégoriels communs. Le législateur a donc souhaité créer des entités autonomes à qui fait défaut tout caractère corporatif.

Nonobstant ce besoin d'indépendance accrue, ces nouvelles entités disposent d'une nature organique essentiellement fondative puisqu'elles ont été « spécialement conçues pour désengorger l'appareil bureaucratique centralisé »[827]. En effet, les autorités publiques indépendantes accomplissent leurs missions en toute indépendance. Toutefois, l'acte fondateur de toute nouvelle autorité, que ce soit la loi de sécurité financière de 2003, la loi de 2004 relative à l'assurance maladie ou encore la loi de 2006 sur la lutte contre le dopage, détermine précisément les missions de chacune des autorités publiques indépendantes. A ce propos, l'essentiel de leurs activités s'inscrit dans un domaine de réglementation et d'information. Hormis l'Autorité des marchés financiers disposant d'une palette importante de pouvoirs et dans une moindre mesure l'ARAF, les autres autorités publiques indépendantes établissent des recommandations, des guides. Or, ceux-ci ne peuvent être considérés comme des instruments permettant la représentation d'intérêts catégoriels. En effet, ces institutions ont une mission de défense des intérêts publics et, notamment, d'un secteur particulier de régulation. Autrement dit, ces autorités n'ont pas vocation à représenter les intérêts d'un corps. Leur appartenance à la « catégorie » des personnes publiques *sui generis* réside principalement dans la reconnaissance de leur personnalité juridique mais celle-ci n'entame en rien leur caractère fondatif.

En outre, les pouvoirs étatiques, par le biais des autorités publiques indépendantes, semblent répondre à des préoccupations d'indépendance vis-à-vis du pouvoir exécutif en les chargeant d'assurer une certaine mission et en leur conférant, grâce à la personnalité juridique, les moyens pour y parvenir plus efficacement. Toutefois, le procédé de nomination fait obstacle à leur réelle indépendance. Les membres de ces nouvelles autorités ne procèdent pas de l'élection ce qui aurait pu être un gage supérieur d'indépendance. Bien au contraire, ils sont tous nommés par les autorités politiques ce qui leur confère une sorte de « mandat » par

[827] J. Chevallier, *L'État post-moderne*, p. 82.

lequel ils se doivent de répondre à la satisfaction des intérêts étatiques caractérisant ainsi le procédé fondatif.

La classification des nouvelles personnes publiques en organismes corporatifs et fondatifs apporte une certaine précision en systématisant de façon dialectique ces nouvelles entités. Pourtant, et L. Richer le reconnaît, il est nécessaire de se garder « de voir dans ce diptyque une catégorie scientifique »[828]. Aussi séduisante qu'elle soit, cette classification se heurte à différentes contestations.

B/ Une taxinomie contestable

La première observation ou plutôt contestation qu'il est permis d'invoquer à l'égard de cette classification institutionnelle bipartite se situe tout naturellement dans l'évolution du rôle et des fonctions de l'Administration. Cette dernière est « un système dynamique et dialectique »[829] ce qui a pour conséquence une relative incertitude quant à la qualification, à un moment donné, du caractère corporatif ou fondatif, de tel ou tel organisme. Afin d'illustrer ces propos, il est possible de se référer à l'Université. Créée sous la forme d'un établissement public, l'institution universitaire présente le caractère d'une fondation. Au départ, cet organisme à caractère fondatif a pour objet de satisfaire à la mission d'enseignement pour le compte de l'État. Néanmoins, l'évolution de ses statuts avec notamment la représentation de plus en plus marquée des fonctionnaires ainsi que de ses usagers dans sa gestion constitue une source d'ambiguïté importante conduisant à s'interroger sur l'existence d'un véritable corps. De ce fait, l'institution universitaire se caractérise par une dérive corporative.

Ce premier élément conduit à s'interroger sur la coexistence au sein d'une même institution, de composants corporatifs et fondatifs. Ce phénomène d'ambivalence s'achemine « le plus souvent vers une dérive corporatiste des institutions déconcentrées créées par l'État, ou à une autonomie croissante des corporations »[830]. A titre d'illustration, les chambres professionnelles appartiennent à la catégorie des

---

[828] L. Richer, « Les personnes publiques innomées », p. 141.
[829] F. Féral, *Approche dialectique du droit de l'organisation administrative*, préc. p. 125.
[830] *Ibid*, p. 127.

corporations puisque leur objet est principalement de représenter les intérêts de leurs membres. Toutefois, ces dernières exercent également des missions pour le compte de l'État relatives notamment au contrôle de leurs membres. De même, le caractère corporatif des GIP est discutable. Ces groupements présentent, il est vrai, certains aspects de la corporation en tant qu'ils sont créés par convention librement déterminée par leurs membres. Toutefois, cette convention doit nécessairement faire l'objet d'une approbation ministérielle, d'une autorisation en amont, en d'autres termes d'une volonté extérieure au groupement. C'est pourquoi, il est également possible de qualifier les GIP d'institutions fondatives dans lesquelles sont perceptibles certains éléments de nature corporative. D'ailleurs, de nombreux GIP ont été transformés en établissement public sans que cette mutation ne soulève de réelles difficultés juridiques[831].

En outre, la Banque de France, de l'aveu même de L. Richer, est difficilement « classifiable ». Si l'on tient compte de la théorie de L. Michoud transposée par L. Constans aux personnes publiques, un des caractères soit corporatif soit fondatif de la Banque doit apparaître dominant. Or, la Banque de France a connu trop d'évolutions statutaires pour que l'on puisse la ranger dans une sous-catégorie de personne morale corporative ou de personne morale à caractère fondatif. La Banque de France constitue la plus hybride des personnes publiques innomées.

Ainsi, la distinction corporation/ fondation ne permet pas de systématiser les nouvelles personnes publiques. Par conséquent, il convient de se résoudre à une nouvelle caractérisation des personnes publiques innomées.

§2 La spécificité des nouvelles personnes publiques

---

[831]Le laboratoire français du fractionnement et des biotechnologies a été transformé par l'article 12 de la loi de modernisation sociale du 17 janvier 2002 en établissement public industriel et commercial. Depuis, l'ordonnance n°2005-866 du 28 juillet 2005 a transformé le laboratoire en société anonyme. Il est également possible de citer les agences régionales de santé, créées initialement sous la forme de groupements d'intérêt public.

Pour définir les nouvelles structures, la doctrine mentionne la reconnaissance de « personnes publiques spécifiques »[832], de « « personnes administratives spéciales en dehors des établissements publics »[833] ou encore de « personnes publiques *sui generis* »[834]. Le caractère *sui generis* de ces nouvelles personnes publiques démontre qu'il s'agit d'institutions inédites (A) mais, il sera surtout démontrer qu'elles présentent des régimes juridiques hétérogènes (B).

A/ Le caractère *sui generis* des nouvelles personnes publiques

Dans le langage courant, l'adjectif *sui generis* est souvent associé aux termes « spécial » ou « innomé ». En tant que critère, il est défini comme ce qui « est propre à l'espèce, à une chose, qui n'appartient qu'à elle »[835]. Dans le vocabulaire juridique, le *sui generis* correspond à « une situation juridique dont la nature singulière empêche de la classer dans une catégorie déjà connue »[836]. La doctrine, notamment civiliste, de même que la jurisprudence utilisent de manière très répandue cette formule latine ainsi que le démontre la consultation des tables des principales revues relatives au droit des contrats[837]. On constate que le *sui generis* est également utilisé par le droit administratif. Le Conseil d'État a ainsi qualifié la Banque de France de personne publique « *sui generis* »[838]. Il convient de s'interroger sur cette qualification.

En premier lieu, qualifier une institution de *sui generis*, afin de lui donner un nom, réduit l'imprécision qui l'entoure. Mais la qualification *sui generis* ne permet pas de connaître précisément la nature juridique de l'organisme en cause. A titre d'illustration, affirmer que la Banque

---

[832] J. Morand-Deviller, *Droit administratif*, Montchrestien, 2007, 10ème édition, p. 156.
[833] Y. Gaudemet, *Traité de droit administratif*, LGDJ, 2001, 16ème éd., p. 314.
[834] F. Beroujon, « Le recul de l'établissement comme mode de gestion du service public », *RFDA* 2008, p. 32.
[835] Dictionnaire Le Robert, *sui generis*
[836] S. Guinchard, et G. Montagnier, *Lexique des termes juridiques*, Dalloz, 2001, 13ème éd., *sui generis*.
[837] P. Rémy, *La jurisprudence des contrats spéciaux – 40 ans de chronique à la Revue trimestrielle de droit civil*, in *L'évolution contemporaine du droit des contrats*, PUF, 1986, p.20.
[838] M. Painchaux, « La qualification sui generis: l'inqualifiable peut-il devenir catégorie ? », *RRJ* 2004, p. 2017.

de France est une personne publique *sui generis* ne permet pas de résoudre le problème de sa classification. Ainsi que le souligne M. Lombard, lors des débats parlementaires qui ont précédé le vote de la loi du 4 août 1993 relative au statut de la Banque de France, le rapporteur souhaitait conserver la « qualification d'institution, sans signification juridique précise » dès lors qu'elle n'a « pas soulevé de difficultés juridiques, hormis celles que se réservent les exégètes professionnels »[839]. On en déduit qu'elle appartient à la catégorie des personnes morales de droit public mais le doute demeure sur sa classification à l'intérieur de cette catégorie. De ce fait, l'adjonction de l'expression *sui generis* n'entraîne finalement qu'à « renomme[r] l'incertitude »[840].

En second lieu, rattacher une institution à une catégorie juridique *sui generis* peut également être assimilé au « refus de passer par une qualification dont on ne veut pas toutes les conséquences »[841]. Autrement dit, on refuse aux nouvelles personnes publiques la qualification d'établissement public pour éviter qu'elles soient soumises au même régime juridique que l'établissement public. A ce propos, la jurisprudence n'emploie pas toujours le terme *sui generis* pour désigner les nouvelles personnes publiques. Le Conseil d'État a explicitement utilisé cette qualification mais dans un avis consultatif relatif à la Banque de France. Le juge emploie plus souvent le terme "spécifique". Ainsi, le juge administratif qualifie les GIP de personne morale de droit public soumises à un régime spécifique. Cette conception du *sui generis* revient à refuser de classer les nouvelles personnes publiques dans la catégorie de l'établissement public en raison de ses règles contraignantes. La catégorie virtuelle des personnes publiques s*ui generis* répondrait alors à des considérations de simple opportunité correspondant à « l'illustration la plus flagrante des hypothèses où il existe une inadéquation du régime juridique déjà organisé aux situations nouvelles »[842]. Cette proposition s'achemine vers la reconnaissance d'une catégorie de personnes morales de droit public *sui generis*. Toutefois, l'existence d'une telle catégorie se heurte nécessairement à l'extrême diversité des institutions la

---

[839] M. Lombard, « Brèves remarques sur la personnalité morale des autorités de régulation », *CJEG* 2005, n° 619, p. 131.

[840] J.-L. Bergel, *Méthodologie juridique*, PUF, Thémis, Droit privé, p. 117.

[841] P. Rémy, préc. p. 22.

[842] S. Théron, « Les catégories en droit administratif », *RRJ*, 2005, n° 4, p. 2400

composant. En d'autres termes, créer une catégorie de personnes publiques *sui generis* risque d'épuiser « les catégories dans leurs fondements mêmes »[843]. C'est pourquoi, il convient se résoudre, dans un premier temps, à définir les nouvelles personnes publiques comme des institutions hybrides, des personnes publiques innomées qui présentent des caractéristiques originales et un statut hétérogène.

B/ Des institutions hybrides

Ces nouvelles entités présentent de nombreuses originalités et sont soumises à des degrés variables aux règles du droit public.

Tout d'abord, les GIP sont créés par une convention, un contrat. Cette création par voie conventionnelle rompt avec l'idée que « les personnes publiques procèdent normalement d'un acte unilatéral, législatif ou administratif »[844]. En outre, l'article 112 de la loi du 17 mai 2011 relative au statut législatif des GIP prévoit que les groupements sont soumis, en matière de comptabilité, aux règles du droit privé[845].

Ensuite, la Banque de France dispose d'un capital. De plus, le juge a souligné que la Banque de France présentait des caractéristiques propres[846], notamment la soumission de son personnel aux règles du droit du travail. En application de la jurisprudence *Berkani,* les agents employés par une personne publique gérant un service public administratif sont des agents publics. Or, la Banque de France poursuit essentiellement une mission de service public administratif puisqu'elle a pour mission générale de participer au bon fonctionnement du système bancaire. En outre, il est souligné que,

---

[843] M. Deguergue, *Jurisprudence et doctrine dans l'élaboration du droit de la responsabilité administrative,* préc. p. 458.
[844] J. Petit, Note sous CE, 14 janvier 1998, *Syndicat départemental Interco 35 CFDT*, *AJDA* 1999, p. 164.
[845] Toutefois, il existe deux exceptions à ce principe : les parties contractantes peuvent faire le choix de la gestion publique dans la convention constitutive ou si le groupement est exclusivement constitué de personnes morales de droit public, il sera obligatoirement soumis au régime de la comptabilité publique.
[846] CE, 22 mars 2000, *Syndicat national autonome du personnel de la Banque de France*, *AJDA* 2000, p. 410.

dans le cadre de sa participation au système européen des banques centrales, la Banque de France ne subit aucun contrôle[847].

Les autorités publiques indépendantes sont assujetties à un contrôle de tutelle relâché. A l'intérieur de cette « catégorie », il convient également de noter de multiples différences puisque certaines autorités publiques indépendantes ne disposent pas d'un pouvoir de sanction comme la Haute autorité de santé ou le Haut Conseil du commissariat aux comptes[848]. Certaines autorités publiques indépendantes disposent d'un pouvoir réglementaire subordonné[849] à l'instar de l'Autorité des marchés financiers, de l'Agence de régulation des activités ferroviaires ou de la Haute autorité pour la diffusion des œuvres et la protection des droits sur internet.

Enfin, la loi prévoit que l'Institut de France est placée « sous la protection spéciale » du Président de la république. En outre, le décret du 11 mai 2007 approuvant le règlement général administratif et financier de l'Institut de France et de ses Académies ne fait aucune référence au règlement général de la comptabilité publique.

En définitive, il apparait que chaque personne publique innomée présente certaines spécificités qu'elles soient d'ordre statutaires ou que celles-ci soient relatives à leur régime juridique. Cependant, certaines de ces caractéristiques ne sont pas propres aux personnes publiques *sui generis*. A titre d'illustration, le régime juridique des EPIC est largement soumis aux règles du droit privé. En outre, les associations syndicales de propriétaires autorisées ont été qualifiées d'établissements publics non rattachés[850]. Doit-on alors considérer que ces institutions sont réellement des structures inédites ? En réalité, les nouvelles personnes publiques ne présentent pas assez de critères distinctifs pour pouvoir former une nouvelle catégorie juridique et faire échec à la classification dualiste des personnes publiques.

---

[847] P. Serrand, *Manuel d'institutions administratives*, préc. p. 322.

[848] En outre, la loi prévoit que le Haut conseil du commissariat aux comptes est institué auprès du Grade des sceaux, article L. 821-5 du Code du commerce.

[849] *Infra*, Partie 2, Titre 2, Chapitre 1, section 3 ; Q. Epron, « Les autorités de régulation et la séparation des pouvoirs », *RFDA* 2011, p. 1007.

[850] CE, 14 juin 2006, *Association syndicale du canal de la Gervonde, AJDA* 2006, p.1360.

Section 2 : Le maintien de la classification dualiste des personnes publiques

On s'en souvient, la doctrine et la jurisprudence ont longtemps été réticentes à la reconnaissance de nouvelles personnes publiques aux côtés des établissements publics. Pour la doctrine et le juge, tout nouvel organisme doté de la personnalité morale et à vocation spéciale relève nécessairement de la catégorie de l'établissement public ou doit être qualifié de personne privée. L'avènement des nouvelles personnes publiques ne permet pas de mettre en échec la classification binaire traditionnelle puisque celles-ci sont trop diverses pour pouvoir constituer une véritable catégorie juridique.

En effet, la reconnaissance d'une nouvelle catégorie de personnes publiques suppose l'existence de caractéristiques communes marquées ainsi que des différences significatives avec les autres catégories de personnes publiques. L'homogénisation des personnes publiques innomées autorise simplement à les qualifier de personnes publiques à vocation spéciale. Cette qualification permet de différencier les personnes publiques nouvelles des collectivités territoriales mais elle n'est pas suffisante pour les distinguer des établissements publics. Par conséquent, il convient de se résoudre au maintien de la classification dualiste.

La jurisprudence a été conduite à prendre à l'égard de certains organismes des positions plus ou moins convaincantes afin d'éviter la qualification *sui generis* et de s'éloigner des barrières de l'architecture traditionnelle (§1). La diversité interne des nouvelles personnes publiques et leur proximité avec la catégorie de l'établissement public s'opposent à la mise en évidence d'une nouvelle catégorie juridique de personnes publiques (§2).

§ 1 La comparaison avec d'autres structures hybrides

Le juge a préféré qualifier certaines entités innomées de personnes privées à l'instar des organismes professionnels (A). Pour d'autres, les agences (B) ou les comités de protection de personnes (C), la jurisprudence les a intégrés dans la catégorie accueillante de l'établissement public.

A/ Les organismes professionnels[851]

L'organisation professionnelle, telle qu'elle résulte de la loi du 16 août 1940, est aujourd'hui abandonnée. Nonobstant, la question de leur identité juridique demeure une question fondamentale du point de vue de la reconnaissance des nouvelles personnes publiques. Il est nécessaire de rappeler que le juge administratif a refusé de qualifier les comités d'organisation puis les ordres professionnels d'établissements publics, respectivement dans les arrêts *Monpeurt*[852] et *Bouguen*[853]. Cette négation de la qualification d'établissement public a obligé la doctrine à s'interroger sur la nature juridique de ces établissements.

Certains, comme M. Waline[854], ont décelé de la part du juge une erreur de qualification. D'autres, comme le commissaire du gouvernement Ségalat proposaient de classer ces organismes professionnels dans une catégorie juridique différente de celle des établissements publics. Selon ses conclusions, « les comités, à la différence des établissements publics, ne constituent pas de simples services administratifs ou industriels détachés de l'administration générale de l'État. Dans la mesure où ils sont appelés à diriger la profession, à la représenter, à gérer des services professionnels, ils personnifient des intérêts propres, distincts de ceux de l'État »[855]. Dans sa note sous l'arrêt *Bouguen,* A. Mestre conclut son raisonnement sur la nature juridique des ordres professionnels en proposant « la reconnaissance d'une catégorie supplémentaire de

---

[851] Le débat sur la nature juridique des établissements professionnels a été étudié supra § 2 : L'échec de la reconnaissance de nouvelles personnes publiques : les arrêts Monpeurt et Bouguen.
[852] CE, Ass. 31 juillet 1942, *Monpeurt, D.* 1942, p. 138.
[853] CE, Ass. 2 avril 1943, *Bouguen, S.* 1944.3.1
[854] M. Waline, « La loi du 17 novembre 1943 sur la gestion des intérêts professionnels et le droit public français », *S.*, 1944, p. 21.
[855] Concl. Ségalat sur CE, Ass. 31 juillet 1942, *Monpeurt, D.* 1942, p. 138.

personnes administratives, celles qui relèvent de l'ordre professionnel »[856]. Malgré les insistances doctrinales à la reconnaissance d'une nouvelle catégorie de personne publique heurtant la distinction binaire collectivité territoriale et établissement public, le juge administratif n'a pas consacré l'existence d'une nouvelle catégorie juridique. Au contraire, le Conseil d'État a précisé la nature juridique des ordres professionnels en les qualifiant, non de personnes publiques *sui generis* ou de personnes d'un « type nouveau », mais de personnes privées[857] dans l'arrêt *Centre d'études marines avancées*[858]. Pour M. Degoffe, cette jurisprudence témoigne « de la réticence du Conseil d'État à créer une quatrième catégorie de personnes publiques aux côtés des établissements publics »[859].

La jurisprudence administrative a donc conforté la position de R. Drago qui conclut sa thèse en affirmant qu' « il n'y a aucune utilité pratique ni aucune raison théorique qui commande de déceler l'existence de personnes publiques nouvelles »[860]. Il n'est donc pas envisageable de faire éclater le « dogme dualiste »[861] et de recourir à la qualification de personnes publiques *sui generis.* Cette constatation est confortée par l'étude des « agences » qui, loin de constituer une nouvelle catégorie de personne publique, appartiennent le plus souvent à la catégorie de l'établissement public.

B/ Les agences

Le phénomène de création de nouvelles structures publiques n'est pas nouveau et la recherche d'une nouvelle forme d'organisation administrative n'est pas propre à l'émergence des nouvelles personnes publiques. Suite aux vagues de privatisation et à l'avènement de l'État « stratège »[862], les pouvoirs publics ont entrepris de multiples

---

[856] A. Mestre, Note sous CE, Ass. 2 avril 1943, *Bouguen, S.* 1944.3.1 ; Concl. Lagrange.

[857] CE, Sect. 13 janvier 1961, *Magnie*r, Rec. p. 33.

[858] CE, 7 décembre 1984, *Centre d'études marines avancées*, Rec. p. 413 ; *AJDA* 1985, p. 274, note P. Godfrin ; *RFDA* 1985, p. 381, Concl. O. Dutheillet de Lamothe, Obs. F. Moderne.

[859] M. Degoffe, *Cours magistral de Droit administratif*, préc. p. 151.

[860] R. Drago, *Les crises de la notion d'établissement public*, préc. p. 460.

[861] L. Richer, « Les personnes publiques innomées », préc. p. 134.

[862] Commission des travaux du XIe Plan, *Pour un État stratège, garant de l'intérêt général*, La Documentation française, 1993.

réflexions sur la modernisation de l'appareil administratif. Ce contexte de désengagement de l'État s'est traduit par l'apparition dans les années 1980-1990 de ce qu'on a coutume de regrouper sous le vocable d'« agence »[863]. Pour J. Chevallier, le processus « d'agencification » renvoie à un objectif de « dynamique centrifuge » qui permet à ces nouvelles entités de « renforcer leur autonomie vis-à-vis du pouvoir central »[864]. La multiplication des agences ainsi que l'importance de leurs moyens nécessitent que soit analysé leur statut (1) pour comprendre que, malgré l'utilisation de cette nouvelle formule, les agences ne sortent pas, au contraire des nouvelles personnes publiques, des catégories existantes (2).

1) Le statut des agences

Le recours aux agences s'inscrit dans le mouvement très large de réforme de l'État. Plusieurs rapports[865] soulignent le besoin de créer de nouvelles structures plus souples et autonomes afin d'exercer certaines tâches de régulation ou de prestations de services. Malgré des réalités et des sources différentes, « l'agence à la française » peut se définir comme « une entité à distance du cœur de la hiérarchie des administrations étatiques centrales, qui exerce des missions publiques à un niveau national ; elle est composée de fonctionnaires financés par le budget de l'État ou dont le financement demeure sous la

---

[863] ENA, *Les agences, nécessité fonctionnelle ou nouveaux démembrements de l'État ?,in Le travail gouvernemental,* Doc. fr. 1996, t. I, p. 19 ; C. Braud, « La notion d'« agence » en France : réalité juridique ou mode administrative ? *»*, *LPA,* n° 104, 30 août 1996, p. 4.

[864] J .Chevallier, *L'État post-moderne*, LGDJ, Collec. Droit et société, 2004, 2°éd., p.81.

[865] *Pour un état stratège, garant de l'intérêt général*, rapport de la commission « État, administration et services publics en l'an 2000 », présidée par C. Blanc, *La Documentation française*, 1993, p.74 ; *L'État en France*, rapport de la mission sur les responsabilités et l'organisation de l'État, présidée par J. Picq, *La Documentation française*, 1995, p. 136.

responsabilité de l'État ; elle reste enfin sujette, au moins pour partie, à des procédures de droit public »[866] .

Le phénomène d'« agencification » s'inscrit dans un contexte international de réflexions sur les nouveaux modes de gestion administrative qui a trait à des concepts de rationalité, d'efficacité ou encore d'évaluation des politiques publiques. En effet, les agences sont parfois dotées de la personnalité juridique et au-delà de la force symbolique attachée à ce vocable, il est important de souligner les conséquences juridiques de la gestion personnalisée de certaines tâches administratives.

Le modèle français des agences s'éloigne, par bien des aspects de sa source anglosaxonne, et notamment des *agencies* américaines[867] créées dès la fin du XIXe siècle. La formule américaine se caractérise principalement par une indépendance accrue vis-à-vis des services de la Présidence tout en étant étroitement contrôlée par le Congrès qui doit valider la nomination des dirigeants. L'internationalisation de la formule de l'agence a pris une dimension fondamentale en Grande-Bretagne. Le rapport *Next Steps*[868] relatif à la modernisation de l'administration a suggéré que soient créé au sein des ministères britanniques de nouvelles « unités désignées sous le nom d'agences » et auxquelles sont confiées « les fonctions exécutives du gouvernement qui sont distinctes du conseil politique ». Ce programme de restructuration a eu un rayonnement considérable dans les pays d'Europe du Nord mais également au niveau de l'Union européenne[869]. Malgré l'influence des modèles étrangers, la notion

---

[866] *Les agences : nécessité fonctionnelle ou nouveaux démembrements de l'État*, rapport de l'ENA, Le travail gouvernemental, La Documentation française, 1995, p. 134.

[867] B. Cottier, « Les « independent agencies » américaines : un modèle pour l'administration polycentrique de demain ? », *RISA* 1985, p. 143.

[868] A. Stevens, Royaume-Uni : les agences d'exécution et leur impact sur le civil service, *RFAP* 1990, p. 485.

[869] Les premières agences communautaires sont crées en 1975, il s'agit du Centre européen pour le développement de la formation professionnelle et la Fondation européenne pour l'amélioration des conditions de vie et de travail. Les agences communautaires sont des organismes nés par un acte de droit communautaire dérivé en vue de remplir une tâche de nature technique, scientifique ou de gestion bien spécifique. Elles se sont rapidement multipliées dans les années 1990 et l'Union Européenne les regroupe dans quatre catégories distinctes : les agences communautaires qui exercent leurs compétences dans le cadre du « Premier Pilier »,

d'agence française semble davantage utilisée comme une expression « à la mode » plutôt qu'un concept doté d'une réalité juridique précise.

Les agences françaises ne constituent pas des organismes nouveaux puisque les premières ont été crées dans les années 1960[870]. L'essor des agences en France s'analyse sous l'effet de deux phénomènes. Le premier répond aux sources anglo saxonnes et s'inscrit dans le mouvement central de réforme de l'organisation administrative. Le rapport Picq[871] préconise ainsi que l'État transforme en agences toutes les administrations qui assurent une fonction de prestations de services « n'impliquant pas une appréciation discrétionnaire ». Ce rapport souligne le besoin de rationaliser l'action administrative en déléguant certaines tâches d'exécution, de mise en œuvre de certaines politiques publiques. La prolifération des agences s'explique également par la nécessité de répondre aux exigences de l'opinion publique.

Cette démarche est particulièrement visible dans le domaine sanitaire où l'État a dû répondre dans l'urgence pour pallier la survenance de crises graves. La création de l'Agence française du sang[872] correspond à l' « affaire du sang contaminé », celle de l'Agence française de sécurité sanitaire des aliments[873] fait suite à la crise « de la vache folle ». Il est ainsi possible de multiplier les exemples. A cet égard, l'architecture sanitaire française, du fait de la multiplication des acteurs (que ce soit les agences ou d'autres établissements comme la Haute autorité de santé) est aujourd'hui très fortement critiquée pour son manque de cohérence[874] et les risques

---

les agences de politique étrangère et de sécurité commune, les agences de coopération policière et judiciaire en matière pénale ainsi que les agences exécutives.

[870] L'ordonnance n°62-1106 du 19 septembre 1962 a créé l'Agence de défense des biens et intérêts des rapatriés.

[871] *L'État en France*, rapport préc., p. 137.

[872] Aujourd'hui établissement français du sang.

[873] Créée par la loi du 1 er juillet 2010 qui fusionne l'Afssa (Agence française de sécurité sanitaire des aliments) et l'Afsset (Agence française de sécurité sanitaire de l'environnement et du travail).

[874]D. Benamouzig, et J. Besançon, « Les agences, alternatives administratives ou nouvelles bureaucraties techniques ? Le cas des agences sanitaires », *Revue trimestrielle du Conseil d'analyse stratégie*, janvier 2007, p.47.

d'un chevauchement de compétences[875]. En outre, les parlementaires sont nombreux à regretter le déficit démocratique inhérent à ces organismes qui ont recours à l'expertise et à l'évaluation scientifique au détriment de la gestion administrative classique[876].

Ces diverses réflexions ne doivent pas occulter le fait qu'outre sa fonction d'évaluation ou d'expertise, l'agence est une structure relevant du droit public, parfois dotée de la personnalité juridique et qui a soulevé certaines interrogations statutaires, à l'instar des nouvelles personnes publiques.

2) L'originalité relative de la formule de l'agence

Certains auteurs ont souligné l'originalité de ces nouvelles formules venant contredire la dichotomie classique de l'établissement public et de la collectivité territoriale. J. Chevallier définit les agences comme des structures « transversales aux catégories juridiques existantes»[877] qui « disposent d'une autonomie renforcée par rapport aux structures personnalisées classiques »[878]. Il est certes difficilement admissible de les qualifier de collectivité publique mais leur nature d'établissement public est aujourd'hui largement admise. En effet, certaines agences sont expressément qualifiées d'établissement public par le législateur. La plupart des agences sont des établissements publics administratifs, d'autres plus rarement des établissements publics industriels et commerciaux[879]. On peut également retrouver sous le vocable d' « agence » des groupements d'intérêt public comme les anciennes agences régionales

875 *Les agences en matière de sécurité sanitaire : de la réactivité à la stratégie,* Rapport d'information n° 355 de Mme Nicole Bricq, fait au nom de la commission des finances du Sénat, 27 juin 2007.

876 P.-B. Joly, « Besoin d'expertise et quête d'une légitimité nouvelle : quelles procédures pour réguler l'expertise scientifique ? », *Revue Française des Affaires Sociales*, 1999, p. 45-53 ; Restier-Melleray C., « Experts et expertise scientifique. Le cas de la France », *Revue Française de Science Politique*, 1990, p. 546.

877 J. Chevallier, « Les agences : effet de mode ou révolution administrative ? », Mélanges Dupuis, LGDJ, 1997, p. 47.

878 J. Chevallier, *L'État post moderne*, préc. p. 81.

879 L'article L.131-3 du Code de l'environnement stipule que l'Agence de l'environnement et de la maîtrise de l'énergie (ADEME) est un établissement public de l'État à caractère industriel et commercial.

d'hospitalisation[880]. Il est également à souligner que la Haute autorité de santé, autorité publique indépendante à caractère scientifique a succédé à l'Agence nationale d'accréditation et d'évaluation en santé en 2006.

Le parallèle entre les agences et les autorités administratives indépendantes est possible puisque certaines disposent de la personnalité juridique et on sait aujourd'hui qu'il existe des autorités administratives dotées de la personnalité morale. Toutefois, les spécificités des agences françaises ne sont pas suffisamment développées pour pouvoir constituer une nouvelle catégorie juridique. En effet, si certaines agences relèvent d'une nouvelle forme de déconcentration fonctionnelle, nombreuses sont celles qui ont été créées sous la forme de l'établissement public. Ces dernières sont alors dotées d'un patrimoine propre, de certaines prérogatives de puissance publique mais sont soumises à une tutelle étroite de la part des pouvoirs publics[881]. Elles ont principalement comme traits communs d'être gérées par un conseil d'administration dont les principaux membres sont des représentants de l'État, des collectivités territoriales ainsi que des personnels qualifiés nommés par leur ministère de tutelle. L'emploi du terme « agence » est davantage significatif de la volonté de transformation des interventions de l'État sur l'exemple de modèles étrangers. Néanmoins, la préférence du vocable « agence » à celui d'établissement public n'emporte pas de conséquences relatives à la distinction classique des personnes publiques. Dans leur grande majorité, les agences demeurent des services de l'État et plus précisément des établissements publics.

Toutefois, certains organismes relevant du domaine médical viennent troubler la classification traditionnelle des personnes publiques, les comités de protection des personnes. Ces comités exercent leurs activités dans la recherche biomédicale. Toutefois, leur statut juridique n'est pas défini. Le législateur a préféré la de personne *sui generis* à celle d'établissement public. Par conséquent, ces comités

---

[880] *Supra*, Titre 2, Chapitre 1.

[881] Dès 1995, le rapport de l'ENA souligne que le nombre important d'inspections effectuées par l'administration centrale dans les agences démontre que celles-ci jouent davantage le rôle d'instrument de l'État qu'elles ne participent au démembrement de l'Administration, *Les Agences : nécessité fonctionnelle ou nouveau démembrement de l'État ?*, La Documentation française, Rapport ENA, 1995.

semblent s'ajouter à la liste des nouvelles personnes publiques. Ils feront l'objet d'une étude particulière démontrant qu'après la création des établissements publics de coopération intercommunale à fiscalité propre, ces comités font également échec aux concepts de base de la classification des personnes publiques.

C/ Les comités de protection des personnes

Les comités de protection des personnes, créées par la loi n° 88-1138 du 20 décembre 1988 relative à la protection des personnes se prêtant à des recherches biomédicales dite « loi Huriet », ont remplacé les anciens comités de protection des personnes pour la recherche biomédicale (CCPPRB). Ces comités sont institués dans chaque région et s'insèrent dans l'architecture complexe du dispositif de santé français. La loi fondatrice de 1988 n'a pas précisé leur nature juridique. Il faut attendre la loi n° 94-630 du 25 juillet 1994 modifiant le livre II bis du code de la santé publique relatif à la protection des personnes qui se prêtent à des recherches biomédicales, loi dite « Huriet », qui indique que « les comités exercent leur mission en toute indépendance » et qu' « ils sont dotés de la personnalité juridique »[882]. Cette nouvelle disposition n'entraîne toutefois que peu de précisions sur leur qualification juridique[883]. Le législateur est donc resté silencieux quant à la nature publique ou privée de ces organismes. La loi n° 2004-806 du 9 août 2004 relative à la politique de santé publique[884] a transformé substantiellement le régime juridique des comités mais a omis « de clarifier le statut incertain des CCRRPB »[885].

---

[882] Cette disposition est aujourd'hui codifiée à l'article L-1123-1 du Code de santé publique.

[883] A ce propos, dans un rapport fait au nom de la commission des affaires sociales relatif au fonctionnement des CCPPRB, le président de la conférence des présidents de ces organismes a souligné que « les comités n'ont pas de statut juridique identifié bien qu'ils possèdent a priori la personnalité morale ».

[884]Cette loi a été prise en application de la directive européenne n°2001/20/CE du Parlement européen et du Conseil relativement aux dispositions législatives, réglementaires et administratives des États membres concernant l'application des bonnes pratiques cliniques dans la conduite d'essais cliniques de médicaments à usage humain.

[885] S. Monnier, « Les comités de protection des personnes : l'émergence d'une nouvelle catégorie de personnes publiques spéciales », *RDP*, 2005, p. 1521.

Il est pourtant possible de constater que les comités de protection des personnes sont des personnes morales de droit public. Plusieurs indices permettent d'avancer une telle qualification. Tout d'abord, les comités sont nés de source législative. Ensuite, la loi de 2004 maintient leur personnalité juridique. En application de l'article L. 1123-1 du Code de la santé publique, les comités doivent recevoir, avant leur installation, un agrément ministériel. De plus, leur fonctionnement est financé par un droit fixe versé par les promoteurs pour chacun de leurs projets de recherches biomédicales, qui fait l'objet d'une demande d'avis, et dont le montant est fixé par le ministre chargé de la santé. Les comités bénéficient également de prérogatives de puissance publique puisque tout projet de recherche doit faire l'objet d'un examen par ces institutions. Or, tout avis défavorable est exécutoire et peut être déféré devant le tribunal administratif par toute personne justifiant d'un intérêt à agir. Enfin, la loi de 2004 a introduit une nouvelle disposition empêchant toute équivoque sur la nature des comités. Selon l'article L.1123-7 du Code de la santé publique, « en cas de faute du comité dans l'exercice de sa mission, la responsabilité de l'État est engagée »[886].

Les comités de protection des personnes constituent des personnes publiques. Dès lors, il convient de préciser leur nature juridique par le biais de la *summa divisio* collectivité territoriale/ établissement public. Ces institutions ne peuvent être classées parmi la catégorie des collectivités territoriales puisqu'elles ne représentent pas une population donnée mais poursuivent une mission précise, celle de protéger les individus se prêtant à des recherches biomédicales. Par conséquent, les comités doivent intégrer la catégorie de l'établissement public. C'est d'ailleurs ce qu'a proposé le sénateur Huriet dans un amendement lors de l'examen en deuxième lecture de la loi de modernisation sociale, qui n'a pas été voté[887].

---

886 Afin d'éviter toute incertitude, le législateur a proposé que soit modifié l'article L.1123-1 du Code de la santé publique en ces termes : « Les comités sont dotés de la personnalité juridique de droit public. Ils exercent leur mission en toute indépendance », proposition de loi adoptée le 22 janvier 2009 par l'Assemblée Nationale, délibérée en séance publique le 22 janvier 2009.

887 Le sénateur Huriet proposait de créer un « établissement public national doté de la personnalité juridique et de l'autonomie financière, soumis à un régime administratif, budgétaire, financier et comptable ainsi qu'à un contrôle de l'État adapté à la nature particulière de ses missions ».

Ces institutions remplissent « quasiment » l'ensemble des critères d'identification de la formule de l'établissement public. Ces organismes sont tout d'abord soumis au principe de spécialité. Leur mission est définie en des termes précis et leur compétence s'exerce dans un cadre territorial déterminé. De plus, il existe bien une tutelle de la part des autorités étatiques dans la mesure où la création d'un comité est subordonnée à un agrément ministériel qui peut être retiré si les conditions d'indépendance, de fonctionnement ou de composition nécessaires pour assurer leur mission ne sont plus satisfaites[888]. En outre, le refus d'un comité de consentir à tel ou tel projet de recherche n'est pas définitif puisque le code de la santé publique prévoit que le ministre chargé de la santé peut soumettre le projet de recherche, pour un second examen, à un autre comité désigné par le ministre. Ils sont également assujettis au principe de rattachement étant donné que le siège des comités est attaché à la DRASS ou à la DASS. La nomination des membres[889] des comités est effectuée par le représentant de l'État dans la région. Tous ces éléments convergent vers la qualification d'établissement public. Pourtant, la disposition selon laquelle l'État engage sa responsabilité en cas de faute commise par ces institutions vient troubler cette caractérisation. Il apparaît, en effet, quelque peu incongru qu'une institution disposant de la personnalité morale ne soit pas responsable de ses actes. Cette disposition permettrait alors de soutenir que l'octroi de la personnalité morale aux comités n'est pas synonyme de nouvelle entité juridique mais qu'au contraire elle signifierait tout au plus un gage d'indépendance[890]. D'autres auteurs assimilent les comités de protection à la catégorie des autorités administratives indépendantes. Il est certain que ces organismes « relèvent de l'administration d'État », que « leur budget est rattaché à l'administration centrale » et enfin « que leur siège est rattachée à l'administration déconcentrée »[891]. Toutefois, les comités sont établis dans chaque

[888] Article L.1123-5 du Code de la Santé publique.

[889] Selon la circulaire du 14 juin 2006 relative à la mise en place des comités de protection des personnes, ces institutions sont composées de 14 membres répartis en deux collèges dont des médecins, des personnes qualifiées pour leur compétence en matière d'éthique ou dans le domaine juridique.

[890] Y. Gaudemet, *les comités consultatifs de protection des personnes dans la recherche biomédicale, le bilan juridique*, *JCP* 1993-1-3653, n° 36, spéc.

[891] S. Monnier, S., *Les comités de protection des personnes : l'émergence d'une nouvelle catégorie de personnes publiques spéciales*, préc. p. 1522.

région et pour une durée déterminée de 6 ans. Or, il n'existe actuellement aucune autorité administrative indépendante qui ne soit pas une autorité nationale[892].

Puisque les comités de protection des personnes ne s'insèrent dans aucune catégorie existante, il convient de s'interroger sur la possibilité qu'ils constituent à eux seuls une catégorie juridique. Pour S. Monnier, « il est préférable de créer une nouvelle catégorie juridique plutôt que d'assouplir au risque de les dénaturer les catégories existantes »[893]. Cependant, cet auteur ajoute que les comités, du fait de leur spécificité, ne peuvent être attachés aux autres personnes publiques *sui generis*[894]. On est légitimement en droit de se demander de quelle sorte de « spécificité » il s'agit. Le fait que les comités disposent de prérogatives de puissance publique ne peut suffire à l'expliquer puisque l'AMF ou encore la Banque de France possèdent de tels pouvoirs. Il est possible de souligner leur spécificité territoriale. Pourtant, cet élément de distinction peut également être mis en échec par les GIP qui sont constitués également non pas au point de vue national mais dans un cadre territorial de compétences déterminé. Les comités de protection de personnes ne peuvent à eux seuls constituer une nouvelle catégorie juridique à l'instar des nouvelles personnes publiques.

§2 L'échec de la reconnaissance d'une nouvelle catégorie de personne publique

Les nouvelles personnes publiques ont été créées afin de répondre aux nouveaux besoins de l'administration. Cette volonté ne doit pas interdire de s'interroger sur l'opportunité de la création d'une nouvelle catégorie juridique. Selon G. Quitane, le droit « a besoin pour contribuer au développement de son objet, pour contribuer à le décrire, voire l'expliquer ou le faire comprendre, d'outils lui permettant de le désigner, de lui donner un sens »[895]. Les catégories

---

892 Le Médiateur de la République, autorité administrative indépendante, disposait de délégués sur le plan local.
893 Préc. p. 1526.
894 Préc. p. 1526.
895 G. Quintane, « Les notions juridiques et les outils langagiaires dans la science du droit », Publié dans « Les notions juridiques, Journée d'étude de la promotion d'agrégation de droit public, 2005-2006, G. Tusseau (dir), Economica, 2009, p, 7.

juridiques, « schémas grâce auxquels va s'opérer la rencontre de la règle et du fait brut »[896] constituent, avec les notions et les concepts[897], des outils permettant de classer les différents objets du droit. Lorsqu'il est confronté à des situations juridiques inédites, le juriste a tendance à regrouper ou à établir des distinctions pour appliquer un régime juridique semblable à des entités similaires ou au contraire, à différencier les régimes juridiques de structures dissemblables. Cet effort de classification permet de construire et d'étudier le droit. J.-L. Bergel souligne d'ailleurs que le_droit « ne peut consister en une simple juxtaposition de règles disparates »[898]. Par conséquent, le droit est un classement de catégories juridiques, de notions et de concepts. S'il n'était pas un système organisé, il manquerait à sa mission d'organisation sociale[899].

Or les nouvelles personnes publiques sont composées d'institutions éclectiques comme les GIP, la Banque de France ou encore de multiples autorités publiques indépendantes. Pour donner naissance à une notion, il convient de dégager des critères communs aux nouvelles personnes publiques. Cette identification de critères communs à l'ensemble des nouvelles personnes publiques est irréalisable puisque celles-ci se caractérisent avant tout par leur hétérogénéité (A). Cependant, cette conception pourrait être contestée puisqu'il existe déjà une catégorie hétérogène de personnes publiques, celle des établissements publics. C'est pourquoi il convient de démontrer que la création d'une nouvelle catégorie juridique composée d'institutions d'une extrême diversité n'est pas cohérente et qu'il n'est pas envisageable de créer une nouvelle catégorie de personnes publiques, aux côtés des établissements publics (B).

A/ L'absence de critères de distinction avec les catégories traditionnelles

---

[896] J. Rivero, *La distinction du droit et du fait dans la jurisprudence du Conseil d'État français*, in *Le fait et le droit*, Études de logique juridique, Bruylant, 1961, p. 142.

[897] X. Boy, « Quelques interrogations sur l'intérêt théorique d'une distinction entre notions et concepts juridiques », Publié dans « Les notions juridiques, Journée d'étude de la promotion d'agrégation de droit public, 2005-2006, G. Tusseau (dir), Economica, 2009, p, 12 et s.

[898] J.-L. Bergel, *Méthodologie juridique, PUF,* Thémis, Droit privé, 2001, p. 193.

[899] *Ibid.*

La place de la loi, en tant que source de catégories juridiques, connaît une évolution importante. L'intervention du législateur semblait restreinte par rapport à la prépondérance de la jurisprudence et, notamment, en matière de création des catégories juridiques. Néanmoins, il paraît important de souligner que c'est la loi qui est à l'origine de la naissance des GIP et des autorités publiques indépendantes. L'article 21 de la loi du 15 juillet 1982 crée ainsi les « groupements d'intérêt public dotés de la personnalité morale ». De même, la loi de sécurité financière du 1er août 2003 créant l'AMF, la qualifie « d'autorité publique indépendante dotée de la personnalité morale et de l'autonomie financière ». Certains pourraient alors objecter que « le législateur est certes la source de la catégorie, et la situation en est en cela conforme à la place de la loi au sein de la hiérarchie des normes, mais la collaboration du juge étant indispensable, son rôle est finalement mesuré »[900]. Il est vrai qu'en ce qui concerne les GIP ou la Banque de France, c'est le juge qui a précisé la nature juridique de ces institutions[901]. Toutefois, il convient de rappeler que la loi du 18 avril 2006 de programmation pour la recherche qualifie l'Institut de France de « personne morale de droit public à statut particulier » alors que dans de nombreux arrêts[902], le juge administratif l'avait classé parmi les établissements publics administratifs. Le rôle de la loi en tant que source du droit administratif prendrait-il une importance plus marquée qu'auparavant ? Certes, le juge administratif reste celui par qui les catégories juridiques deviennent effectives mais le législateur vient concurrencer le juge et la doctrine en proposant l'édification d'une nouvelle strate à la classification traditionnelle des personnes morales de droit public.

Cette volonté du législateur conduit à s'interroger sur l'existence d'une nouvelle catégorie juridique de personnes publiques dont la reconnaissance résulterait de l'étude des réalités juridiques et non de raisons d'opportunité. En d'autres termes, il s'agit d'analyser la présence d'indices permettant, sans rigidité excessive, soit de créer une nouvelle catégorie juridique soit, de maintenir la distinction bipartite des personnes morales de droit public.

---

[900] S. Théron, préc. p. 2419.

[901] Pour les premiers, l'arrêt *GIP Habitat* du 14 février 2000 préc., et pour la Banque de France, l'arrêt *SNAP*, du 2 mars 2000, préc.

[902] CE, 29 mars 1985, *Mlle Villechenon*, n° 35578.

A ce stade des recherches, il a été souligné que ces nouveaux organismes disposent de la personnalité juridique de droit public et qu'elles ont été créées en vue de moderniser l'action administrative dans des domaines précis. Par conséquent, il convient de déterminer si ces éléments de définition constituent des critères significatifs d'une nouvelle catégorie juridique.

Tout d'abord, dire que ces nouvelles personnes publiques ont été créées aux fins de moderniser l'action administrative n'est pas un élément de définition juridique. Il s'agit d'un constat sociologique. Ensuite, ces nouvelles structures sont qualifiées de personnes morales de droit public. Cette qualification n'offre pas la possibilité de s'écarter de la classification traditionelle des personnes publiques puisque la collectivité territoriale ou l'établissement public sont également des personnes morales de droit public. Enfin, les nouvelles personnes publiques n'ont pas de compétence générale puisqu'elles exercent leurs compétences dans le cadre des missions pour lesquelles elles ont été créées. Cette spécialisation permet de les différencier des collectivités territoriales, disposant d'une compétence générale. Ce critère pourrait alors servir de base à la reconnaissance d'une nouvelle catégorie juridique. Cependant, cette spécialisation ne permet pas de différencier les nouvelles personnes publiques de l'établissement public.

Ainsi, le processus d'homogénisation de la « notion de nouvelle personne publique » conduit à définir ces nouvelles entités comme des personnes publiques à vocation spéciale. Cette définition correspond à celle de l'établissement public. La création d'une nouvelle catégorie juridique extrêment composite n'est donc pas cohérente puisqu'il existe déjà une catégorie éclatée et, comme il sera démontré ultérieurement, acceuillante, celle des établissements publics. Prises isolément, les nouvelles personnes publiques ne présentent pas assez de critères distinctifs pour pouvoir faire échec au diptyque établissement public/ collectivité territoriale.

B/ Le rejet de la catégorisation

Pour pouvoir constituer une nouvelle catégorie juridique, les nouvelles personnes publiques devraient présenter des traits communs et surtout, déclencher un régime juridique commun. D'un premier abord, il est difficilement concevable de créer une nouvelle catégorie juridique associant diverses entités telles que la Banque de France, les GIP ou encore les autorités publiques indépendantes. Toutes ces institutions présentent des caractéristiques propres. Certaines sont créées par voie conventionnelle comme les GIP, d'autres sont soumises à un contrôle de tutelle relâché comme les autorités publiques indépendantes. Par conséquent, il est peu pertinent d'affirmer que les nouvelles personnes publiques constituent une nouvelle catégorie de personne publique.

Il est donc nécessaire de savoir si le théoricien doit « forcer » les catégories au risque de les rendre illusoires. Le danger serait de créer artificiellement de nouvelles catégories et ainsi de ne plus assurer la sécurité juridique recherchée. Selon M. Deguergue, « le risque d'une multitude de catégories juridiques est d'égarer le juriste dans le choix des instruments juridiques, normalement propres à déceler les conséquences correspondant à telle ou telle classification ».[903]. Il ne semble pas satisfaisant de créer une nouvelle catégorie de personnes publiques puisque ce sont des considérations d'opportunité, justifiées (avec plus ou moins de rigueur) par des besoins d'indépendance, qui ont conduit à l'apparition de ces nouvelles institutions. A cet égard, il convient d'opérer un renversement dans l'acte de classification. Autrement dit, pour créer une catégorie, on recherche les traits communs comme le régime juridique pour regrouper différentes institutions dans une catégorie. La multiplication des nouvelles personnes publiques semble correspondre au processus inverse. C'est en fonction du régime souhaité que l'on tente de construire une nouvelle catégorie de personne publique. Comme l'exprime S. Theron, « à la fois parce que les normes applicables aux établissements publics étaient trop contraignantes mais parce qu'il fallait éviter le "démembrement" de l'Administration, le législateur a créé la catégorie des groupements d'intérêt public dont le régime juridique est hybride »[904]. Cette dérogation à la démarche de catégorisation, permettant de multiplier à l'infini les classifications, est contraire à la sécurité juridique. La prolifération des catégories juridiques, loin de remplir l'objectif d'accessibilité et d'intelligibilité

903 M. Deguergue, préc. p. 649.

904 S. Théron, préc. p. 2417

de la loi[905], conduit à établir des sous catégories qui rendent caduque tout effort de systématisation. En définitive, les nouvelles personnes publiques ne peuvent pas constituer une catégorie juridique à l'instar de celles composant la «dualité organique » de l'Administration.

L'apparition des personnes publiques innomées a soulevé de nombreuses incertitudes relatives à la classification traditionnelle des personnes publiques. La reconnaissance de ces nouvelles institutions a conduit les recherches à bâtir une nouvelle classification des personnes publiques. Il a été constaté de nombreuses imperfections à cette classification construite sur le modèle dualiste. Toutefois, l'étude de la diversification des personnes morales de droit public n'a pas permis de mettre en échec la distinction bipartite des personnes publiques.

En définitive, la création des nouvelles personnes publiques répond à la nécessité de s'écarter des solutions traditionnelles inadaptées aux politiques de modernisation administrative. La délimitation des nouvelles personnes publiques a mis en exergue leurs caractéristiques principales c'est-à-dire leur diversité, leur hétérogénéité. Ainsi, il n'est pas possible de définir ces nouvelles entités autrement que de façon très brève : ce sont des personnes publiques, soumises à des régimes spécifiques et assurant des missions déterminées. Au contraire de la collectivité territoriale et à l'instar de l'établissement public, les personnes publiques innomées n'ont pas de compétence générale. D'ailleurs, l'établissement public est également une personne morale de droit public à vocation spéciale et soumis à un régime spécifique. La proximité des définitions offre la possibilité d'ouvrir la voie à une comparaison entre les nouvelles personnes publiques et l'établissement public.

---

[905] CC, Décision n ° 99-421 DC du 16 décembre 1999, *Loi portant habilitation du gouvernement à procéder, par ordonnances, à l'adoption de la partie législative de certains codes*, consid. 13.

Partie 2 : Les mutations des catégories de l'établissement public

Au milieu des années 1950, R. Drago écrivait : « il n'y a jamais eu de notion unique de l'établissement public »[906]. En dépit de la multiplication des lois au XXe siècle, les contours juridiques de la notion d'établissement public ont été bâtis par la jurisprudence, administrative et judiciaire. La doctrine de l'époque s'attachait davantage aux conséquences pratiques engendrées par la qualification d'établissement public. Ainsi les auteurs privilégiaient l'étude du régime juridique des hôpitaux, des établissements de bienfaisance ou autres hospices avant de définir la notion d'établissement public. Les conclusions du commissaire du gouvernement Romieu sur l'arrêt *Caisse des écoles* constituèrent la première ébauche de définition de l'établissement, confirmée par la doctrine du début du XXe siècle[907]. L. Aucoc écrivait que l'établissement public devait être associé à l'idée que le législateur a « personnifié des intérêts spéciaux auxquels pourvoyaient les autorités administratives, comme il avait personnifié les intérêts généraux de l'État, les intérêts locaux dans les départements et les communes »[908]. T. Ducrocq réservait le « nom d'établissements publics aux personnes civiles chargées de la gestion de certains services spéciaux »[909]. Les auteurs définissaient l'établissement public comme un service public, poursuivant une mission spéciale pour répondre aux besoins d'une autorité administrative. Aussi, ils réservaient le vocable d'établissement public aux seuls établissements publics administratifs tels qu'ils sont définis aujourd'hui. Au contraire, R. Drago soutenait l'existence de trois types d'établissements publics : les établissements publics ordinaires, les établissements publics corporatifs et les établissements publics de type interventionniste. Il est vrai qu'il existe depuis fort longtemps des établissements publics de type corporatif à l'image des corps et communautés qui désignaient à partir du XIXe siècle « tout corps

---

906 R. Drago, *Les crises de la notion d'établissement public*, Pedone, préc. p. 25.

907 Concl. Romieu sur CE, 22 mai 1906, *Caisse des écoles du 6ème arrondissement de Paris*, Rec. p. 390, *D.* 1904.3.1.

908 L. Aucoc, *Conférences sur l'administration et le droit administratif faites à l'Ecole des Ponts et Chaussées*, Dunod, t.1, 1878, p. 306.

909 T. Ducrocq, *Cours de droit administratif*, E. Thorin, 6ème éd., t.1, 1881, p. 154.

intermédiaire qui s'interpose entre l'individu et l'autorité royale »[910]. En outre, la catégorie classique, celle de l'EPA, s'est progressivement scindée en deux groupes. D'un côté, ont perduré les institutions qui concouraient aux fonctions traditionnelles de l'État et, de l'autre, sont apparus des organismes « dans des domaines jusqu'alors étranger à l'action étatique »[911].

Ces dernières, qualifiées par R. Drago d'établissements publics de type interventionniste[912], avaient pour mission d'assurer l'intervention des autorités étatiques dans le domaine industriel et commercial. Ces premiers éléments de définition autorisent à mettre en lumière trois caractéristiques de l'établissement public.

En premier lieu, l'établissement public n'est pas une formule homogène. Ce trait caractérise toujours l'établissement public. A cet égard, il est souvent reproché aux établissements publics leur grande diversité. Néanmoins, force est de constater que cette diversité a permis à la formule de se diversifier, de s'adapter aux nouveaux besoins de l'action administrative. L'établissement public est aujourd'hui devenu un outil juridique adapté au développement du marché concurrentiel voire aux nouvelles fonctions de régulation économique. A titre d'illustration, la formule de l'établissement public a été préférée à celle de l'autorité administrative indépendante en matière de gestion de la sécurité du réseau ferroviaire[913].

En second lieu, l'établissement public n'est pas une notion figée. Grâce à la souplesse de son statut, les catégories d'établissements publics se sont multipliées. Ce phénomène est perceptible à l'égard des établissements publics territoriaux avec la création récente des métropoles mais également au regard de la multiplication des catégories d'établissements publics : que l'on songe aux établissements publics à caractère scientifique ou technologique ou à celle des établissements publics de coopération culturelle.

---

[910] R. Drago, *Les crises de la notion d'établissement public*, préc. p. 25.
[911] *Ibid.*
[912] *Ibid.*
[913] Loi n° 2006-10 du 5 janvier 2010 relative à la sécurité et au développpement des transports a créé, au détriment d'une nouvelle autorité administrative indépendante, l'établissement de sécurité ferroviaire.

En troisième lieu, l'établissement public constitue une catégorie accueillante. Là encore, cette caractéristique est confirmée par l'évolution du droit puisque de nombreuses institutions, telles que les exploitants publics ou les agences dotées de la personnalité morale, appartiennent à la catégorie de l'établissement public.

La diversité des établissements publics a conduit à enrichir la catégorie des personnes publiques. Interprétée de façon positive, l'hétérogénéité de la formule permet la constitution d'une catégorie ouverte. Ce constat offre la possibilité d'élargir la réflexion aux nouvelles personnes publiques. En d'autres termes, l'établissement public n'est-il pas une catégorie ouverte aux nouvelles personnes publiques ? A l'instar de l'établissement public, les nouvelles personnes publiques constituent des personnes publiques spécialisées. Outre cette vocation spéciale, les développements qui suivront s'attachent à démontrer que ces nouvelles entités présentent de nombreux traits communs avec l'établissement public.

En définitive, la souplesse du statut de l'établissement public permet de dégager l'existence d'une diversité de catégories d'établissements publics (**titre1**). Constatant que les nouvelles personnes publiques s'éloignent difficilement de l'établissement public, il est alors possible de créer de nouvelles catégories d'établissements publics parmi lesquelles il convient de ranger les nouvelles personnes publiques (**titre 2**).

Titre 1 : L'évolution de l'établissement public

Titre 2 : Les nouvelles catégories d'établissements publics

Titre 1 : L'évolution de l'établissement public

La formule de l'établissement public ne cesse de susciter des réflexions, comme en témoigne la troisième étude que le Conseil d'État lui a consacrée en 2009[914]. Le terme « établissement public » apparaît dans le Code civil de 1804[915] mais c'est la jurisprudence qui a progressivement dessiné les contours juridiques de la notion au début du XXe siècle. De façon réductrice, la formule de l'établissement public a très vite été définie par la doctrine comme une personne morale, une personne de droit public, qui a pour objet de gérer une mission de service public. Dans la conception initiale, l'octroi de la personnalité morale à un organisme correspondait à deux motifs. Tout d'abord, la personnalité morale permettait à des organismes comme les hôpitaux ou les bureaux de bienfaisance de bénéficier de dons et de legs. Ensuite, la personnalité morale devait accroître l'autonomie d'un établissement à l'égard de sa hiérarchie comme ce fut le cas avec les établissements d'enseignement.

Après la fin de la première guerre mondiale, la souplesse de la formule de l'établissement public a permis à l'État et aux collectivités territoriales « de s'évader des structures administratives traditionnelles jugées inadaptées, d'échapper au carcan juridique et budgétaire des régies »[916]. Dans l'entre deux guerres, l'établissement public a été utilisé pour gérer des monopoles publics. Ensuite, il est devenu un instrument de nationalisation d'entreprises privées. Finalement, la création des établissements publics n'a plus répondu à une logique de rationalisation et la prolifération anarchique de la formule a provoqué des craintes relatives au démembrement de l'État. En 1972, le Conseil d'État soulignait que « la multiplication des établissements publics

---

914 CE, *La réforme des établissements publics*, Rapport du 15 janvier 1971, La documentation française, 1972; CE, Section du rapport et des études, *Les établissements publics, catégories et spécificités*, La documentation française, 1987; CE, *Rapport d'étude sur les établissements publics*, Etude adoptée par l'assemblée générale plénière le 15 octobre 2009.

915 A titre d'illustration, l'article 2227 du Code civil de 1804 disposait que : « L'État, les établissements publics et les communes sont soumis aux mêmes prescriptions que les particuliers, et peuvent également les opposer ».

916 J. Rivero et J. Waline, *Précis de Droit administratif*, Dalloz, 18ème éd., p. 472.

comporte des risques graves qui peuvent aller jusqu'à une dénaturation de l'État »[917]. J.-P. Théron notait également que : « l'inflation du nombre d'établissements publics, l'indéfinition des frontières, la diversité des statuts expliquent largement la difficulté à saisir l'existence de traits communs se manifestant avec une permanence suffisante pour servir de base à la notion »[918].

Aujourd'hui, il n'existe pas de définition légale de l'établissement public. Il est simplement admis que l'établissement public constitue « une personne morale de droit public assumant une mission spéciale et disposant pour cela d'une certaine autonomie administrative et financière »[919]. Cette définition renouvelée a permis à l'établissement public de s'adapter aux nouvelles missions de l'Administration. En effet, l'établissement public constitue d'abord une technique d'organisation administrative utilisée dans les domaines les plus variés. Preuve de sa souplesse, la formule peut être employée dans le secteur économique (entreprises publiques créées sous la forme d'EPIC, exploitants publics), social, culturel, dans le domaine de l'enseignement (universités) ou encore en matière d'aménagement du territoire (aménagement du quartier de la Défense). Cependant, la mondialisation de l'économie, le développement du droit de la concurrence et la pression du Droit de l'Union européenne sont à l'origine d'une nouvelle remise en cause de l'établissement public.

En effet, les autorités françaises ont depuis longtemps cherché à soumettre la formule, notamment celle de l'EPIC, aux règles du droit commercial. Néanmoins, celui-ci demeure une personne publique possédant certaines prérogatives et sujétions exorbitantes du droit commun. A ce propos, la Commission européenne a remis en cause le statut d'établissement public en estimant que l'impossibilité pour l'EPIC EDF de faire faillite équivaut à une garantie illimitée de l'État incompatible avec le droit de l'Union européenne des aides

[917] Conseil d'État, *La réforme des établissements publics* : Doc. fr., 1972 ; *Étude sur les établissements publics. Réflexions sur les catégories et les spécificités des établissements publics nationaux, EDCE*, 1985, p. 15.

[918] J.-P. Théron, *Recherches sur la notion d'établissement public*, LGDJ, Bibliothèque de Droit public, 1976, p. 95.

[919] M. Rougevin-Baville, R. Denoix de Saint Marc, D. Labetoulle, *Leçons de droit administratif*, Hachette, 1989, p. 256.

d'État[920]. Aussi, l'État français, ne souhaitant pas supprimer cette garantie, a-t-il opté pour la transformation de l'établissement en société commerciale. Ce phénomène de transformation des EPIC en sociétés anonymes n'est pas nouveau mais il s'est accéléré pour répondre aux exigences du droit de l'Union européenne. Sur un plan interne, le développement de nouvelles personnes publiques comme les GIP ou les AAI a été perçu comme une nouvelle concurrence faite à la formule traditionnelle de l'établissement public. L'environnement juridique de l'établissement public a donc connu de multiples bouleversements. En 2009, le Conseil d'État soulignait que : « Le foisonnement des établissements publics dans des domaines toujours plus variés, son recul, au contraire, dans certains autres, l'abondante jurisprudence du Conseil constitutionnel et du Conseil d'État, dans ses formations consultatives comme contentieuses, l'évolution, enfin, du droit de la concurrence et du droit de la commande publique, notamment sous l'influence du droit communautaire ont, chacun, contribué à dessiner les contours d'une profonde transformation, qui affecte en retour la formule ou le modèle de l'établissement public »[921]. Il est donc apparu nécessaire au Conseil d'État de se pencher à nouveau sur la place qu'occupe l'établissement public au sein de l'appareil administratif.

---

[920] Lettre de Mario Monti du 16 octobre 2002, citée par le ministre de l'Industrie à l'Assemblée nationale, *JO*AN 15 juin 2004, p. 4945.

[921] CE, Rapport d'étude sur les établissements publics adopté par l'assemblée générale plénière le 15 octobre 2009, Collection « Les études du Conseil d'État », *Les établissements publics*, 2010, p. 3.

L'évolution de la formule de l'établissement public comporte deux aspects principaux. Tout d'abord, elle a connu un développement considérable grâce à la souplesse de ses statuts (**chapitre 1**). Ensuite, l'établissement public a vu son environnement juridique transformé par la modernisation de l'activité administrative et l'application de nouvelles règles issues principalement du Droit de l'Union européenne. L'établissement public a traversé ces différentes épreuves, nonobstant les diverses prédictions de déclin que l'on a pu envisager (**chapitre 2**).

Chapitre 1 : Le développement de l'établissement public

Chapitre 2 : Le recul de l'établissement public

Chapitre 1 : Le développement de l'établissement public

Dans le rapport sur les établissements publics de 2009, le Conseil d'État débute son analyse en soulignant que, bien que la notion d'établissement public soit familière, elle ne repose pas sur des fondements juridiques précis[922]. L'étude de B. Plessix sur les origines de la notion d'établissement public n'est pas plus éclairante puisqu'il écrit que l'établissement public a des « origines mystérieuses, encore insuffisamment explorées »[923]. L'établissement public apparaît, dans la jurisprudence, dès la moitié du XIXe siècle. Pourtant, la doctrine n'a débuté son œuvre de conceptualisation qu'à la fin du XIXe siècle pour se concrétiser au début du XXe siècle. L. Michoud définissait les établissements publics comme « des organes de l'administration, des rouages de la machine administrative »[924]. Souhaitant conceptualiser une notion émergente à côté des autres personnes morales de droit public, la doctrine a longtemps défini l'établissement public par référence à la notion de service public. Toutefois, cette conceptualisation s'est heurtée à la consécration jurisprudentielle d'établissements ne gérant pas des activités de service public[925]. Le juge a également consacré l'existence d'établissements publics gérant à titre principal une mission de service public et, à titre secondaire, des activités qui ne relèvent pas de la notion de service public[926].

---

922 CE, *Etude sur les établissements publics*, 2009, p. 9.

923 B. Plessix, *Etablissements publics, notion, création, contrôle, Jurisclasseur administratif*, Fascicule 135, p. 7.

924 L. Michoud, *La Théorie de la personnalité morale*, t. 1, 2ème éd., LGDJ, 1924, p. 224.

925 M. Rougevin-Baville, R. Denoix de Saint Marc, D. Labetoulle, *Leçons de droit administratif*, Hachette, 1989, p. 256 : « un certain nombre d'entreprises publiques, comme l'Entreprise minière et chimique, les Charbonnages de France, la Régie Renault, qui ont été constituées, au moins à un moment de leur existence, sous forme d'établissement public, alors que, de l'avis général, il est bien difficile de rattacher [leurs activités] à l'exécution du service public, même si l'on entend le service public de façon large ».

926 TC, 27 février 1995, *M. Anglaret c/ Lycée dé partemental agricole de Bonnefont-Fontannes à Brioude*, *RFDA* 1996, p. 148.

Le décalage entre la définition doctrinale et le droit positif a conduit à une nouvelle définition de l'établissement public, celle d'une personne morale de droit public à vocation spéciale. Selon J.-P. Théron, « la dégradation du service public est la conséquence la plus grave de la dévalorisation du procédé de l'établissement public »[927]. Il convient de relativiser une telle affirmation pour deux raisons essentielles. Tout d'abord, la liaison entre établissement public et service public n'a jamais été constante. En outre, la nouvelle définition de l'établissement public, qui ne fait plus intervenir la notion de service public, a permis à la formule de s'adapter aux nouvelles missions administratives.

Par conséquent, la conceptualisation de l'établissement public (**section 1**) était à l'origine trop restrictive. L'établissement public n'a pas uniquement pour but de gérer une activité de service public. Cette définition renouvelée de l'établissement public trouve son fondement dans la dilution du principe de spécialité **(section 2).**

Section 1 : La conceptualisation de l'établissement public

Dans la préface de la thèse de R. Drago, M. Waline écrivait que « l'on croyait savoir ce qu'était un établissement public et que tout d'un coup l'on s'aperçoit que la définition à laquelle on s'attachait n'était pas très rigoureuse et surtout que la notion traditionnelle est dépassée par l'événement, ne concorde plus avec les solutions de la jurisprudence »[928]. La doctrine majoritaire[929] a longtemps présenté l'établissement public comme un « service public spécial personnifié » alors que la jurisprudence a systématisé cette notion en se fondant sur les critères de distinction entre établissement public et établissement d'utilité publique. Pourtant, cette conception, basée sur la notion de « service public » a été remise en cause par une nouvelle définition de l'établissement public, « personne morale de droit public à vocation spéciale créée par une autre personne publique »[930] **(§1)**. Malgré cette définition renouvelée de l'établissement public, il n'existe pas de critère permettant d'identifier la notion d'établissement public **(§2)**.

---

[927] J.-P. Théron, *Recherches sur la notion d'établissement public*, préc. p. 243.

[928] Préface de M. Waline à la thèse de R. Drago, *Les crises de la notion d'établissement public*, p. 3.

[929] *Infra*.

[930] CE, *Etude sur les établissements publics*, 2009, préc. p. 10.

§1 Le rejet de l'identification à un service public personnifié

Traditionnellement, l'établissement public est présenté comme un service public personnifié. Inspirée par M. Hauriou[931], cette conception est une création doctrinale du début du XXe siècle, au moment où la notion de service public se consolide. Pendant de nombreuses années, la doctrine a confirmé la définition selon laquelle « l'établissement public aurait été conçu pour la gestion des services publics »[932] **(A)**. Depuis l'arrêt de la Cour de cassation de 1856[933], les juges excluent toute référence à la notion de service public ou d'utilité publique pour caractériser l'établissement public. Ce décalage initial avec la position prétorienne **(B)** prouve que la doctrine a utilisé la notion de service public pour conceptualiser la naissance d'une nouvelle personne publique à côté de l'État et des collectivités territoriales. Toutefois, la genèse de l'établissement public démontre que l'origine de leur création réside, dès la création en 1530 du Collège de France, dans la volonté de faire bénéficier ces institutions de la personnalité morale **(C).**

A/ La définition doctrinale classique de l'établissement public

En 1985, le Conseil d'État définit de manière traditionnelle l'établissement public comme un service public personnifié[934]. Cette conception est celle de la doctrine du début du siècle et notamment celle de M. Hauriou. Depuis lors, la doctrine s'est ralliée majoritairement à une définition de l'établissement public basée sur le critère du service public (1). Pourtant, il est à noter que certains auteurs ont cherché à caractériser l'établissement public sans recourir à la notion de service public, initiant ainsi la définition contemporaine de cette formule (2).

1) La doctrine classique

---

931 M. Hauriou, *Précis de droit administratif*, Sirey, 1933, p. 236.

932 F. Béroujon, « Le recul de l'établissement public comme procédé de gestion des services publics », *RFDA* 2008, p. 29.

933 Cas. Civ. 5 mars 1856, *Caisse d'épargne de Caen c/ Grandguillot*, *S.* 1856, 1, 517, précité.

934 CE, *Etude sur les établissements publics*, *EDCE* 1985-1986, n° 36, p. 20

L. Aucoc est un des premiers à systématiser la catégorie émergente des établissements publics dans ses *Conférences sur l'Administration et le droit administratif*[935]. Selon lui, la création des établissements publics répond à la volonté du législateur de confier à des autorités spéciales des activités de service public. En ce sens, il définit l'établissement public comme une « personne civile ayant une existence distincte et des ressources propres, créé pour la gestion d'un service public »[936]. Dans la lignée de L. Aucoc[937], M. Hauriou souligne que « l'établissement public est d'abord un service public »[938]7. Le destin de la définition de l'établissement public est alors scellé, il s'agit d'un « service public personnifié ». En effet, nombreux sont les auteurs consacrant la formulation d'Hauriou[939]. Ainsi, H. Berthélemy note que les établissements publics « sont les services publics auxquels la personnalité morale a été conférée »[940]. De même, M. Waline définit cette institution comme une « personne de droit administratif, spécialisée et gérant avec une certaine autonomie le service public »[941]. Cependant, il convient de s'attacher à cette dernière définition proposée par M. Waline pour comprendre que, dès ses premières formulations, la définition classique s'est heurtée à de nombreuses imprécisions. M. Waline ajoute : « Sans doute tout établissement public est un service public ou un groupe de services, gérés par une personne de droit administratif dont c'est l'objet même. Mais on ne peut plus aujourd'hui renverser les termes de cette proposition et dire que tout organisme personnalisé, et même toute personne de droit public, gérant un service public, est un établissement public »[942]. La pensée de M. Waline est considérable à

---

935 L. Aucoc, *Conférences sur l'administration et le droit administratif faites à l'Ecole des Ponts et Chaussées*, Dunod, t.1, 1878, p. 307.

936 *Ibid*, 3ème éd., 1885, p. 349.

937 Dans sa note sous l'arrêt *Canal de Gignac*, Hauriou souligne « l'influence légitime de M. Aucoc; F. Béroujon, « Le recul de l'établissement public comme procédé de gestion des services publics », *RFDA* 2008, p. 30, note 40.

938 M. Hauriou, *Précis de droit administratif et de droit public*, Sirey, 11ème éd., 1927, p. 236.

939 R. Connois, *La notion d'établissement public en droit administratif français*, préc. Dans sa thèse, R. Connois examine les différentes définitions doctrinales de l'établissement public, p. 14-31.

940 H. Berthélemy, *Traité élémentaire de droit administratif*, Rousseau, 13ème éd., 1933, p. 39.

941 M. Waline, *Traité élémentaire de droit administratif*, Sirey, 6ème éd., p. 245.

942 *Ibid*, p. 246.

un double point de vue. En premier lieu, les auteurs qualifient l'établissement public par rapport à une notion indéfinie, celle de service public. D'ailleurs, dans leurs définitions de l'établissement public, les auteurs utilisent tantôt la notion de service public pour désigner un organe de l'administration, tantôt celle-ci est employée dans le sens d'une activité d'intérêt général. Ainsi, M. Hauriou utilise la notion de service public dans un sens organique lorsqu'il ajoute que l'établissement public « est ensuite un service public spécial personnifié ». En second lieu, comme le souligne M. Waline, tout établissement public gère nécessairement un service public mais tout organisme personnifié gérant un service public n'est pas nécessairement un établissement public.

Cette analyse se fonde sur la jurisprudence *Caisse Primaire Aide et Protection*[943] ainsi que sur les arrêts *Monpeurt*[944] et *Bouguen*[945], reconnaissant aux personnes privées la possibilité de gérer un service public. M. Waline se réfère à « toute personne de droit public ». Pour lui, il existe donc des institutions publiques gérant un service public qui ne sont pas des établissements publics. Cette proposition correspond à la reconnaissance de nouvelles personnes publiques placées en dehors de la dualité des personnes morales de droit public. Dans le même temps, elle permet de détacher l'établissement public de la notion de service public. Ces premières précisions de M. Waline constituent le « cœur même de la crise de la notion d'établissement public »[946]. Celle-ci sera accentuée par le décalage de la conception doctrinale avec le droit positif et les premières définitions abandonnant le recours au concept de service public.

2) Les prémices de l'abandon doctrinal de la définition du service public spécial personnifié

943 CE, 13 mai 1938, *Caisse primaire « Aide et protection »*, Rec. CE, p. 417, *D.* 1939.III.65, Concl. R.
Latournerie, note Pepy, *RDP* 1938, p. 830, Concl. R. Latournerie.
944 CE, Ass, 31 juillet 1942, *Monpeurt*, Rec. p. 239, préc.
945 CE, 2 avril 1943, *Bouguen*, préc.
946 R. Connois, préc. p. 25.

Dans leur thèse respective, R. Drago[947]et M. Flutre[948] prolongent la définition de l'établissement public par rapport à la notion contingente de service public. En 1930, G. Jèze a pourtant replacé l'établissement public par rapport au concept de service public en affirmant que « le procédé de l'établissement public proprement dit n'est que l'une des trois modalités du service public »[949]. Son analyse anticipe la définition contemporaine de l'établissement public, qui voit dans celui-ci un mode « parmi d'autres » de gestion du service public. En outre, il ajoute un critère que les autres auteurs définissant l'établissement public n'ont pas utilisé, celui de la patrimonialité. En effet, G. Jèze souligne que l'établissement public est créé pour organiser un « patrimoine spécial ». Ce nouvel élément d'identification est à mettre en parallèle avec la conception contemporaine selon laquelle l'autorité publique crée un établissement public pour bénéficier des attributs inhérents à la personnalité morale. Or, la personnalité morale doit permettre de disposer d'un patrimoine autonome. A. de Laubadère souligne également que cette formule « reçoit une certaine autonomie sous la forme de la personnalité morale »[950]. Toutefois, il conteste la comparaison de l'établissement public à un service public personnifié. En effet, cet auteur établit une frontière entre la notion de service public et celle d'organisme public. Il raisonne, comme la jurisprudence, en s'appuyant sur la distinction entre établissement public et établissement d'utilité publique[951] pour conclure que « le critère de l'organe administratif ne réside pas dans la notion de service public de l'activité assurée. Lorsque le juge a examiné dans un cas d'espèce, l'existence d'un service public, il doit encore, par une seconde recherche, se demander s'il est en présence d'un organisme public »[952].

Malgré ces premières contestations doctrinales, certains auteurs plus contemporains continuent de défendre la conception classique. J. Chevallier[953] rejette toute autre analyse en soutenant que, par la création d'un établissement public, le législateur souhaite créer

[947] R. Drago, *Les crises de la notion d'établissement public*, préc.
[948] Flutre, *Essai sur la notion d'établissement public*, Thèse Lyon, 1945.
[949] G. Jèze, *Les principes généraux du droit administratif*, préc. p. 9.
[950] A. de Laubadère, *Manuel de droit administratif*, LGDJ, 3ème éd., 1951, p. 209.
[951] A. de Laubadère, *Traité élémentaire de droit administratif*, LGDJ, 1953, n° 286.
[952] *Ibid*, n° 289.
[953] J. Chevallier, « La place de l'établissement public en droit administratif français », préc. p. 24.

un service public. Y. Gaudemet n'admet « le raccourci traditionnel selon lequel un établissement public est un service public personnalisé » que sous la réserve de l'imprécision de la notion de service public[954]. Cependant, l'analyse historique de la création des établissements publics démontre que ces institutions ont d'abord été créées pour faire réapparaître les corporations ou les groupements que la Révolution de 1789 avait interdits. D'ailleurs, la conception jurisprudentielle du début du XXe siècle s'oppose, en grande partie, à la définition doctrinale de l'établissement public.

B/ La position prétorienne : les arrêts *Association Canal de Gignac*[955] et *Caisse des écoles*[956]

Selon F. Beroujon, « la manière dont les juridictions et les commissaires du gouvernement cherchent à identifier l'établissement public »[957] démontre que la doctrine a fait reposer la définition de cette formule sur un postulat erroné. La décision *Association du Canal de Gignac* exclut toute référence à la notion de service public pour identifier l'établissement public. Il n'existe aucune référence à cette notion dans les lignes de l'arrêt. De surcroît, le juge constate que les travaux effectués par l'association « ont été déclaré(s) d'utilité publique par une loi du 13 juillet 1882 »[958]. Surtout, le Tribunal des conflits utilise un faisceau d'indices au premier rang desquels figure la présence de prérogatives de puissance publique. Cette identification est d'ailleurs confirmée par les auteurs définissant pourtant les établissements publics grâce au critère du service public. Pour L. Aucoc, les associations syndicales autorisées sont des établissements publics puisqu'elles possèdent des droits de puissance publique, exercent une contrainte administrative et enfin, qu'elles ont pour mission de répondre à des intérêts collectifs[959]. Cette proposition de définition exclut toute référence à la notion de service public, en même temps, elle consacre le critère de puissance publique dégagé par

---

[954] Y. Gaudemet, *Traité de droit administratif*, 16ème éd., préc. p. 290.
[955] TC, 9 décembre 1899, *S.* 1900, III, p. 49, note M. Hauriou, préc.
[956] CE, 22 mars 1903, *Caisses des écoles du VIème arrondissement de Paris*, préc.
[957] F. Béroujon, « Le recul de l'établissement public comme procédé de gestion des services publics », préc. p. 30.
[958] TC, 9 décembre 1899, *S.* 1900, III, p. 49, note M. Hauriou, préc.
[959] L. Aucoc, *Conférences sur l'administration et le droit administratif faites à l'Ecole des Ponts et Chaussées*, p. 312.

le Tribunal des conflits dans sa décision de 1899. De même, M. Hauriou qualifie l'association syndicale autorisée d' « établissement public constitué par une union de propriétaires formée avec intervention de la contrainte administrative, en vue d'accomplir des travaux d'intérêt collectif avec les ressources provenant de la plus value des terrains d'un périmètre déterminé »[960]. La jurisprudence judiciaire définit également la notion d'établissement public par référence au critère de la puissance publique. Afin de qualifier l'Office national du Tourisme d'établissement public, le juge[961]relève que cette institution est administrée sous tutelle administrative et qu'elle dispose pour accomplir sa mission de procédés exorbitants du droit commun.

Cependant, il est possible de noter une certaine évolution dans la réflexion prétorienne à partir de l'arrêt *Caisse des Ecoles*. Cette décision et surtout les conclusions du commissaire du gouvernement Romieu font référence à la notion de service public. En effet, le commissaire du gouvernement déclare que, « ce qui caractérise l'établissement public, c'est d'être une personne morale créée pour la gestion d'un service public »[962]. De même, il constate que : « si au contraire les caisses des écoles sont un établissement d'utilité publique, elles constituent une personne privée, distincte du service public »[963]. Le commissaire qualifie clairement l'établissement public en se basant sur la notion de service public. Toutefois, il admet qu'il existe « un grand nombre de critériums différents pour reconnaître un établissement public »[964]. D'ailleurs, les établissements d'utilité publique peuvent également gérer des services publics. Par conséquent, le critère du service public n'est pas satisfaisant. Romieu en conclut que « la condition essentielle pour qu'il y ait établissement d'utilité publique, c'est que la création en appartienne à l'initiative privée »[965]. Dès lors, il exclut la notion de service public dans sa quête de qualification de l'établissement public. Cette conception, critiquée par Hauriou[966], permet de démontrer l'insuffisance opérationnelle du

---

[960] M. Hauriou, note précitée.
[961] Trib. civ. Seine, 18 oct. 1933, *DP* 1934, 2, p. 65, note M. Waline.
[962] Concl. Romieu, *S.* 1905. 3. 33, précitées.
[963] *Ibid*
[964] *Ibid*, *S.* 1905.3.35.
[965] *Ibid.*
[966] Note M. Hauriou, précitée.

critère de la notion de service public en tant qu'élément de définition de l'établissement public. Le décalage entre la conception doctrinale et la position prétorienne est patent et il convient de l'expliquer.

A priori, le juge écarte toute référence à la notion de service public dans ses décisions privilégiant le critère des procédés exorbitants du droit commun ainsi que l'origine de la création de l'institution en cause. La doctrine majoritaire, constatant l'existence d'une nouvelle personne morale possédant des procédés de droit public, assoit la définition de l'établissement public sur celle de service public. Il est possible d'expliquer cette apparente contradiction par une différence de finalités. En effet, le retard dans la définition proposée par les auteurs par rapport à l'apparition de la notion dans la jurisprudence démontre une certaine réflexion dans l'œuvre doctrinale, notamment sur la classification de l'établissement public au sein de l'appareil administratif. Les auteurs du début du XXe siècle recherchaient plus qu'une simple définition, ils ont systématisé un concept nouveau. Le juge exclut toute référence à la notion de service public parce qu'il n'a pas la même approche. Le Conseil d'État, le Tribunal des conflits ou encore le juge judiciaire ont bâti une définition de l'établissement public par rapport à la notion d'établissement d'utilité publique. Or, on sait que ce dernier peut également avoir pour mission la gestion d'un service public. Dès lors, le recours au service public n'est pas pertinent. Au contraire, la doctrine a tenté de conceptualiser l'établissement public par rapport aux autres personnes administratives. D'ailleurs la plupart des auteurs, malgré certaines oppositions relatives à la définition du service public, définissent l'établissement public comme un « organe administratif ». Ce faisant, ils ont consacré l'aspect organique de la notion de service public. Dans ses conclusions sur l'arrêt *Caisse des écoles*, Romieu utilise de la même façon la notion de service public. En effet, lorsque le commissaire affirme que les personnes privées sont distinctes du service public, cette expression « n'a de sens que si l'on entend [...] dans un sens organique »[967]. Pourtant, le lien entre établissement public et service public s'est progressivement accentué. Son développement a permis la création des établissements publics industriels et commerciaux, sur le fondement de la distinction entre service public administratif et service public industriel et commercial.

---

[967] F. Béroujon, « Le recul de l'établissement public comme procédé de gestion des services publics », préc. p .52.

Élément secondaire, la notion de service public va devenir l'élément déterminant pour l'émergence de nouvelles catégories d'établissement, à côté de l'établissement public administratif « classique ». Nonobstant cette observation, la genèse de l'établissement public démontre certes un lien avec la notion de service public, mais celui-ci n'a pas été conçu, à l'origine, pour gérer un service public.

C/ L'origine de la création des établissements publics

Selon F. Béroujon, l'établissement public a été créé pour succéder à ce que l'on appelle aujourd'hui les gens de mainmortes[968]. En attribuant la personnalité morale à de nouvelles institutions, l'autorité créatrice était animée par des considérations patrimoniales. L'origine de la constitution des établissements publics réside donc principalement dans le souhait de leur attribuer la personnalité morale (1). La liaison entre établissement public et service public s'est progressivement estompée. Le droit positif a reconnu l'existence d'établissements publics ne gérant pas un service public. Par conséquent, la notion de service public est devenue un critère de création accessoire de l'établissement public (2).

1) Le critère de création originaire : la personnalité morale

Si l'on se réfère aux institutions précédant la naissance des établissements publics, il est possible de constater que l'attribution de la personnalité morale est l'élément fondateur de leur création. En effet, la notion d' « établissement public » apparaît dans les textes, suite à la Révolution de 1789, et sert de terme générique pour désigner ce que l'on appelait les gens de mainmorte. Ce vocable correspond à « tous les corps et communautés, tant ecclésiastiques que laïques, étant perpétuels, et qui, par une subrogation de personnes, étant sensés être toujours les mêmes, ne produisent aucune mutation par mort »[969]. En droit féodal, ces gens de mainmorte disposaient de privilèges puisqu'ils constituaient des personnes morales à l'existence

---

968 *Ibid.*

969 P.-J. et J. Guyot, *Répertoire universel et raisonné de jurisprudence civile, criminelle, canonique et bénéficiale*, 1877, T. XXVII, p. 391, « *Gens de mainmorte* ».

perpétuelle. Par conséquent, ces communautés échappaient au droit des successions du fait de leur nature même[970]. En outre, les biens des gens de mainmorte ne changeaient guère de propriétaire et étaient donc perçus de façon négative par les seigneurs qui étaient privés de recettes fiscales sur les droits d'aliénation. C'est pourquoi, le Conseil d'État a énoncé à plusieurs reprises que leur création nécessitait une autorisation étatique[971]afin de limiter leur nombre. Supprimés par la Révolution, ces corps renaissent au début du XIXe siècle mais sans la personnalité morale. La loi de finances pour 1813 substitue à ces gens de mainmorte le terme « d'établissement public » et lui confère la personnalité morale. La formule de l'établissement public a émergé afin de « permettre à ces institutions de continuer à bénéficier d'une personnalité morale distincte »[972]. Le lien entre personnalité morale et établissement public apparaît donc très nettement dès leur création mais il est également au centre du régime juridique de cette formule. Selon une jurisprudence constante, une institution non dotée de la personnalité morale ne peut être qualifiée d'établissement public[973].

2) Le critère de création accessoire, le service public

Selon la conception classique, l'établissement public ne peut que gérer des activités de service public. Cependant, cette analyse n'est pas celle retenue par le Tribunal des conflits dans l'arrêt *Canal de Gignac* pas plus que dans la jurisprudence ultérieure. Malgré tout, il convient de citer la jurisprudence *Effimieff* du 28 mars 1955[974] qui

---

[970] Il faut noter que le terme « mainmorte » demeura d'usage jusqu'à la Révolution française pour désigner les biens immobiliers des personnes morales et qu'il est encore utilisé aujourd'hui comme un synonyme de droit de succession.

[971] Ce principe a été posé en 1666 et réaffirmé par une ordonnance royale de 1749. Il pourra être constaté que l'on a tenté, bien avant le rapport du Conseil d'État de 1972, de limiter le nombre des établissements publics. Alors que pour le Président Gazier, il était nécessaire d'éviter les démembrements de l'État, l'autorité royale souhaitait résorber ses pertes fiscales

[972] CE, *Rapport d'étude sur les établissements publics*, 2009, p. 9.

[973] CE, Sect., 8 mars 1968, *Chambre de commerce et d'industrie de Nice et Alpes-Maritimes*, Rec. p. 174 ; CE, 13 novembre 1968, *Mme Veuve Lévy-Abegnoli et autres*, Rec. p. 574

[974] TC, 28 mars 1955, *Effimieff*, *AJDA* 1955, p. 132; *GAJA*, Dalloz, 11ème éd. 1996, p. 520.

poserait le principe suivant lequel « l'établissement public a toujours la qualité de gestionnaire d'un service public »[975].

Cet arrêt est important dans la mesure où, tout comme l'arrêt *Canal de Gignac*, il intéresse le statut des associations syndicales.

Pour participer à l'effort de reconstruction des immeubles sinistrés par la guerre, le législateur a créé des associations syndicales de reconstruction qualifiées expressément par la loi du 16 juin 1948 d'établissements publics. Leur mission est donc comparable à celle de l'espèce de 1899. Le Tribunal des conflits devait se prononcer sur la juridiction compétente en cas de litige portant sur l'exécution des travaux de reconstruction. Or, le juge a décidé que « l'article 17 de la loi du 16 juin 1948 a attribué aux associations syndicales de reconstruction le caractère d'établissements publics ; que le législateur a ainsi expressément manifesté son intention d'assigner à ces organismes, dans l'œuvre de la reconstruction immobilière, une mission de service public »[976]. A lire le commentaire de J. Chevallier[977], cet arrêt vient confirmer la conception doctrinale classique selon laquelle un établissement public est créé pour gérer un service public. Pour appuyer son raisonnement, il concentre son analyse sur le terme « ainsi » choisi par le juge. Selon l'auteur, puisque l'institution en cause était un établissement public, il ne pouvait qu'assurer une mission de service public. Par conséquent, J. Chevallier soutient la thèse selon laquelle lorsqu'il décide de créer un établissement public, le législateur manifeste également son intention de créer un service public. Cette conception est discutable dans la mesure où elle ne tient pas compte de l'intégralité de l'arrêt. En effet, dans l'arrêt *Effimieff*, le Tribunal prend également en compte le critère de la puissance publique en affirmant que, « corrélativement » les prérogatives de puissance publique et les sujétions qu'elles entraînent sont attachées à la qualité d'établissement public. Par conséquent, cet arrêt n'a pas infirmé la position prétorienne initiée par la jurisprudence *Canal de Gignac*. Au contraire, la jurisprudence ultérieure va confirmer que la notion de service public n'est qu'un critère

[975] J. Chevallier, « La place de l'établissement public en droit administratif français », préc. p. 24.
[976] Arrêt *Effimieff* précité.
[977] J. Chevallier, « La place de l'établissement public en droit administratif français », p. 24.

accessoire de l'identification de l'établissement public conduisant la doctrine à admettre une nouvelle définition de l'établissement public. Se pose alors la question de savoir ce qu'il reste de l'analogie entre établissement public et service public personnifié.

En 1997, E. Fatôme s'est attaché à délimiter les relations entre service public et établissement public[978]. Pour ce faire, il débute son analyse en partant de la définition doctrinale classique pour en dégager trois caractéristiques. Très vite, E. Fatôme constate que ces trois caractéristiques « ne se retrouvent plus, loin s'en faut, dans tout établissement public »[979].

En premier lieu, l'établissement public, contrairement à l'État et aux collectivités territoriales, gère nécessairement un service public. Cette conception n'est plus admise par la doctrine puisqu'il a été démontré que de nombreux organismes qualifiés d'établissements publics ne gèrent pas une mission de service public. Selon O. Dugrip et L. Saïdj, « les Charbonnages de France ou l'Entreprise de recherche et d'activité pétrolière (ERAP), ont été créés sous forme d'établissements publics alors même qu'ils n'assurent pas un service public et ne disposent pas de prérogatives de puissance publique »[980]. Cependant, J. Chevallier met en doute cette conception en s'inspirant de la thèse discréditée du service public par nature[981]. Cette conception restrictive du service public implique l'existence d'activités « relevant naturellement, objectivement du service

[978] E. Fatôme, « Etablissement public et service public », *AJDA* 1997, p. 96.
[979] *Ibid*, p. 97.
[980] O. Dugrip et L. Saïdj, *Les établissements publics nationaux*, LGDJ, Coll. « Systèmes », 1992, p. 16.
[981] Cette thèse a, notamment, été défendue par le commissaire du gouvernement Matter dans ses conclusions sur l'arrêt *Bac d'Eloka*, TC, 22 janvier 1921, *Soc. Commerciale de l'Ouest africain*, *S.* 1924, III, p. 36. Cette doctrine a été inaugurée par M. Hauriou dans une note sous l'arrêt du Conseil d'État du 7 avril 1916 *Astruc et société du Théâtre des Champs-Elysées*, « La définition du service public par l'intention subjective de l'administration qui organise l'entreprise serait éminemment dangereuse, s'il devait en résulter que l'administration pourrait ériger en service public toutes sortes d'entreprises. Il y a évidemment, dans la nature même des entreprises, des obstacles, des résistances, des limites objectives », *S.*, 1916, III, p. 49.

public »[982]. Cette thèse du service public par nature a été abondamment critiquée et n'a pas rencontré d'écho favorable de la part du juge administratif[983]. En outre, J. Chevallier estime que les entreprises publiques créées sous la forme d'EPIC poursuivent une mission de service public. Il souligne que « l'on est en droit de considérer qu'en créant des établissements publics chargés d'extraire du charbon, de produire des engrais ou de construire des voitures, le législateur a entendu ériger ces activités en services publics »[984]. Or cette conception n'a pas été confirmée par le droit positif. En 1972, cette interprétation se fondait sur un postulat erroné selon lequel une mission d'intérêt général devient une mission de service public si elle est assurée par une personne publique. En d'autres termes, lorsque le législateur décidait de confier à un établissement public une mission d'intérêt général, cette mission ne pouvait être qu'une activité de service public parce qu'elle était assurée par un établissement public, personne morale de droit public[985]. Or, le juge ne se contente pas d'un lien entre personne publique et intérêt général pour qualifier la mission d'un établissement public, d'activité de service public. L'arrêt du Tribunal des conflits *M. Anglaret*[986] illustre cette dissociation en démontrant que la mission poursuivie par un centre hippique placé sous l'autorité d'un lycée agricole ne dispose pas « d'un caractère d'intérêt général suffisant pour lui conférer le caractère d'un service public »[987]. Ainsi, la qualification juridique de certaines entreprises publiques et des associations syndicales attestent l'existence d'établissements publics ne gérant pas une mission de service public. Néanmoins, cette dissociation entre service public et établissement

---

[982] A. de Laubadère, *Traité de droit administratif*, 8ème éd. LGDJ, 1980, t.1, n°1052 ; S. Boussard, « L'éclatement des catégories de service public et la résurgence du « service public par nature » », *RFDA* 2008, p. 43, note 10.

[983] S. Boussard, « L'éclatement des catégories de service public et la résurgence du "service public par nature"», *RFDA* 2008, p. 44.

[984] J. Chevallier, « La place de l'établissement public en droit administratif français », Publications de la Faculté de droit d'Amiens, 1972, p. 24.

[985] Afin de d'étayer cet argument, l'auteur utilise l'exemple des chambres professionnelles qui poursuivent, selon lui, une mission de service public : « les intérêts défendus par les chambres professionnelles ont paru tellement utiles pour la collectivité que le législateur a été jusqu'à publiciser leur statut », « La place de l'établissement public en droit administratif français », préc. p. 23.

[986] TC, 25 février 1995, *M. Anglaret*, préc.

[987] Dans le même sens, CE, 3 octobre 1953, *Bossuyt*, *RDP* 1954, p. 178, note M. Waline.

public constitue, pour la plupart des auteurs, une « anomalie même dans le cadre de la nouvelle définition de l'établissement public »[988].

Selon l'étude du Président Gazier publiée en 1985, il était admis de qualifier des entreprises nationales gérant un service public d'établissements publics mais cette qualification surprenait davantage « pour des entreprises publiques qui ne géraient pas un servie public comme les Charbonnages ou l'Entreprise minière chimique »[989]. En d'autres termes, les auteurs ont reconnu l'existence d'établissements publics ne relevant pas de la conception classique en distinguant la mission pour laquelle l'établissement public a été créé et les activités que celui-ci sera amené à effectuer pour l'exécution de cette mission. Par conséquent, les activités exercées pour assurer cette mission peuvent ne pas constituer des activités de service public dans la mesure où celles-ci ne sont pas sans lien avec leur mission principale. Ainsi, la doctrine a accepté la dissociation entre établissement public et service public sous réserve de la distinction entre la mission générale des établissements publics et les activités des établissements publics. La conception classique a été quelque peu préservée et a rencontré une certaine confirmation de la part du juge administratif. Dans l'arrêt *Syndicat des industriels de l'industrie animale*[990], le juge administratif oppose explicitement la mission de l'établissement, l'Office interprofessionnel des céréales, avec les activités que celui-ci est amené à exercer pour accomplir sa mission : « Considérant que l'Office national interprofessionnel des céréales, chargé d'organiser et de diriger le marché des céréales en vue d'assurer l'équilibre entre les disponibilités et les besoins, présente le caractère d'un établissement public administratif de l'État ; que le fait que certaines des activités auxquelles l'office est habilité à se livrer pour l'exécution de sa mission revêtent un caractère industriel et commercial n'a pas pour conséquence de modifier, à lui seul, la nature de cet établissement public ». L'arrêt *Anglaret*[991] reprend cette conception en distinguant la mission de service public du lycée agricole de ses activités ne représentant pas un intérêt général. Cependant, il convient de souligner que le juge, dans sa décision sur l'ONIC, isole l'activité de

[988] E. Fatôme, « Etablissement public et service public », *AJDA* 1997, p. 99.
[989] F. Gazier, *EDCE* 1985-1986, préc. p. 31.
[990] CE, 20 décembre 1985, *Syndicat des industriels de l'alimentation animale*, *AJDA* 1986, p. 80 ; note S. Hubac et M. Azibert.
[991] TC, 25 février 1995, *M. Anglaret*, préc.

cet établissement de sa mission principale afin d'écarter la qualification d'établissement public industriel et commercial. Cette décision démontre principalement que le juge a souhaité écarter la qualification d'établissement mixte et préserver son caractère administratif[992].

La qualification des associations syndicales a également été largement débattue afin de maintenir le lien entre service public et établissement public. Étant définis comme des organismes gérant un service public, cette définition exclut les institutions corporatives de la catégorie des établissements publics. Le rejet du corporatisme s'analyse ainsi comme une justification du maintien de la conception classique. L. Constans déniait aux associations syndicales de propriétaires et aux chambres professionnelles le qualificatif d'établissement public par référence à la notion de service public[993]. Agissant dans l'intérêt privé de leurs membres, ces institutions étaient, par essence, exclues de la définition classique. Cependant, le juge administratif et le législateur n'ont pas suivi cette analyse. L'ordonnance n° 2004-632 du 1er juillet 2004 relative aux associations syndicales de propriétaires réaffirme leur qualification d'établissement public à caractère administratif.

Selon E. Fatôme, la seconde caractéristique résultant de la définition de service public personnifié réside dans le principe selon lequel « les établissements publics ne gèrent que des services publics mais ils ne peuvent les gérer que directement en régie »[994]. Cette relation est tout à fait pertinente puisqu'en raison de sa nature même, l'établissement public est chargé d'assurer lui-même la mission pour laquelle il a été créé. Autrement dit, chaque établissement public est conçu et organisé en fonction de la mission qui lui a été assignée. Par conséquent, il ne peut, contrairement à l'État ou aux collectivités territoriales, déléguer les activités constituant « des éléments essentiels et indissociables de la mission de service public qui lui est

[992] Il est à noter que le législateur a adopté, suite à cette décision, la loi du 6 janvier 1986 disposant dans son article 21 que l'ONIC est un établissement public à caractère industriel et commercial ».

[993] L. Constans, *Recherches sur la notion et la classification des personnes morales administratives*, préc. p. 221.

[994] *Ibid*, p. 97.

confiée »[995]. Toutefois, ce principe[996] souffre de deux exceptions principales. Tout d'abord, la loi Sapin de 1993 a permis aux établissements publics de recourir à la délégation de service public[997]. Ensuite et surtout, l'existence des établissements territoriaux dément la thèse selon laquelle les établissements publics gèrent directement leurs missions. En effet, les établissements publics territoriaux se comportent, en matière de délégation de service public, comme les collectivités territoriales qu'ils regroupent[998]. A la différence des autres établissements publics, les établissements publics territoriaux n'ont pas pour vocation principale la gestion d'une ou plusieurs missions. Au contraire, la raison d'être de ces établissements réside dans le regroupement de collectivités territoriales. C'est pourquoi, « l'établissement public territorial peut décider de déléguer la gestion de tous les services publics que les collectivités territoriales qu'il regroupe sont elles-mêmes en droit de déléguer, sans que l'on puisse considérer que ce faisant il méconnaît sa raison d'être de quelque manière que ce soit »[999].

Pour finir, la troisième caractéristique dégagée par E. Fatôme réside dans la relation existante entre l'activité de service public gérée et le régime juridique des établissements publics. En général, un établissement public gérant une activité administrative est soumis au régime juridique de l'EPA alors que sera soumis au régime juridique de l'EPIC, l'établissement assurant une mission industrielle et commerciale. Depuis que l'établissement public n'est plus conçu comme un service public personnalisé, cette relation doit être remise

---

[995] C. Maugüé et P. Terneyre, « La délégation de service public en question », *CJEG* 1997, p. 131.

[996] Ce principe a été consacré dans un avis du Conseil d'État du 16 juin 1994 relatif aux établissements de santé : « Lorsqu'un établissement public de santé entend disposer de moyens d'hébergement pour les malades qui doivent être hospitalisés, cet hébergement constitue un des éléments essentiels et indissociables de sa mission de service public. En raison de sa nature même, cet hébergement hospitalier doit être assuré par l'établissement public de santé lui-même qui ne peut le déléguer », *EDCE* 1994, *Service public, services publics : déclin ou renouveau*, p. 369.

[997] Selon l'article 46 de la loi du 29 janvier 1993 relative à la prévention de la corruption, à la transparence de la vie publique économique et des procédures publiques, dite loi Sapin : « les dispositions de la section II relative aux délégations de service public des collectivités territoriales s'appliquent aux groupements des collectivités territoriales et autres établissements publics de ces collectivités ».

[998] J.-F. Lachaume, « Troisièmes Rencontres de Caen », *AJDA* 1988, p. 715.

[999] E. Fatôme, préc. p. 104.

en cause. En effet, la qualification administrative ou industrielle et commerciale des établissements publics n'est plus uniquement fonction du caractère administratif ou industriel et commercial des activités gérées par ces établissements puisque la jurisprudence a reconnu l'existence d'établissements publics à visage inversé[1000] et d'établissements publics à double visage[1001].

En définitive, le lien unissant l'établissement public à la notion de service public s'est progressivement affaibli conduisant les auteurs à adopter une nouvelle définition de l'établissement public, affranchie de la notion de service public. Cette remise en cause de la qualification doctrinale de l'établissement public explique son recul comme mode principal de gestion des services publics dans la mesure où n'étant qu'une « option de gestion parmi d'autres, il n'est pas surprenant qu'il soit délaissé lorsqu'il n'apparaît plus comme la meilleure d'entre elles »[1002]. Malgré cette évolution de la conception doctrinale, il est encore impossible de trouver un critère d'identification de l'établissement public.

§ 2 L'identification de l'établissement public

L'identification de l'établissement public constitue une entreprise délicate. Lorsque les textes constitutifs ne précisent pas qu'un organisme est un établissement public, le juge et la doctrine recherchent si celui-ci possède bien une nature publique. Certaines personnes morales de droit privé, comme les associations ou les syndicats peuvent poursuivre une mission d'intérêt général et être créées par des personnes publiques. La recherche de la spécificité de la catégorie des établissements publics par un critère unique d'identification est peu fructueuse. Les auteurs s'intéressant à la notion ont tenté, en vain, de dégager, un critérium unique de l'établissement public afin de le différencier des autres personnes

---

[1000] TC, 24 juin 1968, *Sté Distilleries bretonnes*, Leb. p. 801, Concl. Gégout ; *JCP* 1969.II.15764, Concl. Gégout, note Dufau ; *D.* 1969, p. 116, note Chevallier.

[1001] TC, 23 novembre 1959, *Société mobilière et immobilière de meunerie*, Leb. p. 870 ; *RDP* 1960, p. 676, note Waline.

[1002] F. Béroujon, « Le recul de l'établissement public comme procédé de gestion des services publics », *RFDA* 2008, p. 31.

publiques ainsi que des personnes privées. Il convient de souligner qu'un critère constitue « un élément de détermination qui se suffit à lui-même » alors qu'un indice est « un élément de détermination parmi d'autres : il donne une indication qui doit être confrontée à d'autres indices qui ne vont pas forcément dans le même sens »[1003].

De la même façon, les recherches jurisprudentielles visant à dégager un critère unique d'identification de l'établissement public sont trop fluctuantes pour permettre la clarification de la définition de la formule (A). Par conséquent, le juge a du recourir à une autre méthode pour identifier l'établissement public. A partir de différents indices, en d'autres termes « d'après sa physionomie générale »[1004], un organisme innomé pourra entrer dans la catégorie des établissements publics. Cette méthode du faisceau d'indices constitue la technique contemporaine d'identification de l'établissement public (A). Toutefois, la technique du faisceau d'indices est parfois mise en échec par des considérations d'opportunité comme l'atteste la qualification des centres de luttes contre le cancer et de l'Agence France Presse (B).

A/ L'application de la méthode jurisprudentielle d'identification de l'établissement public aux nouvelles personnes publiques

Face à la contingence des indices anciens[1005], le juge a utilisé une gamme de critères pour identifier l'établissement public. Cette méthode a des origines lointaines puisque le juge judiciaire l'a utilisée pour refuser aux Caisses d'épargne la qualité d'établissement public[1006]. Dans sa note sous l'arrêt *Congrégation soeurs Saint-Joseph,* L. Michoud a également proposé de s'en remettre à cette méthode d'identification de l'établissement public[1007]. Pour connaitre l'intention du législateur, le juge se fonde sur différents éléments parmi lesquels figurent la détention de prérogatives de puissance publique, l'origine de création de l'institution et l'application d'un

---

1003 D. Truchet, *Droit administratif,* préc. 4ème éd. 2011, p. 65.

1004 L. Michoud, note sous Cas. Civ. 21 mars 1899, *Congrégation sœurs Saint-Joseph c/ Enregistrement, S.* 1899, I, p. 449

1005 G. Lazzarin, *La personnalité publique dans la jurisprudence administrative,* thèse précitée, p. 64.

1006 Cas. Civ. 5 mars 1856, précité.

1007 Note sous Cass.civ. 21 mars 1899*, Congrégation sœurs Saint-Joseph c/ Enregistrement, S.* 1899, I, p. 449.

régime de droit public[1008]. Appliquée aux nouvelles personnes publiques cette méthode d'identification a permis au juge de leur refuser la qualification d'établissement public.

La méthode du faisceau d'indices a été utilisée afin de conférer à la Banque de France et aux GIP la qualification de personne publique tout en leur refusant la qualité d'établissement public.

Dans la première espèce « *GIP-Habitat* »[1009], le Tribunal des conflits s'est appuyé sur « l'ensemble des dispositions » de la loi du 15 juillet 1982, « éclairées par les travaux préparatoires » pour affirmer que les GIP exercent, en général, une mission de service public non lucrative. De plus, le juge estime que l'autorité administrative exerce un contrôle sur leur création en raison, d'une part, de l'approbation ministérielle de leur convention constitutive et, d'autre part, de la présence d'un commissaire du gouvernement nommé auprès de chaque groupement. Pour le juge, l'existence de ces différents indices démontre que « le législateur a entendu faire des groupements d'intérêt public des personnes publiques »[1010]. Toutefois, cette méthode n'a pas conduit le juge à classer les GIP dans la catégorie des établissements publics. Le Tribunal a privilégié la volonté du législateur souhaitant précisément écarter la formule de l'établissement en raison de ses multiples rigidités de gestion. Cette solution jurisprudentielle « milite en faveur de la reconnaissance de personnes publiques, qui ne sont ni des collectivités territoriales, ni des établissements publics »[1011] tout en démontrant la prééminence de l'intention de l'auteur du texte dans la qualification opérée par le juge.

Les arrêts rendus par le Tribunal des conflits[1012]ainsi que par le Conseil d'État[1013]concernant la Banque de France constituent une seconde illustration de la méthode appliquée par le juge. Devant

---

[1008] Ordonneau, Concl. sur CE Ass. , 9 juin 1961, *Centre régional de lutte contre le cancer "Eugène Marquis"*, Rec. p. 385. Le Commissaire du gouvernement Ordonneau écrivait que, « d'une seule caractéristique prise isolément on ne peut conclure à la personnalité publique ».

[1009] TC, 14 février 2000, *GIP Habitat et interventions sociales pour les mal-logés et les sans-abris c/ Mme Verdier*, préc.

[1010] *Ibid.*

[1011] R. Chapus, *Droit administratif général*, préc. p. 192.

[1012] TC, 16 juin 1997, *Epoux Muet, Société La Fontaine de Mars c/Banque de France*, préc.

[1013] CE, 22 mars 2000, *SNAP de la Banque de France et autres*, préc.

l'absence de qualification de cette institution, le commissaire du gouvernement Arrighi de Casanova a utilisé la méthode du faisceau d'indices dans l'affaire *Société La Fontaine de Mars*[1014]. L'origine de la création de la Banque de France prouve, malgré sa qualification de société en 1993, qu'elle ne relève pas de l'intention d'une initiative privée. On s'en souvient, la Banque de France a été créée par un arrêté des consuls du 28 nivôse An VIII (18 janvier 1800). De plus, sa mission est avant tout une mission d'intérêt général puisque la Banque est chargée, à titre principal, dans le cadre du système européen des banques centrales, de mettre en œuvre la politique monétaire pour assurer la stabilité des prix et celle du système monétaire. Le critère tiré de l'exercice des prérogatives de puissance publique est également pertinent puisque la Banque bénéficiait, à l'époque, du privilège de l'émission de la monnaie. Au surplus, elle dispose du pouvoir de décision unilatérale dans un but d'intérêt général. Enfin, cet organisme hybride est soumis à un certain nombre de sujétions exorbitantes du droit commun puisque le gouvernement exerce une tutelle sur sa gestion et que ses membres dirigeants sont nommés par les différentes autorités étatiques. Du fait de cette « forte convergence des indices »[1015], le commissaire du gouvernement estime que la Banque de France est une personne publique. Toutefois, le Tribunal n'énumère pas, dans les lignes de sa décision, les indices conduisant à la personnalité de droit public. Tout au plus, le juge précise qu' « il résulte de l'ensemble des dispositions la régissant que la banque de France est une personne publique »[1016]. Le décalage avec la méthode du faisceau d'indices est plus important dans l'arrêt rendu par le Conseil d'État, trois ans plus tard[1017]. En effet, M. Arrighi de Casanova ajoute, dans ses conclusions, « mais cette précision n'est pas nécessaire en l'espèce » que « puisqu'elle n'est ni l'État ni une collectivité territoriale, il est clair qu'elle [la banque de France] ne peut être considérée que comme un établissement public »[1018].

[1014] J. Arrighi de Casanova, Concl. sur TC, 16 juin 1997, *Epoux Muet, Société La Fontaine de Mars c/Banque de France, RFDA* 1997, n°13, p. 824.

[1015] Concl. préc. p. 827.

[1016] TC, 16 juin 1997, *Epoux Muet, Société La Fontaine de Mars c/Banque de France*, préc.

[1017] CE, 22 mars 2000, *SNAP de la Banque de France et autres*, préc.

[1018] Concl. préc. p. 828.

Le Conseil d'État a également utilisé la méthode du faisceau d'indices pour qualifier la Banque de France mais pour conclure à une position singulière. En effet, selon les termes de cette décision, la Banque est une « personne publique chargée par la loi de missions de service public qui, ayant principalement pour objet la mise en œuvre de la politique monétaire, le bon fonctionnement des systèmes de compensation et de paiement et la stabilité du système bancaire, sont pour l'essentiel de nature administrative »[1019]. Cependant, ces critères ne sont pas suffisants pour la ranger parmi les établissements publics puisque la Banque de France « présente des caractéristiques propres » telles que l'application à son personnel des dispositions du code du travail. Ce considérant de principe, mentionnant, d'une part, la mission d'intérêt général dévolue à la banque et, d'autre part, ses caractéristiques singulières empêchant sa qualification d'établissement public, sera confirmé dans de nombreuses décisions ultérieures[1020]. Il convient toutefois de rappeler la position contraire de la Cour de cassation[1021] conférant à la banque de France la qualification d'établissement public administratif.

La qualité de personnes publiques *sui generis* s'explique par la volonté des pouvoirs publics d'en faire des établissements sans équivalent. La méthode utilisée par le juge pour leur refuser la qualification d'établissement public est parfois remise en cause comme l'attestent les précédents relatifs à la qualification des centres de lutte contre le cancer ou encore celle de l'Agence France Presse.

B/ L'analyse comparative de l'avis du Conseil d'État de 2004 relatif à l'Agence France Presse et de la jurisprudence relative aux centres de lutte contre le cancer

Au contentieux, le juge a qualifié les centres de lutte contre le cancer de personnes privées. La même logique a été suivie pour

1019 CE, 22 mars 2000, *SNAP de la Banque de France et autres*, préc.

1020 CE, 23 mars 2007, n° 276585 ; CE, 20 décembre 2006, n° 292327 ; CE, 16 novembre 2005, n° 279830, inédit au recueil Lebon ; CE, 30 juillet 2003, n° 224277, CE, 21 février 2003, n° 237772 ; CE, 21 février 2003, n° 237772.

1021 Cas. Civ, I, 5 février 2002, *Banque de France contre Société Edition Catherine Audval, D.* 2002, p. 1128, note J.-P., Gridel.

l'Agence France Presse (AFP), dans un avis consultatif datant de 2004 (1). En apparence, ces deux qualifications ne suivent pas la même méthode. Toutefois, l'analyse de la qualification de ces deux institutions démontrera que le juge privilégie d'une part, l'intention de l'autorité créatrice et, d'autre part, qu'il utilise au gré de la finalité de la qualification souhaitée, soit la méthode du faisceau d'indices soit celle de l'intention de l'auteur du texte (2).

1) La qualification juridique des centres de lutte contre le cancer et de l'Agence France Presse

Dans son avis de 2004, le Conseil d'État s'est prononcé, à la demande du gouvernement, « sur le point de savoir si l'immeuble qui abrite l'AFP constitue ou non une dépendance du domaine public »[1022]. Pour y répondre, la formation consultative a dû préciser la nature juridique de cet organisme hybride. Selon le Conseil d'État, pour qu'un bien puisse constituer une dépendance du domaine public, l'exigence primordiale demeure son appartenance à une personne publique[1023]sauf disposition législative contraire. L'AFP a été créée par la loi du 10 janvier 1957 mais son origine remonte à la création de l'agence Havas en 1835. Depuis cette dernière date, différents textes sont intervenus pour préciser son statut d'établissement public. Après la Libération, l'ordonnance du 30 septembre 1944 substitue à l'Office français de l'information, « organe vichyste issu de l'ancienne branche Havas consacrée à l'information pendant l'occupation nazie »[1024], l'AFP en lui confiant « provisoirement » un statut d'établissement public recevant une subvention étatique. Postérieurement au décret du 9 août 1947 modifiant le statut de l'agence dans le sens de la logique commerciale, le Conseil d'État qualifia l'AFP d'établissement public

---

[1022] Avis de l'Assemblée générale du CE, 10 juin 2004 relatif à l'AFP, *Grands Avis du Conseil d'État*, n° 31, Dalloz, p. 303.

[1023] Selon les termes de cet avis, « seules les personnes publiques peuvent être propriétaires d'un domaine public ». Ce principe est codifié à l'article L. 2111-1 du code général de la propriété des personnes publiques et s'inspire d'une jurisprudence constante du Conseil d'État, CE, 8 mai 1970, *Société Nobel-Bozel*, Leb. p. 312; CE, 11 février 1994, *Cie d'assurances préservatrice foncière*, Leb. p. 65 ; *AJDA* 1994. p. 548, note J. Dufau ; *CJEG* 1994, p. 208, Concl. H. Toutée, *JCP* 1994. II. 22338, note M.-C. Rouault ; *RFDA* 1994, p. 501, Concl. H. Toutée.

[1024] Seules les personnes publiques peuvent être propriétaires d'un domaine public (à propos du statut juridique du siège de l'Agence France-Presse), *RFDA* 2004, p. 923.

industriel et commercial dans l'arrêt *Jalenques de Labeau*[1025]. Il est à noter que cet arrêt a été publié après la réforme législative de 1957 conférant à l'agence un statut permanent et original étant qualifié d' « organisme autonome doté de la personnalité civile »[1026]. Un des commentateurs de l'arrêt s'interrogeait sur le point de savoir si l'organisme de presse « peut encore être considéré comme un établissement public ou ne doit pas plutôt être regardé comme un organisme privé créé par le législateur pour gérer un service commercial ». Plus loin ce même auteur estime que l'AFP peut être regardée comme un organisme *sui generis*[1027]. D'autres ont qualifié l'Agence de « monstre juridique »[1028] ou d' « organisme inclassable au sein des structures françaises de l'information »[1029]. L'assemblée consultative du Conseil d'État a choisi de qualifier l'AFP d'« organisme de droit privé *sui generis* »[1030].

Les centres de lutte contre le cancer ont été créés par une ordonnance du 1er octobre 1945 et adoptaient des formules juridiques variées. Ces centres étaient constitués sous la forme de services d'hôpitaux publics, de fondations ou encore de dispensaires. Le Centre de lutte contre le cancer de Rennes a engagé le docteur Bourguet, avec qui survient un litige, relatif à une sanction prise à son encontre. Ce dernier saisit le Tribunal administratif de Rennes, estimant être un agent public employé par un établissement public. Au contraire, le Centre de lutte contre le cancer défendait la thèse contraire en soutenant le caractère privé des centres et la compétence de l'ordre judiciaire. Saisi du litige, le Conseil d'État renvoya l'affaire

[1025] CE, 8 mars 1957, *Jalenques de Labeau, D.* 1957, Concl. Mosset, p. 378 et note A de Laubadère, p. 380.

[1026] Article 1 de la loi n° 57-32 du 10 janvier 1957 portant statut de l'agence France-Presse.

[1027] L'AFP, pour A. de Laubadère s'apparente également à un « de ces organismes innomés et inqualifiables dans lesquels on voit si volontiers depuis quelque quinze ans les témoins de l'effacement des frontières qui jadis séparaient le droit public du droit privé », préc. p 382.

[1028] H. Pigeat, *Rapport sur l'avenir de l'AFP*, Un comité de réflexion a été institué le 10 décembre 2009 par décision de M. le Ministre de la Culture et de la Communication. Le Comité était composé de M. Henri Pigeat (coordinateur), de Mme Michèle Cotta et M.M. Fabrice Boé, Jean-Marie Colombani et Francis Teitgen.

[1029] G. Drouot, « Statut de l'Agence France Presse et de son personnel : diffamation publique et délit de diffusion de fausses nouvelles », *D.* 1990, p. 37.

[1030] CE, Avis, 10 juin 2004, *relatif au statut juridique du siège de l'AFP*.

devant le Tribunal des Conflits[1031] qui a estimé, selon une formule bien connue, « qu'il résulte de l'ensemble des dispositions « de l'ordonnance de 1945, rapprochées des termes de l'exposé des motifs, que le législateur a entendu conférer à ces centres le caractère d'établissements privés »[1032].

Il convient d'analyser les dispositions relatives aux textes institutifs de ces deux organismes, l'intention de leurs auteurs, pour conclure que des raisons d'opportunité ont conduit le Conseil d'État et le Tribunal des conflits à refuser à l'AFP et aux centres de lutte contre le cancer la qualification d'établissement public.

2) Le rejet de la qualification d'établissement public

Selon l'avis du Conseil d'État de 2004, plusieurs éléments attestent du caractère privé de l'Agence France-Presse. Tout d'abord, il est fait mention des règles de fonctionnement et d'organisation confiant la direction de l'Agence à un « conseil d'administration composé de représentants des usagers et du personnel, en majorité des représentants des directeurs d'entreprises de presse françaises désignés par les organismes professionnels du secteur, et à un président directeur général désigné en dehors de ses membres par le conseil d'administration ». Ensuite, le Conseil d'État estime que les ressources de cet organisme de presse sont uniquement constituées par le produit de ses ventes ainsi que par le revenu de ses biens. En outre, l'avis ajoute que l'État n'exerce aucune tutelle sur l'Agence.

Cependant, d'autres indices témoignent du caractère public de l'institution. Le critère tiré de l'origine de l'institution atteste de son caractère public. L'article 2 de la loi de 1957[1033] énonce un certain nombre d'obligations fondamentales imposées à l'agence qui peuvent être assimilées à des obligations de service public[1034]. Le suivi

---

[1031] TC, 20 novembre 1961, *Centre régional de lutte contre le cancer « Eugène de Marquis », RDP* 1962, p. 964 ; *AJDA* 1962, p. 17.

[1032] TC, 20 novembre 1961, *Centre régional de lutte contre le cancer « Eugène de Marquis »*, préc.

[1033] Cet article est cité dans l'avis mais ne semble guère déterminant pour le Conseil d'État.

[1034] Selon la loi de 1957, l'Agence doit « développer son action et parfaire son organisation [...] de façon régulière et sans interruption ».

constant et permanent des événements implique que l'AFP exerce sa mission de manière ininterrompue. Le Premier ministre désigne un des trois représentants des usagers au Conseil d'administration de l'Agence. Les statuts de 1957 limitent le pouvoir d'auto-organisation de l'AFP à l'adoption par le Conseil d'administration de son règlement intérieur, à l'instar des lycées et des collèges. Par conséquent, il est possible d'affirmer que l'Agence France presse poursuit une mission de service public. Il faut encore ajouter qu'une disposition législative non citée dans l'avis énonce que cette institution ne peut être dissoute que par la loi. A cet égard, il revient au gouvernement de saisir le Parlement d'un projet de loi tendant, soit à fixer les conditions dans lesquelles l'Agence sera autorisée à poursuivre son activité, soit à prononcer la dissolution de l'Agence et la liquidation de ses biens. Cette faculté des autorités étatiques à se prononcer sur la dissolution ou non de l'agence est en adéquation avec les principes constitutionnels d'indépendance et de liberté de la presse. Cependant, l'affirmation selon laquelle l'État n'exerce aucune tutelle sur l'Agence mérite d'être nuancée. En effet, l'Agence est soumise à une double tutelle. D'une part, l'Agence est assujettie à la tutelle de la commission financière chargée de superviser la gestion financière et d'examiner annuellement l'état de prévision des recettes et des dépenses de l'Agence. Cette commission est composée de deux conseillers à la Cour des comptes et d'un expert du ministère des Finances. D'autre part, le conseil supérieur est garant de l'indépendance de l'AFP et doit veiller à ce qu'aucune influence de nature à compromettre l'objectivité de l'information ne s'exerce sur elle. Il est composé d'un membre du Conseil d'État, d'un magistrat de la Cour de cassation, de deux représentants des directeurs de quotidiens, un représentant du secteur public de l'audiovisuel, et deux membres cooptés par les précédents[1035].

En outre, il convient de préciser que le chiffre d'affaires réalisé par cette institution est de deux cent soixante dix millions d'euros[1036]. Toutefois, Pierre Louette[1037] a précisé que l'État apporte par la seule voie d'abonnement, cent dix millions d'euros à son chiffre d'affaires.

[1035] Il est toutefois possible d'objecter que l'indépendance de ces organismes de tutelle est garantie par leur composition excepté la présence d'un expert du ministère des finances.

[1036] Rapport H. Pigeat, précité.

[1037] *Ibid.*

Contrairement à ce que laisse entendre l'avis, l'AFP reçoit également des subventions étatiques au titre de ses missions d'intérêt général. Le rapport du Sénat de novembre 2005 estime un premier chiffrage à hauteur de soixante six millions d'euros. Par conséquent, ses ressources ne sont pas « uniquement » constituées du produit de ses ventes et de ses biens. Ces différents éléments confirment la position de J. Waline, écrivant en 1964, que l'Agence était une personne morale de droit public[1038].

Les décisions *« Eugène de Marquis »*, relatives aux centres de lutte contre le cancer, ont suscité, et suscitent toujours, l'étonnement dans la mesure où elles confèrent à ces institutions le caractère d'organismes de droit privé. Contrairement à la jurisprudence *Monpeurt*[1039], le juge ne s'est pas contenté de refuser aux centres de lutte contre le cancer la qualité d'établissement public, il les exclut de la catégorie des personnes publiques. Dans le premier jugement, le Tribunal administratif de Rennes qualifia ces centres d'établissements publics en se fondant sur leurs règles d'organisation et de fonctionnement. Contrairement à l'avis de son commissaire du gouvernement soutenant cette qualification, le Conseil d'État décida de renvoyer l'affaire devant le Tribunal des conflits. Cependant, le commissaire du gouvernement Ordonneau avait entrepris une étude minutieuse du statut et du régime juridique de ces centres pour conclure à leur qualification d'établissement public. Il affirmait que « l'ensemble des dispositions toutes concordantes de l'ordonnance du premier octobre 1945, ne sauraient être mises en échec par la simple allégation contraire du législateur »[1040].

Dans sa décision du 21 novembre 1961, le Tribunal des conflits a suivi, partiellement les conclusions du commissaire du gouvernement Chardeau relatives à la qualification des centres de lutte contre le cancer et à la détermination de la juridiction compétente. M. Chardeau a adopté une démarche classique[1041] mais aboutit à une solution contraire de celle défendue par M. Ordonneau. En effet, il se fonde sur l'exposé des motifs de l'ordonnance du 1 er novembre 1945

[1038] J. Waline, « L'Agence France-Presse », *RDP* 1964, p. 612. Toutefois, l'auteur ne lui reconnaît pas le statut d'établissement public.
[1039] CE, 31 juillet 1942, *Monpeurt*, précité.
[1040] Concl. sur CE, 9 juin 1961, *Centre régional de lutte contre le cancer « Eugène de Marquis »*, Rec. p. 386.
[1041] Concl. sur TC, 20 novembre 1961, *D.* 1962, p. 389 et *RDP* 1962, p. 964.

selon lequel les centres de lutte contre le cancer « jouissent de plein droit de la capacité juridique des établissements d'utilité publique » pour conclure que le législateur avait manifesté l'intention de considérer ces centres de lutte contre le cancer comme des établissements d'utilité publique. Le Tribunal des Conflits considère également ces organismes comme des établissements relevant du droit privé mais n'emploit pas le qualificatif d'établissement d'utilité publique.

Les commentateurs de l'arrêt du Tribunal des Conflits[1042] ont déterminé que trois éléments ont conduit le juge à refuser à ces centres la qualification d'établissement public. En premier lieu, l'ordonnance de 1945 prévoit que les centres ne sont pas créés par l'autorité étatique compétente mais uniquement agréés par le ministre. Ensuite, ce texte institutif leur offre la possibilité de recevoir des libéralités « dans les mêmes conditions que celles fixées pour les établissements d'utilité publique ». Enfin, l'exposé des motifs de l'ordonnance mentionne explicitement que « les centres anticancéreux agréés jouiront de plein droit de la capacité juridique des établissements d'utilité publique ». La prépondérance conférée aux travaux préparatoires de la loi de l'ordonnance de 1945 est discutable. Ces justifications, loin de convaincre l'unanimité, contredisent l'étude menée par le commissaire du gouvernement Ordonneau s'attachant à démontrer la densité des caractéristiques du régime de droit public appliqué aux centres de lutte contre le cancer.

Le juge, tout en admettant que l'administration exerce un contrôle étroit sur les centres, refuse de suivre le demandeur, le docteur Bourguet. En effet, celui-ci se prévalait de la méthode du faisceau d'indices pour affirmer que ces institutions constituaient des établissements publics. Au-delà de leur mission de service public, les centres de lutte contre le cancer sont gérés par un conseil d'administration présidé par le Préfet et leur directeur est nommé par le ministre. En outre, le personnel administratif et médical jouit d'un statut fixé par arrêté ministériel. Enfin, la détermination du prix de journée est fixée par l'Administration. Par conséquent, le litige, pour

---

[1042] A. de Laubadère, « Les critères de l'établissement public », note sous l'arrêt TC., 20 nov. 1961, *Bourguet c. Centre régional de lutte contre le cancer « Eugène Marquis » de Rennes*, *D.* 1962, p. 389 ; J.-M. Auby, *JCP* 1962. 15272 ; MM. Galabert et Gentot, *AJDA* 1962, p. 17.

le Docteur Bourguet, relevait de la compétence de la juridiction administrative. Au contraire, le juge s'est abrité derrière la prétendue volonté du législateur pour éviter la qualification d'établissement public. De nombreux auteurs ont soutenu que le statut de droit privé des centres de lutte contre le cancer résultait d'une décision d'opportunité et non d'une démonstration juridique rigoureuse[1043].

Tout comme pour l'Agence France Presse, il convient de souligner la présence de motivations d'opportunité excluant la qualification d'établissement public. Le refus de classer les centres anticancéreux dans la catégorie des personnes publiques leur permet de bénéficier d'un régime plus souple en matière de libéralités, n'étant pas soumis aux règles de la comptabilité publique. Quant à l'AFP, on ne peut que qualifier de minimalistes les indices exposés dans l'avis du Conseil d'État et concluant à la personnalité de droit privé. L'intention de l'autorité créatrice est, en l'espèce, explicite. Il est nécessaire d'exclure le statut de droit public en raison de la mission de l'Agence requérant une indépendance totale vis-à-vis des pouvoirs publics. Le rapport Pigeat, publié en 2010, dénonce expressément le risque inhérent à la qualification d'EPIC compromettant « gravement son crédit international »[1044]. Ce rapport préconise de conserver le statut *sui generis* de l'Agence. Il rejette toute transformation en fondation, société anonyme ou coopérative. La seule formule juridique capable de préserver l'indépendance des missions de l'AFP ainsi que la promotion de ses valeurs demeure celle d'un organisme *sui generis* dont le fonctionnement obéit aux règles de droit privé. Cette conception mérite d'être analysée.

Si l'on suit le raisonnement de ce rapport et l'avis du Conseil d'État, le principe d'indépendance et de liberté de la presse est mieux protégé par les règles de la sphère privée. Cette liaison entre droit privé et indépendance conduit à une analyse *a contrario* selon laquelle le statut de droit public exclut toute indépendance des organismes de presse. Les principes de pluralisme et de liberté de la presse, dans une société démocratique, méritent une protection particulière et on comprend que le contrôle pesant sur les personnes publiques constitue

---

1043 Selon M. Waline : « La solution du Tribunal des conflits n'est donc pas très séduisante ; peut-être cette juridiction a-t-elle été déterminée par des considérations de politique jurisprudentielle, bien qu'elle paraisse s'en défendre ».

1044 H. Pigeat, *Rapport sur l'avenir de l'AFP*, précité.

une forme d'ingérence incompatible avec la protection de ces deux principes constitutionnels. Cependant, il convient de se garder d'une conception trop large de la corrélation entre indépendance et application des règles de droit privé. En effet, l'AMF, tout comme la Banque de France, assure également des missions requérant une totale indépendance alors que toutes deux sont des institutions publiques. L'article premier alinéa 3 de la loi du 12 mai 1998 interdit au gouverneur de la Banque de France ainsi qu'aux membres du Conseil de la politique monétaire de solliciter ou d'accepter des instructions du gouvernement ou de toute autre personne. L'insertion de cette disposition semble satisfaire l'objectif d'indépendance statutaire de la Banque initié par la loi du 4 août 1993. Il est alors possible d'envisager de transposer cette disposition dans les statuts de l'AFP. Le refus de la qualification d'institution de droit public n'est pas suffisant pour garantir le respect des principes constitutionnels de liberté de la presse et de pluralisme des opinions.

Ainsi, l'intention de l'auteur du texte, lorsqu'elle contredit la méthode du faisceau d'indices prime. Ce point n'est pas contesté. En sa qualité d'exégète de la loi, il est toutefois permis de regretter que le juge administratif se fonde sur l'une ou l'autre méthode, sans aucune autre motivation que des considérations d'opportunité[1045], pour écarter le statut de droit public. Le cas de l'AFP est certes très singulier mais le choix opéré par le juge dans sa recherche de qualification entraîne des conséquences non négligeables sur le régime juridique de l'institution innomée ainsi que sur la répartition des compétences juridictionnelles. Or, comment savoir par avance quelle méthode sera utilisée ? Dans l'affaire *Eugène de Marquis*, le requérant s'est basé sur la méthode du faisceau d'indices conduisant sans contestation possible à la qualification de droit public. Or, le Tribunal des Conflits l'a rejeté dans la mesure où le résultat de ce raisonnement contredisait le classement des centres anticancéreux dans la catégorie des personnes privées. L'intention du législateur est beaucoup moins visible que pour l'Agence France Presse. On ne peut que conclure à la présence d'éléments d'opportunité, c'est-à-dire le choix d'un régime plus souple se caractérisant avant tout par des règles moins contraignantes sur la gestion des libéralités.

[1045] Il a toutefois été souligné que le cas de l'AFP est spécifique et l'on parlera plutôt de considérations justifiées par le respect des règles constitutionnelles de liberté de la presse et de pluralisme des opinions.

Ainsi, les recherches doctrinales ou jurisprudentielles n'ont pas permis d'identifier au moyen de critères pertinents la notion d'établissement public. M. Waline écrivait que « ce n'est pas un mince sujet d'étonnement qu'une notion dont la jurisprudence tire des conséquences si importantes n'ait jamais été définie par elle avec précision »[1046]. Cette imprécision n'affecte pas l'utilisation de la formule. La définition de l'établissement public, axée sur le service public, a été abandonnée au profit de traits caractéristiques comme sa personnalité morale, son autonomie juridique ou encore sa soumission au principe de spécialité. A propos de ce dernier, son application rigoureuse a très tôt été dénoncée comme un obstacle à la nécessaire diversification des établissements publics. Pour lutter contre la libéralisation des marchés et la concurrence des opérateurs privés, l'établissement public a donc subi une nouvelle évolution qui a trait à l'assouplissement du principe de spécialité.

Section 2 : La dilution du principe de spécialité

Selon M. Laroche, la règle de la spécialité n'est pas écrite mais « résulte de la nature même des choses. On ne peut concevoir une personne civile créée et fonctionnant sans but déterminé. Il est dans l'essence même de la personne civile d'avoir une sphère d'action limitée »[1047]. Cette règle de la spécialité n'a donc pas d'origine précise. Elle est née des circonstances et a été forgée progressivement par la jurisprudence du Conseil d'État. Formulée dès le début du XIXe siècle pour lutter contre l'accroissement des biens ecclésiastiques, sa consécration prétorienne intervient grâce à l'arrêt *Caisse des Ecoles du 6e arrondissement de Paris* : « ces institutions ne peuvent, en leur qualité d'établissement public scolaire, que concourir au service de l'enseignement public et, dès lors, elles ne sont pas fondées, en raison de la spécialisation de leurs attributions , à distribuer des secours aux enfants fréquentant les écoles privées »[1048]. Alors que ce principe n'a

---

[1046] M. Waline, *Traité élémentaire de droit administratif*, 1949, 5ème éd. p. 227.

[1047] Laroche, *La personnalité civile des établissements publics d'assistance en France*, Paris, 1905, p. 135.

[1048] CE, 22 mai 1903, *Caisse des Ecoles du 6ème arrondissement de Paris,* Rec. p. 390, Concl. Romieu, *S.* 1905. 3. 33, note M. Hauriou.

pas de fondement juridique intrinsèque, il est pourtant indissociable de la personnalité morale. On peut même parler en ce sens de valeur juridique transférée[1049]. En d'autres termes, le principe de spécialité se fonde sur les règles relatives aux établissements publics, et notamment à celles de la personnalité morale : « A s'en tenir à sa seule définition, la spécialité est conçue comme un principe limitant la liberté d'action des établissements publics : leurs activités ne doivent pas excéder le domaine qui leur a été confié par la loi ou le règlement ; ils ne peuvent pas s'immiscer dans des domaines étrangers à leur vocation et affecter leur patrimoine à d'autres fins que celles qui leur ont été assignées »[1050].

Le principe de spécialité [1051] a fait l'objet de nombreuses études[1052] et de multiples critiques. On lui reproche d'être un « principe au contenu fluctuant » conduisant « inéluctablement à sa dilution et au déclin de sa juridicité »[1053]. Dans un premier temps, le Conseil d'État a effectué une application rigoureuse de ce principe. Pourtant, la spécialité est vite apparue comme un frein au développement des missions des personnes publiques, et surtout des

---

[1049] F. Brenet, « La spécialité» Actes du Colloque de l'Association française de droit administratif « La compétence », Litec, Colloque et Débats, 2008, p. 85.

[1050] G. Dupiellet, « L'adaptation du principe de spécialité à l'évolution du secteur public », *CJEG* 1985, p. 429.

[1051] Il apparaît, dans un premier temps plus approprié de parler de « notion » de spécialité plutôt que de principe, cette qualification étant précisée *infra* mais pour les commodités d'écriture, l'observateur pourra lire d'autres expressions comme la règle de la spécialité.

[1052]T. Tissier, *Traité théorique et pratique des dons et legs aux établissements publics ou d'utilité publique*, Paris, Société d'imprimerie administrative, 1890 ; L. Vignon, *Le principe de la spécialité et les êtres collectifs*, thèse, Paris, 1903, Paris : H. Jouve, 1903; H. Ripert, *Le principe de spécialité chez les personnes morales du droit administratif ; son application en matière de dons et legs*, thèse Paris 1906, Paris : L.N.D.J. 1906; F. Bèque, *Théorie générale de la spécialité des personnes morales*, thèse Grenoble 1908, Grenoble : La Dépêche dauphinoise 1908; M. Chéty, *La nature juridique du principe de spécialité*, thèse, Libraire Nouvelle de Droit et de Jurisprudence, Paris : 1914; P. Benoist, *Les dons et legs à personnes morales et le principe de spécialité*, thèse, Paris, 1938 : Paris L.G.D.J. et Pichon Durand Auzias, 1938; A. Baldous, *Le principe de spécialité en droit administratif*, thèse, Université d'Aix-Marseille III, 1974; J. Ferstenbert, *Recherche sur la notion juridique de spécialité des personnes publiques*, thèse, Paris II, 1976; S. Culetto, *Le principe de spécialité des personnes morales de droit public en droit français*, thèse Nice, 2006.

[1053]F. Brenet, « La spécialité », Actes du Colloque de l'Association française de droit administratif « La compétence », Litec, Colloque et Débats, 2008, p. 82.

établissements publics. A l'origine, le fondement du principe de spécialité résidait dans l'interdiction faite aux établissements publics de recevoir des libéralités, ce qui les aurait conduits à déborder le domaine d'activité fixé par leurs statuts. Dans la période récente, le juge et la doctrine ont utilisé le principe de spécialité pour légitimer l'extension du champ d'activité des entreprises publiques par le processus de participation et de filialisations.

La dilution du principe de spécialité a permis le renouvellement de la formule de l'établissement public. La portée juridique du principe de spécialité (§1) ainsi que ses multiples assouplissements (§2) permettront d'étayer la nouvelle définition de l'établissement public.

§1 La portée juridique du principe de spécialité

Si l'on se réfère à la définition de L. Michoud[1054] ou à celle de L. Constans[1055], la spécialité, « mobile essentiel des arrêts ou avis du Conseil d'État et des décisions de l'autorité gouvernementale ou préfectorale »[1056], a, dans un premier temps été analysée par la doctrine comme une règle applicable à l'ensemble des personnes morales. Pourtant, le principe de spécialité va très vite devenir un élément intrinsèque de la définition des établissements publics. Il a pénétré l'ensemble des activités des établissements publics et est devenu « une règle de police intérieure administrative »[1057]. Il est donc essentiel d'analyser l'évolution de la portée juridique du principe de spécialité (A). Puis, il sera démontré que, nonobstant ses différentes

---

[1054] « De ce que la personnalité morale peut acquérir tous les droits patrimoniaux, on ne doit pas conclure qu'elle puisse en faire les mêmes usages qu'une personne physique. La propriété entre ses mains, prend incontestablement un aspect spécial. Elle ne peut être employée qu'à un ou plusieurs buts déterminés. C'est cette idée qui est à la base de la théorie de la spécialité », L. Michoud, *Théorie de la personnalité morale*, préc. p. 254.

[1055] « D'une façon générale, la notion de spécialité signifie que la compétence des personnes morales est limitée au but en vue duquel elle leur est conférée. En ce sens, on peut dire qu'elle s'applique à toutes les institutions de droit public et de droit privé dotées de la personnalité juridique », L. Constans, préc. p. 12.

[1056] R. Drago, préc. p. 161.

[1057] M. Hauriou, Note sous CE, 3 mai 1918, *Larrieu*, *S.* 1920.57.

interprétations, le principe de spécialité constitue un élément fondamental de la définition de l'établissement public (B).

A/ L'évolution de la portée juridique du principe de spécialité

Le principe de spécialité s'est construit à propos des libéralités accordées aux établissements du culte. Malgré les craintes doctrinales relatives à la loi de séparation de l'Eglise et de l'État du 9 décembre 1905, la règle de la spécialité n'a pas disparu. Au contraire, elle a connu une extension considérable, dépassant le cadre des établissements ecclésiastiques pour s'étendre à toutes les personnes morales[1058]. Afin d'analyser l'évolution de sa portée juridique (2), il convient de s'intéresser à la genèse du principe de spécialité (1).

1) La genèse du principe

D'essence prétorienne, le principe de spécialité a développé des aspects différents selon les époques. Sa première formulation résulte d'un avis du Conseil d'État du 20 décembre 1820. En ce temps, la question était de savoir si les fabriques catholiques[1059] disposaient d'une vocation charitable. Un projet d'ordonnance, prévoyant la possibilité pour ces dernières d'accepter des libéralités faites aux pauvres, avait été soumis à l'avis du Conseil d'État. En effet, la loi du 18 germinal an X ainsi que le décret du 30 décembre 1809 conféraient aux fabriques la mission de « veiller à l'entretien et à la conservation des temples, à l'administration des aumônes », mais avaient-elles le droit de recevoir des libéralités ?

[1058] CE, 29 avril 1970, *Société Unipain,* Rec. p. 280; Concl. Braibant, *AJDA* 1970, p. 430.

[1059] Ces fabriques étaient chargées d'administrer tous les biens de chaque église en assurant l'entretien et la conservation des édifices religieux, et l'administration des aumônes. Elles ont été supprimées par l'article 50 de la loi municipale du 14 décembre 1789 qui a confié aux communes le soin de régir les « biens et revenus communs des paroisses ». Les fabriques ont finalement été rétablies par le Concordat du 26 messidor an IX, J.-H., R. Prompsault, *Dictionnaire raisonné de droit et de jurisprudence en matière civile ecclésiastique*, Paris, Ateliers du petit Montrouge, 1849, p. 386

Le Conseil d'État a repoussé l'ordonnance en se fondant sur l'unique mission des fabriques, celle de l'administration du culte[1060]. Il résulte de cet avis que seuls les bureaux de bienfaisance, créés par la loi du 5 frimaire an VIII, détenaient la possibilité de recevoir des libéralités faites aux pauvres. La haute assemblée confirma sa position dans un avis du 15 février 1837 relatif à la vocation charitable des établissements ecclésiastiques. Toutefois, ces avis présentaient des inconvénients pratiques. En effet, l'application rigoureuse de la spécialité des établissements du culte rendait caduque toute donation si celle-ci était réalisée au profit d'un de ses établissements et si sa destination ne correspondait pas à sa mission. Autrement dit, le système construit par le Conseil d'État transférait aux établissements de bienfaisance la propriété des dons et des legs faits aux établissements du culte, ce qui était contraire aux intentions du testateur. C'est pourquoi le Conseil d'État a quelque peu assoupli sa jurisprudence en développant le concept de l'acceptation conjointe. Dans un avis du 4 mars 1841, le Conseil a autorisé simultanément l'établissement qui devait recevoir la libéralité et celui chargé de l'administrer à gérer le don du testateur. Selon cette analyse, « l'établissement dans l'attribution duquel rentre régulièrement la fondation ou le service imposés comme condition de la libéralité [...] ne peut être exclusivement autorisé, puisque cet établissement n'est pas institué par le testateur ; l'établissement institué [...] ne peut pas non plus être exclusivement autorisé à accepter, parce que l'accomplissement de la condition est hors des limites des services qui lui sont confiées par la loi ; dès lors, il convient d'autoriser simultanément l'établissement institué et celui qui doit profiter de la libéralité ; par cette manière de procéder, on satisfait tout à la fois aux règles administratives et à la volonté du testateur »[1061].

[1060]« Attendu que nos lois ont attribué aux bureaux de bienfaisance la tutelle des pauvres et de l'administration de leurs biens, tandis que rien ne semblable ne se trouve dans les attributions des fabriques instituées uniquement en vue de l'administration des frais du culte », *Avis du 20 décembre 1820*, H. Ripert, *Le principe de spécialité chez les personnes morales du droit administratif ; son application en matière de dons et legs*, thèse Paris 1906, p. 54.

[1061] Avis du CE du 4 mars 1841, T. Tissier, t.1, n°231, p. 514. A ce propos, L. Vignon a critiqué la position du Conseil d'État puisque selon l'auteur : « On comprend difficilement comment deux établissements qui ne sont pas capables pris séparément, le deviennent s'ils sont réunis », thèse précitée, p. 164. Le Conseil d'État a ensuite ajouté au système de l'acceptation conjointe celui de

En 1873, le Conseil d'État a marqué une période de rupture en abandonnant sa jurisprudence séculaire. Dans deux avis, le premier du 6 mars 1873 relatif aux libéralités charitables et le second du 24 juillet 1873 concernant des libéralités scolaires, il a rompu avec sa position traditionnelle en reconnaissant aux fabriques catholiques la possibilité d'accepter des dons et legs[1062]. Cet avis, qui se fondait sur l'article 910 du Code civil[1063], marqua « un oubli du principe de la spécialité et dans l'histoire de ce principe une phase d'éclipse temporaire »[1064]. Rapidement, le Conseil d'État revient sur l' « épisode de 1873 » et va consacrer explicitement l'existence du principe de spécialité. Le 13 avril 1881[1065], il affirma que « les fabriques, comme les autres établissements publics, n'ont été investies de la personnalité civile qu'en vue de la mission spéciale qui leur a été confiée ». L'avis du 13 juillet 1881 confirma la portée restrictive de ce principe en affirmant que « la spécialité s'oppose à ce que les conseils presbytéraux et les fabriques aient la capacité pour recevoir des biens dans l'intérêt des pauvres ».

A travers l'histoire du principe de spécialité, appliqué aux établissements du culte, se dégage une première définition de cette règle conçue dans un sens beaucoup plus étroit qu'aujourd'hui : « un établissement public donné ne gérerait qu'un seul service qui constituerait sa spécialité administrative »[1066]. Or, la multiplication des établissements publics dotés de diverses missions a fait évoluer cette conception limitative de la spécialité. Parallèlement, son application à d'autres domaines que celui des dons et legs a contribué à son extension.

---

l'immatriculation conjointe par un avis du 24 janvier 1863, Y. Durmarque, « Vicissitudes du principe de spécialité des établissements industriels et commerciaux », *Mélanges Sandevoir*, L'Harmattan, 2000, p. 116.

1062 Sur les motivations qui ont conduit le Conseil d'État à un tel revirement, T. Tissier, *Traité théorique et pratique des dons et legs aux établissements publics ou d'utilité publique*, Paris, Société d'imprimerie administrative, 1890.

1063 Les dispositions entre vifs ou par testament, au profit des hospices, des pauvres d'une commune, ou d'établissements d'utilité publique, n'auront leur effet qu'autant qu'elles seront autorisées par une ordonnance royale.

1064 H. Ripert, préc. p. 63.

1065 J.-C., Douence, « La spécialité des personnes publiques en droit administratif français », *RDP* 1972, p. 757.

1066 M. Hauriou, *Précis de droit administratif et de droit public*, Sirey, 12ème éd., 1933 ; Dalloz, réimpression 2002, p. 283.

2) L'analyse de l'évolution de la portée juridique du principe de spécialité

Bien qu'il soit souvent défini comme un principe à géométrie variable, la spécialité demeure « un des principes les mieux établis du droit administratif » s'appliquant « de manière constante et incontestée »[1067]. L'accroissement des tâches poursuivies par les autorités administratives a engendré une mutation du principe de spécialité. La doctrine du Conseil d'État, en matière de dons et legs aux établissements ecclésiastiques, a été étendue aux caisses des écoles[1068]. Celles-ci étaient qualifiées d'établissements scolaires annexes. Par conséquent, elles ne pouvaient distribuer des secours aux enfants fréquentant des écoles privées. En vertu de la règle de la spécialité, leur mission était uniquement de concourir au service de l'enseignement public. D'autres exemples démontrent la volonté du juge d'appliquer strictement ce principe. Ainsi, un bureau de bienfaisance ne peut prendre en charge l'exploitation d'une salle de cinéma municipal[1069]. De même, une poudrerie nationale, en l'espèce celle de Sevran-Livry, ne peut vendre des cartouches de chasse[1070].

Toutefois, cette conception rigoureuse du principe de spécialité a connu diverses atténuations. Dès 1924, L. Michoud dessinait les dangers d'une interprétation restrictive du principe de spécialité. Celui-ci conduirait à enfermer les missions des personnes morales « dans d'étroits compartiments séparés par des cloisons étanches » et surtout les empêcherait « de donner satisfaction à des besoins nouveaux et imprévus »[1071]. L. Michoud illustre sa position à partir de l'exemple suivant : « Qu'un hôpital ne puisse employer à fonder une école le patrimoine qu'il possède, parce que ce patrimoine est affecté aux services d'hospitalisation, c'est bien une règle de droit. Mais qu'un hôpital ne puisse recevoir une libéralité pour fonder une école,

---

1067 D. Lochak, « Les problèmes juridiques posés par la concurrence des services publics et des activités privées », *AJDA* 1971, p. 269.

1068 CE, 22 mai 1903, *Caisse des écoles du 6ème arrondissement de Paris*, préc.

1069 CE, 13 décembre 1939 *Séguinaud*, Rec. p. 388.

1070 CE, *Chambre syndicale des industries et du commerce des armes*, 13 novembre 1933, Rec. p. 487. Dans sa note, P. Reuter admet que l'on puisse restreindre les interventions d'un établissement en matière économique si celui-ci dépasse le champ des missions pour lesquels il a été créé, *D.*, 1954, p. 553.

1071 L. Michoud, *Théorie de la personnalité morale*, préc. t. 2, n° 252, p. 171.

c'est simplement une mesure de bon ordre »[1072]. La spécialité n'exige pas que l'organisme considéré réalise uniquement la mission pour laquelle il a été créé, mais au contraire, la règle de la spécialité autorise une pluralité de missions à condition qu'elles entrent dans la sphère de compétences pour lesquelles l'organisme a été institué. La portée du principe de spécialité a dépassé la simple règle de police administrative pour devenir un principe de compétence.

Pour de nombreux auteurs, le fondement juridique du principe de spécialité réside dans la notion de personnalité morale. La majorité d'entre eux estime que la spécialité ne peut s'appréhender par son contenu mais uniquement par son fondement[1073]. Inspirée du droit privé, cette conception de la spécialité signifie que « les droits des personnes morales sont nécessairement assignés à des objets déterminés : ceux pour lesquelles elles ont été créées »[1074]. La conséquence de cette analyse implique que toutes les personnes morales de droit public soient soumises à l'application du principe de spécialité. Ainsi, L. Michoud affirmait que « l'État est, comme les autres personnes morales, soumis au principe de spécialité »[1075]. Toutefois, l'auteur admettait que « l'État souverain diffère des êtres juridiques en ce qu'il n'a au-dessus de lui aucune autorité qui puisse lui commander et l'obliger à respecter ce principe »[1076]. Dans la mesure où l'État dispose de la compétence de sa compétence, il ne peut être soumis au principe de spécialité. Le juge administratif a adopté cette conception dans l'arrêt *Unipain* de 1970[1077] et a plus récemment affirmé que le respect du principe de spécialité ne saurait être invoqué en qui concerne l'État[1078].

La spécialité ne peut être conçue comme un « principe d'ordre » comme le dénonçait M. Hauriou. La spécialité est un

---

[1072] *Ibid.*

[1073] A. Baldous, *Le principe de spécialité en droit administratif*, préc. p. 424.

[1074] M. Chéty, *La nature juridique du principe de spécialité*, préc. p. 32.

[1075] L. Michoud, *Théorie de la personnalité morale*, préc. p. 255.

[1076] *Ibid.*

[1077] CE, 25 avril 1970, *Société Unipain*, Concl. G. Braibant, *AJDA* 1970, p. 430.

[1078] CE, 29 septembre 2003, n° 221283, *Fédération nationale des géomètres-experts*. Dans le même sens, F. Brenet, « La spécialité », Actes du colloque de l'AFDA « La compétence », Litec, 2008, p. 86 et A. Rouyère, « Les personnes publiques spécialisées », in de P. Gonod, F. Melleray et P. Yolka, *Traité de droit administratif*, préc. p. 333 et s.

principe juridique de compétence[1079]. Cette définition permet d'englober la fonction de délimitation des compétences du principe de spécialité mais également sa fonction protectrice. F. Brenet tente de démontrer qu'il est important d'examiner le principe de spécialité à la lumière de ses aspects positifs[1080]. Il est vrai que les auteurs sont nombreux à critiquer la fluctuation du principe de spécialité en oubliant que celui-ci constitue une garantie au champ de compétences des personnes publiques qui « ont aussi le droit au respect de leur spécialité »[1081]. La doctrine contemporaine définit également la spécialité comme « une règle d'interprétation des compétences »[1082]. Cependant, il convient de souligner que le principe de compétence ne doit pas être confondu avec la notion de capacité. La règle de la spécialité ne saurait être rapprochée de celle de capacité. Une personne publique peut être capable d'agir même si la loi ne lui permet d'accomplir qu'une mission strictement déterminée. Ainsi, une bibliothèque peut accomplir différents actes juridiques comme l'achat de livres, de matériel informatique mais pour accomplir l'unique mission pour laquelle elle a été crée c'est-à-dire une mission culturelle. M. Bèque décrit la capacité d'une personne morale comme étant « les divers actes juridiques que les représentants de cette personne peuvent accomplir valablement au nom de la collectivité ». Alors que la spécialité « est le cercle des buts que peut poursuivre la personne au moyen de l'instrument juridique dont elle dispose et qui constitue sa spécialité »[1083]. En d'autres termes, la capacité se définit par rapport à un moyen, l'acte juridique, alors que la définition de la spécialité

[1079] F. Brenet, « La spécialité », Actes du colloque de l'AFDA « La compétence », Litec, 2008, p. 88.

[1080] *Ibid*, p. 87.

[1081] Planiol adoptait également la conception de la spécialité comme une règle de délimitation matérielle des compétences de chaque personne publique : « la spécialité évite tout empiétement, tout double emploi, elle prévient le désordre qui se glisserait infailliblement dans l'Administration si les attributions de chaque service étaient mal délimitées et pouvaient se rencontrer avec celles d'une autre. Elle est la conclusion nécessaire de l'organisation savante et méthodique des États modernes, qui se chargent d'attributions de plus en plus compliquées à tel point qu'on ne sait pas comment on pourrait s'en passer désormais », Note *D.* 1895, p. 217.

[1082] A. De Laubadère, J.-C. Vénézia et Y. Gaudemet, *Traité de droit administratif*, LGDJ, 16ème éd., p. 317.

[1083] F. Bèque, *Théorie générale de la spécialité des personnes morales*, thèse Grenoble 1908, Grenoble : La Dépêche dauphinoise 1908, p. 86.

intéresse un but, la mission pour laquelle, la personne morale a été crée.

Le contenu juridique de la spécialité a donc évolué. Il ne s'agit plus d'une simple pratique administrative, c'est un principe juridique autonome. En outre, le principe de spécialité est utilisé pour délimiter la notion de « catégorie d'établissement public ».

B/ La spécialité, critère de la notion de « catégorie d'établissement public »

L'article 34 de la Constitution du 4 octobre 1958 confère au législateur le soin de fixer les règles relatives à « la création de catégories d'établissements publics »[1084]. Le Conseil d'État et surtout le Conseil constitutionnel ont clarifié cette notion de « catégorie d'établissement public ». Dans sa décision du 18 juillet 1961 relative à l'Institut des hautes études d'Outre-Mer[1085], le Conseil constitutionnel a précisé les critères permettant d'identifier la catégorie d'établissement public. Une même catégorie englobe les établissements dont « l'activité a le même caractère – administratif ou industriel et commercial – ». Puis les sages ajoutent qu'il s'agit d'une activité qui « s'exerce, territorialement, sous la même tutelle administrative, et qui ont une spécialité étroitement comparable ». La technique utilisée par le Conseil repose sur le critère de la « spécialité étroitement comparable », avec celui du caractère de l'établissement et de la tutelle administrative. Le Tribunal des conflits a également utilisé ce critère. Par exemple, dans l'arrêt du Tribunal des conflits *Société d'approvisionnement alimentaire*, le commissaire du gouvernement Gégout conclut que le FORMA et l'ONIC ont des « spécialités comparables » et qu'ils doivent être rangés dans une

[1084] Il convient d'ajouter que certains textes législatifs antérieurs à la Constitution de 1958 avaient déjà entamé ce processus de catégorisation. Ainsi en est-il de l'ordonnance du 18 octobre 1945 qualifiant le Commissariat à l'Energie Atomique d'« établissement scientifique, technique et industriel ».

[1085] Décision n° 61-15 L du 18 juillet 1961, *S.*, 1961, p. 255.

même catégorie, celles des « établissements publics d'intervention économique »[1086].

Il convient de remarquer une évolution dans la méthode utilisée par le Conseil constitutionnel. Dans sa décision de 1979 relative à l'ANPE[1087], le Conseil constitutionnel insiste sur le fait « qu'il n'y a pas lieu de retenir également parmi les critères déterminant l'appartenance d'établissements publics à une même catégorie la condition qu'ils présentent le même caractère ». Toutefois, il réaffirme le critère de l'activité s'exerçant « territorialement sous la même tutelle administrative et qui ont une spécialité analogue ». Deux éléments de réflexion se dégagent de cette décision. D'une part, le juge constitutionnel délaisse le critère du « caractère de l'activité »[1088] au profit de la tutelle administrative et de la spécialité. D'autre part, le juge n'utilise plus le critère de la « spécialité étroitement comparable » mais celui de « spécialité analogue ». La spécialité demeure donc un critère de définition de la notion de « catégorie d'établissement public ».

Le Conseil constitutionnel se fonde, pour apprécier le critère de la « spécialité analogue », sur l'ampleur de la mission de l'établissement en cause. A titre d'illustration, le Conseil constitutionnel a considéré que l'Agence pour les économies d'énergie « a un objet analogue à celui de plusieurs établissements publics nationaux qui ont pour mission, dans leur domaine respectifs, de procéder à des actions de recherche, de documentation, d'information et d'incitation »[1089]. Le Conseil d'État reprend le même critère à propos de l'INRA[1090]. Selon les conclusions du commissaire du gouvernement Lasserre[1091] : « l'INRA n'a [...] fait que rejoindre un groupe qui comprenait déjà, par exemple, le Centre national pour

---

[1086] Concl. Gégout sur TC, 24 juin 1968, *Société d'approvisionnement alimentaire, JCP* 1969, II, 15764.

[1087] Décision n° 79-108 L. du 25 juillet 1979, Rec. p. 45.

[1088] Le critère de l'activité, qu'elle soit administrative ou industrielle et commerciale, étant difficilement conciliable avec la présence de nombreux établissements ayant un caractère hybride.

[1089] Décision n° 82-122 L. du 25 mars 1982, Rec. p.97.

[1090] CE 11 octobre 1985 *Syndicat général de la recherche agronomique CFDT*, Rec. p. 465.

[1091] Concl. Lasserre sur CE, 11 octobre 1985, *Syndicat général de la recherche agronomique et autres, RFDA* 1986, p. 411.

l'exploitation des océans (C.N.E.X.O), dont la mission a été précisée par un décret du 27 janvier 1976, et l'Institut géographique national (I.G.N), réorganisé par un décret du 12 mai 1981 ». Ces établissements ont pour mission « à titre principal une activité de recherche scientifique dans un secteur déterminé et se préoccupent à titre secondaire, de valoriser les résultats de leurs recherches ».

Une décision plus récente démontre « l'attachement du juge constitutionnel à la notion de spécialité »[1092]. Dans sa décision du 22 février 2007[1093], le Conseil s'est prononcé sur la constitutionnalité de la loi « relative aux règles d'urbanisme applicables dans le périmètre de l'opération de la Défense et portant création d'un établissement public de gestion du quartier d'affaires de la Défense ». Ce nouvel établissement est chargé de gérer « les ouvrages et espaces, ainsi que les services d'intérêt général » se situant dans le quartier de la Défense. Le Conseil constitutionnel réaffirme sa jurisprudence relative à la définition de la catégorie d'établissement public[1094]. Le juge souligne que, « par sa spécialité comme par son rattachement territorial[1095], l'Etablissement public de gestion du quartier d'affaire de la Défense, qui associe un département et deux communes en vue de gérer des équipements et des services dans une zone urbaine, relève de la catégorie d'établissements publics des syndicats mixtes ». Par suite, il ne peut constituer à lui seul une catégorie d'établissement public.

Avec le critère du rattachement territorial, la spécialité permet de définir la notion de catégorie d'établissement public. Cependant, le principe de spécialité connaît depuis de nombreuses années de multiples assouplissements qui ont permis de renouveler la définition de l'établissement public.

1092 F. Brenet, préc. p. 85.

1093 Décision n° 2007-548 DC du 22 février 2007, *AJDA* 2007, note J.-E., Schoettl, p.759.

1094 O. Dugrip, « La notion de règles concernant la création des « catégories d'établissement public » dans la jurisprudence du Conseil constitutionnel et du Conseil d'État », *Mélanges R. Drago*, Economica, 1997, p. 376.

1095 Cette notion a été préférée à celle de « tutelle administrative ».

§2 Les assouplissements du principe de spécialité

On s'en souvient, la spécialité a d'abord été dirigée contre l'accroissement des biens ecclésiastiques. Avec l'apparition de l'économie administrée et la multiplication des entreprises publiques créées sous la forme d'EPIC, l'application rigoureuse du principe de spécialité a été contestée. Publié en 1967, le rapport Nora soulignait que les entreprises publiques avaient d'abord comme obligation de « satisfaire leurs marchés au moindre coût pour elle et la collectivité publique » et qu'elles devaient également s'adapter « de la façon la plus efficiente possible à leur marché »[1096]. Par conséquent, les entreprises publiques créées sous la forme d'EPIC étaient menacées par une application stricte du principe de spécialité dans la mesure où celles-ci poursuivent, à côté de leur mission d'intérêt général, un impératif de rentabilité économique qui suppose souvent des opérations de reconversion, seules aptes à résoudre les crises de croissance des entreprises dans un marché en déclin. Pour lutter contre la libéralisation des marchés et la concurrence des opérateurs privés, les autorités publiques ont assoupli le principe de spécialité.

L'établissement public a donc subi une nouvelle évolution, provoquée par la dilution du principe de spécialité. Cette transformation atteste de la plasticité du principe de spécialité mais également celle de l'établissement public. Désormais, les établissements publics peuvent agir dans la sphère de compétences qui leur est reconnue par les textes et qui s'étend à leurs activités connexes. Le principe de spécialité appliqué aux établissements publics signifie que « la personne morale, dont la création a été justifiée par la mission qui lui a été confiée, n'a pas de compétence générale au-delà de cette mission. Il n'appartient pas à l'établissement d'entreprendre des activités extérieures à cette mission ou de s'immiscer dans de telles activités »[1097].

Cependant, ce principe a été contesté : on lui reproche d'être un obstacle au développement des établissements publics et, spécialement, aux entreprises publiques constituées sous la forme d'un

[1096] Rapport Nora, p. 185.

[1097] Avis de l'Assemblée générale du Conseil d'État, Section des travaux publics, 7 juillet 1994, n° 356089, *EDF-GDF, Grands avis du Conseil d'État*, 2ème éd., n° 31.

EPIC. Le principe de spécialité a connu de nombreux assouplissements afin de permettre aux EPIC de répondre à la logique commerciale et à la nécessaire diversification imposée par le développement du marché concurrentiel. Aussi, le principe de spécialité a été considérablement tempéré sous l'effet de deux techniques. Tout d'abord, le législateur et le pouvoir réglementaire ont défini de façon particulièrement extensive le champ des missions des établissements publics afin de contourner l'obstacle du principe de spécialité dans leur politique de diversification et de filialisation (A). Ensuite, l'attitude des pouvoirs publics a obligé le juge administratif à se saisir de la question du respect du principe de spécialité. L'analyse de la jurisprudence et des avis consultatifs du Conseil d'État démontrent que le principe de spécialité est interprété avec une grande souplesse (B). En définitive, la dilution du principe de spécialité a permis le renouvellement de la définition de l'établissement public (C).

A/ Les politiques de diversification et de filialisation

Les pouvoirs publics ont orienté leur démarche d'assouplissement du principe de spécialité autour des EPIC. L'évolution du marché concurrentiel a obligé les pouvoirs publics à se saisir de la question des politiques de diversification des établissements publics. Pour favoriser cette diversification, le législateur et le pouvoir réglementaire ont donné une définition large des missions des établissements publics. A titre d'illustration, l'article 18 de la loi du 30 décembre 1982 d'orientation sur les transports intérieurs autorise l'établissement public SNCF d'« exercer toutes activités qui se rattachent directement ou indirectement à sa mission »[1098].

Le cas de l'Entreprise de recherches et d'activités pétrolières (ERAP) est encore plus significatif. En effet, cet établissement public doté de la personnalité civile et de l'autonomie financière, a été créé par le décret n° 65-1117 du 17 décembre 1965 afin de mettre en œuvre la politique pétrolière nationale. Selon les termes de l'article 2 de ce

1098 Il convient de souligner sur ce point que SNCF avait déjà élargi sa mission principale à la restauration ou à l'hôtellerie considérant qu'il s'agissait de missions complémentaires à son activité principale.

décret, l'objet de l'ERAP est la recherche, la production, le stockage, le transport, le traitement, la transformation, la distribution, la commercialisation des hydrocarbures liquides ou gazeux et des autres substances minérales ou fossiles et de leurs dérivés, ainsi que généralement toutes opérations concernant ces activités et s'y rattachant directement ou indirectement. Outre cette liste qui est loin d'être exhaustive, le pouvoir réglementaire est intervenu afin de permettre à l'établissement de prendre des participations dans le secteur de la pharmacie. En 2002, l'objet de l'ERAP a, une nouvelle fois, été modifié puisque le décret n° 2002-1409 du 2 décembre 2002 dispose que son activité lui permet de « prendre, à la demande de l'État, des participations dans des entreprises appartenant aux secteurs de l'énergie, de la pharmacie et des télécommunications » et a supprimé toute référence aux activités définies par le décret de 1965. En d'autres termes, cet établissement créé à l'origine en matière pétrolière dispose désormais d'attributions en matière de télécommunications[1099].

Cette pratique, consistant à étendre volontairement le champ des missions des établissements publics, a été contestée devant le juge administratif. Dans l'arrêt du 3 décembre 1993, *Association de sauvegarde du site Alma Champ de Mars*[1100], l'association de sauvegarde de ce site a attaqué un décret de 1992 modifiant le décret instituant l'établissement public du Centre de conférences internationales de Paris et l'autorisant à étendre sa spécialité à la réalisation d'un espace vert et d'un parc de stationnement destinés à l'usage du public[1101]. Dans cet arrêt, le juge définit la spécialité des

---

1099 Cette réforme du statut de l'ERAP, accompagné du vote de la loi de finances rectificative n°2002-1576 du 30 décembre 2002, permet à l'État de soutenir le plan de redressement de France Telecom. L'article 80 du collectif budgétaire prévoyant que « les emprunts contractés par l'ERAP, dans le cadre de son soutien d'actionnaire à France Télécom, bénéficient, en principal et intérêts, de la garantie de l'État dans la limite de 10 milliards d'euros en principal ». Cette garantie de l'État permet donc à l'ERAP d'obtenir de la Caisse des dépôts et consignations des prêts à taux préférentiels et par voie de conséquence, elle se répercute sur la réussite du plan de redressement de France Telecom.

1100 CE, 3 décembre 1993, *Association de sauvegarde du site Alma Champ de Mars*, req. n° 139.021

1101 Initialement, la mission de cet établissement public consistait, selon les termes du décret du 22 décembre 1989 à réaliser « les travaux de construction et d'aménagement » des bâtiments du centre, « à la mise en place de leurs équipements ». De plus, le Centre de conférences « pouvait conclure avec d'autres personnes

établissements publics comme une règle « qui doit s'entendre en ce sens qu'un établissement public ne peut se livrer à des activités excédant le cadre des missions qui lui ont été assignées par les textes qui l'ont institué »[1102]. Pourtant, le Conseil d'État va rejeter la demande de l'association en affirmant que le principe de spécialité « ne fait pas obstacle à ce que l'autorité compétente pour créer l'établissement public et définir ses règles constitutives modifie l'étendue de sa mission »[1103]. Le juge ajoute que l'élargissement des missions de l'établissement public s'est produit sans modification de la nature et des modalités de la tutelle exercée par l'autorité ministérielle sur l'établissement public en question. Dès lors, et sous réserve que l'extension de la vocation de l'établissement public concerne l'amélioration de ses missions, le gouvernement dispose de la faculté d'étendre sa spécialité.

Il est également possible de se référer à la jurisprudence abondante, relative aux houillères de bassin, pour attester que le principe de spécialité, pour des raisons d'opportunité, n'est pas respecté. En 1997, le Conseil d'État s'est prononcé sur la légalité d'un décret autorisant Charbonnage de France à étendre ses activités[1104].

La loi du 17 mai 1946 relative à la nationalisation des combustibles minéraux solides[1105] prévoyait que ces mines nationalisées étaient gérées par deux établissements publics nationaux. Un établissement central, Charbonnage de France, qui est un « organisme de direction, de coordination et de contrôle », et les Houillères de bassin, constituées dans chaque région houillère et qui assument la production, l'exploitation et la vente de leurs combustibles[1106]. La crise charbonnière, commencée à la fin des années 1950, a obligé les pouvoirs publics à un effort de reconversion de ces deux établissements afin de réduire les mesures sociales

publiques ou privées des conventions de nature à assurer au centre de conférences internationales un environnement approprié ».

1102 CE, 3 décembre 1993, *Association de sauvegarde du site Alma Champ de Mars*, préc.

1103 *Ibid.*

1104 CE, 9 juillet 1997, *Société Maison Balland-Brugneaux, CJEG* 1997, p.401 ; *RFDA* 1998, p. 53.

1105 Codifié aux articles 145 à 171 du Code minier.

1106 C. Bergeal, Concl. sur CE, 9 juillet 1997, *Société Maison Balland-Brugneaux, CJEG* 1997, p.401 ; *RFDA* 1998, p. 53.

induites par la concurrence de nouvelles sources énergétiques. Dans un premier temps, cette mutation s'est orientée vers le développement des activités chimiques. Le décret du 22 décembre 1964 a ainsi créé la société chimique des charbonnages « dont le capital était réparti entre Charbonnages de France et les houillères de bassin »[1107]. Le décret attaqué par la société requérante permet une nouvelle extension des activités de ces deux établissements en matière de production électrique. Ainsi, il autorise Charbonnages de France à « participer à des structures juridiques et financières permettant, en vue d'en assurer le développement, la mise en commun de certaines de leurs activités notamment dans la production de l'électricité ».

Pour la société maison Balland-Brugneaux, le décret est illégal puisqu'il autorise Charbonnages de France à étendre ses activités à la production électrique alors que celle-ci « est une activité annexe des houillères de bassin, mais non de Charbonnages de France (...) et deuxièmement, parce qu'à supposer que l'on considère que Charbonnages de France pouvait avoir une activité annexe de production électrique, elle ne peut plus être considérée comme accessoire à l'activité minière, dès lors qu'il n'y a plus d'activité minière »[1108]. En l'espèce, le commissaire du gouvernement Bergeal se fonde bien sur la théorie de l'accessoire puisqu'elle ajoute plus explicitement que « compte tenu de ce qu'à terme, les activités minières des Charbonnages de France vont totalement cesser, vous pourriez estimer que la simple notion de connexité ou d'accessoire se trouve en l'espèce dépassée »[1109]. Cependant, son raisonnement sur la violation du principe de spécialité conduit à reconnaître la légalité du décret attaqué étant donné que la production d'électricité par les deux établissements « est incontestablement un sous-produit de leur production principale » et « constitue une activité connexe d'intérêt général et directement utile à Charbonnages de France »[1110]. Le Conseil d'État aboutit à la même solution. Toutefois, il va raisonner sans aborder la question du respect du principe de spécialité.

En effet, le juge va se référer au moyen soulevé par la société requérante. Celle-ci arguait qu'en étendant la mission de

---

1107 *Ibid*, p. 56.
1108 *Ibid.*
1109 *Ibid.*
1110 *Ibid*, p. 58.

Charbonnages de France à la production électrique, le décret attaqué crée une nouvelle catégorie d'établissement public. Or, seul le législateur, aux termes de l'article 34 de la Constitution, est compétent pour donner naissance à une nouvelle catégorie d'établissement public. Le Conseil d'État a estimé que l'acte gouvernemental attaqué « n'a pas modifié la spécialité de cet établissement public, dans des conditions équivalant à la création d'une nouvelle catégorie d'établissements publics »[1111]. Par conséquent, il semble écarter volontairement la question du respect du principe de spécialité en se focalisant sur l'absence de création de nouvelle catégorie d'établissement public.

Les nouvelles missions confiées à Charbonnages de France auraient pourtant mérité une analyse plus explicite. Tout d'abord, la production électrique aurait-elle pu figurer parmi les missions annexes à sa mission principale, la production de charbon, selon les conditions posées par le Conseil d'État ? Cette question en soulève une autre : comment qualifier une activité complémentaire à une autre qui est en voie de disparition ?[1112] Ensuite, il convient de rappeler que le juge examine en l'espèce l'atteinte au principe de spécialité en se référant au critère de définition de la notion de catégorie d'établissement public et non sur la violation intrinsèque du principe de spécialité. Pourtant, ce n'est pas parce que le décret ne crée pas une nouvelle catégorie d'établissement public qu'il ne porte pas nécessairement atteinte au principe de spécialité puisque « la spécialité entendue comme critère recouvre une acception plus large que la spécialité entendue comme principe d'organisation interne à l'administration »[1113]. En l'espèce, l'atteinte au principe de spécialité est jugée acceptable pour permettre à ces établissements une reconversion réussie.

Cependant, vider le principe de spécialité de sa portée engendre des risques d'empiétement et de confusions de compétences. Or les pouvoirs publics ont également étendu le champ des missions de certains établissements publics agissant dans des domaines

---

[1111] CE, 9 juillet 1997, *Société Maison Balland-Brugneaux*, préc.

[1112] F. Lichère, « Etablissements publics », *AJDA* 1998, p. 619.

[1113] M. Pochard, « L'illégalité de la restructuration des Charbonnages de France et des Houillères de bassin », *RFDA* 1992, p. 87, Concl. sur CE 8 janvier 1992, *MM. Kryzanski et Birtel*, Rec. p. 6.

stratégiques voire sensibles. A titre d'exemple, le décret du 29 septembre 1970 relatif au Commissariat à l'énergie atomique (CEA) fixe ses missions dans le domaine nucléaire. Or, l'article 2 de ce décret, modifié par les décrets n° 81-300 du 31 mars 1981 et n° 82-734 du 24 août 1982 ajoute que le CEA peut « dans les limites fixées par le Gouvernement, prolonger certaines de ces activités de recherche et de développement dans des domaines non nucléaires soit à des fins économiques, soit en vue de participer à des programmes d'intérêt général ». En outre, le CEA est autorisé à exercer « des activités dans le domaine des substances minérales ou fossiles définies à l'article 2 du Code minier autres que les hydrocarbures liquides ou gazeux ». Enfin, le décret est très explicite puisqu'il dispose qu' « au titre de ses diverses activités, le commissariat à l'Énergie atomique, en liaison avec les autorités régionales, contribue au développement technologique dans les régions, mène une politique de valorisation tendant à faire bénéficier l'industrie du résultat de ses travaux, développe la diffusion de l'information scientifique et technologique, apporte son concours à la politique de formation à la recherche et par la recherche ».

L'assouplissement du principe de spécialité a également été l'œuvre de la jurisprudence provoquant selon les termes de J.-B., Auby, « une véritable mutation du principe de spécialité »[1114].

B/ Le Conseil d'État et l'interprétation extensive de la spécialité

Au premier abord, il semble que le principe de spécialité soit interprété par la jurisprudence administrative avec une grande souplesse. Le juge a élargi la notion des activités accessoires aux établissements publics (1). Néanmoins, le Conseil d'État a précisé, dans un avis relatif à EDF, la réalité de l'articulation entre cette théorie des activités accessoires et l'application du principe de spécialité (2). Enfin, il est nécessaire de s'interroger sur

[1114] J.-B. Auby, *La notion de personne publique en droit administratif*, préc. p. 258.

l' « impression en pratique que le principe de spécialité est relégué au second plan »[1115](3).

1) L'élargissement de la notion des activités accessoires aux établissements publics

Le juge administratif a validé l'extension des activités d'un service public mais a également utilisé la notion d'activités accessoires au regard des entreprises publiques créées sous la forme d'EPIC. La nature de l'entreprise publique fonctionnant avec des « règles très différentes de celles qui s'appliquent aux organismes administratifs, tant par sa souplesse beaucoup plus grande que par le déroulement des contentieux éventuels »[1116], fera dire à certains que le principe de spécialité ne peut s'appliquer aux entreprises publiques. D'autres auteurs, à l'instar de D. Lochak[1117] ou A.-G. Delion[1118] ont préféré substituer le terme de spécialité économique à celui de spécialité administrative afin d'expliciter la mutation de ce principe. Si ces différentes suggestions n'ont jamais été consacrées par le droit positif, la jurisprudence administrative a permis aux personnes publiques d'étendre leur mission originelle grâce à cette notion d'activités accessoires. L'utilisation de cette construction jurisprudentielle a notamment permis à l'Institut géographique national (IGN) de louer des appareils à des sociétés privées afin de réaliser des photographies aériennes dans un objectif de prospections magnétiques[1119]. On ne peut alors que partager l'avis de D. Lochak sur l'évolution de la notion d'activité accessoire qui, d'une technique juridique, est devenue un concept économique[1120]. La dilution de la spécialité apparaît en filigrane de cette notion des activités

[1115] F. Brenet, « La spécialité », article préc. p. 87.

[1116] A.-G. Delion, *Le statut des entreprises publiques*, Berger-Levrault, 1963, p. 24.

[1117] D. Lochak, « Les problèmes juridiques posés par la concurrence des services publics et des activités privées », préc. p.271.

[1118] A.-G., Delion, *Le statut des entreprises publiques*, p. 23.

[1119] Selon le juge, ces travaux « présentaient, par leur nature, un intérêt général ». De plus, il souligne que « l'initiative privée n'était pas en mesure de répondre aux moyens de mise en œuvre qu'ils exigeaient ». De ce fait, « la société requérante n'est pas fondée à soutenir que l'Institut géographique national a excédé le cadre de la mission qui lui a été impartie » CE 23 juin 1965 *Société aérienne de recherches minières*, Rec. p. 380.

[1120] D. Lochak, « Les problèmes juridiques posés par la concurrence des services publics et des activités privées », préc. p. 271.

accessoires. En effet, une interprétation prétorienne trop souple peut retirer toute portée au principe de spécialité. C'est d'ailleurs dans ce sens que le Conseil d'État dans son avis consultatif du 7 juillet 1994, relatif à EDF, a précisé les conditions d'application de la « théorie » des activités accessoires.

2) La réalité de l'application du principe de spécialité : l'avis du 7 juillet 1994 relatif à EDF[1121]

Comme esquissé précédemment, la réalité de l'application trop rigoureuse de la spécialité s'est heurtée à la « logique commerciale » d'une nouvelle forme d'établissement public, les entreprises publiques[1122]. Dans un premier moment, le juge administratif a assoupli cette règle grâce à la théorie des activités connexes et complémentaires puis l'a consacrée au regard de la diversification des entreprises publiques et notamment à l'égard d'EDF-GDF. L'avis du 7 juillet 1994 renouvelle l'analyse du principe de spécialité appliqué à la question de la création des filiales. Cet avis doit être analysé parallèlement à la décision du Tribunal administratif de Paris du 25 mai 1994[1123] ainsi qu'à la décision du Conseil de la concurrence[1124], rendues également au regard des règles de la spécialité et de la diversification d'EDF-GDF.

Dans une première décision, le Tribunal administratif de Paris s'est notamment prononcé sur la conformité d'un arrêté interministériel autorisant EDF à prendre des participations dans une société d'ingénierie, dénommée CETI, et par la même à étendre ses compétences au-delà des missions que lui a conférées la loi de

[1121] Avis de l'Assemblée générale du Conseil d'État, Section des travaux publics, 7 juillet 1994, n° 356089, *EDF-GDF*, *Grands avis du Conseil d'État*, 2ème éd. , n° 31.

[1122] R. Chapus souligne la spécificité de la spécialité appliquée aux entreprises publiques comme suit : « Entendu comme il l'est en matière d'activités administratives, le principe de spécialité entrerait en conflit avec la préoccupation d'une bonne gestion commerciale et constituerait un handicap sérieux pour les entreprises publiques », *Droit administratif général*, 14ème éd., préc. p. 368.

[1123] TA de Paris, 25 mai 1994, *Ch. Synd. des sociétés d'études techniques et d'ingénierie, CJEG* 1995, p. 162.

[1124] Avis du Conseil de la concurrence n° 94-A-15 du 10 mai 1994 relatif à une demande d'avis sur les problèmes soulevés par la diversification des activités d'Electricité de France et de Gaz de France au regard de la concurrence, *BOCC* 20 octobre 1994, p. 463.

nationalisation du 8 avril 1946. Le commissaire du gouvernement Plouvin soutenait, dans ses conclusions[1125], que cette participation financière d'EDF était conforme au principe de spécialité pour deux motifs.

D'une part, il se fondait sur un avis rendu par le Conseil d'État relatif à la RATP autorisant cet établissement à prendre des participations financières dans des sociétés ayant le même objet mais situées en dehors de la région des transports parisiens au motif d'un « intérêt direct pour l'amélioration des conditions d'exercice » des missions de l'établissement RATP. D'autre part, le commissaire du gouvernement, rappelant que la spécialité « a subi une véritable mutation »[1126], considérait que l'activité d'ingénierie constituait « un complément normal et nécessaire à l'activité d'EDF »[1127]. Ainsi, il a établi ainsi un parallèle avec le critère de la rentabilité financière dégagé dans l'arrêt *Delansorme*[1128].

Le juge n'a choisi aucune de ces argumentations : « les établissements publics constituent des démembrements de la collectivité publique qui les crée, auxquels la personnalité civile n'est conférée que parce qu'un objet spécial leur est attribué ; que par suite il est de la nature même des établissements publics, qu'ils soient administratifs ou industriels et commerciaux, de n'avoir d'autre objet que celui qui leur a été spécialement attribué par leurs règles constitutives, qu'ils ne peuvent avoir d'activités que s'inscrivant dans les limites que définit ledit objet ; [...] ; qu'il s'ensuit que la poursuite par EDF de telles activités par l'intermédiaire de la CETI SA et de la CHARTH doit être regardée comme une extension de ces activités contraire au principe de spécialité auquel sont soumis les établissements publics »[1129]. La « logique commerciale » et le marché concurrentiel avaient pourtant poussé EDF et GDF à une politique de diversification dans des domaines tels que l'ingénierie, la télésurveillance ou encore le traitement des ordures ménagères.

1125 Concl. Y. Plouvin, sur TA de Paris, 25 mai 1994, *CHSETI, CJEG* 1995, p. 157.
1126 *Ibid.*
1127 *Ibid*, p. 158.
1128 CE sect., 18 décembre 1959, *Sieur Delansorme et autres*, n°22536, Rec. p. 692.
1129 TA de Paris, 25 mai 1994, *Ch. Synd. des sociétés d'études techniques et d'ingénierie*, précité.

Face à cette extension d'activités, le gouvernement décida, dans un premier temps, de saisir le Conseil de la concurrence sur ces politiques de diversification. Les conseillers de la rue de l'Echelle ont rendu leur avis quelques jours avant la décision du Tribunal[1130]. Il convient de rappeler que le Conseil de la concurrence ne peut fonder son avis sur les règles relatives à la spécialité des établissements publics. Il ne peut éclairer la politique gouvernementale relativement à la diversification d'EDF et GDF que sous l'angle des règles du droit de la concurrence. Dans son avis du 10 mai 1994, le Conseil de la concurrence propose des règles très strictes concernant la diversification de ces établissements par filialisation. D'une part, EDF et GDF doivent regrouper dans « une holding unique les activités de diversification et en séparant les filiales du monopole ». D'autre part, cette séparation doit être contrôlée par les pouvoirs publics en exigeant que « le financement de la holding et des filiales » se réalise aux conditions du marché. En d'autres termes, il est interdit à EDF et à GDF de produire avec ses filiales des subventions croisées, celles-ci pouvant alors se rattacher à son statut privilégié d'entreprise publique et donc être qualifiées d'aides d'État[1131]. Dans son avis du 7 juillet 1994[1132], le Conseil d'État va préciser le contenu du principe de spécialité applicable aux entreprises publiques ainsi que les conditions nécessaires à la politique de diversification de ces établissements.

En premier lieu, le Conseil d'État rappelle que la spécialité « qui s'applique à un établissement public tel qu'Electricité de France et Gaz de France signifie que la personne morale, dont la création a été justifiée par la mission qui lui a été confiée, n'a pas de compétence générale au-delà de cette mission. Il n'appartient pas à l'établissement d'entreprendre des activités extérieures à cette mission ou de s'immiscer dans de telles activités »[1133]. En second lieu, il va admettre que la spécificité des entreprises publiques permet un assouplissement du principe de spécialité qui « ne s'oppose pas par lui-même à ce

---

1130 Avis du Conseil de la concurrence n° 94-A-15 du 10 mai 1994 relatif à une demande d'avis sur les problèmes soulevés par la diversification des activités d'Electricité de France et de Gaz de France au regard de la concurrence, *RFDA* 1994, p. 1150.

1131 CJCE, 3 juillet 2003, *Chronopost SA, La Poste et la République française c/ Union française de l'express (ufex), DHL International, Federal express international (France) et CRIE*, C-83/01, C-93/01 et C-94/01, Rec., 2003, p. I-2533.

1132 CE, avis, 7 juillet 1994, Section des travaux publics, préc.

1133 Avis précité.

qu'un établissement public, surtout s'il a un caractère industriel et commercial, se livre à d'autres activités économiques »[1134]. Le Conseil d'État enferme toutefois cette possibilité dans deux conditions cumulatives. D'une part, ces activités économiques doivent être « au moins connexe(s) » à sa mission principale. D'autre part, elles doivent être « à la fois d'intérêt général et directement utiles à l'établissement public, notamment par son adaptation technique, aux impératifs d'une bonne gestion confiés à l'établissement, le savoir-faire de ses personnels, la vigueur de la recherche et la valorisation de ses compétences, tous moyens mis au service de son objet principal »[1135].

Par conséquent, les activités développées doivent présenter un caractère de complémentarité et d'utilité pour EDF. La spécialité fait uniquement obstacle à ce que les EPIC mènent des activités sans relation suffisante avec leur mission de service public.

Dans le cadre de la diversification d'EDF, le Conseil d'État justifie ainsi la présence de l'établissement dans l'éclairage public par la « proximité technique avec la distribution électrique [...] et l'intérêt général d'un réseau cohérent et moderne »[1136]. En revanche, le Conseil d'État refuse toute légitimité aux activités de cartographie et de télésurveillance qui engagent l'entreprise dans des rapports très différents avec leurs clients et requièrent des techniques n'ayant qu'un rapport lointain avec la mission de base. Le principe de spécialité n'est donc pas nié par le Conseil d'État, mais il est largement tempéré. Il s'efface progressivement devant le besoin d'élargir le champ d'activité du secteur public et de l'adapter aux contraintes concurrentielles.

Ainsi, le Conseil d'État maintient le principe de spécialité. Faisant preuve de réalisme, il considère qu'il est possible de l'adapter à certaines catégories d'établissements publics[1137]. En conclusion, les

---

[1134] *Ibid.*
[1135] *Ibid.*
[1136] *Ibid.*
[1137] A ce propos, X. Vandendriessche, souligne « que cette modification fondamentale de l'application normale du principe de spécialité ne concerne pas tous les établissements publics de manière identique. L'erreur consiste précisément à considérer l'évolution des entreprises publiques constituées sous la forme d'EPIC comme révélatrices de l'ensemble de la catégorie », *Typologie des entreprises publiques*, thèse Lille II, 1990, p. 70.

établissements publics peuvent mener des politiques de diversification et de filialisation dans les mêmes conditions que les opérateurs privés à condition de respecter les principes fermement posés dans l'avis du 7 juillet 1994. Finalement, le principe de spécialité a subi plusieurs mutations. La théorie des activités accessoires et l'élargissement du champ d'intervention des établissements publics par les textes ont atténué la rigueur du principe de spécialité. En outre, il convient de noter que le principe de spécialité serait concurrencé par un autre principe limitant l'action des personnes publiques, la liberté du commerce et de l'industrie.

3) Un principe concurrencé

Le principe de la liberté du commerce et de l'industrie et le principe de spécialité sont souvent comparés l'un à l'autre. Cependant, ces deux principes ne doivent pas être confondus et le principe de la liberté du commerce et de l'industrie ne s'applique que très rarement aux établissements publics (a). En revanche, il est possible d'établir un parallèle entre le principe de spécialité et la notion d'intérêt communautaire (b).

a) Le principe de spécialité et le principe de la liberté du commerce et de l'industrie

Un commentateur de l'avis du Conseil d'État relatif à la diversification d'EDF[1138] fait référence aux atteintes portées à la liberté du commerce et de l'industrie dans l'arrêt *Delansorme* pour interpréter la portée du principe de spécialité. Cet auteur place donc sur un même plan l'atteinte au principe de spécialité et la violation de la liberté du commerce et de l'industrie. Or la jurisprudence et la doctrine utilisent plus largement l'atteinte au principe de la liberté du commerce et de l'industrie concernant les collectivités territoriales alors que le principe de spécialité demeure le critère fondamental pour

---

[1138] C. Vigouroux, note sous l'avis du Conseil d'État du 7 juillet 1994, *Les Grands Avis du Conseil d'État*, Dalloz, 2ème éd., 2002, n° 31.

délimiter l'interventionnisme économique des établissements publics. Selon F. Brenet, le principe de spécialité constitue un principe de compétence et un « principe premier par rapport à la liberté du commerce et de l'industrie et à la libre concurrence »[1139]. Au contraire, la liberté du commerce et de l'industrie ainsi que la liberté d'entreprendre ne sont que des principes de mise en œuvre d'une compétence[1140]. Ce postulat est d'ailleurs appliqué de façon constante par le juge administratif tant du point de vue contentieux[1141] que dans ses rapports consultatifs.

Selon D. Lochak, « la référence au principe de spécialité apparaît [...] préalablement à toute autre recherche de la part du juge, lorsqu'un établissement public est en cause. Si le principe de spécialité a été violé, le juge administratif n'a pas à s'interroger sur l'atteinte éventuelle que l'établissement a pu porter à l'initiative privée »[1142]. D'ailleurs, ce n'est pas parce que le principe de la liberté du commerce et de l'industrie n'est pas respecté que le principe de spécialité est également violé. Il est tout à fait à fait possible que des décrets instituant un établissement public correspondent à des missions connexes à l'activité pour laquelle l'établissement a été créé alors qu'ils sont contraires à l'initiative privée.

En outre, certains auteurs relèvent que le principe de spécialité serait délaissé par le juge au profit des règles de la libre concurrence[1143]. Comme le souligne F. Brenet, la spécialité est éclipsée par la libre concurrence en raison de la nature même de la procédure du référé précontractuel[1144]. Plusieurs arrêts[1145] du Conseil

---

1139 F. Brenet, « La spécialité », préc. p. 86.

1140 *Ibid.*

1141 Dans l'arrêt *Seguinaud*, le juge souligne que « sans qu'il soit besoin d'examiner si la création à Grignols d'un cinéma communal pouvait être regardée comme justifiée par l'insuffisance manifeste de l'initiative privée (...) le fait, pour le conseil municipal, d'avoir confié au bureau de bienfaisance l'exploitation (...) du cinéma projeté (...) constitu(e) une méconnaissance du principe de spécialité des établissements publics », CE, 13 décembre 1939, *Seguinaud*, Rec. p.588.

1142 D. Lochak, « Les problèmes juridiques posés par la concurrence des services publics et des activités privées », préc. p. 271.

1143 G. Lazzarin, *La personnalité publique dans la jurisprudence administrative*, préc. p. 95.

1144 F. Brenet, « La spécialité », préc. p. 87.

1145 CE, 21 juin 2000, *Syndicat intercommunal de la Côte d'Armor et de la Presqu'île Guérandaise* : « Considérant toutefois qu'il n'appartient pas au juge,

d'État appuient cette position en démontrant que dans le cadre de l'attribution des marchés publics à un établissement public, le juge administratif utilise le critère de la libre concurrence au détriment du principe de spécialité pour une raison purement technique. En effet, l'article L. 551-1 du Code de justice administrative précise que le juge « ne peut être saisi que d'un moyen tiré de la méconnaissance des obligations de publicité et de mise en concurrence », ce qui exclut par définition tout moyen tiré de la violation du principe de spécialité. Dans l'arrêt *Compagnie méditerranéenne d'exploitation des services d'eau* du 16 octobre 2000, le Conseil d'État confirme le principe selon lequel, le juge administratif, dans le cadre du référé précontractuel, n'est pas en mesure de « contrôler le respect, par le candidat à l'obtention d'un marché public ou d'une délégation de service public, de son objet social ou, lorsqu'il s'agit d'un établissement public, du principe de spécialité auquel il est tenu »[1146].

Malgré son apparente désuétude, le principe de spécialité demeure un élément indispensable à la définition de l'établissement public. Cette liaison entre spécialité et établissement public est d'autant plus perceptible que la souplesse de la spécialité a pénétré la formule même de l'établissement public. En effet, l'assouplissement de la règle de la spécialité permet une nouvelle conception de la spécialité. Celle-ci n'est plus décrite comme un principe rigide, isolant l'établissement public au sein de sa mission. Au contraire, les assouplissements du principe de spécialité offrent une conception plus positive de cette notion. Les établissements publics ont certes une vocation spéciale mais il convient de concevoir la spécialité comme un principe de compétence. Par conséquent, l'assouplissement du principe de spécialité permet à l'établissement public d'élargir ses

---

statuant sur le fondement de l'article L. 22 précité, de contrôler le respect, par un syndicat intercommunal à vocation multiple soumis aux dispositions de l'article L.1411-1 du code général des collectivités territoriales, du principe de spécialité des établissements publics mais le seul respect des obligations de publicité et de mise en concurrence auxquelles cet établissement est soumis ; qu'ainsi, en se fondant sur la seule circonstance que la commission de délégation avait été amenée à porter une appréciation sur des offres dont le contenu répondait à une variante méconnaissant le principe de spécialité des établissements public, le juge des référés du tribunal administratif de Nantes a entaché son ordonnance d'une erreur de droit », *RFDA* 2000, p. 1031.

[1146] CE, 16 octobre 2000, *Compagnie méditerranéenne d'exploitation des services d'eau*, *RFDA* 2001, p. 16.

compétences. A ce titre, il est possible d'établir un parallèle entre le principe de spécialité tel qu'il est appliqué aux établissements publics et la règle de l'énumération des compétences appliquée aux collectivités territoriales.

b) Le principe de spécialité et la notion d'intérêt communautaire

Il est convenu d'opposer la compétence générale des collectivités publiques à la spécialité des activités des établissements publics. La compétence générale de la commune est régie par la célèbre formule, inscrite à l'article L. 2121-29 du Code général des collectivités territoriales : « le conseil municipal règle par ses délibérations les affaires de la commune ». En outre, l'article 34 de la Constitution délimite l'action des collectivités territoriales en leur attribuant par le biais de l'énumération législative certaines compétences délimitées. Quant à l'établissement public, il ne doit exercer ses attributions que dans une sphère limitativement énumérée par son texte institutif. Cependant, si l'on analyse les compétences des structures intercommunales, et notamment celles des EPCI à fiscalité propre, il est difficile de ne pas opérer un rapprochement entre l'intérêt local qui fonde la compétence des communes et le champ d'attribution reconnu à ces institutions hybrides. En effet, selon l'article L. 5214-16 du Code général des collectivités territoriales, « la communauté de communes exerce de plein droit au lieu et place des communes membres, pour la conduite d'actions d'intérêt communautaire, des compétences relevant des deux groupes suivants ». Dans le domaine intercommunal, la notion d'intérêt communautaire[1147] fonde la compétence des EPCI. Or celle-ci n'est définie dans aucun texte législatif. Il n'existe pas de « critères juridiques qui permettraient à coup sûr de conclure, une fois ces critères réunis, que dans une telle situation il y a un intérêt communautaire à procéder à tel ou tel transfert de compétence »[1148] . Seule une circulaire du 15 septembre 2004 du ministre de l'Intérieur,

---

[1147] J. Caillosse, « L'intérêt communautaire : casse-tête juridique et aubaine politique », *Pouvoirs locaux* 2002, n° 52, p. 20, « à travers la redistribution des rôles qu'appellent son identification et sa traduction cartographique, voilà une notion qui montre ce qu'une catégorie juridique peut avoir de proprement édifiant ».

[1148] P.-Y. Monjal, « Les enjeux de la notion « d'intérêt communautaire » ou les faces cachées d'une réforme constitutionnelle décisive pour les EPCI », *AJDA* 2003, p. 1703.

de la sécurité et des libertés locales ainsi que du ministre délégué à l'intérieur aux préfets, qui fait suite à la loi du 13 août 2004 obligeant notamment ces établissements à définir leur intérêt communautaire, en précise le contenu : l'intérêt communautaire est « le moyen, pour certaines compétences expressément énumérées par la loi, de laisser au niveau communal ce qui peut l'être et de transférer à l'EPCI ce qui exige une gestion intercommunale ».

Il est, dès lors, possible de comprendre qu'avec cette définition plutôt imprécise, de nombreuses structures intercommunales ont ressenti des difficultés pour définir leur intérêt communautaire. De plus, la jurisprudence n'est pas très précise pour délimiter le contenu de cette notion. Le juge se limite à consacrer les différences relatives à la délimitation de l'intérêt communautaire pour chaque EPCI. Les communautés d'agglomérations[1149] et les communautés urbaines voient leur ligne de partage de compétences déterminée par le conseil de la communauté. En revanche, ce sont les communes elles-mêmes qui ont la compétence de définir l'intérêt communautaire dans le cadre des communautés de communes[1150].

De ce fait, on se trouve face à une notion non définie, indéterminée, qui permet aux EPCI d'entreprendre des activités très larges. Selon N. Portier, « tout en demeurant des établissements publics théoriquement spécialisés, les communautés partagent de plus en plus avec les communes leur compétence générale [...] L'intercommunalité de nouvelle génération s'assimile, de fait, de plus en plus à un modèle fédéral d'administration locale et à ce dédoublement fonctionnel des communes que décrivaient déjà

[1149] « Les dispositions précitées ne font pas obstacle à ce qu'une communauté d'agglomérations procède en plusieurs étapes à la définition de l'intérêt communautaire, tout en se réservant de déclarer d'intérêt communautaire, par des délibérations ultérieures, les actions, opérations, zones ou équipements qui répondront à au moins trois desdits critères », TA Nice, 7 avril 2006, *Commune Saint-Jean-Cap-Ferrat, AJDA* 2006, p. 1331.

[1150] « Considérant qu'il résulte de la combinaison de ces dispositions, éclairées par les travaux préparatoires de la loi du 12 juillet 1999 dont elles sont issues, que si la décision institutive d'une communauté de communes doit définir les compétences de la communauté relevant des groupes figurant au I et au II de l'article L 5214-16 précité, la définition des opérations d'intérêt communautaire menées par la communauté dans le cadre de ces compétences peut quant à elle intervenir postérieurement à sa création », CE, 26 octobre 2001, *Commune de Brecheres-Saint-Germain*, n° 234332.

lucidement dans les années soixante les commentateurs éclairés de la loi du 31 décembre 1966 sur les communautés urbaines »[1151]. D'ailleurs, les pouvoirs publics ne cessent d'étendre les compétences des établissements publics à vocation territoriale. Dès l'ordonnance de 1959, les districts disposaient du droit d'élargir leur sphère d'attributions légalement définie par des « services énumérés à la décision institutive » créant le district. Cette extension était limitée par l'assentiment des élus locaux. Ensuite, la loi du 31 décembre 1970 relative à la gestion communale et aux libertés communales permet aux districts urbains d'étendre leurs compétences après simple consultation des conseils municipaux. Aujourd'hui, l'étendue des pouvoirs reconnue aux EPCI à fiscalité propre manifeste une atteinte directe au principe de spécialité et évoque la technique de la clause générale de compétence des collectivités territoriales. En effet, l'intérêt communautaire permet des transferts de compétences toujours plus vastes vers les établissements publics de coopération intercommunale. Par conséquent, on ne peut que partager l'avis de F. Brenet lorsqu'il souligne que la « double référence au principe de spécialité et à la notion d'intérêt communautaire, laquelle fait inévitablement penser à celle d'intérêt public local ou d'affaires locales, fait apparaître au grand jour la nature particulière des EPCI qui ne sont plus tout à fait des établissements publics sans être pour tout à fait encore des collectivités territoriales »[1152].

Ainsi, l'adaptation du principe de spécialité a permis la création d'institutions hybrides, les EPCI à fiscalité propre, puisque leur spécialité ne permet pas d'établir une ligne de démarcation précise entre les collectivités territoriales et les établissements publics dès lors que le champ d'activités des EPCI à fiscalité propre rejoint la généralité de celui reconnu aux collectivités territoriales. De même, la dilution du principe de spécialité a permis de créer les personnes publiques spéciales puisque celles-ci, que ce soient les GIP, la Banque de France ou encore les autorités publiques indépendantes, sont soumises à l'application du principe de spécialité dans le sens où elles doivent agir dans le cadre des compétences qui leur ont été attribuées par les textes institutifs. Dès lors, la spécialité appliquée aux nouvelles personnes publiques spéciales sert d'instrument de compétence et

[1151] N. Portier, « Essai de prospective intercommunale », *AJDA* 2007, p. 1871.
[1152] F. Brenet, article précité, p. 94.

répond par conséquent à la nouvelle définition du principe de spécialité, résultant de ses divers assouplissements.

En conclusion, il faut interpréter les assouplissements du principe de spécialité comme une technique permettant aux pouvoirs publics de pérenniser le recours à l'établissement public. La dilution de la spécialité a rejailli sur la notion d'établissement public, consacrant une nouvelle définition de la catégorie, celle d'une personne morale de droit public à vocation spéciale.

C/ Une personne morale de droit public à vocation spéciale

La nouvelle définition de l'établissement public, délivrée de la notion de service public, a conduit à pérenniser ce mode de gestion de l'action publique. Toutefois, cette nouvelle définition, une personne morale de droit public à vocation spéciale, ne permet toujours pas d'identifier avec précision l'établissement public par rapport à certaines personnes morales de droit privé. Comme le souligne B. Plessix, cette absence de définition n'a rien de dramatique : « Une fois admise la vanité de toute quête, il est possible d'analyser la nature juridique d'un établissement public : c'est toute personne morale de droit public à vocation spéciale qui est le prolongement d'au moins une autre personne publique »[1153]. La définition contemporaine de l'établissement public repose sur des éléments organiques, telles que la personnalité morale ou encore l'autonomie juridique.

Pour une grande partie de la doctrine, l'établissement public est « une personne morale de droit public à objet spécial »[1154], « une personne publique spécialisée »[1155], « une personne morale de droit public à vocation spéciale »[1156] ou encore « une personne morale de droit public assumant une mission spéciale et disposant pour cela d'une certaine autonomie administrative et financière »[1157]. Dans son

---

[1153] B. Plessix, « Etablissement public, Notion, création, contrôle », *Jurisclasseur administratif*, Fascicule 135.
[1154] M. Rougevin-Baville, R. Denoix de Saint-Marc, D. Labetoulle, *Leçons de droit administratif*, préc. p. 266.
[1155] R. Chapus, *Droit administratif général*, préc. n° 170.
[1156] B. Plessix, « Etablissement public », *Jurisclasseur administratif*, préc. Fascicule 135.
[1157] F. Gazier, Etude sur les établissements publics, *EDCE* 1985-1986, préc. p. 71.

rapport de 2009, le Conseil d'État le définit comme une « personne morale de droit public à vocation spéciale créée par une autre personne publique » et, plus loin, comme un « mode d'organisation de l'action publique »[1158]. La définition axée sur le service public a été abandonnée au profit d'éléments organiques. Ces nouveaux éléments de définition ont permis le renouvellement de cette formule.

Considéré comme un mode de gestion de l'action publique, un mode d'organisation parmi d'autres de l'appareil administratif, l'établissement public offre une grande capacité d'adaptation aux nouveaux besoins de l'administration. Ainsi en est-il de la création par des collectivités territoriales et l'État ou des établissements publics nationaux des établissements publics de coopération culturelle[1159]. En outre, la qualification de personne morale de droit public permet de conceptualiser la notion « en garantissant la représentation ordonnée des différents droits et privilèges détenus par les entités administratives personnalisées »[1160]. Le principe de spécialité circonscrit le champ des compétences de l'établissement public en offrant un critère de distinction[1161] avec l'État et les collectivités territoriales.

Nonobstant cette définition renouvelée de l'établissement public, celui-ci intervient dans un environnement juridique bouleversé par le développement de formules concurrentes mais également sous l'effet des nouvelles exigences issues de l'application du droit national et européen de la concurrence. Tant est si bien que l'établissement public serait à nouveau menacé de disparaître. Cette interprétation relève toutefois d'une lecture trop restrictive pour ne pas dire trop rapide du nouveau paysage juridique entourant l'établissement public.

[1158] CE, *Rapport d'étude sur les établissements publics*, 2009, p. 10.
[1159] Article L. 1431-1 du code général des collectivités territoriales.
[1160] J.-P., Théron, *Recherches sur la notion d'établissement public*, préc. p. 269.
[1161] *Supra,* Partie 1, Titre 1, Chapitre 1, Section 2.

Chapitre 2 : Le recul de l'établissement public

Dans les années 1980, le Président Gazier dénonçait la multiplication des établissements publics pouvant être à l'origine de « risques graves qui peuvent aller jusqu'à la dénaturation de l'État »[1162]. En 2009, le rapport du Conseil d'État souligne que : « Malgré un succès qui ne se dément pas, en dépit d'une place essentielle dans la réalité administrative d'aujourd'hui, l'établissement public est régulièrement désigné comme un mode de gestion sur le déclin, voire en crise »[1163]. Entre ces deux études, l'environnement de l'établissement a connu d'importants bouleversements tant sur un plan interne que sur un plan externe.

L'établissement public intervient aujourd'hui dans un paysage institutionnel troublé par l'apparition de nouvelles structures juridiques. En effet, le législateur a multiplié les formules juridiques concurrentes à l'établissement public telles que le GIP, l'AAI dotée de la personnalité morale ou encore les sociétés publiques. En outre, le Conseil d'État a récemment affirmé que, lorsque les personnes publiques décident de confier la gestion d'un service public à une entité tierce, celles-ci sont dans l'obligation de privilégier le recours à la voie contractuelle[1164]. Par conséquent, on assiste à un recul de l'établissement public en tant que mode de gestion du service public, conduisant à un nouvel épisode de la dégradation de la formule. Par ailleurs, les grands établissements publics nationaux semblent « tout particulièrement mis en question par les règles de concurrence, la dérégulation, le libre-échange du Grand Marché »[1165]. D'un point de vue externe, le développement du droit de l'Union européenne des

---

1162 CE, *Etude sur les établissements publics. Réflexions sur les catégories et les spécificités des établissements publics nationaux*, *EDCE*, 1984-85, n°36, p. 13 et s.

1163 CE, *Etude sur les établissements publics*, *EDCE*, 2009, p. 15.

1164 CE, Sect., 6 avril 2007, *Commune d'Aix en Provence*, *BJDCP*, 2007, n° 53, p. 283, Concl. Séners; *RFDA*, 2007, p. 812, Concl. F. Séners, note J.-C. Douence; *AJDA*, 2007, p. 1020, chr. F. Lenica et J. Boucher ; *JCP A*, 2007, p. 2128, note Pontier ; *JCP A* 2007, p. 2125, note Linditch; *JCP A*, 2007, p. 2111, note Karpenschiff ; *Contrats et marchés publics* 2007/com. 191, note Eckert ; *DA* 2007, p. 95, note Bazex et Blazy.

1165 ENA, *Services publics comparés en Europe*, La Documentation française, 1997, t. 1, p. 13

aides d'État a contribué à la disparition progressive des grands EPIC nationaux : France Telecom, EDF ou La Poste, ont été transformés en sociétés anonymes[1166]. Malgré tous ces bouleversements, l'établissement public demeure une formule plébiscitée[1167].

La notion d'établissement public connaît, depuis une vingtaine d'années, une nouvelle déliquescence avec la progression du phénomène de « sociétatisation » **(section 1).** Nonobstant l'apparente fragilité de ce mode d'organisation administrative, l'établissement public a traversé les différentes reconfigurations de l'action administrative et ces bouleversements n'ont pas conduit à la disparition de la formule, pas plus qu'à son déclin **(section 2)**.

Section 1 : Le phénomène de sociétatisation

Depuis de nombreuses années, l'État actionnaire choisit de recourir à la société anonyme pour intervenir dans l'économie. De nombreuses régies ont été transformées en sociétés comme l'Imprimerie nationale en 1994[1168] ou l'entreprise nationale DCN en 2003[1169]. Mais le phénomène le plus marquant est la transformation d'établissements publics en sociétés anonymes. Le Service des poudres a été transformé en 1971 en Société nationale des poudres et explosifs. D'autres exemples, comme la SEITA en 1980, la Caisse centrale de réassurance en 1992 ou encore France Telecom en 1996[1170] démontrent que ce processus de sociétatisation ne cesse de s'accroitre. D'ailleurs, il s'est accéléré sous la pression du droit de l'Union

---

[1166] D. Bailleul, « Vers la fin de l'établissement public industriel et commercial ? A propos de la transformation des EPIC en sociétés », *RJEP* 2006, p. 105 ; M. Lombard, « L'établissement public industriel et commercial est-il condamné ? », *AJDA* 2006, p. 79 ; B. Plessix, « L'établissement public industriel et commercial au cœur des mutations du droit administratif », *JCP A* 2007, n° 13, p. 38 ; S. Nicinski, « La transformation des établissements publics industriels et commerciaux en sociétés », *RFDA* 2008, p. 35.

[1167] CE, *Etude sur les établissements publics*, *EDCE*, 2009, p. 14.

[1168] Loi n° 93-1419 du 31 décembre 1993 relative à l'Imprimerie nationale, *JO* 1er janvier 1994, p. 17.

[1169] Loi n° 2003-478 du 5 juin 2003 portant diverses dispositions relatives à certains personnels de DCN et GIAT Industries, *JO* du 6 juin 2003. DCN est l'un des principaux maîtres d'œuvre et constructeurs de navires armés en Europe.

[1170] V. Fouache, *Établissement public et société commerciale. Essai sur le devenir de l'établissement public industriel et commercial*, thèse droit, Paris II, 2005, p. 296.

européenne avec la transformation d'EDF GDF en 2004[1171], celle d'Aéroports de Pais (ADP) en 2005[1172] ou encore celle de La Poste[1173] en 2010.

Les collectivités territoriales ne disposent pas de la même latitude que l'État pour choisir leurs modalités d'intervention. Celles-ci sont strictement définies par le Code général des collectivités territoriales. Aussi, les collectivités territoriales ont principalement recours aux sociétés d'économie mixte locales pour intervenir dans l'économie. Toutefois, ces collectivités réclament depuis longtemps une alternative à la société d'économie mixte et à l'EPIC local. La loi du 28 mai 2010[1174] répond à ces préoccupations en créant un nouvel instrument à disposition des collectivités territoriales, la société publique locale.

Le recul de l'établissement public, notamment de l'EPIC, est particulièrement marqué au plan national avec la substitution des sociétés aux grands EPIC nationaux (§1). Au plan local, l'établissement public est également concurrencé par un nouvel outil, la société publique locale (§2).

§1 La substitution des sociétés aux EPIC

La transformation des EPIC en sociétés anonymes soulève des craintes relatives à la disparition pure et simple de cette formule. Avant d'expliquer les causes de ce processus, il convient de préciser l'expression « sociétatisation des EPIC ». En effet, il ne faut pas confondre le terme de disparition avec celui de transformation. En d'autres termes, le législateur a parfois été peu sourcilleux quant au vocabulaire juridique employé dans les lois substituant les sociétés aux EPIC[1175]. Le législateur dispose de plusieurs choix. Tout d'abord, il peut décider la dissolution d'un établissement public et la création

---

[1171] Loi n° 2004-803, 9 août 2004, relative au service public de l'électricité et du gaz et aux entreprises électriques et gazières; *JO* 11 Aout 2004.
[1172] Loi n° 2005-357, 20 avr. 2005, relative aux aéroports, *JO* 21 Avril 2005.
[1173] Loi n° 2010-123 du 9 février 2010 relative à l'entreprise publique La Poste et aux activités postales, *JO* 10 février 2010, p. 2321.
[1174] S. Nicinski, « La loi du 28 mai 2010 pour le développement des sociétés publiques locales », *AJDA* 2010, p. 1759.
[1175] B. Plessix, *Etablissement public, Notion, création, contrôle, Jurisclasseur administratif*, Fascicule 135, p. 24.

d'une nouvelle personne morale, comme ce fut le cas pour France Telecom. Ensuite, il a la possibilité de transformer un EPIC c'est-à-dire d'opérer un changement de forme juridique. Cette seconde voie a été choisie pour EDF, ADP ou encore pour l'Agence nationale pour la valorisation de la recherche[1176]. Il convient donc de ne pas employer abusivement le terme de privatisation en matière de transformation des EPIC. On parlera plus simplement de « privatisation de statut ». Comme le souligne S. Nicinski, la transformation des EPIC en sociétés « traduit la préférence des acteurs politiques pour une forme privée de la gestion des entreprises publiques dans un contexte économique libéralisé »[1177]. De plus, cette transformation ne conduit pas à un transfert de propriété du secteur public eu secteur privé comme l'a rappelé le Conseil constitutionnel dans sa décision relative à La Poste[1178].

Ce phénomène de sociétatisation conduit à une nouvelle dégradation de la notion d'établissement public et il convient d'en expliquer les causes (A). Cependant, il ne faut pas conclure trop hâtivement à la disparition annoncée de l'EPIC national (B).

A/ Les causes de la sociétatisation des EPIC nationaux

Malgré son assujettissement à de nombreuses règles de droit privé, l'EPIC demeure une personne publique. En tant que tel, il dispose d'un certain nombre de privilèges[1179] de puissance publique comme l'insaisissabilité de ses biens. Différents éléments ont conduit au processus de transformation des EPIC en sociétés. L'influence croissante du droit de l'Union européenne a engendré l'expansion de

---

[1176] Ordonnance n° 2005-722, 29 juin 2005, *JO* du 30 Juin 2005 ; *JCP A* 2005, act. 374.

[1177] S. Nicinski, *Droit public des affaires*, Montchrestien, Précis Domat.

[1178] CC, 4 févr. 2010, déc. n° 2001-610 DC, *Loi relative à l'entreprise Publique La Poste et aux activités postales* : « Considérant que l'article 1er de la loi déférée n'a ni pour objet ni pour effet de transférer La Poste au secteur privé ; que, dès lors, les griefs dirigés contre l'article 1er tirés de la méconnaissance du Préambule de 1946 et de la Déclaration de 1789 doivent être rejetés ».

[1179] Ces privilèges peuvent également constituer des sujétions, E. Fatôme, « Les établissements publics à caractère industriel et commercial et la tentation de l'abandon », *JCP A* 2009, 2202.

ce mouvement avec l'assentiment implicite des autorités publiques françaises **(1).** Ces dernières condamnent également la forme juridique de l'établissement public pour son inadaptation à la vie des affaires **(2).**

1) Les limites apportées par le droit de l'Union européenne

Le droit communautaire interdit toute distorsion de concurrence entre les opérateurs agissant sur un même marché. Conformément à l'article 88 du Traité instituant la Communauté européenne, la commission européenne est chargée de contrôler les législations nationales de nature à fausser ou à créer des distorsions de concurrence sur le marché européen. A ce titre, la commission veille scrupuleusement au respect par les États membres des règles relatives au droit communautaire des aides d'État. Dans cette optique, elle a exercé plusieurs procédures contre la France[1180] fondées sur l'incompatibilité du statut de certains EPIC avec le principe de prohibition des aides publiques[1181]. Selon l'argumentaire de la Commission, deux éléments inhérents à la formule de l'établissement public sont constitutifs d'une aide d'État : le principe de l'insaisissabilité de leurs biens (a) et celui de la garantie illimitée de l'État (b).

[1180] Lettre du 4 avril 2003 (2003/C 164 /03), notifiant à la France la décision de la Commission d'ouvrir la procédure de l'article 88§2 TCE concernant la mesure d'aide en faveur d'EDF sous la forme de la garantie illimitée de l'État liée au statut d'EPIC (JOUE C 164/7 du 15 juillet 2003) ; Ouverture d'une procédure formelle d'examen le 5 juillet 2005 à l'encontre du Laboratoire national d'essais (n° C/24/2005) JOUE du 22 oct. 2005, C 263/22 ; décision de la Commission du 22 nov. 2006 à propos de l'aide en faveur du Laboratoire national de météorologie et d'essais (C(2006)5477), JOUE 5 avr. 2007, L. 95, p.25 ; Demande adressée le 4 octobre 2006 à la France de mettre fin, avant la fin de l'année 2008, à la garantie illimitée dont bénéficie La Poste en tant que personne morale de droit public, estimant que cette garantie fausse la concurrence.

[1181] Décision de la Commission n° C(2006) 5477 du 22 novembre 2006 relative à l'aide en faveur du Laboratoire national d'essais, *AJDA* 2007 p. 1738 chron. S. Nicinski

a) L'exclusion des voies d'exécution, un avantage constitutif d'une aide d'État au sens du droit de l'Union européenne

Les EPIC bénéficient d'une protection particulière en raison du principe de l'insaisissabilité des biens des personnes publiques[1182]. Alors que ce principe a été consacré par l'article L.2311-1 du CGPPP, « les biens des personnes publiques sont insaisissables », cette règle de l'insaisissabilité est menacée par les règles du droit de l'Union européenne en ce qu'elle peut conduire à la qualification d'aide d'État incompatible avec les dispositions du droit de l'Union européenne des aides d'État[1183]. Cette règle entraîne, en effet, l'impossibilité d'exercer des voies d'exécution contre les personnes publiques[1184]. De ce fait, la Commission européenne a porté une attention toute particulière à ce principe en dénonçant son incompatibilité avec la législation communautaire sur les aides d'État. Selon la communication de la commission du 11 mars 2000, constituent des aides d'État au sens des articles 87 et 88 du Traité CE « les conditions de crédit plus favorables obtenues par les entreprises dont le statut légal exclut la possibilité d'une procédure de faillite ou d'insolvabilité ». Il est vrai que l'impossibilité d'exercer à l'encontre des EPIC une procédure de faillite lui procure un avantage certain par rapport aux entreprises agissant sur le même marché[1185]. En effet, cette protection particulière a longtemps permis aux EPIC d'obtenir une importante image de solidité financière. Afin d'obtenir des crédits dans des conditions favorables, les entreprises demandent à des agences de notation

---

[1182] Ce principe a été étendu aux établissements publics industriels et commerciaux, Cass. Civ. I, 21 décembre 1987, *Bureau de recherches géologiques et minières* (BRGM), *CJEG* 1988, p. 108, note L. Richer ; *RFDA* 1988, p. 771, Concl. Charbonnier, note B. Pacteau. Cet arrêt figurait auparavant dans la 13ème édition du *GAJA*, n°100.

[1183] J. Fournier, « Les entreprises publiques dans le droit et la pratique de l'Union euroéenne », *RJEP* 2005, p. 135 ; F. Blanc, « L'insaisissabilité des biens des établissements publics industriels et commerciaux, éléments pour une évolution », *RDP* 2009, p. 1553.

[1184] Plus précisément pour les établissements publics industriels et commerciaux, il faut se référer à l'arrêt de la Cour d'Appel de Paris du 18 mars 1986, *BRGM c/ SA Lloyd Continental et autres*, *D.* 1987, p. 310, note B. Nicod.

[1185] L'article L 620-2 du Code du commerce dispose que « le redressement et la liquidation judiciaire sont applicables à tout commerçant, à toute personne immatriculée au répertoire des métiers, à tout agriculteur et à toute personne morale de droit privé ».

d'évaluer leur risque d'insolvabilité. C'est pour cette raison que les EPIC ont longtemps obtenu des notes allant jusqu'au triple A, leur permettant le recours au financement obligataire à des conditions privilégiées. Cet élément a été dénoncé par la commission comme constitutif d'une aide d'État, à propos notamment d'EDF à l'égard duquel elle a souligné que si l'impossibilité juridique de faillite n'existait pas, « les opérateurs économiques n'assumeraient pas le risque de conclure des transactions avec un établissement qui [...] ne peut être soumis à une procédure de faillite ou d'insolvabilité et dont les biens ne sont pas saisissables »[1186]. La garantie de l'État, dont bénéficient les EPIC, leur permet de recevoir des prêts à des conditions qu'ils n'auraient pas pu obtenir sur le marché au regard de leur taux d'endettement qui est en général très élevé.

En outre, dans sa décision du 26 janvier 2010 relative à La Poste[1187], la Commission européenne s'appuie sur une étude de l'agence de notation financière *Standard and Poor's*[1188] afin de démontrer que La Poste, du fait de son statut d'EPIC, bénéficiait du soutien financier de l'État influençant sa notation financière. Dans cette étude, *Standard and Poor's* évalue le soutien que l'État français apporte à l'opérateur postal en se fondant sur quatre critères : son statut, la probabilité de sa privatisation, sa gouvernance et son régime de régulation. Cette analyse se conclut ainsi : La poste bénéficie d'un soutien « extrêmement fort » et d'une garantie statutaire ultime de l'État français[1189]. La Commission européenne déduit de cette étude que, si La Poste était uniquement évaluée sur ses performances commerciales, elle aurait obtenue une notation financière inférieure à

1186 Décision de la Commission européenne du 16 octobre 2002, *JOCE*, point 12, p. 40.

1187 Décision de la Commission européenne du 26 janvier 2010 concernant l'aide d'État n° C 56/2007 (ex E 15/2005) accordée par la France à La Poste.

1188 "*International Postal Entities: Influence of government support on ratings" Standard and Poor's*, 22 novembre 2004: «*La Poste's legal status, which ensures a last-recourse sovereign guarantee, confers the ultimate statutory guarantee of the Republic of France on its obligations*».

1189 "*Unlike the credit quality of companies that operate in a commercial manner at arm's length from the government, like SingPost, Deutsche Post or TPG, a major factor underpinning La Poste's robust credit quality is its extremely strong State support. La Poste's legal status confers the ultimate statutory guarantee of the Republic of France (AAAA/Stable/A-1+) on its obligations*"; Extrait de " *International Postal Entities: Influence of government support on ratings". Standard and Poor's »*. 22 novembre 2004.

celle que *Standard and Poor's* lui a attribuée grâce au soutien extrêmement fort de l'État illustrant l'existence d'une garantie statutaire ultime[1190]susceptible de fausser la concurrence et d'affecter les échanges au sens de l'article 107, paragraphe 1 du TFUE.

Cependant, les auteurs apportent une première nuance à cet avantage en arguant que l'insaisissabilité des biens des EPIC ne leur permet pas d'avoir recours à l'hypothèque ni « plus généralement aux sûretés nécessaires à l'accession au crédit »[1191]. Ce handicap paraît, à notre sens, bien maigre étant donné que les EPIC n'ont précisément pas besoin de ces apports en financement pour obtenir des crédits dans des conditions favorables du fait de leur solvabilité[1192]. En revanche, leur forme d'établissement public les oblige à respecter certaines charges inhérentes au service public. Les EPIC, étant soumis aux lois du service public, sont grevés de certaines charges financières que ne supportent pas les entreprises privées. Nonobstant, il convient de rappeler que le droit de l'Union européenne prévoit à l'article 106§2 du TFUE[1193] 86§2 une limite à l'application du droit de la concurrence aux services d'intérêt économique général permettant à certains EPIC de justifier des aides d'État nécessaires à l'accomplissement de leur mission d'intérêt général. Cette exception ne s'applique qu'à un nombre très rare d'EPIC puisque cette dérogation ne peut s'appliquer que si l'entreprise est chargée de la gestion d'un service d'économie d'intérêt général ou qu'elle présente le caractère d'un monopole fiscal. Il est encore nécessaire que l'application des règles du Traité fasse échec à l'accomplissement de la mission particulière qui lui a été donnée et enfin que l'intérêt de la Communauté ne soit pas affecté[1194].

[1190] [1190] Décision de la Commission européenne du 26 janvier 2010 concernant l'aide d'État n° C 56/2007 (ex E 15/2005) accordée par la France à La Poste, point 267, p. 67.

[1191] D. Bailleul, « Vers la fin de l'établissement public ? A propos de la transformation des établissements publics industriels et commerciaux en sociétés », *RJEP* 2007, préc.

[1192] *Contra*, Y. Gaudemet, *Traité de droit administratif des biens*, LGDJ, 15ème éd., t. 2, p. 33.

[1193] Ancien article 86§2 du Traité CE.

[1194] TPI, 13 juin 2000, *EPAC c/ Commission*, affaire T- 204/97, point 125.

Or la libéralisation et l'ouverture à la concurrence des secteurs de l'électricité, des télécommunications et à terme des transports empêche que cette dérogation puisse jouer pour les grands services publics nationaux, sous la forme d'EPIC. Les avantages statutaires dont ils bénéficient étant plus importants que ceux des sociétés anonymes, le droit européen de la concurrence semble condamner cet élément intrinsèque du statut d'EPIC au même titre que le principe de la garantie illimitée de l'État.

b) La garantie illimitée de l'État, un avantage constitutif d'une aide d'État au sens du droit de l'Union européenne

Le principe d'une garantie illimitée et automatique de l'État trouve son fondement dans l'inapplicabilité du droit des procédures collectives aux personnes publiques et notamment à l'égard des établissements publics exerçant une activité concurrentielle[1195]. Cette garantie est largement dénoncée par la Commission européenne comme constitutive d'une aide d'État. La Commission a engagé plusieurs procédures contre la France pour manquement à la législation européenne des aides d'État. La décision de la Commission relative à EDF[1196]rend compte des motifs conduisant à la remise en cause du statut d'EPIC.

Par lettre en date du 10 juillet 2001, la Commission européenne a invité les autorités françaises à lui fournir des informations concernant certaines mesures en faveur d'EDF pouvant contenir des éléments d'aide d'État. En premier lieu, la Commission a proposé aux autorités françaises la suppression de la garantie illimitée de l'État dont bénéficie EDF sur tous ses engagements en vertu de son statut d'EPIC. Pour la Commission, ce statut exclut toute application de la législation relative au redressement et à la liquidation judiciaire des entreprises en difficulté. En second lieu, la Commission a ouvert une procédure formelle d'examen sur l'avantage résultant du non-paiement par EDF de l'impôt sur les sociétés dû, lors de la restructuration de son bilan en 1997, sur une partie des provisions

[1195] S. Boussard et C. Le Berre, *Droit administratif des biens*, LGDJ, 2014, p. 71 et s.

[1196] « La Commission obtient la suppression de la garantie illimitée octroyée à EDF ce qui favorise la concurrence dans le secteur de l'énergie », Communiqué de presse de la Commission du 16 décembre 2003.

comptables créées en franchise d'impôt pour le renouvellement du réseau d'alimentation générale. Enfin, la Commission a enjoint aux autorités françaises de fournir certaines informations nécessaires à l'analyse de cet avantage fiscal dans le cadre de la procédure formelle d'examen. Les autorités françaises, contestant la présence de toute aide d'État, ont rejeté les mesures préconisées par la commission. Cette dernière a donc décidé d'ouvrir une procédure formelle d'examen, conformément à l'article 88§2 (article 108§2 du TFUE), sur la garantie illimitée de l'État dont bénéficie EDF. Selon la communication de la Commission sur l'application des articles 87 et 88 du traité CE aux aides d'État sous forme de garanties, constitue une aide d'État « une aide [qui] prévoit explicitement une garantie de l'État ou une couverture des pertes par l'État ». La question à laquelle devaient répondre les autorités françaises et la commission doit retenir l'attention. En effet, la Commission européenne a souhaité démontrer que le statut même d'EPIC, qui prévoit ce principe de garantie illimitée de l'État, est incompatible avec le droit communautaire de la concurrence. Pour ce faire, l'instance de contrôle va s'appuyer directement sur un avis non publié du Conseil d'État[1197]concernant le plan de sauvegarde du Crédit Lyonnais.

Pour assurer ce redressement, le législateur a créé un établissement public administratif national doté de l'autonomie financière et placé sous la tutelle du ministre chargé de l'économie, le Consortium de réalisation (CDR), dont la mission était de « gérer le soutien financier apporté par l'État au Crédit lyonnais dans le cadre du cantonnement de certains de ses actifs au sein de la société chargée d'assurer la réalisation de ceux-ci »[1198]. Le Conseil d'État, rédigeant

1197 Cette note a toutefois été citée dans le rapport public du Conseil d'État de 1995, *EDCE,* p. 219 ainsi que dans les débats parlementaires relatifs à la loi du 28 novembre 1995 quant à l'action de l'État pour le redressement du crédit lyonnais et du comptoir des entrepreneurs, Rapport de M. Philippe Auberger, rapporteur général, au nom de la commission des finances, n° 2241.

1198 Article 2 de la loi du 28 novembre 1995, préc. Le consortium de réalisation a été condamné à indemniser B. Tapie pour un montant 240 millions d'euros et 45 millions d'euros. Cette décision d'un tribunal arbitral a été contestée devant le Tribunal administratif de Paris (TA de Paris, 8 oct. 2009, *D.* 2010. Jur. 690, note Cassia) qui a jugé la demande irrecevable. Ce jugement a été confirmé par la Cour administrative d'appel de Paris au motif que la seule qualité de contribuable de l'État ne confère pas un intérêt à agir contre les décisions entraînant des dépenses budgétaires (CAA de Paris, 31 décembre 2010, *D.* janvier 2011, note X. Delpech).

une simple note au gouvernement, avait alors « considéré qu'il était inutile de préciser dans la loi que celui-ci bénéficiait de la garantie de l'État, cela étant acquis en raison de sa nature même d'établissement public et sans qu'il ait été explicitement distingué [...] entre les établissements publics administratifs et les EPIC »[1199]. Par conséquent, la Commission considère que ce principe est inhérent à la formule de l'établissement public et qu'il est de nature à fausser la concurrence puisqu'il n'engendre aucun risque d'insolvabilité[1200]. Pour la Commission, EDF bénéficie d'une garantie illimitée de l'État dans sa couverture, dans le temps et dans son montant, ce qui constitue une violation de la législation européenne des aides d'État.

La contradiction des principes de l'insaisissabilité des biens des personnes publiques et de garantie illimitée de l'État[1201], avec

[1199] M. Lombard, « L'établissement public industriel et commercial est-il condamné ? », préc. p. 81.

[1200] La commission a ainsi relevé que « les principales agences de notation considèrent toutes la garantie illimitée de l'État comme un élément déterminant de l'appréciation du risque d'insolvabilité d'EDF. Depuis juin 2001, l'agence Fitch Ratings attribue ainsi à EDF la note à long terme AAA et la note à court terme F1+. Dans un communiqué, elle a souligné que ces notes reflétaient la garantie implicite de l'État sur la dette d'EDF ainsi que son statut juridique actuel et a ajouté qu'en l'absence de cette garantie, la note à long terme d'EDF serait d'AA+. En mai 2002, l'agence Fitch a confirmé ces notes à long et à court termes; en revanche, elle a attribué à la qualité de crédit intrinsèque du groupe la note AA. La garantie illimitée de l'État permet ainsi à EDF d'obtenir une meilleure évaluation de son risque d'insolvabilité que celle qui découlerait d'une simple analyse de sa qualité de crédit intrinsèque. De son côté, en janvier 2002, l'agence Moody's a abaissé la perspective attachée à la note à long terme AAA d'EDF de "stable" à "négative". Dans un communiqué, l'agence a expliqué cette révision de la note par la probabilité de plus en plus forte que le statut et la structure de contrôle d'EDF soient appelés à changer à moyen terme et a indiqué que si EDF perdait son statut actuel, qui la fait échapper au droit commun de la faillite, sa note à long terme pourrait être abaissée d'un ou deux crans. La garantie illimitée de l'État permet bien à EDF d'obtenir des conditions de crédit plus favorables que celles auxquelles aurait accès une société commerciale sans garantie de l'État », décision précitée du 16 décembre 2003, point 69.

[1201] Il convient de souligner que le Conseil d'État, dans un arrêt ancien de 1938, *Hotel d'Albe*, avait posé le principe selon lequel l'établissement national de tourisme, en tant qu'établissement public, pouvait voir sa responsabilité engagée par ses agissements et non engager celle de l'État, CE, Ass., 1 er avril 1938, Rec. p. 341. Or, cet argument a été nié par la Commission européenne et a confirmé, dans sa décision du 26 janvier 2010, à propos de La Poste que « la garantie illimitée

droit européen de la concurrence, constitue à l'évidence une menace pour le statut d'EPIC. En effet, si l'argumentation de la Commission est principalement centrée autour d'EDF, derrière le cas particulier de cette entreprise, c'est bien le régime juridique des EPIC qui est visé puisqu'elle appuie son raisonnement sur sa communication de 1999 qui concernait toutes les entreprises dont le statut légal excluait la possibilité d'une procédure de faillite, ou prévoyait une couverture des pertes par l'État. De fait, elle ne peut que sous entendre que le statut juridique d'EPIC comporte « intrinsèquement des éléments générant une distorsion de concurrence »[1202].

La France a-t-elle perdue la bataille contre la Commission européenne et plus généralement la guerre menée par la Commission contre le statut d'EPIC ?[1203]

Alors que l'État français a modifié le statut de La Poste par la loi n° 2010-123 du 9 février 2010, relative à l'entreprise publique La Poste et aux activités postales, il a contesté devant le Tribunal de l'Union européenne la décision de la Commission européenne du 26 janvier 2010 concluant que l'ancien statut de l'opérateur postal lui permettait de bénéficier d'une garantie implicite et illimité de l'État incompatible avec les règles du marché intérieur. Au contentieux, le Tribunal de l'Union européenne[1204] et la CJUE[1205] ont tous deux rejeté le recours de l'État français en jugeant que La Poste bénéficiait à cause de son statut d'établissement public d'une garantie illimitée de l'État procurant un avantage immédiat à cette entreprise et constituant

---

octroyée par la France à La Poste constitue une aide d'État incompatible avec le marché intérieur ».

1202 M. Chenevoy-Gueriaud, « L'établissement public industriel et commercial face au droit communautaire : la décision du 16 octobre 2002 de la Commission européenne relative aux aides d'État à Electricité de France », *Revue de la recherche juridique, droit prospectif*, 2004, p. 1955.

1203 M. Lombard, E. Glaser et S. Nicinski, Commentaire sous *CJUE 3 avril 2014, République française c/ Commission*, aff. C-559/12, « Fin de partie pour le statut d'EPIC appliqué aux entreprises », *AJDA* 2014, Actualité du droit de la concurrence et de la régulation, p. 1242.

1204 TUE, 20 septembre 2012, *République française c/ Commission européenne*, *AJDA* 2012, étude M. Lombard, p. 2313 ; chron. M. Aubert, E. Broussy et H. Cassagnabère, *AJDA* 2013, p. 341, note O. Schrameck, *RLC* 2013, n° 2345 ; chron. F. Martucci, *RFDA* 2013, p. 383.

1205 CJUE 3 avril 2014, *République française c/ Commission*, aff. C-559/12 ; AJDA 2014, p. 767, note J.-Pastor.

une aide d'État incompatible avec les règles du droit de la concurrence.

Dans sa décision du 20 septembre 2012, le Tribunal de l'Union européenne confirme la décision de la Commission en jugeant que l'octroi d'une garantie à des conditions qui ne correspondent pas à celles du marché, telle qu'une garantie illimitée accordée sans contrepartie est, de manière générale, de nature à conférer un avantage à la personne qui en bénéficie : elle a pour conséquence une amélioration de la position financière du bénéficiaire par un allégement des charges qui, normalement, grèvent son budget. De plus, le Tribunal conclut que la garantie octroyée à La Poste était susceptible de lui procurer un avantage en raison de l'influence positive qu'elle exerçait sur la notation financière de l'entreprise. Mais le Tribunal, pour confirmer l'existence d'une garantie implicite et illimitée de l'État en faveur de La Poste, va dépasser le seul cadre de son statut et ajouter : « il suffit de relever que, [...] lorsqu'un EPIC auquel a été conféré une mission de service public ne s'acquitte pas de ses dettes [...], l'État est mandaté d'office pour recouvrer les fonds nécessaires. Dans le cas où il refuse de faire supporter par l'EPIC les créances en cause, en ayant recours à toutes les mesures nécessaires, y compris la vente de biens, il se place dans une situation de nature à faire engager sa responsabilité. Or, ainsi que la Commission l'a souligné, il apparaît exclu que l'État puisse procéder à une vente de l'ensemble des biens de La Poste. Conformément à l'exigence de continuité du service public, qui constitue en droit français un principe à valeur constitutionnelle et qui s'impose aux autorités étatiques dans la mise en oeuvre de la loi n° 80-539, les biens nécessaires à l'accomplissement par un EPIC d'une mission de service public ne peuvent être cédés »[1206]. En d'autres termes, le Tribunal s'appuie sur le statut d'EPIC de la Poste mais également sur sa soumission au principe de continuité pour conclure qu'il résulterait, en raison de ces deux éléments, une garantie implicite et illimitée de l'État en faveur de l'opérateur postal. D'autres commentateurs affirment que « c'est l'existence d'une mission de service public, plus que la forme juridique d'établissement public, qui permet de conclure que l'État devrait bel et bien prendre toutes les mesures nécessaires pour assurer la continuité de cette mission et qu'il résulterait de cette obligation une garantie

[1206] TUE, 20 septembre 2012, *République française c/ Commission européenne*, préc. Point 98.

implicite et illimitée de l'État »[1207]. Autrement dit, l'évolution de la jurisprudence communautaire autorise à penser que le fondement de la règle de l'insaisissabilité, qui peut conduire à la qualification d'aide d'État, est davantage à rechercher dans le principe de continuité du service public que dans le seul statut d'EPIC.

D'autres justifications plus contestables, expliquent ce processus de sociétatisation. Ils se fondent précisément sur les règles de fonctionnement et d'organisation des EPIC.

2) Le régime juridique des EPIC

Le statut d'EPIC n'est pas uniquement contesté par le droit européen des aides d'État. De nombreux auteurs ont constaté les limites structurelles de la formule ainsi que son anachronisme[1208]. Ainsi, Y. Gaudemet a souligné que les principes généraux du droit applicables à l'ensemble des personnes publiques, y compris les entreprises publiques sous la forme d'EPIC, constituent « une entrave à leur action » et qu'au lieu d'être protectrices, leur application « affecte leur crédit et introduit un formalisme paralysant »[1209]. En matière contractuelle, les établissements publics sont soumis à des règles de passation limitant leur liberté d'action. Il est donc nécessaire de s'intéresser aux principes structurels des EPIC les condamnant à une incompatibilité par nature avec la vie des affaires. Le principal motif du recours à la transformation de l'EPIC en société commerciale réside dans la volonté de dépasser la rigidité de la formule d'établissement public, due notamment à l'application du principe de spécialité. Cette règle, caractéristique de la notion étant « vécue comme un obstacle à la diversification des activités de l'entreprise publique, élément clef de son développement normal dans une

---

1207 M. Lombard, E. Glaser et S. Nicinski, Commentaire sous *CJUE 3 avril 2014, République française c/ Commission*, aff. C-559/12, « Fin de partie pour le statut d'EPIC appliqué aux entreprises », *AJDA* 2014, Actualité du droit de la concurrence et de la régulation, p. 1243.

1208 « Si l'on regarde le passé récent, on s'aperçoit du déclin de cette formule de gestion du secteur public de telle sorte que l'on peut légitimement se demander si sa fin n'est pas programmée », J.-Y. Chérot, *Droit public économique*, précité, p. 322.

1209 Y. Gaudemet, « L'entreprise publique à l'épreuve du droit public (domanialité publique, insaisissabilité, inarbitrabilité) », *Mélanges R. Drago*, préc. 1996, p. 262.

économie ouverte »[1210]. Ce premier argument doit être relativisé pour deux raisons.

D'une part, le changement statuaire en personne morale de droit privé n'empêche pas que l'institution en cause soit soumise à un champ restreint d'activités. Toute société privée doit obligatoirement mentionner son objet social dans ses statuts. Ensuite, les assouplissements du principe de spécialité ont permis aux EPIC de diversifier leurs activités. En outre, la mission de tel ou tel établissement peut être modifiée à tout moment par le législateur ou par un acte réglementaire. C'est ainsi que la loi du 9 août 2004 et ses décrets d'application du 17 novembre 2004 ont défini de façon évasive les missions d'EDF et de GDF. Après avoir énoncé les différentes missions de service public incombant à l'opérateur d'électricité, le décret autorise EDF à se « livrer à toutes opérations industrielles, commerciales, financières, mobilières ou immobilières se rattachant directement ou indirectement, en totalité ou en partie, à l'un quelconque des objets précités, à tous objets similaires ou connexes et encore à tous objets qui seraient de nature à favoriser ou à développer les affaires de la société »[1211].

D'autre part, la formule de l'EPIC est jugée obsolète puisque son absence de capital social ainsi que ses rigidités de fonctionnement la placerait dans une situation désuète par rapport aux lois du marché. Ainsi, l'absence de capital prive les EPIC des possibilités d'augmentation de leurs fonds propres ou la prise de participations par le jeu des alliances ou autres opérations capitalistiques[1212]. Cependant, l'une des caractéristiques principales de l'EPIC est précisément sa soumission aux règles de la gestion privée. A ce titre, de nombreux textes réglementaires ou législatifs sont venus apporter des

---

1210 D. Bailleul, préc. p. 107-108.

1211 Ainsi que le souligne M. Lombard, la loi de 2004 a, en outre, précisé que les statuts fixés par décret peuvent être modifiés dans les conditions prévues, pour les sociétés anonymes, par le Code de commerce. Dès lors, « l'imagination fait défaut sur ce qui pourrait encore manquer » à l'opérateur public d'électricité du point de vue de la diversification de ses activités, « L'établissement public industriel et commercial est-il condamné ? », *AJDA*, préc. p. 81.

1212 A. Delion, *Le droit des entreprises et participations publiques*, LGDJ, Coll. Systèmes. Finances publiques, 2003. A titre d'illustration, le rapprochement entre France Télécom et l'opérateur américain MCI en 1993 a été mis en échec par l'ancien statut d'entreprise publique de France Télécom, « L'État repoussoir », *L'express*, 9 décembre 1993, note publiée par B. Abescat.

dérogations aux principes généraux du droit applicables aux personnes publiques afin de pérenniser cette mixité statutaire. Déjà en 1946, le législateur avait prévu qu'EDF et GDF « suivent pour leur gestion financière et comptable, les règles en usage dans les sociétés industrielles et commerciales et sont assujettis aux impôts »[1213]. De plus, le législateur est intervenu pour permettre aux grands établissements publics nationaux de contourner les prohibitions édictées par les articles 2045 et 2060 du code civil postulant l'interdiction de principe de compromettre ou de transiger pour toutes les personnes publiques[1214].

Par conséquent, il est possible de constester la fragilité du statut d'entreprise publique sous la forme d'EPIC en se basant sur leur financement ou sur leur structure[1215]. Tout du moins si l'on accepte l'idée de dénaturer cette formule en lui attribuant un capital social. Pourtant, ce postulat ne semble pas être l'objectif recherché par les autorités politiques.

Le droit de l'Union européenne a finalement une influence marquée sur la conception française de l'organisation administrative mais il ne doit pas être conclu trop hâtivement à la condamnation de l'EPIC.

B/ Les réflexions sur la disparition annoncée de l'EPIC national

Si l'on s'en tient aux développements précédents, les EPIC sont voués à disparaître pour respecter les règles du droit européen de la concurrence. Néanmoins, il est possible de démontrer que ces

---

1213 Article 4 de la loi n°46-628 du 8 avril 1946 sur la nationalisation de l'électricité et du gaz, abrogé par la loi n°2004-803 du 9 août 2004 relative au service public de l'électricité et du gaz et aux entreprises électriques et gazières.

1214 Ainsi, les clauses compromissoires ont été autorisées par l'article 25 de la loi no 82-1153 du 30 décembre 1982 relative à la SNCF et par l'article 28 de la loi n° 90-568 du 2 juillet 1990 pour France Telecom et La Poste. La loi n° 2011-525 du 17 mai 2011 de simplification et d'amélioration de la qualité du droit a modifié l'article 2045 du code civil et précise que les établissements publics de l'État peuvent transiger avec l'autorisation expresse du Premier ministre.

1215 « Le juriste ne peut qu'en prendre acte et constater que le choix du recours à des capitaux privés comme moyen de développement peut être atteint par des montages contractuels toujours plus ambitieux concernant les investissements de ces entreprises », M. Lombard, préc. p. 82.

craintes ont été surévaluées et qu'à l'inverse, la transformation d'un EPIC en société anonyme n'implique pas nécessairement la disparition des avantages concurrentiels qui semblaient attachés au statut d'établissement public.

Sur le terrain des aides d'État, de nombreux auteurs ont contesté la conception de la Commission européenne. Ainsi, S. Nicinski critique le caractère circulaire de l'argumentaire européen[1216]. On s'en souvient, la commission se fonde sur le principe de l'insaisissabilité des biens des EPIC pour démontrer que les agences de notations financières utilisent ce paramètre pour attribuer d'excellentes notes de santé financière aux grands établissements publics nationaux. Or, il convient de remarquer que la Commission européenne fonde son appréciation sur les réactions des agences qui elles-mêmes s'alimentent des décisions de la Commission. En outre, le critère de l'insaisissabilité des biens publics, qui constitue une donnée fondamentale pour l'organe communautaire de contrôle, est également contestable. Malgré la protection législative accordée aux biens d'aéroports de Paris[1217], la nouvelle société privée a vu dès 2005 ses notes financières se dégrader.

Dans le même sens, le Conseil d'État a contesté, dans son rapport de 2009, l'existence d'une garantie illimitée donnée par l'État aux établissements publics. Selon cette étude, « la jurisprudence communautaire, n'a, à la différence de la Commission, jamais reconnu, jusqu'à présent, l'existence d'une aide d'État, à partir d'éléments uniquement statutaires »[1218]. Récemment, le Tribunal de l'UE a annulé une décision de la Commission qui constatait l'octroi

---

1216 S. Nicinski, « La transformation des établissements publics industriels et commerciaux en sociétés », *RFDA* 2008, p. 35.

1217 Aéroport de Paris (ADP) continue de bénéficier d'un régime des biens protecteur puisque l'article L. 251-3 du code de l'aviation civile dispose que « Lorsqu'un ouvrage ou terrain appartenant à A.D.P. et situé dans le domaine aéroportuaire est nécessaire à la bonne exécution par la société de ses missions de service public ou au développement de celles-ci, l'État s'oppose à sa cession, à son apport, sous quelque forme que ce soit, à la création d'une sûreté sur cet ouvrage ou terrain, ou subordonne la cession, la réalisation de l'apport ou la création de la sûreté à la condition qu'elle ne soit pas susceptible de porter préjudice à l'accomplissement desdites missions. [...]Les biens mentionnés au premier alinéa ne peuvent faire l'objet d'aucune saisie et le régime des baux commerciaux ne leur est pas applicable ».

1218 CE, *Rapport sur les établissements publics*, 2009, p. 24.

d'une aide d'État incompatible avec le marché commun à France Télécom[1219]. En juillet 2002 et alors que France Telecom subissait d'importantes difficultés financières, l'État français avait exprimé des déclarations de soutien à cette entreprise publique et prévoyait que l'ERAP allait accorder à France Telecom une avance d'actionnaires.

Pourtant, ces déclarations n'ont pas été suivies d'effet puisque ce projet de contrat d'avance d'actionnaires n'a pas été signé. Or, la Commission a considéré que les déclarations de soutien des autorités françaises depuis juillet 2002 avaient eu pour effet de ramener la confiance sur le marché à son égard en influençant favorablement les comportements des acteurs économiques[1220]. Le Tribunal rejette cette argumentation en jugeant qu' « en faisant appel, du point de vue des marchés financiers, à sa renommée de créditeur et de débiteur solvable et fiable, l'État français a entendu influer activement sur la réaction desdits marchés, rétablir leur confiance et, en particulier, a cherché à obtenir le maintien de la notation de France Télécom dans le but de préparer son refinancement, à un stade ultérieur, dans des conditions économiques plus favorables et à des coûts moindres, sans que cela implique, de manière immédiate et prédéfinie, le recours au budget étatique. Ce faisant, au lieu d'engager directement ou indirectement des ressources d'État au sens de l'article 107§1 du TFUE, l'État français a fait jouer les règles particulières de fonctionnement des marchés financiers afin de stabiliser la position économique de France Télécom à court terme, et ce précisément dans le but de réunir les conditions entrepreneuriales et financières indispensables à la prise de mesures de soutien plus concrètes devant intervenir ultérieurement. Or, le seul fait que, dans un tel contexte, l'État français ait eu recours à sa réputation particulière auprès des marchés financiers ne saurait suffire à démontrer que ses ressources étaient exposées à un risque tel qu'il puisse être considéré comme constitutif d'un transfert de ressources d'État, au sens de l'article 87 § 1 CE, qui soit suffisamment connexe à l'avantage conféré à France Télécom par les déclarations depuis juillet 2002 »[1221]. Par conséquent, la simple perception d'un

---

[1219] Trib. UE 21 mai 2010, aff. T-425/04, T-444/04, T-450/04 et T-456/04 [aff. jtes], *AJDA* 2010, p. 1578

[1220] M. Aubert, E. Broussy et F. Donnat, Chronique de jurisprudence de la CJUE, *AJDA* 2010 p. 1584.

[1221] Point 282 de l'arrêt.

risque ne suffit pas pour caractériser l'engagement de l'État et le qualifier d'aide d'État.

On s'en souvient, la Commission fonde son raisonnement de garantie implicite de l'État en s'appuyant sur le fait que les agences de notation sont potentiellement amenées à noter les EPIC de façon favorable dans la mesure où l'État serait garant de leur solvabilité. Elle fonde donc son argumentaire sur une simple attente du marché et non sur l'existence d'une obligation étatique envers les EPIC[1222]. Il est donc possible de dire que la CJUE ne qualifierait pas cette garantie implicite de l'État d'aide d'État au sens de l'article 107 §1 du TFUE dans la mesure où elle ne répond pas au critère de connexité entre un avantage identifié, celui d'une garantie implicite de l'État et le transfert de ressources étatiques puisque l'État n'a pas l'obligation de mettre en œuvre cette garantie implicite.

Ainsi, la transformation des EPIC en sociétés privées ne résulte pas d'une contrainte juridique imposée par le droit de l'Union européenne. Il suffirait de modifier certains éléments inhérents à cette formule, voire de supprimer le principe de la garantie illimitée de l'État pour éviter de violer les règles du droit européen des aides d'État. L'État pourrait également exiger une rémunération dans le but d'instaurer une contrepartie à ce principe de garantie illimitée. A titre d'illustration, la France avait proposé, avant que la Poste devienne une société, « de modifier les dispositions d'un arrêté du 31 décembre 1990 qui laissait entendre qu'il y avait une garantie automatique en cas de défaillance de remboursement d'emprunts, et d'infléchir, dans le sens de la responsabilité financière, le décret du 12 mai 1981 »[1223]

De plus, il ressort du régime juridique des anciens EPIC devenus des sociétés de droit privé que cette transformation ne préjuge en rien de l'application des règles de la concurrence. En effet, la plupart de ces nouvelles entreprises sont soumises à l'actionnaire principal qui est l'État. Ainsi, on ne peut que constater les liens importants existants entre les pouvoirs publics et ces sociétés anonymes. À ce titre, la loi du 26 juillet 1996 transformant France

---

[1222] J. Dabreteau, « Réflexions sur la prétendue garantie implicite de l'État au profit de ses EPIC », *AJDA* 2010, p. 2349.

[1223] X. Domino, E. Fatôme, Y. Jégouzo, F. Loloum et O. Schrameck, « Questions sur l'avenir de l'établissement public », préc. p. 1242.

Telecom en société anonyme à participation majoritaire de l'État avait prévu un droit d' opposition au profit de l'État sur les biens déclassés de France Telecom lorsqu'ils étaient nécessaires à la bonne exécution du cahier des charges[1224]. Par conséquent, la transformation d'un EPIC en société de capitaux n'a pas d'incidence sur les avantages incertains liés au statut d'EPIC. L'établissement public n'est donc pas en lui-même contraire au droit communautaire. Cette formule devient nécessairement illégitime dès lors qu'elle exerce une forme d'entreprenariat, bénéficiant d'avantages anticoncurrentiels alors que l'établissement public est avant tout un procédé d'organisation administrative au service des personnes publiques. En réalité, ce mouvement d'éradication des grands EPIC nationaux, ouverts à la concurrence, s'explique davantage par le souhait des autorités publiques de maintenir un secteur public artificiel grâce à des formules juridiques alliant souplesse de gestion financière et contrôle de la part de l'État. En d'autres termes, les autorités politiques en choisissant de se rapprocher du secteur privé, n'ont pas perçu toutes les conséquences sur le régime juridique des anciens EPIC.

Il est également possible de soutenir que l'EPIC n'est pas condamné par sa forme juridique. Le droit de l'Union européenne transcende le clivage public / privé dans le sens où la nature publique ou privée d'une institution gestionnaire n'a pas d'impact sur l'application du droit de la concurrence européen. Dès lors, la distinction entre EPIC et société commerciale est sans incidence puisque la CJUE définit une entreprise comme « toute entité exerçant une activité économique, indépendamment du statut juridique de cette entité et de son mode de financement »[1225].

Doit-on alors en conclure que « bien plus qu'aux eaux turbides d'un Styx la conduisant à un inéluctable déclin, les évolutions dans lesquelles baigne la notion d'établissement public ressemblent aux eaux claires d'un bain de jouvence »[1226]. Il convient d'apprécier cette conception au regard d'une nouvelle transformation que connaît dont l'établissement public local et la concurrence que lui apportent les nouvelles sociétés publiques locales.

[1224] CE, *Etude sur les établissements publics*, 2009, p. 25.
[1225] CJCE, 23 avril 1991, *Höfner*, n°C-41/90.
[1226] CE, *Etude sur les établissements publics*, 2009, p. 27.

§2 Les sociétés publiques locales

Le droit des interventions économiques des collectivités territoriales a connu de nombreuses évolutions. Pour leur permettre de prendre en charge certains besoins collectifs que l'initiative privée ne pouvait pas assurer, le juge administratif a d'abord imposé aux collectivités territoriales de justifier leurs interventions par des circonstances particulières de temps et de lieu ou par un intérêt public local[1227]. Aujourd'hui, l'intervention économique des collectivités territoriales est toujours limitée par le principe de la liberté du commerce et de l'industrie. Néanmoins, le juge a assoupli sa jurisprudence en jugeant, en 2006, que les personnes publiques peuvent intervenir dans l'économie en justifiant d'un intérêt public, « lequel peut notamment résulter de la carence de l'initiative privée »[1228].

L'action économique des collectivités territoriales prend des formes variées[1229]. À l'inverse, ces collectivités estiment qu'elles ne disposent pas d'instruments juridiques suffisants pour leur permettre d'associer la souplesse de la gestion privée avec un contrôle public. L'économie mixte locale a permis aux collectivités territoriales d'élargir leur domaine d'intervention. La loi du 7 juillet 1983 a créé les sociétés d'économie mixte locales (SEML). Ces sociétés sont soumises au droit commercial mais les collectivités territoriales conservent un contrôle dans la mesure où les actionnaires privés ne peuvent détenir la majorité du capital et que leur participation ne peut

[1227] CE Sect., 30 mai 1930, *Chambre syndicale du commerce en détail de Nevers*, Rec. CE, p. 583, *RDP* 1930, p.
530, Concl. Josse, *S.* 1931.III.73, Concl., note R. Alibert, *GAJA*, 17ème éd., 2009, n°43 ; CE Ass. 22 juin 1951,
Daudignac, Rec. CE, p. 362, *D.* 1951, p. 589, Concl. Gazier, note J. C., *GAJA*, 17ème éd., 2009, n° 66.

[1228] CE Ass., 31 mai 2006, *Ordre des avocats au barreau de Paris*, Rec. CE, p. 272, *RFDA* 2006, p. 1048, Concl.
D. Casas, *AJDA*, 2006, p. 1592, chron. C. Landais et F. Lenica, *JCP A* 2006, n° 1133, note F. Linditch, *RLC*
2006, p. 44, note G. Clamour, *DA* 2006, n° 129, note M. Bazex.

[1229] A.-G. Kouevi, *Le droit des interventions économiques des collectivités locales*, LGDJ 2003.

excéder 20 % de ce capital[1230]. Le statut des SEML a été modifié à plusieurs reprises[1231]. Surtout, ces sociétés ont perdu beaucoup de leur attractivité en raison de la décision du Conseil constitutionnel du 20 janvier 1993[1232]. En effet, le législateur avait prévu que les contrats par lesquels les collectivités territoriales décidaient de déléguer à une SEML la gestion d'un service public ne seraient pas soumis à une procédure de mise en concurrence. Le Conseil constitutionnel a censuré ce dispositif en jugeant que cette dérogation n'était justifiée ni « par les caractéristiques spécifiques du statut des sociétés en cause, ni par la nature de leurs activités, ni par les difficultés éventuelles dans l'application de la loi propres à contrarier les buts d'intérêt général que le législateur a entendu poursuivre ». Par ailleurs, la CJCE, dans l'arrêt *Stadt Halle*[1233], a refusé aux SEML le bénéfice de l'exception *in house*. La théorie des relations *in house* est jurisprudentielle[1234]. Cette théorie permet de s'affranchir des règles de publicité et de mise en concurrence dans les procédures de passation des contrats publics. Pour contourner ces différents obstacles, le législateur a d'abord créé, à titre expérimental les sociétés publiques locales d'aménagement (SPLA)[1235]. Puis, la loi du 28 mai 2010 pour le développement des

---

1230 Ce plafond a été ramené à 15 % par la loi n° 2002-1 du 2 janvier 2002 tendant à moderniser le statut des sociétés d'économie mixte locales

1231 Par exemple, la loi n° 2004-575 du 21 juin 2004 pour la confiance dans l'économie numérique a prévu que les collectivités territoriales pouvaient exercer des compétences d'opérateurs de réseaux de télécommunications et en confier la gestion à des SEML. La loi du 13 août 2004 relative aux libertés et responsabilités locales a également permis aux SEML d'étendre leurs missions à des activités comme les infrastructures de transport, l'entretien et la gestion d'aérodromes et de ports, la gestion et la valorisation du patrimoine local.

1232 CC., 20 janv. 1993, déc. n° 92-316 DC : Rec. p. 14 ; *RFDA* 1993, p. 902, note Dominique Pouyaud ; *RFDC* 1993, p. 775, note Louis Favoreu et autres.

1233 CJCE, 11 janv. 2005, *Stadt Halle*, aff. C-26/03, point 48 : *AJDA* 2005, p. 898, note F. Rolin ; *DA* 2005, comm. n° 36, note A. Alonso Garcia et A. Mailliard ; *Contrats marchés publ*. 2005, comm. n° 68, obs. G. Eckert.

1234 A. Pergola, Concl. Sur CJCE, 10 novembre 1998, *BFI Holding BV*, *BJCP* 1999, n°2 ; G. Cosmas, Concl. Sur CJCE 18 novembre 1999, *Teckal*, *BJCP* 2000, n° 8, point 53.

1235 Loi n° 2006-872 du 13 juillet 2006 portant engagement national pour le logement codifié à l'article L. 327-1 du Code de l'urbanisme ; C. Devès, « La société publique locale d'aménagement : impasse juridique ou ballon d'essai ? », *JCP A*. 2006. 1219 ; M. Peltier, « La société publique locale d'aménagement », *AJDA* 2006, p. 2371 ; M. Karpenschif, « SPLA, SPL, SLP. Un an après la Communication interprétative sur les partenariats public-privé institutionnalisés : où en est-on du développement de l'économie mixte locale ? », *JCP A* 2009. 2230

sociétés publiques locales a pérennisé ce dispositif[1236] et a créée une nouvelle formule juridique, la société publique locale.

Les collectivités territoriales disposent donc d'un nouvel outil d'intervention (A). Cependant, il faut se garder de voir dans les sociétés publiques locales, la création d'un instrument exempt de toutes critiques puisqu'il existe de nombreuses limites à leur utilisation (B).

A/ Un nouvel outil d'interventionnisme local

L'établissement public est concurrencé par un nouvel outil juridique conçu dans le but d'externaliser une opération d'aménagement sans mise en concurrence préalable avec la création des sociétés publiques locales d'aménagement. En effet, la légalité des conventions publiques d'aménagement conclues sans procédure préalable entre un organisme public et une société d'économie mixte ou un EPIC est remise en question depuis une décision de la Cour administrative d'appel de Bordeaux du 9 novembre 2004[1237]. Celle-ci avait jugé que lesdites conventions entraient dans le champ d'application des règles fondamentales posées par le Traité instituant la Communauté européenne, qui soumettent l'ensemble des contrats conclus par les pouvoirs adjudicateurs à des obligations minimales de publicité et de transparence propres à assurer l'égalité d'accès à ces conventions.

Depuis la loi du 20 juillet 2005 relative aux concessions d'aménagement, le législateur a introduit un nouveau principe en soumettant la conclusion des concessions d'aménagement à une procédure de publicité et de mise en concurrence. Compte tenu des craintes exprimées par les élus[1238], ce principe a été assorti d'une

---

[1236] L'article L. 327-1 précité a été modifié par les articles 3 et 4 de la loi du 28 mai 2010 pour le développement des sociétés publiques locales et le caractère expérimental des SPLA a disparu.

[1237] CAA Bordeaux 9 novembre 2004, *Sodegis, AJDA* 2005, p. 257, note J.-D. Dreyfus ; *BJCP* 2005, p. 117, Concl. D. Péano ; *JCP A* 2005, p. 722, note A. Gauthier et E. Vital-Durand ; *JCP E* 2005, p. 480, note C. Devès ; *Rev. contrats* 2005, p. 1164, note F. Rolin.

[1238] De nombreux députés ont estimé que l'obligation de faire précéder le choix d'un aménageur d'une procédure de mise en concurrence était à la fois lourde, inadaptée et source de fragilité juridique

exception excluant les règles de publicité et de mise en concurrence si le concédant exerce sur l'aménageur un contrôle analogue à celui qu'il exerce sur ses propres services et que l'aménageur réalise exclusivement ses activités avec lui ou, le cas échéant, les autres personnes publiques qui le contrôlent. Pour répondre à la caractérisation d'une relation *in house*, la loi du 30 juillet 2006 portant engagement national pour le logement, codifiée à l'article L. 327-1 du Code de l'urbanisme, a institué la possibilité pour les collectivités locales de créer des sociétés publiques locales d'aménagement.

L'objet des sociétés d'aménagement est vaste[1239] puisqu'elles ont pour mission d'effectuer toute opération d'aménagement au sens du Code de l'urbanisme[1240]. Leur régime juridique repose sur une construction hybride. D'une part, la loi les définit comme des sociétés anonymes dont le capital est exclusivement public. D'autre part, certains éléments de leur régime juridique correspondent à ceux des sociétés d'économie mixte, notamment, un contrôle préfectoral. Il est important de constater que ces SPLA répondent à l'unique objectif de pouvoir les faire bénéficier de l'exception *in house*. En effet, l'article 1er de la loi du 28 mai 2010 dispose que ces sociétés « exercent exclusivement leurs activités pour le compte de leurs actionnaires » et uniquement sur leur territoire. En outre, leur capital doit être entièrement détenu par des personnes publiques, collectivités territoriales ou leurs groupements. Il est donc impossible pour une entreprise privée de participer au capital d'une telle société.

Ce principe de la participation exclusive des collectivités territoriales et de leurs groupements est novateur en droit français

---

1239 Les compétences des SPLA sont fixées à l'article 20 de la loi n° 2006-872 du 13 juillet 2006 portant engagement national pour le logement. Elles concernent la réalisation pour le compte des collectivités ou groupements actionnaires, et sur leur territoire, de toute opération d'aménagement au sens du code de l'urbanisme. L'article 4 de la loi du 28 mai 2010 ajoute que les SPLA peuvent notamment réaliser des études préalables ou encore procéder à toute acquisition ou cession d'immeubles en application des articles L .221-1 et L. 221-2 du Code de l'urbanisme.

1240 L'article L. 300-1 du Code de l'urbanisme dispose : « les actions ou opérations d'aménagement ont pour objet de mettre en œuvre un projet urbain, une politique locale de l'habitat, d'organiser le maintien, l'extension ou l'accueil des activités économiques, de favoriser le développement des loisirs et du tourisme, de réaliser des équipements collectifs, de lutter contre l'insalubrité, de permettre le renouvellement urbain, de sauvegarder ou de mettre en valeur le patrimoine bâti et les espaces naturels ».

puisque l'article L. 1522-2 du Code général des collectivités territoriales n'admet que celles-ci puissent détenir le capital d'une société d'économie mixte locale qu'à hauteur de 85 %. Cependant, il s'agissait d'une autorisation à « titre expérimental, pour une durée de 5 ans ». Suite à un amendement sénatorial souhaitant pérenniser la formule des sociétés publiques locales d'aménagement, la loi du 28 mai 2010 pour le développement de sociétés publiques locales a créé les sociétés publiques locales dont le régime est codifié aux articles L. 1531-1 et s. du Code général des collectivités territoriales[1241].

Selon l'article 1er de la loi du 28 mai 2010, les sociétés publiques locales sont compétentes pour réaliser « des opérations d'aménagement au sens de l'article L. 300-1 du Code de l'urbanisme, des opérations de construction ou pour exploiter des services publics à caractère industriel ou commercial ou toutes autres activités d'intérêt général ». Leur champ d'intervention est donc celui des collectivités actionnaires. Ces sociétés sont constituées sous forme de société anonyme à capitaux entièrement public. L'article L. 1531-1 alinéa 1 du Code général des collectivités territoriales (CGCT) réserve aux seules collectivités territoriales et à leurs groupements la possibilité de constituer des sociétés publiques locales.

Grâce à l'extension de l'objet social des sociétés publiques locales d'aménagement, les sociétés publiques locales peuvent être utilisées non seulement dans le domaine de la construction mais également pour toute autre activité d'intérêt général comme les transports, l'environnement ou encore la restauration publique. Ces nouveaux organismes peuvent donc constituer une alternative intéressante aux EPIC locaux, aux sociétés d'économie mixte locales mais également aux GIP voire « au groupement d'achat dans le cas de

---

[1241] Parmi une bibliographie importante, il est possible de se référer pour connaître le régime juridique des sociétés publiques locales à différents articles : M. Glatt, « Les sociétés publiques locales, un instrument commercial au service de l'intérêt général », *LPA*, n° 155-156, 5-6 août 2010, p. 7 ; S. Nicinski, « La loi du 28 mai 2010 pour le développement des sociétés publiques locales », *AJDA* 27 sept. 2010, p. 1759 ; C. Devès, « La loi n° 2010-559 du 28 mai 2010 pour le développement des sociétés publiques locales : évolution ou régression des règles de la commande publique ? », *JCP A* 2010, comm. n° 2229 ; S. Davignon et P. Soler-Couteaux, « Les sociétés publiques locales ou le "in house" à la française », *Contrats-Marchés publ.* 2009, repère 7 ; Dossier de l'*AJCT* sur « Les modes d'emploi de la société publique locale », *AJCT* 2011, p. 265 ; J.-.F. Auby, « Les sociétés publiques locales, un outil aux contours incertains », *RFDA* 2012, p. 99.

la création entre collectivités locales et structures intercommunales d'une unité de production alimentaire autonome destinée à alimenter l'ensemble de leurs restaurants collectifs, notamment scolaires »[1242]. En effet, la souplesse de leur fonctionnement due à leur non mise en concurrence par les actionnaires, permet aux sociétés publiques locales d'être un nouvel outil d'interventionnisme à destination des acteurs locaux. Cependant, la société publique locale reste un outil à manier avec précaution[1243] puisque de nombreuses limites entourent son utilisation.

B/ Les limites à l'utilisation des sociétés publiques locales

L'intérêt principal des sociétés publiques locales réside dans le bénéfice de l'exception *in house*. Toutefois, il sera démontré que pour pouvoir profiter de cette dérogation à l'application des règles du droit de la concurrence, les sociétés publiques locales doivent remplir des exigences strictes (1). De plus, ce nouvel outil mis à disposition des collectivités territoriales et de leurs groupements présente de nombreuses limites (2).

1) Réflexions autour du bénéfice de l'exception *in house*

L'objet des sociétés publiques locales ou des sociétés publiques locales d'aménagement est avant tout de pouvoir bénéficier des évolutions jurisprudentielles relatives aux prestations intégrées c'est-à-dire d'échapper aux règles de publicité et de mise en concurrence. Néanmoins, « la loi du 28 mai 2010 ne crée pas des opérateurs *in house* en tout état de cause, elle crée des opérateurs susceptibles, moyennant certaines précautions, d'entrer dans la catégorie des opérateurs *in house* »[1244].

La jurisprudence communautaire a progressivement délimité les contours de l' « exception dite *in house providing*, qui concerne les

---

[1242] J-M. Peyrical, « De nouvelles voies pour la gestion des services publics locaux : Services d'intérêt économique général, partenariats public-privé institutionnalisés et sociétés publiques locales », *AJDA* 2011, p. 935.
[1243] *Ibid.*
[1244] C. Bergeal, « Doit-on craindre un détournement de la société publique locale par les collectivités locales ? », *AJCT* 2011, p. 19

contrats conclus par un pouvoir adjudicateur avec certains organismes […] ayant des liens avec lui »[1245]. Cette hypothèse des contrats dédiés, rendant loisible les entorses eu droit de la concurrence par l'opérateur public, a été précisée et délimitée strictement par la jurisprudence de la Cour de justice. Les deux critères cumulatifs dégagés par le juge communautaire ont enserré cette exception dans des conditions strictes d'application. D'ailleurs, la CJCE n'a admis au contentieux l'hypothèse de l'exception *in house* qu'en 2007 dans l'arrêt *Asemfo*[1246]. Le Conseil d'État, qualifiant les prestations intégrées de « voie étroite », a inauguré de manière positive l'exception de l'opérateur *in house* dans l'arrêt *Commune d'Aix en Provence* de 2007[1247]. Selon la jurisprudence communautaire[1248], l'application de l'exception des prestations intégrées nécessite la réunion de deux conditions. Tout d'abord, pour être qualifiée d'opérateur *in house*, l'entité doit réaliser l'essentiel de son activité avec la ou les collectivités qui la détiennent. Ensuite, le pouvoir adjudicateur doit exercer sur l'entité en cause un contrôle analogue à celui qu'il exerce sur ses propres services.

Le critère de la quasi exclusivité de la fourniture des prestations au profit du pouvoir adjudicateur est en contradiction avec la liberté d'organisation reconnue à l'administration de répondre aux besoins de ses services[1249]. En effet, ce critère oblige d'une part l'entité à utiliser des prestations à des fins publiques et d'autre part, à les destiner principalement à son profit. Sur la base de cette interprétation communautaire[1250], le Conseil d'État a jugé que l'UGAP, établissement public de l'État à caractère industriel et commercial, ne pouvait bénéficier de l'exception *in house* étant donné qu' « aucun des clients de l'UGAP, et notamment pas l'État, ne

---

[1245] L'arrêt *Teckal* du 18 novembre 1999 a précisé les critères autorisant l'exception in house: « dans l'hypothèse où, à la fois, la collectivité territoriale exerce sur la personne en cause un contrôle analogue à celui qu'elle exerce sur ses propres services et où cette personne réalise l'essentiel de son activité avec la ou les collectivités qui la détiennent », CJCE *Teckal,* 18 novembre 1999, aff. C-107/98, *BJCP* 2000, n° 8, p. 43.

[1246] CJCE, 19 avril 2007, *Asemfo*; aff. n° C-295/05.

[1247] CE, Sect., 6 avril 2007, *Commune d'Aix-en-Provence*, préc.

[1248] CJCE, *Teckal,* 18 novembre 1999, aff. C-107/98, *BJCP*, 2000, n°8, p. 43.

[1249] CE, 29 juillet 1994, *S.A. CAMIF,* Rec. p. 365.

[1250] Concl. de l'avocat général P. Léger sur CJCE, 7 décembre 2000, *ARGE*, aff. C-94/99, *Bulletin juridique des contrats publics*, 2001, p. 121.

représente à lui seul une part essentielle de l'activité de l'UGAP »[1251]. Dans l'affaire *Stadt Halle*, le juge communautaire précise que ce « sont les activités effectives qui importent et non pas les activités possibles d'après la loi ou les statuts de la société, ni même les activités auxquelles l'entité contrôlée est obligée »[1252]. Par conséquent, il est permis de penser que la jurisprudence du Conseil d'État est, sur ce point, plus restrictive dans l'application du *in house* que le juge communautaire. Cette apparente incertitude explique qu'il n'existe toujours pas de seuil à partir duquel cette condition peut être considérée comme remplie[1253].

Le critère du « contrôle analogue » est interprété plus restrictivement puisqu'il exige de la part de la personne publique adjudicatrice à l'égard de son prestataire un contrôle similaire à celui qu'elle exerce sur ses propres services. Aussi, la CJCE a précisé que « la participation, fût-elle minoritaire, d'une entreprise privée dans le capital d'une société à laquelle participe également le pouvoir adjudicateur en cause exclut en tout état de cause que ce pouvoir adjudicateur puisse exercer sur cette société un contrôle analogue à celui qu'il exerce sur ses propres services »[1254]. Ce raisonnement a été poussé à l'extrême dans l'affaire *Parking Brixen*[1255] puisque la Cour affirme que cette condition ne peut être remplie s'il existe une possibilité que le capital de la société prestataire puisse être ouvert à

[1251] CE, 27 juillet 2001, *Camif*, req. n 218067. Les directives communautaires de 2004 ont neutralisé cette conception restrictive en prévoyant expressément la possibilité pour un pouvoir adjudicateur de recourir à une centrale d'achat sans appliquer les règles de publicité et de mise en concurrence mais uniquement si la centrale d'achat applique elle-même les procédures de passation communautaire dans l'exercice de son activité, Directive 2004/18 relative à la coordination des procédures de passation des marchés publics de travaux, de fournitures et de services, *JOUE*, 2004, p. 114.

[1252] CJCE, 11 janvier 2005, *Stadt Halle*, aff.C-29/03 ; A. Garcia et A. Maillard, « Les marchés des sociétés d'économie mixte et exception de *l'in house* », *DA* 2005, p. 23 ; F. Rolin, « Les étrangers dans la maison ou l'économie mixte exclue des contrats *in house* », *AJDA* 2005, p. 898 ; C., Lecuyer-Thieffry et P. Thieffry, « Les prestations effectuées *in house* sans mise en concurrence », *AJDA* 2005, p. 927.

[1253] Une nuance doit être apportée depuis l'arrêt de la CE du 4 mars 2009, *Syndicat national des industries d'information de santé*, explicitant la notion de « quasi-régisseur », *BJCP* n 64, juin 2009, p. 239.

[1254] CJCE, 11 janvier 2005, *Stadt Halle,* préc.

[1255] CJCE, 13 octobre 2005, *Parking Brixen*, aff. C-458/03, *AJDA* 2005, p. 2335, chron. E. Broussy, F. Donnat et C. Lambert.

des investisseurs privés. Par conséquent, l'existence d'une telle possibilité mais non sa réalisation permet la mise en échec de l'exception *in house*. En excluant ainsi les sociétés d'économie mixte, la Cour réserve cette exception à des « situations quasiment pathologiques »[1256].

Il est donc nécessaire de savoir si les sociétés publiques locales remplissent ces deux conditions.

En premier lieu, remplissent-elles les conditions du critère du contrôle analogue ? Selon la CJUE, « la circonstance que le pouvoir adjudicateur détient, seul ou ensemble avec d'autres pouvoirs publics, la totalité du capital d'une société adjudicataire tend à indiquer, sans être décisive, que ce pouvoir adjudicateur exerce sur cette société un contrôle analogue à celui qu'il exerce sur ses propres services, au sens du point 50 de l'arrêt *Teckal* »[1257]. Le fait que le capital des sociétés publiques locales soit entièrement public constitue un indice présumant du critère du contrôle analogue mais il n'est pas suffisant s'il est démontré que l'entité jouit d'une certaine liberté d'action qu'elle met au profit d'une vocation de marché. Dans l'arrêt *Carbotermo*, la Cour a relevé que les statuts de la société dont le capital était uniquement détenu par plusieurs communes, dont une pour 99,98 %, ne permettait pas de lui réserver un « pouvoir de contrôle ou droit de vote particulier pour restreindre la liberté d'action reconnue »[1258] au conseil d'administration. L'autorité publique n'exerce donc pas un contrôle analogue à celui qu'elle exerce sur ses propres services. Pour que le contrôle soit jugé effectif, la jurisprudence précise que l'autorité publique doit être en mesure « d'exercer une influence déterminante tant sur les objectifs stratégiques que sur les décisions importantes de celles-ci »[1259]. Par exemple, la CJUE a jugé dans l'arrêt *Commission contre Italie* du 17 juillet 2008 que la désignation par le pouvoir adjudicateur des membres des organes de direction de la société et d'un fonctionnaire communal chargé d'orienter et de contrôler l'action de celle-ci permettait d' « 'influencer de manière déterminante tant les objectifs

---

[1256] F. Rolin, « Les étrangers dans la maison ou l'économie mixte exclue des contrats *in house* », *AJDA* 2005, p. 899.

[1257] CJCE, 11 mai 2006, *CarbotermoSpA,* aff. C-340/04, *AJDA* 2006, p. 1013.

[1258] CJCE, 11 mai 2006, *CarbotermoSpA*, préc.

[1259] CJCE, 10 sept. 2009, *Sea SRL c/ Comune di Ponte Nossa*, aff. C-573/07, *AJDA* 2009, p. 2226, note R. Sermier et D. Epaud

stratégiques que les décisions importantes » de l'entité[1260]. Il faut donc que les actionnaires prévoient de telles dispositions pour leurs sociétés publiques locales, sous la forme d'un règlement intérieur ou des modalités statutaires particulières pour répondre à l'exigence du contrôle analogue. La circulaire du 29 avril 2011 relative aux sociétés publiques locales souligne que les statuts des SPL devront prévoir la création de comités de pilotage, composés d'un représentant de chaque collectivité actionnaire, chargés d'examiner les nouveaux dossiers proposés à la société et d'en proposer l'engagement au conseil d'administration ou de surveillance, et de comités de contrôle, composés de la même manière et institués pour chaque opération ou mission engagée par la société[1261].

Par ailleurs, la Cour a admis que le contrôle exercé sur l'entité puisse être exercé conjointement par plusieurs autorités publiques[1262]. L'existence du « pluricontrôle public »[1263] ne constitue pas un obstacle à la qualification d'opérateur *in house*. Toutefois, cette modalité oblige les actionnaires à créer des institutions de contrôle venant contredire l'apparente souplesse de gestion des sociétés publiques locales. En effet, pour chaque contrat souscrit par une société publique locale, une commission de contrôle comprenant l'actionnaire pour lequel la prestation est réalisée mais également l'ensemble des collectivités actionnaires, devra être mis en place pour garantir que le « pluricontrôle » soit effectif et conforme aux exigences du droit de l'Union européenne.

S'agissant de la seconde condition selon laquelle l'opérateur dédié doit réaliser l'essentiel de ses activités avec les collectivités actionnaires, les sociétés publiques locales remplissent pleinement cette condition. Le législateur a souhaité que ces sociétés exercent leurs activités pour le compte de leurs actionnaires et sur leur territoire. Sans doute, les sociétés publiques locales remplissent « trop bien » cette condition. En souhaitant précisément satisfaire à ce second critère, la loi du 28 mai 2010 prive la société publique locale de la possibilité de diversifier ses activités alors que la jurisprudence

---

1260 CJCE, 17 juillet 2008, *Commission c/ Italie* (C-371/05).

1261 Circulaire du 29 avril 2011 n° COT/B/11/08052/C.

1262 CJCE, 11 mai 2006, *Carbotermo SpA, préc* ; CE sect. 6 avr. 2007, *Commune d'Aix-en-Provence*, préc.

1263 De Fenoyl, « Le « in-house» dans tous ses états: le pluricontrôle public appliqué à l'intercommunalité », *JCP A* 2007. 2151

communautaire a admis qu'un opérateur *in house* ait une activité privée accessoire[1264].

Finalement, le législateur de 2010 a tenté de verrouiller le statut des sociétés publiques locales afin qu'elles puissent remplir les conditions de l'application de l'exception *in house*. Toutefois, les collectivités territoriales devront s'assurer que ce nouvel outil répond, à chaque mise en place d'une activité nouvelle, aux conditions du « *in house* ». Par conséquent, l'intervention de ces sociétés implique des exigences strictes écartant « la perspective d'une meilleure rentabilisation des moyens de la société publique locale »[1265].

2) Les risques soulevés par les sociétés publiques locales

Pour répondre aux exigences de la jurisprudence de la CJUE sur les prestations intégrées, les collectivités territoriales doivent démontrer un lien de dépendance institutionnel très fort avec la société publique locale, excluant toute autonomie du cocontractant. Surtout, la collectivité territoriale désireuse de créer une société publique locale, devra comparer les avantages et les inconvénients de cette formule au regard d'autres formes de gestion du service public. Pour ce faire, elle sera dans l'obligation de procéder à des audits juridiques et financiers qui sont en contradiction avec l'apparente souplesse du régime des sociétés publiques locales. En outre, si les contrats passés entre la collectivité territoriale et la société publique locale ne respectent pas les exigences de l'exception des prestations intégrées, les élus mandataires pourront être poursuivis pour délit de favoritisme[1266]. Or, l'évolution de la jurisprudence sur les prestations intégrées peut faire peur aux élus. Il est donc possible de penser que ces élus préféreront se tourner vers des montages juridiques plus sécurisants comme la régie autonome.

[1264] CJCE, 10 sept. 2009, *Sea SRL c/ Comune di Ponte Nossa*, préc.

[1265] S. Nicinski, préc. p. 1767.

[1266] Le délit de favoritisme, prévu par l'article 432-14 du Code pénal, consiste dans le fait pour une personne dépositaire de l'autorité publique ou chargée d'une mission de service public ou investie d'un mandat électif public de procurer ou de tenter « de procurer à autrui un avantage injustifié par un acte contraire aux dispositions législatives ou règlementaires ayant pour objet de garantir la liberté d'accès et l'égalité des candidats dans les marchés et conventions de délégation de service public ».

En outre, l'Autorité de la concurrence a souligné que les sociétés publiques locales pourraient violer les règles européennes des aides d'États[1267]. Selon l'avis du 24 novembre 2011, certaines sociétés publiques locales pourraient être qualifiées d'entreprises au sens du droit de la concurrence. C. Bergeal a également souligné que « la situation d'une entreprise en relation *in house* avec l'autorité publique, telle que la SPL, soulève des questions particulières, au vu des liens très étroits unissant la personne publique et l'entreprise »[1268]. L'Autorité de la concurrence relève que les sociétés publiques locales ont pour objet de gérer des services d'intérêt économique général (SIEG). La jurisprudence *Altmar*k[1269] et le paquet « Monti-Kroes »[1270]du 25 novembre 2005 posent le principe selon lequel les compensations aux obligations de service public réunissant quatre conditions peuvent déroger au droit des aides d'États. Pour être compatible avec les règles européennes du droit de la concurrence, une compensation des charges du service public doit présenter quatre conditions : « les obligations de service public imposées doivent être expressément prévues et clairement définies ; les paramètres de calcul de la compensation doivent être préalablement établis de façon objective et transparente ; la compensation ne peut pas dépasser la couverture, en tout ou partie, des coûts occasionnés par l'exécution

---

[1267] L'Autorité de la concurrence a été saisie, le 15 février 2010, par le syndicat professionnel Entreprises Générales de France (EGF-BTP). Ce syndicat souhaite que l'Autorité de la concurrence exprime son avis sur la compatibilité de la proposition de loi relative aux SPL avec les règles européennes et françaises de la concurrence et de la commande publique. Cet avis a été l'objet d'un commentaire, C. Devès, « Les SPL sous l'oeil de l'Autorité de la concurrence *», AJCT* 2012, p. 93

[1268] C. Bergeal, « Doit-on craindre un détournement de la société publique locale par les collectivités locales ? », *AJCT* 2011, p. 19.

[1269] CJCE, 24 juill. 2003, *Altmark Trans GmbH*, aff. C-280/00, *AJDA* 2003, p. 1739, note S. Rodrigues; p. 2146, chron. J.-M. Belorgey, S. Gervasoni et C. Lambert ; ibid. 2004, p. 315, chron. J.-M. Belorgey, S. Gervasoni et C. Lambert ; *D.* 2003. 2814, note J.-L. Clergerie ; *RTDE* 2004, p. 33, étude S. Bracq.

[1270] Décision n° 2005/842/CE de la Commission du 28 novembre 2005, concernant l'application des dispositions de l'article 86 § 2 du traité CE aux aides d'État sous forme de compensations de service public octroyées à certaines entreprises chargées de la gestion de services d'intérêt économique général ; Directive 2005/81/CE de la Commission du 28 novembre 2005, modifiant la directive 80/723/CEE relative à la transparence des relations financières entre les États membres et les entreprises publiques ainsi qu'à la transparence financière dans certaines entreprises ; Encadrement communautaire des aides d'État sous forme de compensations de service public (2005/C 297/04). Ces trois textes forment le paquet « Monti Kroes » du nom des anciens commissaires à la Concurrence Mario Monti et Neelie Kroes.

des obligations de service public, au vu des recettes et d'un bénéfice raisonnable pour l'exploitant ; et, en l'absence de mise en concurrence préalable pour le choix de l'exploitant, le montant de la compensation doit être fixé par rapport aux coûts que supporterait une entreprise moyenne bien gérée ». Cette dernière condition (contrôler que la compensation financière attribuée à une SPL est bien fixée par rapport aux coûts que supporterait une entreprise moyenne bien gérée) risquerait d'être mal évaluée par les petites collectivités territoriales.

C'est pourquoi l'Autorité de la concurrence souligne qu'une compensation financière attribuée à une société publique locale pourrait ne pas répondre à tous les critères de la jurisprudence *Altmark* et du paquet « Monti-Kroes » et, par conséquent, être qualifiée d'aide d'État. Le paquet « Almunia »[1271], adopté le 20 décembre 2011, étend l'exemption d'obligation de notification préalable et propose une approche plus proportionnée des compensations de SIEG, « compte tenu du faible impact de certains secteurs sur la concurrence dans le marché intérieur »[1272].

[1271] Décision 2012/21/UE de la Commission du 20 décembre 2011, relative à l'application de l'article 106, § 2, du traité sur le fonctionnement de l'Union européenne aux aides d'État sous forme de compensations de service public octroyées à certaines entreprises chargées de la gestion de services d'intérêt économique général ; Communication de la Commission du 20 décembre 2011, relative à l'application des règles de l'Union européenne en matière d'aides d'État aux compensations octroyées pour la prestation de services d'intérêt économique général (2012/C 8/02) ; Encadrement de l'Union européenne du 20 décembre 2011 applicable aux aides d'État sous forme de compensations de service public (2012/C 8/03), Règlement (360/2012) de la Commission européenne du 25 avril 2012 relatif à l'application des articles 107 et 108 du traité sur le fonctionnement de l'Union européenne aux aides de minimis accordées à des entreprises fournissant des services d'intérêt économique général. Ces textes forment le « paquet Almunia » du nom du vice-président de la Commission européenne en charge de la concurrence, José Joaquín Almunia Amann. A titre d'illustration, le règlement sur les aides *de minimis* accordées en compensation d'une prestation de SIEG a reconnu l'insuffisance du plafond d'exemption catégorielle des aides *de minimis* de droit commun (soit 200 000 €) et sont désormais exemptées des obligations de notification à la Commission, les aides d'un montant maximum de 500 000 € par entreprise accordées sur une période de trois exercices fiscaux.

[1272] Ainsi que le souligne C. Devès, les règles découlant du nouveau « paquet Almunia », apportent une vision plus claire des concours financiers susceptibles d'être accordés aux SPL « en distinguant ce qui relève des apports en fonds propres, qui peuvent être qualifiés d'aides d'État, des compensations de service public dont l'objectif est, dans un contexte concurrentiel, d'assurer certaines obligations de

En conclusion, il est recommandé aux collectivités territoriales « d'être particulièrement vigilantes lorsqu'elles accordent des compensations financières à des SPL exerçant une activité économique dans la mesure où ces transferts financiers sont susceptibles de contrevenir à la réglementation européenne des aides d'État »[1273].

Enfin, S. Nicinski souligne une autre limite à l'utilisation des sociétés publiques locales, les risques de doublon avec la société publique locale d'aménagement. Pour cet auteur, les collectivités territoriales vont privilégier le recours à la société publique locale puisqu'elles sont dotées de prérogatives de puissance publique comme le droit d'expropriation ou celui du droit de priorité, ce qui « élargit donc encore le cercle des personnes privées habilitées à exercer de telles prérogatives, qui sont pourtant attentatoires au droit de propriété »[1274].

Au regard des craintes soulevées par l'utilisation et le fonctionnement des sociétés publiques locales, il semble que l'EPIC local ne soit pas autant concurrencé que l'on pourrait croire par cette nouvelle forme d'intervention économique. Ce sentiment participe d'ailleurs de la relativité du déclin de l'établissement public.

Section 2 : La relativité du déclin de l'établissement public

Dans son rapport sur les établissements publics de 2009, le Conseil d'État souligne que le rythme de création des établissements publics s'est accéléré ces dernières années. Le rapport recense « environ 65% d'établissements publics à caractère administratif, 20% d'établissements publics à caractère scientifique, culturel et professionnel et un peu plus de 10% d'établissements publics à caractère industriel et commercial, à quoi il faut ajouter près d'une

---

service public », « Les SPL sous l'oeil de l'Autorité de la concurrence », *AJCT* 2012, p. 97.

1273 Avis précité de l'Autorité de la concurrence du 24 novembre 2011.

1274 S. Nicinski, préc. p. 1769.

vingtaine d'établissements publics nationaux sans autre qualification, 9 établissements publics à caractère scientifique et technologiques et une dizaine d'établissements à statut particulier »[1275]. A cet égard, il est intéressant de noter un paradoxe propre à la formule de l'établissement public : alors que les grands EPIC nationaux semblent être condamnés à disparaître, le législateur a récemment multiplié les textes permettant de recourir à cet instrument classique de gestion administrative.

Le propre de la formule de l'établissement public est précisément de pouvoir s'adapter à un nombre important de missions et d'activités. A ce titre, G. Vedel écrivait que l'établissement public « par sa nature même constitue une forme plastique »[1276]. Aujourd'hui, la souplesse du statut d'établissement continue de jouer un rôle important dans le foisonnement et la multiplication des établissements publics. J.-P. Théron relevait que cette souplesse pouvait « n'apparaître que de manière imperceptible pour certains établissements publics pour lesquels le fait d'exister séparément, de constituer une personne morale détachée de l'ensemble de services peut suffire, ou être poussée à l'extrême par la création de structures originales propres à un service public déterminé »[1277].

Malgré les diverses critiques adressées à l'établissement public, la souplesse de ses statuts contribue à la « vitalité » de la formule classique de l'établissement public (§1). Il en est de même pour l'EPIC qui a résisté aux épreuves imposées par le droit européen et le droit national (§2).

§1 La souplesse de la formule

Selon l'étude du Conseil d'État de 2009, le premier avantage de la formule de l'établissement public résulte de sa plasticité lui permettant de répondre à une multitude de missions[1278]. A titre d'illustration, l'établissement public est toujours une formule adaptée à la gestion d'un service public (A). Cependant, l'arrêt *Commune d'Aix en Provence* pose un nouveau principe qui semble *a priori*

[1275] CE, *Etude sur les établissements publics*, 2009, p. 14.
[1276] G. Vedel, *Droit administratif*, préc. p. 737.
[1277] J.-P. Théron, *Recherche sur la notion d'établissement public*, p. 56.
[1278] CE, *Etude sur les établissements publics*, 2009, p. 12.

marginaliser le recours à l'établissement public dans la gestion du service public, celui de la délégation contractuelle des services publics (B).

A/ Un mode de gestion adapté à la gestion des services publics

Les autorités créatrices ont la possibilité d'utiliser la plasticité des structures de l'établissement public pour répondre à différents objectifs et à différentes missions.

Concernant les objectifs poursuivis, la « plasticité structurelle »[1279] de la formule autorise l'autorité créatrice à conférer plus ou moins d'autonomie à tel ou tel établissement. Le Conseil d'État souligne que la formule permet « une plus grande liberté en matière d'organisation » d'une activité d'intérêt général. En effet, les pouvoirs publics disposent de différentes options. Tout d'abord, ils peuvent choisir de conférer une indépendance minimale à un établissement public en agissant sur son organisation. Par exemple, il peut être décidé de créer un établissement public dirigé par des organes nommés par les ministres, que ces organes directeurs soient des fonctionnaires et qu'ils soient assistés d'un comité composé de techniciens, non fonctionnaires jouant un simple rôle consultatif. A l'inverse, un établissement public qui est dirigé directement par ces mêmes techniciens disposera d'une autonomie plus importante. En outre, l'établissement public constitue un instrument adapté à la participation des usagers à la gestion d'un service public. Là encore, cette participation peut comporter différents degrés. Ces usagers seront simplement investis d'un rôle consultatif si l'autorité créatrice ne souhaite que la participation *a minima* des intéressés. Au contraire, si l'autorité créatrice exprime la volonté d'associer directement les usagers à la gestion du service public, elle peut les investir d'un réel pouvoir de décision.

Relativement aux missions, l'établissement public est également sollicité pour remplir une multitude de finalités. Bien sûr, il est utilisé pour gérer une activité administrative comme pour gérer une activité industrielle et commerciale. La période récente atteste de la multiplication des établissements publics dans différents secteurs

[1279] J.-P. Théron, *Recherche sur la notion d'établissement public*, p. 236.

d'activités comme la création par la loi n° 2010-597 du 3 juin 2010 relative au Grand Paris de l'EPIC « la Société du Grand Paris » ou encore la création de l'EPIC Campus France par la loi du 27 juillet 2010 relative à l'action extérieure de l'État. Le développement de l'intercommunalité démontre que la formule possède de nombreux atouts en matière d'aménagement du territoire. Malgré les différents avantages reconnus à l'établissement public, cette formule semble toutefois concurrencée par un phénomène qui ne cesse de s'amplifier, le développement du contractualisme. En effet, l'établissement public est très souvent utilisé comme une technique de délégation unilatérale pour gérer un service public. Or, cette fonction première subit la concurrence du contractualisme.

B/ La délégation contractuelle des services publics

Si la définition actuelle de l'établissement public s'est émancipée de la notion de service public, cette formule reste privilégiée en matière de gestion de service public. Cependant, de nombreuses analyses soulignent que le contrat devient le mode d'exercice principal de l'action publique. Ce processus d'expansion de la contractualisation engendrerait un recul de la gestion unilatérale de l'action administrative et, par voie de conséquence, de la formule de l'établissement public (1). Toutefois, l'essor du contractualisme n'a pas atteint de façon aussi brutale l'établissement public, qui demeure « une formule bien adaptée aux modes actuels d'intervention des personnes publiques »[1280] (2).

1) Le développement du contractualisme et la marginalisation de l'établissement public

Selon le rapport du Conseil d'État de 2008, le contrat a évolué, depuis les années 1970-2000, pour devenir le mode d'exercice privilégié de l'action publique[1281]. L'État régulateur préférerait la contractualisation aux rigidités de l'action unilatérale. Aussi le contrat

[1280] CE, *Etude sur les établissements publics*, 2009, p. 12.

[1281] J. Caillosse, « Interrogations méthodologiques sur le « tournant » contractuel de l'action publique. Les contrats publics entre théorie juridique et sciences de l'administration », *Mélanges Guibal*, Presses de la Faculté de droit de Montpellier, 2006, tome 2, chapitre 2, p. 425.

est-il « devenu synonyme de modernité, substituant la régulation au rapport de tutelle, libérant l'action administrative de ses rigidités, il apporterait une nouvelle légitimité à l'action administrative »[1282]. Le phénomène d'expansion du mode d'exercice contractuel s'est déroulé selon trois périodes. Laurent Richer identifie la phase de l'économie contractuelle (1960-1982), la phase de l'administration territoriale (1982-1992) et la phase du tout contractuel (1992-2002)[1283]. Il est possible de constater une extension de la sphère contractuelle dans de nombreux domaines tels que le droit économique, le droit de la santé publique, l'aménagement du territoire ou même les relations internationales. A titre d'illustration, la juridiction administrative a choisi le recours aux contrats d'objectif et de moyens pour permettre la réalisation de la réforme entreprise par la loi d'orientation et de programmation pour la justice du 9 septembre 2002 attribuant aux Cours administratives d'appel des magistrats, des assistants de justice et des moyens financiers supplémentaires.

Si le législateur privilégie le contrat comme mode d'action administrative[1284], le juge a récemment confirmé le processus de contractualisation en imposant le contrat comme mode d'exercice de droit commun de la gestion des services publics. Dans la décision *Commune d'Aix en Provence*, le juge consacre le principe selon lequel, en cas de délégation à un tiers, la personne publique doit avoir recours à la délégation contractuelle du service public (a). Cette primauté accordée aux contrats atteste de la préoccupation du juge de soumettre les personnes publiques aux règles du droit de la concurrence. Toutefois, ce principe soulève également des interrogations sur l'avenir de la formule de l'établissement public en tant que mode de gestion du service public. Alors que le législateur a récemment créé un outil adapté à la gestion des services publics culturels, l'établissement public de coopération culturelle[1285], le juge marginalise ce procédé en consacrant la délégation contractuelle et

[1282] CE, « Le contrat, mode d'action publique et de production des normes », *EDCE* 2008, p. 16.
[1283] L. Richer, « La contractualisation comme technique de gestion des affaires publiques », *AJDA*, 2003, p. 973.
[1284] La création des groupements d'intérêt public ou des contrats de partenariat public-privé témoignent de cette volonté législative de recourir au mode contractuel.
[1285] D. Guillard, « Les établissements publics de coopération culturelle : premier bilan », *AJDA*, 2006, p. 183 ; E. Fatôme, « A propos de l'établissement public culturel. La création de nouvelles catégories », *AJDA* 2000, numéro spécial, p. 153.

non unilatérale des services publics. C'est pourquoi, F. Béroujon souligne le déclin de la formule dans la gestion des services publics[1286]. Cependant, dans l'arrêt *Commune d'Aix en Provence*, le juge prépose quatre exceptions au principe de la délégation contractuelle des services publics. L'analyse de ces différentes exceptions démontrera que la formule de l'établissement public est loin d'être condamnée (b).

a) L'arrêt *Commune d'Aix en Provence*[1287]

Cette décision s'est présentée comme une affaire ordinaire devant le tribunal administratif de Marseille. Deux contribuables communaux ont attaqué des délibérations accordant des subventions à l'association pour le festival international d'art lyrique et l'académie européenne de musique d'Aix-en-Provence. Ils soutenaient que les délibérations de la ville méconnaissaient les règles de financement des SPIC, celles des délégations de service public et enfin les dispositions encadrant les aides économiques communales versées aux associations.

À titre liminaire, le Conseil d'État, statuant comme juge d'appel après cassation de la décision de la Cour administrative d'appel de Marseille[1288], ne s'est pas contenté de résoudre le litige. Le juge administratif a élaboré un véritable mode d'emploi pour la gestion des services publics par des organismes publics et privés. À cet égard, il est nécessaire de souligner la complexité des règles entourant les modes d'intervention des collectivités territoriales dans la gestion des services publics. Une collectivité peut décider d'ériger une activité d'intérêt général en service public, dans le respect des principes de libre concurrence et de la liberté du commerce et de

---

1286 F. Béroujon, « Le recul de l'établissement public comme mode de gestion du service public », préc.

1287 CE, Sect., 6 avril 2007, *Commune d'Aix en Provence, BJDCP*, 2007, n° 53, p. 283, Concl. Séners ; *RFDA*, 2007, p. 812, Concl. F. Séners, note J.-C. Douence ; *AJDA*, 2007, p. 1020, chr. F. Lenica et J. Boucher ; *JCP A*, 2007, p. 2128, note Pontier ; *JCP A* 2007, p. 2125, note Linditch ; *JCP A* 2007, p. 2111, note Karpenschiff ; *Contrats et marchés publics* 2007/com. 191, note Eckert ; *DA* 2007, p. 95, note Bazex et Blazy.

1288 CAA Marseille, 4 juillet 2005, *Commune d'Aix en Provence*.

l'industrie[1289], en choisissant principalement deux modes de gestion, directe ou déléguée. En l'espèce, l'État, le département et la ville d'Aix en Provence ont opté pour la création d'une association afin d'assurer la pérennité d'un grand événement culturel. L'hypothèse du recours par la personne publique à un tiers recouvre également celle de la dévolution de cette activité à une institution publique, telle que l'établissement public. Or, la juridiction administrative consacre, dans cette décision, le principe selon lequel, « lorsque des collectivités publiques sont responsables d'un service public, elles peuvent, dès lors que la nature de ce service n'y fait pas par elle-même obstacle, décider de confier sa gestion à un tiers ; [qu]'à cette fin, sauf si un texte en dispose autrement, elles doivent en principe conclure avec un opérateur, quel que soit son statut juridique et alors même qu'elles l'auraient créé ou auraient contribué à sa création ou encore qu'elles en seraient membres, associés ou actionnaires, un contrat de délégation de service public »[1290]. En consacrant ce principe de la délégation contractuelle des services publics, le juge remet en cause une technique de gestion traditionnelle des services publics, celle du recours à l'établissement public. Néanmoins, la position du Conseil d'État n'est pas aussi tranchée puisqu'il admet une série de dérogations à la délégation contractuelle des services publics. Ces exceptions attestent le déclin très relatif de l'établissement public dans la gestion des services publics.

b) Les dérogations au principe de la délégation contractuelle des services publics

Dans l'arrêt *Commune d'Aix en Provence*, le juge consacre le recours au contrat comme mode de gestion du service public tout en admettant une série de dérogations. Selon les termes de cette décision, le principe de la délégation contractuelle des services publics est écarté pour quatre motifs. Les deux premiers ne concernent que lointainement l'établissement public. Les deux dernières exceptions méritent davantage l'attention.

[1289] J.-P. Kovar, « Où en est la liberté du commerce et de l'industrie ? », *DA* 2007, p. 7.

[1290] CE, Sect., 6 avril 2007, *Commune d'Aix en Provence,* préc.

Le juge administratif considère que les collectivités responsables d'un service public peuvent s'affranchir du recours au contrat et par la même des règles de publicité et de mise en concurrence dans la mesure où « eu égard à la nature de l'activité en cause et aux conditions particulières dans lesquelles il l'exerce, le tiers auquel elles s'adressent ne saurait être regardé comme un opérateur sur un marché concurrentiel ». En premier lieu, cette hypothèse recouvre l'exception prévue explicitement dans la loi n° 93-122 du 29 janvier 1993 relative à la prévention de la corruption et à la transparence de la vie économique et des procédures publiques (loi Sapin) et reprise à l'article L. 1411-2 du Code général des collectivités territoriales. Cette exception prévoit une dérogation aux règles de publicité et de mise en concurrence lorsque le service public est confié à un établissement public qui a pour objet d'exercer exclusivement la mission que la collectivité publique a souhaité déléguer. Ainsi, la spécialité de l'établissement fait obstacle aux règles du droit de la concurrence. Le fait que la collectivité puisse confier la gestion d'un service public à un tiers qui ne peut être regardé comme un opérateur agissant sur un marché concurrentiel constitue également une hypothèse de recours à l'établissement public. Dès lors, si l'établissement public n'agit pas sur un marché contestable[1291], la personne publique gestionnaire est autorisée à lui confier la gestion d'une activité de service public sans avoir recours au procédé contractuel. Selon toute vraisemblance, cette hypothèse recouvre la gestion par un établissement public d'un service public administratif autre que régalien.

[1291] Le marché contestable se définit par deux éléments. Tout d'abord, il se peut que le marché ne soit pas contestable en droit : « tel est le cas lorsque l'opérateur est investi par la puissance publique d'un droit exclusif légalement attribué, c'est-à-dire conformément au droit communautaire ». Ensuite, le marché peut être non contestable en fait : « par exemple lorsque la personne publique envisage de déléguer un service qui ne peut être exercé que par un unique opérateur, seul fournisseur du bien non substituable qu'envisage de se procurer la personne publique : on se rapprocherait ici, pour les délégations, de l'hypothèse envisagée par l'article 35 du code des marchés publics, lequel prévoit la possibilité de s'affranchir des obligations de publicité et de mise en concurrence dans le cas où le contrat ne peut être confié qu'à un opérateur économique déterminé pour des raisons techniques, artistiques ou tenant à la protection de droits d'exclusivité », F. Lenica et J. Boucher, « Relations entre collectivités publiques et personnes privées exerçant une mission de service public : mode d'emploi », *AJDA* 2007, p. 1022.

Le juge établit une dernière exception à l'application des règles du droit de la concurrence c'est-à-dire lorsque le tiers auquel la personne publique délègue une mission de service public est entièrement sous son contrôle et que ce dernier poursuit l'essentiel de ses activités avec la personne publique auquel il est rattaché. Cette dérogation renvoie à la logique des prestations intégrées. Dans ses conclusions, le commissaire du gouvernement Séners se demande si cette exception aux règles de la concurrence « ne peut pas s'appliquer aux relations nouées, dans le même contexte, entre une collectivité et une association dont l'objet essentiel est d'assurer une mission de service public »[1292]. Surtout, il considère que « la logique des prestations intégrées correspond bien aux relations nouées entre une collectivité publique et un établissement public qu'elle a créé pour l'exercice d'une mission d'intérêt général ». Par conséquent, si l'établissement public répond aux conditions de la jurisprudence sur les prestations intégrées, la collectivité publique pourrait s'affranchir du principe de délégation contractuelle des services publics et des règles de publicité et de mise en concurrence. Selon F. Béroujon, l'établissement public « cadre relativement bien avec l'hypothèse de la délégation *in house* »[1293]. Pour confirmer cette conception, il convient de revenir sur cette notion d'opérateur *in house*. La position très stricte de la CJUE pourrait « redonner un peu d'éclat au procédé de l'établissement public »[1294]. En d'autres termes, la logique des prestations intégrées constituerait un remède au recul de l'établissement public.

L'analyse de la jurisprudence relative aux prestations intégrées atteste un certain assouplissement des conditions d'application au bénéfice de cette exception. En effet, les instances communautaires ainsi que la jurisprudence du Conseil d'État ont réduit l'éparpillement constitué par l'externalisation de certains services publics en soumettant ce mode de gestion à l'application des règles du droit de la concurrence. L'interprétation, au départ restrictive de l'exception des prestations intégrées, a conduit à une diminution de son champ d'application, allant même jusqu'à sa « déconstruction »[1295]. Les

[1292] Concl. Séners, *RFDA* 2007, p. 815.
[1293] F. Béroujon, préc. p. 29
[1294] *Ibid.*
[1295] F. Rolin, « Les étrangers dans la maison ou l'économie mixte exclue des contrats *in house* », *AJDA* 2005, p. 898.

collectivités publiques sont donc tenues à l'obligation, lorsqu'elles passent des contrats, de respecter un minimum concurrentiel afin de « garantir, en faveur de tout soumissionnaire potentiel, un degré de publicité adéquat permettant une ouverture du marché des services à la concurrence »[1296]. L'exception *in house* ne peut être valablement invoquée que dans l'hypothèse où « à la fois, la collectivité territoriale exerce sur la personne en cause un contrôle analogue à celui qu'elle exerce sur ses propres services et où, cette personne réalise l'essentiel de ses activités avec la ou les collectivités qui la détiennent »[1297].

Cependant, la jurisprudence récente de la Cour de justice démontre un certain assouplissement dans l'application de ces critères. Ainsi, dans l'arrêt *Asemfo*[1298], le juge communautaire revient sur le critère de l'essentiel de l'activité en admettant, dans l'hypothèse où plusieurs autorités publiques détiennent l'organisme contrôlé, que celui-ci puisse exercer l'essentiel de son activité non pas nécessairement avec l'une ou l'autre des collectivités membres, mais avec ces collectivités prises dans leur ensemble. La Cour admet, de plus, l'existence d'une activité annexe mineure, par exemple à hauteur de 10 %. En outre, la CJUE est revenue sur la jurisprudence *Parking Brixen* en admettant qu' « une société dont le capital est entièrement détenu par des collectivités publiques, mais dont les statuts prévoient la possibilité de faire entrer des capitaux privés, ne fait pas obstacle directement à l'application de l'exception *in house* ». Dans l'arrêt *Sea Srl contre Comune di Ponte Nossa* relative à un marché de collecte, de transport et d'élimination de déchets urbains, la Cour souligne qu'il « ne peut pas être exclu que des parts d'une société soient vendues à tout moment à des tiers. Cependant, admettre que cette simple possibilité puisse indéfiniment tenir en suspens l'appréciation quant au caractère public ou non du capital d'une société adjudicataire d'un marché public ne serait pas conforme au principe de sécurité juridique »[1299].

Ainsi, l'interprétation communautaire de l'exception *in house* atteste que l'établissement public n'est pas à proprement parler un

---

[1296] CJCE, 7 décembre 2000, *Telaustria Verlags GmbH*, aff. n° C-324/98,

[1297] CJCE *Teckal,* 18 novembre 1999, aff. C-107/98, *BJCP*, 2000, n° 8, p. 43, préc.

[1298] CJCE, 19 avril 2007, *Asemfo*, affaire C-295/05, préc.

[1299] CJCE, 10 septembre 2009, affaire C-573/07 *Sea Srl contre Comune di Ponte Nossa, Aff. C-573/07.*

instrument anticoncurrentiel d'externalisation des services publics si celui-ci n'est pas utilisé comme un opérateur agissant sans légitimité dans le champ concurrentiel en faisant état des ses avantages statutaires.

En conclusion, il est possible d'affirmer que le procédé de l'établissement public, respectant les conditions d'applications jurisprudentielles précitées, « cadre relativement bien avec l'hypothèse de la délégation *in house* »[1300]. Il est vrai que cette formule semble répondre à l'exigence du contrôle analogue à raison de la tutelle qu'exerce la collectivité à son égard. Toutefois, il convient de préciser que cette tutelle prend des formes différentes selon l'établissement considéré[1301]. En revanche, le critère de l'essentiel des activités pourrait très bien s'appliquer si les pouvoirs publics, lors de la création d'un établissement public, délimitaient avec clarté la nature de ses missions grâce au principe de spécialité. Tout comme le suggère le rapport du Conseil d'État de 2009, il est nécessaire de recentrer l'établissement public sur ses finalités originaires mais également sur ses éléments de définition intrinsèques[1302]. Le principe de spécialité, souvent perçu de manière négative comme un obstacle au développement des établissements publics, s'il était de nouveau appliqué avec rigueur, serait de nature à redonner de l'éclat à cette formule en lui permettant de rentrer dans l'application de l'exception *in house*. Or, il n'est pas douteux que les autorités publiques privilégient ce mode de gestion sans formalisme excessif échappant aux règles de concurrence.

L'établissement public n'est donc pas condamné par le développement du contractualisme en matière de gestion des services publics. Sa capacité de résistance est perceptible dans de nombreux domaines, comme le montre l'exemple de l'enseignement supérieur et de la recherche.

1300 F. Beroujon, « Le recul de l'établissement public comme procédé de gestion des services publics », *RFDA* 2008, p. 32.

1301 *Infra*, chapitre 2, section 2.

1302 CE, *Les établissements publics*, *EDCE* 2009, préc. p. 18.

2) Une formule adaptée aux modes actuels d'intervention administrative : l'exemple de l'enseignement supérieur et de la recherche

Les universités sont une des formes les plus anciennes d'établissement public. En application de la loi « Edgar Faure » du 12 novembre 1968, l'enseignement supérieur a bénéficié d'un statut libéralisé restreint par les différents textes ultérieurs à l'instar de la loi du 26 janvier 1984 et de ses décrets d'application. La loi du 10 août 2007 sur l'autonomie des universités a renforcé cette autonomie en modifiant leur fonctionnement interne. Les établissements publics à caractère scientifique, culturel et professionnel (EPSCP), dont font partie les universités, ont donc vu leur statut évoluer vers un régime dérogatoire accentué par cette dernière réforme (a). Pourtant, il est important de démontrer que l'établissement public conserve une cohérence certaine malgré les différentes particularités des EPSCP. En outre, il est possible de s'interroger sur les raisons de la persistance de la formule au regard de la loi de programme pour la recherche de 2006 créant les « Pôles de recherche et d'enseignement supérieur » (PRES) (b).

a) Le régime dérogatoire des établissements publics à caractère scientifique, culturel et professionnel

Nombreux sont les auteurs pour qui les universités constituent des organismes singuliers au sein de la catégorie classique des établissements publics. Il est vrai que le principe de participation culmine au sein des établissements universitaires dans la mesure où les membres dirigeants ne sont pas nommés comme dans la plupart des établissements publics mais élus. En outre, il est souvent cité à l'appui de cette argumentation le contrôle restreint pesant sur ces entités ainsi qu'une large souplesse de gestion[1303]. Ces particularités ne sont pourtant pas propres aux seules universités. Les associations syndicales de propriétaires, qualifiées établissements publics, présentent ces trois éléments spécifiques. De plus, il convient de rappeler l'argument selon lequel les établissements universitaires

[1303] O. Dord, « Réforme du statut des enseignants-chercheurs : universités vs. Universitaires », *AJDA* 2010, p. 324.

expriment, à l'aide des principes de participation et d'autonomie, un élément de définition inhérent à l'établissement public, celui de la décentralisation[1304]. De sorte que l'université constitue un laboratoire permettant à terme de renforcer l'idée sous-jacente à la qualification d'établissement public, celle d'une entité décentralisée.

À cet égard, la loi LRU renforce le processus de décentralisation en consacrant davantage l'autonomie administrative et financière des établissements universitaires. Son article 32 autorise l'État à transférer aux universités qui en font la demande la pleine propriété des biens meubles et immeubles qui leur étaient jusque là simplement affectés. Grâce à ce transfert, les universités peuvent vendre ce nouveau patrimoine, sous réserve de la continuité du service public, et inscrire le produit de ces ventes à leur budget[1305]. En outre, la loi LRU leur permet de diversifier leurs ressources par des financements privés grâce à la création des fondations universitaires et des fondations partenariales. Considérées à l'origine comme des établissements publics « à la pointe d'une évolution »[1306], les universités étaient les seules à appliquer les principes de la décentralisation. La loi sur l'autonomie des universités de 2007 ainsi que ses décrets d'application prolongent cette évolution en démontrant les possibilités pour la formule de l'établissement public de se diversifier et de s'adapter aux nouveaux enjeux de l'enseignement et de la recherche[1307]. L'établissement public peut donc s'adapter aux réformes de gestion administrative et cette souplesse l'autorise à résister, dans un environnement bouleversé par l'apparition de nouvelles structures publiques et privées menaçant son existence. Loin d'être une entité en voie de disparition, l'établissement public demeure un outil de gestion apprécié par les autorités administratives qui connaissent ses avantages.

[1304] J. Chevallier, « La place de l'établissement public en droit administratif français », préc. p. 38.

[1305] 152 V. Boyer, « L'autonomie financière des universités après la loi relative aux libertés et responsabilités des universités », *AJDA* 2010, p. 318.

[1306] J. Chevallier, préc. p. 40.

[1307] F. Dupont-Marillia, « Le nouveau décret financier des universités : une occasion manquée...Peut-être pas », *AJDA* 2008, p. 2004.

b) Les Pôles de recherche et d'enseignement supérieur (PRES)[1308]

Alors que l'établissement public est souvent critiqué pour son manque de souplesse, la réforme des pôles de recherche et d'enseignement supérieur démontre qu'il reste un outil de référence pour développer la politique de coopération, notamment en matière d'enseignement supérieur.

Créés par la loi de programme pour la recherche du 18 avril 2006, ces pôles ont pour objet de « favoriser le rapprochement de plusieurs établissements en leur permettant de mutualiser des compétences et des moyens et de se donner une identification commune pour certains de leurs travaux de recherche et une partie de leur activité d'enseignement »[1309]. Les PRES qui résultent d'une convention entre les membres fondateurs approuvée par décret, comprennent obligatoirement au moins un établissement public scientifique, culturel et professionnel et peuvent regrouper des organismes d'enseignement et de recherche, publics ou privés, nationaux ou européens. L'article L. 341-1 du Code de la recherche prévoit la possibilité d'élargir ces pôles à des membres associés à l'instar des collectivités territoriales, des entreprises ou des associations.

Le législateur a conféré une large autonomie d'organisation à cette nouvelle forme de coopération puisque les PRES n'ont pas l'obligation de se constituer en personnes morales distinctes. Un simple groupement de coopération entre membres fondateurs est possible[1310]. De plus, les établissements fondateurs d'un PRES sont libres de regrouper « tout ou partie de leur activités et de leurs moyens, notamment en matière de recherche et d'enseignement

---

[1308] La loi n° 2013-660 du 22 juillet 2013 relative à l'enseignement supérieur et à la recherche remplace les PRES par les « communautés d'universités et d'établissements », *infra*.

[1309] G. Cottereau, « Les nouvelles formes de coopération entre établissements d'enseignement supérieur et de recherche », *AJDA* 2010, p. 308.

[1310] A titre d'illustration, le PRES Bourgogne-Franche-Comté ne dispose pas de la personnalité morale. La convention entre les universités fondatrices, l'Université de Bourgogne et l'Université de Franche-Comté prévoit expressément qu'elle doit respecter l'autonomie de chaque université, en s'appuyant sur une gouvernance partagée.

supérieur, afin de conduire ensemble des projets d'intérêt commun »[1311]. Au-delà des volontés politiques de fusion entre les Universités favorisant les pôles d'excellence universitaire, la loi de programme pour la recherche de 2006 a prévu trois formes juridiques pour constituer un PRES doté de la personnalité morale. Les membres fondateurs ont la possibilité d'opter pour des formules publiques telles que l'établissement public ou le groupement d'intérêt public. Ces pôles peuvent également être créés sous la forme d'une personne morale de droit privé, grâce à une catégorie spécifique de fondation, la fondation de coopération scientifique[1312].

Selon la mission originelle confiée à ces groupements de coopération, la formule du GIP apparait la plus appropriée puisque cette formule permet un partenariat renforcé entre ses membres fondateurs de même qu'une souplesse de gestion et de fonctionnement expliquant son succès. La fondation de coopération scientifique, étant reconnue d'utilité publique, possède des avantages comparables compte tenu de la souplesse de la gestion privée de la fondation. En outre, celle-ci peut recevoir aussi bien des fonds publics que des fonds privés. Toutefois, l'analyse des décrets de constitution des PRES démontre un choix intéressant : tous les pôles effectivement constitués et dont le décret de création a été publié avant la fin de 2009 ont pris la forme de l'établissement public de coopération scientifique[1313]. Alors que le législateur a laissé une grande liberté d'organisation, la formule de l'établissement public reste donc la structure de référence. Il convient d'examiner les motifs de ce choix préférentiel pour l'établissement public.

Selon G. Cottereau, la forme de l'établissement public est choisie surtout « pour ne pas écorner ce qui reste encore aux EPSCP

[1311] Article L. 344-1 du Code de la recherche.

[1312] Le Code de la recherche (article L. 344-11) définit les fondations de coopération scientifique comme des « personnes morales de droit privé à but non lucratif soumises aux règles relatives aux fondations reconnues d'utilité publique dans les conditions fixées par la loi n° 87-571 du 23 juillet 1987 sur le développement du mécénat ».

[1313] G. Cottereau, « Les nouvelles formes de coopération entre établissements d'enseignement supérieur et de recherche », préc. p. 308. Avant la réforme introduite par la loi du 22 juillet 2013, il est possible de relever que 24 PRES sur 27 ont été constitués sous la forme d'établissement public. Trois ont préféré la formule de la fondation de coopération scientifique : le PRES Bourgogne-Franche-Comté, le PRES Paris Sciences et Lettres Quartier latin et le PRES Sorbonne Université.

du monopole de la collation des grades universitaires au nom de l'État »[1314]. Au-delà de cette justification, il est possible d'ajouter que les membres fondateurs de ces pôles sont en premier lieu des universités. Celles-ci connaissent le fonctionnement des établissements publics et la formule a le mérite d'apporter une sécurité juridique pour les membres choisissant de mettre certaines de leurs compétences en commun. De plus, le choix du GIP ou de la fondation ne permet pas toujours davantage de souplesse que celle de l'EPCS. En effet, tout comme pour les établissements publics, les PRES optant pour la formule du GIP ou de la fondation sont gérés par un Conseil d'administration. Or, les conseils d'administration des pôles constitués en GIP ou en fondation de coopération scientifique doivent répondre à une obligation statutaire. Le recteur d'académie, chancelier des universités, exerce la fonction de commissaire du gouvernement de ces conseils, ce qui a pour conséquence de limiter la liberté d'action, notamment d'un point de vue financier, de ces structures.

Les avantages reconnus à l'EPCS, c'est-à-dire sa souplesse de fonctionnement, la connaissance des acteurs de l'enseignement supérieur de la formule de l'établissement public ainsi que les motivations corporatistes des universités, témoignent de l'attractivité de ce mode de gestion. Par conséquent, l'établissement public constituc la structure de référence dans ce domaine.

La loi du 22 juillet 2013 relative à l'enseignement supérieur et à la recherche permet de confirmer cette préférence puisque toutes les communautés d'universités et d'établissements sont des établissements publics à caractère scientifique, culturel et professionnel (EPSCP). Dans son rapport « Refonder l'Université, dynamiser la recherche, mieux coopérer pour réussir », J.-Y. Le Déaut explique que les PRES doivent être remplacés par une nouvelle formule de coopération, la « communauté d'université »[1315]. Selon J.-Y. Le Déaut, les PRES ont permis de grandes avancées en ce qui concerne le regroupement et la coopération d'établissements ou organismes de recherche qu'ils soient publics ou privés. D'ailleurs la loi du 13 décembre 2010 a accordé aux PRES constitués sous le statut

[1314] *Ibid,* p. 309.

[1315] J.-Y. Le Deaut, Rapport au Premier ministre, « Refonder l'Université, dynamiser la recherche, mieux coopérer pour réussir », La documentation française, janvier 2013.

d'établissement public une habilitation pour la délivrance des diplômes nationaux. Toutefois, le rapporteur met en évidence deux critiques principales à l'égard des PRES. Tout d'abord, les PRES auraient limité leurs compétences à la recherche et au troisième cycle alors qu'ils auraient pu étendre leurs missions à d'autres domaines et d'autres cycles. Ensuite, le rapport met en exergue le caractère non collégial voire non démocratique des PRES. Si le PRES est en effet constitué selon le modèle de la fondation, les étudiants ou les personnels non enseignants des universités ne sont pas représentés dans son conseil d'administration. Il convient d'ajouter que si le PRES a choisi la forme de l'EPCS, le conseil d'administration doit être composé au moins des deux tiers par d'une part les membres fondateurs et associés et d'autre part, par des personnalités qualifiées « laissant peu de place aux représentants des personnels et aux étudiants »[1316]. Afin de remédier à ces difficultés, la loi du 22 juillet 2013 précitée a ainsi créé les communautés d'universités et d'établissements qui conservent la qualification d'établissement public.

Malgré les virulentes critiques proférées à l'égard de cette formule, cette forme d'organisation de l'action publique prolifère, que ce soit pour gérer une activité administrative ou des missions industrielles et commerciales.

§2 La résistance de l'EPIC

Malgré les différentes évolutions entourant la formule de l'EPIC, de nombreux auteurs considèrent que celui-ci n'est pas « un type d'établissement public en voie de disparition »[1317]. Cette formule est loin d'être condamnée comme l'atteste la jurisprudence récente relative à l'EPIC à double visage (A) ainsi que le regain d'intérêt pour l'EPIC local (B).

A/ La jurisprudence récente relative à l'EPIC à double visage

---

1316 J.-Y. Le Deaut, Rapport précité, p. 44

1317 E. Fatôme, « Les établissements industriels et commerciaux et la tentation de l'abandon », *JCP A* 2009, 2202.

Création prétorienne et doctrinale, la distinction entre les EPA et les EPIC est tout naturellement dérivée de celle distinguant la notion de service public à caractère administratif et de celle de service public industriel et commercial[1318]. Cependant, cette « classification binaire à vocation universelle »[1319] est très vite apparue insuffisante. En effet, des dissociations entre le caractère des établissements et la nature des activités gérées par ces établissements sont apparues et ont donné naissance aux EPIC par commodité[1320] (1). La doctrine les qualifie d'établissement public à double visage ou à visage inversé. En 2004 et 2006, cette catégorie d'établissement public a été confortée par le juge en lui donnant une nouvelle définition dans les arrêts *Blanckeman*[1321] et *Caisse centrale de réassurance*[1322] (2).

1) Les EPIC par commodité

L'habitude est prise, lors de la création d'un nouvel établissement public, de le qualifier soit d'établissements de type administratif soit d'EPIC. Cependant, le Conseil d'État a très vite constaté que « cette vue des choses est très théorique » et que « la rigueur de ce système est beaucoup plus apparente que réelle »[1323]. En effet sont apparus très rapidement des établissements qualifiés d'EPIC alors qu'ils géraient une mission industrielle et commerciale et une mission administrative. Les autorités créatrices préfèrent la qualification d'EPIC à celle d'EPA pour une raison essentielle : la soumission des EPIC au « régime légal des établissements publics industriels et commerciaux »[1324]. Selon F.-P. Benoit, les textes applicables aux EPIC « définissent un régime dont le contenu reste

---

[1318] TC, *Bac d'Eloka*, 22 janvier 1921, préc.

[1319] CE, *Etude sur les établissements publics. Réflexions sur les catégories et les spécificités des établissements publics nationaux, EDCE*, 1984-85, n°36, p. 21.

[1320] E. Fatome, « A propos de la distinction entre les établissements publics à caractères administratif et les établissements publics à caractère industriel et commercial », *Mélanges René Chapus*, 1992, Montchrestien, p. 171.

[1321] TC, 29 décembre 2004, *M. et Mme Blanckeman c/ VNF*, Concl. G. Bachelier ; *AJDA* 2005, p. 685.

[1322] TC, 16 octobre 2006, *Caisse centrale réassurance c/ Mutuelle des architectes français*, Leb., p.640, *AJDA* 2006, p. 2382, chron. C. Landais et F. Lenica ; *RJEP* 2007, p. 30, Concl. J.-H. Stahl ; *JCP* A 2007. 2077, note B. Plessix, *RFDA* 2007, p. 286, Concl. . J.-H. Stahl.

[1323] *Ibid*, p. 20

[1324] F.-P. Benoit, *Le droit administratif français*, Dalloz, 1968, p. 215.

assez fragmentaire »[1325]. Ce régime légal autorise les EPIC à déroger, sur de nombreux points, au droit commun des personnes publiques[1326] soit en les assujettissant à des règles de droit public spécifiques, différentes de celles applicables aux autres personnes publiques en ce qu'elles sont plus faciles à mettre en œuvre[1327], soit en les soumettant aux mêmes règles que celles applicables aux personnes privées[1328]. Cependant, certains de ces EPIC exercent une mission administrative. C'est pourquoi le Conseil d'État les qualifie d'EPIC par commodité.

La catégorie des EPIC assurant à la fois une mission administrative et une mission industrielle et commerciale, les établissements publics à double visage, a suscité de multiples interrogations en matière de compétence juridictionnelle. En effet, le juge a considéré que seule la nature de l'activité en cause dans le litige, et non la qualification de l'établissement, qu'elle soit législative ou réglementaire, était pertinente pour déterminer la compétence juridictionnelle. En d'autres termes, la qualification législative ou réglementaire n'exclut pas la recherche, par le juge, d'indices lui permettant de déterminer la compétence juridictionnelle des litiges relatifs aux EPIC si l'acte en cause, le contrat en cause ou encore le dommage en cause résultent de l'accomplissement d'une mission de nature administrative ou industrielle et commerciale. Dès lors, si le juge s'apercevait que l'EPIC avait conclu un contrat, pris un acte ou causé un dommage dans le cadre de son activité de service public administratif, la compétence juridictionnelle de l'ordre administratif s'imposait.

Cette ligne jurisprudentielle a été inaugurée par l'Office national de la navigation[1329] et a connu un profond bouleversement avec le même établissement public à double visage, dénommé aujourd'hui Voies navigables de France.

[1325] *Ibid*, p. 215.

[1326] E. Fatôme, « Les établissements publics industriels et commerciaux et la tentation de l'abandon », préc.

[1327] Par exemple la volonté d'échapper aux rigueurs du droit budgétaire, titre III du décret du 29 décembre 1962 relatif à la comptabilité des établissements publics.

[1328] A titre d'illustration, les EPIC ne sont pas dans l'obligation de déposer leurs fonds auprès du Trésor.

[1329] TC, 10 février 1949, *Guis*, Rec.1949, p. 592.

2) Les décisions *Blanckeman*[1330] et *Caisse Centrale de réassurance*[1331]

Selon certains commentateurs, ces décisions visent à « écorner la théorie des établissements publics à double visage »[1332] dans le cas précis où l'établissement en cause tient sa qualification d'EPIC de la loi. Ces deux décisions ont remis en cause la conception jurisprudentielle aux termes de laquelle : « s'il apparaissait que le ou les services gérés par un établissement public, qualifié d'industriel et commercial par le législateur, constituaient par application des critères de distinction des SPA et des SPIC, un ou des services publics administratifs »[1333], le juge soumettait le litige en cause aux règles du droit administratif et à la compétence de la juridiction administrative.

Une nouvelle solution a été introduite par l'arrêt *Blanckeman* du 2 février 2004[1334]. Le litige porté devant le juge administratif concernait la responsabilité pour faute de Voie navigable de France en raison du préjudice que les époux Blanckeman auraient subi du fait de l'acquisition, à laquelle cet établissement les aurait incités, d'un navire dont l'exploitation s'est révélée déficitaire. Les demandeurs avaient préalablement saisi la juridiction judiciaire qui a décliné sa compétence au profit du juge administratif. Saisi du litige, le Conseil d'État rejette également sa compétence tout en formulant un considérant de principe selon lequel : « lorsqu'un établissement public tient de la loi la qualité d'établissement public à caractère industriel et commercial, les litiges nés de ses activités relèvent de la compétence de la juridiction judiciaire, à l'exception de ceux relatifs à celles de ses activités qui, telles notamment la réglementation, la police ou le contrôle, ressortissent par leur nature aux prérogatives administratives

---

[1330] TC, 29 décembre 2004, *M. et Mme Blanckeman c/ VNF*, Concl. G. Bachelier ; *AJDA* 2005, p. 685 et CE, 2 févr. 2004, n° 247369, Blanckeman : Rec. CE 2004, p. 18 *; JCP A* 2004, 1345, note M.-C. Rouault ; *AJDA* 2005, p. 685, Concl. G. Bachelier, puis TC, 29 déc. 2004, n° 3416, *Blanckeman*, Rec. CE 2004, p. 525 ; *DA* 2005, comm. 73, note F. Naud

[1331] TC, 16 octobre 2006, *Caisse centrale réassurance c/ Mutuelle des architectes français*, précité.

[1332] F. Colly, « Quel juge est compétent pour engager la responsabilité de Voies navigables de France ? *», AJDA* 2006, p. 1040 ; Concl. Stahl sur TC, 16 octobre 2006, *Caisse centrale de réassurance c/ Mutuelle architectes français, CJEG* 2006, p. 34.

[1333] CE, Etude sur les établissements publics, *Réflexions sur les catégories et les spécificités des établissements publics nationaux, EDCE*, 1984-85, p. 20.

[1334] CE, 2 février 2004, *Blanckeman,* préc.

de la puissance publique et ne peuvent donc être exercées que par un service public administratif ». Pour résoudre ce conflit négatif, le Tribunal des conflits s'est prononcé sur la question de la compétence juridictionnelle des litiges nés à l'occasion des activités des établissements publics. La rédaction de l'arrêt reprend la formule adoptée par le Conseil d'État. Par conséquent, le juge soumet le litige à la compétence de la juridiction judiciaire puisque l'activité de conseil et de promotion de VNF « ne met pas en cause l'exercice, par cet établissement public, de prérogatives de puissance publique »[1335]. Cette nouvelle règle qui ne s'applique expressément qu'aux seuls EPIC, a ensuite été étendue aux contrats passés par les EPIC dans l'arrêt *Caisse centrale de réassurance contre Mutuelle des architectes français* de 2006[1336].

Ce contentieux a soulevé des interrogations relatives à la qualification juridique de la caisse centrale de réassurance, qualifiée par la loi du 25 avril 1946 d' EPIC et transformée par la loi du 16 juillet 1992 en société anonyme de droit privé. Avant cette loi de privatisation, la Mutuelle des architectes français avait conclu un contrat en 1984 avec la caisse centrale de réassurance pour bénéficier du soutien du fonds de compensation des assurances prenant en charge les indemnités dues par les assureurs. Ce fonds est géré par la Caisse centrale de réassurance. Sur la base de cette convention, la Mutuelle des architectes sollicita l'aide de la caisse en raison de la condamnation en 2001 d'un maître d'ouvrage assuré auprès d'elle. La caisse refusa cette demande. Sur le fondement de la clause compromissoire insérée dans la convention de 1984[1337], un tribunal arbitral avait été mis en place mais la caisse de réassurance avait contesté sa compétence et avait déféré la sentence au Conseil d'État. Celui-ci choisit de laisser le Tribunal des conflits décider de la juridiction compétente étant donné qu'à partir de 1992, la Caisse avait été privatisée. Dans sa décision, le Tribunal réitère la solution adoptée en 2004 en l'étendant aux contrats conclus par les EPIC. Le juge confirme que « lorsqu'un établissement public tient de la loi la qualité

[1335] TC, 29 décembre 2004, *Blanckeman*, préc.
[1336] TC, 16 octobre 2006, *Caisse centrale de réassurance c/ Mutuelle architectes français*, préc.
[1337] B. Delaunay, « Qualification du contrat et changement de qualité d'un cocontractant», Note sous TC, 16 octobre 2006, *Caisse centrale de réassurance c/ Mutuelle des architectes français*, *RFDA* 2007, p. 290.

d'établissement industriel et commercial, les contrats conclus pour les besoins de ses activités relèvent de la compétence de la juridiction judiciaire, à l'exception de ceux relatifs à celles de ses activités qui ressortissent par leur nature de prérogatives de puissance publique »[1338]. Ainsi, les contrats conclus par les EPIC ainsi que les litiges nés de leur responsabilité ressortissent à la compétence de la juridiction judiciaire. Cette solution est devenue « une présomption irréfragable, assortie seulement d'une exception pour l'hypothèse où l'activité ou l'une des activités d'un EPIC est une activité de puissance publique »[1339]. Avant de tirer les conséquences de ce revirement, deux éléments méritent d'être soulignés.

Tout d'abord, il est à noter que le Tribunal des conflits réitère la formule inaugurée dans la décision *Blanckeman* alors que dans l'espèce de 2006 la Mutuelle des architectes français était un usager de l'EPIC. Or depuis la jurisprudence *Etablissements Companon-Rey*[1340], les contrats conclus entre les établissements gérant des SPIC et leurs usagers sont toujours des contrats de droit privé ressortissant à la compétence du juge judiciaire, quel que soit leur contenu. Ensuite, si le juge avait statué conformément aux critères de distinction entre EPA et EPIC dégagés dans l'arrêt *USIA*[1341], la solution n'aurait pas été celle de la compétence judiciaire mais celle du juge administratif. Dans ses conclusions[1342], le commissaire du gouvernement démontre que la Caisse centrale de réassurance exerce une activité industrielle et commerciale mais également des missions de nature administrative. Par conséquent, elle devrait être qualifiée d'établissement public à double visage. En effet, le Commissaire du gouvernement rappelle que la Caisse s'est vue confier la mission particulière de gestion du fonds de compensation. Le financement du fonds de compensation est

---

1338 TC, 16 octobre 2006, *Caisse centrale de réassurance c/ Mutuelle architectes français*, préc.

1339 E. Fatôme, « Les établissements publics à caractère industriel et commercial et la tentation de l'abandon », *JCP A* 2009, 2202.

1340 CE, Sect. 13 octobre 1961, *Etablissement Companon-Rey*, Leb. 567 ; *AJDA* 1962, p. 98, Concl. C. Heumann et note A. de Laubadère ; *D.* 1962, 506, note J. Vergnaud.

1341 CE, Ass. 16 novembre 1956, *Union syndicale des industries aéronautiques*, préc.

1342 Concl. J.-H. Stahl, *CJEG* 2007, p. 32.

exclusivement assuré par une contribution que le Conseil constitutionnel a qualifiée de contribution à caractère fiscal[1343].

En application de la jurisprudence *USIA*, le commissaire du gouvernement en conclut que ce service échappe aux lois habituelles du marché[1344] et plaide en faveur de la qualification de mission de nature administrative. Cependant, le commissaire du gouvernement s'est incliné devant ce qu'il considère comme « la nouvelle jurisprudence »[1345]en proposant de confier le litige au juge judiciaire puisque la gestion du fonds de compensation ne mettait pas en œuvre l'exercice de prérogatives de puissance publique. Deux réflexions essentielles se dégagent de ces décisions sur la nouvelle définition de l'EPIC.

En premier lieu, il ressort de ces jurisprudences la volonté d'établir un bloc de compétence judiciaire pour les EPIC. Cette solution permet de donner à la qualification législative une certaine prépondérance et va dans le sens d'une simplification du droit. En effet, l'exemple de Voie navigable de France est assez déroutant. Il est important de rappeler que la théorie des établissements publics à double visage a été créée à l'occasion d'un litige relatif à l'Office national de la navigation[1346]. Aujourd'hui dénommé Voie navigable de France, la loi du 31 décembre 1991[1347] a expressément mis en échec la jurisprudence *Guis* en disposant que VNF était un EPIC. Les travaux parlementaires soulignaient la volonté de condamner la solution jurisprudentielle: « le législateur fixe la nature juridique du nouvel établissement public qui ne sera plus à double visage mais exclusivement à caractère industriel et commercial »[1348]. Comme le

---

[1343] CC, 28 juin 1982, n° 82-140-DC.

[1344] Concl. précitées, *RFDA* 2007, p. 291

[1345] *Ibid*, p. 292.

[1346] TC, 10 février 1949, *Guis*, Rec.1949, p. 592. n° 2012-722 du 9 mai 2012 modifiant le décret n° 60-1441 du 26 décembre 1960 portant statut de Voies navigables de France et fixant les modalités de commissionnement et d'assermentation de ses agent.

[1347] Toutefois, il convient de souligner que le décret n° 2012-722 du 9 mai 2012 modifiant le décret n° 60-1441 du 26 décembre 1960 portant statut de Voies navigables de France et fixant les modalités de commissionnement et d'assermentation de ses agent dispose que : « Voies navigables de France est un établissement public administratif placé sous la tutelle du ministre chargé des transports ».

[1348] Rapp. Sénat, 1991-1992, p. 47

souligne B. Plessix : « On ne saurait être plus clair »[1349]. Malgré quelques réticences[1350], le juge semble vouloir respecter la volonté du législateur et rendre plus « lisible » la jurisprudence relative aux établissements publics à double visage.

Selon B. Plessix, le Conseil d'État et le Tribunal des conflits ont choisi « une voie de compromis : la notion d'EPIC à double visage ne disparaît pas mais son application est fortement réduite pour les EPIC tenant leur qualité de la loi »[1351]. Cette solution a le mérite de simplifier la répartition du contentieux avec l'extension du bloc de compétence relatif aux litiges nés des activités des EPIC au profit du juge judiciaire. En outre, elle permet la création d'un bloc de compétence au profit du juge administratif autour des activités mettant en œuvre des prérogatives de puissance publique. Toutefois, cette solution a été dénoncée par J.-H. Stahl dans ses conclusions sur l'arrêt *Caisse centrale de réassurance* : « Ce parti procède à une simplification de l'état du droit et contribue à rendre plus prévisible la répartition des compétences juridictionnelles s'agissant des litiges intéressant ces établissements publics. Pour autant, nous ne parvenons pas à y souscrire pleinement, parce qu'il nous paraît faire une part trop belle au critère organique dont nous savons d'expérience qu'il ne cerne qu'imparfaitement la nature exacte des missions exercées, parce qu'il tire des conséquences qui nous paraissent excéder de beaucoup les motivations souvent circonstancielles des qualifications législatives, parce qu'il nous paraît en conséquence faire trop bon marché des services publics administratifs qui ne se résument pas à notre avis aux activités purement régaliennes qui ont été citées. Le critère de la prérogative de puissance publique nous apparaît à cet égard réducteur ; il risque de ne pas permettre de saisir des activités dont la nature administrative ne fait guère de doutes, comme par exemple l'enseignement ou la construction et la gestion d'infrastructures publiques »[1352]. A ce propos, le critère des prérogatives de puissance publique doit être analysé avec soin et constitue le deuxième élément important de réflexion découlant de ces arrêts.

1349 B. Plessix, « L'établissement public industriel et commercial au cœur des mutations du droit administratif », précité.

1350 CE, 3 décembre 2003, *Houté*, Juris-Data n°2003-066252.

1351 B. Plessix, « L'établissement public industriel et commercial au cœur des mutations du droit administratif », précité.

1352 Concl. précitées, p. 293.

Si l'on compare la rédaction des trois décisions précitées, il convient de noter que le juge, dans les deux décisions relatives à Voie navigable de France, énonce « la trilogie de base de la puissance publique »[1353] c'est à dire la réglementation, la police et le contrôle. Or, dans sa décision de 2006, cette liste n'apparaît plus. Il est possible de se demander si cette solution correspond à une simple omission ou bien au contraire, si elle correspond à la volonté du juge de ne pas enfermer strictement les prérogatives de puissance publique dans une liste, et, ce faisant, d'étendre le champ des exceptions au profit du juge administratif et troubler la volonté du législateur. A ce propos, le Tribunal des conflits a récemment mis en application la jurisprudence combinée des arrêts *Blanckeman* et *Caisse centrale de réassurance* dans un arrêt relatif à l'Office national des forêts (ONF)[1354]. Le Tribunal des conflits considère, depuis 1986, que l'ONF constitue un établissement public à double visage[1355]. Celui-ci exerce à la fois une mission administrative qui consiste à assurer une activité de protection, de conservation et de surveillance de la forêt mais également une mission industrielle et commerciale de gestion et d'équipements des forêts.

La décision du Tribunal des conflits de 2011 est intéressante parce qu'elle met en application la jurisprudence récente relative à l'établissement public à double visage et qu'elle met un terme à une présomption jugée irréfragable, celle du caractère de droit privé des contrats conclus entre le gestionnaire d'un service public industriel et commercial et les usagers de ce service. Ce litige opposait un groupement forestier à l'ONF. Ce groupement considère que l'ONF n'a pas rempli ses obligations contractuelles et il saisit le Tribunal de grande instance de Verdun qui a décliné sa compétence. Ensuite, le groupement décide de saisir le tribunal administratif de Nancy qui choisit de renvoyer la requête du groupement forestier au Tribunal des conflits. Pour résoudre ce conflit de compétence, le Tribunal des conflits débute son analyse en rappelant le considérant de principe de

---

[1353] B. Plessix, article précité.

[1354] TC., 28 mars 2011, n° 3787, *Groupement forestier de Beaume Haie*, *JCP A*, 12 décembre 201, 2386, note J. Martin.

[1355] TC, 9 juillet 1986, n° 2428, *Cne Kintzheim* : Rec. CE 1986, p. 448 ; CE, 29 avr. 1994, n° 91549, *GIE Groupetudebois*, Rec. CE 1994, tables p. 786.

l'arrêt *Caisse centrale de réassurance*[1356]. Pour mettre en échec la compétence de l'ordre judicaire, il faut que le contrat conclu entre le groupement forestier et l'ONF soit un contrat administratif et qu'il contienne des prérogatives de puissance publique. Selon le juge : « les articles 1 et 2 du contrat conclu le 22 décembre 1997 entre le propriétaire des bois et l'Office national des forêts mettent à la charge de ce dernier des missions de garderie des bois, de surveillance de l'exploitation des coupes, de constatation des délits forestiers et délits de chasse relevant de prérogatives de puissance publique ». Par conséquent, il décide de qualifier le contrat conclu entre l'ONF et le groupement forestier de contrat administratif et il donne compétence au juge administratif pour résoudre ce litige. Cet arrêt marque également l'abandon d'une présomption « selon laquelle tous les contrats conclus entre le gestionnaire d'un service public industriel et commercial et les usagers de ce service sont présumés de manière irréfragable de droit privé »[1357]. En effet, le juge a décidé que le contrat liant le groupement forestier, usager d'un EPIC à l'ONF constituait un contrat administratif.

Outre cette application de la jurisprudence *Caisse centrale de réassurance*, la position du Tribunal des conflits permet un certain rapprochement avec la conception européenne distinguant les services « de nature économique » et les services non économiques mettant en œuvre des prérogatives de puissance publique[1358]. Cette solution implique le recul de la notion de service public dans la définition de l'établissement public au profit de celle de prérogatives de puissance publique tout en permettant de pas faire disparaître la catégorie des établissements publics à double visage.

1356 « Considérant que lorsqu'un établissement public tient de la loi la qualité d'établissement public industriel et commercial, les litiges nés de ses activités relèvent de la compétence de la juridiction judiciaire, à l'exception des litiges relatifs à celles de ses activités qui, telles la réglementation, la police ou le contrôle, ressortissent par leur nature de prérogatives de puissance publique ; qu'aux termes de l'article L. 121-1 du Code forestier : « L'Office national des forêts est un établissement public national à caractère industriel et commercial », TC., 28 mars 2011, n° 3787, *Groupement forestier de Beaume Haie*

1357 CE, Sect. 13 octobre 1961, *Etablissement Companon-Rey*, Leb. 567 ; *AJDA* 1962, p. 98, Concl. C. Heumann et note A. de Laubadère ; *D.* 1962, 506, note J. Vergnaud.

1358 CJCE, 18 mars 1997, *Diego Cali et Figli c/Servizi ecologici Porto di Genova*, Rec. I.1547 ; *RTDE* 1997, p. 459.

En définitive, cette nouvelle jurisprudence introduit de nouvelles conséquences en matière de compétence juridictionnelle. Tout d'abord, l'arrêt *Caisse centrale de réassurance* permet de répondre à une question importante compte tenu du nombre d'EPIC transformés en sociétés anonymes. En effet, le juge précise que : « Sauf disposition législative contraire, la nature juridique d'un contrat s'apprécie à la date à laquelle il a été conclu ». Par conséquent, un contrat administratif conserve un caractère administratif nonobstant le fait qu'en cours d'exécution, l'EPIC a été transformée en personne privée.

On doit en conclure que l'EPIC par commodité « a encore de beaux jours devant lui »[1359] et que cette nouvelle définition est loin de menacer le recours à la formule de l'EPIC. Et ce, d'autant plus, que l'on assiste à un regain pour l'EPIC local.

B/ L'EPIC local[1360]

Les collectivités territoriales, notamment les communes, ont souvent préféré externaliser leurs missions de service public en recourant à des associations dans le but de pallier la rigidité des structures publiques. Ce procédé de l'association transparente a été dénoncé à de nombreuses reprises par la Cour des comptes ainsi que par le Conseil d'État. La théorie jurisprudentielle de la personne morale transparente[1361] consiste à rechercher derrière une personne privée une personne publique dissimulée. Cette théorie a rapidement été étendue aux associations de la loi 1901 et a fait craindre aux élus un engagement de responsabilité extracontractuelle[1362] ou une condamnation pour gestion de fait.

[1359] E. Fatôme, « Les établissements publics à caractère industriel et commercial et la tentation de l'abandon », *JCP A,* 27 juillet 2009, 2202.

[1360] « Les EPIC dans tous leurs états : Quel régime juridique et quel avenir pour les établissements publics industriels et commerciaux ? », Actes du colloque organisé le 27 juillet 2009, *JCP A*, 14 septembre 2009, n°38.

[1361] J.-M. Auby, « La théorie des institutions « transparentes » en droit administratif », *RDP* 1988, p. 265.

[1362] Selon l'article 60-XI de la loi de finances n° 63-156 du 23 février 1963 : " Toute personne qui, sans avoir la qualité de comptable public ou sans agir sous contrôle et pour le compte d'un comptable public, s'ingère dans le recouvrement de recettes affectées ou destinées à un organisme public doté d'un poste comptable ou

Dans l'arrêt *Commune de Boulogne-Billancourt* du 21 mars 2007[1363], le Conseil d'État affirme qu'une association doit être regardée comme transparente si elle est « est créée à l'initiative d'une personne publique qui en contrôle l'organisation et le fonctionnement et qui lui procure l'essentiel de ses ressources ». Le juge avait déjà énoncé ces critères dans l'arrêt *Département de la Dordogne* de 2005[1364]. L'analyse de ces deux arrêts conduit à affirmer l'existence de quatre critères cumulatifs permettant de qualifier une association de transparente et, par suite, de lui appliquer les règles du droit public et de soumettre le litige à la compétence du juge administratif.

Toutefois, le maniement de ces quatre critères apparaît délicat comme en témoigne l'arrêt *Commune d'Aix en Provence*, rendu moins d'un mois après l'arrêt *Commune de Boulogne-Billancourt*. En l'espèce, plusieurs collectivités publiques ont confié à une association le soin d'organiser le festival d'art lyrique d'Aix en Provence. Le juge administratif a considéré que cette mission constituait une activité de service public culturel. Ce premier élément a été vivement contesté. De plus, selon la jurisprudence communautaire, la poursuite d'un but lucratif n'est pas un critère de l'activité économique[1365]. Dès lors, la formule associative ne peut plus évoluer en marge de la commande publique. Pourtant, le Conseil d'État a considéré que l'association n'agissait pas comme un opérateur sur un marché concurrentiel et qu'elle assurait une mission de service public culturel. De plus, le juge administratif applique à l'association l'exception *in house* en indiquant que l'association n'était « pas un opérateur auquel les

---

dépendant d'un tel poste doit, nonobstant les poursuites qui pourraient être engagées devant les juridictions répressives, rendre compte au juge financier de l'emploi des fonds ou des valeurs qu'elle a irrégulièrement détenus ou maniés." Il en est de même pour toute personne qui reçoit ou manie directement ou indirectement des fonds ou des valeurs extraits irrégulièrement de la caisse d'un organisme public, et pour toute personne qui, sans avoir la qualité de comptable public, procède à des opérations portant sur des fonds ou des valeurs n'appartenant pas aux organismes publics mais que les comptables publics sont exclusivement chargés d'exécuter en vertu de la réglementation en vigueur.

1363 CE, 21 mars 2007, *Commune de Boulogne-Billancourt, AJDA* 2007, p. 915, note J.-D. Dreyfus ; *D.* 2007. 1937, note J.-D. Dreyfus.

1364 CE, 5 déc. 2005, *Département de la Dordogne, AJDA* 2006, p. 656, note F. Brenet, *JCP A* 2006, n° 1005, Concl. E. Glaser.

1365 CJCE, 29 nov. 2007, *Commission c/ République italienne*, aff. C-119/06 : « L'absence de but lucratif n'exclut pas que de telles associations exercent une activité économique ».

collectivités publiques ne pouvaient faire appel qu'en concluant un contrat de délégation de service public »[1366].

L'application de la théorie des prestations intégrées conduit à affirmer l'existence de deux critères comparables à ceux de l'association transparente. L'association organisatrice exerce sa mission pour les personnes publiques qui l'ont créée et ces dernières exercent un contrôle sur l'association analogue à celui qu'elles exercent sur leurs propres services. L'association a été créée par des collectivités publiques qui assurent son financement par le biais de subventions importantes. Par conséquent, les quatre conditions énumérées dans l'arrêt *Commune de Boulogne-Billancourt* sont satisfaites. Pourtant, le juge a préféré utiliser la théorie des prestations intégrées afin de faire obstacle à l'application des règles de la concurrence alors que l'association pour l'organisation du festival d'Aix en Provence constituait une association transparente. Il est toujours possible de justifier la position du Conseil d'État en arguant que les quatre critères n'étaient pas réunis. Autrement dit, la qualification d'association transparente suppose l'existence d'un contrôle beaucoup plus étroit de la part de la personne publique que celui qu'elle exerce sur ses propres services. Cette appréciation est fortement contestable et s'écarte de l'application des règles du droit de la concurrence.

Malgré cette protection offerte par le juge à certaines associations transparentes, les craintes des élus locaux ne se sont pas atténuées. Ils sont de plus en plus nombreux à abandonner la formule associative comportant des risques de condamnation pour gestion de fait. À titre d'illustration, il est possible de citer le cas des offices de tourisme. Longtemps, ces offices ont été constitués sous la forme d'association alors que les élus locaux ont le choix entre cette forme juridique, celle de la société d'économie mixte ou celle de l'EPIC local. Depuis dix ans, on observe un recul significatif de la formule associative et une nouvelle préférence pour l'EPIC local, « seule catégorie d'organisme local du tourisme bénéficiant d'un encadrement juridique précis »[1367]. Le recours à l'EPIC local est même devenu obligatoire lorsque plusieurs groupements de communes décident de

---

1366 CE, 21 mars 2007, *Commune de Boulogne-Billancourt*, préc.

1367 L. Jégouzo, « L'évolution des offices de tourisme : du privé au partenariat public-privé », *AJDA* 2007, p. 354.

créer conjointement un office intercommunal. Le législateur a justifié cette contrainte par une gestion plus sécurisée pour les élus locaux.

Ainsi, la formule de l'EPIC local évite l'application de certaines règles jugées trop rigides comme la comptabilité publique ou le recrutement d'agents publics. Dans le même temps, elle permet une gestion souple et sécurisée des missions de service public. Ces divers avantages traduisent un renouveau de l'EPIC local. Cette résurgence de l'EPIC par le biais des EPIC locaux témoigne de la capacité de résistance de la formule de l'établissement public et de la particulière malléabilité de la catégorie.

Il est aujourd'hui nécessaire de prendre en compte les conséquences générées par le développement des règles du droit de la concurrence sur la formule de l'EPIC. Cependant, l'établissement public n'est pas une formule en déclin. Au contraire, sa capacité d'adaptation lui offre la possibilité de répondre à l'évolution des besoins de l'action administrative et, preuve de son extraordinaire souplesse, aux nouvelles fonctions de l'administration. Cette adaptation résulte d'un élément fondamental de son statut : le principe de spécialité.

Le principe de spécialité s'est dilué, contribuant ainsi à la pérennisation de la formule de l'établissement public. La dilution du principe de spécialité a permis à l'établissement public de se renouveler, voire de se démultiplier. En d'autres termes, il est possible de reconnaître aujourd'hui l'existence de nouvelles catégories d'établissements publics.

Titre 2 : Les nouvelles catégories d'établissements publics

Les personnes publiques innomées sont souvent présentées comme une solution venant concurrencer l'établissement public devenu, semble-t-il, une formule désuète au regard de la modernisation de l'action publique. Cependant, ces nouvelles strucutures publiques se différencient difficilement de l'établissement public. De nombreux points communs existent entre ces deux formes, l'une classique et l'autre plus récente, de l'action administrative. Toutes deux sont qualifiées de personne morale de droit public et sont assujetties au principe de spécialité.

À cette étape des travaux, le lien entre établissement public et nouvelles personnes publiques soulève quelques interrogations. Ce lien est justifié par ces deux affirmations. Tout d'abord, l'établissement public, grâce à la souplesse de son statut, constitue une catégorie accueillante. La catégorie de l'établissement public a en effet déjà accueilli de nombreuses institutions hybrides à l'image des EPCI à fiscalité propre ou de la Caisse des dépôts et consignations. Il convient également d'ajouter qu'outre la distinction EPA/EPIC, les catégories d'établissements publics se sont multipliés notamment grâce à la souplesse des règles de création des catégories d'établissements publics[1368]. Ensuite, la diversité des nouvelles personnes publiques empêche la constitution d'une nouvelle catégorie juridique. Pourquoi dès lors ne pas rapprocher la formule de l'établissement public des nouvelles personnes publiques ? En d'autres termes, l'extrême diversité des nouvelles personnes publiques n'empêche pas de conduire à un rapprochement avec une catégorie préexistante, celle de l'établissement public.

D'un côté, les différents critères d'identification communs entre les personnes publiques *sui generis* et l'établissement public démontrent que l'autorité créatrice a utilisé le paradigme de l'établissement public pour donner naissance à ces nouvelles entités. De l'autre, la notion de « catégorie d'établissement public » est suffisamment souple pour pouvoir accueillir des structures originales

[1368] *Infra*, Partie 2, Titre 2, Chapitre 2, Section 1, §1.

mais qui conservent un socle d'éléments commun de définition aux catégories d'établissement public. Par conséquent, les nouvelles personnes publiques peuvent être rangées parmi les catégories d'établissements publics.

L'extension de la formule de l'établissement public aux autres personnes publiques spéciales (**chapitre 1**) conduit à proposer une nouvelle typologie des catégories d'établissements publics (**chapitre 2**).

Chapitre 1 : L'extension de la formule de l'établissement public

Chapitre 2 : La typologie des catégories d'établissements publics

Chapitre 1 : L'extension de la formule de l'établissement public

Dans son rapport de 2009, le Conseil d'État souligne que l'un des atouts essentiels de l'établissement public est qu'il permet de conférer la personnalité morale à un organisme public[1369]. Cet avantage, poursuit le rapport, aurait conduit « à l'émergence de nouvelles formes d'organisation administrative, dont il n'est pas impossible de penser qu'un rapprochement avec le statut d'établissement public est envisageable »[1370]. Outre leur vocation spéciale, les nouvelles personnes publiques possèdent de nombreux traits communs avec l'établissement public.

L. Richer a remarqué que les personnes publiques *sui generis* se caractérisaient par quatre éléments : leur personnalité publique, leur caractère corporatif, leur place à l'intersection entre droit public et droit privé et enfin leur autonomie par rapport à l'État[1371]. On s'en souvient, ces critères ne sont pas entièrement remplis par les personnes publiques spéciales. Par conséquent, il n'est pas possible de construire une nouvelle catégorie de personnes publique, à côté de l'établissement public et de la collectivité territoriale. Toutefois, certains de ces critères peuvent être utilisés pour démontrer que les nouvelles personnes publiques sont finalement peu éloignées de la catégorie classique de l'établissement public. En effet, comme l'établissement public, ces nouvelles entités sont dotées de la personnalité publique. Ensuite, le critère de la mixité droit public/droit privé s'applique aussi bien à l'établissement public qu'aux nouvelles personnes publiques. En effet, les GIP répondent à un besoin de coopération entre personnes publiques et personnes privées. Les autorités publiques indépendantes interviennent dans des secteurs mêlant acteurs professionnels et représentants de l'État. La Banque de France occupe une place médiane entre ses obligations découlant du Système européen des banques centrales et ses missions à l'égard de l'État français. Son statut hybride est particulièrement visible à l'égard du droit applicable à ses agents puisqu'ils sont soumis au code du

[1369] CE, *Etude sur les établissements publics*, 2009, préc. p. 27.

[1370] *Ibid.*

[1371] L. Richer, « Les personnes publiques innomées », préc. p. 141.

travail. Enfin, l'établissement public est souvent défini comme un cadre institutionnel permettant de répondre à des missions diverses. Cet atout a conduit à la diversification de la formule au sein de la catégorie des personnes publiques. Cette diversification n'est pas propre à l'établissement public puisque les personnes publiques spéciales se sont propagées dans de nombreux secteurs de la vie administrative. L'étude de l'évolution de la notion d'établissement public a permis de mettre en lumière un nouvel élément de comparaison entre les établissements publics et les nouvelles personnes publiques, leur qualification de personne publique secondaire. En effet, les établissements publics ne répondent pas à la théorie classique de la personnalité morale et par suite, ont souvent été qualifiés de personnes publiques d'un rang inférieur[1372]. Ces nouvelles entités n'ont pas été créées *ex nihilo*. Les autorités créatrices se sont appuyées sur certains éléments caractéristiques de l'établissement public pour donner naissance aux nouvelles personnes publiques. En d'autres termes, le statut de nouvelle personne publique repose sur un paradigme, celui de la formule traditionnelle de l'établissement public.

La catégorie classique de l'établissement public constitue le modèle sur lequel ont été créées ces nouvelles structures publiques. A l'instar des établissements publics, les personnes publiques spéciales disposent de la personnalité morale de droit public (**section 1**), leur régime juridique est hétérogène (**section 2**), elles constituent des personnes publiques secondaires (**section 3**).

Section 1 : La personnalité morale de droit public

On s'en souvient, les établissements publics sont d'abord définis comme des organismes dotés de la personnalité morale et appartenant à la catégorie des personnes publiques. Les nouvelles personnes publiques ont également été qualifiées par le juge ou le législateur de personnes morales de droit public. Malgré la controverse relative à la nature juridique des GIP, le juge a consacré, dans l'arrêt *GIP-Habitat*[1373], leur qualité de personne publique. En

[1372] J.-B. Auby, *La notion de personne publique en droit administratif*, préc. p. 89.
[1373] TC, 14 février 2000, « *GIP Habitat* », *AJDA* 2000, p. 410 et s. précité.

outre, le statut législatif des GIP précise que ces derniers constituent des personnes publiques dotées de la personnalité morale et de l'autonomie financière. Ensuite, le législateur a créé six nouvelles autorités publiques indépendantes. Dans l'arrêt *La Fontaine de Mars*, le juge a expressément qualifié la Banque de France de « personne publique »[1374]. Enfin, la loi du 18 avril 2006 pour la programmation de la recherche dispose que l'Institut de France et ses Académies sont « des personnes morales de droit public à statut particulier placées sous la protection du Président de la République ».

Le législateur a donc souhaité créer de nouvelles structures personnalisées de droit public. Ce choix n'est pas anodin puisque il aurait pu donner naissance à de nouvelles entités de droit privé. En qualifiant un organisme de droit public, celui-ci peut bénéficier d'un régime juridique spécifique, exorbitant du droit commun. Ce régime juridique se singularise par des attributs juridiques spécifiques. Toutefois, il convient de noter que ces différents attributs constituent à la fois des prérogatives et des sujétions. Par conséquent, il est nécessaire d'analyser l'opportunité de la création et de la multiplication d'entités personnalisées, qualifiées de personnes publiques. J.-M. Pontier s'interroge : « Est-ce une boîte de Pandore qui a été ouverte ? ». Autrement dit, la qualification de personne morale de droit public comporte de nombreux enjeux **(§1)** qui n'ont pas été suffisamment évalués par les autorités créatrices des nouvelles personnes publiques **(§2)**.

§1 Les enjeux de la personnalisation

La qualification de personne morale de droit public a longtemps constitué un privilège. La multiplication d'entités personnalisées et qualifiées de personne morale de droit public marque un coup d'arrêt à cette conception. Désormais, la notion de personne morale de droit public recouvre davantage une dimension technique[1375]. Cette nouvelle acception est symbolisée par le passage

---

1374 TC, 16 juin 1997, *Epoux Muet, Société La Fontaine de Mars c/Banque de France*, *RFDA* 1997, n° 13, p. 824, préc.

1375 « La personnalité morale de droit public doit être aujourd'hui débarrassée de toute référence métaphysique. Comme en droit privé, c'est un simple procédé de technique juridique qui permet de considérer comme titulaire de droits et obligations, à l'instar des personnes physiques, un groupement d'individus et un

de la notion de personne publique à celle de personne morale de droit public **(A).** La transformation de certains EPIC en sociétés anonymes témoigne des contraintes pesantes du statut de personne publique. Néanmoins, ce statut présente également des avantages qu'il convient d'analyser à l'aune des nouvelles personnes publiques **(B).**

A/ La qualification de personne morale de droit public

M. Hauriou souhaitait attirer « l'attention sur la notion de personnalité administrative et montrer là que c'est l'idée centrale [qui] est devenue le pivot du droit administratif comme la personnalité civile était déjà le pivot du droit civil »[1376]. De nombreux auteurs ont opposé à la personnalité publique la personnalité des institutions privées. La doctrine soulignait que la personnalité publique « s'étend toujours au-delà des moyens d'action du privé » et que les personnes publiques « ont à leur disposition des prérogatives de puissance publique : pouvoir d'exproprier, d'imposer, d'agir par voie d'autorité »[1377] non détenues par les personnes privées. Finalement, on décrivait la personnalité publique comme une personnalité d'exception « irréductible à aucune autre qualité juridique d'autres personnes morales de notre droit »[1378]. En d'autres termes, la personnalité publique se définissait comme une personnalité morale de nature singulière, tant par sa forme juridique spécifique que par ses attributions particulières. Cependant, l'apparition de la gestion privée au sein du service public[1379] et la prise en charge par des personnes privées de certains services publics[1380] ont remis en cause la nature spécifique des personnes publiques. Ces dernières ne sont plus les seules à pouvoir bénéficier de privilèges qui leur étaient auparavant réservés. Dès lors, la jurisprudence a substitué à l'expression

---

patrimoine affecté à un but collectif », J.-M. De Forges, *Les institutions administratives*, PUF, 1985, 1ère éd., p. 54.

1376 M. Hauriou, *Précis de droit administratif et de droit public*, préc. p. 52.

1377 J. Rivero, *Droit administratif*, Dalloz, 1980, p. 46.

1378 P. Sabourin, *Recherches sur la notion d'autorité administrative en droit français*, LGDJ, 1966, p. 127.

1379 TC, 22 janvier 1921, *Société commerciale de l'Ouest africain*, Rec. CE, p. 91, *D.* 1921.III.1, Concl. Matter, *S.* 1924.III.34, Concl., note Hauriou, *D.* 1924.III.41, Concl., *GAJA*, 17ème éd., 2009, n° 36.

1380 CE, Ass., 13 mai 1938, *Caisse primaire Aide et Protection*, Rec. CE, p. 417, *D.* 1939, p. 65, Concl. R. Latournerie, note Pepy, *RDP* 1938, p. 830.

« personne publique » celle de « personne morale de droit public »[1381]. Désormais, la personnalité publique désigne uniquement un sujet de droit public.

Ce concept de « personne morale de droit public » n'est pourtant pas exempt de critiques. Selon G. Lazzarin, cette expression « est à bannir de notre langage juridique car elle ne correspond pas au droit positif »[1382]. Selon lui, il n'existe pas toujours de corrélation entre la qualification de personne publique et l'application d'un régime de droit public. Il est vrai que de nombreux organismes sont qualifiés de personnes publiques alors qu'ils ne sont que partiellement soumis à un régime de droit public, à l'instar des EPIC. À l'inverse, certaines personnes morales de droit privé sont très largement soumises à un régime de droit public comme celles qui bénéficient de concessions de services publics. De plus, comme pour la distinction entre établissement d'utilité publique et établissement public, le juge a recherché des indices de l'application de règles de droit public afin de qualifier la nature juridique de la Banque de France ou des GIP. Cette analyse lui a permis de les qualifier de structures publiques alors qu'elles sont soumises à certaines règles de droit privé[1383]. En détachant le régime de droit public de la personnalité publique, le juge consacre la personnalité morale comme critère essentiel de la personnalité publique[1384]. Cette nouvelle conception de la personnalité publique révèle l'étendue des privilèges ayant trait à la personnalité morale. Autrement dit, les personnes publiques, quel que soit leur statut, disposent de la faculté de jouir et d'exercer certains droits comme le droit de contracter, de posséder ou encore d'ester en justice. En se basant sur l'existence de ces privilèges et sur les dérogations que l'on peut leur apporter, le législateur s'est servi de la personnalité morale pour donner naissance à de nouvelles structures personnalisées afin de renouveler l'action administrative. En qualifiant les API ou les

---

[1381] Selon F. Linditch, il est préférable d'utiliser le vocable de « personne morale de droit public » c'est à dire littéralement de personne morale relevant du droit public pour expliquer les attributs liés à la personnalité publique, *Recherches sur la personnalité morale en droit administratif*, préc. p. 207 et s.

[1382] G. Lazzarin, *La personnalité publique dans la jurisprudence administrative*, p. 99.

[1383] Par exemple, les GIP peuvent échapper à la comptabilité publique. En outre, les personnels de la Banque de France sont largement soumis aux règles du droit privé.

[1384] G. Lazzarin, *La personnalité publique dans la jurisprudence administrative*, p. 99.

GIP de personne morale de droit public, l'autorité étatique a interprété de manière excessive la notion de personnalité morale afin de garantir à ces entités une autonomie accrue. Toutefois, la personnalité morale engendre de nombreuses sujétions et il convient de ne pas l'assimiler avec une notion voisine, celle d'indépendance.

B/ Les atouts de la qualification de personne morale de droit public

On s'en souvient, le statut de personne publique offre la possibilité de faire usage de certaines prérogatives de puissance publique comme l'expropriation pour cause d'utilité publique. Surtout, la qualification de personne morale de droit public permet aux entités personnalisées de faire des choix auxquels les organismes de droit privé n'ont pas accès. Par exemple, les personnes publiques peuvent soumettre totalement ou partiellement leurs agents à un statut de droit public. Elles peuvent également conclure des contrats administratifs qui sont soumis à un régime juridique particulier[1385]. Les personnes publiques disposent également d'un patrimoine public auquel est attaché un certain nombre de règles singulières[1386]. Concernant plus précisément les nouvelles personnes publiques, il semble que le législateur ait privilégié le recours à la personnalité morale pour accentuer leur autonomie. Dans le même temps, la qualification de personne publique permet aux autorités étatiques de garantir un certain contrôle détaché de l'appareil administratif classique. À ce propos, il convient de s'intéresser plus particulièrement aux conséquences engendrées par la reconnaissance de la personnalité morale. Autrement dit, que s'agit-il de leur reconnaître par cette attribution ?[1387]

Tout d'abord, le législateur justifie l'octroi de la personnalité morale par une indépendance accrue. Cette conception s'attache, selon

---

[1385] En application de la jurisprudence *Société entreprise Peyrot*, les personnes privées peuvent également conclure des contrats administratifs, TC, 8 juillet 1963, *Société entreprise Peyrot c/ Société de l'Autoroute Esterel-Côte d'Azur,* Rec. CE, p. 787, *RDP* 1963, p. 776, Concl. C. Lasry, *D.* 1963, Concl., note P.-L. Josse, *JCP* 1963.II.13375, note J.-M. Auby, *AJDA* 1963, p. 463, chr. M. Gentot et J. Fourré, *AJDA* 1966, p. 474, chr. Colin, *Gaz. Pal.* 1964.2.58, note Ch. Blaevoet, *RDP* 1964, p. 767, note Fabre et Morin, *GAJA*, 17ème éd., 2009, n° 82.

[1386] *Infra*, section 3.

[1387] J.-M. Pontier, « La personnalité publique, notion anisotrope », préc. p. 985.

nous, à la force symbolique de la personnalité morale[1388]. Toutefois, le Conseil d'État a déjà mis en garde le législateur et lui a déconseillé de conférer la personnalité morale aux AAI[1389]. En outre, les membres des API soulignent que la personnalité morale revêt « davantage une dimension symbolique qu'opérationnelle »[1390]. En 2006, le Président de l'AMF s'exprimait en ces termes : l'AMF « a acquis, avec la personnalité morale, la pleine responsabilité de ses actes et se distingue désormais très clairement de l'État [pourtant], ses deux années d'activité ne permettent pas, pour l'heure, de conclure à des différences significatives de capacité d'action dans l'une ou l'autre des deux hypothèses [celle de disposer de la personnalité morale ou non] »[1391].

De plus, l'attribution de la personnalité morale aux AAI leur permet de bénéficier du cadre fixé par l'article 36 de la LOLF du 1er août 2001. Cette réforme de 2001 autorise une exception au principe d'universalité budgétaire en permettant l'affectation de ressources fiscales nationales à une personne morale autre que l'État. Les API, dotées de la personnalité morale, bénéficient de cette affectation d'une ressource fiscale, ce qui signifierait une plus large autonomie financière. Cette conception est contestable pour au moins trois raisons.

En premier lieu, seules quatre API se sont vues affecter une ressource de nature fiscale : l'AMF, le Haut commissariat aux comptes, la HAS et enfin l'ARAF[1392]. On ne peut penser à un oubli de la part du législateur concernant les autres API. L'AFLD, qui a été créée avant l'ARAF, ne s'est en effet pas vu affecter de ressources fiscales[1393]. En outre, le président de l'AMF a souligné que l'avantage résultant de l'attribution de la personnalité morale s'appréciait

[1388] C'est également la conception de J.-M. Pontier, *Ibid*, p. 995.
[1389] CE, *Rapport d'étude sur les AAI*, 2001, p. 261.
[1390] Office parlementaire pour l'évaluation de la législation, *Rapport sur les AAI*, P. Gelard, 2006.
[1391] *Ibid.*
[1392] P. Gélard, Rapport sur les AAI, 2006, précité.
[1393] L'AFLD a été créée par la loi du 5 avril 2006 relative à la lutte contre le dopage et à la protection de la santé des sportifs alors que l'ARAF n'a été créée qu'en 2009 avec la loi du 8 décembre 2009 relative à l'organisation et à la régulation des transports ferroviaires et portant diverses dispositions relatives aux transports créant notamment l'Autorité de régulation des activités ferroviaires.

davantage par rapport à « la possibilité de concilier le caractère public de cette autorité et la nécessité de lui assurer une forte proximité avec les marchés financiers » qu'en fonction de la possibilité offerte par l'article 36 de la LOLF. La doctrine émet également un certain nombre d'interrogations quant au bénéfice apparent de cette nouvelle ressource budgétaire. Ainsi M. Lombard a mis en lumière le fait que « nul ne met en doute, par exemple, l'indépendance des juridictions financières ou administratives en France, alors même qu'elles ne sont pas dotées de telles ressources propres. Nul ne songerait, a fortiori, à revendiquer à leur bénéfice l'attribution de la personnalité morale pour consolider une indépendance fortement ancrée par ailleurs dans nos institutions »[1394].

En second lieu, l'examen des ressources budgétaires des API démontre que leur autonomie financière est fluctuante. Ainsi, l'AMF semble disposer d'une entière autonomie financière puisqu'elle perçoit les droits versés par les personnes soumises à son contrôle, par exemple lors de l'examen d'un document de référence annuel. Pourtant, le président de l'AMF a souligné le caractère volatile de ses ressources, constituées de prélèvements effectués sur les intervenants et émetteurs du marché financier français, qui se sont effondrés l'an passé en raison du ralentissement de l'activité boursière[1395]. En outre, l'analyse des principales ressources des autres API révèlent que celles-ci sont constituées par des subventions étatiques, ce qui n'est pas représentatif d'une réelle autonomie financière[1396].

[1394] M. Lombard, « Brèves remarques sur la personnalité morale des institutions de régulation », *CJEG 2005*, n° 619.

[1395] Un déficit d'exploitation de 17 millions d'euros a été constaté en 2009, Rapport d'information, *Les Autorités administrative indépendantes : une indépendance sous la garantie du Parlement*, Comité d'évaluation et de contrôle des politiques publiques, 26 octobre 2010.

[1396] Le président de l'AFLD, M. Pierre Bordry, déclarait lors de son audition par le Groupe de travail sur l'évaluation des AAI que « pour 2010 le ministère a fait le choix de diminuer de moitié sa subvention et de nous attribuer pour le reste le produit de l'augmentation d'une taxe qui a finalement été supprimée par le Sénat. Il nous manque donc 4 millions d'euros pour équilibrer un budget». Il a présenté sa démission en dénonçant publiquement les «sempiternelles négociations budgétaires houleuses qu'il menait auprès du ministère de la Santé et du secrétariat d'État chargé des sports», rapport 2010, précité. M. Lombard souligne également que « la création d'une personne morale dont le financement dépend de subventions en provenance du budget de l'État [...] est seulement un facteur d'opacité à l'égard du Parlement, ce qui

Enfin, il convient de souligner que l'absence de personnalité morale n'est pas toujours synonyme d'une moindre indépendance budgétaire. Tout d'abord, la perception de taxes n'est pas réservée aux API. En effet, le législateur de 1978 avait prévu que la CNIL puisse percevoir des redevances relatives à l'accomplissement des formalités préalables et la mise en œuvre des traitements informatisés[1397]. De plus, la création des chartes de gestion[1398] permet de préserver l'autonomie financière des AAI non dotées de la personnalité morale en prohibant la « fongibilité asymétrique » des crédits afin de lutter contre la réduction de leurs effectifs budgétaires. Ainsi, l'autonomie financière n'est pas complètement garantie par l'octroi de la personnalité morale. Il est toutefois possible de nuancer ces propos en soulignant que la personnalité morale permet aux API de disposer d'un patrimoine propre[1399]. Toutefois, le statut d'entité personnalisée présente d'autres inconvénients comme l'assujettissement à la taxe sur la valeur ajoutée et d'autres limites plus importantes qu'il convient de mettre en lumière.

§2 Les limites à la personnalisation

Selon D. Labetoulle, « ce n'est pas impunément que l'on accède à la personnalité morale »[1400] . En leur attribuant la personnalité morale, les entités *sui generis* acquièrent de nouveaux droits comme celui d'ester en justice (A). Toutefois, cette prérogative n'est pas synonyme d'indépendance. En outre, un organisme doté de la personnalité morale peut voir sa responsabilité engagée (B). Ces deux éléments témoignent des limites de la personnalisation des nouvelles personnes publiques, comme le démontre l'exemple des autorités publiques indépendantes.

---

n'est pas en tout état de cause un gage d'indépendance accrue», «Brèves remarques sur la personnalité morale des institutions de régulation», précité.

[1397] Ce mécanisme n'a pourtant jamais été utilisé par la CNIL.

[1398] Rapport d'information, *Les Autorités administrative indépendantes : une indépendance sous la garantie du Parlement*, Comité d'évaluation et de contrôle des politiques publiques, 26 octobre 2010, recommandation n° 23.

[1399] *Infra*, section 3.

[1400] D. Labetoulle, « La responsabilité des autorités administratives indépedantes dotées de la personnalité morale : coup d'arrêt à l'idée de garantie de l'État. A propos de l'Avis du Conseil d'État du 8 septembre 2005 », *CJEG*, 2006, p.359.

A/ La capacité d'agir en justice : une conséquence controversée

Dans son rapport public de 2001 relatif aux autorités administratives indépendantes, le Conseil d'État a rappelé les débats relatifs à la création de la Commission nationale informatique et libertés (CNIL)[1401]. Certains souhaitaient faire de cette nouvelle institution, un service du ministère de la Justice, dépourvu de la personnalité morale. Au contraire, d'autres voulaient que la CNIL soit constituée sous la forme d'un établissement public, doté par conséquent de la personnalité morale et sur lequel s'exercerait une tutelle allégée. La formule choisie, celle de l'absence de personnalité morale, est longtemps demeurée le modèle sur lesquels ont été créées les diverses AAI successives. Si bien que malgré leur diversité, les AAI présentaient un caractère commun, celui de l'absence de personnalité morale. Toutefois, le législateur est venu « ébranler les certitudes qui existaient dans ce domaine »[1402] en attribuant la personnalité morale à l'AMF et à l'ACAM dans la loi de sécurité financière de 2003.

L'indépendance des AAI demeure une question controversée[1403]. Pour le législateur, le bénéfice de la personnalité morale se justifie par une garantie supplémentaire d'indépendance autant à l'égard de l'État qu'à l'égard des milieux professionnels que l'AAI contrôle[1404]. L'obtention de la personnalité morale engendre, pour l'AAI, la capacité d'ester en justice. Une entité non personnalisée ne pouvant seule ester en justice, sauf texte l'habilitant. Bref, l'absence de personnalité morale suppose l'incapacité[1405]. L'octroi de la personnalité morale à certaines AAI est un élément d'analyse important pour apprécier leur réelle indépendance. Néanmoins,

---

[1401] CE, Rapport public 2001, *Les autorités administratives indépendantes*, préc. p. 287.

[1402] A. Debet, « Autorités administratives indépendantes et personnalité morale », Actes du Colloque sur la « personnalité morale », « Journée Capitant », Dalloz, 2010, p. 17.

[1403] J.-L Autin, « Le devenir des autorités administratives indépendantes », *RFDA* 2010, p. 876.

[1404] Pour S. Traore, la personnalité morale suppose la régulation, « Les autorités administratives indépendantes dotées de la personnalité morale : vers une réintégration institutionnelle de la catégorie juridique », *DA* 2004, p. 16.

[1405] F. Linditch, *Recherche sur la personnalité morale en droit administratif*, préc. p. 122.

l'office parlementaire d'évaluation[1406] considère que l'attribution extensive de la personnalité morale à certaines AAI génère l'éclatement des structures administratives et recommande un examen approfondi des hypothèses dans lesquelles le législateur choisit d'octroyer la personnalité morale.

En effet, il est possible de se demander pourquoi avoir conféré la personnalité morale à l'AMF et non à l'Autorité de la concurrence ? De même, le législateur a récemment doté la Haute autorité pour la diffusion des œuvres et la protection des droits sur internet (HADOPI) de la personnalité morale alors que la HALDE en était dépourvue. Dès lors, la conception selon laquelle l'octroi de la personnalité morale, et son principal attribut, la capacité d'ester en justice, serait une garantie supplémentaire d'indépendance, doit être contestée. Les AAI, du fait de leur place singulière dans la sphère administrative et de la nature de leurs missions, ne sont pas traitées « sur le plan contentieux comme n'importe quel service de l'État »[1407].

Il convient de mettre en exergue la place particulière des AAI en matière contentieuse. En effet, l'absence de personnalité morale ne leur permet pas, *a priori*, d'intenter seules des actions en responsabilité et encore moins des actions visant à protéger les intérêts qu'elles défendent. Toutefois, il faut noter une divergence de jurisprudence antre la Cour de cassation et le Conseil d'État concernant la capacité contentieuse des AAI. La juridiction suprême de l'ordre judiciaire confère une portée réaliste à l'absence de personnalité morale des AAI. Elle considère que l'absence de personnalité juridique n'ouvre pas la possibilité d'ester en justice en l'absence d'habilitation expresse. Dans un arrêt du 26 octobre 1993[1408], le juge affirme qu' « attendu que la COB n'a pas de personnalité juridique ; que, par ailleurs, aucun texte particulier ne l'autorise à se pourvoir en cassation d'un arrêt de la Cour d'appel de Paris […] qu'elle-même étant dépourvue de capacité, le pourvoi qu'elle a formé est nul ». Le Conseil d'État, dans un arrêt du 5 novembre 1993[1409], relatif également à la COB, a émis une position

[1406] Rapport P. Gélard, préc. p. 28

[1407] C. Chauvet, « La personnalité contentieuse des autorités administratives indépendantes », *RDP* 2007, p. 381.

[1408] Com. 26 octobre 1993, *Concours Rezzonico et autres c/ Mizon ès qual. et autres*, *D.* 1994, p. 237, note N. Decoopman.

[1409] CE, 5 novembre 1993, *COB*, Rec. p .944.

contraire. Dans cette décision, le commissaire du gouvernement estimait, tout comme la Cour de cassation, qu'en tant qu'AAI, la COB ne disposait pas de la personnalité juridique et n'avait pas qualité pour faire appel. Cependant, le Conseil d'État estima : « La Commission des opérations de bourse, autorité administrative indépendante, a qualité pour agir, sans qu'il soit besoin pour le ministre de s'approprier sa requête ». Cette conception du juge administratif rompt avec « le monopole classique, sauf texte contraire, de la représentation de l'État devant le juge administratif par le ministre intéressé ou l'un quelconque des ministres intéressés »[1410].

Cette divergence de jurisprudences a été accentuée lorsque le Conseil d'État a reconnu l'extension de la personnalité contentieuse des AAI au-delà des intérêts dont celles-ci ont la charge. La Cour administrative d'appel de Paris a jugé que la COB, « bien que ne disposant pas de la personnalité morale, est une autorité administrative indépendante, a qualité pour agir devant la juridiction administrative tant en première instance qu'en appel, sans qu'il soit besoin pour le ministre de s'approprier son action »[1411]. Or ce litige ne concernait pas les missions de la COB mais était relatif à une demande de décharge de taxe d'habitation[1412].

L'attitude du Conseil d'État envers les AAI semble correspondre à la définition même de ces organismes c'est-à-dire des entités indépendantes, situées hors de l'appareil administratif. Autrement dit, pour asseoir réellement l'indépendance des AAI, celles-ci doivent pouvoir participer à l'instance. A cet égard, les textes multiplient la participation des AAI en matière contentieuse, que ce soit en leur permettant de formuler des observations[1413] ou en jouant le rôle d'expert auprès des juridictions. Enfin, de nombreux textes particuliers ouvrent la possibilité aux présidents des AAI d'agir en

---

[1410] C. Chauvet, « La personnalité contentieuse des autorités administratives indépendantes », préc. p. 387.

[1411] CAA Paris, 1er décembre 1998, *COB, Revue de droit fiscal* 1999, p. 1285, Concl. Martel.

[1412] Cette décision a été confirmée par le Conseil d'État, CE, Ass. 23 février 2001, *COB, Revue de droit fiscal* 2001, p. 836, Concl. G. Bachelier.

[1413] En application du décret du 19 octobre 1987, le Conseil de la Concurrence détient le pouvoir de présenter des observations écrites pour défendre des actes pris en vertu des compétences qui lui sont accordées en matière de pratiques concurrentielles.

justice au nom de l'autorité. Ainsi, le décret n° 2009-141 du 10 février 2009 confère au président de l'Autorité de la concurrence un large pouvoir d'agir en justice en disposant que celui-ci « a qualité pour agir en demande et en défense et présenter des observations devant toute juridiction au nom de cette Autorité »[1414].

Par conséquent, l'attribution de la personnalité morale aux AAI n'est pas propre à justifier une garantie d'indépendance supplémentaire. Ainsi, en 2006, Louis Schweitzer, président de la HALDE, a souligné que celle-ci pouvait demander à présenter des observations devant les juridictions et particulièrement devant le juge pénal[1415]. Par le biais des dérogations textuelles, ces autorités, non dotées de la personnalité juridique ont donc une position procédurale spéciale et ce, contrairement aux règles contentieuses traditionnelles. A cet égard, il convient de noter que le Défenseur des droits a hérité de la HALDE cette faculté de présenter des observations devant le juge. Ce pouvoir doit être mis en parallèle avec les nombreuses prérogatives d'investigation[1416] que la loi organique du 29 mars 2011 a attribuée au Défenseur des droits. Il résulte en effet du droit à un procès équitable, garanti par l'article 6 paragraphe 1 de la CEDH, que le Défenseur des droits ne pourra utiliser ces deux prérogatives, celle de formuler des observations et celle d'utiliser ses pouvoirs d'investigation, dans un même litige au risque de méconnaître l'égalité des armes entre les parties[1417].

B/ Les revers de la personnalisation : l'exemple de la responsabilité

Pour intenter un recours en responsabilité contre une autorité administrative de contrôle, la jurisprudence administrative exige l'existence d'une faute lourde[1418]. Cette hypothèse est loin d'être

---

[1414] S. Nicinski, « L'Autorité de la concurrence », *RFDA* 2010, p. 1237.

[1415] Rapport P. Gélard 2006, préc.

[1416] Article 18 à 21 de la loi organique du 29 mars 2011 relative au Défenseur des droits.

[1417] Rapport P. Gelard du 11 juin 2014, *Autorités administratives indépendantes 2006-2014* : un bilan, préc. p. 21.

[1418] Selon le Conseil d'État : « Considérant que la responsabilité de l'État pour les fautes commises par la Commission bancaire dans l'exercice de sa mission de surveillance et de contrôle des établissements de crédit ne se substitue pas à celle de

théorique au regard des insuffisances de contrôle qui ont été reprochées à la commission bancaire durant la « crise des *subprimes* » ou encore les craintes relatives aux sanctions que prononcent ces autorités comme le montre l'exemple de l'ancien conseil de prévention et de lutte contre le dopage. A son propos, le Conseil d'État a rendu une importante décision le 26 juillet 2006 concernant la demande d'un sportif sanctionné pour usage de produit dopant. Même s'il s'est déclaré incompétent[1419], le Conseil d'État a jugé que le Conseil de prévention et de lutte contre le dopage « est une autorité administrative indépendante dépourvue de la personnalité morale ; qu'il engage donc, par les décisions entachées d'illégalité qu'il est susceptible de prendre, la responsabilité de l'État au nom duquel il agit »[1420]. Par suite, en suivant le raisonnement du Conseil d'État, les autorités administratives bénéficiant de la personnalité morale engagent non plus la responsabilité de l'État mais leur responsabilité propre.

Le Conseil d'État a expressément formulé ce principe dans un avis du 8 septembre 2005 relatif à la Commission de contrôle des assurances, des mutuelles et des institutions de prévoyance (CCAMIP)[1421]. L'article 30 de la loi de sécurité financière du 1er août 2003 avait prévu la fusion de deux organismes, la commission de contrôle des assurances et la commission de contrôle des mutuelles et des institutions de prévoyance. En fusionnant ces deux organismes, le législateur a donné naissance à la CCAMIP qui, à la suite d'un amendement de la commission des finances du Sénat, a été dotée de la personnalité morale. La CCAMIP avait pour objet de veiller au respect, par les entreprises d'assurance françaises et des succursales d'entreprises d'assurance non communautaires, par les mutuelles

---

ces établissements vis-à-vis, notamment, de leurs déposants ; que, dès lors, et eu égard à la nature des pouvoirs qui sont dévolus à la Commission bancaire, la responsabilité que peut encourir l'État pour les dommages causés par les insuffisances ou carences de celle-ci dans l'exercice de sa mission ne peut être engagée qu'en cas de faute lourde » , CE, 30 novembre 2001, *Commission bancaire*, *RFDA* 2002, Concl. Seban, p. 742.

1419 Le Conseil d'État a renvoyé l'affaire devant le Tribunal administratif de Marseille.

1420 CE, 26 juillet 2006, *Conseil de la prévention et de la lutte contre le dopage*, n° 2855247.

1421 Avis du Conseil d'État n° 371558 du 8 septembre 2005, *CJEG* 2006, p. 359, commentaire D. Labetoulle.

régies par le Code de la mutualité, par les institutions de prévoyance régies par le Code de la sécurité sociale, les institutions de retraite supplémentaire régis par le même Code et les organismes régis par l'article L. 727-2 du Code rural, des dispositions législatives et réglementaires qui leur sont applicables, ainsi que des engagements contractuels qui les lient aux assurés ou adhérents[1422].

Le ministre de l'Economie et des finances a saisi le Conseil d'État d'une demande d'avis pour savoir qui, de la CCAMIP ou de l'État, devrait assumer financièrement la prise en charge d'éventuels contentieux en responsabilité. La réponse de la formation consultative est particulièrement riche concernant le régime des API et les limites que peut engendrer l'attribution de la personnalité morale. Selon le Conseil d'État : « Dès lors que la capacité juridique lui a été attribuée, il appartient à la commission, en vertu du principe général selon lequel nul n'est responsable que de son fait, auquel ni la nature des missions confiées à la commission, ni les modalités selon lesquelles elle les exerce n'impliquent de déroger, d'assumer les conséquences des actions en responsabilité qui pourraient être engagées contre elle à l'occasion des fautes commises dans l'exercice de ses mission »[1423]. Par conséquent, le Conseil d'État a pris acte du choix opéré par le législateur en conférant à la CCAMIP la personnalité morale. Cette institution doit assumer financièrement la prise en charge d'une telle responsabilité dans l'hypothèse où cette dernière serait jugée responsable.

Dans sa note sous l'avis du 8 septembre 2005, D. Labetoulle souligne que le raisonnement du Conseil d'État prend la forme d'une mise en garde[1424]. Autrement dit, le Conseil d'État estime que l'attribution de la personnalité morale permet la jouissance de droits mais crée également des obligations. La personnalité morale constitue « un cadeau à double tranchant »[1425]. D'ailleurs, la formation consultative ajoute que « c'est à l'État qu'il appartient de réparer les

---

[1422] Le législateur a renommé la CCAMIP en 2005, elle est devenue l'Autorité de contrôle des assurances et des mutuelles, qualifiée d'autorité publique indépendante.
[1423] Avis du Conseil d'État n° 371558 du 8 septembre 2005, précité.
[1424] D. Labetoulle, « La responsabilité des AAI dotées de la personnalité morale : coup d'arrêt à l'idée de garantie illimitée de l'État, A propos de l'avis du Conseil d'État du 8 septembre 2005 », *CJEG* 2006, p. 359.
[1425] Anne Debet, « Autorités administratives indépendantes et personnalité morale », préc. p. 27.

conséquences des fautes commises par la Commission de contrôle des assurances et la Commission de contrôle des mutuelles et des institutions de prévoyance avant la création, par la loi du 1er août 2003, de la nouvelle autorité », étant donné que celle-ci ne disposait pas, avant 2003, de la personnalité morale. En outre, le ministre de l'Economie a demandé au Conseil d'État, eu égard à la nature particulière de la mission exercée par la CCAMIP, de mettre en lumière « les mécanismes envisageables pour une protection contre ce risque nouveau et difficilement évaluable »[1426].

Dans sa réponse, le Conseil d'État admet une exception au principe selon lequel l'AAI, devenue une autorité personnalisée, est responsable de ses actes. Cette dérogation s'explique par le régime et la mission particulière de la CCAMIP. En effet, la formation consultative fait preuve de réalisme en indiquant que l'objet de la CCAMIP, le contrôle des assurances, ne l'autorise pas à souscrire un contrat d'assurance. Par conséquent, le Conseil d'État estime que, compte tenu de la nécessaire impartialité de l'institution qui lui interdit de souscrire une assurance, cette dernière est dans l'obligation de constituer des provisions en vue d'une éventuelle action en responsabilité engagée contre elle. Le raisonnement du Conseil d'État conduit alors à substituer la responsabilité de l'État à celle de la CCAMIP. Il est à souligner que si cette institution de contrôle perçoit des contributions pour frais de contrôle, le taux de cette contribution est fixé par décret. Par voie de conséquence, c'est l'État et non la CCAMIP qui fixe le montant des ressources permettant à l'autorité administrative de constituer des réserves face à une éventuelle condamnation pécuniaire. Le Conseil d'État insiste sur ce point en soulignant que « la fixation de ce taux relève de la libre appréciation de l'État »[1427]. Dès lors, la responsabilité de l'État se substitue à celle de la CCAMIP puisque l'insolvabilité de la commission, le cas échéant, serait imputable à l'État qui n'aurait pas suffisamment évalué les charges financières de la CCAMIP.

Cette argumentation autorise une dérogation au principe selon lequel nul n'est responsable que de son propre fait. Toutefois, il convient de noter que la responsabilité étatique est engagée uniquement parce que l'État n'aurait pas fixé un niveau de

[1426] Avis du Conseil d'État n° 371558 du 8 septembre 2005, précité.
[1427] *Ibid*

contribution suffisant. Autrement dit la responsabilité de l'État n'est pas engagée sur le fondement des fautes commises par la CCAMIP dans l'exercice de ses fonctions. Dès lors, D. Labetoulle en conclut que cette exception à l'engagement de responsabilité d'une entité personnalisée est de nature « factuelle »[1428]. Elle n'est donc pas applicable aux autres AAI dotées de la personnalité morale[1429].

Les six autorités publiques indépendantes doivent donc souscrire un contrat d'assurance à raison des fautes qu'elles pourraient commettre dans l'exercice de leurs missions. Or, ce contrat d'assurance représente une charge financière importante. A cet égard, MM. Bruno Lasserre, président du Conseil de la concurrence, et Dominique Baudis, président du CSA[1430], ont indiqué au rapporteur de l'office parlementaire d'évaluation des AAI en 2006 que le poids budgétaire d'une telle assurance constituait le principal inconvénient de la personnalité morale des API. En outre, le président de l'AFLD, autorité publique indépendante, a exprimé les mêmes craintes en affirmant que les sportifs sanctionnés pour des raisons de dopage formaient systématiquement des recours contre ces décisions, et qu'il était difficile pour l'AFLD de réaliser une évaluation des risques ainsi encourus, puis de trouver une compagnie d'assurance susceptible de les couvrir. Les API étant des personnes morales de droit public, leur responsabilité peut être engagée sur le plan pénal[1431] au titre des infractions commises par leurs représentants ou leurs organes. Par conséquent, il convient de mesurer les conséquences générées par la personnalité morale : « si le législateur répand la personnalité morale

---

1428 D. Labetoulle, « La responsabilité des AAI dotées de la personnalité morale : coup d'arrêt à l'idée de garantie illimitée de l'État », préc. p. 359.

1429 A cet égard, il convient de souligner que l'ACAM, qui a remplacé en 2005 la CCAMIP et qui était dotée de la personnalité morale, a été supprimée. Le législateur a donné naissance à l'Autorité de contrôle prudentiel en fusionnant l'ACAM, la Commission bancaire, le comité des entreprises d'assurance et le comité des établissements de crédit et des entreprises d'investissement comité des établissements de crédit et des entreprises d'investissement. Or, le législateur a, sans doute, pris en compte la réponse du Conseil d'État, puisque cette nouvelle autorité ne dispose pas de la personnalité morale.

1430 D. Baudis est l'actuel Défenseur des droits.

1431 Toutefois, comme le souligne M. Lombard, « un tel risque paraît relativement théorique [...] tant il paraît difficile de concevoir des cas pratiques où il pourrait se concrétiser », « Institutions de régulation économique et démocratie politique », *AJDA* 2005, p. 532.

sur les autorités administratives indépendantes, les conséquences systémiques, symboliques et économiques en seront importantes »[1432].

En dotant les nouvelles structures *sui generis* de la personnalité publique, les autorités créatrices ont établi une similitude avec l'établissement public. Cette similitude est accentuée par le fait que les établissements publics, tout comme les nouvelles personnes publiques, connaissent un régime juridique hétérogène.

Section 2 : L'hétérogénéité du régime juridique

Le second paramètre offrant la possibilité d'établir des lignes fédératives entre l'établissement public et les nouvelles personnes publiques réside dans l'hétérogénéité de leur régime juridique. L'établissement public est souvent présenté comme une catégorie éclatée regroupant des structures aussi différentes que la métropole, l'université ou encore les associations syndicales autorisées. Cette diversité est également présente dans le régime juridique applicable aux catégories d'établissements publics.

Les EPIC disposent de personnels relevant du droit privé et sont soumis à la comptabilité privée. Des textes spécifiques permettent également à certains EPA d'employer des personnels de droit privé. L'article L. 224-7 du code de la sécurité sociale autorise les trois caisses nationales d'assurance maladie à employer simultanément des fonctionnaires, des personnels de droit privé sous convention collective ainsi que des médecins conseils soumis à un statut réglementaire de droit privé. Cette mixité caractérise également les nouvelles personnes publiques. Les nouvelles personnes publiques regroupent également des entités disparates comme la Banque de France, la HAS ou encore les GIP. De plus, elles sont assujetties à de nombreuses règles de droit privé et accomplissent leurs missions à l'intersection du droit public et du droit privé. Cette mixité est particulièrement présente à l'égard des règles de fonctionnement des

---

1432 M.-A. Frison-Roche, « Les risques de régulation, l'hypothèse de l'interrégulation », dir, Presses de Sciences-Po/Dalloz, coll. Droit et économie de la régulation, t. 3, p. 72.

GIP (§1) et à l'égard du droit applicable au personnel de la Banque de France (§2).

§1 La mixité des règles de fonctionnement des GIP

Selon le guide d'information publié par le ministère de la recherche, « il résulte clairement des travaux préparatoires que les groupements d'intérêt public constituent des personnes morales de droit public. Toutefois, cette personne diffère tant dans son mode de création que par ses règles de fonctionnement des établissements publics traditionnels »[1433]. Cette conception est discutable puisque de nombreux éléments de comparaison existent entre les deux formules. En effet, tout comme les EPIC, les GIP mêlent les règles de droit public et de droit privé dans leur fonctionnement. Néanmoins, la différence fondamentale entre les GIP et les établissements publics réside dans leur mode de création. Dans leur manuel de droit administratif, A. de Laubadère, J.-C. Venezia et Y. Gaudemet mentionnent cette différence et ajoutent que les GIP sont créés pour une durée déterminée alors que les établissements publics sont presque toujours constitués pour une durée illimitée[1434]. Il est possible de nuancer ces propos en se fondant sur trois éléments.

Premièrement, le statut général des GIP n'a pas retenu le caractère temporaire et limité des GIP officialisé depuis 1982[1435]. Le Conseil d'État justifie que le caractère temporaire des GIP n'ait pas été retenu par le législateur comme suit : « compte tenu du caractère des missions assurées par les GIP, dont certaines peuvent disposer d'une certaine permanence, il conviendrait de laisser à la convention constitutive le soin de décider si le groupement est constitué pour une durée déterminée ou non »[1436]. Cependant, dans son rapport de 1997, le Conseil d'État avait précisé que l'une des spécificités du GIP par rapport à l'établissement public était son caractère temporaire. Par conséquent, l'article 99 de la loi de simplification du droit, en introduisant la possibilité pour le GIP d'être créé pour une durée indéterminée, rapproche cette formule de l'établissement public.

1433 Guide méthodologique relatif aux GIP, précité, p. 6.
1434 A. De Laubadère, J.-C. Venezia et Y. Gaudement, *Manuel de droit administratif*, LGDJ, 2010, p. 179.
1435 CE, avis, 1er oct. 2009, cité par le rapport d'E. Blanc, 24 nov. 2009, AN n° 2095.
1436 *Ibid.*

Deuxièmement, la constitution d'un GIP naît de la volonté des parties, par la conclusion d'une convention constitutive entre les parties intéressées. Cette création, sur le mode conventionnel, se rapproche de celle de l'association, de la société commerciale ou encore du groupement d'intérêt économique. Toutefois, il existe, depuis la loi de programme pour la recherche du 18 avril 2006, des établissements publics qui peuvent être créés sur un mode conventionnel, les PRES.

Enfin, le GIP se distinguerait des établissements publics par le fait que les membres des GIP sont libres de déterminer, au sein de la convention constitutive, ses règles de fonctionnement. Cette souplesse s'explique par la volonté du législateur de pallier la lourdeur de création d'un établissement public qui suppose, *a minima*, l'intervention d'un décret. Or, cet argument porte à discussion puisque la convention constitutive nécessite une approbation ministérielle sans laquelle les GIP ne peuvent jouir de la personnalité morale. Le statut législatif des GIP a consacré le contrôle de l'État sur cette convention constitutive[1437]. A ce propos, le guide d'information relève que la procédure d'approbation est de douze mois en moyenne. De surcroît, le guide conseille d'engager la procédure d'approbation de la convention avant la signature des statuts. A cela viennent s'ajouter d'autres dispositions législatives et réglementaires limitant, en pratique, la liberté des parties. La nécessité de l'approbation ministérielle constitue le premier obstacle à la liberté contractuelle puisque cette obligation relève d'un régime unilatéral d'autorisation essentiellement discrétionnaire. Il est précisé, dans le guide d'information, que les autorités ministérielles compétentes détiennent le pouvoir de refuser l'approbation d'une convention constitutive si celle-ci ne satisfait pas aux exigences contenues dans le guide. Le juge est venu préciser la portée de cette affirmation dans un arrêt du 28 décembre 2005[1438]. Selon le Conseil d'État, « les ministres compétents doivent s'assurer de la légalité du projet de convention, vérifier qu'il entre bien dans le champ d'application de la loi et apprécier, sous le contrôle du juge, son contenu au regard de l'ensemble des intérêts généraux dont ils ont la charge ». Pour B. Jorion, cet arrêt doit se comprendre comme le refus « de voir dans

[1437] Article 100 de la loi du 17 mai 2011 de simplification du droit.

[1438] CE, 28 déc. 2005, *Syndicat mixte intercommunal d'aménagement du bassin de la Vesle*, Leb. p. 603, *AJDA* 2006, p. 380, Concl. M. Guyomar

l'autorité administrative d'approbation le co-auteur d'un GIP, pour ne lui laisser qu'un rôle limité et contrôlé, assez proche d'un pouvoir de tutelle ». En admettant cette conception[1439], il reste que l'existence d'un tel contrôle, dès la création du GIP, limite la liberté des parties. Il revient au juge, *in fine*, de concilier les intérêts généraux du GIP avec le contrôle nécessaire de l'autorité de tutelle[1440].

De plus, il a été affirmé que les parties pouvaient librement choisir leurs règles de fonctionnement. Pourtant, l'autonomie des parties n'est qu'apparente si l'on prend l'exemple du régime de la comptabilité ou celui du personnel mis à disposition d'un GIP. Le législateur a prévu que les parties au groupement choisissent le régime de la comptabilité privée ou celui de la comptabilité publique. Cependant, il existe une similitude avec les EPIC dans la mesure où le décret du 29 décembre 1962 relatif aux EPIC dotés d'un comptable public s'applique obligatoirement aux GIP entièrement composés de personnes publiques ou si le GIP est chargé du suivi et de la gestion de programmes bénéficiant de financements européens. Ces règles démontrent une limite à l'autonomie contractuelle tout en évitant que le GIP soit utilisé « dans le seul but de permettre à des personnes publiques d'échapper aux contraintes de droit public »[1441]. De plus, l'article 99 de la loi d'amélioration et de la simplification du droit du 17 mai 2011 identifie onze mentions obligatoires[1442] devant figurer dans la convention constitutive. Ce contenu minimum s'analyse « comme une dénaturation de la spécificité du GIP en remettant en cause leur origine conventionnelle »[1443].

La liberté des parties est également atténuée si on analyse la qualité publique ou privée des personnels mis à disposition des GIP. L'article 21 de la loi du 15 juillet 1982 laissait le choix, dans la convention, de préciser les conditions dans lesquelles les membres du groupement mettraient à disposition des personnels rémunérés par

---

1439 L'utilisation du terme « apprécier » relève davantage d'un contrôle d'opportunité que du seul examen de la légalité.

1440 Par voie de conséquence, le juge apparait comme un second niveau de contrôle sur la convention.

1441 R. Tinière, « Eléments de définition d'un standard commun aux groupements d'intérêt public », *AJDA* 2007, p. 845.

1442 De la dénomination du groupement aux conditions d'adhésion et de retrait des membres.

1443 P. Combeau, « La « loi 1901 » des GIP », *JCP A* 2011. 2235.

eux. A cet égard, l'arrêt *GIP Habitat*[1444] du Tribunal des conflits a contribué à ralentir le phénomène de multiplication des GIP. En qualifiant expressément cette nouvelle institution de personne morale de droit public, cet arrêt a pour conséquence de soumettre le personnel non statutaire d'un GIP, dans leurs rapports avec le groupement, aux règles de droit public, en application de la jurisprudence *Berkani*[1445]. Par conséquent, un salarié de droit privé, mis à disposition d'un GIP, se retrouve automatiquement soumis à l'égard du GIP à un régime de droit public. En d'autres termes, l'un des principaux avantages du GIP était de pouvoir disposer de personnel de droit privé, et cette liberté n'est plus envisageable depuis la qualification de personne morale de droit public opérée en 2000. On comprend que la création des GIP a été quelque peu ralentie à la suite de la décision du Tribunal des conflits. Néanmoins, l'article 109 de la loi de simplification du droit du 17 mai 2011 énonce que « sous réserve des dispositions relatives à la mise à disposition prévues par le statut général de la fonction publique, les personnels du groupement ainsi que son directeur sont, quelle que soit la nature des activités du groupement, soumis, dans les conditions fixées par la convention constitutive, aux dispositions du code du travail ou à un régime de droit public déterminé par décret en Conseil d'État ». Par conséquent, le législateur a souhaité introduire une nouvelle forme de souplesse en permettant aux GIP de déroger au droit commun étant donné que l'application de la loi pourra aboutir à la création de GIP chargés d'une activité de service public administratif, mais dotés de personnels soumis au code du travail[1446]. Cette disposition constitue une nouvelle dérogation à l'application de la jurisprudence *Berkani*. On peut donc en conclure que les GIP fonctionnent selon un régime juridique hétérogène, mêlant l'application des règles de droit public et celles de droit privé. La mixité de leur régime juridique constitue un élément de comparaison important avec l'établissement public. Cette proximité des formules est accentuée par le fait que, malgré leur mode de création par voie

---

[1444] TC, 14 févr. 2000, *GIP « Habitat et interventions sociales pour les mal-logés »*, Leb. p. 748, *AJDA* 2000, p. 465, chron. M. Guyomar et P. Collin ; *JCP* 2000. II. 10301, obs. N. Eveno.

[1445] TC, 15 déc. 2003, *Préfet Val-d'Oise et Fossard, JCP A* 2004, p. 329, note J. Moreau et CE 1er avr. 2005, *Syndicat national des affaires culturelles et autres, AJDA* 2005, p. 2183, note O. Raymundie et L. de la Brosse ; *JCP* 2005. II. 10112, note C. Moniolle ; *JCP A*. 2005. 1321, note B. Jorion.

[1446] L. Janicot, « La rationalisation manquée des GIP », *AJDA* 2011, p. 1200.

conventionnelle, les GIP sont soumis à d'importants contrôles limitant leur autonomie et la liberté contractuelle des parties membres d'un GIP.

La question du régime du personnel est au centre de la qualification des organismes *sui generis* comme le confirme l'analyse de la question appliquée à la Banque de France.

§2 Le droit applicable aux agents de la Banque de France

Le droit applicable aux agents de la Banque de France conduit à qualifier celle-ci d'institution mixte. Le Conseil d'État et le Tribunal des conflits ont estimé qu'au nombre des caractéristiques propres à la Banque de France « figure l'application à son personnel des dispositions du code du travail qui ne sont incompatibles ni avec son statut, ni avec les missions de service public dont elle est chargée »[1447]. Cette solution n'était pourtant pas évidente. Deux arguments offraient au juge la possibilité de remettre en cause le principe suivant lequel les agents de la Banque sont soumis à l'application du droit du travail.

A titre liminaire, il convient de rappeler que la qualification de la Banque de France a évolué au fil de ses statuts successifs. Jusqu'en 1973, la Banque de France était une société anonyme. Dans l'arrêt *Société la Fontaine de Mars*, le juge a souligné que la Banque de France était une personne publique. Restait à savoir si cette institution *sui generis* pouvait être classée dans la catégorie des établissements publics. Le Conseil d'État a affirmé, dans l'arrêt *Syndicat national autonome du personnel de la Banque de France* (SNAP), du 22 mars 2000, que la Banque n'était pas un établissement public mais revêtait une nature particulière et présentait des caractéristiques propres. Cependant, la Cour de cassation en 2002 a expressément qualifié la Banque de France d' « établissement public administratif »[1448]. Les raisons de cette divergence s'expliquent, notamment, par le régime juridique applicable aux agents de la Banque de France.

[1447] CE, 22 mars 2000 *Synd. nat. autonome du personnel de la Banque de France* et TC, 16 juin 1997, *Société La Fontaine de Mars et époux Muet.*

[1448] Cas. Civ.I, 5 février 2002, *Banque de France contre Société Edition Catherine Audval, D.* 2002, p.1128, note J.-P. Gridel.

Afin de préciser ce régime, il convient de rappeler que les agents de la Banque de France participent principalement à l'exercice d'une mission de service public administratif et qu'ils sont dans une situation statutaire « au sens de statut d'entreprise et non de statut général de la fonction publique »[1449]. En outre, les statuts de 1973 et de 1993 n'indiquent aucune information concernant le droit applicable aux agents de la Banque de France. L'article 11 de la loi du 4 août 1993 dispose simplement que « le conseil général administre la banque de France [...] Il délibère des statuts du personnel ». La qualification de personne publique aurait du entraîner l'application à ses agents d'un régime de droit public. Néanmoins, la jurisprudence a réaffirmé que les agents de la Banque de France sont soumis au code du travail nonobstant sa qualification de personne publique. Le juge a donc conservé la solution qu'il avait adoptée lorsque la Banque de France était considérée comme une personne privée[1450].

Selon un premier argument, le fait que la Banque de France soit qualifiée de personne publique et que son personnel participe principalement à une mission de service public administratif auraient permis au juge d'écarter leur soumission à la législation du droit du travail en application de la jurisprudence *Dame Veuve Mazerand*[1451]. Ensuite, la combinaison de l'arrêt *Société la Fontaine de Mars*[1452], affirmant le caractère public de la Banque, et de la jurisprudence *Berkani*[1453], soumettant les agents non statutaires d'une personne publique gérant un service public administratif au droit public, aurait pu aboutir « à une véritable révolution juridique puisqu'elles [ces deux jurisprudences] conduisent à abandonner le régime de droit privé appliqué aux agents de la Banque de France depuis sa création »[1454]. C'est d'ailleurs en se fondant sur cette argumentation que le gouverneur de la Banque de France avait, en 1998, pris différentes décisions pour appliquer à son personnel les règles du droit public. Les syndicats ont attaqué ces décisions en arguant qu'elles se

---

1449 M. Guyomar, « Régime juridique applicable aux agents de différentes catégories de personnes publiques », *AJDA* 2000, p. 412.

1450 CE, Sect., 6 mai 1970, *Synd. national du cadre secrétaire-comptable de la Banque de France*, Rec. p. 306.

1451 CE, *25 novembre 1963, Dame Veuve Mazerand*, Leb. p. 79.

1452 TC, 16 juin 1997, *Société La Fontaine de Mars et époux Muet*, précité.

1453 TC, 25 mars 1996, *Berkani*, précité.

1454 M. Guyomar, « Régime juridique applicable aux agents de différentes catégories de personnes publiques », préc. p. 413.

fondaient sur une délibération entachée d'une erreur de droit. Une délibération, prise au sein du Conseil général de la Banque de France, disposait que le Code du travail n'était plus applicable aux agents de la Banque de France. Cependant, le Commissaire du gouvernement a souhaité dépasser la combinaison des deux arrêts du Tribunal des conflits afin de préserver « l'histoire de l'institution » et « le cadre législatif dans lequel elle exerce sa mission »[1455]. Le Conseil d'État a retenu cette position en jugeant qu' « au nombre des caractéristiques propres à la Banque de France figure l'application à son personnel des dispositions du Code du travail »[1456]. Le juge administratif confirme cette solution en insistant sur le fait qu' « aucune disposition législative ultérieure n'a eu pour objet ou pour effet d'écarter l'application du Code du travail aux agents de la Banque de France »[1457].

L'autonomie de la Banque de France par rapport au gouvernement et le régime juridique du droit applicable à ses agents contribue à présenter cette institution financière comme un organisme fonctionnant à l'intersection du droit public et du droit privé. Cependant, cette mixité du régime juridique soulève de nombreuses difficultés en matière de répartition du contentieux des litiges relatifs à la Banque de France. Il convient de rappeler les divergences des juridictions suprêmes sur la qualification de la Banque de France. Alors que le Conseil d'État la qualifie de « personne publique *sui generis* »[1458], la Cour de Cassation la définit comme un « établissement public administratif »[1459]. Cette contrariété de jurisprudence emporte des conséquences importantes sur la détermination de la compétence juridictionnelle pour connaître des activités et du statut du personnel qui « n'en finissent pas de susciter des questions »[1460].

1455 J. Arrighi de Casanova, Concl. sur, TC, 16 juin 1997, *Epoux Muet, Société La Fontaine de Mars c/Banque de France*, *RFDA*, n°13, p. 824.

1456 CE, 22 mars 2000, *Synd. nat. autonome du personnel de la Banque de France*, précité.

1457 CE, 2 octobre 2002, *Banque de France et autres, AJDA*, 2003, p. 1345 et s. note J.-P. Markus.

1458 CE, 22 mars 2000, *SNAP contre Banque de France*, précité.

1459 Cas. Civ. I, 5 février 2002, *D.* 2002, p. 1128, précité.

1460 J.-P. Markus, « La compétence du juge judiciaire dans un litige interne à la Banque de France », *AJDA* 2002, p. 1345.

Sous l'empire de la loi du 3 janvier 1973 relative au statut de la Banque de France, il était prévu que la juridiction administrative connaissait des contestations relatives à l'administration intérieure de la banque ainsi que des litiges entre la banque et les membres de son conseil général ou ses agents et prononce en cette matière toute condamnation civile, y compris dommages-intérêts, et même la cessation de fonction. Toutes les autres questions devaient être portées devant les tribunaux « qui doivent en connaître ». Cet article a soulevé des incertitudes, notamment concernant la gestion par la Banque de France du fichier national des incidents de paiement. En effet, de nombreux justiciables ont engagé une action en responsabilité contre la Banque de France en raison des préjudices que leur aurait causé la communication par la Banque, à des tiers, d'incidents de paiement. La Cour d'Appel de Paris avait souligné que la gestion de ce fichier des incidents de paiement ne relevait pas de l'exercice de prérogatives de puissance publique[1461]. Le Conseil d'État jugeait également que ces litiges relevaient de la compétence du juge judicaire[1462]. Par suite, ces litiges ne pouvaient être portés devant la juridiction administrative puisque qu'ils n'entraient pas dans le domaine des contestations visées par l'article 30 de la loi du 3 janvier 1973. Cependant, la Cour de cassation n'a pas suivi la Cour d'appel de Paris mais a estimé que la gestion du fichier national des incidents de paiement constituait « une mission de service public se rattachant à la mission générale de surveillance du crédit et de la monnaie dévolue à cette institution, comportant l'exercice de prérogatives de puissance publique »[1463]. Or, il est possible de s'interroger sur cette justification de la compétence du juge administratif. Autrement dit, la gestion du fichier national des incidents de paiement recouvre-t-elle effectivement l'exercice de prérogatives de puissance publique ?

La loi du 4 août 1993 n'a pas clarifié la distinction des missions de la Banque de France puisqu'elle précise seulement que les activités « autres que celles qui relèvent des missions du système européen des banques centrales » sont régies par la législation civile et commerciale. Selon le Conseil d'État, la mise en œuvre de la politique monétaire, la surveillance du bon fonctionnement des systèmes de compensation et de paiement et la stabilité du système bancaire

---

[1461] Cour d'appel de Paris, 28 mars 1994, *D*. 1994, p. 113.

[1462] CE, 17 novembre 1986, *Bernier*, Lebon, p. 216.

[1463] Cas. Civ. I, 2 avril 1996, *BDF c/ Sté Tray*, *Bull. civ*. I. n° 167.

relèvent de la compétence du juge administratif. Mais la jurisprudence « n'en indique guère plus sur la répartition des compétences concernant l'activité de la Banque de France »[1464]. Parmi les activités soumises au régime de droit privé, il pourra seulement être relevé que les litiges relatifs aux droits de reproduction des billets de la Banque de France ressortissent de la compétence du juge judicaire[1465]. Les règles relatives à l'identification de la juridiction compétente en matière du statut du personnel sont encore moins accessibles.

Selon la Cour de cassation, la Banque de France est un établissement public administratif. En application de la jurisprudence *Berkani*[1466], les litiges relatifs au personnel de la Banque relèvent donc de la compétence du juge administratif. Cependant, le Conseil d'État estime que la Banque est une personne publique *sui generis* présentant des caractéristiques propres au nombre desquels figurent l'application à son personnel des dispositions du code du travail. En outre, le Conseil d'État ajoute que les dispositions de droit privé ne peuvent s'appliquer lorsqu'elles sont « incompatibles avec le statut et les missions de la Banque de France ». Par conséquent, le justiciable doit être en mesure de connaître les dispositions du code du travail incompatibles avec les missions de la Banque. A titre d'illustration, le Conseil d'État a refusé de suspendre la décision du conseil général d'allonger provisoirement la durée du travail de tous les salariés, dans la perspective de la mise en circulation de l'euro[1467]. Cette décision semble justifiée au regard de l'intérêt du service public pris en charge par la Banque de France. Toutefois, il est possible de regretter l'absence de l'établissement d'« un bloc de compétence au profit de l'ordre juridictionnel administratif »[1468] dans les litiges opposant la Banque à ses agents. En qualifiant la Banque de France d'établissement public administratif, le contentieux relatif au personnel de la Banque relèverait entièrement de la compétence de la juridiction administrative. Cependant, le juge administratif serait dans

---

1464 J.-P. Markus, « La compétence du juge judiciaire dans un litige interne à la Banque de France », préc. p. 1346.

1465 Arrêt du 5 février 2002 précité.

1466 TC, 25 mars 1996, *Préfet de la Région Rhône-Alpes c/ Conseil de Prud'hommes*, précité.

1467 CE 13 septembre 2001, *Fédération CFDT des syndicats de banques et sociétés financières*, req. n° 237773.

1468 J.-P. Markus, « La compétence du juge judiciaire dans un litige interne à la Banque de France », préc. p. 1347.

l'obligation d'appliquer les dispositions du Code du travail. Or, il ne semble pas très enclin à examiner le contentieux soulevé par les règles de procédure inscrites dans le Code du travail. Dans cette optique, le Conseil d'État a jugé que le contentieux des expertises en matière d'hygiène et de sécurité relève de la compétence du juge judiciaire alors que ce contentieux oppose les agents à leur employeur, c'est-à-dire à la Banque de France[1469].

Enfin, il convient de rappeler, comme autre critère de mixité, que la Banque de France « est une institution dont le capital appartient à l'État ». La création des autorités administratives indépendantes et des autorités publiques indépendantes démontrent que la nouvelle fonction de l'État régulateur est de combiner les exigences du pouvoir économique avec celles du pouvoir politique. Les autorités de régulation permettent de contrôler les acteurs économiques privés tout en garantissant une certaine forme d'éloignement de l'État.

Outre leur qualification de personne publique et la mixité de leur régime juridique, les personnes publiques *sui generis* peuvent être qualifiées, à l'instar de l'établissement public, de personnes publiques secondaires.

Section 3 : Des personnes publiques secondaires

Le Conseil d'État définit l'établissement public comme une « personne morale de droit public créée par une autre personne publique »[1470]. Cette définition marque une troisième caractéristique de l'établissement public : étant créés par d'autres personnes morales de droit public, les établissements publics apparaissent comme des sujets de droit d'ordre secondaire. En d'autres termes, ils constituent des êtres dérivés[1471]. Les nouvelles personnes publiques, étant construites sur le modèle de l'établissement public seront également définies comme des personnes publiques subalternes. Les établissements publics et les nouvelles personnes publiques constituent des personnes publiques de rang inférieur dans la mesure

[1469] CE, 2 octobre 2002, *Banque de France et autres*, précité.
[1470] CE, *Rapport d'étude sur les établissements publics*, 2009, p. 12.
[1471] B. Plessix, « Etablissements publics », *Jurisclasseur administratif*, fascicule 135.

où ils disposent de compétences controversées (§2), que ce sont des personnes publiques contrôlées (§1) et enfin qu'ils sont assujettis au principe de spécialité (§3).

§ 1 Des personnes publiques contrôlées

Selon J. Rivero, la relation entre autonomie et personnalité morale n'est pas systématique[1472]. L'attribution de la personnalité morale ne saurait suffire à garantir l'autonomie des personnes publiques dès lors que ces dernières subissent des contrôles contraignants. L'analyse des contrôles pesant sur les établissements publics comme sur les nouvelles personnes publiques démontre qu'il existe des personnes publiques plus autonomes que d'autres et que les établissements publics tout comme les personnes publiques innomées « se voient façonné(e)s pour des intérêts ultimes qui ne sont pas les leurs, qu'elles n'arrêtent pas librement, mais qui leur sont imposés »[1473]. Le contrôle opéré sur les établissements publics constitue la légitime contrepartie de l'autonomie qui leur est conférée par la loi. Ce contrôle s'exerce dès la naissance de l'établissement public puisque seuls la loi ou le règlement peuvent adopter les statuts d'un établissement public. Selon le commissaire du gouvernement L. Blum, l'établissement public « demeure vis-à-vis de la loi qui l'a créé, dans un état de constante dépendance »[1474].

Les établissements publics voient leur autonomie contrôlée par deux techniques, la tutelle et le rattachement (A). Nonobsant le souhait de créer des nouvelles personnes publiques dotées d'une autonomie renforcée, l'étude démontrera que les nouvelles personnes publiques n'échappent pas à la qualification de personnes publiques contrôlées (B).

[1472] J. Rivero, J. Waline, *Droit administratif*, Dalloz, 21ème éd., p. 47.
[1473] E. Picard, « La liberté contractuelle des personnes publiques constitue-t-elle un droit fondamental ? », *AJDA* 1998, p. 662.
[1474] L. Blum, Concl. sur CE, 21 juin 1912, *Delle Pichot*, Rec. CE, p. 718.

A/ Le contrôle exercé sur les établissements publics : la tutelle et le rattachement

Tout d'abord, les établissements publics n'ont pas bénéficié de la réforme introduite par la loi du 2 mars 1982 relative aux droits et libertés des communes, des départements et des régions. Ainsi que le souligne le Conseil d'État, « il n'existe en effet pas de principe constitutionnel de libre administration des établissements publics comme il existe un principe de libre administration des collectivités territoriales »[1475]. Les établissements publics sont donc soumis à un contrôle de la part de leur collectivité de rattachement. Cette tutelle est pesante puisqu'elle comporte les pouvoirs d'annulation, d'approbation, d'autorisation ou encore de substitution. A titre d'illustration, l'article L. 719-8 du code de l'éducation prévoit qu'en cas de difficulté grave de fonctionnement des organes statutaires des universités ou de défaut d'exercice de leurs responsabilités, le ministre chargé de l'enseignement supérieur peut prendre, à titre exceptionnel, toutes dispositions imposées par les circonstances. En outre, certains textes prévoient des pouvoirs importants en matière de révocation des instances dirigeantes de certains établissements publics. L'article 11 du décret du 18 juillet 1991 autorise le préfet à révoquer un membre d'une chambre de commerce et d'industrie en cas de faute grave dans l'exercice de ses fonctions. Il convient toutefois de souligner que dans son dernier rapport sur les établissements publics, le Conseil d'État dénonce l'existence de tutelles lourdes et inefficaces sur les établissements publics nationaux. Selon ce rapport, il existe un paradoxe dans le contrôle qui pèse sur ces institutions. D'un côté, les établissements publics seraient soumis à des contrôles trop nombreux, et, de l'autre, certains responsables d'établissements publics ont le sentiment d'être insuffisamment pilotés « en raison d'un manque de cohérence et de dimension stratégique des dialogues avec l'autorité de tutelle »[1476]. En d'autres termes, un établissement public n'est généralement pas soumis à la tutelle d'un seul ministère. En réalité, l'existence de la tutelle est souvent partagée entre différents ministères, ce qui conduit à multiplier les interlocuteurs extérieurs et donc les orientations de l'établissement en cause. C'est pourquoi les établissements publics ont souvent le sentiment d'être

[1475] CE, *Rapport d'étude sur les établissements publics*, 2009, p. 56.
[1476] CE, *Rapport d'étude sur les établissements publics*, 2009, p. 62.

« surcontrôlés ». Ce contrôle s'exerce également à travers la notion de rattachement.

La notion de rattachement est utilisée comme un critère permettant d'opposer les établissements publics à caractère national à ceux qui ont un caractère local. Selon R. Chapus, « une institution spécialisée est rattachée à une collectivité publique territoriale. Elle se présente comme le prolongement, personnalisé, de cette collectivité, du fait qu'elle exerce une activité qui entre dans les attributions de cette dernière »[1477]. Contrairement à la tutelle, le rattachement se définit par rapport au mode d'intervention de la collectivité de rattachement dans la gestion d'un établissement public[1478]. Outre le fait que cette notion permette de déterminer le régime de tutelle applicable à tel ou tel établissement, elle possède une grande utilité en ce qu'elle conduit à l'application du régime juridique applicable à la collectivité de rattachement. En d'autres termes, la suppression d'un texte applicable à une collectivité publique l'est tout autant pour l'établissement public qui lui est rattaché. A titre d'illustration, l'article 2045 du Code civil de 1804 interdisait aux communes et aux établissements publics de transiger sans l'accord explicite du roi. Or, la « suppression de la tutelle administrative » par la loi de décentralisation de 1982 rend cette disposition caduque. De ce fait, il est possible d'en déduire que les établissements publics locaux à qui l'on applique le régime juridique de la commune ont désormais le droit de transiger[1479].

Le rattachement suppose concrètement l'existence de liens entre l'établissement public et la collectivité territoriale de rattachement qui peuvent être « organiques si les représentants de la collectivité siègent ès qualité, dans le conseil de l'établissement, avec de nombreuses variantes possibles (représentation majoritaire,

---

1477 R. Chapus, *Droit administratif général*, préc. p. 338.

1478 E. Fatôme, « A propos du rattachement des établissements publics », *Mélanges en l'honneur de J. Moreau*, Economica 2009, p. 141.

1479 Si l'impossibilité de transiger demeure le principe en ce qui concerne les établissements publics nationaux, de nombreux textes sont venus encourager ce mode alternatif de règlement des litiges en matière administrative. Ainsi en est-il du décret n°2004-638 du 25 juin 2004 qui autorise l'Institut national de l'environnement et de la maîtrise de l'énergie à transiger. On peut également se référer à l'article du professeur R. Drago, « Les établissements publics et la transaction », *Mélanges Waline*, Dalloz, 2002, p. 182.

minoritaire ou symbolique, présidence de droit [...] - budgétaires et financiers, quand le budget de l'établissement ou ses comptes doivent être approuvés par l'assemblée de la collectivité locale ou lorsque cette dernière participe à la dotation initiale ou au financement annuel de l'établissement – juridiques, si les organes de la collectivité exercent des pouvoirs de tutelle sur les décisions prises au nom de l'établissement »[1480]. On déduit de cette définition une très grande variation dans le contenu de la notion de rattachement. En effet, il n'est pas possible de comparer un établissement public de l'État, dont le directeur est souvent nommé, avec l'Université dont les membres directeurs sont élus. Ces liens de dépendance qui fluctuent d'un établissement à un autre ne permettent pas de délimiter le contenu de la notion de rattachement. Le Conseil d'État considère que « tout établissement public doit être techniquement rattaché à une personne morale »[1481]. Cette conception est confirmée par la doctrine. Autrefois, M. Hauriou affirmait que les « établissements publics peuvent être rattachés soit à l'État, soit aux départements, soit aux communes en ce que s'ils étaient supprimés, les personnes qu'ils gèrent retomberaient à la charge tantôt de l'État, tantôt des départements, tantôt des communes »[1482]. Dans la plupart des hypothèses, les textes prennent soin de désigner la collectivité de rattachement[1483]. L'opération se révèle plus délicate en l'absence de texte. Dans ce cas, le juge a recours à la méthode du faisceau d'indices pour déterminer la collectivité de rattachement.

De plus, il convient de souligner l'ambivalence de la notion de rattachement[1484]. E. Fatôme a démontré l'existence de deux types de rattachement : « un rattachement par nature qui est impliqué par

---

[1480] J. Moreau, *Droit administratif*, PUF, Coll. Droit fondamental, 1989, p. 96.
[1481] CE, Avis, 16 juin 1992, *EDCE* 1992, p. 419.
[1482] M. Hauriou, *Précis élémentaire de droit administratif*, Sirey, 1933, p. 113. Plus récemment, M. Lombard confirme cette position dans son manuel de droit administratif, *Droit administratif*, Dalloz, 2003, n° 357.
[1483] Ainsi l'article 15-5 de la loi du 22 juillet 1983 précise que « les collèges, les lycées et établissements d'enseignement spécial sont des établissements locaux de l'enseignement », A. Legrand, « Le rattachement des établissements publics locaux d'enseignement à une collectivité territoriale et le contrôle de leurs actes », *AJDA* 2005, p. 825 et « Le contrôle sur les actes des établissements d'enseignement », *AJDA* 2007, p. 2047.
[1484] E. Fatôme, « A propos du rattachement des établissements publics », Mélanges Moreau, Economica, 2003, p.153.

l'objet de certains de ces établissements et un rattachement technique qui a pour raison d'être de permettre le droit applicable à chaque catégorie d'établissement public ». Par conséquent, un établissement public peut être soumis de deux façons à la notion de rattachement. E. Fatôme distingue deux catégories d'établissement. D'un côté, les établissements publics classiques identifiés par le fait qu'ils constituent le simple prolongement d'une compétence originairement confiée à la collectivité de rattachement à l'instar des hôpitaux ou des collèges. De l'autre, les établissements publics « corporatifs », les chambres de commerce ou les associations syndicales autorisées, définis comme « la représentation juridique d'un groupe particulier d'intéressés »[1485].

Le Conseil d'État a d'ailleurs admis la possibilité que les établissements de nature corporative tels que les chambres de commerce ne soient pas soumis à une forme de rattachement. Ces institutions n'ont pas, par essence, un caractère local ; pourtant le Conseil d'État leur a refusé la qualification d'établissements publics nationaux dans l'arrêt *Retail*[1486]. Il a été souligné que cet arrêt « ne tranchait pas la question de la collectivité publique de rattachement et n'excluait pas le rattachement à l'État dans la mesure où tous les établissements publics d'État ne sont pas des établissements publics nationaux »[1487]. Le Conseil d'État, par la voie consultative, a finalement fait application de la jurisprudence *Crépin*[1488] qualifiant les chambres d'agriculture d'établissements publics administratifs de l'État, pour affirmer que « les chambres de commerce et d'industrie sont des établissements publics de même nature que les chambres d'agriculture »[1489]. Cette solution a été confirmée par le Conseil constitutionnel, qui grâce à la méthode du faisceau d'indices, qualifie les chambres du commerce d'établissements publics de l'État[1490].

1485 L. Constans, *Le dualisme de la notion de personne morale administrative en droit français*, thèse Bordeaux 1964, Dalloz, 1966, p. 209.
1486 CE, 21 février 1936, *Retail, S.* 1936.III.121, note Alibert.
1487 Note Alibert sous CE 21 février 1936 *Retail*, préc. *S.*, 1936, III, p. 121.
1488 CE, 29 novembre 1991, *Crépin, RFDA* 1992, p. 432.
1489 CE, avis du 16 juin 1992, Section des finances, *EDCE* 1992, La Documentation française, p. 419.
1490 Décision n° 98-17 I du 28 janvier 1999. Le Conseil constitutionnel a souligné les liens étroits existant entre les chambres de commerce et l'État. Elles sont, en premier lieu, instituées, en vertu de l'article 2 de la loi de 1898 par décret en Conseil d'État

Cependant, qualifier les chambres de commerce d'établissement public de l'État répond, selon E. Fatôme, à une simple obligation technique contraire à l'objet de ces institutions qui correspond davantage à la représentation d'intérêts commerciaux et industriels qu'à celle d'un intérêt public. Il en conclut que cet effort pour rattacher les chambres de commerce à l'État est « un rattachement de pur ordre qui a pour seul objet de permettre de résoudre un problème technique de détermination du droit applicable »[1491]. Ainsi, un établissement public peut être simplement soumis à un rattachement technique n'impliquant aucun lien hiérarchique avec la collectivité de rattachement. Ces incertitudes sur la notion de rattachement démontrent le contrôle aléatoire qui pèse sur les établissements publics. Cependant, les établissements publics demeurent des personnes publiques de second rang étant subordonnés au contrôle de l'État ou d'une collectivité territoriale. Désormais, il convient de s'intéresser au contrôle pesant sur les nouvelles personnes publiques et notamment, à la notion de rattachement.

B/ La notion de rattachement, un critère de distinction inopérant entre établissement public et personnes publiques *sui generis*

Les GIP ne sont pas soumis à une quelconque forme de rattachement étant donné que ceux-ci naissent par l'adoption d'une

---

« sur proposition du ministre chargé de la tutelle administrative desdites chambres ». Le conseil ajoute que « conformément à l'article 17 de ladite loi, elles correspondent directement avec les ministres et transmettent, chaque année, au ministre du commerce un compte rendu général de leurs travaux ; que le règlement relatif à leur organisation et à leur fonctionnement, adopté par les chambres de commerce et d'industrie conformément à l'article 49 du décret du 18 juillet 1991 susvisé, doit être homologué par l'autorité préfectorale conformément aux dispositions combinées de l'article 50 du même décret et du décret du 19 décembre 1997 susvisé ; qu'en vertu de l'article 54 de ce décret, leur budget primitif et leurs budgets rectificatifs sont approuvés par le ministre de tutelle ; qu'enfin, aux termes de l'article 22 de la loi du 9 avril 1898 susvisée : " Les chambres de commerce et d'industrie peuvent être autorisées par arrêté du ministre de l'industrie à contracter des emprunts " » . Il en conclut « que les chambres de commerce et d'industrie ont le caractère d'établissements publics de l'État ».

[1491] E. Fatôme, « A propos du rattachement des établissements publics », préc. p. 152.

convention. La Banque de France semble également échapper à toute forme de rattachement. En effet, les membres de la Banque ne peuvent recevoir d'instructions de la part de l'exécutif. De plus, ils sont nommés pour une durée déterminée et ne sont pas révocables. Or, il faut souligner que les organes des établissements publics de coopération intercommunale ne sont pas soumis au contrôle des communes qui pourtant les désignent. Il convient également d'ajouter que deux dispositions peuvent indiquer un certain rattachement de la Banque de France à l'État. Tout d'abord, la présence du Premier ministre et du ministre chargé de l'Economie et des Finances aux séances du conseil de la politique monétaire. En outre, il est à noter la présence du directeur du Trésor au sein de l'organe chargé d'administrer la Banque de France c'est-à-dire au sein du conseil général. Ce censeur dispose d'un droit de proposition et d'un droit de veto. Contrairement à la Banque de France, les autorités publiques indépendantes ne semblent *a priori* pas rattachées à l'État. La notion d'absence de rattachement pourrait constituer un critère permettant de différencier les GIP et les API des établissements publics. Cependant, il convient de rappeler que le Haut Conseil du Commissariat aux comptes est qualifié d'autorité publique indépendante et le législateur ajoute que cette autorité est instituée auprès du Garde des sceaux. De plus, la doctrine et la jurisprudence ont reconnu l'existence d'établissements publics sans rattachement. De ce fait, « constater que les API (et plus largement les groupements d'intérêts publics) ne font pas l'objet d'un rattachement ne leur donne pas une singularité par rapport à l'établissement public »[1492]. En effet, l'affirmation précitée du Conseil d'État selon laquelle tout établissement public doit nécessairement être rattaché à une collectivité publique est contredite par la jurisprudence qui a récemment consacré l'existence d'une forme d'établissement public sans rattachement, celle des associations syndicales autorisées.

Les associations syndicales autorisées sont régies par la loi du 21 juin 1865 et d'un décret de 1894. Elles sont qualifiées d'établissements publics en vertu de l'arrêt *Association du Canal de Gignac*[1493]. Celles-ci font l'objet d'une controverse doctrinale qui

[1492] M. Degoffe, « Les autorités publiques indépendantes », préc. p. 628.
[1493] TC, 9 déc. 1899, *Association syndicale du canal de Gignac*, Rec. p. 731, préc. Cette solution a été confirmée tant par le Conseil d'État dans l'arrêt du 20 novembre

semble se dissiper depuis la reconnaissance par le juge administratif de leur absence de rattachement à une quelconque collectivité publique. Il convient de souligner que le législateur était en mesure de qualifier la nature du rattachement de ces associations. En effet, l'ordonnance n° 2004-632 du 1er juillet 2004 autorisait l'exécutif à prendre « toutes dispositions concourant à l'actualisation, à la classification et à la simplification des modalités de création, de fonctionnement et de dissolution ainsi que des règles budgétaires, comptables et financières applicables aux associations syndicales de propriétaires régies en tout ou partie par la loi du 21 juin 1865 ». Pourtant, le législateur a laissé au juge le soin de préciser la nature de leur rattachement. L'article 2 de cette ordonnance se contente de définir les associations syndicales autorisées ou constituées d'office ainsi que leurs unions comme des établissements publics à caractère administratif. Ces institutions, qui ont pour mission d'exécuter des travaux dans l'intérêt de leurs membres, ont fait l'objet d'une évolution jurisprudentielle incertaine.

Dans un premier arrêt, le juge administratif a refusé aux associations autorisées la qualité d'établissements publics nationaux[1494]. On pouvait logiquement en déduire qu'elles devaient être assimilées à des établissements publics locaux. Or dans l'arrêt *Tatin*[1495], le Conseil d'État affirme que celles-ci ne sont pas rattachées à une collectivité locale. N'étant ni des établissements publics nationaux ni des établissements public locaux, ces associations doivent donc être définies comme des établissements publics sans rattachement. Toutefois, il convient de souligner que la jurisprudence *Favier*[1496] classe assez subtilement les associations foncières urbaines[1497] parmi les établissements publics locaux afin de leur

---

1961 *Dame Gaubet de Fallois* que par le Conseil constitutionnel dans sa décision n°89-267 du 22 janvier 1990, Rec. p. 27.

[1494] CE, 1er mars 1944, *Association dite Syndicat des lotis exploités de Porchefontaine*, Leb. p. 72.

[1495] CE, 12 juillet 1995, *Tatin*, n°143684, mentionné aux tables du Recueil Lebon. Dans cet arrêt, le Conseil d'État affirme qu'un agent d'une association syndicale autorisée ne peut être affilié à la Caisse nationale de retraite des agents des collectivités locales puisque ces institutions « ne peuvent être considérées comme rattachées à une collectivité locale ».

[1496] CE, 13 septembre 1995, *Mme Favier, CJEG* 1996, p. 17, note L. Richer.

[1497] La loi d'orientation foncière du 30 décembre 1967 a fixé les principes de création et d'organisation des associations foncières urbaines. Celles-ci sont des

appliquer le Code des marchés publics. Cette décision, contraire à la jurisprudence *Tatin*, atteste que le Conseil d'État a souhaité « traiter le cas particulier des associations foncières urbaines »[1498]. En 2004, le Conseil d'État a eu, une nouvelle fois, l'occasion de se prononcer sur la nature du rattachement des associations autorisées dans l'arrêt *Asaro et autres*[1499]. Le juge administratif s'est prononcé sur la décision implicite de refus de la part du Premier ministre et du ministre de la fonction publique « tendant à l'édiction d'une part, d'un décret procédant au rattachement à l'État des associations syndicales autorisées instituées par la loi du 21 juin 1865 et, d'autre part, d'un décret portant statut des personnels titulaires de ces établissements publics en application de la loi du 11 janvier 1984 portant statut général de la fonction publique de l'État ». Cette demande était initialement accompagnée d'une autre revendication. Les requérants souhaitaient que le gouvernement dépose un projet de loi précisant le rattachement des associations syndicales autorisées. Ils se sont désistés, ce qui permet de comprendre pourquoi le Conseil d'État s'en est tenu au « dernier état de leurs conclusions »[1500]. Pour le commissaire du gouvernement, le juge devait rejeter cette demande ; et il fonde son raisonnement sur trois propositions. Tout d'abord, il propose de qualifier les associations autorisées d'établissements publics de l'État. Sa deuxième proposition, qui « reflète la position majoritaire de la doctrine », consiste à affirmer « qu'aucun texte ni aucun principe n'impose qu'un établissement public soit rattaché à une collectivité publique »[1501]. Cette thèse est conforme à la jurisprudence administrative refusant le rattachement à l'État puis à une collectivité locale. Pourtant, le Conseil d'État ne va pas suivre ce raisonnement mais adopter la troisième solution proposée par son

---

associations syndicales autorisées régies aujourd'hui par le Code de l'urbanisme. Aux termes de l'article L. 322-2 du Code de l'urbanisme, les associations foncières urbaines peuvent être constituées afin d'exécuter différentes missions telles que « la construction, l'entretien et la gestion d'ouvrages d'intérêt collectif tels que voirie, aires de stationnement, et garages enterrés ou non » ou « le groupement de parcelles en vue, soit d'en conférer l'usage à un tiers, notamment par bail à construction, soit d'en faire apport ou d'en faire la vente à un établissement public ou société de construction ou d'aménagement ».

[1498] Sizaire, D., « La gestion de l'ouvrage complexe: Le recours à l'association foncière urbaine », *RDI* 1999, p. 557.

[1499] CE, 25 octobre 2004, *Asaro et autres*, *AJDA* 2005, p. 91, note M.-H. Mitjavile.

[1500] *Ibid.*

[1501] Concl. précitées.

commissaire du gouvernement en se fondant sur la notion de « catégorie d'établissement public ». Selon le juge, la collectivité de rattachement d'un établissement public est un élément de définition de la catégorie d'établissement public, ce qui exclut toute compétence réglementaire[1502]. Faisant preuve « d'orthodoxie juridique », il choisit donc de ne pas qualifier expressément la nature du rattachement des associations syndicales autorisées.

Cette question sera définitivement tranchée par l'arrêt *Association syndicale du canal de la Gervonde*[1503] affirmant que l'association syndicale « même si elle est placée sous la tutelle de l'État, n'est cependant rattachée à aucune personne publique ». En outre, il convient de préciser que l'article L. 821-1 du code du commerce dispose que le Haut conseil du Commissariat aux comptes est une autorité publique indépendante instituée auprès du Garde des sceaux, ministre de la justice.

Par conséquent, il est possible d'affirmer que le critère du rattachement n'est pas suffisant pour démontrer que les personnes publiques innomées se différencient de la catégorie des établissements publics. L'existence de ces nouvelles entités, *a priori* sans rattachement, démontre que l'on peut indéfiniment transformer les caractéristiques fondamentales de l'établissement public sans annihiler sa conception originelle. L'établissement public et les nouvelles personnes publiques peuvent également être qualifiés de personnes publiques secondaires en raison de certaines de leurs compétences.

§2 Des compétences controversées

Pendant longtemps, la doctrine a considéré les établissements publics comme des personnes publiques inférieures en s'appuyant sur

---

[1502] CE, 25 octobre 2004, *Asaro et autres :* « que la règle rattachant une catégorie d'établissements publics à une personne publique est au nombre des règles constitutives d'une telle catégorie , lesquelles sont, en vertu de l'article 34 de la Constitution, fixées par la loi ; que, dès lors, il n'appartient qu'au législateur de déterminer, s'il l'estime nécessaire, la collectivité publique auprès de laquelle les associations syndicales autorisées exercent leurs missions ; que, par conséquent, le gouvernement était tenu de rejeter la demande des requérants tendant à ce qu'il détermine, par décret, cette collectivité », préc.

[1503] CE, 14 juin 2006, *Association syndicale du canal de la Gervonde, AJDA* 2006, p. 1360.

trois éléments principaux : leur soumission au principe de spécialité, leur dépendance à l'égard de l'autorité de tutelle et le fait qu'ils ne disposaient pas de patrimoine propre. Pourtant, le droit de propriété « est précisément l'un des attributs de la personnalité morale et singulièrement, de celle de droit public »[1504]. Le code général de la propriété des personnes publiques (CGPPP) a mis fin à la controverse en donnant aux établissements publics la possibilité d'être propriétaire d'un domaine public (A). Malgré le fait que les établissements publics disposent de nombreuses prérogatives de décision, certaines d'entre elles, comme l'exercice du pouvoir réglementaire, demeurent une source d'incertitudes (B).

A/ La qualification de propriétaire public

L'article L. 2111-1 du CGPPP dispose que les biens de toutes les personnes publiques mentionnées à l'article L. 1 font partie de leur domaine public lorsqu'ils sont affectés à l'usage direct du public ou à un service public, s'ils font l'objet d'un aménagement indispensable à l'exécution des missions de ce service public. Précisément, l'article L.1 mentionne que le CGPPP s'applique à l'État, aux collectivités territoriales et aux établissements publics. Néanmoins, la doctrine et la jurisprudence ont longtemps hésité sur la possibilité de reconnaître aux établissements publics un domaine public propre (1). En outre, ce code reconnaît l'existence de nouvelles personnes publiques en faisant référence, dans son article L.2, aux « autres personnes publiques ». Néanmoins, deux incertitudes ne sont pas levées : celle de l'inventaire de ces « autres personnes publiques » et leur soumission au code général de la propriété publique (2).

1) La reconnaissance tardive du domaine public des établissements publics

La question de la possibilité pour les établissements publics de disposer d'un domaine public, à côté du domaine privé, a donné lieu à des débats importants. Elle a longtemps constitué un « des problèmes du droit administratif français dont on s'étonne qu'ils n'aient pas été

[1504] G. Lazzarin, *La personnalité publique dans la jurisprudence administrative*, préc. p. 95.

résolus plus tôt »[1505]. L'opinion dominante de la doctrine préjugeait que les établissements publics ne pouvaient disposer d'un domaine public propre (à côté de leur domaine privé) et donc en être propriétaire. Cette théorie « fragile sur le plan théorique, artificielle en pratique, discutable en opportunité »[1506] a été abandonnée d'abord par les formations consultatives du Conseil d'État puis au contentieux. L'analyse des controverses doctrinales et de la jurisprudence du Conseil d'État a clarifié en deux temps le « mariage de raison »[1507] entre établissement public et domanialité publique. En premier lieu, le juge administratif a abandonné sa théorie selon laquelle les établissements publics ne pouvaient disposer d'un domaine public propre (a). Ensuite, le débat s'est déplacé autour des EPIC (b).

a) Le droit pour les établissements publics de disposer d'un domaine public

Selon de nombreux auteurs, les établissements publics ne pouvaient bénéficier, comme les autres personnes publiques, d'un domaine public. Selon R. Bonnard, « il pourrait y avoir dans le patrimoine des établissements publics, à côté du domaine privé, un domaine public, car on trouve des biens meubles et immeubles affectés au service public et utilisés par lui pour assurer son fonctionnement. Mais ce domaine public ne rentre jamais dans le patrimoine des établissements publics. Ce patrimoine ne contient qu'un domaine privé, c'est-à-dire des biens productifs de revenus à son profit »[1508]. Cette analyse reposait sur des justifications erronées. Tout d'abord, certains auteurs refusaient aux établissements publics la qualité de propriétaires en se fondant sur la définition du domaine public. Le domaine public a longtemps été défini comme l'ensemble des biens affectés à l'usage du public. Or, il est clair que certains biens des établissements publics « ne répondent pas exactement à cette définition »[1509]. L'arrêt *Société Le Béton*[1510] a mis fin à cette

[1505]J. Arrighi de Casanova, « Etablissements publics et domanialité publique. Réflexions sur la célébration d'un mariage de raison », *AJDA* 1985, p. 349.
[1506] *Ibid.*
[1507] *Ibid*, p. 347.
[1508] R. Bonnard, *Précis de droit public*, S., 6ème éd., 1944, p. 301
[1509] C. Lavialle, « Le domaine public, une catégorie juridique menacée ? », *RFDA* 1999, p. 578.
[1510] CE, 19 octobre 1956, *Société Le béton, D.* 1856, p. 681, Concl. M. Long.

conception en mentionnant un critère supplémentaire d'identification du domaine public. L'entrée d'un bien d'une personne publique dans son domaine public ne passe plus par le critère de sa mise à disposition du public, mais par son affectation à une mission d'intérêt général, de service public d'une personne publique. Par conséquent, les établissements publics ne peuvent être exclus du champ d'application de la domanialité publique.

Ainsi que le soulignent d'autres auteurs, les établissements publics ne pouvaient disposer d'un domaine public en raison de l'absence d'un pouvoir de police[1511]. L. Jansse écrivait : « il y a une raison de principe pour que les collectivités territoriales soient seules à détenir pour leur compte des dépendances du domaine public. Ces biens étant susceptibles d'être protégés et gérés au moyen de prérogatives de police ne sauraient en effet appartenir qu'aux personnes morales à qui sont attribuées de telles prérogatives »[1512]. Selon un autre argument tiré de la jurisprudence *Société Lyonnaise des eaux et de l'éclairage*[1513], un bien qui n'a « à aucun moment appartenu, au moins dans sa totalité, soit à l'État, soit à une collectivité publique territoriale, ne peut dans ces conditions » faire partie du domaine public. Sur la base de cette décision, la doctrine a élaboré une théorie selon laquelle les biens qui ont été transférés aux établissements publics par l'État ou par les collectivités territoriales sont soumis à la domanialité publique alors que les biens acquis ou construits par les établissements publics ne peuvent constituer des dépendances du domaine public. Par conséquent, ces institutions secondaires ne sauraient disposer d'un domaine public propre[1514] initial mais seulement d'un domaine public dérivé ou d'un domaine privé. Cette théorie présentait de nombreux inconvénients pratiques puisqu'il était nécessaire de distinguer les biens transférés aux établissements publics par l'État ou les collectivités territoriales des

[1511] P. Tavernier, « La nature juridique des biens du domaine propre du Conservatoire du littoral et des rivages lacustres : contribution à l'étude du domaine des établissements publics », *AJDA* 1981, p. 513.

[1512] L. Jansse, *Les traits principaux du régime des biens du domaine public*, Domat-Montchrestien, 1938, p. 156

[1513] CE, 19 mars 1965, *Société Lyonnaise des eaux et de l'éclairage, JCP* 1966.II.14583, note J. Dufau.

[1514] Cette conception a été confirmée à propos des biens d'EDF dans un arrêt du Tribunal des conflits du 2 décembre 1968, Lebon, p. 803.

biens acquis en propre par les établissements publics pour connaître leur régime juridique.

Cependant, de nombreux commentateurs de l'époque ont regretté cette position. D'ailleurs, plusieurs arguments convergeaient vers l'abandon de la thèse selon laquelle les établissements publics ne pouvaient être propriétaire d'un domaine public propre. Tout d'abord, la Cour de cassation a reconnu dès 1963 la possibilité pour les établissements publics de posséder un domaine public propre[1515]. Ensuite, le Conseil d'État a reconnu en 1972[1516] le droit pour les établissements publics de recourir à l'expropriation. Or la doctrine refusait aux établissements publics cette prérogative de puissance publique en se fondant précisément sur le fait qu'ils ne disposaient pas d'un domaine public propre. Dans ses conclusions sur l'arrêt *Levesque*[1517], le commissaire du gouvernement Bernard a souligné que les différentes lois sur l'expropriation qui se sont succédées à partir de 1810 ne mentionnaient aucune liste des personnes publiques pouvant en bénéficier. En outre, il précisait que le droit d'expropriation des établissements publics « est inhérent à leur qualité de personnes morales de droit public qui doit leur valoir de disposer, même sans texte exprès, de prérogatives de droit public telles que l'expropriation »[1518]. Le Conseil d'État a suivi cet argumentaire en jugeant que « les établissements publics peuvent en leur qualité de personnes morales de droit public recourir à l'expropriation pour cause d'utilité publique »[1519]. Contrairement à certaines personnes privées[1520], les établissements publics possèdent cette prérogative sans disposition législative expresse. En outre, le commissaire du gouvernement Labetoulle a invité le Conseil d'État, dès l'arrêt *Lecoq*[1521], à abandonner la jurisprudence *Société Lyonnaise des eaux* et à ne plus différencier les biens transférés aux établissements publics

---

[1515] Cas. I. Civ. 2 avril 1963, *AJDA* 1963, p. 486, note J. Dufau.
[1516] CE Ass., 17 mars 1972, *Ministre de la Santé Publique et de la Sécurité Sociale c/ Levesque*, Rec. CE, p. 230, *RDP* 1972, p. 705, Concl. A. Bernard, *D.* 1972, p. 722, note Homont, *AJDA* 1973, p. 329, note Heymann.
[1517] CE Ass., 17 mars 1972, *Ministre de la Santé Publique et de la Sécurité Sociale c/ Levesque*, précité.
[1518] Concl. A. Bernard précitées, p. 709.
[1519] CE Ass., 17 mars 1972, *Ministre de la Santé Publique et de la Sécurité Sociale c/ Levesque*, précité.
[1520] CE, 20 décembre 1935, *Etablissements Vézia*, précité.
[1521] CE, 3 mars 1978, *Lecoq, AJDA* 1978, p. 381.

de ceux n'ayant jamais appartenu soit à l'État soit à une collectivité publique. Enfin, le Conseil d'État, dans ses formations consultatives, à l'égard des hôpitaux[1522] puis relativement aux aérodromes[1523], a explicitement dénoncé cette thèse traditionnelle estimant que « la règle selon laquelle un établissement public ne pouvait avoir de domaine public [était] aujourd'hui abandonnée ». Finalement, le juge administratif a abandonné sa jurisprudence et a jugé dans l'arrêt *Epp*[1524] et surtout dans l'arrêt *Mansuy*[1525] que les établissements publics disposaient d'un domaine public propre. Le juge est allé plus loin dans la reconnaissance de cette nouvelle prérogative en reconnaissant aux EPIC le pouvoir de disposer d'un domaine public propre et en les soumettant, pour partie, aux règles de la domanialité publique.

b) La domanialité publique des EPIC

Selon F. Moderne, l'arrêt *Epp* ne constitue « qu'un premier pas »[1526] dans la reconnaissance du droit de propriété des établissements publics. Il est vrai que de nombreuses incertitudes subsistaient à l'égard de la possibilité pour les EPIC de disposer d'un domaine public propre. Selon G. Vedel, il existait entre la logique industrielle et commerciale des EPIC et les règles de la domanialité publique, une incompatibilité de principe[1527]. Le Conseil d'État ne s'est pas engagé dans la distinction de la nature des missions assurées par les établissements publics en consacrant dans l'arrêt *Mansuy* le principe suivant lequel la règle de la domanialité publique s'applique « sans qu'y fasse obstacle le caractère industriel et commercial de l'établissement en cause »[1528]. Cette solution de bon sens est toutefois aménagée dans la mesure où une disposition législative autorise

---

1522 CE, Avis de la section sociale du 28 mai 1977, *AJDA* 1978, p. 586 ; *Dr. imm.* 1979, p. 313 ; *EDCE*, 1977-1978, p. 244; Y. Gaudemet, B. Stirn, T. Dal Farra, F. Rolin, *GACE*, Dalloz, 2008, 3ème éd., p. 117 s.
1523 CE, *EDCE*, 1978-1979, p. 184.
1524 CE, 6 février 1981, *Epp*, Rec. CE, tables, p. 745, *RA* 1982, p. 36, note Moderne, *Mon. TP* 7 sept. 1981, p. 73.
1525 CE, 21 mars 1984, *Mansuy, RDP* 1984, p. 1059.
1526 F. Moderne, note sur CE, 6 février 1981, *Epp, RA* 1982, p. 36
1527 G. Vedel, « Le régime des biens des entreprises nationalisées », *CJEG* 1956, p. 177.
1528 CE, 21 mars 1984, *Mansuy, RDP* 1984, p. 1059.

l'EPIC à gérer son patrimoine dans les conditions du droit privé.

Dans un arrêt d'Assemblée concernant EDF, le juge administratif a expressément affirmé qu' « en principe, les biens appartenant à un établissement public, qu'il soit administratif ou industriel et commercial, font partie lorsqu'ils sont affectés au service public dont cet établissement a la charge et sont spécialement aménagés à cet effet, de son domaine public ; qu'il en est toutefois autrement lorsque y font obstacle des dispositions de loi applicables à cet établissement ou à ces biens »[1529]. En l'espèce, la loi du 8 avril 1946 relative à la nationalisation de l'électricité et du gaz était incompatible avec « ce qu'impliquent normalement les règles de la domanialité publique »[1530]. Cette solution présente l'avantage de ne pas susciter des litiges concernant les nombreuses cessions de biens d'établissements publics intervenues sans respecter la règle du déclassement préalable. Les EPIC disposent également d'un domaine public propre mais une disposition législative, exigeant leur soumission aux règles de la gestion privée, permet d'écarter les règles de la domanialité publique[1531].

Pour conclure, tous les établissements publics peuvent être propriétaires de biens du domaine public mais comme le souligne Y. Gaudemet « les choses sont moins nettes pour les personnes publiques spéciales autres que les établissements publics »[1532]

Depuis l'entrée en vigueur du CGPPP, les personnes publiques qui peuvent être propriétaires d'un domaine public sont celles énumérées à l'article L.1 c'est-à-dire l'État, les collectivités territoriales et leurs groupements ainsi que les établissements publics. Par conséquent, la solution selon laquelle les établissements publics peuvent disposer d'un domaine public n'a plus un fondement jurisprudentiel mais légal. Etant dotées de la personnalité morale, les

---

1529 CE, Ass., 23 octobre 1998, *EDF, AJDA* 1998, Concl. J. Arrighi de Casanova, p .1017.

1530 Concl. préc. p. 1022.

1531 Toutefois, le législateur peut intervenir pour décider que les biens appartenant à un établissement public, affectés au service public et aménagés à cette fin, relèvent du régime de la domanialité privée à l'instar des offices publics d'habitation à loyer modéré dont les immeubles font partie de leur domaine privé ; TC, 24 mai 2004, Consorts Garcia c/ OPHLM de l'Aude, AJDA 2005, p. 34, note M. Deguergue.

1532 Y. Gaudemet, *Traité de droit administratif*, t. 2, 15ème éd., LGDJ 2014, p. 82.

nouvelles personnes publiques peuvent également disposer d'un domaine public. Se pose alors la question de l'éventuelle application du CGPPP à leur égard. Selon l'article L.2 du CGPPP, ce code s'applique également aux biens et aux droits, à caractère mobilier ou immobilier, appartenant aux autres personnes publiques. Cet article soulève un certain nombre d'interrogations qu'il est important d'analyser.

2) Le CGPPP et les nouvelles personnes publiques

L'ordonnance du 21 avril 2006, instituant le code général de la propriété des personnes publiques (CGPPP), constitue le premier texte législatif à reconnaître l'existence des nouvelles personnes publiques. Ce code s'applique « aux biens et aux droits, à caractère mobilier ou immobilier, appartenant à l'État, aux collectivités territoriales et à leurs groupements, ainsi qu'aux établissements publics ». Aucune mention n'est insérée relativement à la Banque de France, aux GIP ou encore aux autorités publiques indépendantes. Leur existence n'est appréhendée par le code qu'à titre secondaire. L'article L.2 dispose que les autres personnes publiques sont soumises au code dans les conditions fixées par les textes qui les régissent. Ainsi que le souligne P. Yolka, on s'accorde pour identifier sous l'expression « autres personnes publiques » : « la Banque de France, les groupements d'intérêt public, l'Institut de France (et les différentes académies le composant), ainsi que ce qu'une partie de la doctrine nomme les autorités publiques indépendantes (dont la personnalisation les distingue des autorités administratives indépendantes qui sont quant à elles dépourvues d'une telle personnalité): Autorité de contrôle des assurances et des mutuelles; Autorité des marchés financiers; Haute Autorité de santé; Agence française de lutte contre le dopage; Haut Conseil du commissariat aux comptes; Autorité de régulation des activités ferroviaires »[1533].

Par suite, il convient d'analyser la question de l'applicabilité du CGPPP aux nouvelles personnes publiques (a). En outre, si le CGPPP consacre à l'article L.2111-1 la règle selon laquelle les établissements publics sont propriétaires d'un domaine public, il conviendra de vérifier que cet article s'applique également à

[1533] Note P. Yolka sous l'article L. 2 du CGPPP.

l'ensemble des nouvelles personnes publiques (b). Enfin, il sera démontré que si le CGPPP apporte des des éclaircissements relatifs au droit des biens de certaines institutions spéciales, des interrogations subsistent concernant certaines personnes publiques *sui generis* dont fait partie la catégorie fournie des GIP (c).

a) L'application du CGPPP aux nouvelles personnes publiques

Selon son article L.1, le CGPPP s'applique à l'État, aux collectivités territoriales et aux établissements publics. Cette disposition conduit à préciser deux éléments relatifs au champ d'application du code. Tout d'abord, les personnes privées ne sont pas soumises au CGPPP. Ensuite, le code s'applique à l'ensemble des établissements publics sans distinguer selon qu'ils constituent des EPA ou des EPIC. La lecture de l'article L.2 se révèle très intéressante pour notre étude puisqu'il est précisé que les autres personnes publiques sont soumises au code dans les conditions fixées par les textes qui les régissent. Par suite, ces nouvelles personnes publiques sont exclues du champ d'application du CGPPP sauf disposition particulière. Or, ces textes particuliers existent puisque l'ordonnance du 21 avril 2006 assimile l'AMF, l'ACAM et la HAS aux établissements publics nationaux pour l'application du CGPPP[1534]. Néanmoins, l'ordonnance prend soin de préciser que ce sont les biens immobiliers appartenant à ces trois autorités qui sont soumis aux dispositions du CGPPP applicables aux établissements de l'État.

Il convient également de souligner que le législateur a intégré les dispositions relatives à l'évolution du statut du Haut conseil du commissariat aux comptes puisque l'article L.821-5 du code du commerce dispose que « les biens immobiliers appartenant au Haut conseil sont soumis aux dispositions du code général de la propriété des personnes publiques applicables aux établissements publics de l'État ». Cependant, il n'existe aucune disposition comparable à l'égard de la HADOPI, de l'AFLD, de l'ARAF, du CSA ou encore à l'Institut de France et ses Académies. Dans leur manuel de droit administratif des biens, S. Boussard et C. Le Berre s'interrogent : « Comment interpréter le silence des textes ? »[1535]. S'il est possible de

[1534] Article 3 de l'ordonnance de 2006.

[1535] S. Boussard et C. Le Berre, *Droit administratif des biens*, préc.p. 48.

répondre que pour l'AMF et la HAS, il doit être fait mention de l'article 3 de l'odonnance du 21 avril 2006 qui assimile ces institutions aux établissements publics nationaux, la question demeure incertaine concernant l'application du code aux autres institutions spéciales mentionnées précédemment. Il serait néanmoins préférable d'unifier le régime juridique de l'ensemble des autorités publiques indépendantes en précisant que le CGPPP leur est applicable sauf si des textes particuliers en disposent autrement.

Le cas de la Banque de la France est également problématique. Etant également qualifiée de personne publique, le code devrait lui être applicable. L'article L.144-2-1 du code monétaire et financier soumet les biens immobiliers de la Banque de France aux dispositions du CGPPP applicables aux établissements publics nationaux. Mais l'alinéa suivant ajoute une disposition étrange. En effet, cet alinéa dispose que les biens mobiliers de la Banque de France sont insaisissables sans mentionner ses biens immobiliers. Un commentateur s'interroge : « on se demande s'il ne faut pas considérer que ses biens immobiliers sont saisissables ». Cette lecture *a contrario* présente l'avantage de considérer que de nombreux immeubles appartenant à la Banque et qui ne sont pas indispensables à l'exécution de sa mission de service public, échappent à la règle de l'insaisissabilité, celle-là même qui est critiquée par de nombreux auteurs. Cette interprétation est discutable dans la mesure où l'article L. 144-1-2 du Code monétaire et financier dispose expressément que les biens immobiliers de cette institution sui generis sont soumis aux dispositions du CGPPP applicables aux établissements publics nationaux. Or, les biens publics des établissements publics nationaux sont assujettis au principe d'insaisissabilité. Par suite, il semble plus approprié de lire cette incise comme une protection supplémentaire offerte à certains biens meubles de la Banque de France, les produits financiers.

Il convient désormais de se demander si les dispositions du CGPPP apportent des réponses à une autre question, celle de savoir si les nouvelles personnes publiques disposent d'un domaine public à l'instar des établissements publics.

b) Le droit pour les nouvelles personnes publiques de diposer d'un domaine public

Selon l'article L. 2111-1 du CGPPP, seuls l'État, les collectivités territoriales et leurs groupements ainsi que les établissements publics disposent d'un domaine public. On doit donc en conclure que les autorités publiques indépendantes et la Banque de France ne disposent pas d'un domaine public.

Or et comme il a été dit précédemment, l'article L.2 du CGPPP précise que le code s'applique aux autres nouvelles personnes publiques dans les conditions fixées par les règles qui les régissent. Il est donc possible de transposer le raisonnement en arguant que l'AMF, la HAS, le H3C ainsi que la Banque France sont propriétaires d'un domaine public si leurs biens sont affectés à l'utilité publique et si les textes qui les régissent ne sont pas incompatibles avec les règles du CGPPP. Selon S. Boussard et C. Le Berre, ce raisonnement pourrait « assurément » être transposé à l'ensemble des personnes publiques innomées dont les dispostions statutaires ne renvoient pas au CGPPP[1536]. Là encore, cette méthode d'assimilation ne peut être qu'approuvée puisqu'elle permet d'unifier le régime de la domanialité publique de toutes les personnes publiques innomées[1537].

Alors que certains textes sont venus préciser l'étendue des règles du CGPPP applicables à certaines autorités publiques indépendantes et à la Banque de France, les GIP ne font l'objet d'aucune disposition particulière.

c) Les questions controversées soulevées par les GIP

A l'instar des autres nouvelles personnes publiques, les GIP constituent des personnes morales de droit public. Malgré cette qualification, aucune disposition législative ne précise les règles applicables au régime juridique des biens gérés par les GIP.

1536 S. Boussard et C. Le Berre, *Droit administratif des biens*, préc.p. 91.
1537 Concernant les GIP, cette question est traitée p. 472.

Paru en 2003, le guide méthodologique sur les GIP explique que les biens acquis par un GIP, « donc d'une personne publique, sont insaisissables et ce même si le GIP exerce une activité industrielle et commerciale »[1538]. Il ajoute qu' « à l'instar des établissements publics, les GIP peuvent posséder un domaine public propre ». Ce guide s'est construit autour « des dispositions réglementaires régissant le fonctionnement des GIP ». Cependant, les décrets et arrêtés donnant naissance à de tels groupements ne mentionnent pas expressément une telle consécration de la domanialité des GIP. D'ailleurs, de nombreuses objections peuvent être apportées à la conception retenue par ce guide.

D'abord, ce guide n'a pas de valeur juridique. Tout au plus peut-on le considérer comme du droit mou. Ensuite, le CGPPP qui a été publié en 2006 et qui mentionne dans son article L. 2111-1, que seuls l'État, les collectvités territoriales et leurs groupements ainsi que les établissements publics disposent d'un domaine public, ne fait aucune référence à ces institutions hybrides. Enfin, la loi du 17 mai 2011 de simplification et d'amélioration de la qualité du droit qui édicte un statut général applicable aux GIP ne précise pas que les GIP sont dotés d'un domaine public. L'article 98 de cett loi se contente de préciser que les GIP peuvent disposer de biens propres.

En outre, une autre interrogation demeure, celle de la soumission des GIP au CGPPP. Or, cette question est importante puisque le nombre de GIP ne cesse de s'accroître. De plus, de nombreux groupements sont expressément constitués pour la gestion d'équipements. Surtout, la plupart des GIP ont pour mission d'assurer une mission de service public. Se pose alors la question de la protection des biens gérés par les GIP et de son articulation avec les exigences constitutionnelles relatives à la continuité du service public. Selon J.-P. Brouant, le silence gardé par le CGPPP sur le régime juridique des biens des GIP est interprété par les auteurs de deux façons[1539].

Selon une première thèse, les GIP seraient soumis, par principe, au CGPPP sauf si des textes spéciaux en disposent

---

[1538] Guide méthodologique sur les GIP, p. 18.

[1539] J.-P. Brouant, « Sur le régime juridique des biens gérés par les GIP », *Mélanges en l'honneur d'E. Fatôme*, Biens public, bien commun, Dalloz, 2011, p. 82.

autrement[1540]. Cette solution a pour mérite la simplicité et confirme la solution retenue par le guide méthodologique. Toutefois, il convient de souligner que très peu de textes, qu'ils soient législatifs ou réglementaires, formulent des indications sur le régime juridique applicable aux biens des GIP[1541]. Selon nous, l'argument le plus dirimant pour rejeter cette thèse repose sur l'intention du législateur. On s'en souvient, les GIP ont été créés pour pallier la rigidité des règles applicables aux établissements publics. En outre, le juge a consacré l'originalité de la formule en affirmant que les GIP se caractérisaient essentiellement par une absence de plein droit aux dispositions législatives et réglementaires régissant les établissements publics. Il n'est donc pas souhaitable d'assimiler le régime juridique des biens des établissements publics à celui des GIP. L'article L.1 du CGPPP mentionne très clairement l'État, les collectivités territoriales et les établissements publics sans faire référence aux GIP. En outre, il convient de rappeler que le Code assimile le régime des biens des API à celui des établissements publics nationaux. Cette option n'a pas été retenue pour les GIP. Il n'est donc pas possible de penser à une négligence de la part du législateur puisque les API ont été créées beaucoup plus récemment que les GIP. En outre, des députés ont présenté un amendement, lors de la discussion de la loi du 25 mars 2009 de mobilisation pour le logement et la lutte contre les exclusions, qui vise à allonger la liste des personnes publiques mentionnées à l'article L-1 du CGPPP aux GIP. A la suite de l'avis défavorable de la commission des lois et du gouvernement, cet amendement a été retiré[1542].

Selon la seconde interprétation, le CGPPP ne s'applique pas aux GIP. Par suite, seules les dispositions propres aux groupements sont de nature à déterminer le régime juridique applicable à leurs biens[1543]. D'ailleurs, il n'est pas exclu que ces dispositions renvoient expressément à certains principes énoncés dans le CGPPP. Cette

---

[1540] H. De Gaudemar, « Un droit domanial spécial des personnes publiques spécifiques », *JCP A* 2006, 1159.

[1541] Par exemple, l'article L. 6148-1 du code de la santé publique dispose que « les propriétés qui relèvent du domaine public des établissements publics de santé et de structures de coopération sanitaire dotées de la personnalité morale publique sont inaliénables et imprescriptibles »

[1542] AN, Amendement n° 566, 26 janvier 2009.

[1543] P. Yolka, « L'insaisissabilité des biens publics. Regards sur un mouvement immobile », *JCP A* 2007. 2307.

seconde conception mène dans la même impasse que la première thèse puisque « l'examen des lois et décrets, ainsi que d'un certain nombre de conventions constitutives, montre que ces textes sont muets, aussi bien sur une éventuelle référence au CGPPP que dans l'édiction d'un certain nombre de règles quant aux biens appartenant aux GIP »[1544].

J.-P. Brouant propose une troisième interprétation. Selon lui, il serait possible de considérer qu'il existe un minimum de règles communes à la propriété des personnes publiques comme le principe de l'insaisissabilité des biens publics des personnes publiques, et que les GIP doivent y être soumis[1545].

Enfin, s'agissant de la quatrième interprétation, il peut également être soutenu que dans le silence des textes, les biens des GIP soient soumis au droit de la propriété privée.

Sans doute, la solution la plus simple et celle qui permettrait de respecter à la fois la souplesse de gestion des GIP et le respect du principe de continuité du service public est d'assimiler le régime juridique des biens des GIP à celui des EPIC. Autrement dit, le Code leur est applicable, leurs biens, conformément à la jurisprudence *BRGM*, sont insaisissables dès lors qu'aucun texte n'en dispose autrement.

Quoiqu'il en soit, le juge ne s'est pas prononcé sur cette question et les incertitudes pesant sur le régime juridique des biens des GIP ainsi que sur leur qualité de propriétaire d'un domaine public ne sont pas résolues. Ainsi, le statut de personne publique ne leur confère pas nécessairement la protection offerte par leur soumission au CGPPP[1546], ce qui confirme leur qualité de personne publique secondaire.

Les doutes sur la soumission des nouvelles personnes publiques aux règles du CGPPP démontrent leur qualité de personnes publiques de rang inférieur. Cette constatation se confirme avec

---

[1544] J.-P. Brouant, préc. p. 82.

[1545] *Ibid*, p. 83.

[1546] « Il y a là le ferment d'une complication dans un univers juridique que l'on voulait pourtant désormais simple et efficace : le statut de personne publique autre que les personnes énumérées à l'article L. 1, ne confère pas nécessairement celui de sujet du nouveau code », L. Rapp, « Le code général de la propriété des personnes publiques, Entrée et sortie des biens », *RFDA* 2006, p. 916.

l'analyse du pouvoir de décision tel qu'il est reconnu aux nouvelles personnes publiques au sein duquel on trouve l'exercice du pouvoir réglementaire.

B/ L'exercice du pouvoir réglementaire

Le principe d'autonomie juridique a conduit le juge à reconnaître aux organes dirigeants des établissements publics un pouvoir réglementaire d'organisation du service. Celui-ci s'exerce en dehors de tout texte en vertu de la jurisprudence confiant ce pouvoir à tout chef de service[1547]. Toutefois, il convient de noter que ce pouvoir réglementaire d'organisation du service s'exerce sous réserve des dispositions législatives ou réglementaires relatives à une telle organisation. Par conséquent, ce pouvoir réglementaire présente essentiellement un caractère second ou complémentaire[1548].

Concernant le pouvoir réglementaire d'application de la loi, la jurisprudence du Conseil constitutionnel s'oppose à ce qu'un organisme décentralisé dispose d'une compétence réglementaire comparable à celui exercé par le Premier ministre en application de l'article 21 de la Constitution. Par conséquent, les établissements publics disposent d'un pouvoir réglementaire limité. A ce propos, la question de l'unité du pouvoir réglementaire du Premier ministre prête encore à débats puisque certaines autorités administratives ont été habilitées par le législateur à fixer des règles permettant la mise en œuvre d'une loi.

En effet, certaines AAI se sont vues confier par le législateur l'exercice d'un pouvoir réglementaire alors même qu'elles sont soumises à une forme minimale de tutelle et qu'elles ne peuvent voir engager leur responsabilité devant le Parlement. Dans son rapport public de 2001, le Conseil d'État estime que « le pouvoir réglementaire est au cœur des tensions entre les AAI et l'administration »[1549].

[1547] CE, sect., 7 févr. 1936, *Jamart,* Rec. CE 1936, p. 172 ; *S.* 1937, 3, p. 113, note J. Rivero

[1548] B. Plessix, « Etablissements publics, structures, statuts », *Jurisclasseur administratif*, Fascicule 136.

[1549] CE, *Rapport d'étude sur les AAI*, préc.

Selon le rapport de l'office parlementaire de l'évaluation des politiques publiques[1550], le pouvoir réglementaire des autorités administratives indépendantes vise leur aptitude à adopter des règles générales et abstraites. Cette question du pouvoir réglementaire des AAI est largement controversée dans la mesure où, selon la Constitution, seul le Premier ministre dispose de cette prérogative. Toutefois, il convient de nuancer ces propos puisque le pouvoir réglementaire des AAI n'est qu'un pouvoir subordonné. D'ailleurs, peu d'autorités de régulation disposent de cette prérogative. Il s'agit de la CRE, l'ARCEP, l'AMF, la HADOPI et l'ARAF. En outre, le pouvoir réglementaire des autorités de régulation ne peut s'analyser comme un pouvoir autonome. Autrement dit, le pouvoir réglementaire des AAI n'a pas la même consistance que celui du Premier ministre. Dans son rapport de 2006, l'Office d'évaluation indique qu' « il revient au pouvoir réglementaire national de définir les éléments essentiels, les AAI ne règlent que des mesures de détail. Le pouvoir réglementaire des AAI est par conséquent subordonné et second ». Cette conception est consacrée par le Conseil constitutionnel qui reconnait, depuis 1986[1551], que le législateur a la possibilité de conférer aux AAI un pouvoir réglementaire à condition que celui-ci s'exerce dans un domaine déterminé et dans le cadre défini par les lois et règlements. En 1989, le Conseil constitutionnel a précisé l'étendue de l'habilitation législative au profit des AAI en affirmant qu'elle « ne concerne que des mesures de portée limitée tant par le champ d'application que par leur contenu »[1552].

Ainsi en est-il de l'AMF qui, pour l'exécution de ses missions, prend un règlement général. Pour contrecarrer l'existence d'un pouvoir réglementaire, le législateur a prévu un contrôle du gouvernement par le biais de l'homologation ministérielle. L'article L. 621-6 du code monétaire et financier prévoit que le règlement général de l'AMF est homologué par le ministre chargé de l'économie. De même, les mesures réglementaires que peut prendre l'ASN sont

---

[1550] Rapport Gélard, préc. t. II, p. 82.

[1551] CC, Décision n°86-217 du 18 septembre 1986, *Loi relative à la liberté de communication.*

[1552] CC, Décision 248 DC du 17 janvier 1989, *CSA*.

strictement encadrées et soumises à l'approbation des ministres compétents[1553].

Par conséquent, le pouvoir réglementaire des AAI n'est qu'un pouvoir secondaire, spécial voire résiduel. Par contre, la légitimité démocratique de cette prérogative est plus contestable. En effet, le Premier ministre dispose du pouvoir réglementaire autonome et, en contrepartie, celui-ci est responsable devant le Parlement. En outre, il bénéficie d'une légitimité démocratique dans la mesure où sa désignation reflète le choix des citoyens. Or, les membres des AAI n'ont pas la même légitimité démocratique. Cette analyse est contestée par les défenseurs des AAI[1554] pour qui le manque de légitimité démocratique est compensé par une légitimité de confiance. En d'autres termes, les AAI œuvrent pour une nouvelle normativité sociale[1555] en repoussant l'illégitimité de l'intervention de l'État dans des secteurs sensibles. Là où le pouvoir politique ne dispose pas de moyens suffisants, de compétences techniques, les AAI de par la très haute technicité de leurs recommandations, qu'elles soient réglementaires ou non, légitiment l'action étatique grâce à la neutralité qui est censée les caractériser.

L'établissement public et les nouvelles personnes publiques sont des personnes publiques contrôlées, disposant de compétences controversées. Mais surtout les personnes publiques innomées « ont en commun [- et en commun également avec les établissements publics]- précisément l'obligation de s'en tenir à leur spécialité, de respecter le principe de spécialité qui limite leurs interventions aux compétences qui résultent de leur statut »[1556]. La soumission des nouvelles personnes publiques au principe de spécialité contribue définitivement à leur qualification de personnes publiques secondaires.

[1553] A. Haquet, « Le pouvoir réglementaire des autorités administratives indépendantes, réflexions sur son objet et sa légitimité », *RDP* 2006, p. 396.

[1554] Notamment, A.-M. Frison Roche, *Les régulations économiques: légitimités et efficacités*, Presses de Sciences Po/Dalloz, série Droit et économie de la régulation, 2004, vol. 1

[1555] G. Timsit, « Normativité et régulation », *Cahiers du Conseil Constitutionnel*, janvier 2007.

[1556] Y. Gaudemet, *Traité de droit administratif*, préc. p. 320, n° 684.

§3 Des personnes publiques spéciales

Etant créés par un acte juridique, les établissements publics et les nouvelles personnes publiques constituent des personnes publiques dérivées. Ce constat est accentué par deux éléments essentiels. Tout d'abord, les établissements publics et les nouvelles personnes publiques disposent d'une autonomie relative, celle que l'autorité créatrice a bien voulu leur concéder. Par conséquent, elles ont été créées pour accomplir une mission déterminée qui ne nécessite pas de posséder l'ensemble des attributs liés à la personnalité publique. C'est pourquoi, elles seront qualifiées de personnes publiques imparfaites (A). Ensuite et surtout, les établissements publics sont des personnes morales à vocation spéciale. On parle également, à propos des nouvelles personnes publiques, de « personnes publiques spéciales » ou de personnes publiques « spécialisées »[1557]. Par conséquent, il est possible de qualifier les personnes publiques innomées de nouvelles personnes publiques spéciales (B).

A/ Des personnes publiques imparfaites

Selon J.-M. Pontier : « Si la personnalité publique est définissable autrement que de manière tautologique l'attribution de la personnalité morale à une structure publique, ce qui est, non pas une définition, mais un constat, elle doit présenter des caractéristiques identifiables, et ces caractéristiques doivent se retrouver chez toutes les personnes publiques. Ou encore, si un organisme, et à partir du moment où cet organisme est qualifié de personne publique, il doit présenter les propriétés de la personnalité publique. Et si ces propriétés ne se retrouvent pas toutes, ou pas au même degré, chez toutes les personnes publiques, il faut bien en déduire que la personnalité publique ne présente pas l'unité, l'homogénéité qui sont sous-entendues lorsque l'on parle de personnes publiques »[1558]. En d'autres termes, la personnalité publique ne présente plus d'unité. La multiplication des personnes morales de droit public aurait conduit à une différenciation externe et interne des personnes publiques. Il est

---

[1557] F. Melleray, « Une nouvelle crise de la notion d'établissement public, la reconnaissance d'autres personnes publiques spécialisées », *AJDA* 2003, p. 716.
[1558] J-M. Pontier, « La personnalité publique, une notion anisotrope », p. 989.

vrai qu'à l'intérieur même d'une catégorie, comme celle de l'établissement public, d'importantes différences existent. A côté des hôpitaux ou anciens de bureaux de bienfaisance, on croise la caisse des dépôts et consignations ou encore les associations syndicales autorisées. L'hétérogénéité de la notion d'établissement public, « accentuée voire exacerbée »[1559], a facilité la reconnaissance d'autres « catégories » de personnes publiques. A côté des personnes publiques traditionnelles, les personnes publiques spéciales sont dépourvues de l'ensemble des attributs liés à la personnalité publique. Par conséquent, l'établissement public et les nouvelles personnes publiques constituent des personnes publiques imparfaites.

A l'instar de J.-M. Pontier, il est permis de proposer une gradation dans les éléments constitutifs de la personnalité publique à l'image d'une échelle, autrefois utilisée par L. Duguit afin de décrire les différents régimes juridiques applicables aux dépendances du domaine public (1). D'autres auteurs ont perçu le manque d'homogénéité de la personnalité publique et classent les personnes publiques selon qu'elles disposent plus ou moins de l'étendue des attributs attachés à la personnalité publique (2).

1) Le parallèle avec « l'échelle de la domanialité publique » de L. Duguit

La théorie de l'échelle de la domanialité publique a été proposée par L. Duguit dans son *Traité de droit constitutionnel* de 1923[1560]. Elle lui a permis d'émettre des réserves relatives à la classification traditionnelle binaire, opposant domaine public et domaine privé. Selon L. Duguit, opposer domaine public et domaine privé évite « de nouvelles confusions » mais cette distinction rigide a mis en échec toute « tentative de construction juridique [...] entreprise »[1561].

Selon la conception de L. Duguit, il n'est pas nécessaire de distinguer les biens publics inclus dans le domaine public de ceux appartenant au domaine privé. En proposant une notion très extensive

1559 *Ibid,* p. 981.
1560 L. Duguit, *Traité de droit constitutionnel*, Sirey, t. 3, 3ème éd., p. 352 et s.
1561 L. Duguit, *Traité de droit constitutionnel*, préc. p. 349.

du domaine public[1562], l'auteur se contente d'affirmer que « suivant la nature des choses, la catégorie du service, le mode d'affectation ou d'emploi, la domanialité est différente, le régime juridique n'est pas le même, les règles qui s'appliquent sont diverses ». En d'autres termes, les dépendances du domaine public sont soumises à des régimes juridiques juxtaposés comprenant aussi bien des règles de droit public que de droit privé. Il en conclut qu'il existe six catégories de dépendances « dans l'ordre de publicisation décroissante du régime applicable »[1563] qui sont les dépendances « affectées au libre usage du public », les chemins de fer, les divers ouvrages militaires, forts, forteresses, murs et fossés d'une place forte; les forêts de l'État; les immeubles bâtis ou non, affectés au fonctionnement d'un service public et les objets mobiliers classés. L'auteur propose une succession de degrés de régimes juridiques auxquelles sont soumis les biens du domaine public, représentée par l'échelle de la domanialité publique. De ces différentes observations, il est possible de porter plus particulièrement attention à deux éléments essentiels de la pensée de L. Duguit.

Tout d'abord, l'idée de l'échelle est transposable aux nouvelles personnes publiques spéciales qui sont elles aussi soumises à des régimes juridiques divers. Par exemple, certaines personnes publiques spéciales sont assujetties à certaines règles de droit privé comme l'application à leur personnel du code du travail. En outre, L. Duguit apporte des éléments de réflexion sur les atteintes à l'unité du domaine public. De même, il n'est plus possible aujourd'hui de parler de l'unité de la personnalité publique. Ces observations trouvent un écho avec l'étude des nouvelles personnes publiques. En effet, si l'on s'attache à démontrer qu'il existe une gradation dans les effets attachés à la personnalité publique c'est dans le but de démontrer que les personnes publiques spéciales ne disposent pas de l'ensemble de ses attributs et qu'elles ne peuvent, par conséquent, être qualifiées que de personnes publiques secondaires.

1562 « Sont choses du domaine public toutes celles qui sont affectées à l'usage du public ou à un service public », *Ibid*, p. 353.

1563 R. Chapus, *Droit administratif général*, t. 2, n° 443.

2) Des personnes publiques inégalement dotées des attributs de la personnalité publique

En 1979, J.-B. Auby écrivait : « du point de vue de leur qualité de personne morale, toutes les institutions publiques dotées de cette qualité sont équivalentes. Les dissemblances, les possibles inégalités de statut, n'atteignent en rien l'essence de leur qualité commune de personne publique »[1564]. Aujourd'hui, cette affirmation semble dépassée puisque de nombreux auteurs[1565] s'accordent à démontrer que les personnes publiques ne sont plus uniformes. A cet égard, l'exemple de l'établissement public est significatif. Les établissements publics présentent des différences notables. A côté de la formule classique de l'EPA, la catégorie s'est enrichie des EPIC, largement soumis aux règles du droit privé. Puis, il convient de citer d'autres éléments de différenciation avec l'établissement public classique à l'instar des EPCI disposant d'un territoire. Malgré leur caractère corporatif, les associations syndicales autorisées continuent d'être qualifiées d'établissement public. L'établissement public constitue une catégorie éclatée. Il s'agit également d'une catégorie flexible compte tenu de la possibilité offerte aux établissements publics de changer de nature. Ainsi, l'établissement public régional a été transformé en collectivité territoriale. L'établissement public peut également être transformé en personne privée comme le montre le processus de sociétatisation des EPIC. Au contraire, certaines personnes privées peuvent devenir des établissements publics, à l'instar des associations syndicales libres. Ainsi que le souligne J.-M. Pontier, les auteurs sont unanimes pour constater la perte d'unité de la catégorie de l'établissement public mais s'en tiennent à ce constat. Toutefois, cette absence d'unité n'est pas propre « aux seuls établissements publics, elle caractérise l'ensemble des personnes publiques, et elle s'applique également à la personnalité elle-même de ces personnes publiques »[1566]. Autrement dit, certaines structures, qualifiées de personnes publiques, ne disposeraient pas de l'ensemble des attributs attachés à la personnalité publique.

1564 J.-B. Auby, *La notion de personne publique en droit administratif*, préc. p. 84.

1565 J.-M. Pontier, « La personnalité publique, notion anisotrope », préc. ; A. Rouyère, « La personnalité publique partielle », in *La personnalité publique*, travaux de l'AFDA n° 1, Litec 2007.

1566 J.-M. Pontier, « La personnalité publique, notion anisotrope », p. 989.

Les personnes publiques ne sont pas toutes dotées des mêmes prérogatives. A titre d'illustration, l'État dispose de la force armée. La commune dispose d'un pouvoir de police mais il n'est pas comparable à celui qui peut être déclenché par les autorités étatiques. Ces différences sont expliquées par Saleilles par le fait que les droits de puissance publique sont « une concession de l'État »[1567]. Celui-ci, disposant de la compétence de la compétence, limite, au gré des besoins qu'il définit, les prérogatives qui doivent être attribuées aux autres personnes publiques. Par conséquent, certaines personnes publiques possèdent l'ensemble des attributs liés à la personnalité publique alors que d'autres n'en possèdent que des surgissements. C'est pourquoi, l'image de l'échelle de la domanialité publique pourrait être transposée à celle de la personnalité publique.

Dans ce sens, il conviendrait d'instituer une échelle, une gradation des personnes publiques selon deux paramètres : leur soumission aux règles du droit public et les attributs dont elles disposent pour marquer la spécificité de leur qualité de personne publique. Ainsi, à un niveau supérieur, se classeraient les collectivités locales et les EPA, et à des barreaux inférieurs, il conviendrait de classer les EPIC puis les personnes publiques spéciales. J.-M. Pontier se réfère, quant à lui à « une sorte de résille que constituerait l'ensemble des personnes publiques, avec des nœuds et des parties plus lâches, les nœuds représentant les personnes publiques qui concentrent la plus grande partie ou la totalité des propriétés attachées à la personnalité morale, et les parties plus lâches voire creuses, correspondant aux personnes publiques qui ne présentent qu'une partie seulement de ces propriétés »[1568]. A. Rouyère a également constaté que les personnes publiques possédaient des attributs différents. Pour parvenir à ce constat, elle utilise la notion de « personne publique partielle »[1569]. Pour cet auteur, certaines personnes publiques sont imparfaites dans le sens où elles sont partiellement dotées des spécificités liées à la personnalité publique[1570]. A. Rouyère identifie plus particulièrement deux catégories : celles des entités non personnalisées détenant les attributs

[1567] A. Rouyère, « La personnalité publique partielle », in *La personnalité publique*, travaux de l'AFDA, Litec 2007, préc. p. 94.
[1568] J.-M. Pontier, « La personnalité publique, notion anisotrope », p. 989.
[1569] A. Rouyère, « La personnalité publique partielle », préc. p. 91.
[1570] *Ibid*, p. 92.

de la personnalité juridique et celle des entités personnalisées ne détenant pas intégralement tous les attributs de la personnalité juridique.

Au demeurant, l'idée de l'échelle comme la notion de personne publique partielle nécessitent l'existence de critères pour déterminer les personnes publiques complètes et les personnes publiques imparfaites. Dans la mesure où le CGPPP est le premier texte législatif à consacrer l'existence de nouvelles personnes publiques aux côtes des personnes publiques classiques, le critère de l'application du code pourrait constituer un clivage intéressant. Les incertitudes pesant sur l'application aux GIP des règles du CGPPP suffiraient à les classer parmi les personnes publiques imparfaites. Par conséquent, il faudrait admettre que la Banque de France, propriétaire d'un patrimoine propre, soumise au GGPPP et disposant de la capacité juridique, serait davantage une personne publique que les GIP. Ces derniers devraient être considérés comme des personnes publiques partielles, « au sens de partiellement dotés »[1571] puisqu'ils ne possèdent pas tous les attributs liés à la personnalité publique de plein exercice. Cette conception n'est pas satisfaisante dans la mesure où « la propriété révèle la personne, puisqu'il faut avoir la personnalité juridique pour acquérir ou aliéner un bien, mais elle ne dit pas ce qu'est la personne »[1572].

Selon A. Rouyère, le seul critère permettant de démontrer la notion de personne publique partielle est la compétence ou plus exactement les éléments de capacité d'une personne publique. En d'autres termes, la compétence est délimitante et rend possible l'examen des personnes publiques selon qu'elles disposent d'une compétence plus ou moins étendue. Cette démarche est une entreprise délicate mais il nous semble possible d'affirmer que les nouvelles personnes publiques sont des personnes publiques imparfaites en raison de leur soumission au principe de spécialité. Il ressort de ces analyses que le seul critère permettant de qualifier les établissements publics et les personnes publiques spéciales de personnes publiques secondaires est leur soumission au principe de spécialité. Les compétences des établissements publics et des nouvelles personnes publiques sont délimitées par leur spécialité. Par suite, l'autorité

1571 *Ibid*, p. 110.
1572 J.-M. Pontier, préc.

étatique n'a besoin de leur conférer que les attributs liés à la personnalité publique leur permettant d'accomplir leurs missions dans le cadre de leurs spécialités. Par voie de conséquence, les personnes publiques spéciales n'ont pas besoin de tous les caractères attachés à la personnalité publique, ni à la personnalité juridique. En ce sens, elles constituent des personnes publiques secondaires.

B/ La soumission au principe de spécialité

Dans leurs manuels de droit administratif, les auteurs sont de plus en nombreux à classer les nouvelles personnes publiques à côté des établissements publics. Par ce biais, il est possible de penser que ces nouvelles structures ne constituent plus des personnes publiques innomées ou *sui generis* mais, tout comme l'établissement public, des personnes publiques à vocation spéciale. Ainsi que l'a souligné Y. Gaudemet dès 2001, les nouvelles personnes publiques ont en commun, et en commun avec l'établissement public, d'être soumises à l'application du principe de spécialité. Il convient de vérifier que les nouvelles personnes publiques soient toutes soumises au principe de spécialité (1) pour admettre leur nouvelle définition, c'est-à-dire des nouvelles personnes publiques spéciales (2).

1) L'application du principe de spécialité aux nouvelles personnes publiques

Afin de savoir dans quelle mesure le principe de spécialité a vocation à s'appliquer à ces nouvelles structures, il convient de se référer à leurs statuts institutifs. Dans ce cadre, seront étudiées les missions confiées aux GIP, aux autorités publiques indépendantes ainsi qu'à l'Institut de France pour démontrer que ces nouvelles structures sont soumises de façon stricte à la spécialisation fonctionnelle (a). Puis, sera analysée la spécialisation de la Banque de France et de la Caisse des dépôts et consignations (b).

a) La spécialisation rigoureuse des nouvelles personnes publiques

Appliqué aux GIP, le principe de spécialité doit être entendu comme une règle délimitant tout groupement à l'exercice « de la mission ou des missions connexes qui lui ont été attribuées et qui sont définis en termes précis »[1573]. Il est alors nécessaire de s'intéresser aux actes constitutifs des GIP afin de vérifier que leurs attributions sont biens contenues dans un périmètre restreint. Toutefois, un paradoxe mérite d'être mentionné. En effet, le succès de ces nouvelles structures est fondamentalement du à leur extrême souplesse. Celles-ci permettent notamment la collaboration entre personnes publiques et personnes privées mais surtout, elles se sont rapidement développées dans tous les domaines d'intervention des pouvoirs publics. En outre, l'adoption du statut général des GIP est récente. C'est pourquoi, de nombreux auteurs continuent à se référer à l'article 21 de la loi du 15 juillet 1982 ainsi qu'à son décret d'application du 15 mars 1983 modifié par le décret du 30 novembre 2000 pour circonscrire le statut général des groupements[1574].

L'originalité des GIP s'explique en grande partie par leur organisation basée sur « une autonomie retenue »[1575]. En effet, les GIP peuvent être classés par catégorie sectorielle de source législative. Ainsi, il existe des GIP à objet sanitaire et social, des GIP formation et recherche, des GIP activités physiques, sportives et jeunesse ou encore des GIP culture. A ce propos, la diversification de l'objet des GIP a été rendue possible par l'article 22 de loi du 23 juillet 1987 sur le développement du mécénat qui autorise la création de GIP « dans les domaines de la culture, de la jeunesse, de l'enseignement technologique et professionnel du second degré et l'action sanitaire et sociale ». Dès lors, il convient de souligner que chaque catégorie de groupement peut avoir un objet diversifié. Toutefois, chaque convention constitutive créant un GIP doit délimiter ses missions afin de respecter le principe de spécialité. Il est nécessaire que ce principe soit rigoureusement respecté étant donné que le nombre de groupements intervenant dans un même domaine pourrait être à l'origine de nombreux empiétements, soit entre GIP, soit avec d'autres structures administratives agissant dans les mêmes domaines. Il est donc important de se référer à chaque acte instituant un nouveau groupement afin de mesurer l'application du principe de spécialité. Il

---

1573 R. Chapus, *Droit administratif général*, préc. p. 378, n°513.

1574 B. Jorion, décrit l'article 21 de cette loi comme une « véritable matrice de la quasi-totalité des GIP », « Les groupements d'intérêt public : un instrument de gestion du service public administratif », *AJDA* 2004, p.313.

1575 R. Muzellec et V. Nguyen Quoc, *Les groupements d'intérêt public*, Economica, 1993, p. 13.

ne s'agit pas ici d'analyser l'ensemble des arrêtés d'approbation des conventions constitutives de chaque groupement d'intérêt public (le Conseil d'État en dénombrait plus de 150 en 1996) mais de vérifier à l'aide d'exemples la délimitation précise des missions de toute nouvelle entité.

Dans un premier temps, il est possible de s'intéresser aux GIP constitués dans le domaine de la recherche « étant destinés, à l'origine, à satisfaire des besoins spécifiques »[1576]. L'article 12 de la loi n° 91-1381 du 30 décembre 1991 relative aux recherches sur la gestion des déchets radioactifs prévoyait qu' « un groupement d'intérêt public peut être constitué, dans les conditions prévues par l'article 21 de la loi n° 82-610 du 15 juillet 1982 d'orientation et de programmation pour la recherche et le développement technologique de la France, en vue de mener des actions d'accompagnement et de gérer des équipements de nature à favoriser et à faciliter l'installation et l'exploitation de chaque laboratoire ». Sur cette base, le GIP Objectif Meuse a été créé. Celui-ci avait pour « objet de mener des actions d'accompagnement économique, notamment celles de nature à favoriser et à faciliter l'installation et l'exploitation du laboratoire souterrain de recherches sur la gestion des déchets radioactifs. Il apporte une aide aux mesures proposées au vue d'un développement durable en matière de renforcement du potentiel scientifique local, du développement industriel et économique, de la protection et de la valorisation de l'environnement dans une perspective d'insertion du laboratoire »[1577]. La mission du GIP OBEJCTIF MEUSE n'est pas formulée en termes généraux. Au contraire, ses attributions sont nettement délimitées.

Dans le domaine agricole, l'arrêté 12 novembre 2001 portant approbation de la convention constitutive de l'Agence BIO dispose

---

[1576] B. Jorion, « Les groupements d'intérêt public : un instrument de gestion du service public administratif », préc. p. 305.

[1577] « Par arrêté du ministre de l'économie, des finances et de l'industrie, du ministre de l'intérieur, de la secrétaire d'État au budget et du secrétaire d'État à l'industrie en date du 25 mai 2000. la convention constitutive du groupement d'intérêt public dénommé GIP OBJECTIF MEUSE, conclue le 4 avril 2000 et dont un extrait figure en annexe ci-après, est approuvée", Arrêté du 25 mai 2000 portant approbation de la convention constitutive du groupement d'intérêt public OBJECTIF MEUSE.

que l'objet de ce nouveau groupement est la promotion et le développement de l'agriculture biologique. Selon les termes de l'article 2 de sa convention constitutive, l'agence a pour missions connexes l'information et la promotion de l'agriculture biologique auprès du grand public, des professionnels de l'agriculture et de l'ensemble de la filière agroalimentaire ; le développement de l'Observatoire national de l'agriculture biologique, en favorisant le lien avec les dynamiques mises en œuvre dans les autres pays ou instances internationales ; l'analyse des filières, des marchés et des dynamiques interprofessionnelles en vue d'une meilleure structuration du secteur ou encore la mise en œuvre d'actions en faveur de la structuration des filières issues de l'agriculture biologique. Cette énumération des missions de l'Agence n'est pas exhaustive, la convention lui attribue d'autres attributions. Toutefois, il convient de rappeler que le principe de spécialité n'interdit pas que l'organisme exerce une pluralité de missions mais au contraire que celles-ci soient strictement délimitées. Or, il ressort de l'analyse de ces différentes missions que celles-ci sont suffisamment précises pour pouvoir respecter la règle de la spécialité. Surtout, ces missions sont circonscrites dans un cadre de compétences délimité : celui de l'agriculture biologique.

Un dernier exemple peut être fourni par les défuntes agences régionales d'hospitalisation que l'on classait parmi la catégorie des GIP action sanitaire et sociale. Ces agences ont été créées par l'ordonnance n° 96-346 du 24 avril 1996 portant réforme de l'hospitalisation publique et privée. En vertu de son ancien article L.710-18, les agences avaient pour « mission de définir et de mettre en œuvre la politique régionale d'offre de soins hospitaliers, d'analyser et de coordonner l'activité des établissements de santé publics et privés et de déterminer leurs ressources ». Ces structures sanitaires ont suscité de nombreuses interrogations quant à leur statut tant elles s'apparentaient à de véritables établissements publics administratifs[1578]. Instaurées dans chaque région, les agences d'hospitalisation avaient l'obligation, pour ce qui est de leur régime général, de se référer à une convention constitutive type conformément au décret n° 96-1039 du 29 novembre 1996. L'article 4

[1578] D'ailleurs, les agences régionales de santé qui se sont substituées aux agences régionales d'hospitalisation sont qualifiées par le législateur d'établissement public.

de cette convention type prévoyait que l'objet de chaque agence était d' « exercer les missions et attributions définies à l'article L.710-18 du code de la santé publique ». En d'autres termes, les agences régionales d'hospitalisation exerçaient quatre missions principales : la définition et la mise ne œuvre de la politique régionale de l'offre de soins hospitaliers à travers le schéma régional d'organisation sanitaire et les contrats pluriannuels d'objectifs et de moyens conclus avec les établissements de santé ; l'analyse de la coordination de l'activité des établissements de santé ; déterminer leurs ressources à travers la campagne budgétaire et enfin contrôler leur fonctionnement.

Ainsi, on peut affirmer que les missions des agences étaient bien délimitées. Toutefois, le terme précis semble quelque peu inopérant lorsque l'on emploie des termes comme « politique régionale de l'offre de soins hospitaliers ». Il convient de s'interroger sur l'application rigoureuse de la spécialité à ces structures sanitaires. Or, si l'on établit un parallèle avec d'autres organismes de santé qui sont des établissements publics, on pourra s'apercevoir que les termes utilisés n'en sont pas moins strictement délimités. A titre d'illustration, l'Agence nationale de sécurité du médicament (ANSM), établissement public de l'État placé sous la tutelle du ministre chargé de la santé, créé par la loi du 29 décembre 2011 relative au renforcement de la sécurité sanitaire du médicament et des produits de santé, a pour principales missions de procéder à l'évaluation des bénéfices et des risques liés à l'utilisation des produits à finalité sanitaire destinés à l'homme et des produits à finalité cosmétique. Elle surveille le risque lié à ces produits et effectue des réévaluations des bénéfices et des risques.En outre, l'agence peut demander que les essais cliniques portant sur des médicaments soient effectués sous forme d'essais contre comparateurs actifs et contre placebo. L'ANSM participe également à l'application des lois et règlements et prend, dans les cas prévus par des dispositions particulières, des décisions relatives à l'évaluation, aux essais, à la fabrication, à la préparation, à l'importation, à l'exportation, à la distribution en gros, au courtage, au conditionnement, à la conservation, à l'exploitation, à la mise sur le marché, à la publicité, à la mise en service ou à l'utilisation des produits à finalité sanitaire destinés à l'homme et des produits à finalité cosmétique[1579].Tout comme les établissements publics de

[1579] L'article L. 5111-1 du code de la santé publique énumère ensuite les produits destinés à l'homme ou les produits cosmétiques.

santé, les agences régionales d'hospitalisation étaient soumises au respect du principe de spécialité. L'étude de l'application de la règle de la spécialité doit se poursuivre avec l'analyse des missions des autorités publiques indépendantes.

L'étude de l'application de la spécialité aux autorités publiques indépendantes sera examinée au regard des motifs qui ont présidé à leur création et à travers l'analyse des missions que leur a conférées le législateur.

La fonction des autorités administratives indépendantes et *a fortiori* des autorités publiques indépendantes est essentiellement une fonction de régulation. Dans l'étude du Conseil d'État consacrée aux autorités administratives indépendantes[1580], celui-ci souligne que « c'est le mot de régulation qui caractérise le mieux la mission des AAI : quelque chose d'intermédiaire entre le choix des politiques, qui n'appartient qu'aux autorités élues ou directement contrôlées par les élus, et la gestion des services, qui est l'affaire des administrations, placées sous le pouvoir hiérarchique ou la tutelle des premières ». Toutefois, les autorités publiques indépendantes n'ont pas une mission générale de régulation. Au contraire, elles agissent dans des domaines précis pour réguler une activité donnée.

Selon l'article L. 621-1 du Code monétaire et financier : « l'Autorité des marchés financiers veille à la protection de l'épargne investie dans les instruments financiers et tous autres placements donnant lieu à appel public à l'épargne, à l'information des investisseurs et au bon fonctionnement des marchés d'instruments financiers. Elle apporte son concours à la régulation de ces marchés aux échelons européen et international ». Le rapport du Conseil d'État de 2001 poursuit en soulignant le fait que « les institutions chargées de cette régulation doivent présenter certaines caractéristiques permettant d'y parvenir. Elles doivent être composées de personnes indépendantes, qui administrent de manière collégiale, élaborent des règles, autorisent l'entrée de certaines activités et peuvent disposer d'un pouvoir de sanction ». Par conséquent, la définition de la fonction

---

[1580] CE, Rapport public 2001. *Les autorités administratives indépendantes*, *EDCE* n° 52, La Documentation française, 2001.

de régulation est difficilement identifiable[1581] et elle ne peut servir de fondement à une quelconque délimitation de la spécialité des autorités publiques indépendantes.

Le principe de spécialité implique que la mission des autorités publiques indépendantes soit définie en termes précis de manière à établir un cadre de compétences. Or, il convient de souligner que les activités des six autorités publiques indépendantes, si elles sont extrêmement variées, correspondent à cette définition. Selon les termes de la loi de sécurité financière de 2003, l'AMF exerce une mission de discipline professionnelle très nettement circonscrite dans les termes de la loi[1582]. La Haute autorité de santé a essentiellement une mission d'évaluation et d'expertise des offres de soins. Selon l'article L.161-37 du Code de la sécurité sociale, elle doit accomplir une pluralité de missions[1583] mais qui sont strictement délimitées. Quant à l'Agence française de lutte contre le dopage, sa mission consiste principalement dans le contrôle du dopage et la garantie de la santé des sportifs. Le Haut commissariat aux comptes est investi de deux missions, d'une part, la surveillance de la profession et, d'autre part, le respect de la déontologie et notamment de l'indépendance des commissaires aux comptes. L'ARAF s'est vu confier une mission générale de régulation des activités ferroviaires. Même si l'ARAF dispose de compétences étendues, celles-ci sont strictement délimitées au domaine ferroviaire. Enfin, la HADOPI est chargée de trois missions principales : la promotion du développement de l'offre légale et l'observation de l'utilisation licite et illicite des œuvres sur Internet ; la protection des œuvres à l'égard des atteintes aux droits qui leur sont attachés, enfin ; la régulation de l'usage des mesures techniques de protection.

Les activités de ces diverses autorités recouvrent des champs de compétence très variées. Toutefois, les autorités publiques

---

[1581] S. Traoré, « Les autorités administratives indépendantes dotées de la personnalité morale : vers une réintégration institutionnelle de la catégorie juridique ? », *DA* 2004, p. 16.

[1582] Article L. 621-1 du code monétaire et financier, préc.

[1583] Il est possible de citer « l'évaluation périodique du service attendu des produits, actes ou prestations de santé et du service qu'ils rendent », l'élaboration de « guides de bon usage des soins ou les recommandations de bonne pratique » ou encore la mise en œuvre de « procédures de certification des établissements de santé prévues aux articles L. 6113-3 et L. 6113-4 du code de la santé publique ».

indépendantes n'ont pas de vocation générale. Elles agissent dans des domaines nombreux mais chacune dans un domaine spécial.

Ces remarques ne font pas échec à la soumission des autorités publiques indépendantes au principe de spécialité.

Le décret n° 2007-810 du 11 mai 2007 portant approbation du règlement général de l'Institut de France et des académies est très peu explicite sur les missions de ces institutions. L'article 35 de la loi de programme pour 2006 indique que l'Institut de France a pour objet de contribuer à titre non lucratif au perfectionnement et au rayonnement des lettres, des sciences et des arts.

L'Institut de France a pour mission originelle de « recueillir les découvertes, perfectionner les arts et les sciences »[1584], dans une perspective encyclopédique. A cette fin, chaque Académie poursuit une mission particulière. Par exemple, l'Académie française a pour mission la protection de la langue française et de la francophonie. L'Académie des beaux-arts est chargée d'examiner et de promouvoir les disciplines. En outre, l'Institut de France a développé, depuis sa création, une mission de mécénat à travers les nombreux dons et legs qu'il reçoit et des fondations qu'il abrite. L'Institut de France n'a pas de compétences générales mais sa mission est circonscrite au développement des activités savantes, littéraires et artistiques.

b) La souplesse de la spécialisation de la Banque de France et de la Caisse des dépôts et consignations

Il semble qu'une analyse du principe de spécialité appliqué à ces deux institutions financières soit une entreprise délicate. En effet, les missions de la Banque de France ont été profondément modifiées par la mise en place du système européen des banques centrales (SEBC) et du Traité de Maastricht du 7 février 1992. La loi du 4 août 1993 et celle du 12 mai 1998 ont modifié les statuts de la Banque de France pour les adapter aux missions confiées par le Traité aux

[1584] Article 298 de la Constitution de l'AN III.

différentes banques centrales[1585]. A côté des missions que la Banque de France exerce au titre de son intégration dans le SEBC, le Traité a prévu que les banques centrales nationales peuvent continuer d'exercer, si elles n'interfèrent pas avec les précédentes, sous leur responsabilité et à leurs propres risques, et qui ne font pas partie du SEBC, d'autres missions d'intérêt général et autres activités[1586]. A titre d'illustration, la Banque de France établit la balance des paiements et la position extérieure de la France, pour le compte de l'État et sur instructions du ministre de l'Économie et des finances[1587]. En outre, la Banque a une mission générale de régulation du bon fonctionnement du système bancaire et des marchés financiers. Dans le cadre de cette mission, elle collabore avec l'AMF puisque l'un de ses membres y est représenté, désigné par le gouverneur. Enfin, la Banque de France a également pour mission la gestion du fichier bancaire des entreprises (FIBEN). Par conséquent, le principe de spécialité appliqué à la Banque de France réside davantage dans les politiques communautaires relatives aux activités des banques centrales.

La Caisse des dépôts et consignations a subi depuis sa création une profonde mutation. Ces missions étaient définies par l'alinéa 2 de l'article 110 de la loi sur les finances de 1816 et par l'ordonnance du 3 juillet 1816 relative à ses attributions c'est-à-dire l'administration et la gestion des consignations et des dépôts de fonds qui lui étaient confiés. La loi relative aux nouvelles régulations économiques[1588] constitue le nouveau cadre statutaire de la Caisse.

Les missions de la Caisse des dépôts se sont multipliées jusqu'à prendre en compte des missions d'ordre social. Aux termes de l'article L. 518-1 et L. 518-2 du Code monétaire et financier, la « Caisse des dépôts et consignations et ses filiales constituent un groupe public au service de l'intérêt général et du développement économique du pays. Ce groupe remplit des missions d'intérêt général

[1585] *Supra,* L'autonomie fonctionnelle de la Banque de France, Partie 1, Titre 2, Chapitre 1.

[1586] Article L.141-3 du code monétaire et financier, ancien article 101 du Traité CE.

[1587] Article L.141.7 du code monétaire et financier.

[1588] Loi sur les nouvelles régulations économiques, dite loi NRE du 15 mai 2001, H. Le Nabasque, « Commentaire des principales dispositions de la loi du 15 mai 2001 sur les nouvelles régulations économiques intéressant le droit des sociétés », *LPA*, 5 juillet 2001, p. 11 et s.

en appui des politiques publiques conduites par l'État et les collectivités territoriales et peut exercer des activités concurrentielles ». Elle est chargée « d'administrer les dépôts et les consignations, d'assurer les services relatifs aux caisses ou aux fonds dont la gestion lui a été confiée et d'exercer les autres attributions de même nature qui lui sont légalement déléguées. Elle est chargée de la protection de l'épargne populaire, du financement du logement social et de la gestion d'organismes de retraite. Elle contribue également au développement économique local et national, particulièrement dans les domaines de l'emploi, de la politique de la ville, de la lutte contre l'exclusion bancaire et financière, de la création d'entreprise et du développement durable ». En outre, elle est définie comme « un investisseur de long terme et contribue, dans le respect de ses intérêts patrimoniaux, au développement des entreprises »[1589].

Ces différentes missions sont limitativement énumérées. De plus, elles sont considérées comme des prolongements de sa mission originelle. Cependant, une analyse objective conduit à nier l'existence d'un véritable principe de spécialité de la Caisse des dépôts. L'étendue de ces missions et le fait que celle-ci soit en constante réforme[1590] pour répondre aux différents souhaits des gouvernements démontre qu'une « quelconque définition du principe de spécialité de la Caisse des dépôts et consignations semble inutile »[1591]. Toutefois, il est possible de nuancer ces propos en soulignant que la Caisse des dépôts et consignations est tout simplement « victime » de la théorie de l'accessoire. En effet, les autorités politiques peuvent utiliser la souplesse du principe de spécialité pour adapter les missions de la Caisse des dépôts et consignations à certains besoins, notamment en matière d'investissement et de soutien financier. Ces activités sont donc accessoires à sa mission originelle.

En définitive, les nouvelles personnes publiques ont toutes en commun de ne pas disposer de compétence générale. Elles sont toutes soumises, avec plus ou moins de rigueur, au principe de spécialité. Cette caractéristique les rapproche de l'établissement public. Il est alors possible de soutenir que la dilution du principe de spécialité a

---

[1589] Article L. 612-8 du code monétaire et financier.

[1590] On la qualifie souvent de « bras financier de l'État ».

[1591] J.-F. Boudet, *La Caisse des dépôts et consignations : histoire, statut, fonction*, L'Harmattan, 2008, p. 324.

permis la reconnaissance de ces structures originales qui peuvent être qualifiées, par référence à l'établissement public, de nouvelles personnes publiques spéciales.

B/ Des nouvelles personnes publiques spéciales

Malgré leur extrême diversité, les nouvelles personnes publiques ont un dénominateur commun : elles agissent toutes dans des domaines précis. Autrement dit, les nouvelles personnes publiques sont spécialisées dans un domaine de compétence. Par exemple, la Banque de France a une mission générale de réglementation financière et bancaire. L'ARAF accomplit ses missions en matière ferroviaire. La mission de GIP est délimitée par leurs conventions constitutives. Tout comme l'établissement public classique[1592], les nouvelles personnes publiques n'ont pas de compétences générales. L'établissement public est également créé afin de répondre à une mission déterminée. Ce caractère « spécial » des nouvelles personnes publiques les rapproche de l'établissement public. En d'autres termes, qualifier les nouvelles personnes publiques de personnes publiques spéciales permet de les comparer à la formule plus traditionnelle de l'établissement public.

D'ailleurs, les auteurs tentent d'analyser ces nouvelles structures par rapport à l'établissement public. Ainsi en est-il des GIP que l'on rapproche des établissements publics en essayant « d'uniformiser le plus possible leur régime juridique avec les règles communes de l'intervention du législateur pour créer une nouvelle catégorie soit d'établissement soit de groupement »[1593]. Concernant les autorités publiques indépendantes, M. Degoffe constate que l'établissement public est une institution spécialisée de même que l'autorité publique indépendante ; de fait, « en quoi est-il nécessaire de ne pas qualifier l'autorité publique indépendante d'établissement public ? »[1594].

[1592] Par opposition aux établissements publics territoriaux.

[1593] S. Théron, préc. p. 2409.

[1594] M. Degoffe, « Les autorités publiques indépendantes », *AJDA* 2006, p. 625.

La proximité des formules de l'établissement public et des nouvelles personnes publiques spéciales est patente. On s'en souvient, ces structures ne peuvent constituer seules une catégorie juridique dans la mesure où elles ne déclenchent pas l'application d'un régime commun. Cependant, l'établissement public constitue une catégorie éclatée composée d'un grand nombre de formules qui disposent de plus ou moins de caractéristiques communes. Parmi ces caractéristiques communes, tous les établissements publics sont soumis au principe de spécialité permettant *in fine* de les différencier de la collectivité territoriale. Dans la mesure où les nouvelles personnes publiques sont également qualifiées de personnes publiques spéciales, il convient d'accentuer le rapprochement entre l'établissement public et les nouvelles personnes publiques en proposant d'intégrer ces dernières aux catégories d'établissements publics, ce qui suppose d'analyser une nouvelle typologie des catégories d'établissements publics.

Chapitre 2 : La typologie des catégories d'établissements publics

Dans *l'État post-moderne*, J. Chevallier souligne que la diversification croissante d'organismes dotés d'une personnalité juridique propre n'est « pas une chose nouvelle »[1595]. Toutefois, l'auteur remarque que l'autonomie de ces entités est très variable. Il a noté l'existence de deux pôles principaux : « d'un côté les « Agencies » à l'américaine, dont la forte autonomie par rapport à la Présidence et au Département de rattachement était contrebalancée par l'existence de liens étroits avec le Congrès ; de l'autre, « les établissements publics » à la française, sur lesquels s'exerçait une tutelle pesante, impliquant une emprise toute à la fois sur la désignation des dirigeants, la définition des grands objectifs, les relations sociales ou encore les choix de gestion »[1596]. L'évolution de l'intervention administrative a contribué à la création d'une multitude de formules administratives se plaçant entre ces deux modèles. Concernant plus précisément les établissements publics, de nombreuses questions demeurent autour de leur typologie. Ces incertitudes s'expliquent notamment par la possibilité de pouvoir démultiplier les formes d'établissements publics.

La distinction binaire EPA et EPIC a laissé place à de nouvelles formes d'institutions. A côté des chambres de commerce ou autres établissements professionnels, les établissements publics à statut particulier se sont multipliés. Le mouvement de diversification des établissements publics a gagné le secteur des personnes publiques *sui generis*. Tout comme les établissements publics, les AAI se sont multipliées pour répondre à de nouvelles missions. En outre, l'attribution de la personnalité morale à certaines d'entre elles pose la question de l'éclatement de la notion d'AAI. De surcroit, les GIP connaissent les mêmes évolutions que l'établissement public dans la mesure où la jurisprudence a reconnu l'existence de GIP à double visage et que certains groupements sont transformés en personne morale de droit privé. Il semble que le droit administratif s'accommode avec plus ou moins de réussite de ce sentiment de segmentation des structures administratives. La multiplication des

[1595] J. Chevallier, *L'État post-moderne*, préc. p. 81.
[1596] *Ibid*, p. 82.

nouvelles personnes publiques permet de nourrir de nouvelles réflexions sur l'établissement public.

Les catégories d'établissements publics sont accueillantes, ouvertes. La proximité des caractères des nouvelles personnes publiques et de l'établissement public pose la question de l'appartenance des personnes publiques spéciales aux catégories d'établissements publics. L'hétérogénéité des personnes publiques spéciales empêche la constitution d'une troisième catégorie de personne publique à côté des collectivités territoriales et des établissements publics. Néanmoins, les catégories d'établissements publics sont suffisamment ouvertes pour pouvoir intégrer les nouvelles personnes publiques (section 1). Pour parfaire la typologie des catégories d'établissement public, il est possible de s'interroger sur l'existence d'un statut commun à l'ensemble des personnes publiques spéciales (section 2).

Section 1 : L'extension des catégories d'établissements publics

Selon l'article 34 de la Constitution, la loi fixe les règles concernant, notamment, la création des catégories d'établissements publics. Face à l'absence de définition de la notion de « catégories d'établissements publics », le Conseil constitutionnel et le Conseil d'État ont dégagé des critères, parfois différents[1597], pour apprécier l'appartenance d'un établissement public à une catégorie. Grâce à l'utilisation de ces critères, le Conseil constitutionnel a reconnu l'existence de catégories d'établissements publics « unicellulaires »[1598]. Dans sa décision du 27 novembre 1959, le Conseil constitutionnel a considéré que « la Régie autonome des transports parisiens constitue une catégorie particulière d'établissement public sans équivalent sur le plan national »[1599]. Le Conseil constitutionnel a confirmé cette hypothèse à de nombreuses

---

[1597] O. Dugrip, « La notion de « règles concernant la création des catégories d'établissements publics » dans la jurisprudence du Conseil constitutionnel et du Conseil d'État », *Mélanges en hommage à Roland Drago*, Economica, 1996, p. 369.
[1598] M.-G. Calamarte-Doguet, « Les établissements publics à caractère scientifique et technologique », *AJDA* 2002, p. 571.
[1599] CC, Décicion n°59-1, Loi du 27 novembre 1959, Rec. p. 67.

reprises[1600]. Mais s'est rapidement dégagée une *summa divisio* des catégories d'établissements publics, celle des EPA et des EPIC. Pendant longtemps, la doctrine a refusé l'existence de catégories intermédiaires entre ces catégories classiques[1601]. Ainsi que le souligne O. Gohin, le législateur a tenté, plusieurs fois, de sortir de la distinction traditionnelle EPA-EPIC[1602]. Toutefois, ces tentatives étaient vouées à l'échec puisque les conditions d'organisation, de fonctionnement et de contrôle fixées par le législateur permettaient d'assimiler ces catégories émergentes d'établissements publics soit à la catégorie des EPA, soit à celle des EPIC. L'évolution jurisprudentielle de la notion de « catégorie d'établissement public » et l'intervention du législateur ont toutefois permis l'institution de nouvelles catégories d'établissements publics (§1). La prolifération des nouvelles personnes publiques contribue à enrichir la catégorie des établissements publics à statut particulier, voire à créer une catégorie d'établissements publics *sui generis* (§ 2).

§1 Des catégories ouvertes

Dans son rapport de 2009, le Conseil d'État mentionne, parmi les nouvelles catégories d'établissements publics[1603], les établissements publics à caractère scientifique et technologique (EPST)[1604], les établissements à caractère scientifique, culturel et professionnel (EPSCP)[1605] ou encore les établissements publics fonciers et d'aménagement[1606]. Le développement des nouvelles catégories d'établissements publics résulte, d'une part, de l'évolution des règles de création des catégories d'établissements publics (A) et, d'autre part, du dépassement de la distinction EPA/EPIC (B).

[1600] CC, Désicion. n° 64-27 Loi du 19 mars 1964, Rec. p. 33; Décision n° 82-127 Loi du 10 novembre 1982, Rec. p. 103, Décision n° 89-162 Loi du 5 décembre 1989, Rec. p. 100.

[1601] J. Laffitte, « Les établissements publics à caractère scientifique et technologique : une nouvelle catégorie d'établissements publics? », *RFDA* 1988, p. 304.

[1602] O. Gohin, *Institutions administratives*, LGDJ, 3ème éd. 1998, p. 78.

[1603] CE, Rapport public 2009, *Les établissements publics*, préc. p. 14.

[1604] Loi n° 82-610 15 juillet 1982, art. L 321-1 et suivants du code de la recherche.

[1605] Lois n° 84-52 du 26 janvier 1984 et n° 2007-119 du 10 août 2007, art. L 711- 1 et suivants du Code de l'éducation.

[1606] Loi n° 85-729 du 18 juillet 1985, art. L. 321-1 et suivants du Code de l'urbanisme.

A/ L'évolution des règles de création des catégories d'établissements publics

Le législateur est intervenu, à plusieurs reprises, pour créer de nouvelles catégories d'établissements publics à côté de la classification classique EPA/EPIC. La multiplication des catégories d'établissements publics résulte de la souplesse des règles de création des catégories d'établissements publics. En effet, il est possible d'analyser l'évolution de ces règles de création en se fondant sur deux éléments. Tout d'abord, le Conseil constitutionnel a abandonné le recours au critère de l'activité exercée par l'établissement public (1). Ensuite, il a considérablement assoupli le critère de la spécialité analogue (2).

1) L'abandon du critère de l'activité exercée

Dans sa décision du 18 juillet 1961 *Institut des Hautes études d'Outre-Mer,* le Conseil constitutionnel juge qu'entrent dans une même catégorie « les établissements publics dont l'activité a le même caractère – administratif ou industriel et commercial- et s'exerce, sous la même tutelle administrative, et qui ont une spécialité étroitement comparable »[1607]. Cette décision impliquait la prise en compte de la nature de l'activité exercée par l'établissement. Autrement dit, si l'établissement public gérait une activité administrative et que l'on souhaitait le ranger dans une catégorie comprenant des établissements publics à caractère industriel et commercial, on devait conclure à la création d'une nouvelle catégorie d'établissement et à la compétence du législateur. Le Conseil d'État a adopté la même conception en jugeant que l'Ecole normale supérieure d'éducation physique et sportive avait un objet comparable à celui d'autres établissements publics nationaux présentant comme elle un caractère administratif[1608]. Cependant, ce critère présentait de nombreux inconvénients : « d'une part, en effet, la jurisprudence administrative hésite parfois sur la qualification d'un établissement public et, d'autre

[1607] CC, Déc. n° 61-15 L, 18 juillet 1961, *Institut des hautes études d'outre-mer*, Rec. p. 39 ; *AJDA* 1961, p. 625, note A. de Laubadère ; *D.* 1961, p. 541, note L. Hamon

[1608] CE, 16 octobre 1974, *Syndicat national de l'éducation physique de l'enseignement public*, Rec. p. 488.

part, elle remet même en question, semble-t-il, le principe d'une distinction entre établissement public à caractère administratif et établissement public à caractère industriel et commercial »[1609].

Dans sa décision relative à l'ANPE du 25 juillet 1979, le Conseil constitutionnel a abandonné le critère de l'activité exercée par l'établissement public. Selon le Conseil constitutionnel, entrent dans une même catégorie « les établissements publics dont l'activité s'exerce territorialement sous la même tutelle administrative et qui ont une spécialité analogue ». Il ajoute qu'il n'est pas nécessaire de retenir « parmi les critères déterminant l'appartenance d'établissements publics à une même catégorie la condition qu'ils présentent le même caractère : administratif, industriel et commercial, scientifique et technique ou scientifique et culturel : et cela en raison de ce que les règles constitutives d'un établissement public ne comportent pas nécessairement l'indication de ce caractère, qui peut au surplus être modifié par un acte réglementaire »[1610]. En l'espèce, le juge a considéré que l'agence nationale pour la valorisation de l'emploi appartenait à la même catégorie d'établissement public que l'Office national de l'immigration[1611]. Ces deux établissements sont rattachés à l'État et poursuivent une mission relative au marché de l'emploi. Le Conseil d'État a pris acte de cette évolution[1612]. L'abandon de ce critère permet de regrouper au sein d'une même catégorie des établissements publics de nature différente.

De plus, cette évolution a permis d'élargir la compétence réglementaire qui a la possibilité de préciser le caractère d'un établissement public. Surtout, l'abandon du critère de l'activité exercée a contribué à la création de nouvelles catégories d'établissements publics, à l'instar des établissements publics de

---

1609 L. Favoreu et L. Philip, *Les grandes décisions du Conseil constitutionnel*, Commentaire de la décision CC, 18 juillet 1961, *Institut des hautes études d'outre-mer*. .

1610 CC, Déc. n° 79-107 Loi du 30 mai 1979, *Agence nationale pour la valorisation de la recherche*, Rec. p. 44 ; *D.* 1980, jurispr. p. 121, note Y. Gaudemet ; *Pouvoirs* 1979, n° 1, chron. P. Avril et J. Gicquel ; *RDP* 1979, p. 1670, note L. Favoreu

1611 Le Conseil constitutionnel a précisé qu'il « appartient au pouvoir réglementaire de déterminer ce caractère sauf à ne pas dénaturer les règles constitutives telles qu'elles sont définies par la loi », CC, Décision n ° 87-1501, Loi du 17 mars 1987, Rec. p. 32.

1612 CE, Rapport public 1990, *EDCE* 1991, p. 20.

recherche, créés par la loi du 15 juillet 1982. L'article 14 de la loi dispose que ces établissements ont soit un caractère administratif, soit un caractère scientifique et technologique. A cet égard, le Conseil constitutionnel a jugé, dans sa décision du 28 juillet 1993 relative à la création des établissements publics à caractère culturel, scientifique et professionnel, que : « les établissements publics à caractère culturel, scientifique et professionnel constituent au sens de ces dispositions une catégorie particulière d'établissements publics ; que le législateur est dès lors seul compétent pour fixer leurs règles de création lesquelles comportent nécessairement leurs règles constitutives »[1613].

2) L'assouplissement du critère de la spécialité analogue

Selon le rapport d'étude du Conseil d'État, la notion de spécialité a toujours fait l'objet d'applications contrastées mais elle demeure « la pierre angulaire du contrôle exercé sur la création des établissements publics »[1614]. Le Conseil constitutionnel exigeait, pour l'appartenance à une même catégorie d'établissement public, une « spécialité étroitement comparable »[1615]. Puis, il a assoupli ce critère en jugeant qu'appartiennent à une même catégorie les établissements publics présentant une spécialité analogue. Si l'on analyse le critère de la spécialité analogue, il est à noter une double exigence. Tout d'abord, l'établissement nouvellement créé doit poursuivre une activité de même nature que l'établissement de référence de la catégorie. Ensuite, cette activité doit s'effectuer dans un domaine d'intervention comparable. A titre d'illustration, le Conseil d'État a précisé que la Masse des douanes entre dans la même catégorie que l'Economat des armées puisque d'une part, leur mission principale est de même nature c'est-à-dire « procurer à l'administration ou aux agents publics des biens ou des services utiles à l'accomplissement des missions dont ils

---

1613 CC, Déc. n° 93-322 DC du 28 juillet 1993, *Loi relative aux établissements publics à caractère scientifique, culturel et professionnel*, consid. 6. Cette conception sera confirmée par la décision n° 99-185 L du 18 mars 1999. Les dispositions relatives aux EPSCP sont aujourd'hui codifiées aux articles L. 711 et ss. Du Code de l'éducation.

1614 CE, *Rapport d'étude sur les établissements publics*, 2009, p. 35.

1615 CC, Déc. n° 79-107 Loi du 30 mai 1979, *Agence nationale pour la valorisation de la recherche*, Rec. p. 44 ; *D.* 1980, jurispr. p. 121, note Y. Gaudemet ; *Pouvoirs* 1979, n° 1, chron. P. Avril et J. Gicquel ; *RDP* 1979, p. 1670, note L. Favoreu

ont la charge » et d'autre part, qu'elles s'exerçaient « dans un domaine voisin »[1616].

Cependant, l'analyse des avis du Conseil d'État pose la question de l'abandon de l'exigence du critère du « domaine voisin ». En effet, la formation consultative a précisé que la création d'un établissement public national, en l'espèce le Centre national du développement du sport, (dont la mission est de promouvoir le sport ainsi que la pratique sportive) par la loi était contraire aux règles constitutives de l'établissement public. Selon l'avis de l'Assemblée générale[1617], ce nouvel organisme ne saurait relever à lui seul d'une nouvelle catégorie dans la mesure où plusieurs autres établissements, à l'instar du centre national de la cinématographie, du Centre national du livre et du Centre national de la chanson, des variétés et du jazz, ont également pour mission de promouvoir leurs activités respectives par l'attribution de concours financiers. Or leur domaine d'intervention n'est pas comparable. La création de ce nouvel établissement ne relève pas de la compétence législative mais de celle du pouvoir réglementaire.

Cette conception a été confirmée en 2006[1618] et plus récemment en 2007[1619] , à l'occasion de la création par décret du Centre national des praticiens hospitaliers et des personnels de direction de la fonction publique hospitalière, jugée conforme aux règles posées par l'article 34 de la Constitution eu égard à son rattachement territorial et au seul critère de la nature des activités comparable à celle du Centre national de gestion de la fonction publique hospitalière. Il est donc nécessaire d'analyser les conséquences de cette évolution dans l'interprétation du critère de la spécialité analogue.

Dans un premier temps, il convient de souligner que la disparition du critère du « domaine voisin » entraîne l'extension de la compétence réglementaire quant à la création des établissements publics. Dès lors, le Conseil d'État, soulignant à maintes reprises la nécessité de ne pas

---

1616 CE, section des finances, 7 janvier 1997, n° 356 905, *EDCE* 1998 p. 80.
1617 CE, 23 septembre 2005, n° 372 184, *EDCE* 2006 p. 68
1618 CE, 21 septembre 2006, n° 373 638, PLF 2007.
1619 CE, Section sociale, 27 mars 2007, n° 380 072, Projet de décret relatif à l'organisation et au fonctionnement du Centre national de gestion des praticiens hospitaliers et des personnels de direction de la fonction publique hospitalière, *EDCE* 2008 p. 145.

multiplier les catégories, semble par cette technique implicite élargir la compétence réglementaire dans le but de réduire *in fine* la possibilité législative de créer de nouvelles catégories. De plus, il renforce son contrôle en la matière puisqu'il lui est permis de modifier la qualification d'un établissement public créé par voie décrétale. Il n'est toutefois pas certain que la méthode choisie clarifie les règles de répartition des compétences entre le législateur et le pouvoir réglementaire. Et ce d'autant plus que les règles jurisprudentielles constitutives d'une catégorie d'établissement public n'entraînent pas nécessairement, si elles ne sont pas remplies, la compétence réglementaire. Deux éléments attestent la variabilité de la frontière des dispositions relevant du domaine de la loi.

Tout d'abord, les règles constitutives d'une catégorie peuvent parfois se combiner avec d'autres dispositions de l'article 34 de la Constitution, exigeant la compétence du législateur, à l'instar du principe de libre administration des collectivités territoriales ou de la garantie des libertés publiques[1620]. Si la création d'un nouvel établissement touche à l'une de ses dispositions, et c'est souvent le cas lorsqu'une collectivité territoriale participe à la gestion d'un établissement public, la compétence relève du domaine de la loi même si ce nouvel organisme entre dans une catégorie existante, eu égard à son rattachement territorial et au critère de la spécialité analogue. De plus, une loi peut elle-même s'immiscer dans la gestion et le fonctionnement des établissements publics. Le Conseil d'État a estimé depuis longtemps que les règles en matière de fixation du nombre des membres du Conseil d'administration d'un établissement public relevaient du pouvoir réglementaire[1621]. Or la loi du 26 juillet 1983 relative à la démocratisation du secteur public fixe des règles contraires. Celle-ci s'applique notamment aux établissements publics industriels et commerciaux de l'État, autres que ceux dont le personnel est soumis à un régime de droit public et des autres établissements publics de l'État qui assurent tout à la fois une mission de service public à caractère administratif et à caractère industriel et commercial, lorsque la majorité de leur personnel est soumise aux règles du droit privé. Son article 5 précise que la loi fixe non seulement les règles de fonctionnement de leurs conseils d'administrations mais détermine

---

[1620] CE, *Rapport d'étude sur les établissements publics*, p. 39.

[1621] CE, Assemblée, 24 mai 1963, *Fédération nationale des parents d'élèves des écoles publiques et sieur La Chapelle,* Rec. p. 321.

également des règles de composition strictes restreignant la compétence réglementaire quant au nombre de représentants siégeant dans ces conseils.

L'évolution de l'interprétation du critère de la spécialité a conduit à la création de catégories d'établissements publics « ouvertes et accueillantes »[1622]. Le caractère évolutif et largement jurisprudentiel des règles de création des catégories d'établissements publics a donc contribué à la naissance de nouvelles catégories d'établissements publics, dépassant la distinction classique EPA/EPIC.

B/ Le franchissement de la distinction EPA/ EPIC

Il convient de mettre en exergue le fait que de nombreux établissements publics s'écartent du modèle classique de l'EPA. Ainsi les établissements publics locaux d'enseignement ont un lien plus que fictif avec la collectivité territoriale de rattachement[1623]. En outre, certains établissements, à l'instar des universités ou des chambres professionnelles disposent d'une plus grande autonomie juridique que d'autres. Cette adaptation du statut de l'établissement public à une pluralité de missions peut s'analyser comme la recherche d'une constante dérobade au modèle classique de l'établissement public administratif. Les autorités publiques créent de nouvelles structures en conservant un socle commun d'éléments fondamentaux de définition de l'établissement public tout en modelant leur régime juridique par rapport aux missions qu'ils souhaitent confier à ces nouveaux organismes.

L'évolution dans le temps du régime de l'établissement public fait apparaître des interrogations sur la portée réelle de la distinction entre EPA et EPIC. La raison essentielle de la qualification d'EPIC réside dans la volonté des autorités créatrices de privilégier l'EPIC à l'EPA sans autre considération que celle d'une plus grande souplesse de gestion. De nombreux établissements ont ainsi été qualifiés d'industriels et commerciaux alors qu'ils poursuivent des activités non

[1622] O. Dugrip, préc. p. 370.

[1623] A. Legrand, « Le rattachement des établissements publics locaux d'enseignement à une collectivité et le contrôle sur leurs actes », *AJDA* 2005, p. 825.

marchandes, pour des motifs essentiellement liés au statut du personnel ainsi qu'à la nature de leur comptabilité[1624]. Dès lors, le critère de la qualification d'EPIC ne répond plus à la nature de l'activité exercée mais à celle de son régime de fonctionnement. Pourtant, cette technique de qualification artificielle emporte des conséquences juridiques nombreuses et, dans le même temps, obscurcit les efforts de rationalisation des catégories d'établissements publics. Il est donc nécessaire de s'interroger sur l'intérêt de conserver une distinction fonctionnelle entre EPA et EPIC et de rechercher si la dissociation entre le caractère de la mission de l'établissement et sa qualification peut être justifiée pour permettre la pérennité de la formule, face notamment à d'autres structures publiques ou privées concurrentes. La réforme des offices publics de l'habitat illustrera ces propos.

Les offices publics de l'habitat ont été créés par l'ordonnance du 1er février 2007[1625] dont l'un des objectifs est la concrétisation de la décentralisation des interventions publiques dans le domaine du logement. Ils résultent de la fusion des offices publics d'habitations à loyer modéré (OPHLM), qualifiés d'établissements publics administratifs et des offices publics d'aménagement et de construction (OPAC), créés par la loi du 16 juillet 1971 les qualifiant d'établissements publics à caractère industriel et commercial. Ces deux organismes poursuivaient une mission identique, celle de la construction et de la gestion du logement social. Ces activités ont été qualifiées par le Conseil d'État de missions de service public administratif[1626]. L'ordonnance de 2007 étend la qualification d'EPIC aux offices de l'habitat. Toutefois, cette nouvelle qualification n'apporte que très peu des modifications quant à leur mission

---

[1624] *Supra*, Partie 1, Titre 2, Chapitre 1, Section 1, §1.

[1625] L'article 49 de la loi n° 2006-872 du 13 juillet 2006 portant engagement national pour le logement habilite le Gouvernement « à prendre par ordonnance toutes mesures pour substituer aux offices publics d'habitations à loyer modéré (OPHLM) et aux offices publics d'aménagement et de construction (OPAC) une nouvelle catégorie d'établissements publics d'habitations à loyer modéré dénommés offices publics de l'habitat (OPH) et rattachés à une collectivité territoriale ou à un groupement de collectivités territoriales ».

[1626] CE, 4 décembre 1931, *Dlle Dumy*, *S.* 1932. 3. 97, Note J. Delvolvé. Les OPAC constituaient déjà ce qu'il est convenu de nommer des établissements publics à visage inversé, qualifiés d'EPIC alors qu'ils assuraient une mission de nature administrative.

principale de service public administratif. A l'inverse, l'ordonnance instaure un régime dérogatoire au régime de droit commun des personnes publiques.

Concernant leur qualification d'EPIC, il ressort clairement de la volonté du législateur que les préoccupations de gestion se substituent au caractère réel de l'activité exercée par les offices publics de l'habitat. En effet, même si ces organismes sont dotés de nouvelles attributions[1627] comme la construction et la gestion des résidences hôtelières à vocation sociale ou encore la vente ou la gestion de logements dans le cadre de la politique d'accession sociale à la propriété, ces missions relèvent d'une activité de service public administratif. En outre, leurs règles de gouvernance, tout en intégrant la politique de l'intercommunalité et en donnant davantage de pouvoirs aux représentants des autorités locales, ne modifient que très légèrement les règles de fonctionnement des anciens OPAC et OPHLM. Toutefois, les règles relatives à la comptabilité et la gestion des ressources humaines attestent clairement la volonté de soumettre ces offices au régime légal de l'EPIC.

En effet, selon l'article L.421-17 du Code de la construction et de l'habitat, il est loisible aux offices publics de l'habitat de choisir par délibération de leur conseil d'administration leur soumission soit aux règles de la comptabilité publique, soit à celles des règles du commerce. De plus, l'ordonnance de 2007 ouvre la possibilité pour les anciens fonctionnaires territoriaux en poste tant dans les OPAC que dans les OPHLM de maintenir leur régime ou d'opter pour un régime de droit privé. En tout état de cause, les personnels des anciens OPHLM ne seront plus recrutés dans la fonction publique territoriale mais sous contrats de droit privé, d'où la nécessaire impression « de la disparition de la fonction publique territoriale dans le secteur de l'habitat social »[1628].

Par conséquent, la recherche d'une plus grande autonomie de gestion semble franchir un pas juridique supplémentaire en mettant en échec la distinction binaire entre les deux formules classiques d'établissement public. Doit-on pour autant conclure à un

---

[1627]Article L. 421-1 à L. 421-4 du Code de la construction et de l'habitat.

[1628] M. Barré-Pépin, « Le nouveau statut des offices publics de l'habitat », *Jurisclasseur,* mars 2007, n°60, p. 34.

détournement de la catégorie classique ? Selon E. Fatôme, « la volonté de faire bénéficier des établissements publics d'une plus grande souplesse de gestion (notamment en ce qui concerne leur personnel et leur comptabilité) n'a rien de critiquable dès lors qu'il apparaît que cette souplesse est justifiée parce qu'elle est de nature à permettre un meilleur fonctionnement de l'établissement »[1629]. Toutefois, l'auteur conteste la manière d'y parvenir. Autrement dit, la qualification artificielle d'EPIC permet à l'établissement public de répondre aux nouvelles exigences de la gestion administrative tout en demeurant une source d'ambiguïté et de malentendus[1630]qui peuvent s'apparenter à des détournements de la formule. Ces « détournements » résultent de la capacité de mutation de l'établissement public et de la souplesse des règles entourant la création des catégories d'établissement public. Au demeurant, ces « anomalies » permettent également de nourrir la thèse de l'existence d'établissements publics *sui generis*.

§2 Des établissements publics *sui generis*

Grâce à la souplesse de son statut, l'établissement public constitue une catégorie accueillante. Les nouvelles personnes publiques ne sont pas les seules structures à pouvoir être qualifiées d'établissements publics *sui generis*. Malgré sa qualification d'EPA, la Caisse des dépôts et consignation est un établissement public à statut particulier (A). La diversité des catégories d'établissements publics et la proximité des formules entre l'établissement public et les nouvelles personnes publiques offrent la possibilité de recourir à la reconnaissance d'établissements publics *sui generis*. En effet, les GIP ou encore les AAI voient leur fonctionnement évoluer sur le modèle de l'établissement public. Les GIP connaissent les mêmes « dérives » que l'établissement public (B) et les AAI constituent désormais une catégorie aussi hétéroclite que l'établissement public (C).

A/ La Caisse des dépôts et consignations, un « établissement public spécial »

[1629] « Questions sur l'avenir de l'établissement public, Apropos du rapport du Conseil d'État », *AJDA,* préc. p. 1245.
[1630] *Ibid.*

Souvent définie comme un « rouage de l'Administration de l'État »[1631], ce « mystérieux établissement »[1632] financier suscite, dans un contexte de crise financière, de nombreuses interrogations. La Caisse des dépôts a toujours été considérée comme une institution publique mais la doctrine demeure sceptique[1633] quant à sa qualification d'établissement public national eu égard à ses nombreuses spécificités d'ordre statutaires et fonctionnelles. A ce propos, l'article L.518-2 du Code des marchés publics la qualifie d' « établissement spécial »[1634]. La particularité de la Caisse réside dans le fait qu'« elle participe à la vie propre de l'État, tout en ne se rangeant pas néanmoins dans la catégorie des administrations publiques »[1635].

Le statut de la Caisse a été défini par la loi de finances du 28 avril 1906 et demeure inchangé[1636]. Le juge administratif qualifie cette institution financière d'établissement public de l'État[1637]. Certains auteurs estiment d'ailleurs que son rattachement au pouvoir législatif et son autonomie particulière permettent son classement dans une catégorie d'établissement public à exemplaire unique. Or, cette proposition n'a jamais été suivie par la le Conseil d'État[1638]. La qualification opérée par le juge n'est pourtant pas surprenante et l'on ne peut que souscrire, dans une première approche, à la présomption

---

1631 T. Tissier, *Traité théorique et pratique des dons et legs aux établissements publics ou d'utilité publique*, Dupont, 1896, p. 32.

1632 Joseph-Barthelemy, « La caisse des dépôts et consignations. Son rôle au point de vue financier, économique et social », *RPP*, 1931, p. 185.

1633 « Le cas de la Caisse des dépôts et consignations n'est pas réglé de manière aussi tranchée et il n'est même pas certain qu'il soit réglé », L. Richer, préc. p. 140.

1634 Le législateur n'a pas fait preuve de nouveauté puisqu'il reprend en termes identiques la qualification de la Caisse par l'article 110 de la loi de finances du 28 avril 1816.

1635 CE, 29 juin 1906, *Sieur Lurton*, Rec. p. 585.

1636 Une exception notable est à signaler concernant le statut du directeur général de l'Institut.

1637 CE, 15 juillet 2004, *Caisse des dépôts et consignations*, Rec. p. 431.

1638 Ainsi que le note J.-F. Boudet, « le Doyen Louis Favoreu et le Professeur Loïc Philippe limitent le recensement de catégories d'établissement public à sept, sans y inclure explicitement ou tacitement la Caisse des dépôts et consignations », J.-F. Boudet, *La caisse des dépôts et consignations : histoire, statut, fonction : contribution à l'étude de ses fondements juridiques* L'Harmattan, Coll. Logiques juridiques, 2006, p.45.

d'administrativité de la Caisse eu égard à sa fonction originelle, celle de protéger les fonds publics.

Cette fonction originelle de la Caisse a été considérée par certains comme le fondement d'un statut constitutionnel et ce, pour deux raisons. Tout d'abord, son texte fondateur, la loi du 28 avril 1816, est souvent décrit comme le « premier Code des finances publiques »[1639]et, à ce titre, « pourrait être considéré comme une loi d'application fondamentale, une loi constitutionnelle avant la lettre »[1640]. Cette conception ne s'accorde pas avec le droit positif étant donné que ce sont des lois ordinaires qui sont venues compléter[1641] ou modifier son organisation tout comme son statut[1642]. On ne peut donc qu'en conclure que le parallélisme des compétences présume non son caractère constitutionnel mais un statut législatif. Le second argument se fonde sur la jurisprudence du Conseil constitutionnel selon laquelle l'existence de certains services publics nationaux est constitutionnellement obligatoire[1643]. Il est vrai que cette institution dispose d'un monopole sur les fonds et consignations et qu'elle poursuit une mission d'intérêt général. Toutefois, son rôle a fortement évolué depuis sa création et ne correspond plus à ses activités originaires. Ce débat est d'ailleurs stérile puisqu'il ne résout pas la question de sa nature juridique. Le fait qu'elle poursuive des missions garanties constitutionnellement ne préjuge en rien de sa qualité d'établissement public. Le législateur a souhaité intervenir en 1989 pour proposer « la désétatisation de la Caisse des dépôts et consignations et la suppression de ses privilèges »[1644].

En droit positif, la Caisse est qualifiée par le juge d'établissement public administratif. Néanmoins, il est possible de souligner son analogie avec la Banque de France compte tenu de leurs origines historiques et des liens plus ou moins étroits que ces institutions financières entretiennent avec les autorités étatiques. Doit-

---

1639 Bon-Garçin, « La Banque de France de 1800 à nos jours », *LPA* 1994, p. 5.
1640 J.-F. Boudet, préc., p. 43.
1641 Loi du 21 juin 1871 relative à la composition de la commission de surveillance des caisses d'amortissement et des dépôts et consignations, Rec. Vanier, 1894, p. 81.
1642 Loi du 6 avril 1876 qui réorganise la Commission de surveillance caisses d'amortissement et des dépôts et consignations.
1643 Décisions des 25 et 26 juin 1986, *Privatisation*s, DC n°86-207, *GDCC*, n°39.
1644 J.-F. Boudet, *La caisse des dépôts et consignations : histoire, statut, fonction : contribution à l'étude de ses fondements juridiques*, préc. p. 48.

on pour autant consacrer son caractère *sui generis* ? Si l'on refuse le qualificatif attribué par le juge, il est alors nécessaire de comprendre que le caractère corporatif fait défaut à la Caisse et qu'elle est soumise, malgré son indépendance de principe, à une volonté extérieure d'où une certaine « dérive fondative ».

Tout d'abord, et pour poursuivre la comparaison avec la Banque de France, la Caisse des dépôts est une institution de droit public soumise à un régime juridique particulier tant du point de vue de son personnel que sous l'angle des rapports spécifiques qu'elle entretient avec les autorités étatiques. Le statut du personnel de la Caisse résulte encore pour partie des articles 100 à 103 de la loi du 28 avril 1916 modifiés. Ces derniers confèrent au Directeur général un pouvoir de nomination. Le juge administratif a pris position en 1993[1645] sur l'application aux agents de la Caisse du statut de la fonction publique. Ainsi, le commissaire du gouvernement J.-C. Bonichot[1646]précisait que les agents de la caisse étaient des fonctionnaires à qui l'on applique la législation sur les établissements publics administratifs. Toutefois, son personnel est également constitué d'agents de droit privé. Cette coexistence au sein d'un même organisme ajoute à son caractère *sui generis*. En effet, il est largement entendu depuis les années 1920[1647] que les agents appartenant à un service public administratif sont des personnels de droit public alors que ceux des services publics industriels et commerciaux sont régis par le droit privé. En outre, l'article 3 de la loi du 13 juillet 1983 portant droits et obligations des fonctionnaires précise que, « sauf dérogation prévue par une disposition législative, les emplois civils et permanents de l'État, des régions, des départements, des communes et de leurs établissements publics à caractère administratif sont occupés par des fonctionnaires ». La jurisprudence *Berkani* ajoute que « les personnels non statutaires travaillant pour le compte d'un service public à caractère administratif sont des agents contractuels de droit public quel que soit leur emploi »[1648]. La caisse des dépôts et

---

1645 CE, 19 mars 1993, *Caisse des dépôts et consignations et caisse nationale de prévoyance*, Rec. p 75; Concl. Bonichot, *LPA* 18 juin 1993, p.16; obs. Rouault, M-.C., *JCP*, IV, 1993, p. 154.

1646Concl. préc. sur CE, 9 mars 1993, *Caisse des dépôts et consignations et caisse nationale de prévoyance.*

1647 CE, 26 janvier 1923, *De Robert Lafreygère*, Leb. p. 67.

1648 CE, 25 mars 1996, *Berkani,* Leb. p. 535; *AJDA* 1996, p. 355, Concl. P.Martin et note A. De Laubadère, *RFDA* 1996, p. 819.

consignations étant un établissement public administratif, elle doit disposer de personnels de droit public. Cependant, la Caisse, comme La Poste[1649] ou encore les GIP, dispose également de personnel de droit privé. Il est en effet possible qu'une disposition législative prévoie ce type de coexistence entre deux catégories d'agents. Le cas de la Caisse des dépôts est singulier parce qu'il pose la question du « processus de privatisation des services publics »[1650] et l'éloigne de la catégorie classique de l'établissement public administratif.

En 1978, la Caisse a souhaité créer, avec la caisse nationale de prévoyance ainsi que le groupement d'intérêt économique « Groupement des sociétés constituées sous l'égide de la Caisse des dépôts et consignations », le bureau des techniques d'actuariat et de management (BETAM). Celui-ci est chargé d'assurer pour le compte de ses membres les responsabilités résultant du recrutement et de l'emploi de cadres techniciens et d'actuaires ». En d'autres termes, ce nouveau groupement avait pour objet de recruter des agents sous contrat de droit privé travaillant au sein de la Caisse des dépôts. Toutefois, le Conseil d'État a annulé cette décision au motif que celle-ci était contraire aux règles constitutives de l'établissement public[1651] . La Cour de cassation a confirmé la position de la juridiction administrative en indiquant que le caractère d'établissement public administratif de la Caisse « exclut l'emploi du personnel dans les conditions du droit privé »[1652]. Pourtant, le directeur général a manifesté son intention de recourir aux agents de droit privé pour répondre à l'accroissement des besoins en personnel de ses services. Le BETAM a continué de fonctionner en mettant à disposition de la Caisse des dépôts des agents de droit privé[1653]. Le législateur est donc intervenu en adoptant un texte spécifique autorisant la coexistence des personnels de droit public ainsi que de droit privé[1654]. Or, cette

---

[1649] Avant sa transformation en société anonyme à capitaux publics.

[1650] Y. Saint-Jours, « Les personnels non statutaires des SPA soumis au droit privé », *D.* 2000, chron. p. 47.

[1651] CE, 19 mars 1933, *Caisse des dépôts et consignations et caisse nationale de prévoyance*, préc.

[1652] Cas. Soc, 28 novembre 1995, *Caisse des dépôts et consignations et autres*, n°94-60278.

[1653] Cette situation a été dénoncée par les parlementaires notamment, Mme Maryse Bergé-Lavigne, question écrite n° 14505, publiée dans le JO Sénat du 21/03/1996, p. 624.

[1654] Article 34 de la loi n°96-452 du 28 mai 1996 modifiée par la loi du 15 mai 2001.

apparente facilité à accueillir deux catégories d'agents a eu pour conséquence l'adoption de règles très originales relatives à la représentation des personnels au sein de la Caisse des dépôts. L'article 34 de la loi du 28 mai 1996 ainsi que le décret d'application du 13 juillet 1998 prévoient « les catégories d'emplois susceptibles » d'être occupées par des personnels de droit privé en apportant une limite tenant aux « exigences particulières de l'organisation des services » ou « la spécificité de certaines fonctions ». Ces deux dispositions ont soulevé des difficultés relatives à l'application de la législation du droit du travail.

La gestion d'agents relevant à la fois de la fonction publique et du droit privé a obligé le législateur à adopter une solution originale en matière de représentation du personnel constituant « un laboratoire d'une fonction publique moderne »[1655]. La loi a ainsi préféré, à l'institution d'un comité d'entreprise, la création d'un organisme de concertation unique réunissant les deux catégories de personnels, dérogeant pour ce qui est des employés de droit privé, aux dispositions du Code du travail. Le décret de 1998 crée un comité mixte paritaire central ainsi que des comités mixtes paritaires locaux composés proportionnellement de délégués syndicaux relevant de la fonction publique et de la sphère privée. Cette mixité démontre le statut particulier de la Caisse des dépôts et consignations en même temps qu'elle reflète « une situation de plus en plus complexe puisque des agents de droit privé sont présents au sein de l'établissement public lui même, alors que les fonctionnaires de la Caisse sont mis à disposition dans les filiales »[1656] de cette institution financière. Ce premier élément marquant la spécificité de la Caisse est commun à d'autres personnes publiques spéciales comme les groupements d'intérêt public ou la Banque de France. Néanmoins, la particularité fondamentale de cet établissement réside dans les rapports qu'elle entretient avec le pouvoir législatif ou tout du moins dans l'effectivité de son autonomie par rapport aux autorités étatiques.

La loi qualifie la Caisse des dépôts et consignations d'organisme placé « de la manière la plus spéciale sous la surveillance et la garantie du pouvoir législatif ». Cette disposition s'analyse comme le souhait d'un besoin d'autonomie par rapport au

---

1655 J.-F. Boudet, préc. p. 90.

1656 Y. Saint-Jours, préc. *AJDA* 2000, p. 389.

gouvernement. Il est certain que cette indépendance est nécessaire à la réalisation des missions régaliennes de la Caisse. Cependant, et afin de justifier son caractère fondatif, il convient de souligner que le directeur général est nommé par décret du Président de la République alors que ses directeurs adjoints le sont par décret du Premier ministre. En outre, le Trésor public et le ministère des finances exercent une tutelle sur la Caisse si bien que c'est « soit sous forme d'allégeance, d'indépendance ou de tensions que vont s'établir »[1657] les relations entre autorités étatiques et l'établissement.

Ainsi, cette « vieille Dame » apparaît bien comme une institution à qui les autorités gouvernementales ont accordé un statut particulier pour réaliser une mission propre à exécuter les objectifs de l'appareil d'État. En d'autres termes, la Caisse des dépôts et consignations n'est pas une corporation mais peut davantage être assimilée au « procédé administratif de la fondation [...] celui par lequel l'État définit une mission particulière pour satisfaire ses intérêts et charge lui même un mandataire de mise en œuvre des moyens pour la réaliser »[1658]. Sous cet angle, la Caisse appartient bien à la sphère des organismes déconcentrés malgré ses diverses revendications d'autonomie[1659].

La Caisse des dépôts et consignations n'est pas la seule institution à pouvoir être qualifiée d'établissement public « *sui generis* ». L'évolution parallèle des GIP et des établissements publics démontre, une nouvelle fois, la proximité des formules.

B/ L'évolution parallèle des groupements d'intérêt public et des établissements publics

Selon B. Jorion, « les groupements d'intérêt public, nouveau type de structure censé renouveler l'activité administrative, seraient finalement proches, au double sens de la qualification de l'organe et de la qualification de l'activité, d'une des formes les plus

---

[1657] J.-F. Boudet, préc. p. 54.

[1658] F. Féral, *Approche dialectique du droit de l'organisation administrative*, préc. p. 99.

[1659] D'ailleurs, la Caisse des dépôts et consignations fait partie des établissements publics conformément à la liste dressée par le Conseil d'État dans son rapport du 15 octobre 2009.

traditionnelles de l'intervention publique, l'établissement public administratif »[1660]. Pour étayer sa conception, l'auteur a analysé l'objet de multiples catégories de groupements d'intérêt public[1661]. Cependant, B. Jorion reste prudent en parlant de la « présomption d'administrativité des services publics gérés par les GIP »[1662]. Il est possible d'illustrer la proximité des formules, celle du GIP et de l'établissement public, en se fondant sur un autre raisonnement. En étudiant l'évolution du GIP, il apparaît que celui-ci connait les mêmes vicissitudes voire les mêmes dérives que son prédécesseur, l'établissement public.

En premier lieu, l'arrêt du Conseil d'État du 1er avril 2005 *Syndicat national des affaires culturelles*[1663] a transposé aux GIP la jurisprudence de l'établissement public à double visage[1664]. Dans cet arrêt de 2005, deux syndicats ont demandé l'annulation, pour excès de pouvoir, de l'arrêté ministériel approuvant la convention constitutive du groupement d'intérêt public pour le cinéma, ayant pour membres fondateurs le Centre national de la cinématographie, la Cinémathèque française et la Bibliothèque du film. Le Conseil d'État va utiliser la théorie de l'établissement public à double visage en jugeant que : « les activités du groupement d'intérêt public pour le cinéma présentent à titre principal, un caractère administratif, et à titre subsidiaire seulement, un caractère industriel et commercial »[1665]. Poursuivant son raisonnement, le juge conclut à l'annulation de l'arrêté d'approbation[1666] au motif qu'il ne précise pas que le recrutement de personnels sous contrat de travail régis par le code du travail est

1660 B. Jorion, « Les groupements d'intérêt public : un instrument de gestion du service public administratif », *AJDA* 2004, p. 305.

1661 *Ibid*, p. 309-310.

1662 *Ibid*, p. 321.

1663 CE, 1 er avril 2005, *Syndicat national des affaires culturelles*, *JCP* A 2005, 1321, note B. Jorion.

1664 Dans ses conclusions sur l'arrêt *Interfrost Fiom*, le nouveau président de l'AFLD, B. Genevois affirmait que « la notion d'établissement public à double visage résume aux yeux de la doctrine le fait pour le juge, d'isoler au sein de l'activité d'un établissement public administratif la gestion d'un service public à caractère industriel et commercial, ou, au contraire, de relever qu'un établissement public à caractère industriel et commercial peut exercer des activités de nature administrative », TC,12 novembre 1984, *Société Interfrost Fiom*, Lebon p. 450

1665 CE, 1er avril 2005, *Syndicat national des affaires culturelles*.

1666 Depuis longtemps, le juge se déclare compétent pour annuler ou non arrêté d'approbation, CE, 23 juin 2004, *Grossi et a*, Rec. p. 775.

réservé à l'accomplissement d'activités à caractère industriel et commercial.

Cet arrêt semble confirmer la conception de B. Jorion selon laquelle les GIP poursuivent une mission de service public administratif[1667]. En effet, le juge administratif précise que le GIP cinéma assure « à titre principal une mission de service public administratif ». A ce propos, le Conseil d'État a précisé l'activité administrative du GIP cinéma en indiquant que le GIP cinéma a pour mission « d'assurer le bon fonctionnement et la gestion du bâtiment situé [...], de procéder à la maintenance et la gestion du système d'information de ce site, d'assurer l'animation de celui-ci ainsi que des activités d'éducation au cinéma, enfin de coordonner et de mettre en œuvre certaines des activités à caractère transversal de ses membres »[1668]. En revanche, le juge ne donne aucune information sur les activités industrielles et commerciales du GIP Cinéma. Le commissaire du gouvernement estime que cette activité industrielle et commerciale n'était que théorique[1669]. Par conséquent, cet arrêt autorise à penser que « l'activité principale d'un groupement d'intérêt public est une activité de service public et plus précisément de service public administratif, par la généralisation qu'il permet »[1670]. La reconnaissance par le juge d'une activité industrielle et commerciale subsidiaire doit finalement s'analyser comme un moyen permettant d'introduire une nouvelle souplesse de fonctionnement des GIP. En effet, en reconnaissant que les GIP peuvent assurer une mission industrielle et commerciale, le juge offre aux membres des GIP une possibilité de soumettre leurs agents aux règles du code du travail. Toutefois, il convient de souligner que la gestion du personnel « n'y gagnera ni en simplicité ni en souplesse »[1671]. En effet, il sera nécessaire pour chaque groupement à double visage de clairement préciser que les agents qui assurent une mission administrative sont des agents publics avec le statut qui s'y attache. A l'inverse, les membres du GIP devront uniquement employer les agents de droit privé pour la réalisation de la mission industrielle et commerciale du

[1667] B. Jorion, préc. p. 305.
[1668] CE, 1 er avril 2005, *Syndicat national des affaires culturelles,* préc.
[1669] B. Jorion, « Un groupement d'intérêt public peut-il être à double visage ? », *JCP A* 2005, n°1321.
[1670] *Ibid.*
[1671] *Ibid.*

GIP. Or, la détermination de la frontière entre service public administratif et service public industriel et commercial n'est pas toujours facile à identifier.

Au contraire, R. Tinière souligne qu'il est « plus exact de se contenter d'affirmer que les GIP gèrent un service public et que celui-ci peut être de nature administrative comme de nature industrielle et commerciale »[1672]. On doit donc admettre qu'à l'instar des établissements publics, les GIP peuvent exercer des missions administratives ainsi que des missions industrielles et commerciales. La loi du 17 mai 2011 de simplification et d'amélioration du droit ne précise pas si les GIP peuvent être à double visage. L'article 98 alinéa 2 se contente de prévoir que les membres du GIP y « exercent des activités d'intérêt général à but non lucratif ». En renvoyant à la notion d' « activité d'intérêt général », la loi n'écarte pas la possibilité pour les GIP d'exercer à titre accessoire des activités industrielles.

Outre cette similitude avec les établissements publics, il doit être souligné que de nombreux groupements d'intérêt public ont été transformés pour donner naissance à de nouveaux établissements publics. Ainsi en est-il des agences régionales de santé venues remplacer les anciennes agences régionales d'hospitalisation, constituées en GIP sous l'empire des ordonnances du 24 avril 1996. De plus, le phénomène de sociétatisation des EPIC se propage à l'égard des groupements d'intérêt public comme en témoigne l'ordonnance du 28 juillet 2005 transformant le GIP laboratoire français du fractionnement et des biotechnologies en société anonyme.

Enfin les GIP, tout comme les établissements publics, peuvent être utilisés pour conclure des contrats dédiés. Dans l'arrêt du 4 du mars 2009 *Syndicat national des industries d'information de santé*[1673], le Conseil d'État a étendu l'hypothèse de l'exception *in house* aux contrats conclus entre des établissements de santé et un GIP.

[1672] R. Tinière, « Eléments de définition d'un standard commun aux groupements d'intérêt public », *AJDA* 2007, p. 847.

[1673] CE, 4 mars 2009, *Syndicat national des industries d'information de santé, AJDA* 2009, p. 458 et p. 891, note D. Dreyfus; *RDI* 2009. 423, obs. R. Noguellou ; *RFDA* 2009. 759, note B. Apollis ; *DA* 2009, note H. Hoepffner.

Onze établissements hospitaliers et un syndicat interhospitalier ont créé le GIP Symaris, « Synergie et mutualisation des actions de recherche en informatique de santé ». Son objet est d'étudier, de concevoir, de développer et de mettre à disposition de ses membres tout système d'information de support aux activités et à la gestion hospitalière, d'assurer les prestations liées à la maintenance et à la gestion de ces systèmes d'information et de gérer des équipements d'intérêt commun nécessaires à l'accomplissement de ses missions. De nombreuses sociétés privées s'étant spécialisées dans ce domaine, le syndicat national des industries d'information de santé a demandé l'annulation de l'arrêté d'approbation du GIP Symaris[1674]. Le Conseil d'État juge que le GIP exerce ses missions exclusivement au bénéfice des établissements qui en sont membres. Il en conclut que « dès lors qu'il leur consacre l'essentiel de son activité et qu'elles exercent conjointement sur lui un contrôle comparable à celui qu'elles exercent sur leurs propres services, un tel organisme ne pouvant en effet être regardé, alors, comme un opérateur sur un marché concurrentiel ; que cet organisme peut notamment prendre la forme d'un groupement d'intérêt public créé en application des dispositions de l'article L. 6134-1 du Code de la santé publique en vue d'assurer certaines prestations répondant aux besoins de ses membres ». Ainsi, le Conseil d'État admet la possibilité de qualifier un GIP d'opérateur *in house* s'il respecte les conditions posées par l'arrêt *Teckal*[1675]. Cependant, il convient de souligner que le GIP Symaris est entièrement composé de personnes publiques. Il n'est donc pas certain que cette solution soit la même pour les GIP regroupant des activités privées puisque la jurisprudence de la Cour de justice de l'Union européenne relative aux sociétés d'économie mixte « laisse en effet penser que ces conventions devront respecter les règles de publicité et de mise en concurrence »[1676].

L'existence de critères communs d'identification entre l'établissement public et les nouvelles personnes publiques confirment l'hypothèse d'une distinction artificielle entre ces deux formes d'intervention publique. En outre, le mouvement de diversification des établissements publics a gagné le secteur des personnes publiques

[1674] Arrêté ministériel d'approbation du 23 octobre 2006 ; *JO* du 11 nov. 2006.

[1675] CJCE 18 nov. 1999, *Teckal,* précité.

[1676] L. Janicot, « La rationalisation manquée des groupements d'intérêt public », *AJDA* 2011, p. 1200.

spéciales. Tout comme les établissements publics, les AAI se sont multipliées pour répondre à de nouvelles missions. L'attribution de la personnalité morale à certaines d'entre elles pose la question de l'éclatement de la notion d'AAI.

C/ L'éclatement de la catégorie des autorités administratives indépendantes

Alors que les auteurs sont nombreux à critiquer le phénomène d'éclatement de la notion d'établissement public, il est possible de relever le même processus du côté des AAI. La notion d'AAI semblait avoir trouvée une certaine cohérence grâce au critère de l'absence de personnalité morale. Or, la création des API bouleverse cette apparente cohésion en posant la question de leur insertion au sein de l'appareil administratif. Autrement dit, il convient d'analyser si l'octroi de la personnalité morale permet de singulariser les API par rapport à la notion d'AAI (1) ou de les rattacher à la formule de l'établissement public (2).

1) La thèse de l'intégration des autorités publiques indépendantes parmi la catégorie des autorités administratives indépendantes

Comme l'a souligné M. Degoffe, « rien dans la composition ni les missions des API ne justifiait de les traiter différemment des AAI »[1677].

Généralement les membres des AAI sont nommés par décret, l'exécutif possédant un pouvoir important de nomination. Outre ces nominations souvent discrétionnaires[1678], il convient d'ajouter que les autorités politiques désignent certains membres du collège des AAI. Dès lors, le pouvoir de nomination de l'exécutif est lié soit par une proposition, soit par une désignation ou enfin par une élection.

[1677] M. Degoffe, « Les autorités publiques indépendantes », *AJDA* 2008, p. 625.

[1678] Il est à noter que le juge administratif exerce un contrôle restreint sur les décisions de nomination, CE, 19 décembre 2007, Comm. Recherche et information indépendantes sur radioactivité, *CJEG* 2007, p. 518 ; *AJDA* 2008, p. 477 ; *Environnement* 2008, comm. 38, obs. Trouilly.

Certaines API ne s'éloignent pas de ce schéma classique. Ainsi, les membres du collège de la HAS sont nommés par décret du Président de la République[1679]. Son collège comprend huit membres désignés par le Président de la République, le Président de l'Assemblée nationale, le Président du Sénat et le Président du Conseil économique et social. Le Haut Conseil du Commissariat aux Comptes est composé de 12 membres nommés également par décret dont trois magistrats, le président de l'Autorité des Marchés Financiers ou son représentant, un représentant du ministère de l'économie, un professeur des universités spécialisé en matière juridique, économique ou financière, trois personnalités qualifiées dans les matières économiques et financière ; et trois commissaires aux comptes. Il convient de noter la présence d'un commissaire du Gouvernement désigné par le Garde des Sceaux. La HADOPI comprend un collège de neuf membres nommés par décret dont un membre en activité du Conseil d'État désigné par le vice-président du Conseil d'État, un membre en activité de la Cour de cassation désigné par le premier président de la Cour de cassation, un membre en activité de la Cour des comptes désigné par le premier président de la Cour des comptes, un membre du Conseil supérieur de la propriété littéraire et artistique désigné par le président du Conseil supérieur de la propriété littéraire et artistique, trois personnalités qualifiées, désignées sur proposition conjointe des ministres chargés des communications électroniques, de la consommation et de la culture ; et enfin, deux personnalités qualifiées, désignées respectivement par le président de l'Assemblée nationale et par le président du Sénat. Il en va de même pour les sept membres de l'ARAF, nommés par décret. Il convient, toutefois, de noter que les membres de l'ARAF sont désignés par les présidents des assemblées parlementaires. Le Président de l'AMF est également nommé par décret du Président de la République. Les hautes instances politiques désignent trois membres du collège et le ministre de l'économie désigne 6 personnalités qualifiées.

Le pouvoir de nomination de l'exécutif semble moins important pour les API que pour les AAI. Ainsi, le collège de l'AFLD est entièrement composé de membres non désignés par le pouvoir politique. Il en va de même pour le Haut commissariat aux comptes Dès lors, M. Degoffe souligne qu'il n'existe pas de tutelle hormis la

[1679]Article L. 161-42 du Code de la sécurité sociale.

nomination sur les membres des API. Il est vrai que les textes relatifs aux différentes API disposent que leurs membres sont « nommés pour une durée déterminée, et le plus souvent non renouvelable ». Pourtant, le mandat du Président et des membres du collège de la HAS est renouvelable une fois, de même pour l'AFLD, l'ancienne ACAM ou encore le collège de l'AMF. De plus, cette circonstance ne permet pas de les singulariser des AAI puisque ni le mandat du président, ni celui des membres du collège de l'ARCEP, de la CRE, ou encore de la HALDE n'est renouvelable[1680].

En outre, toutes les API ont un collège ouvert aux personnalités qualifiées. Or cette évolution n'est pas propre aux API dans la mesure où la CNIL compte sept personnes qualifiées sur dix-sept. Il est possible d'objecter que pour l'AMF, les personnalités qualifiées sont majoritaires au sein du Collège. Toutefois, on retrouve cette composition pour l'Autorité de la concurrence, dans laquelle les personnalités qualifiées ont acquis la majorité. En effet, sur les 17 membres du collège de l'AMF, cinq sont choisis en raison de leur compétence en matière économique ou en matière de concurrence et de consommation et ce collège comprend cinq autres personnalités qui exercent ou qui ont exercé des activités dans les secteurs de la production, de la distribution, de l'artisanat, des services ou des professions libérales[1681]. Pour conclure, la composition du collège des API n'est pas différente de celle des AAI. Malgré quelques différences, celles-ci ne sont pas suffisantes pour leur conférer une place particulière au sein de la notion d'AAI. Dès lors, il convient de s'interroger sur les missions exercées par les API pour vérifier si celles-ci peuvent constituer un critère de différenciation entre AAI et API.

Les missions des sept autorités publiques indépendantes sont très différentes. L'AMF a une mission de « discipline professionnelle » et de régulation des marchés financiers. L'AFLD remplit essentiellement une mission de contrôle, tout comme le Haut commissariat aux comptes chargé de faire respecter la déontologie et

---

1680 Dans le rapport du 28 octobre 2010, les membres du comité d'évaluation et de contrôle des politiques publiques sur les autorités administratives indépendantes recommandent, sauf exception justifiée, que les mandats des AAI soient non renouvelables et d'une durée suffisante (5 à 7 ans).

1681 Nouvelle rédaction de l'article L 461-1 suite à l'adoption de la loi de modernisation de l'économie du 4 août 2008.

de l'indépendance des commissaires aux comptes et de surveiller les acteurs de la profession. La HAS a pour mission de renforcer l'utilité médicale des actes, des prestations ou des médicaments. Eu égard à ses missions définies à l'article L. 161-37 du Code de la sécurité sociale, la HAS est amenée à exercer aussi bien des fonctions d'évaluation ou d'expertise que des fonctions d'information ou de surveillance. La HADOPI se voit confier essentiellement une mission d'observation et une mission de protection des œuvres. L'ARAF a essentiellement une mission de surveillance et de contrôle puisque son objet est de veiller au bon fonctionnement des services publics et des activités concurrentielles de transport ferroviaire. Enfin, le CSA s'est vu confié au fil du temps de plus en plus de compétences pour protéger la liberté de communication audiovisuelle.

Ainsi, les API ont pour fonctions principales le contrôle d'un secteur professionnel, l'évaluation d'un secteur professionnel ou encore la surveillance d'un secteur professionnel[1682]. Ces missions ne présentent aucune originalité par rapport à d'autres AAI. Ainsi, l'Autorité de sûreté nucléaire, qui a essentiellement une mission d'expertise, n'est pas dotée de la personnalité morale. La CADA ou encore l'Autorité de contrôle prudentiel et de résolution qui ont des missions comparables à celles de l'HADOPI ou de l'AMF sont simplement qualifiées d'autorités administratives indépendantes. Dès lors, les missions des nouvelles autorités dotées de la personnalité morale ne peut être un critère de différenciation entre les AAI dites « classiques » et les API. Il conviendrait alors de classer les API auprès des autorités administratives indépendantes parce que toutes exercent une fonction de régulation et qu'elles fixent les règles du jeu entre les acteurs économiques en définissant des équilibres souhaitables. Cette conception, si elle a le mérite de remédier à l'éclatement de la notion d'AAI, n'est pas conforme à la définition donnée par le Conseil d'État ni à celle de la doctrine[1683]. L'octroi de la personnalité morale engendre la création d'une nouvelle personne morale or l'AAI « est une autorité de l'État, ce que n'est pas

[1682] Comme dit *supra*, la notion de régulation n'est pas propre aux API, v en ce sens S. Traore, « Les autorités administratives indépendantes dotées de la personnalité morale : vers une réintégration institutionnelle de la catégorie juridique », *DA* 2004, p. 17.

[1683] *Contra*, CE 30 novembre 2007, *M. V et autres*. Dans cette décision relative à l'ACAM, le Conseil d'État applique à l'API les dispositions relatives aux AAI.

l'API »[1684]. Les API étant dotées de la personnalité morale et ne pouvant être assimilées à des collectivités territoriales, ne peuvent qu'être classées dans la catégorie des établissements publics[1685].

2) La thèse de l'intégration des API parmi les catégories d'établissements publics

En se référant à la définition communément admise d'autorité administrative indépendante, deux critères s'opposent au classement des API dans une catégorie d'établissement public. En tant qu'autorité indépendante, celles-ci ne sont pas soumises à la tutelle d'un ministère et ne sont rattachées à aucune personne publique.

Or, l'absence de rattachement ne peut être un critère permettant de différencier les API des établissements publics dans la mesure où le Conseil d'État a reconnu que les associations syndicales autorisées ne sont rattachées à aucune personne publique[1686]. De la même manière, P. Quilichini estime que l'API « constitue une nouvelle catégorie juridique à côté des piliers institutionnels que sont les établissements publics, les collectivités territoriales ou les groupements d'intérêt publics : celle d'un établissement public non rattaché »[1687].

Pour certains, l'intégration des API dans une catégorie d'établissement public est contestable du point de vue de l'absence de tutelle. Le principe de soumission des établissements publics à la tutelle étatique ou à celle des collectivités territoriales serait incompatible avec le principe d'indépendance gouvernant les AAI ou les autorités publiques indépendantes. Or, il a été précédemment constaté qu'il existait un pouvoir de tutelle sur la nomination des membres des API. En outre, M. Degoffe estime que les formes de la

---

1684 M. Degoffe, préc. p. 628.

1685 Il convient toutefois de souligner que le rapport d'information de P. Gélard relatif aux autorités administratives indépendantes publié le 11 juin 2014 s'interroge sur la pertinence de la distinction entre AAI et API. Surtout, ce rapport insiste sur la nécessité de procéder à une analyse rigoureuse des avantages et des inconvénients de toute transformation d'une AAI en API au regard des conséquences que l'attribution de la personnalité morale peut entraîner.

1686 CE, 14 juin 2006, *Association syndicale du canal de la Gervonde*, *AJDA* 2006, p .1360.

1687 P. Quilichini, « Réguler n'est pas juger. Réflexions sur la nature du pouvoir de sanction des autorités de régulation économique », *AJDA* 2004, p. 1062.

tutelle sont si nombreuses, à condition qu'elles reposent sur un texte, que le simple fait que les API soient soumises à un contrôle de l'autorité de tutelle pour saisir le juge ne peut suffire à « les exclure de la catégorie des établissements publics »[1688]. En d'autres termes, dès lors qu'il existe un contrôle relâché sur certains établissements publics, les API ne sauraient, en raison de la présence d'une tutelle *a minima*, être exclues de la catégorie établissement public.

Ainsi, il est possible de constater la présence d'un certain nombre d'indices rapprochant les API des établissements publics. Tout d'abord, le législateur a explicitement manifesté la volonté d'attribuer la personnalité morale à toutes ces nouvelles structures. A cet égard, il faut rappeler que l'article 5 de la loi du 12 juin 2009, favorisant la diffusion et la protection de la création sur internet, qualifie la HADOPI d'autorité publique indépendante et ajoute, qu'à ce titre, elle est dotée de la personnalité morale. Ce premier élément offre la possibilité de distinguer les API des AAI tout en les reliant aux établissements publics. Ensuite, il a également été souligné que le critère de la tutelle ou celui du rattachement ne suffisait pas à écarter l'API de la qualification d'établissement public. Enfin, il faut ajouter que le régime des biens de certaines API[1689] est comparable à celui des établissements publics nationaux.

En conclusion, la malléabilité de l'établissement public n'interdit pas que cette catégorie hétérogène accueille les autorités publiques indépendantes.

Plus largement, se pose la question de l'élaboration d'un régime commun à l'ensemble des nouvelles personnes publiques spéciales

Section 2 : Un régime commun des personnes publiques spéciales

[1688] M. Degoffe, préc. p. 627.

[1689] *Supra*, p. 377.

L'analyse consistant à assimiler la prolifération de nouvelles personnes publiques à un nouveau déchirement de l'établissement public relève d'une lecture trop rapide du nouveau paysage institutionnel de l'organisation administrative française. En d'autres termes, la consécration de nouvelles personnes publiques se révèle positive pour deux raisons essentielles. Tout d'abord, la création de ces nouvelles structures offre à l'action publique de nouvelles formes d'intervention sans réellement bouleverser la formule de référence, l'établissement public. Ensuite, les différentes analyses consacrées aux personnes publiques spéciales convergent vers l'impossible adoption d'une nouvelle catégorie juridique à côté de la collectivité territoriale ou de l'établissement public. Toutefois, une question demeure : peut-on inscrire dans un texte unique les règles propres à chaque nouvelle personne publique afin de rationnaliser leur utilisation par les autorités administratives ?

Le législateur s'est engagé dans cette voie avec prudence en tentant d'unifier le régime juridique applicable aux GIP dans la loi de simplification du 17 mai 2011. Pourquoi ne pas élargir ce débat à toutes les personnes publiques spéciales ? Autrement dit, il convient d'analyser la possibilité de construire un régime général des personnes publiques spéciales. A cet égard, plusieurs méthodes sont envisageables (§1) mais une seule sera retenue, celle de l'adoption d'un code général des personnes publiques spéciales (§2).

§1 Les méthodes envisageables

Dans son commentaire du rapport du Conseil d'État de 2009 relatif aux établissements publics, Y. Jegouzo s'interroge : « Dans la mesure où le législateur semble s'engager dans ce chantier à propos des GIP, on pourrait imaginer qu'il élabore un statut général des établissements publics organisant cette catégorie de personnes publiques »[1690]. Il existe aujourd'hui un modèle, celui du statut législatif des GIP (B) et un débat sur la constitutionnalisation d'un modèle institutionnel, celui des AAI (A). Ces différentes propositions feront l'objet d'une analyse critique (C).

[1690] Y. Jegouzo, « Questions sur l'avenir de l'établissement public, A propos du rapport du Conseil d'État », *AJDA*, p. 1242.

A/ La constitutionnalisation du Défenseur des droits

La constitutionnalisation des autorités administratives indépendantes, c'est-à-dire leur inscription dans le texte constitutionnel, n'est pas une réflexion nouvelle[1691]. En 1988, J.-L. Autin écrivait que seule « la constitutionnalisation non seulement des principes libéraux mais encore des instances régulatrices chargées de veiller à leur mise en œuvre permettrait d'échapper aux secousses des alternances politiques et au repliement sur la doctrine de la tripartisation des pouvoirs »[1692]. Toutefois, le débat relatif à la constitutionnalisation des AAI[1693] s'est sensiblement essoufflé alors même que les AAI se sont multipliées. Le comité de réflexion sur la réforme de la Constitution a permis de s'intéresser à nouveau à cette question en proposant la reconnaissance constitutionnelle du Défenseur des libertés fondamentales et du Conseil du pluralisme.

Selon l'article 71-1 de la Constitution, «Le Défenseur des droits veille au respect des droits et libertés par les administrations de l'État, les collectivités territoriales, les établissements publics, ainsi que par tout organisme investi d'une mission de service public, ou à l'égard duquel la loi organique lui attribue des compétences. Il peut être saisi, dans les conditions prévues par la loi organique, par toute personne s'estimant lésée par le fonctionnement d'un service public ou d'un organisme visé au premier alinéa ». La réforme constitutionnelle,

---

1691 J-L.Autin, « Les AAI et la Constitution, » *RA*, 1988, n° 224, p. 333 ; A. Rouyère, « Faut-il faire figurer les AAI dans la Constitution ? », *LPA*, 4 mai 1992, n° 54 ; C. Teitgen-Colly, « Les instances de régulation et la Constitution », *RDP* 1990, p. 153.

1692 J-L.Autin, « Les AAI et la Constitution », *RA* 1988, p. 37.

1693 Outre la doctrine, le pouvoir politique a très tôt envisagé la constitutionnalisation des AAI. A propos du CSA, F. Mitterrand avait souhaité « pérenniser l'institution en l'intégrant dans la Constitution » (Lettre à tous les français, 7 avril 1988, A. Rouyère, « Faut-il faire figurer les AAI dans la Constitution ? », *LPA*, 4 mai 1992, n° 54). En 1993, le Comité consultatif pour la révision de la Constitution, présidé par G. Vedel, a envisagé la constitutionnalisation du CSA et du Médiateur de la République. Cette réforme a été abandonnée devant la lourdeur d'un vote d'une loi constitutionnelle et le peu d'enthousiasme des parlementaires. A cette époque, il existait de nombreuses méfiances vis-à-vis d'une consolidation de ces nouvelles entités censées renouveler l'action administrative et situées « hors-appareil ».

qui fait suite à la proposition n° 76 du Comité Balladur[1694], aurait pu incarner une innovation majeure en préfigurant une modélisation constitutionnelle des AAI. Or, l'analyse du statut et des pouvoirs du défenseur des droits démontre que sa constitutionnalisation « ne revient ni à consacrer ni à prédire celle du modèle des AAI »[1695]. Deux éléments l'attestent, le recul significatif du texte constitutionnel par rapport au projet du Comité Balladur et le refus d'inscrire dans la Constitution le Conseil du pluralisme.

D'une part, le rapport du comité Balladur préconisait la création d'un Défenseur des « droits fondamentaux » sur le modèle ibérique du « Defensor del pueblo »[1696]. Ce dernier a été créé par le constituant espagnol à la fin de la dictature franquiste et dispose d'un statut lui garantissant une réelle indépendance[1697]. En effet, il est élu par le Parlement à la majorité qualifiée des trois cinquièmes. Outre le fait qu'il ne soit pas soumis à un mandat impératif[1698], il dispose d'un pouvoir fondamental, celui de saisir le Tribunal constitutionnel contre une loi mais également du recours d'amparo[1699]. Le comité Balladur avait recommandé l'élection du défenseur des droits par l'Assemblée nationale à la majorité des trois cinquièmes, l'abandon du filtre parlementaire et le pouvoir de saisir le Conseil constitutionnel avant la promulgation d'une loi[1700]. Or, dès l'avant projet de loi constitutionnelle sur le défenseur des droits, nombreux sont les auteurs

---

1694 *Une V° République plus démocratique, Rapport du comité de réflexion et de proposition sur la moderbisation et le rééquilibrage des institutions de la V° république*, p. 85.

1695 M. Hervieu, « Le Défenseur des droits : le mirage de la constitutionnalisation des AAI », *LPA*, 6 juillet 2010, p. 12.

1696 Article 54 de la Constitution espagnole.

1697 Y. Rodriguez, « Le Défenseur du Peuple » ou l'Ombudsman espagnol », *Revue internationale de droit comparé* 1982, n° 4, p. 1225.

1698 Article 6-1 de la loi organique du 8 avril 1981.

1699 Ce recours se fonde sur l'article 53.2 de la Constitution, «tout citoyen pourra demander la protection des libertés et des droits reconnus à l'article 14 et à la section première du chapitre II devant les tribunaux ordinaires par une action fondée sur les principes de priorité et de la procédure sommaire, et, le cas échéant, par le recours individuel de amparo devant le Tribunal constitutionnel. Ce recours sera applicable à l'objection de conscience, reconnue à l'article 30 ».

1700 Selon O. Schrameck : « Il y a des arrangements politiques qui expliquent que telle ou telle loi, tout en posant des problèmes juridiques, ne soit pas soumise au Conseil », Rapport de la Commission Balladur, Libres propos croisés de P. Mazeaud et O. Scrameck, *RDP* 2008, p. 29.

à dénoncer « une pâle copie de son voisin ibérique »[1701]. En effet, le gouvernement a abandonné l'idée de la saisine par le Défenseur des droits du Conseil constitutionnel en estimant que la réforme du contrôle de constitutionnalité *a posteriori* par la voie de l'exception suffisait à garantir la protection des droits fondamentaux. Cette modification de la proposition initiale conduit à un effacement du rôle politique et de contre-pouvoir qui aurait pu être celui de cette nouvelle « autorité constitutionnelle indépendante ». La faculté de saisir directement le Conseil constitutionnel revêtait une force symbolique évidente et aurait permis d'accentuer le rôle de gardien des libertés fondamentales du Défenseur des droits. Selon O. Schrameck, « pour qu'une autorité puisse saisir le Conseil constitutionnel, il faut que cette autorité ait une force politique, une légitimité politique. On voit mal, quel que soit le respect qu'inspire sa personne et celle de ses prédécesseurs, le Médiateur de la République dans la configuration actuelle des textes s'introduire dans le jeu politique pour soumettre au Conseil constitutionnel telle ou telle disposition »[1702]. Il est possible de renverser cette affirmation en s'interrogeant sur la légitimité d'une AAI constitutionnalisée dont le champ de compétences relève de la protection des droits fondamentaux mais qui n'est pas en mesure de saisir le Conseil constitutionnel. En outre, le projet de loi constitutionnelle a préféré au principe de l'élection celui de la nomination par le Président de la République du Défenseur des droits. Selon de nombreux auteurs, cette « subversion »[1703] du projet Balladur conduit fatalement à ériger le Défenseur des droits en un « monstre bureaucratique » voire à un simple « gadget auquel on confère une valeur constitutionnelle »[1704]. Le Défenseur des droits est nommé, par le Président de la République, selon la procédure de l'article 13 de la Constitution. Cette procédure de nomination rattache cette nouvelle institution constitutionnelle à l'exécutif voire au choix d'un seul homme, le Président de la République[1705]. Ainsi, la nomination par le

---

[1701] J.-C. Ménard, « Le défenseur des droits : "monstre bureaucratique", "gadget constitutionnel" ou garantie effective des libertés ? », *LPA* 24 octobre 2008, p. 4.

[1702] « Libres propos croisés de P. Mazeaud et O. Scrameck », *RDP* 2008, p. 28.

[1703] J.-C. Ménard, « Le défenseur des droits : "monstre bureaucratique", "gadget constitutionnel" ou garantie effective des libertés ? », préc. p. 4

[1704] *Ibid.*

[1705] Selon l'article 13 de la Constitution, « Une loi organique détermine les emplois ou fonctions, autres que ceux mentionnés au troisième alinéa, pour lesquels, en raison de leur importance pour la garantie des droits et libertés ou la vie économique et sociale de la Nation, le pouvoir de nomination du Président de la République

Président de la République F. Hollande, à la succession de D. Baudis de J. Toubon au poste de Défenseur des droits a suscité de nombreuses réactions[1706].

L'article 71-1 de la Constitution ne rompt donc pas avec les exigences constitutionnelles préexistantes. En soumettant le Défenseur des droits à l'exécutif et en lui refusant des prérogatives importantes, le constituant refuse de « fixer l'inédit institutionnel »[1707] et préfère assujettir le statut et les pouvoirs de cette nouvelle autorité avec les règles constitutionnelles existantes.

La consécration constitutionnelle du défenseur des droits ne permet pas la reconnaissance d'un modèle constitutionnel des AAI. En revanche, le législateur a tenté, avec plus ou moins de succès, d'unifier le régime juridique des GIP.

B/ Le statut général des GIP

L'éparpillement des textes législatifs relatifs à chaque nouvelle catégorie de GIP et à leurs règles de fonctionnement explique les incertitudes des praticiens et des juristes lorsqu'ils souhaitent conseiller cette forme conventionnelle de partenariat. Cette difficulté est soulevée dans la lettre de mission adressée par E. Balladur, en

---

s'exerce après avis public de la commission permanente compétente de chaque assemblée. Le Président de la République ne peut procéder à une nomination lorsque l'addition des votes négatifs dans chaque commission représente au moins trois cinquièmes des suffrages exprimés au sein des deux commissions. La loi détermine les commissions permanentes compétentes selon les emplois ou fonctions concernés. ». A priori, cette nomination peut être analysée comme un gage d'indépendance dans la mesure où l'avis requis par les commissions est rendu public et qu'ilo devient contraignant s'il est négatif en recueillant les trois cinquième des suffrages exprimés. Or, l'avis des commissions n'est qu'un avis simple et surtout, ces dernières sont composées à la proportionnelle des groupes politiques. Dès lors, ce veto des parlementaires ne peut être que purement théorique puisqu' il nécessite un vote identique entre députés de l'opposition et ceux de la majorité présidentielle. R. Badinter a ainsi estimé que la procédure de nomination de l'article 13 ne pouvait être qu'un « escamotage à l'impartialité des grandes nominations », Réforme constitutionnelle : Badinter face à Baladur, *Le Monde, 11 juin 2008*.

[1706] N. Chapuis, Défenseur des droits : les parlementaires PS tentent de barrer la route à M. Toubon, *Le Monde* 19 juin 2014.

[1707] A. Rouyère, préc. p. 889.

1996, au Conseil d'État[1708]. L'adoption d'un statut général des GIP offrirait une plus grande sécurité juridique en limitant le champ d'action du pouvoir réglementaire.

L'élaboration d'un tel statut suppose l'existence de principes directeurs, de critères communs afin de tracer les contours d'un régime juridique homogène. L'article 21 de la loi du 15 juillet 1982 permettait d'identifier un socle de six critères communs à tous les GIP. Tout d'abord, chaque groupement est le fruit d'une concertation entre ses membres. Il est créé par voie conventionnelle. Les GIP n'ont pas une vocation pérenne mais sont constitués pour une durée déterminée. Ils ne peuvent pas réaliser de bénéfices et la participation publique doit être majoritaire. Pour leur fonctionnement, chaque GIP est administré par un directeur nommé par le Conseil d'administration. Enfin, les GIP sont contrôlés par un commissaire du gouvernement et par la Cour des comptes.

Rapidement, l'objet des GIP a été étendu à d'autres domaines que celui de la recherche et la loi a introduit de multiples variantes à ces principes directeurs conduisant à « de véritables déviations de l'institution »[1709]. Par exemple, le directeur du GIP protection de la nature est nommé après avis du ministère de la recherche. Le principe de la majorité publique a été mis en échec par la loi du 23 juillet 1987 sur le mécénat. Il convient également de souligner que de nombreux GIP ont été créés pour une durée indéterminée alors que le guide d'information publié en 1987 par le ministère de la recherche indiquait qu' « il ne paraît pas souhaitable que la durée initiale du groupement excède, sauf cas exceptionnel, dix ans ». En outre, de nombreux textes législatifs ne se référaient plus à l'article 21 de la loi du 15 juillet 1982. Cet oubli de la norme de référence doit s'analyser comme une « autonomisation du législateur par rapport au texte de la loi de 1982 ». Autrement dit, les différents textes créant de nouvelles catégories de GIP s'appuient toujours sur certains principes directeurs de la loi de 1982 mais la souplesse de la formule du GIP permet à la loi de s'affranchir de certaines règles pour adapter le statut de chaque groupement à la mission qui lui est confiée. Par conséquent, la doctrine a longtemps dénoncé le « désordre législatif » entourant les

---

[1708] CE, *Les groupements d'intérêt public*, La Documentation française, 1997, p. 12.
[1709] CE, *Les groupements d'intérêt public*, 1997, p. 27.

GIP puisqu'il conduisait à rendre les bases législatives de leur régime juridique fragiles et éparses.

En 1996, le Conseil d'État a proposé l'élaboration d'une loi cadre sur le statut législatif des GIP reprenant les six critères posés par l'article 21 de la loi du 15 juillet 1982. Pour éviter ce puzzle législatif, le Conseil d'État avait opté pour une loi cadre comprenant 5 titres et 22 articles. L'article 56 de la loi de simplification du droit du 9 décembre 2004 autorisait le gouvernement à prendre par ordonnance les dispositions nécessaires à la création d'un cadre législatif général aux GIP. Le délai imparti ayant été dépassé, le Parlement a proposé en 2009 une « loi 1901 des GIP »[1710]. Bien qu'il mette fin à la multiplicité des textes applicables aux GIP, ce statut général ne répond que partiellement aux attentes d'un régime juridique homogène.

C/ La contestation des propositions

La constitutionnalisation du Défenseur des droits et le statut général des GIP ne ne sont pas suffisants pour créer un régime général des personnes publiques spéciales. En effet, la méthode mise en œuvre dans les deux cas est imparfaite.

1) Le rejet de la constitutionnalisation d'un modèle des AAI

La constitutionnalisation d'une seule AAI, celle du Défenseur des droits, ne permet pas d'élargir la réflexion sur la constitutionnalisation d'un statut général des AAI. En conférant un statut constitutionnel à une institution donnée, le constituant a ajouté un nouvel élément de disparité. A côté des AAI classiques et des autorités publiques indépendantes, on découvre une autorité constitutionnelle indépendante. L'éclatement des statuts atteste la volonté politique de ne pas créer un ensemble cohérent d'organismes permettant, à terme, d'ériger ces institutions en nouveaux pouvoirs politiques.

La constitutionnalisation d'un modèle des AAI suppose l'existence d'une catégorie de nouvelles personnes publiques. Or, l'hétérogénéité de la formule ne permet pas de conclure à l'existence

[1710] P. Combeau, « La loi « 1901 » des GIP », précité.

d'une catégorie des autorités administratives indépendantes. Comme nous l'avons précédemment fait remarquer, il n'existe pas de catégorie juridique des AAI mais simplement une catégorie de fait. Pour consacrer l'existence de la catégorie des AAI, il faudrait envisager l'adoption d'un statut général regroupant la définition de règles de fonctionnement communes, des garanties relatives à leur indépendance ou encore des dispositions comparables sur leur composition et le statut de leurs membres. Or, cette démarche est illusoire dans la mesure où il existe désormais des autorités dotées de la personnalité morale et une autorité qui bénéficie d'un fondement constitutionnel. Dès lors, les AAI ne peuvent être définies comme « l'expression d'un mouvement d'adaptation des modes d'intervention et des principes d'organisation de l'État, qui ne saurait être que partiellement encadré par le droit et enfermé dans des catégories juridiques rigides »[1711] .

De plus, l'idée de constitutionnaliser le modèle des AAI revient à reconnaitre l'échec de l'administration classique à protéger les libertés fondamentales ou à réguler un secteur sensible. En effet, l'atypicité des AAI réside dans le fait « qu'elle ne se laisse pas appréhender dans les seuls termes de l'intervention publique classique »[1712]. Plus précisément, les pouvoirs politiques créent ce type d'institutions afin de pallier le manque de transparence de l'action publique ou encore pour confier des domaines marqués par une très haute technicité à des instances dites indépendantes. Par conséquent, les pouvoirs politiques, en s'engageant à constitutionnaliser un modèle des AAI, reconnaissent en même temps et au plus haut niveau, l'incompétence de l'État dans certains secteurs.

La constitutionnalisation du Défenseur des droits, si elle marque une certaine avancée vers la reconnaissance des AAI, n'est pas en elle-même porteuse d'une innovation majeure qui consisterait à ériger un modèle constitutionnel de l'AAI. En définitive, la constitutionnalisation d'un modèle ou d'un statut des AAI n'est pas concevable dans la mesure où il existe des obstacles juridiques et politiques à leur consécration constitutionnelle. Cette réticence de

---

1711 J. chevallier, « Le statut des autorités administratives indépendantes : harmonisation ou diversification », *RFDA* 2010, p. 903.

1712 *Ibid*

l'État à la constitutionnalisation des AAI traduit « la méfiance que les autorités politiques expriment depuis longtemps vis-à-vis des AAI »[1713]. L'idée de constitutionnaliser le modèle des AAI revient à reconnaitre l'échec de l'administration classique à protéger les libertés fondamentales ou à réguler un secteur sensible.

Malgré les tentatives pour rationaliser le régime juridique des GIP, le statut législatif des GIP ne clarifie pas l'ensemble des règles de droit applicable aux GIP.

2) La clarification incertaine du régime juridique des GIP

Alors que les auteurs reprochent au législateur d'agir « au coup par coup » en matière de création des GIP, la méthode utilisée pour l'élaboration du statut législatif des GIP est contestable. Loin de conduire à la reconnaissance d'une nouvelle catégorie de personne publique, la loi se contente d'instituer un régime général incertain des GIP qui ne les différencie plus des établissements publics.

Selon les défenseurs de l'élaboration d'un statut général des GIP, l'existence de textes épars et de nature différente rend impossible toute homogénéisation des règles constitutives des GIP. Les travaux préparatoires de la loi du 15 juillet 1982 mentionnaient déjà la nécessité d'une loi cadre sur les GIP, précisant leurs règles de création et de fonctionnement[1714]. Selon Y.-L. Gégout, il est très difficile de connaître le régime juridique d'un groupement puisqu'il faut souvent se référer à un « article de loi perdu et noyé dans loi dont le titre général n'a rien à voir avec le GIP créé et son objet ». Le même constat est dénoncé par un autre auteur pour qui « l'habitude fut prise, par facilité, de créer des GIP dans des lois n'ayant qu'un lointain rapport avec le GIP, dans les lois portant diverses mesures d'ordre social, et, enfin, dans les lois de finances »[1715]. Le Conseil constitutionnel est intervenu pour mettre fin à cette dernière pratique

---

[1713] J.-C. Ménard, article précité.

[1714] Y.-L. Gégout, *Vers une nouvelle forme de personne morale : les groupements d'intérêt public*, thèse,
Paris II, 1985, p. 38.

[1715] F. Benoît-Rhomer, « L'avenir des groupements d'intérêt public : invitation à une réforme législative », *AJDA* 1992, p. 102.

dans sa décision du 21 juin 1993 relative à la création du GIP informatisation du Livre foncier des départements du Bas-Rhin, du Haut-Rhin et de la Moselle. En effet, le gouvernement avait introduit dans la loi de finances rectificative de 1993 un article ayant pour objet de créer un groupement d'intérêt public chargé de l'informatisation du livre foncier des départements du Bas-Rhin, du Haut-Rhin et de la Moselle. Pour le Conseil constitutionnel, cet article est « étranger à l'objet des lois de finances », dès lors « cet article a été adopté selon une procédure contraire à la Constitution »[1716].

L'encadrement législatif des GIP, résultant de la loi du 17 mai 2011, n'est pas inséré dans une loi spécifique mais dans une loi de simplification du droit. Celle-ci comporte plusieurs chapitres avec des dispositions diverses[1717] qui fragilisent l'existence d'un corpus de règles homogène applicables à tous les groupements. Autrement dit, la proposition de loi conduit à noyer le projet de cadre législatif des GIP dans une loi générale alors que, précisément, on reprochait l'absence de clarification du régime juridique de ces institutions au motif que les dispositions relatives aux GIP étaient contenues dans des lois sans rapport avec l'objet ou la mission du groupement. On peut alors s'interroger sur les raisons de ne pas inscrire dans un texte à objet unique les règles de création et de fonctionnement des GIP. Cependant, cet argument a été mis en échec par le Conseil constitutionnel. Selon le juge constitutionnel : « la complexité de la loi et l'hétérogénéité de ses dispositions ne sauraient, à elles seules, porter atteinte à l'objectif de valeur constitutionnelle d'accessibilité et d'intelligibilité de la loi »[1718].

De plus, certains auteurs jugent l'adoption d'un statut législatif des GIP « inadaptée à la pratique législative actuelle et contraire à la nature de cette nouvelle catégorie de personne morale de droit public »[1719]. Il est vrai que la formule du GIP a rencontré un vif succès grâce à sa souplesse de fonctionnement. Il était donc nécessaire de ne pas encadrer trop strictement les règles d'organisation et de fonctionnement des GIP afin de conserver leur attrait originel. D'un

---

[1716] Décision n° 93-320 DC du 21 juin 1993.

[1717] Parmi ces différentes dispositions, il est possible de citer celles relatives aux actes de décès des personnes mortes en déportation (section 3) ou encore des dispositions applicables à la gouvernance des entreprises (section 5).

[1718] CC, Déc. n° 2011-629 DC, 12 mai 2011.

[1719] R. Tinière, article précité, p. 848.

autre côté, il ne semble guère satisfaisant d'adopter une loi cadre trop imprécise puisque l'on cherche à définir précisément le statut des GIP. Le rapporteur de la proposition de loi a ainsi clairement énoncé qu'il était important « seulement d'harmoniser leur statut tout en assurant à ce régime une plus grande souplesse »[1720]. Le statut général des GIP permet de mettre fin à certaines incertitudes tout en préservant la plasticité de l'institution. En effet, les 25 articles composant ce statut sont clairement lisibles par les non-initiés et leur permettent d'appréhender rapidement les avantages et les inconvénients du recours à cette formule.

Toutefois, il convient de rappeler que la plupart des incertitudes pesant sur les GIP, notamment leur nature juridique, ou encore les conditions d'emploi ainsi que les régimes juridiques du personnel des GIP, ont été levées par la jurisprudence. De ce fait, il est possible de mettre en doute l'intérêt d'un tel statut qui est « dépourvu d'apport substantiel par rapport au droit positif »[1721]. Néanmoins, il est possible de nuancer cette critique en se référant à l'objet des lois de simplification du droit : l'incorporation au sein d'un texte législatif d'un certain nombre de principes directeurs, d'origines jurisprudentielles, conduisant nécessairement à une plus grande visibilité du droit. Enfin, il est nécessaire d'ajouter que cette loi cadre a également pour objet d'abroger une longue liste de dispositions législatives qui avaient pour objet la création de catégories particulières de GIP. L'article 118 de la loi d'amélioration et de simplification de droit abroge un certain nombre de dispositions législatives permettant la création des GIP catégoriels. En effet, ces différents textes peuvent être abrogés dans la mesure où le nouveau cadre législatif prévu par la loi se substitue à toutes les catégories particulières de GIP sans entraîner des bouleversements de leurs modalités d'organisation. A titre d'illustration, sont abrogés l'article 21 de la loi n° 82-610 du 15 juillet 1982, relatif aux GIP « recherche », les dispositions relatives aux GIP universitaires, aux GIP « formation » ou encore les dispositions contenues dans loi de mécénat du 23 juillet 1987 qui offraient la possibilité de créer des groupements dans des domaines très vastes.

[1720] Proposition de loi présentée par M. Jean-Luc WARSMANN, Exposé des motifs, p.14.

[1721] R. Tinière, préc. p. 848.

Cependant, la grande diversité des GIP ne permet pas une substitution totale du nouveau cadre législatif à l'ensemble des GIP. En effet, l'article 119 de la loi a prévu l'existence de groupements soumis au nouveau statut « à titre complémentaire ». L'article 121 va jusqu'à prévoir que la loi ne s'applique à certains GIP qu'à titre subsidiaire. D'une part, il est prévu que le statut général des groupements s'applique sous réserve des dispositions spéciales souhaitées antérieurement par le législateur à l'égard de certains GIP. Ainsi en est-il de l'article 55 de la loi n° 91-647 du 10 juillet 1991 relative à l'aide juridique, concernant les GIP dénommés conseils départementaux de l'accès au droit ou encore de l'article L. 225-15 du code de l'action sociale et des familles relatif à l'Agence française de l'adoption. D'autre part, la loi a elle-même prévu que certains GIP conservent leur régime propre et, par conséquent, que le nouveau statut ne leur est pas applicable sauf en cas de silence de la loi. Les maisons départementales des handicapés[1722] font partis de cette catégorie de GIP à qui le nouveau statut ne s'applique qu'à titre subsidiaire.

Il résulte de ces différentes dispositions une multiplicité de régimes juridiques applicables aux GIP. En effet, certains groupements que l'on peut qualifier de GIP de droit commun, seront entièrement soumis au nouveau régime général institué par la loi. D'autres seront assujettis à ce même statut mais également à d'autres dispositions législatives particulières. Enfin, certains GIP peuvent conserver leur régime juridique propre et échapper totalement à celui prévu par le nouveau cadre législatif de 2011. Dans son rapport de 1996, le Conseil d'État définissait cette dernière catégorie de groupement de « GIP obligatoires ». Ces GIP obligatoires sont plus proches de la catégorie de l'établissement public que celle des GIP. D'ailleurs, le législateur a pris acte de cette proximité. La loi a supprimé les GIP régionaux ou territoriaux de santé public ainsi que les agences régionales d'hospitalisation et les a fusionnés dans les agences régionales de santé, qualifiées par le législateur d'EPA.

Le législateur a souhaité conserver la souplesse de fonctionnement de certains GIP mais la multiplication des régimes juridique applicables « remet en cause l'unicité de la catégorie des GIP, dans la mesure où ces différenciations, qui ne reposent sur aucun

[1722] Art. L. 146-3 CASF

fondement juridique, emportent l'application de règles différentes, si ce n'est contraires, réduisant d'autant l'identification de règles communes »[1723]. Enfin, il convient de noter que ce statut ne lève pas l'incertitude sur l'application aux GIP des règles contenues dans le CGPPP. Pour conclure, le législateur a tenté de remédier à l'éparpillement des dispositions législatives relatives aux GIP. Sur ce point, il la loi d'amélioration et de simplification du droit doit être saluée. Cependant, le législateur n'a pas réussi à créer un statut homogène des GIP. Par conséquent, il convient de se référer pour la création d'un statut commun à l'ensemble des personnes publiques spéciales, à une autre méthode.

§2 La méthode retenue : Un code général des personnes publiques spéciales

Les différentes méthodes envisagées précédemment ne sont pas applicables à l'ensemble des personnes publiques spéciales. Par conséquent, il convient d'envisager une seconde proposition, celle de la création d'un code général des personnes publiques spéciales. Au terme de cette étude, il est apparu que les nouvelles personnes publiques possédaient de nombreux points communs avec l'établissement public tant et si bien qu'il est possible d'affirmer que les nouvelles personnes publiques peuvent être rangées parmi les catégories d'établissements publics. Dès lors, et afin d'améliorer la lisibilité du droit applicable, il semble intéressant de proposer d'élaborer un régime commun aux établissements publics et aux nouvelles personnes publiques spéciales. Les préconisations du Conseil d'État sur les possibilités ouvertes par le droit pour rationaliser la création et la gestion des établissements publics (A) sont à l'origine de cette réflexion (B).

A/ La genèse de la réflexion : le rapport du Conseil d'État relatif aux établissements publics

Dans le rapport de 2009 relatif aux établissements publics, le Conseil d'État met l'accent sur « un phénomène qui s'est développé

[1723] L. Janicot, « La rationalisation manquée des GIP », préc. p. 1199.

ces dernières années, c'est l'émergence dans certains secteurs d'établissements publics dont la caractéristique, l'identité se situe moins dans le domaine d'intervention que dans ses modalités d'intervention »[1724]. C'est précisément le cas des nouvelles personnes publiques. Celles-ci ont été créées pour répondre à des fins particulières comme la collaboration des acteurs de la sphère publique et de la sphère privée, la transparence ou encore une plus grande responsabilisation. Ces différents objectifs ne pouvaient plus être atteints par les formules classiques d'intervention administrative. La seule possibilité était de créer de nouvelles structures permettant de nouvelles modalités d'intervention de l'action administrative. Par conséquent, il faut admettre que les nouvelles personnes publiques constituent une catégorie d'établissements publics à statut particulier. Le rapport du Conseil d'État envisage cette question en préconisant une rationalisation des règles de création des établissements publics[1725].

En identifiant clairement les catégories d'établissements publics, il sera possible de connaître les règles qui « ressortissent lorsqu'on est au sein d'une catégorie au niveau législatif et celles qui peuvent connaître des variations au niveau réglementaire »[1726]. Cette clarification des compétences poursuit un objectif précis : limiter le nombre d'établissements publics à statut particulier. Par conséquent, il est possible d'envisager l'intégration des nouvelles personnes publiques aux catégories d'établissements publics à seule fin d'éviter que le législateur multiplie les structures hybrides.

De plus, l'un des apports majeurs de l'étude du Conseil d'État consacrée aux établissements publics est l'idée de recourir à une loi-cadre, en quelque sorte une boîte à outils offrant la possibilité de clarifier le statut et le régime juridique des établissements publics. Il est possible d'élargir cette réflexion à l'ensemble des personnes publiques spéciales. En d'autres termes, il s'agit de créer un *corpus* juridique commun auquel « il pourrait être fait recours à défaut de justification particulière de telle ou telle forme d'organisation »[1727].

[1724] « Questions sur l'avenir des établissements publics. A propos du rapport du Conseil d'État », préc. p. 1248.

[1725] CE, *Rapport d'étude sur les établissements publics*, 2009, p. 31 et s.

[1726] *Ibid*, p. 43.

[1727] « Questions sur l'avenir des établissements publics. A propos du rapport du Conseil d'État », préc. p. 1247.

Ainsi, le *corpus* juridique permettrait, d'une part, d'identifier rapidement toutes les structures à vocation spéciale et, d'autre part, de connaître les avantages et les inconvénients de chaque formule. Pourquoi privilégier le recours à l'établissement public de coopération culturelle au détriment d'un GIP ? Pourquoi créer une nouvelle autorité publique indépendante et non un EPA ? Les différentes réflexions du Conseil d'État seront prolongées par une autre proposition : l'élaboration d'un code général des personnes publiques spéciales.

B/ L'élaboration d'un code général des personnes publiques spéciales

Les établissements publics n'épuisant pas la catégorie des personnes publiques spéciales, il est envisagé la création d'un code général des personnes publiques spéciales. Construit sur le modèle du code général des collectivités territoriales (2), l'élaboration d'un code général des personnes publiques spéciales se justifie au regard de plusieurs éléments (1).

1) Les justifications à la proposition d'un code commun aux personnes publiques spéciales

Le bilan de l'activité récente de la commission supérieure de codification fait apparaître la nécessité de la création de nouveaux codes ou la refonte de codes existants. L'article 3 de la loi du 12 novembre 2013 habilitant le gouvernement à simplifier les relations entre l'Administration et les citoyens habilite le pouvoir exécutif à adopter, dans un délai de deux ans, la partie législative d'un code relatif aux relations entre le public et les administrations démontrant la relance du processus de codification en matière administrative (a). Les préconisations du Conseil d'État sur les possibilités ouvertes par le droit afin d'organiser et de rationaliser les règles relatives à la création et la gestion des établissements publics permettent, de manière plus générale, de rassembler dans un texte unique les règles applicables à l'ensemble des personnes publiques spéciales afin d'en faire apparaître de la façon la plus lisible et intelligible, les traits communs et de conserver la plasticité de la catégorie (b).

a) La relance du processus de codification

La commission supérieure de la codification a contribué à rendre effectif le principe d'intelligibilité et d'accessibilité du droit en participant, depuis 1989, à la création d'une vingtaine de codes et à la refonte de neuf codes[1728]. L'entreprise de codification constitue pour le gouvernement de M. Valls un objectif de simplification du droit comme le montre la circulaire du 27 mars 2013 relative au programme de codification de textes législatifs et réglementaires et la refonte de codes. La relance du processus de codification des règles applicables aux relations entre l'Administration et les citoyens s'est accélérée grâce au projet, porté par la loi d'habilitation du 12 novembre 2013, d'élaboration d'un code régissant les relations entre le public et les administrations[1729].

La question d'un code de l'Administration a déjà soulevé des controverses et s'est heurté à une hostilité politique marquée[1730]. Néanmoins, la loi d'habilitation du 12 novembre 2013 contribue à donner un nouvel élan au processus de codification des règles applicables aux relations entre l'administration et le public et offre de nouvelles perspectives intéressant les personnes publiques spéciales.

Selon l'article 3 de cette loi d'habilitation, le pouvoir exécutif est autorisé à élaborer la partie législative d'un code relatif aux relations entre le public et les administrations. Ce code regroupe les règles générales relatives aux procédures administratives on contentieuses régissant les relations entre le public et les administrations de l'État, des collectivités territoriales, des établissements publics et des organismes chargés d'une mission de service public. Dans l'étude d'impact[1731], le gouvernement a précisé que ce code n'aura pas vocation à attraire dans son champ d'application les dispositions déjà

1728 Selon M. Guyomar, 60 % des lois et 30 % des textes réglementaires sont aujourd'hui codifiés, M. Guyomar, « Les perspectives de la codification contemporaine », *AJDA* 2014, p. 400.

1729 M. Vialettes et C. Barrois de Sarigny, « Le projet d'un code des relations entre le public et les administrations », *AJDA* 2014, p. 402 ; M. Guyomar, « Les perspectives de la codification contemporaine, *AJDA* 2014, p. 400 ; P. Gonod, « Codification de la procédure administrative », *AJDA* 2014, p. 395.

1730 R. Schwartz, « Le code de l'administration », *AJDA* 2004, p. 1860.

1731 Communiqué de presse du Conseil des ministres du 2 mai 2013.

codifiées. Dès lors, on comprend que ce code a un champ d'application restrictif et qu'il ne regroupera que les grands principes régissant les administrations et le public[1732].

En outre, le processus de codification est relancé par la refonte de codes existants à l'instar du code des pensions militaires d'invalidité et des victimes de guerre, du code de la construction et de l'habitation, du code des postes et communications électroniques ou encore la modification du code de l'expropriation pour cause d'utilité publique[1733]. Ces différents exemples démontrent que la codification est une voie privilégiée pour contribuer à rendre plus lisible le droit.

Nonobstant, l'analyse de la loi d'habilitation du 12 novembre 2013 conduit à une seconde réflexion. Il ne pourra, en effet, être intégrées dans le projet de code, les règles relatives à la création et au fonctionnement des personnes publiques spéciales dans la mesure où la loi dispose que ce code doit seulement régir les relations entre le public et les administrations. En d'autres termes, ce code n'a pas vocation à traiter de l'organisation des structures administratives. Par conséquent, la méthode envisagée pour rendre plus lisible le droit applicable à l'ensemble des personnes publiques spéciales est conforme aux perspectives d'une mise en ordre du droit mais ce « code de l'Administration » ne pourra contenir les règles relatives à l'organisation et au fonctionnement des personnes publiques spéciales. Il devient alors nécessaire de créer un autre corpus juridique commun à l'ensemble des personnes publiques spéciales afin de rationaliser l'organisation administrative. D'autres justifications à la création d'un code général des personnes publiques spéciales doivent être analysées.

[1732] Par exemple, les règles relatives à la motivation des actes aministratifs ou encore le nouveau principe selon lequel le « silence de l'administration vaut acceptation » ; Pontier J.-M., « La simplification des relations entre l'administration et les citoyens », *JCP A*, n°50, p. 18.

[1733] Article 5 de la loi n° 2013-1005 du 12 novembre 2013 habilitant le gouvernement à simplifier les relations entre l'administration et les citoyens.

b) La souplesse de la catégorie des personnes publiques spéciales

Cette entreprise de codification des personnes publiques spéciales semble fastidieuse. L'idée d'un tel code peut être combattue[1734]et notamment sous l'angle de la difficulté d'harmonisation de règles relatives à des institutions hétérogènes[1735]. Cependant, elle se justifie à l'égard d'un élément principal : conserver la souplesse du régime juridique des personnes publiques spéciales tout en préservant la sécurité juridique.

En premier lieu, il est reproché au statut général des GIP de n'être pas suffisamment complet pour pouvoir clarifier l'ensemble de leur régime juridique. Il est tout à fait certain que les textes relatifs à l'établissement public et aux nouvelles personnes publiques spéciales sont trop nombreux pour pouvoir figurer ailleurs que dans un véritable code. Cette codification permettrait de réunir dans un seul document tous les textes à valeur législative ou réglementaire relatifs à l'ensemble des personnes publiques spéciales. En outre, ce code général des personnes publiques spéciales, à l'instar du code général de la propriété des personnes publiques, pourrait consacrer un certain nombre de principes jurisprudentiels relatifs à l'ensemble des personnes publiques spéciales. On s'en souvient, les contours juridiques de la notion d'établissement public ont été bâtis par la jurisprudence. Par exemple, ce code pourrait consacrer le principe de spécialité et ses assouplissements, notamment à travers une prise de position sur la notion d'activités d'accessoires.

[1734] Il convient de rappeler les propos d'E. Laferrière se montrant peu favorable à la codification du droit administratif et expliquant que seule la jurisprudence « peut faire la part entre les principes permanents et les dispositions contingentes, établir une hiérarchie entre les textes, remédier à leur silence, à leur obscurité, à leur insuffisance en s'inspirant des principes généraux du droit et de l'équité », E. Laferrière, *Traité de la juridiction administrative et des recours contentieux*, intoduction à la première édition, 1887-1888, t. 1, p. VIII.

[1735] Le rapporteur de la loi du 12 novembre 2013 habilitant le gouvernement à simplifier les relations entre l'Administration et les citoyens a pourtant objecté en considérant la nature essentiellement jurisprudentielle du droit administratif que « la réussite de l'élaboration du code de la justice administrative, via l'ordonnance n° 2000-397 du 4 mai 2000 relative à la partie législative du code de la justice administrative, laisse augurer que les réticences passées ne sont plus un frein à sa codification », Rapport H. Portelli, Sénat, rapport n° 742 de H. Portelli.

En second lieu, la codification du fonctionnement et du régime juridique des personnes publiques spéciales serait de nature à garantir une plus grande lisibilité de ces techniques de gestion du service public. Surtout, cette codification permettrait de répondre à l'exigence constitutionnelle d'accessibilité et d'intelligibilité de la loi[1736]. En effet, la connaissance des règles de fonctionnement et du régime juridique de chaque personne publique spéciale ne serait plus uniquement réservée aux spécialistes. Aussi cette entreprise de codification serait-t-elle de nature à constituer une sorte de boîte à outils permettant aux autorités créatrices de choisir la formule la plus adaptée à la mission qu'elles souhaitent personnaliser. En outre, créer une nouvelle typologie des établissements publics et l'inscrire dans un texte unique favoriseraient la connaissance du fonctionnement d'entités *sui generis* comme l'Institut de France, la Banque de France ou la Caisse des dépôts et consignations dans la mesure où les règles qui jalonnent leur histoire, leur fonctionnement et leur statut sont anciennes et méritent d'être actualisées.

En troisième lieu, ce code permettrait de conserver la souplesse des règles applicables aux personnes publiques spéciales. En effet, un code général des personnes publiques spéciales doit être composé d'une partie législative mais également d'une partie réglementaire pour permettre des aménagements plus souples, plus rapides, nécessaires aux besoins de l'évolution de l'action administrative. Par conséquent, il faudrait privilégier une codification à droit non constant comme pour le code général de la propriété des personnes publiques.

En quatrième lieu, l'élaboration d'un code général des personnes publiques spéciales s'inscrit dans l'ambitieux projet du « code de l'Administration » et de manière plus générale dans le programme de « maintenance légistique »[1737] qui a déjà bénéficié aux GIP. Dans son rapport d'information relatif aux AAI, P. Gélard propose également la création d'un statut général des AAI : « En 2014, encore plus qu'en 2006, le Parlement se doit d'édicter ce « statut général » des AAI pour rendre à cette catégorie sa cohérence,

---

1736 CC, Décision n ° 99-421 DC du 16 décembre 1999, *Loi portant habilitation du gouvernement à procéder, par ordonnances, à l'adoption de la partie législative de certains codes*, consid. 13.

1737 M. Guyomar, préc. p. 400.

son intérêt et sa raison d'être »[1738]. La consécration constitutionnelle des AAI étant écartée, il reste qu'une analyse sur l'élaboration d'un statut général des AAI et des API mérite d'être débattue. L'élaboration de ce statut général implique néanmoins l'existence d'une définition légale de l'AAI. Or, cette définition n'existe pas puisque seule la doctrine et la jurisprudence sont venues préciser les critères caractérisant une AAI et l'on sait, avec la création des API, qu'un de ces critères, l'absence de personnalité morale, n'est plus applicable. De plus, une définition légale de l'AAI ou de l'API serait contraire à l'intérêt de recourir à ce type d'instrument, la souplesse. Comme l'établissement public, l'intérêt de la « catégorie » des autorités indépendantes réside principalement en « l'adaptabilité des AAI ou des API à leurs missions »[1739]. Il devient alors possible de rapprocher le statut général des GIP, celui des AAI et des API avec l'ensemble des règles et des principes gouvernant les autres personnes publiques spéciales à l'instar de la Banque de France, des établissements publics ou encore de l'Institut de France et ses Académies afin de consacrer la catégorie des personnes publiques spéciales, de connaître davantage leurs règles de fonctionnement et ainsi de rationaliser l'utilisation de ces différentes techniques de gestion administrative.

2) La méthode envisagée : la comparaison avec le Code général des collectivités territoriales

La comparaison avec le code général des collectivités territoriales (CGCT) se justifie au regard de deux éléments. D'un côté, le CGCT a permis que soient inscrites dans un texte unique toutes les règles applicables aux collectivités territoriales qui étaient éparpillées entre la jurisprudence, des dispositions législatives et réglementaires et des codes sectoriels. Le même constat peut être dressé s'agissant des nouvelles personnes publiques puisque celles-ci sont régies par une multitude de textes non codifiés, de normes jurisprudentielles et de codes sectoriels. De plus, le CGCT ne mentionne pas uniquement les catégories de collectivités territoriales « classiques », c'est-à-dire

---

[1738] Rapport P. Gélard, « Autorités administratives indépendantes : 2006-2014 : un bilan, 11 juin 2014, préc. p. 38.
[1739] *Ibid.*

les communes, les départements ou les régions : il fait également référence aux établissements publics de coopération intercommunale, aux sociétés d'économie mixte ou encore aux régions à statut particulier.

Suivant cette logique, pourraient figurer dans un code général des personnes publiques spéciales, des dispositions relatives aux établissements publics classiques et d'autres relatives aux établissements publics à statut particulier.

En outre, la deuxième partie du CGCT s'intéresse aux communes, la troisième partie au département, la quatrième à la région et ainsi de suite. Pourquoi ne pas appliquer cette présentation aux catégories d'établissements publics ? Dans la première partie du code des personnes publiques spéciales, il pourrait être fait mention des catégories d'établissements publics : on y trouverait toutes les règles communes aux différentes catégories d'établissements publics : le principe de la création par voie législative, la soumission au principe de spécialité ou encore les règles relatives à leur soumission au code général de la propriété des personnes publiques.

Dans une seconde partie (comme pour le CGCT) seraient envisagées plus particulièrement les règles de création, d'organisation, de fonctionnement, de disparition des établissements publics classiques avec un livre consacré aux EPA et l'autre aux EPIC[1740]. La troisième partie serait réservée aux établissements publics locaux. Enfin, une quatrième partie pourrait être consacrée aux « autres formes d'établissements publics », avec un livre sur les GIP, un livre sur les autorités publiques indépendantes, un livre sur la Banque de France, un livre sur la Caisse des dépôts et consignations et enfin, un livre sur l'Institut de France. Dans chacun de ces livres, la liberté du codificateur permettra de faire mention de dispositions particulières pour préserver l'originalité et la souplesse des personnes publiques spéciales, notamment du point de vue de leur comptabilité, du statut de leur personnel, ou encore du contrôle auquel toutes ces formules sont soumises.

[1740] Toutefois, la distinction EPA/EPIC semble dépassée au regard du droit de l'Union européenne.

La création d'un *corpus* juridique commun à l'ensemble des personnes publiques spéciales constitue une piste de réflexion ; elle se justifie au regard de la proximité des formules spécialisées c'est-à-dire de l'établissement public et des nouvelles personnes publiques spéciales. Celles-ci constituent des personnes morales de droit public soumises à la spécialisation des compétences. La diversité des catégories d'établissements publics permet d'accueillir les nouvelles personnes publiques spéciales qui se différencient difficilement de l'établissement public. Il est alors possible d'ouvrir le débat sur une nouvelle « espèce » d'établissement public composé des nouvelles personnes publiques spéciales. En d'autres termes, les autorités créatrices, grâce à la souplesse statutaire de l'établissement public, détiennent la possibilité d'aménager certaines règles du régime juridique de l'établissement public qu'elles estiment trop contraignantes afin de donner naissance à de nouvelles entités. En définitive, les nouvelles personnes publiques spéciales ont été créées sur le modèle de l'établissement public.

Conclusion générale

La confrontation entre les nouvelles personnes publiques et l'établissement public se révèle productive puisqu'elle ouvre la perspective de l'élaboration d'un *corpus* juridique commun à l'ensemble des personnes publiques spéciales. Cependant, cette proposition a été le fruit d'une longue réflexion qui a débuté avec l'analyse de ce que l'on nommait les personnes publiques *sui generis* pour conclure à leur rapprochement avec la catégorie classique de l'établissement public. A bien des égards, il apparait que les nouvelles personnes publiques spéciales ne sont pas des institutions aussi inédites que le laissait penser la qualification de personnes publiques innomées. En définitive, l'étude a permis de démontrer que ces structures ont été instituées sur le modèle de l'établissement public.

Loin de conclure que les nouvelles personnes publiques formeraient une nouvelle catégorie de personnes publiques, il a été souligné que leur consécration est venue opportunément fournir au juriste l'occasion de s'interroger à nouveau sur la classification des personnes publiques et la connaissance de l'organisation administrative. Il y avait donc un intérêt essentiel à étudier, dans un premier temps, la classification traditionnelle des personnes publiques, et de préciser autant que possible, les contours des deux catégories qu'il convient de distinguer c'est-à-dire celle de la collectivité territoriale et celle de l'établissement public.

Il est certain que l'apparition de la première personne publique innomée, les GIP, puis la multiplication des entités qualifiées de personnes publiques comme les API, ont soulevé des interrogations relatives à l'opportunité de la création d'une nouvelle catégorie juridique. Malgré certaines réticences, l'action conjuguée du législateur, de la jurisprudence et de la doctrine a permis la consécration de nouveaux organismes de droit public. Le législateur a été à l'origine de la création de ces nouvelles formules juridiques. Toutefois, la loi n'a pas précisé leur qualification. Le juge, interprétant la volonté législative, les a qualifiées d'entités publiques et leur a refusées la qualité d'établissement public.

L'organisation administrative s'est enrichie de nouvelles structures et de nouveaux instruments permettant de moderniser l'action publique. Toutefois, l'un des principaux inconvénients de cette diversification est d'accréditer la thèse de l'univers bigarré dans lequel évoluent les personnes publiques. Aussi l'organisation administrative apparait-t-elle comme une sorte de nébuleuse, composée d'entités personnalisées soumises à des régimes juridiques différents, plus ou moins assujetties aux règles du droit public et dotées d'une autonomie variable. Il est donc apparu important de procéder à une nouvelle typologie des personnes publiques.

Il a été pressenti, dans une première réflexion, l'émergence d'une nouvelle catégorie de personnes publiques composée d'institutions nouvellement créées par le législateur à l'instar des GIP ou des API mais également de structures *sui generis* comme le Banque de France, la Caisse des dépôts et consignations ou encore l'Institut de France et ses Académies. Cependant, cet effort de systématisation n'a pas été fructueux. Il a pu être constaté que les formules traditionnelles de l'organisation administrative ne permettaient plus de répondre aux nouveaux impératifs de la gestion publique ainsi qu'aux exigences découlant des règles du droit de l'Union européenne. Aussi, le législateur a-t-il réformé le statut de la Banque de France, créé le GIP dont le régime juridique est à mi-chemin entre l'établissement public et l'association, doté les autorités administratives indépendantes de la personnalité morale à seule fin de renforcer leur indépendance vis-à-vis de l'exécutif, consacré la spécificité de la Caisse des dépôts et consignations en la plaçant sous la surveillance et la garantie de l'autorité législative et enfin, modifié le statut de l'Institut de France et des Académies pour que l'Institution puisse gérer de façon autonome les fondations que celle-ci abrite et attirer de nouveaux donateurs ou testateurs.

Ainsi, les nouvelles personnes publiques présentent toutes certaines spécificités, écartant la possibilité de créer une nouvelle catégorie de personnes publiques aux côtés de l'établissement public. Néanmoins, ces spécificités ne sont pas propres aux seules entités innomées. Par exemple, le régime juridique de l'établissement public industriel et commercial est largement soumis au droit privé et les associations syndicales de propriétaires autorisées constituent des établissements publics sans rattachement à une autorité de tutelle. Surtout, les nouvelles personnes publiques ne disposent pas de compétence générale mais ont été instituées pour répondre à des besoins et des missions déterminées. Ainsi, toutes les nouvelles personnes publiques ont en commun d'être des personnes publiques soumises au principe de spécialité à l'instar de l'établissement public. Ce critère de détermination n'est pas suffisant pour pouvoir constituer une nouvelle catégorie juridique puisqu'il ne permet de différencier les personnes publiques nouvelles de l'établissement public. C'est pourquoi, il a été choisi de qualifier ces dernières de nouvelles personnes publiques spéciales.

La première conséquence de cette qualification a conduit les travaux à mener une étude comparative entre les nouvelles personnes publiques spéciales et l'établissement public avec l'ambition de les intégrer aux catégories d'établissements publics. Pour parvenir à ce résultat, il a fallu adopter une définition de l'établissement public.

Longtemps défini comme un service public personnifié, il a été démontré que le lien unissant l'établissement public à la notion de service public s'est progressivement dilué et qu'une nouvelle définition de l'établissement public, délivrée de la notion de service public a permis de pérenniser ce mode de gestion de l'action publique. En définitive, la nouvelle définition de l'établissement public, une personne morale de droit public à vocation spéciale a été utilisée pour multiplier les formes d'établissements publics à l'instar des établissements publics territoriaux.

Cette multiplication des espèces d'établissements publics, l'existence d'établissements publics à double visage ou à visage inversé ont été largement dénoncées par la doctrine. L'ensemble des études relatives à l'établissement public concorde pour souligner l'éclatement de la catégorie sans souligner les avantages de la formule. Pourtant, l'analyse de l'évolution de l'établissement public a permis de démontrer que cette formule, grâce à sa souplesse statutaire, s'est adaptée aux nouveaux besoins de l'action administrative. En dépit du phénomène de « sociétatisation » des établissements publics industriels et commerciaux nationaux (que l'on ne peut ignorer), l'établissement public administratif et l'établissement public industriel et commercial local demeurent des outils d'intervention plébiscités par les autorités publiques. Preuve de son extraordinaire adaptation, l'établissement public a connu plusieurs mutations conduisant à une diversité des régimes juridiques. La création des nouvelles personnes publiques participe de ce même mouvement et de cette diversité des régimes juridiques parmi les catégories d'établissements publics.

Il a pu être constaté, chemin faisant, combien les nouvelles personnes publiques spéciales pouvaient se fondre dans le moule de l'établissement public. D'ailleurs, ces travaux ne sont pas contentés d'analyser le rapprochement entre les nouvelles personnes publiques spéciales et l'établissement public. Au contraire il a été proposé d'intégrer ces dernières aux catégories d'établissements publics. De cette intégration, il résulte nécessairement une nouvelle classification des personnes publiques et plus précisément, des catégories d'établissements publics. Il est certain que les catégories d'établissements publics sont suffisamment ouvertes pour pouvoir accueillir les nouvelles personnes publiques spéciales et former, à terme, la catégorie des personnes publiques spéciales. Les spécificités de chaque personne publique spéciale ne constituent pas un obstacle à l'adoption d'un statut commun.

L'élaboration d'un code général des personnes publiques spéciales permettrait de dégager des outils au service de la sécurité juridique dans la perspective de la réforme institutionnelle que les autorités françaises ne manqueront pas d'engager dans le contexte de la crise économique et financière : de nouveaux organismes verront nécessairement le jour. Il faut espérer que ces prochaines réformes ne viendront pas compliquer davantage le paysage institutionnel français.

Bibliographie générale

I. Traités et manuels

Alland D. et Rials S.
- *Dictionnaire de la culture juridique*, PUF, 1ère édition, 2003.

Auby J.-B. et Auby J.-M.
- *Institutions administratives*, Dalloz, 7ème édition, 1996.

Auby J.-M. et Drago R.
- *Traité de contentieux administratif*, Paris, LGDJ, 1984, 3ème édition, 2 tomes.
- *Traité des recours en matière administrative*, Paris, Litec, 1992.

Auby J.-M., Bon P. et Auby J.-B.
- *Droit administratif des biens*, Dalloz, 5ème édition, 2007.
- *Droit administratif des biens*, Dalloz, 6ème édition, 2011.

Aucoc L.
- *Conférences sur l'administration et le droit public*, 3ème édition, Paris, Dunod, 1885 - 1886, Tome I, 1ère édition, 1869-1870.

Autin J.-L., Ribot C.
- *Droit administratif général*, Litec, 4ème édition, 2004.

Bergel J-L.
- *Théorie générale du droit*, Dalloz, 4ème édition, 2003.

Bénoît F.-P.
- *Le droit administratif français*, Paris, Dalloz, 1968.

Berthélémy H. :
- *Traité élémentaire de droit administratif*, Paris, Rousseau, 1ère édition, 1908, 13ème édition, 1933.

Bigot G.
- *Introduction historique au droit administratif depuis 1789*, PUF, 1ère édition, 2002.

Bon P., Lascombe M., Vandendriessche X., Lavialle C. et Stahl J.-H.

- *Code administratif*, Paris, Dalloz, 26ème édition, 2000.

Bonnard R.
- *Précis de droit administratif*, Paris, LGDJ, 4ème édition, 1943.

Bourdon J, Pontier J.-M. et Ricci J.-C.
- *Droit des collectivités territoriales*, 2ème édition, PUF, Coll. Themis, 1998.

Boussard S. et Le Berre C.
- *Droit administratif des biens*, LGDJ, lextenso éditions, 2014.

Braibant G. et Stirn B.
- *Le droit administratif français*, Presses de Science Po et Dalloz, coll. « Amphithéâtre », 5ème édition, 1999.

Braconnier S.
- *Droit des services publics*, PUF, 2003.

Burdeau F.
- *Histoire du droit administratif*, Paris, PUF, coll. « Thémis », 1ère édition, 1995.

Chapus R.
- *Droit du contentieux administratif*, Paris, Montchrestien, coll. « Domat », 8ème édition, 1999.
- *L'administration et son juge*, Paris, PUF, coll. « Doctrine juridique », 1999.
- *Droit administratif général* (tome 1), Paris, Montchrestien, coll. « Domat », 13ème édition, 1999; 14ème édition, 2000.
- *Droit administratif général* (tome 2), Paris, Montchrestien, coll. « Domat », 12ème édition, 1999; 13ème édition, 2000.

Chenot B.

- *Organisation économique de l'État*, Dalloz, 2ème édition, 1965.

Chérot J.-Y.
- *Droit public économique*, Economica, 2002.

Cliquennois M.
- *Droit public économique*, Ellipse, 2001.

Colson J.-P.
- *Droit public économique*, LGDJ, 3ème édition, 2001.

Cornu G. (dir.) :
- *Vocabulaire juridique*, Paris, PUF, Association Henri Capitant, 7ème édition, 1998.

Debbasch C. et Colin F.
- *Droit administratif*, Economica, 10 ème édition, 2010.

De Forges J.-M.
- *Les institutions administratives françaises*, PUF, 1ère édition, 1985.

Degoffe M.
- *Droit administratif*, Coll. Cours magistral, Ellipses, 1ère édition, 2008.

Delvolve P.
- *Droit public de l'économie*, Précis Dalloz, 1998.

Ducrocq T.
- *L'État, personnalité civile et domaine*, Montemoing, 7° édition, 1900, t. 4.
- *Cours de droit administratif*, Ernest Thorin, 6° édition, 2 tomes, 1881.

Duguit L.
- *Traité de droit constitutionnel*, Paris, de Boccard, 3ème édition, 3 volumes, 1927-1930.

Dupuis L. et Guedon M.-J.

- *Institutions administratives*, Droit administratif, Armand Colin, 1986.

Eisenmann C.
- *Cours de droit administratif*, Paris, LGDJ, réimpr. Cours de doctorat 1948-1973, 2 volumes, 1982-1983.
- *Traité de science administrative*, Mouton, 1966.

Esmein A.
- *Histoire du droit français*, Sirey, 1898.

Frier P.-L. et Petit J.
- *Précis de droit administratif*, Montchrestien, Coll. Domat Droit public, 5ème édition, 2010.

Gavalda C.
- *Droit bancaire*, Litec, 4ème édition, 1999.

Gaudemet Y.
- *Traité de droit administratif*, LGDJ, 16ème édition, 2001.

Godfrin P. et Degoffe M.
- *Droit administratif des biens. Domaine, travaux, expropriations*, Sirey, 6éme édition, 2007.

Gohin O.
- Institutions administratives, LGDJ, 5ème édition, 2010.

Guettier C.
- *Institutions administratives*, Dalloz, 3ème édition, 2005.

Guinchard et Montagnier
- Lexique des termes juridiques, Dalloz, 13ème édition, 2001.

Hauriou M.
- *Précis de droit administratif et de droit public général*, L. Larose, 1900.
- *Précis de droit administratif*, Paris, Sirey, 1ère édition, 1892 ; 11ème édition, 1927 ; 12ème édition, 1933.

Hubrecht G.
- *Droit public économique*, Dalloz, coll. Cours, 2ème édition, 1997.

Jèze G. :
- *Les principes généraux du droit administratif*, Girard, 3ème édition, 6 volumes, 1925-1936.

Kerninon J.
- *Droit public économique*, Montchrestien, coll. AES., 3ème édition, 2003.

Laferrière E. :
- *Traité de la juridiction administrative et des recours contentieux*, Paris, Berger-Levrault, 2 volumes, 1ère édition, 1887-1888, 2ème édition, 1896.

de Laubadère A.
- *Traité de droit administratif*, t.1, LGDJ, 12ème édition, 1980.
- *Manuel de droit administratif*, LGDJ, 3ème édition, 1951.
- *Traité élémentaire de droit administratif*, LGDJ, 1953.

Lebreton G.
- *Droit administratif général*, Dalloz, 4ème édition, 2007.
- *Droit administratif général*, A.Colin, 3ème édition, 2004.

Linotte D. et Romi R.
- *Services publics et droit public économique*, Litec, 5ème édition, 2003.

Long M., Weil. P., Braibant G., Delvolvé P. et Genevois B. :
- *Les grands arrêts de la jurisprudence administrative*, Paris, Dalloz, 18ème édition, 2011.

du Marais B.
- *Droit public de la régulation économique*, Presses de Sciences Po et Dalloz, coll. Amphi, 2004.

Mescheriakoff B.
- *Droit public économique*, PUF coll. droit fondamental, 1996.

Moreau J.
- *Manuel de droit administratif*, Fontemoing, t. 2, 1909.

Richer L.
- *Droit des contrats administratifs*, LGDJ, 6ème édition, 2008.

Rivero J. et Waline M.
- *Droit administratif*, Dalloz 19ème édition, 2002.
- *Précis de Droit administratif*, Dalloz, 18ème édition, 2000.

Rougevin-Baville M., Denoix de Saint Marc R. et Labetoulle D
- *Leçons de droit administratif*, Hachette, 1989.

Oberdorff H.
- *Institutions administratives*, Sirey, 5ème édition, 2006.

Nicinski S.
- *Droit public des affaires*, collection Domat Droit Public, 2009.

Servoin F.
- *Droit administratif de l'économie*, Grenoble, PUF de Grenoble, 1996.

Serrand P.
- *Manuel d'institutions administratives*, PUF, 4ème édition, 2012.

Truchet D.
- *Droit administratif*, Thémis Droit, 4ème édition, 2011.

de Vauplanne H. et Bornet J.-P.
- *Droit des marchés financiers*, Litec, 1998.

Vedel G.
- *Traité de science administrative*, Mouton, 1966.

Vedel G. et Delvove P.
- *Droit administratif*, Paris, PUF, 12ème édition, 2 tomes, 1992.

Verpeaux M.
- *Les collectivités territoriales en France*, Dalloz, 2ème édition, 2004.

Vital-Durand E.
- *Les collectivités territoriales en France*, Hachette, 5ème édition, 2004.

Vlachos G.
- *Droit public économique français et communautaire*, A. Colin, 2ème édition 2001.

Waline M.
- *Précis de droit administratif*, Paris, Montchrestien, 2 volumes, 1969-1970.
- *Droit administratif*, Paris, Sirey, 9ème édition, 1963.
- *Manuel élémentaire de droit administratif*, Sirey, 4ème édition 1939.

II. Thèses et mémoires

Avril P.
- *Les origines de la distinction des établissements publics et des établissements d'utilité publique*, Thèse droit, Paris, 1901.

Auby J.-B.
- *La notion de personne publique en droit administratif*, Thèse droit, Bordeaux, 1979.

Baldous A.
- *Le principe de spécialité en droit administratif français*, Thèse dactyl. Aix, 1974.

Catteau D.
- *Nouvelle gestion publique et contrôles budgétaires*, Thèse Lille 2, 2005.

Chevallier J. :
- *L'élaboration historique du principe de séparation de la juridiction administrative et de l'administration active,* Paris, LGDJ, coll. « Bibliothèque de droit public », tome XCVIII, 1970

Connois R.
- *La notion d'établissement public en droit administratif français*, LGDJ, coll. "Bibliothèque de droit public", t. 18, 1959.

Constans L.
- *Le dualisme de la notion de personne morale administrative en droit français*, Dalloz, 1966.

Costa D.
- *Les fictions juridiques en droit administratif*, LGDJ, Coll. Biblio. Droit public, 2000, t. 210.

Deguergue M.
- *Jurisprudence et doctrine dans l'élaboration du droit de la responsabilité administrative*, LGDJ, Bibliothèque de droit public, tome 171, 1994.

Derrouch A.
- *L'Institut de France, son statut juridique*, Thèse, Recueil Sirey, 1938.

Duverger M.
- *L'affectation des immeubles domaniaux aux services publics. Etude théorique et pratique*, Thèse, Bordeaux, 1940.

Drago R.
- *La crise de la notion d'établissement public*, Thèse droit, Paris, 1948, Pédone, 1950.

Dubois J.-P
- *Le contrôle administratif sur les établissements publics*, LGDJ, coll. "Bibliothèque de droit public", t. 143, 1982.

Elicostopoulos C.-S.
- *L'encadrement processuel des autorités de marché en droit français et communautaire. Contentieux de la concurrence et de la bourse*, LGDJ « Bibliothèque de Droit privé », t. 364, 2002.

Gaudemet Y. :
- *Les méthodes du juge administratif*, Paris, LGDJ, coll. « Bibliothèque de droit public », tome CVIII, 1972.

Gégout Y.-L.
- *Vers une nouvelle forme de personne morale : les GIP*, Thèse, Paris II, 1985.

Ferstenbert J.
- *Recherches sur la notion juridique de spécialité des personnes publiques*, Thèse Paris II, 1976.

Flutre M.
- *Essai sur la notion d'établissement public*, Thèse droit, Lyon, 1945.

Fouache V.
- *Établissement public et société commerciale. Essai sur le devenir de l'établissement public industriel et commercial*, Thèse droit, Paris II, 2005.

Garbar C.
- *Le droit applicable au personnel des entreprises publiques*, LGDJ, coll. "Bibliothèque de droit public", t. 175, 1996.

Homont A.
- *La déconcentration par services*, Thèse, Bordeaux, 1950.

Jegouzo-Viénot L.
- *Établissement public et logement social*, Thèse Paris I, 2000, LGDJ, coll. "Bibliothèque de droit public", t. 225, 2002.

Laroque P. et Maspetiol R.
- *La tutelle administrative*, Sirey, 1930.

Lazzarin G.
- *La personnalité publique dans la jurisprudence administrative*, Thèse, Nancy 2, 2010.

Linditch F.
- *Recherches sur la personnalité morale en droit administratif*, LGDJ, coll. "Bibliothèque de droit public", t. 176, 1997.

Melleray F. :
- *Essai sur la structure du contentieux administratif français*, Thèse dactyl. Bordeaux, 2000.

Moiroud-Rechard C.
- *Les GIP, nouvelle institution publique*, Thèse, Paris I, 1994.

Negrin J.-P.
- *L'intervention des personnes morales de droit privé dans l'action administrative*, thèse Aix-en-Provence 1970, LGDJ, 1971.

Passeron S.
- *L'autonomie de gestion des établissements publics nationaux*, LGDJ, 1968.

Pellat J.
- *Recherches sur les démembrements de l'administration*, Thèse, Montpellier, 1970.

Théron J.-P.
- *Recherches sur la notion d'établissement public*, Thèse droit, Toulouse, 1975, LGDJ, coll. "Bibliothèque de droit public", t. 123, 1976.

Regourd S.
- *L'acte de tutelle en droit administratif français*, LGDJ, coll. "Bibliothèque de droit public", t. 142, 1982.

Ribot C.
- *La dynamique institutionnelle de l'intercommunalité*, Thèse, Université de Montpellier I, 1993.

Rivero J.
- *La distinction du droit et du fait dans la jurisprudence du Conseil d'État français*, in Le fait et le droit, Etudes de logique juridique, Bruylant, 1961.

Ripert H.
- *Le principe de spécialité chez les personnes morales du droit administratif*, Thèse droit, Paris, 1906.

Sabourin P.
- *Recherches sur la notion d'autorité administrative en droit français*, LGDJ, Bibliothèque de droit public, tome 69, 1966.

Spiliotopoulos S.
- *La distinction des institutions publiques et des institutions privées en droit français*, LGDJ, coll. "Bibliothèque de droit public", t. 19, 1959.

Solannet P.
- *La Caisse des dépôts et consignations*, Thèse, Sirey, 1942.

Thalineau J.
- *Essai sur la centralisation et la décentralisation, Réflexions à partir de la théorie de C. Eisenmann*, Thèse Tours, 1994.

Vandendriessche X.
- *Typologie des entreprises publiques*, Thèse Lille II, 1990.

Vareilles-Sommières
- *Les personnes morales*, Thèse, Paris, 1902.

Yolka P.
- *La propriété publique, Eléments pour une théorie*, LGDJ, coll. « Bibliothèque de droit public », tome 191, 1997.

III. Articles

Alfanderi et Jeantin
- « Observations sur le GIP. Loi du 15 juillet 1982 », *RTDC*, 1982, p. 583.

Amselek P.
- « Les établissements publics sans comptable public et le principe de l'insaisissabilité des biens des personnes publiques », *JCP G* 1986, I, 3236.

Arrighi de Casanova J.
- « La qualification juridique de la Banque de France », *RFDA*, 7 juillet-août 1997.

Auberger
- Rapport sur le statut de la Banque de France, audition du ministre de l'Economie, 12 mai 1993, Commission des finances de l'Assemblée nationale, Présentation du projet de la loi du 4 août 1993, *JCP G*, 23 juin 1993.

Auby J.-B.
- « Le mouvement de banalisation du droit des personnes publiques et ses limites », Mélanges Jean-Marie Auby, Dalloz, 1992, p. 3-16.

Auby J.-F.
- « Les sociétés publiques locales, un outil aux contours incertains », *RFDA* 2012, p. 99.

Auby J.-M.
- « La théorie des institutions « transparentes » en droit administratif », *RDP* 1988. 265.
- « Contribution à l'étude du domaine privé de l'administration », *EDCE,* 1958, p. 57.

Autin J.-L.
- « Les AAI et le devenir des AAI », *RFDA* 2010, p. 872.
- « Du juge administratif aux autorités administratives indépendantes, un autre mode de régulation », *RDP*, 1998, p. 1213

Bailleul D.
- « Vers la fin de l'établissement public industriel et commercial ? À propos de la transformation des EPIC en sociétés », *CJEG* 2006, p. 105

Barbier C.
- « L'usager est-il devenu le client du service public ? », *JCP A*, 1995, n°3816

Barré-Pépin M.
- « Le nouveau statut des offices publics de l'habitat », *Jurisclasseur*, mars 2007, n°60, p. 34.

Barthélemy C.
- « La garantie implicite, gratuite et illimitée de l'État aux établissements publics. Mythe ou réalité ? » : *CJEG* 2004, p. 423
Beaud O.
- « La souveraineté de l'État, le pouvoir constituant et le Traité de Maastricht », *RFDA*, 1993, p. 1067.

Benamouzig D. et Besançon J.
- « Les agences, alternatives administratives ou nouvelles bureaucraties techniques ? Le cas des agences sanitaires », *Revue trimestrielle du Conseil d'analyse stratégie*, janvier 2007, p.47.

- « Les agences : nécessité fonctionnelle ou nouveaux démembrements de l'État », rapport de l'ENA, Le travail gouvernemental, La Documentation française, 1995.

Benoit-Rohmer F.
- « Les groupements d'intérêt public, une formule juridique à la mode », *Cahiers de la fonction publique et de l'Administration*, Actualité et Commentaire, septembre 1995, p. 15.

Bergeal C.
- « Doit-on craindre un détournement de la société publique locale par les collectivités locales ? », *AJCT* 2011, p. 19.

Beroujon F.
- « Le recul de l'établissement public comme procédé de gestion des services publics », *RFDA,* 2008, p. 26.
- « Evolution du droit administratif : avancée vers la modernité ou retour aux Temps modernes ? », *RFDA* 2008, p. 449-455.

Bienvenu J.-J..
- « La liquidation des établissements publics », *RA* 1993, p. 311.

Blanc F.
- « L'insaisissabilité des biens des établissements publics industriels et commerciaux, éléments pour une évolution », *RDP* 2009, p. 1553.

Blondel D.
- « Les règles contractuelles applicables à un groupement de statut hybride », *Le Moniteur*, 5 décembre 2003, p.68.

Bonichot J.-C.
- « Les sanctions administratives en droit français et la Cour européenne des droits de l'homme », *AJDA* 2001, n° spécial, p. 73.

Boudine J.
- « La distinction entre collectivité locale et collectivité territoriale, Variation sémantique ou juridique », *RDP* 1992, p. 171.

Bourgeois F. et Lecerf M.
- « Quel cadre juridique pour le secteur public-privé. GIP ou GIE ? », *JCP G*, 1995, p. 25.

Boussard S.
- « L'éclatement des catégories de service public et la résurgence du « service public par nature », *RFDA* 2008, p. 43.

Boy X.
- « Quelques interrogations sur l'intérêt théorique d'une distinction entre notions et concepts juridiques », Publié dans « Les notions juridiques, Journée d'étude de la promotion d'agrégation de droit public », 2005-2006, G. Tusseau (dir), Economica, 2009, p, 12 et s.

Boyer V.
- « L'autonomie financière des universités après la loi relative aux libertés et responsabilités des universités », *AJDA* 2010, p. 318.

Braconnier S.
- « La régulation des services publics », *RFDA* 2001, n°1, p. 43.

Brechon-Moulenes C.
- « Loi d'orientation et de programmation pour la recherche et le développement technologique de la France et ses premières applications », *AJDA,* 20 avril 1983.

Brenet F.
- « La spécialité », Actes du Colloque de l'AFDA « La compétence », Litec, Colloque et Débats, p. 82.

Brisson J.-F.
- « Les pouvoirs de sanction des autorités de régulation et l'article 6§1 de la Convention européenne des droits de l'homme », *AJDA,* 1999, p.848
-« L'incidence de la loi du 20 avril 2005 sur le régime des infrastructures aéroportuaires », *AJDA* 2005, p. 1835.

Caillosse J.
- « L'intérêt communautaire : casse-tête juridique et aubaine politique », *Pouvoirs locaux* 2002, n° 52, p. 20

-Interrogations méthodologiques sur le « tournant » contractuel de l'action publique. Les contrats publics entre théorie juridique et sciences de l'administration », Mélanges Guibal, t. 2, chapitre 2, p. 425.

Calamarte-Doguet M.-G.
- « Les établissements publics à caractère scientifique et technologique », *AJDA* 2002

Casso P.-H.
- « La réforme des autorités dans le secteur de la banque et de l'assurance prévue par la loi n° 2003-706 du 1er août 2003 de sécurité financière », *LPA*, n° 228, 14 novembre 2003.

Champaud
- « Régulation et droit économique », *Revue internationale de Droit économique*, 2002, 1er semestre (numéro anniversaire), p.34.

Le Chatelier G.
- « Le débat sur la clause générale de compétence est-il vraiment utile ? », *AJDA* 2009, p.189.

Chauvet C.
- « La personnalité contentieuse des autorités administratives indépendantes », *RDP* 2007, p. 381.
Chenevoy-Gueriaud M.
- « L'établissement public industriel et commercial face au droit communautaire : la décision du 16 octobre 2002 de la Commission européenne relative aux aides d'État à Electricité de France », *Revue de la recherche juridique, droit prospectif,* 2004, p. 1955

Chenot B.
- « La notion de service public dans la jurisprudence économique du Conseil d'État », *EDCE* 1950, p. 77.

Chevallier J.
- Les transformations du statut d'établissement public : *JCP G* 1972, I, 2496.
- Réflexion sur l'institution des autorités administratives indépendantes, *JCP G*, 1986, 13254

- Les agences : effet de mode ou révolution administrative ?, Mélanges Dupuis, LGDJ, 1997.
- Régulation et polycentrisme dans l'administration française, *RA*, 1998 Fonction contentieuse et fonction juridictionnelle, Mélanges Stassinopoulos, Paris, LGDJ, p.275
- AAI et régulation des marchés, *Justices*, janvier-juin 1995, p.90
- L'évolution du droit administratif, *RDP* 1998, p. 1800.

Chorin J.
- Les établissements publics employant simultanément des personnels de droit public et de droit privé, *AJDA* 2000, p. 382.

Collas P.
- Le dépeçage de l'Administration, un nouveau pas : la tentative d'autonomiser la Banque de France, *Droit prospectif*, 1994-2, p. 561.

Collin-Demumieux M.
- Les problèmes juridiques posés par les GIP : l'exemple du Centre d'études européennes de Strasbourg, *AJDA*, 2003, p. 481

Combeau P.
- La « loi 1901 » des GIP, *JCP A* 2011, p. 2235.

Coquelet M.-L.
- Recours contre les décisions de l'AMF : la nouvelle partition du dualisme juridictionnel, in Mélanges AEBDF-France, n°IV, 2004.
- L'autorité des marchés financiers, *LPA*, n°228, p.6

Conac P.-H.
- La fusion de la COB et du C.M.F, Mélanges AEBDF-France, 2001, T.3, p.59

de Corail J.-L.
- Contribution du juge administratif à une théorie générale de l'établissement public à caractère industriel et commercial. Mélanges Robert-Edouard Charlier, Éditions de l'université et de l'enseignement moderne, 1981, p. 29

Cottereau G.
- Les nouvelles formes de coopération entre établissements d'enseignement supérieur et de recherche, *AJDA* 2010, p. 308.

Cottier B.
- Les « independent agencies » américaines : un modèle pour l'administration polycentrique de demain *?, RISA* 1985, p. 143
Coursier P.
- La réforme structurelle de l'assurance maladie, *LPA*, n°44, 3 mars 2005.

Cristol D.
- La réorganisation des services de l'État en matière sociale, *Revue de droit sanitaire et social*, 2011, p. 27.

Dabreteau J.
- Réflexions sur la prétendue garantie implicite de l'État au profit de ses EPIC, *AJDA* 2010, p. 2349.

Daigre J.-J.
- Le projet de loi de sécurité financière, *JCP G*, n°13, 26 mars 2003, p.537

Daugeron B.
- Elections locales : principes et enjeux du nouveau cadre législatif des compétitions électorales après les lois du 17 mai 2013, *Bulletin juridique des collectivités locales*, janvier 2014, p. 2.

Daury-Faveau
- Le partage enchevêtré des compétences des régions, in Le désordre des autorités administraives indépendantes, PUF, Collect. CEPRISCA, 2002.

Davignon S. et Soler-Couteaux P.
- Les sociétés publiques locales ou le "in house" à la française, *Contrats-Marchés publ.* 2009, repère 7
Dossier de l'AJCT sur « Les modes d'emploi de la société publique locale », *AJCT* 2011, p. 265

Debet A.
- Autorités administratives indépendantes et personnalité morale, Actes du Colloque sur la « personnalité morale », « Journée Capitant », Dalloz, 2010, p. 17.

Delcamp A.
- La région, nouvelle collectivité territoriale, commentaire de la loi 86-16 du 6 janvier 1986 relative à l'organisation des régions, *AJDA,* 1986, p. 195

Debré M.
- A propos de l'administration des grandes agglomérations, *RA* 1951, p. 56.

Decoopman N.
- La nouvelle architecture des autorités financières, *JCP G,* 2003, I, p.169
- La mise en place de l'AMF, *JCP* 2004, p. 2
- La complexité du contrôle juridictionnel, in Le désordre des autorités administratives indépendantes, op .préc. p.167
- Le contrôle juridictionnel des AAI, in Le Droit Administratif en mutation (C.U.R.A.P.P 1993), p. 211

Degoffe M.
- Les Autorités publiques indépendantes, *AJDA* 2008, p. 623.

Delion A.
- Les garanties d'État et leur évolution, *CJEG* 2004, p. 417

Delmas-Marty et Teitgen-Colly
- Punir sans juger ?, in De la répression administrative en droit administratif, Economica, 1992, p. 128.

Delvolve P.
- Rapport au colloque sur la « justice hors juge », *Cah.dr.ent.* 1984, n°4, p.16

Demaye P.
- Une nouvelle catégorie de personne morale de droit public, les GIP, *LPA*, 2001, n°146, p.9

Denoix de Saint-Marc R.
- Régulateurs et juges, n° spécial, *LPA*, n°17, 23 janvier 2003, p.7

Devès C.
- La société publique locale d'aménagement : impasse juridique ou ballon d'essai ? *JCP A*. 2006. 1219

Domino X., Fatôme E., Jégouzo Y. et Schrameck O.
- Questions sur l'avenir de l'établissement public, A propos du rapport du Conseil d'État, *AJDA* 2010, p. 1238.

Donier V.
- Les lois du service public : entre tradition et modernité, *RFDA* 2006, p. 1219.
- Les clairs obscurs de la nouvelle répartition des compétences, *AJDA* 2011, p. 95.

Dord O.
- Réforme du statut des enseignants-chercheurs:universités vs. Universitaires, *AJDA* 2010, p. 324.

Douence J.-C.
- Le rattachement des établissements publics à une collectivité territoriale. Le cas des établissements publics locaux, *AJDA* 1971, p. 4
- La spécialité des personnes publiques en droit administratif français, *RDP* 1972, p. 753
- Réflexions sur la vocation générale des collectivités locales à agir dans l'intérêt public local, Quel avenir pour l'autonomie des collectivités locales ? Les deuxièmes entretiens de la Caisse des dépôts, Éditions de l'Aube, 1999, p. 330.

Douvreleur J. et Douvreleur O.
- Le principe d'indépendance de l'autorité judiciaire aux autorités administratives indépendantes, in Mélanges J.Robert, Montchrestien, 1998, p. 323.

Drago R.
- Les établissements publics et la transaction in Gouverner, administrer, juger, Liber amicorum Jean Waline : Dalloz, 2002, p. 182.

Driff A. et Coulomb E.
- Entretien avec Philippe Auberger : la loi de sécurité financière n'est plus intelligible, Banque magazine, n°648, 1er juin 2003, p. 14.

Drouot G.
- Statut de l'Agence France Presse et de son personnel : diffamation publique et délit de diffusion de fausses nouvelles, *D.* 1990, p. 37.

Dubouchet P.
- Pour une théorie normative de l'institution, *Revue de la recherche juridique. Droit prospectif* 1993, n° 3, p. 739.

Dugrip O.
- La notion des "règles concernant la création des catégories d'établissements publics" dans la jurisprudence du Conseil constitutionnel et du Conseil d'État. Mélanges Roland Drago : Économica, 1996, p. 369

Duguit L.
- La séparation des pouvoirs et l'assemblée nationale de 1789, *RDP* 1988, p. 70.

Dupont-Marillia F.
- Le nouveau décret financier des universités : une occasion manquée...Peut-être pas, *AJDA* 2008, p. 2004.

Duprat J.-P.
- L'indépendance de la Banque de France : aspects constitutionnels et européens, *LPA*, 20 et 25 avril 1994.
- La situation juridique de la Banque de France après la réforme de ses statuts, *Rev.sc.législ. et fin.*, 1976, p. 378.

Durmarque Y.
- Vicissitudes du principe de spécialité des EPIC. Mélanges Pierre Sandevoir, L'Harmattan, 2000, p. 112

Eisenmann C.
- Centralisation et décentralisation : principes d'une théorie juridique, *RDP* 1947, p. 165.
- L'arrêt *Monpeurt* : légende et réalité, Mélanges A.Mestre, 1956, p. 221.

Eveno N.
- Nature juridique du GIP et compétence du juge administratif, *JCP G*, n°18, 2000, p. 803.

Fatôme E.
- L'établissement public local, *AJDA* 1987, p. 584
- A propos de la distinction entre les établissements publics à caractère administratif et les établissements publics à caractère industriel et commercial. Mélanges René Chapus : Montchrestien, 1992, p. 171
- Établissement public et service public, *AJDA* 1996, n° spécial, p. 96
- A propos de l'établissement public culturel. La création de nouvelles catégories, *AJDA*, 2000, numéro Spécial, p. 153.
- La détermination du caractère des établissements publics, *AJDA*, 2001, p. 232.
- A propos du rattachement des établissements publics. Mélanges Jacques Moreau : Économica, 2003, p. 139.
- A propos des bases constitutionnelles du droit du domaine public, *AJDA* 2003, p. 1192.
- La consistance du domaine public immobilier : évolution et questions ? *AJDA* 2006, p. 1087.
- Les établissements industriels et commerciaux et la tentation de l'abandon, *JCP A* 2009, 2202. Les EPIC dans tous leurs états : Quel régime juridique et quel avenir pour les établissements publics industriels et commerciaux ?, Actes du colloque organisé le 27 juillet 2009, *JCP A*, 14 septembre 2009, n°38.

Favoreu L.
- La notion constitutionnelle de collectivité territoriale, Mélanges en l'honneur de Jacques Moreau, Economica, 2002.

Feldman J.-P.
- Les « autorités administratives indépendantes » sont-elles légitimes ? Sur les AAI en général et le Conseil supérieur de l'audiovisuel en particulier, *D.* 2010, p. 2858.

Ferrari et Vier,
- Enquête sur les groupements de collectivités locales, *RA*, 1978, p. 643.

Fournier J.
- « Les entreprises publiques dans le droit et la pratique de l'Union euroéenne », *RJEP* 2005, p. 135.

Frison Roche M.-A.
- Les contours de l'AMF, Mélanges AEBDF-France, 1 er août 2004, n°4 p.164 (dir.), Droit, finance, autorité : les modes de régulation propres aux autorités de marchés financiers, 1999, Rapport, Mission recherche, Ministère de la Justice, Laboratoire de Sociologie juridique (ronéo).
- Comment fonder juridiquement le pouvoir des autorités de régulation, *Revue d'Economie financière*, 2000, n°60, p. 85.

Gaudemet Y.
- Les droits réels sur le domaine public, *AJDA* 2006, p. 1094.
- Les comités consultatifs de protection des personnes dans la recherche biomédicale, le bilan juridique, *JCP* 1993-1-3653, n°36, spéc.
- L'entreprise publique à l'épreuve du droit public (domanialité publique, insaisissabilité, inarbitrabilité). Mélanges Roland Drago : Économica, 1996, p. 259.

Gautron A.
- La "réponse graduée" (à nouveau) épinglée par le Conseil constitutionnel. Ou la délicate adéquation des moyens aux fins, *Revue Lamy Droit de l'Immatériel* 2009, p. 63.

Gégout Y.-L.
- Nouvelles réflexions sur les GIP. A propos du GIP protection de la nature, *LPA*, n°83, 12 juillet 1995.
-Un nouveau GIP à vocation européenne et internationale : le GIP issu de l'article 22 de la loi du 25 juillet 1994 relative à la fonction publique, *LPA*, n°127, 24 octobre 1994.
- Réflexions sur les GIP : à propos de l'étude du conseil d'État publié en mars 1997, *LPA*, n°46, 1997, p. 4.

- Réflexions sur la nécessité du vote d'une loi générale sur les GIP, *LPA*, n°11, 25 janvier 1988 : Le GIP : mythe ou réalité, LPA, n°100, 1992.
- Le GIP « Agence nationale pour la valorisation des cultures énergétiques, *LPA*, n°37, 26 mars 1994.
- Réflexions sur les GIP, *LPA*, n°48, 22 avril 1994.
- Application pratique d'une formule originale : le GIP « Service d'accueil téléphonique destiné à la prévention des mauvais traitements à l'égard des mineurs et à la protection des mineurs maltraités, *Le Quotidien juridique*, 24 mai 1990.
- Heurs et malheurs d'un GIP : à propos du GIP de l'informatisation du livre foncier dans les départements du Bas-Rhin et de la Moselle, *LPA*, 30 août 1993, p. 2.

Glatt M.
- Les sociétés publiques locales, un instrument commercial au service de l'intérêt général : *LPA*, n° 155-156, 5-6 août 2010, p. 7.

Gohin O.
- Qu'est-ce qu'une juridiction pour le juge français ?, *Droits* n°9, Paris, PUF, 1989.

Gontard T.
- Le pouvoir de sanction de l'AMF : premiers enseignements après quinze mois d'application, *Décideurs juridiques et financiers*, 15 juin 2005, n°66, p. 36.

Gonod P.
- Codification de la procédure administrative, *AJDA* 2014, p. 395.

Gousseau J.-L.
- Le choix du statut de GIP proposé aux missions locales, *LPA*, 1989, n°49, p. 49.

Goux J.-F.
- L'autonomie de la Banque de France: que devient la politique monétaire ?, *LPA* 1994, p. 21 ; P. Collas, Le " dépeçage " de l'administration, un nouveau pas: la tentative d'autonomiser la Banque de France, *RRJ* 1994, p. 557.

Guettier C.
- Commentaire de la loi n° 98-56 du 8 juillet 1998 relative à l'institution de la commission consultative du secret de la Défense nationale, *LPA*, n°16, 22 janvier 1999.

Guillard D.
- Les établissements publics de coopération culturelle : premier bilan, *AJDA*, 2006, p. 183.

Guyomar M.
- Les sanctions administratives, *LPA* 12 janvier 2006, n° 9, p. 7.
- Les perspectives de la codification contemporaine, *AJDA* 2014.

Guillaume-Hofnung M.
- Réflexions sur la nature juridique de la COB, *RDP*, 1982, p. 1343.

Guillot,
- La fixation du siège social des organismes nationaux sous tutelle. Disposition statutaire ou prérogative gouvernementale, *RDP* 1995, p. 1245.

Haschke-Dournaux M.
- Les sanctions dans la loi de sécurité financière, *LPA*, n°228, p.110.

Hauriou M.
- La théorie de la fondation et de l'Institution. Essai de vitalisme social, Cahiers de la nouvelle journée, 1925, n°3, réimpression 1990, Université de Caen.
- Le Défenseur des droits : le mirage de la constitutionnalisation des AAI, *LPA*, 6 juillet 2010, p. 12.

Heurte A.
- Les nouveaux modes d'utilisation des établissements publics, *RFAP*, 1977, n°3, p. 47.
Hubrecht H.
- Faut-il définir le domaine public et comment ?, *AJDA* 2005, p.598.

Iacono G.
- Le nouveau statut de la banque de France : une nouvelle étape vers l'Union Economique et Monétaire, *D.* 1994, chron.p. 39.

Idoux P.
- Autorités administratives indépendantes et garanties procédurales, *RFDA* 2009, p. 920.

Janicot L.
- La rationalisation manquée des groupements d'intérêt public, *AJDA* 2011, p. 1200.
- Les collectivités territoriales, une définition menacée?, *RFDA* 2011, p. 728.

Jeanneau B.
- L'évolution du droit applicable au personnel statutaire des entreprises publiques. Mélanges J. Savatier : PUF, 1992, p. 243.

Jégouzo Y.-L.
- L'évolution des offices de tourisme : du privé au partenariat public-privé, *AJDA* 2007, p. 354.

Joly P.-B.
- Besoin d'expertise et quête d'une légitimité nouvelle : quelles procédures pour réguler l'expertise scientifique, *Revue Française des Affaires Sociales*, 1999, p. 45-53.

Jorion, B.
- Les GIP, un instrument de gestion du service public administratif, *AJDA* 2004, p. 305.

Joseph-Barthelemy,
- La caisse des dépôts et consignations. Son rôle au point de vue financier, économique et social, *RPP*, 1931.

Joye J.-F.
- Les EPCI à fiscalité propre : des collectivités territoriales mal nommées ?, *LPA* 2003, n°98, p. 5.

Karpenschif M.
- SPLA, SPL, SLP. Un an après la Communication interprétative sur les partenariats public-privé institutionnalisés : où en est-on du développement de l'économie mixte locale ? *JCP A* 2009. 2230

Kerléo J.-F.
- L'autonomie des établissements publics. L'exemple du droit portuaire, *AJDA* 2011, p. 716.

Kovar J.-P.
- Où en est la liberté du commerce et de l'industrie ?, *DA* 2007, p. 7.

de Lacharrière R.
- « La gestion par les organismes professionnels des services publics de l'économie dirigée », *Droit social*, 1944, n°1, p. 10.

Lachaume J.-F.
- Troisièmes rencontres de Caen, *AJDA* 1988, p. 715.

Laffitte J.
- Les établissements publics à caractère scientifique et technologique : une nouvelle catégorie d'établissements publics ?, *RFDA* 1988, p. 302.

Lascombe M.
- Le juge financier et les établissements publics. Mélanges Pierre Sandevoir : L'Harmattan, 2000, p. 61

de Laubadère A.
- La réforme du statut de la Banque de France, *AJDA* 1973, p. 80.
- *Vicissitudes actuelles d'une distinction classique : établissement public et collectivité territoriale*, Mélanges P. Couzinet, Université des sciences sociales de Toulouse, 1974, p. 412.

Lavabre,
- De la particularité des personnes de droit public à des GIE, *JCP*, 1974 .I. 2609.

Lefebure L. et Ramel A.
- La réforme du scrutin municipal et intercommunal, *JCP A,* 17 mars 2013, n° 11, p. 16.

Legrand A.
- Le rattachement des établissements publics locaux d'enseignement à une collectivité territoriale et le contrôle de leurs actes, *AJDA* 2005, p. 825.

Leroy C.
- Les incidences constitutionnelles de la réforme accordant son indépendance à la Banque de France. A propos de la décision du Conseil Constitutionnel 93-324 DC du 3 août 1993 et de la loi n°93-1444 du 31 décembre 1994, *LPA*, 18 juillet 1994, n°85, p. 5.

Levy B.
- Sur la qualification juridique des GIP, *LPA*, 16 août 1999, p. 620.

Linotte D. et Simonin G.
- L'AMF, prototype de la réforme de l'État ?, *AJDA*, 26 janvier 2004, p. 143.

Linotte D.
- L'autorité des marchés financiers, précurseur d'une évolution ?, *AJDA* 2003, p. 2001.

Lombard M.
- Le nouveau statut de la Banque de France, *AJDA* 1994, p. 491.
- Institutions de régulation et démocratie politique, *AJDA*, 14 mars 2005, p. 530.
- Brèves remarques sur la personnalité morale des institutions de régulation, *CJEG*, n°619, avril 2005, p. 127.
- L'établissement public industriel et commercial est-il condamné ?, *AJDA* 2006, p. 79.

Longobardi N.
- Les AAI, *RFDA*, n°1, 1995, p.171 et n°2, p. 383.
- Autorités administratives indépendantes et position institutionnelle de l'Administration publique, *RFDA*, janvier-février 1995, p. 171.
- Les autorités administratives indépendantes : laboratoire d'un nouveau droit administratif, LPA, n°173, 31 août 1999.

Lorit J.-F.
- Décentralisation et déconcentration : antagonisme ou complémentarité, *RA* 1991.

Marcou G.
- La notion juridique de régulation, *AJDA* 2006, p. 347.

Massera A.
- La crise du système ministériel et le développement des établissements publics et des autorités administratives indépendantes, *RFAP*, 1 er juillet 2003, n°67, p. 341.

Mathey N.
- « Personne publique et personne privée », La personnalité publique, Litec, colloques et débats, 2007, p. 63.

Mathiot,
- « L'intégration des Comités d'organisation dans le Droit public français », *RDP*, 1943, p. 30.

Markus J.-P.
- La compétence du juge judiciaire dans un litige interne à la Banque de France, *AJDA*, 2 décembre 2002, p. 1345.

Maügue C. et Bachelier G.
- Genèse et présentation du Code général de la propriété des personnes publiques, *AJDA*, 2006, p. 1073.

Maugüé C. et Terneyre P.
- La délégation de service public en question, *CJEG* 1997, p. 131.

Mekhantar J.
- Personnels non statutaires d'un GIP, *Berkani* s'applique ? L'Actualité juridique, Fonctions publiques, juillet-août 2000.

Melleray F.
-, Une nouvelle crise de la notion d'établissement public, la reconnaissance d'autres personnes publiques spécialisées, *AJDA*, 2003, p. 716.

Ménard J.-C.
- Le défenseur des droits : "monstre bureaucratique", "gadget constitutionnel" ou garantie effective des libertés ?, *LPA* 24 octobre 2008, p. 4.

Menuret J.-J.
- La saisine d'office du Conseil de la Concurrence au regard de l'article 6§1 de la CEDH, Contrats, janvier 2002, p. 4.

Mestre A.
- Les EPIC et le recours à l'arbitrage ?? *Rev. arbitrage* 1976, p. 3.

Millard E.
- Hauriou et la théorie de l'institution, *Droit et société*, n°30-31, 1993, p. 384.

Moderne F.
- Opinion d'un publiciste à propos d'une nouvelle formule juridique : les GIP, *LPA*, 25 avril p. 983.
- Sanctions administratives et protection des libertés individuelles, *LPA* 17 janvier 1990, p.15
- Observations sur le concept d'exploitant public et sa place dans l'ordre juridique français, JurisPTT 1990, n° spécial, p. 57.

Monjal P.-Y.
- Les enjeux de la notion « d'intérêt communautaire » ou les faces cachées d'une réforme constitutionnelle décisive pour les EPCI, *AJDA* 2003, p. 1722.

Monnier S.
- Les comités de protection des personnes : l'émergence d'une nouvelle catégorie de personnes publiques spéciales, *RDP* 2005, p. 1521.

Monnier F.
- La chambre de commerce. Une institution bien singulière, *RA* 2004, p. 120.

Moreau J. et Ninu J.-L.
- Etablissement public et service public, AJDA, 1997, n°spécial, p. 96.

Muzellec R.
- Nouvelles misions d'intérêts publics : quels contrôles ?, *RFFP*, n°56, 1996.

Nguyen van Tuong V.
- Le nouveau statut de la Banque de France, *D.* 1994, chron.p. 61.

Nicinski S.
- La loi du 28 mai 2010 pour le développement des sociétés publiques locales, *AJDA* 27 sept. 2010, p. 1759
- La transformation des établissements publics industriels et commerciaux en sociétés, *RFDA* 2008, p. 35.
- L'ouverture du réseau ferroviaire à la concurrence, *AJDA* 2009, p. 1027.
- L'Autorité de la concurrence, *RFDA* 2010, p. 1237.

Niki-Hege B.
- Le nouveau statut de la Banque de France, une étape vers l'Union économique et monétaire, *D.* , 1994, Chron., p. 12.

Noyer C.
- A propos du statut et de l'indépendance des banques centrales, Revue d'économie financière, n°22, 1992, p. 13.

Orsoni G.
- Les personnes publiques participatives non territoriales : *RDP* 1979, p. 87

Painchaux M.
- La qualification *sui generis* : l'inqualifiable peut-il devenir catégorie ?, *RRJ* 2004, p. 2017.

Paclot Y.
- Remarques sur le pouvoir de sanction administrative de la future AMF, *JCP G* 2003, p. 791.

Pansier F.-J. et Charbonneau C.
- Présentation de la loi n° 2003-706 du 1er août 2003 relative à la sécurité financière, *La Gazette du Palais*, 2003, N°239, p. 2.

Peaucelle
- De la notion de GIE à celle de GIP, *LPA*, 16 et 17 juillet 1984.

Peltier M.
- Ne pas transiger sur la transaction, *D.*, Chron., 2005, n°14, p. 958.
- La société publique locale d'aménagement, *AJDA* 2006, p. 2371.

Petetin X.
- Les GIP, *Marchés publics*, n°197, 1983, p. 50.

Peyrical J.-M.
- Les règles contractuelles applicables à un groupement de statut hybride, *Le Moniteur*, 5 décembre 2003, p. 68.
- De nouvelles voies pour la gestion des services publics locaux : Services d'intérêt économique général, partenariats public-privé institutionnalisés et sociétés publiques locales, *AJDA* 2011, p. 935.

Pisani A.
- Administration de gestion, administration de mission, *Revue française de science politique* 1956, p. 315.

Pisier E.
- Vous avez dit indépendantes ? Réflexions sur les AAI, *Pouvoirs* 1988, n°46.

Plessix B.
- Etablissements publics, notion, création, contrôle, *Jursiclasseur administratif*, Fascicule 135, p. 7.
- « L'établissement public industriel et commercial au cœur des mutations du droit administratif », Actes du colloque organisé le 27 juillet 2009, *JCP A*, 14 septembre 2009, n°38.

Pontier J.-M.
- Faut-il créer la catégorie de l'établissement public local ?, *RA* 1997, p. 78.
- La personnalité publique, notion anisotrope, *RFDA,* 2007, p. 979.
- Nature juridique des comptes rendus de l'Académie des sciences, *JCP A* 2008, n°40, p. 21.
- « Requiem pour une clause générale de compétence ? », *JCP A* 2011, n°2015.

- « La simplification des relations entre l'administration et les citoyens », *JCP A*, n°50, 2014, p. 18.

Portier N.
- Essai de prospective intercommunale, *AJDA* 2007, p. 1871.

Pralus-Dupuy J.
- Réflexions sur le pouvoir de sanction disciplinaire reconnu à certaines autorités administratives indépendantes, *RFDA*, 2003, n°3, p. 554.

Quastana J.
- La sanction administrative est-elle encore une décision de l'Administration ?, *AJDA* 2001, n° spécial, p. 4.

Quilichini P.
- Réguler n'est pas juger. Réflexions sur la nature du pouvoir de sanction des autorités de régulation économique, *AJDA*, 2004, p. 1060.

Quintane G.
- Les notions juridiques et les outils langagiaires dans la science du droit, Publié dans « Les notions juridiques, Journée d'étude de la promotion d'agrégation de droit public, 2005-2006, G. Tusseau (dir), Economica, 2009, p. 7.

Rémy P.
- La jurisprudence des contrats spéciaux – 40 ans de chronique à la Revue trimestrielle de droit civil, in L'évolution contemporaine du droit des contrats, PUF, 1986, p. 20.

Renaud S.
- Les autorités de régulation et le démembrement du pouvoir central, *RRJ* 2001, p. 2203

Reyner H.
- Le cas de l'Autorité de régulation des marchés financiers, *RFAP*, 2004, n°109, p. 93

Richer L.
- La notion de tutelle sur les personnes en droit administratif, *RDP*, 1979, p. 971.
- Le juge économiste ? , *AJDA*, 2003, p. 703
- Le règlement des différends par la Commission de régulation de l'énergie », pp. 393-405 dans: Mouvement du droit public. Mélanges en l'honneur de Franck Moderne, Dalloz, 2004.
- La contractualisation comme technique de gestion des affaires publiques, *AJDA* 2003, p. 973.
- Les personnes publiques innomées, in Actes du colloque organisé les 14 et 15 juin 2007 par l'Association française pour la recherche en droit administratif sur la « personnalité publique », Litec, Colloque et débats, n°12, 2007, p. 136.

Rodrigues S.
- Actualité du principe de spécialité des entreprises publiques, A propos de la diversification d'Electricité de France-Gaz de France, *RFDA* 1996, p. 1146.

Rohmer-Benoit F.
- Les GIP : une nouvelle catégorie de personne publique, *Droit administratif*, 20 décembre 1986, p. 663.
- L'avenir des GIP : invitation à une réforme législative, *AJDA* 1992, p. 99.

Rolin F.
- Les étrangers dans la maison ou l'économie mixte exclue des contrats in house, *AJDA* 2005, p. 898.

Rouyère A ;
- La personnalité publique partielle, in La personnalité publique, travaux de l'AFDA n°1, Litec 2007, p. 91.

Sabourin P.
- Les autorités administratives indépendantes : une catégorie nouvelle, *AJDA* 1983, p. 275

Schulz P.-Y.
- De la nature juridique des Chambres de commerce et d'industrie : continuité et évolution, *RDP* 1994, p. 1481.

Schwartz R.
- Le code de l'administration, *AJDA* 2004, p. 1860.

Senneville V.
- Banque de France : pourquoi un nouveau statut ?, *Vie judiciaire*, 2 août 1993, n°2469, p.1
- Statut de la Banque de France depuis la loi du 4 août 1993, *LPA*, n° 75, 1993

Sudre F.
- La nouvelle coopération interrégionale, Mélanges Péquignot, 1984, p. 661

Stevens A.
- Les agences d'exécution et leur impact sur le Civil service, *RFAP* 1990, p. 485.

Tanguy Y.,
- L'institution dans l'œuvre de Maurice Hauriou. Actualité d'une doctrine, *RDP* 1991, p. 61.

Teitgen-Colly
- Les instances de régulation et la Constitution, *RDP*, 1990, p. 153.

Tertrais L.
- La régulation et la crise financière : le rôle de l'Autorité des marchés financiers, *RFDA* 2010, p. 751.

Teste P.
- L'évolution de la notion d'établissement public, *CJEG*, n°13, 1950, p. 180.

Theron S.
- Les catégories en droit administratif, *RRJ*, 2005, n°4, p. 2417.

Théron J.-P.
- Etablissements publics, Jurisclasseur administratif, fasc. 135.
Tinière R.

- Eléments de définition d'un standard commun aux groupements d'intérêt public », *AJDA* 2007, p. 840.

Timsit G.
- Les deux corps du droit, *RFAP* 1996, p. 378.
- La régulation : la notion et le phénomène, *RFAP* 2004.

Thomasset-Pierre S.
- L'AMF : une autorité publique ambivalente, in Mélanges AEBDF-France, n°IV, 2004, p. 417.

Touboul C.
- Existe-t-il une divergence de jurisprudence entre la Cour de Cassation et le Conseil d'État à propos du statut juridique de la Banque de France, *JCP G*, 5 juin 2002, n°23, p. 1046.

Touscoz
-Les relations régionales de l'université et de l'industrie : l'ex.de Grenoble, *RA* 1964, p. 221.

Traore S.
- La commission consultative du secret de la Défense nationale : une AAI *sui generis* ?, *RA* 1998, n°311, p. 508.
- Les autorités administratives indépendantes dotées de la personnalité morale : vers une intégration institutionnelle de la catégorie juridique, *RA*, 1 er août 2004, n°8, p. 16.

Truchet, D.
- Avons-nous encore besoin du droit administratif ? Mélanges en l'honneur de J.-F. Lachaume, LGDJ, 2007, p.1039 et s.

Vialettes M. et Barrois de Sarigny C.
- Le projet d'un code des relations entre le public et les administrations, *AJDA* 2014, p. 402.

Vieu P.
- Entre libéralisation et nouvelle régulation : les mutations du paysage ferroviaire français, *RFDA* 2010, p. 37.

Villeneuve P.
- La Haute autorité de santé : vers une nouvelle gouvernance du système de santé ?, *JCP G* 2005, n°1, p. 1.

Waline M.
- Trois points de vue sur l'arrêt Monpeurt, *Droit social*, septembre 1943, p. 2.
- La loi du 17 novembre 1943 sur la gestion des intérêts professionnels et le droit public français, *S.*, 1944, p. 21.

Wolff N.
- L'élection au suffrage universel direct des représentants des EPCI. Les paradoxes de la légitimité, *AJDA* 2011, p. 1128.

Yolka P.
- Personnalité publique et patrimoine, Actes du colloque organisé par l'AFDA sur la personnalité publique, Litec, Colloques et Débats, 2007.

Zoller E.
- Les agences fédérales américaines, la régulation et la démocratie, *RFDA*, 2004, p. 757.

IV Jurisprudence, avec notes et conclusions

Jurisprudence de l'Union européenne

CJCE 19 mars 1991, *Rép.française/ Com°* (aff. 202/88).
- AJDA 1991, p. 518, note Le Mire P.

CJCE 13 décembre 1991 *RTT* (aff.18/88), Rec. I-5941.

CJCE, 23 avril 1991, *Höfner*, n°C-41/90, Rec.1, p. 1979, concl. Jacobs.

CJCE, 18 mars 1997, *Diego Cali et Figli c/Servizi ecologici Porto di Genova.*
- *RTDE* 1997, p. 459.

CJCE, 10 novembre 1998, *BFI Holding BV.*
- *BJCP* 1999, n° 2.

CJCE, 18 novembre 1999, *Teckal* (aff. C-107/98).
- BJCP, 2000, no 8, p. 43.

CJCE, 24 juill. 2003, *Altmark Trans GmbH,* (aff. C-280/00).
- AJDA 2003, p. 1739, note S. Rodrigues ; ibid. 2146, chron. J.-M. Belorgey, S. Gervasoni et C. Lambert ; ibid. 2004, p. 315, chron. J.-M. Belorgey, S. Gervasoni et C. Lambert ;
- D. 2003. 2814, note J.-L. Clergerie
- RTDE 2004, p. 33, étude S. Bracq.

CJCE, 11 janv. 2005, *Stadt Halle (* aff. C-26/03).
- AJDA 2005, p. 898, note F. Rolin ;
- DA 2005, comm. n° 36, note A. Alonso Garcia et A. Mailliard
- Contrats marchés publ. 2005, comm. n° 68, obs. G. Eckert.

CJCE, 13 octobre 2005, *Parking Brixen* (aff. C-458/03).
- *AJDA* 2005, p. 2335, chron. E. Broussy, F. Donnat et C. Lambert.
CJCE, 11 mai 2006, *CarbotermoSpA* (aff. C-340/04).
- AJDA 2006, p. 1013.

CJCE, 29 nov. 2007, *Commission c/ République italienne* (aff. C-119/06).

CJCE, 10 sept. 2009, *Sea SRL c/ Comune di Ponte Nossa* (aff. C-573/07).
- AJDA 2009. 2226, note R. Sermier et D. Epaud

CJUE 3 avril 2014, *République française c/ Commission (* aff. C-559/12)
- M. Lombard, E. Glaser et S. Nicinski, « Fin de partie pour le statut d'EPIC appliqué aux entreprises », *AJDA* 2014, Actualité du droit de la concurrence et de la régulation, p. 1242.

Trib. UE 21 mai 2010, aff. T-425/04, T-444/04, T-450/04 et T-456/04 [aff. jtes]
- AJDA 2010, p. 1578

<u>Conseil constitutionnel</u>

CC, Déc. n°59-1, *Loi du 27 novembre 1959*, Rec. p. 67.

CC, Déc. n° 61-15*, Loi du 18 juillet 1961, Institut des hautes études d'outre-mer*, Rec. p. 39
- AJDA 1961, p. 625, note A. de Laubadère
- D. 1961, jurispr. p. 541, note L. Hamon

CC, Déc. n° 64-27 *Loi du 19 mars 1964*, Rec. p. 33

CC, Déc. n° 82-127 *Loi du 10 novembre 1982*, Rec. p. 103

CC, Déc. n° 89-162 *Loi du 5 décembre 1989*, Rec. p. 100.

CC, Déc. n° 79-107 Loi du 30 mai 1979, *Agence nationale pour la valorisation de la recherche*, Rec. p. 44
- D. 1980, jurispr. p. 121, note Y. Gaudemet
- Pouvoirs 1979, n° 1, chron. P. Avril et J. Gicquel
- RDP 1979, p. 1670, note L. Favoreu

CC, Décision n° 82-149 DC du 28 décembre 1982, *Loi relative à l'organisation administrative de Paris, Marseille, Lyon et des établissements publics de coopération intercommunale.*
- *L. Favoreu,* RDP 1983, p. 133, Obs.

CC, Décisions des 25 et 26 juin 1986, *Privatisation*s
- GDCC 2009, 15ème éd.
- RDP, 1989, p. 399, note Favoreu L.
- AJDA 1986, p. 375, note Rivero J.

CC. 23 janvier 1987, n°86-224 DC, *Conseil de la concurrence*
- GAJA, 17ème éd., 2009, n° 91
- AJDA 1987, p. 345, note J. Chevallier
- JCP 1987. II. 20854, note Sestier
- LPA 12 février 1987, note Sélinsky
- RFDA, 1987, p. 287, note Genevois et RFDA 1987, p. 301, note Favoreu
- RDP 1987, p. 1341, note Y. Gaudemet,
-D. 1988, p. 117, note Luchaire
- RA 1988, p. 29, note Sorel.

CC, Décision n ° 87-1501, *Loi du 17 mars 1987*, Rec. p. 32.

CC, 28 juillet 1989, n°89-260 DC, *Loi relative à la sécurité et à la transparence financière*
- RFDA 1989, p. 671.

CC, Déc. n° 93-322 DC du 28 juillet 1993, *Loi relative aux établissements publics à caractère scientifique, culturel et professionnel.*

CC, Décision n ° 99-421 DC du 16 décembre 1999, *Loi portant habilitation du gouvernement à procéder, par ordonnances, à l'adoption de la partie législative de certains codes*

CC, Décision n° 2010-618 DC du 9 décembre 2010, *Loi de réforme des collectivités territoriales*
- AJDA 2011, p. 99, note M. Verpeaux et AJDA 2011, p. 129 ; M.-C., Rouault

- JCP A 2011, J.-C. Douence, JCP A 2011, n° 14, p. 40
- Commentaire de la décision du Conseil constitutionnel du 9 décembre 2010, Les nouveaux cahiers du Conseil constitutionnel, cahier n°30, publié sur le site Internet.

CC, Décision n° du 23 janvier 2014, *loi de modernisation de l'action publique territoriale et d'affirmation des métropoles,*
- M. Verpeaux, « Les métropoles devant le Conseil constitutionnel », *La semaine juridique. Administrations et collectivités territoriales*, 24 février 2014, n° 8, p. 19-26.
- O. Gohin, « La loi MAPAM du 27 janvier 2014 : un ajout régulier au mille-feuilles territorial », *La Semaine juridique. Édition générale*, 3 mars 2014, n° 9, p. 443-449.

Tribunal des conflits

TC, 8 déc 1899, *Association syndicale du canal de Gignac*, Rec. p. 731
- S. 1900.III.49, note M. Hauriou
- GAJA, 17ème éd., 2009, n°7.

TC, 22 janvier 1921, *Société commerciale de l'Ouest africain*, Rec. p. 91,
-D. 1921.III.1, concl. Matter
- S. 1924.III.34, note Hauriou
- D. 1924.III.41
- GAJA, 17ème éd., 2009, n° 36.

TC, 28 mars 1955, *Effimieff,* Rec. p. 617
- AJDA 1955.II.332, note J. A.
- JCP 1955.II.8786, note Ch. Blaevoet
- RA 1955.285, note G. Liet-Veaux
- GAJA, 17ème éd., 2009, n° 71.

TC, 20 novembre 1961, *Centre régional de lutte contre le cancer Eugène-Marquis*, Rec. p. 879

- AJDA 1962, p. 17, chron. J.-M. Galabert et M. Gentot
- D. 1962, p. 389, note A. de Laubadère
- JCP 1962, n°12572, note J.-M. Auby
- RDP 1962, p. 964, note M. Waline.

TC, 13 février 1984, *Cordier et a.*, Rec. p. 447

TC, 27 février 1995, *Anglaret c/ Lycée départemental agricole de Bonnefont-Fontannes à Brioude*, Rec. p. 492
- RFDA 1996, p. 148.

TC, 25 mars 1996, *Berkani*, Rec. p. 535
- RFDA 1996, p. 819, concl.Martin
- AJDA 1996, p. 355, chron. Stahl et Chauvaux
- JCP 1996.II.22664, note Moudoudou
- DA 1996, comm. 319, obs. J.B.A.

TC, 10 février 1949, *Guis,* Rec. p. 592.

TC, 12 novembre 1984, *Société Interfrost Fiom*, Lebon p. 450.

TC, 9 juillet 1996, *Comn Kintzheim*, Rec. p. 448.

TC, 14 février 2000, *GIP « Habitat et interventions sociales pour les mals logés et les sans-abris » c/ Mme Verdier*, Rec. p. 748
- AJDA 2000, p. 465, chr. Guyomar et Collin
- JCP 2000.II.10301, note Eveno
- RTD Com. 2000, p. 602, obs. Orsoni
- GAJA, 17ème éd., 2009, n° 106.

TC, 24 mai 2004, *Consorts Garcia c/ OPHLM de l'Aude*,
- AJDA 2005, p. 34, note M. Deguergue.

TC, 16 octobre 2006, *Caisse centrale réassurance c/ Mutuelle des architectes français*, Rec. p. 640
- BJCP 2006, p. 419, concl. Stahl
- RFDA 2007, p. 284, concl.Stahl, note Delaunay
- AJDA 2006, p. 2382, chr. Landois et Lenica
- JCP A 2007, n° 2077, note Plessix.

Conseil d'État, tribunaux administratifs et cours administratives d'appel

CE, 22 mai 1906, *Caisse des écoles du 6ème arrondissement de Paris*, Rec. p. 390
- S. 1905. 3. 33, concl. Romieu, note M. Hauriou.

CE 29 juin 1906, *Sieur Lurton*, Rec. p. 585

CE, 21 juin 1912, *Delle Pichot*, Rec. p. 711, concl. Blum.

CE, 26 janvier 1923, *de Robert Lafrégeyre*, Rec. p. 67
- RDP 1923, p. 237, concl. Rivet
- GAJA, 17ème éd., 2009, n° 38.

CE Sect. 30 mai 1930, *Chambre syndicale du commerce en détail de Nevers*, Rec. p. 583, - RDP 1930, p. 530, concl. Josse
- S. 1931.III.73, concl. Josse, note R. Alibert
- GAJA, 17ème éd., 2009, n°43.

CE Ass., 20 décembre 1935, *Etablissements Vézia*, Rec. p. 1212
- RDP 1936, p. 119, concl. R. Latournerie.

CE, 13 mai 1938, *Caisse primaire « Aide et Protection »*, Rec. p. 417
- D. 1939.III.65, concl. R. Latournerie, note Pépy
- RDP 1938, p. 830, concl. R. Latournerie.

CE Ass., 31 juillet 1942, *Monpeurt*, Rec. p. 239
- D. 1942, p. 138, concl. Ségalat
- S.1942.III.37, concl. Ségalat
- RDP 1943, note R. Bonnard
- JCP 1942.II.2046, note P. Laroque
- GAJA, 17ème éd., 2009, n° 53.

CE Ass., 2 avril 1943, *Bouguen,* Rec. p. 86
- S. 1944.III.1, concl. Lagrange, note Mestre

- D. 1944.52, note J. Donnedieu de Vabres
- GAJA, 17ème éd., 2009, n° 54.

CE, Ass. 12 décembre 1953, *de Bayo*
- AJDA 1954, p.138, note SOTO

CE Sect., 8 mars 1957, *Jalenques de Labeau*, Rec. p. 158
- D. 1957.378, concl. Mosset, note de Laubadère
- JCP 1957.II.9987, note Dufau
- AJDA 1957.II.184, chr. Fournier et Braibant.

CE, 18 décembre 1959, *Delansorme,* Rec. p. 692
- AJDA 1960, p. 401, concl. Mayras.

CE Sect., 13 janvier 1961, *Magnier*, Rec. p. 33
- RDP 1961, p. 155, concl. Fournier.

CE, 13 octobre 1961, *Etablissement Companon-Rey*, Rec. p. 567
- AJDA 1962, p. 98, concl. Heumann, note de Laubadère
- D. 1962, p. 506, note Vergnaud.

CE, Assemblée, 24 mai 1963, *Fédération nationale des parents d'élèves des écoles publiques et sieur La Chapelle*, Rec. p. 321

CE Sect., 19 mars 1965, *Société lyonnaise des eaux et de l'éclairage*
- JCP 1966.II.14583, note Dufau.

CE, 29 avril 1970, *Société Unipain*, Rec p. 280
- AJDA 1970, p. 430, concl. G. Braibant,
- RDP 1970, p. 1423, note M. Waline.

CE, 16 octobre 1974, *Syndicat national de l'éducation physique de l'enseignement public*, Rec. p. 488

CE, 6 février 1981, *Epp,* Rec. p. 745,
- RA 1982, p. 36, note Moderne.

CE, 21 mars 1984, *Mansuy*, Rec. p. 616
- CJEG, 1984, p. 274, concl. Dondoux

- JCP 1985. II. 20393, note Hervouet
- RDP, 1984, p. 1059, note Y. Gaudemet.

CE, 7 décembre 1984, *Centre d'études marines avancées*, Rec. p. 413
- RFDA 1985, p. 381, concl. Dutheillet de Lamothe, note Moderne
- AJDA 1985, p. 274, note Godfrin.

CE, 29 nov. 1991, *Crépin*, Leb. p. 411
- AJDA 1991, p. 919, chron. C. Maugüé et R. Schwartz
- RFDA 1992, p. 884, Concl. F. Lamy
- RTD com. 1992, p. 360, obs. G. Orsoni.

CE 8 janvier 1992, *MM. Kryzanski et Birtel*, Rec. p. 6.

CE, 19 mars 1993, *Caisse des dépôts et consignations et caisse nationale de prévoyance*, Rec.p. 7, Concl. Bonichot
- LPA 18 juin 1993, p. 16; obs. Rouault, M-.C.
- JCP, IV, 1993, p. 154.

CAA Bordeaux, 19 mai 1994, *EDF*
- CJEG 1995, p. 31
- AJDA 1995, p. 188.

CE, 14 janvier 1998 *Syndicat départemental INTERCO 35 CFDT*
- AJDA 1999, p.164, note J. Petit
- DA 1998, p. 221
- RFDA 1998 p. 465

CE, 18 juin 1997, *Fédération syndicale des PTT*,
- Droit social 1998, p. 94, observ. GARBAS.

CE, 1er décembre 1997 *Syndicat national des affaires sanitaires et sociales*, Rec. p. 453.

CE, Ass. 3 décembre 1999 *Didier*, Leb. p.399.
- AJDA 2000, p. 126, chron. M. Guyomar et P. Collin

CE, 2 février 2004, *Blanckeman*, Rec. p. 18
- AJDA 2004, p. 1149.

CE, 16 octobre 2000, *Compagnie méditerranéenne d'exploitation des services d'eau*, Rec. p. 422.
- RFDA 2001, p. 106, concl. C. Bergeal.

CE, 29 juin 2001, *Commune de Mons en Baroeul*, Leb. p. 298
- AJDA 2002, p. 42, note Y. Jégouzo et AJDA 2002, p. 386, étude D. Roman
- D. 2001, p. 2559
- RDI 2001, p. 366, obs. J.-P. Brouant
- RDSS 2002, p. 81, note M. Ghebali-Bailly.

CE 18 février 2002 *Groupe Norbert Destressangle*
- RFDA 2002, p.754, note F. Moderne

CE, 15 juillet 2004, *Caisse des dépôts et consignations*, Rec. p. 431.

TA de Paris, 25 mai 1994, *Ch. Synd. des sociétés d'études techniques et d'ingénierie*
- CJEG 1995, p.162.

CE, 5 déc. 2005, *Département de la Dordogne*
- *AJDA* 2006, p. 656, note F. Brenet
- *JCP A* 2006, n° 1005, Concl. E. Glaser.

CE, 14 juin 2006, *Association syndicale du canal de la Gervonde*
- AJDA 2006, p.1360.

CE, 30 novembre 2007, *M.V. et autres*
- AJDA 2007, p. 2285.

CE Ass., 31 mai 2006, *Ordre des avocats du barreau de Paris*, Rec. p. 272
- RFDA 2006, p. 1048, concl. D. Casas
- AJDA 2006, p. 1592, chron. C. Landais et F. Lenica
- JCP A 2006, n°1133, note F. Linditch
- RLC 2006, p. 44, note G. Clamour
- DA juil.-août 2006, n°129, note M. Bazex.

CE Sect., 22 février 2007, *Association du personnel relevant des établissements pour inadaptés*, Rec. p. 92.

- JCP A 2007, n° 2066, concl. Verot, note M.-C. Rouhault

- AJDA 2007, p. 793, chron. F. Lenica et J. Boucher

- JCP 2007.I.166, chron. B. Plessix

- JCP A 2007, n°2145, note Guglielmi et Koubi

- RFDA 2007, p. 803, note Boiteau

CE, 21 mars 2007, *Commune de Boulogne-Billancourt*, Rec. p. 130

- BJCP 2007, p. 230, concl. Boulouis

- AJDA 2007, p. 915, note J.-D. Dreyfus

- JCP 2007.I.166, chr. B. Plessix

- Revue Lamy des Collectivités Territoriales 2007, n° 25, p. 52, note A. Noury.

CE, 6 avril 2007, *Commune d'Aix-en-Provence*, Rec. p. 155
- RFDA 2007, p. 812, Concl. F. Séners et p. 821, note J.-Cl. Douence
- AJDA 2007, p. 1020, chron. F. Lenica et J. Boucher
- JCP A 2007, n°2111, note M. Karpenschif et n°2128, note J.-M. Pontier
Contrats-MP 2007, comm. 191, note G. Eckert.

CE, 19 décembre 2007, *Comm. Recherche et information indépendantes sur radioactivité*
- CJEG 2007, p. 518
- AJDA 2008, p. 477
- Environnement 2008, comm. 38, obs. Trouilly.

CE, 4 mars 2009, *Syndicat national des industries d'information de santé*
- *AJDA* 2009, p. 458 et p. 891, note D. Dreyfus
- *RDI* 2009. 423, obs. R. Noguellou
- *RFDA* 2009. 759, note B. Apollis
- *DA* 2009, note H. Hoepffner.

Jurisprudence judiciaire :

Cas., 5 mars 1856, *Caisse d'épargne de Caen c/ Grandguillot*
- S. 1856, 1, 517.

Cas. Civ. 21 mars 1899, *Congrégation sœurs Saint-Joseph*
- S., 1899, I, p. 449.

T. civ. Seine, 18 octobre 1933
- DP 1934, 2, p. 65, note M. Waline.

Cas. Civ., 21 décembre 1987, *Bureau de recherches géologiques et minières (B.R.G.M.)*
- RFDA 1988, p. 771, concl. L. Charbonnier, note B. Pacteau
- Bull. civ. I, n° 348, p. 249.

Cas. Ass.plén. 5 février 1999 *COBc/Oury*
- Gazette du Palais 24-25 février 1999, concl. M.-A. Lafortune

Cas. Civ, 5 février 2002, *Banque de France contre Société Edition Catherine Audval*
- D. 2002, p. 1128, note J.-P. Gridel.

V Avis des sections administratives du Conseil d'État

CE, avis, Section des Travaux publics, 6 février 1979, *EDCE*, n° 31, 1979-1980, p. 216.

CE, avis, Section des Travaux publics, n°339.710 du 6 mars 1986, *Grands avis du Conseil d'État*, 2002, n°15.

CE, avis, Section de l'Intérieur, 7 octobre 1986, *Grands avis du Conseil d'État*, 1ère éd., p. 247.

CE, avis, Section des Travaux publics, 15 juillet 1993, EDCE n°44, p. 435.

CE, avis, Section des travaux publics, 7 juillet 1994, n° 356089, EDF-GDF, Grands avis du Conseil d'État, 2ème éd. n° 31.

CE, avis, Ass., n°369.315, 23 octobre 2003, EDCE 2004, p. 209.

CE, avis, Section de l'Intérieur 18 mai 2004, EDCE 2005, p. 54.

CE, avis, Ass., 10 juin 2004, relatif à l'Agence France-Presse, RFDA 2004, p. 923, note J.C.

CE, section des finances, 7 janvier 1997, n° 356 905, EDCE 1998 p. 80

CE, Section sociale, 27 mars 2007, n° 380 072, Projet de décret relatif à l'organisation et au fonctionnement du Centre national de gestion des praticiens hospitaliers et des personnels de direction de la fonction publique hospitalière, EDCE 2008 p. 145

VI) Rapports publics

CE, La réforme des établissements publics, Rapport du 15 janvier 1971, La documentation française, 1972.

CE, Section du rapport et des études, Les établissements publics, catégories et spécificités, La documentation française, 1987.

CE, Les groupements d'intérêt public, Coll. EDCE, La documentation française, 1997.

P. Mauroy, Refonder l'action publique locale : rapport au Premier ministre, La documentation française, Coll. Rapports officiels, décembre 2000.

CE, Rapport public 2001. Les autorités administratives indépendantes, Etudes et Documents n°52.

Cour des comptes, Rapport au Président de la République, L'intercommunalité en France, JO, octobre 2005.

Office parlementaire d'évaluation de la législation, Rapport sur les AAI, Ass. nat. n° 3166, P. Gélard, 2006.

A. Lambert, Rapport public, Les relations entre l'État et les collectivités territoriales, Premier ministre, décembre 2007.

Rapport du Comité de réflexion et de proposition sur la modernisation et le rééquilibrage des institutions de la Vème République présidé par E. Balladur, Bibliothèque des rapports publics, La Documentation française, 29 octobre 2007.

CE, Rapport public. Le contrat, mode d'action publique et de production des normes, EDCE 2008.

Comité pour la réforme des collectivités locales présidé par E. Balladur, « Il est temps de décider », Rapport au Président de la République, La documentation française, 5 mars 2009.

CE, Rapport d'étude sur les établissements publics, Etude adoptée par l'assemblée générale plénière le 15 octobre 2009.

H. Pigeat, Rapport sur l'avenir de l'AFP, Un comité de réflexion a été institué le 10 décembre 2009 par décision de M. le Ministre de la Culture et de la Communication. Le Comité était composé de M. Henri Pigeat (coordinateur), de Mme Michèle Cotta et M.M. Fabrice Boé, Jean-Marie Colombani et Francis Teitgen.

Comité d'évaluation et de contrôle des politiques publiques, Rapport sur les AAI, Documents d'information de l'Assemblée nationale, n° 2925, 2010.

Commission des lois constitutionnelles, de législation, du suffrage universel, du Règlement etd'administration générale, Rapport d'information sur les AAI, Sénat n° 616, P. Gélard, « Les AAI, 2006-2014 : un bilan », 11 juin 2014.

INDEX

E

G

H

L

N

P

S

TABLE DES MATIERES

Questions juridiques aux éditions L'Harmattan

Dernières parutions

CONCILIATION ET MÉDIATION DEVANT LA JURIDICTION ADMINISTRATIVE
Actes du colloque du Conseil d'État du 17 juin 2015
Sous la direction de Jacques Biancarelli et Béatrice Blohorn-Brenneur
Voici près de 25 ans que le Conseil d'État, confronté à une judiciarisation croissante de la société, réfléchit aux modes alternatifs de règlement des différends afin de les pacifier et de rendre les justiciables davantage confiants en la justice administrative. Après avoir rappelé le contexte juridique et les enjeux d'une telle impulsion, un bilan comparatif des pratiques du juge administratif et du juge judiciaire a permis de mesurer combien il est nécessaire et urgent de compléter la boîte à outils dont dispose le premier. Voici une réflexion, les références et les outils nécessaires à la juridiction administrative.
(Coédition GEMME, 24.00 euros, 246 p.)
ISBN : 978-2-343-07270-8, ISBN EBOOK : 978-2-336-39774-0

L'ERREUR JUDICIAIRE
Apprendre à douter pour lutter contre les erreurs judiciaires
Sous la direction de Xavier Pin
L'erreur judiciaire hante autant qu'elle jalonne l'histoire de notre justice pénale. Nous avons tous en mémoire de retentissants procès ayant vu des individus accusés ou condamnés, avant d'être disculpés, graciés ou réhabilités. Le législateur y est sensible au point de réformer régulièrement la procédure pénale pour tenter d'éviter, de corriger ou de réparer, autant que possible, de telles erreurs. Une loi du 20 juin 2014 réforme les procédures de révision et de réexamen des condamnations pénales définitives : elle est l'occasion d'essayer de comprendre ces fiascos judiciaires.
(Coll. Droit privé et sciences criminelles, 15.00 euros, 126 p.)
ISBN : 978-2-343-07284-5, ISBN EBOOK : 978-2-336-39807-5

LE DROIT CONSTITUTIONNEL DE LA Vᵉ RÉPUBLIQUE
(Treizième édition)
Lascombe Michel, Toulemonde Gilles
Cet ouvrage s'adresse aux étudiants en droit, aux élèves des instituts d'études politiques et aux candidats aux concours administratifs. Il couvre l'essentiel du programme de droit constitutionnel, c'est-à-dire aussi bien les constitutions françaises depuis 1789 que l'actuel texte constitutionnel. Cette nouvelle édition tient compte des derniers développements induits par les changements politiques, des dernières réformes des règlements des assemblées et de la jurisprudence la plus récente.
(Coll. Logiques Juridiques, 42.00 euros, 506 p.)
ISBN : 978-2-343-07916-5, ISBN EBOOK : 978-2-336-39877-8

LA PROXIMITÉ EN DROIT INTERNATIONAL PRIVÉ DE LA FAMILLE
Bouyahia Sabrine Maya - Préface de Lotfi Chedly et Marie Goré
Parmi les méthodes proposées pour trancher les litiges présentant un élément d'extranéité, figure celle reposant sur le principe de proximité. L'étude porte sur deux systèmes de droit international privé de la famille différents (droit français et droit tunisien) pour mettre en exergue d'une

part l'adaptation de cette méthode aux spécificités de chaque ordre étatique et d'autre part son adéquation avec tous les différents systèmes de droit.
(Coll. Logiques Juridiques, 54.00 euros, 618 p.)
ISBN : 978-2-343-05464-3, ISBN EBOOK : 978-2-336-39866-2

QUARTIER-FEMMES ÉCROU 10970
Boh-Petit Dominique
Cellule 24 : une femme dit toute sa souffrance d'être enfermée. Elle a tué. Son histoire est à la rubrique des faits divers. La Cour d'assises la jugera. Bien des années plus tard, elle est libérée. La vie doit reprendre. Ce récit est parfaitement conforme à la réalité. Tout a existé et existe encore.
(Coll. La justice au quotidien, 15.00 euros, 130 p.)
ISBN : 978-2-343-07436-8, ISBN EBOOK : 978-2-336-39812-9

GABELOUS ET CONTREBANDIERS
Histoire des fermiers généraux de Dijon (1760-1780)
Evrard Sébastien - Préface de Marc Fradet
En exhumant un registre du personnel de la direction des fermes de Dijon, l'auteur retrace, entre 1760 et 1780, la vie méconnue de centaines d'agents au service du doit et de l'impôt. Ces derniers servaient un système protecteur (la retraite fait son apparition dès 1768), parfois très rémunérateur, mais qui s'avère aussi, sous certains aspects, une machine à broyer les hommes : le régime des sanctions que met en place la Ferme est d'une efficacité redoutable. En définitive, la Ferme présente un aspect mitigé.
(Coll. Mémoires des Douanes, 28.50 euros, 278 p.)
ISBN : 978-2-343-06683-7, ISBN EBOOK : 978-2-336-39845-7

DICTIONNAIRE OHADA
(3e édition)
Bitsamana Hilarion Alain
Ce dictionnaire spécial du droit des affaires OHADA propose une définition claire et précise, avec tous les compléments nécessaires, des principaux termes utilisés tous les jours se rapportant à l'OHADA. Un ouvrage de référence permettant de décoder l'OHADA, accessible à toute personne s'intéressant au monde des affaires en Afrique comme à l'étranger.
(39.00 euros, 398 p.)
ISBN : 978-2-343-07656-0, ISBN EBOOK : 978-2-336-39786-3

LA DÉJUDICIARISATION ET LES PROCÉDURES NON CONTENTIEUSES EN AFRIQUE
Amboulou Hygin Didace
La déjudiciarisation comprend l'ensemble des mécanismes de gestion des différends en rationalisant les moyens matériels et humains de la justice, afin de pallier les déficiences du système judiciaire et de limiter les surcharges des juridictions. Les institutions de nombreux pays sont analysées et les déjudiciarisations en droit public et en droit privé sont abordées.
(Coll. Études africaines, 17.50 euros, 156 p.)
ISBN : 978-2-343-06928-9, ISBN EBOOK : 978-2-336-39805-1

COMMENT RENFORCER L'INDÉPENDANCE DE LA MAGISTRATURE AU SÉNÉGAL ?
Ngom Babacar
Préface de Amadou Mahtar Mbow
L'ouvrage présente dans une première partie les garanties légales d'indépendance de la justice, notamment la règle de la séparation des pouvoirs, le principe de la soumission des juges à l'autorité de la loi et celui de l'inamovibilité du magistrat du siège. Après une analyse critique de ces dispositions, l'auteur formule des propositions de renforcement de l'indépendance de la magistrature.
(13.50 euros, 124 p.)
ISBN : 978-2-343-05158-1, ISBN EBOOK : 978-2-336-39837-2

LE DROIT PÉNAL DES AFFAIRES AU CAMEROUN
Djila Kouayi Kemajou Rose
Préface de Victor-Emmanuel Bokalli
Dans le domaine des affaires, la liberté d'entreprendre et d'investir comporte de nombreux risques, au rang desquels le risque pénal. La délinquance en col blanc n'étant plus réservée aux grandes sociétés commerciales, les moyens de lutte et de sécurisation des investisseurs nécessitent un droit pénal des affaires dont l'objectif est la recherche d'une éthique dans ce domaine.
(Coll. Études africaines, 35.50 euros, 350 p.)
ISBN : 978-2-343-07840-3, ISBN EBOOK : 978-2-336-39777-1

50 ANS DE MARIAGE
Réflexions d'un notaire sur l'évolution du couple ces cinquante dernières années
Dauptain Pierre
De la pilule contraceptive jusqu'au mariage pour tous, l'auteur nous propose une réflexion sur les lois qui ont accompagné l'évolution du couple au cours des cinquante dernières années. Il analyse cette évolution pour aborder les problématiques juridiques et morales qui font tant débat de nos jours. Il s'appuie sur des travaux de juristes ou de sociologues, des articles de presse, mais aussi sur les chansons et les films qui ont marqué ces années et qui témoignent de façon si éclairante des changements de mentalités.
(Éditions Pepper, 16.50 euros, 148 p.)
ISBN : 978-2-343-07677-5, ISBN EBOOK : 978-2-336-39690-3

MÉTHODOLOGIE ET ASPECTS FORMELS DE LA RECHERCHE
Petit manuel à l'usage des juristes
Marain Gaëtan
L'ouvrage propose un véritable apprentissage du formalisme qui doit permettre aux étudiants et aux professionnels confrontés à la rédaction d'une thèse ou d'un mémoire juridique d'aborder ce travail avec sérénité. L'auteur donne une méthode de recherche pour définir le sujet, trouver et compulser les références utiles, échafauder un plan. Il aborde également les thèmes des citations d'auteur, notes de bas de page, mise en page. Il traite enfin du travail de relecture et de l'épreuve de soutenance.
(19.00 euros, 178 p.)
ISBN : 978-2-343-07638-6, ISBN EBOOK : 978-2-336-39556-2

RISQUES, ACCIDENTS ET CATASTROPHES
Liber amicorum
En l'honneur de Madame le professeur Marie-France Steinlé-Feuerbach
Sous la direction Hervé Arbousset, Caroline Lacroix et Benoît Steinmetz
L'étude et l'analyse des risques sont au cœur des réflexions du Professeur Steinlé-Feuerbach. Ses nombreux écrits de doctrine sur la thématique des accidents et des catastrophes ont amené à ce que ses collègues et amis lui dédient cet ouvrage. Ces mélanges donnent une vue d'ensemble d'une matière devenue une véritable discipline transcendant le clivage droit public-droit privé.
(Coll. Sciences criminelles, 34.00 euros, 334 p.)
ISBN : 978-2-343-07169-5, ISBN EBOOK : 978-2-336-39677-4

ÉTAT, COLLECTIVITÉS TERRITORIALES ET DROITS SOCIAUX
Étude du droit comparé
Sous la direction d'Olivier Lecucq
Comment, selon leur organisation territoriale respective, La France, l'Espagne et l'Italie œuvrent à la satisfaction des droits sociaux. Quels sont les rôles de l'État en ce domaine ? Quelles sont les actions qui en découlent et comment se coordonnent-elles ? Quelles en sont les implications en termes d'égalité des citoyens et des territoires ? L'ouvrage tente de répondre à ces questions en interpellant la réalisation de l'État social dans un contexte de crise, de réduction des déficits et de maîtrise des dépenses.
(Coll. Bibliothèques de droit, 22.50 euros, 221 p.)
ISBN : 978-2-343-07585-3, ISBN EBOOK : 978-2-336-39683-5

LE PRINCIPE DE PRÉCAUTION
Au carrefour de la philosophie, du droit et des sciences
Calderaro Norbert
La notion de principe de précaution, qui donne lieu à beaucoup de controverses, nécessite de la part d'un juriste une analyse objective pour écarter ce qu'elle n'est pas et définir son contenu véritable. Après un aperçu des sources philosophiques, l'auteur réalise une synthèse du principe de précaution en droit international, européen, en droit comparé et en droit interne. Il intègre notamment les tout derniers développements de la jurisprudence du Conseil d'État.
(18.50 euros, 180 p.)
ISBN : 978-2-343-05457-5, ISBN EBOOK : 978-2-336-39452-7

LES COLLECTIVITÉS TERRITORIALES ET LA SPÉCULATION
Goasdoué Mélissa - Avant-propos de Michel Verpeaux
Préface de Julien Martin
L'ancien dispositif empêchant la conclusion d'opérations financières spéculatives par les collectivités locales ayant échoué, un nouveau dispositif fonctionnant au cas par cas a été mis en place. Après une étude des imperfections de la notion de spéculation puis des liens unissant ces imperfections à l'échec du précédent dispositif dans la protection des collectivités contre les risques spéculatifs, le présent ouvrage s'attache à démontrer comment et dans quelle mesure cette protection est désormais rendue possible.
(Coll. Droit des collectivités territoriales, série Travaux, 15.00 euros, 140 p.)
ISBN : 978-2-343-07619-5, ISBN EBOOK : 978-2-336-39520-3

LE DROIT DE LA GUERRE
Traité sur l'emploi de la force armée en droit international (3 volumes)
Cumin David
Aussi ancien que la guerre et que le droit international dont il constitue le cœur historique, le droit de la guerre existe. Croisant droit et polémologie, portant sur les conflits armés internationaux et internes, ce traité expose, explique et reconstruit l'ensemble du droit international contemporain relatif à l'emploi de la force armée - auteurs et acteurs de la belligérance, ses buts, moyens, théâtres, régimes - et propose une analyse critique de la responsabilité réparatrice et punitive.
Volume 1 (Coll. Droit comparé, 46.00 euros, 458 p.)
ISBN : 978-2-343-06498-7, ISBN EBOOK : 978-2-336-39588-3
Volume 2 (Coll. Droit comparé, 60.00 euros, 760 p.)
ISBN : 978-2-343-07707-9, ISBN EBOOK : 978-2-336-39589-0
Volume 3 (Coll. Droit comparé, 48.00 euros, 468 p.)
ISBN : 978-2-343-07708-6, ISBN EBOOK : 978-2-336-39590-6

LA RESPONSABILITÉ DE PROTÉGER
Nouvelle approche du droit international
Gandou D'Isseret Crépin Gyscard
Le droit d'ingérence humanitaire se comprend comme une éthique de détresse, une obligation de protéger les personnes en danger de mort. La responsabilité de protéger traduit en acte la nécessité impérative de prendre soin de l'homme, ou de la collectivité humaine en général, quand les conditions de son existence connaissent une détérioration significative ou quand elles sont sur le point de le devenir.
(Coll. Harmattan Congo, 16.50 euros, 152 p.)
ISBN : 978-2-343-06724-7, ISBN EBOOK : 978-2-336-39575-3

L'HARMATTAN ITALIA
Via Degli Artisti 15; 10124 Torino
harmattan.italia@gmail.com

L'HARMATTAN HONGRIE
Könyvesbolt ; Kossuth L. u. 14-16
1053 Budapest

L'HARMATTAN KINSHASA
185, avenue Nyangwe
Commune de Lingwala
Kinshasa, R.D. Congo
(00243) 998697603 ou (00243) 999229662

L'HARMATTAN CONGO
67, av. E. P. Lumumba
Bât. – Congo Pharmacie (Bib. Nat.)
BP2874 Brazzaville
harmattan.congo@yahoo.fr

L'HARMATTAN GUINÉE
Almamya Rue KA 028, en face
du restaurant Le Cèdre
OKB agency BP 3470 Conakry
(00224) 657 20 85 08 / 664 28 91 96
harmattanguinee@yahoo.fr

L'HARMATTAN MALI
Rue 73, Porte 536, Niamakoro,
Cité Unicef, Bamako
Tél. 00 (223) 20205724 / +(223) 76378082
poudiougopaul@yahoo.fr
pp.harmattan@gmail.com

L'HARMATTAN CAMEROUN
BP 11486
Face à la SNI, immeuble Don Bosco
Yaoundé
(00237) 99 76 61 66
harmattancam@yahoo.fr

L'HARMATTAN CÔTE D'IVOIRE
Résidence Karl / cité des arts
Abidjan-Cocody 03 BP 1588 Abidjan 03
(00225) 05 77 87 31
etien_nda@yahoo.fr

L'HARMATTAN BURKINA
Penou Achille Some
Ouagadougou
(+226) 70 26 88 27

L'HARMATTAN SÉNÉGAL
10 VDN en face Mermoz, après le pont de Fann
BP 45034 Dakar Fann
33 825 98 58 / 33 860 9858
senharmattan@gmail.com / senlibraire@gmail.com
www.harmattansenegal.com

L'HARMATTAN BÉNIN
ISOR-BENIN
01 BP 359 COTONOU-RP
Quartier Gbèdjromèdé,
Rue Agbélenco, Lot 1247 I
Tél : 00 229 21 32 53 79
christian_dablaka123@yahoo.fr

Achevé d'imprimer par Corlet Numérique - 14110 Condé-sur-Noireau
N° d'Imprimeur : 127161 - Dépôt légal : mars 2016 - *Imprimé en France*

www.ingramcontent.com/pod-product-compliance
Lightning Source LLC
LaVergne TN
LVHW011219061026
849535LV00001BA/92
* 9 7 8 2 3 4 3 0 7 0 3 2 2 *